# 도덕성 발달 이론과 교육

수정판

# 도덕성 발달 이론과 교육

김태훈 지음

인간사랑

“

*이 책을 아내 조혜경, 아들 한국, 딸 예슬에게 바친다.*

”

## 머리말

도덕교육에 관심을 갖고 이의 연구에 입문한 지 어언 20여 년의 세월이 흘렀다. 저자는 이 과정에서 도덕교육이란 누가 뭐라 하여도 아동들의 도덕성을 고양시키는 기획이라는 확신을 갖게 되었다. 특히 학교의 도덕교육은 궁극적으로 이러한 기획의 구체적인 실천이어야 한다는 생각을 확고하게 다지게 되었다. 그러면서 저자는 자연스럽게 도덕성의 문제에 접근하게 되었다.

그러나 도덕성이란 개념이 너무나 포괄적이고 복합적이어서 이의 실체를 파악하기가 여간 어려운 일이 아니었다. 그래서 저자는 늘 이 문제를 가슴 속에 담고 살아왔다. 도덕성이란 무엇인가, 인간은 도덕성을 선천적으로 타고나는 것인가 아니면 성장과정을 통해 후천적으로 발달시키는 것인가, 도덕성이란 고정적인 특성인가 아니면 상황에 따라 언제든지 변화하는 것인가, 그리고 도덕교육은 이와 관련하여 어떤 의미를 지니고 있는가의 물음이 저자의 학문적 화두였다. 지금까지 저자의 모든 학문적 활동은 이 물음에 대한 나름의 답을 찾아보고자 하는 여정이었다고 하여도 결코 지나친 말은 아닐 것이다.

저자는 스스로 던진 물음에 답하기 위해 10여 년 전부터 구체적인 작업에 들어갔다. 우선, 이와 관련한 여러 도덕철학자들과 도덕심리학자들의 관점들을 모아 정리해 나갔다. 그리고 한편으로는 한국도덕윤리과교육학회를 중심으로 관련 학회에 논문을 발표함으로써 이 물음에 대한 대답들을 단편적으로 제시해 나갔다. 그리고 저자는 5년 전에 미국의 조지아 대학교 연구교수로 있으면서 이에 관한 새로운 자료들을 찾아 보완해 나갈 수 있는 기회를 가졌다. 이 기간 동안 저자는 그동안 집필하였던 원고를 읽으면서 수정하고, 또한 당시에 동 대학교에서 박사학위 논문을 준비하고 있던 김항인 후배(현 경인교대 교수)와 수차례 토론을 하면서 산만하게 흩어져 있던 생각들을 정리해나갔다.

이 책은 위와 같은 노력의 산물이다. 다시 원고를 읽어보니 수정하고 보완해야 할 곳이 여러 군데 눈에 띈다. 그럼에도 불구하고 망설여지는 마음을 다잡아 감히 책으로 발간한다. 저자가 대학원에서 학문의 기초를 다질 당시, 지도 교수님께서 "완벽한 결과물을 내놓으려 한다면 평생에 불가능하다. 현 시점에 최선을 다했다면 머뭇거리지 말고 제시하라"고 하시던 말씀에 용기를 냈다. 이 책이 저자와 같은 물음으로 고민하고 있는 독자들에게 하나의 작은 실마리가 되었으면 하는 바람도 한 이유가 되었다.

항상 저자의 마음을 짓눌러 왔던 짐을 이제야 덜어놓은 것 같다. 그러나 마냥 홀가분하지만은 않다. 어딘가 개운치가 않다. 저자가 제시하였던 대답들이 모두 서양 학자들의 관점에서 나온 것들이기 때문이다. 우리의 선조들은 저자가 품고 있는 물음에 대해 과연 어떤 답을 제시하여 왔는가에 주목해야 할 과제가 남아 있다. 앞으로 이 과제는 저자의 마음을 짓누르는 또 하나의 짐으로 다가설 것이 분명하다.

끝으로, 저자를 도덕교육의 길로 나아갈 수 있도록 이끌어 주신 정세구 은사님께 진심어린 감사의 마음을 드린다. 새로운 자료를 제시해 주면서 시간을 내어 토론해 주었던 김항인 후배에게 이제야 감사의 뜻을 전한다. 또한 이 책의 출판을 흔쾌히 수락해 주신 인간사랑의 여국동 사장님과 이국재 부장님께도 감사를 드린다. 조잡한 원고를 정성스럽게 편집해 주신 편집실 직원 여러분에게도 감사드린다. 그리고 모든 원고를 꼼꼼히 읽으면서 교정은 물론 문제점을 제기해 준 공주교육대학교 제자 이재호, 김소영 선생에게도 고마움을 전한다. 저자와 가까이 있는 여러 분들께 아울러 고마움을 표한다.

2004년 6월

저자 **김태훈**

C·o·n·t·e·n·t·s **차례**

Sigmund Freud(1856.5.6~1939.9.23)

# 제 1 장 정신분석 이론

## Ⅰ. 기본 가정

정신분석의 창시자인 프로이드(Sigmund Freud; 1856~1939)는 오스트리아 출신의 신경과 의사였다. 그는 환자들을 치료하는 과정에서 새로운 학문의 여명을 개척하였다. 따라서 다른 심리학 이론들이 주로 대학에서 발달한 것과 달리 정신분석 이론(psychoanalysis theory)은 의학에 그 기원을 두고 있다. 이 이론은 무의식과 성욕을 강조하는 전통적인 프로이드 중심의 정신분석 이론과 프로이드 이론의 기본적인 입장을 계승하면서도 사회문화적 속성과 집단 무의식을 강조하는 융(C. G. Jung), 애들러(A. Adler), 에릭슨(E. H. Erikson)의 신정신분석 이론으로 구분된다. 특히 프로이드의 정신분석 이론은 인간의 무의식적 동기나 소망, 갈등을 다루기 때문에 심층 심리학이라고도 하며, 인간의 심리적인 과정과 움직임을 다루기 때문에 역동 심리학(dynamic psychology)이라고도 한다.

정신분석 이론은 1920년대부터 1950년대 사이 동안 가장 큰 반향을 불러일으켰다. 그러나 그 이후 정신분석 이론은 일반 대중들은 물론 전문가 집단들로부터도 관심에서 점차 멀어지기 시작하였다. 인지구조주의와 사회학습 이론에 매력을 느끼는 사회과학자들이 증가하면서 정신분석 이론의 호소력은 그만큼 줄어들게 되었던 것이다. 그러나 프로이드가 창안하였던 여러 가지 개념들은 일반 심리학의 영역으로 스며들어 갔고, 또한 심지어는 상식의 영역으로 편입되어 갔다. 무의식적 동기, 성적 충동의 중요성, 천진한 성, 자아 방어기제 등이 그 좋은 예들이다. 이러한 개념들은 현재까지도 여전히 그 영향력을 지속시키고 있다.

정신분석(psychoanalysis)의 '정신'(psycho)이란 말은 그리스어 'psyche'에서 유래하였다. 그리스어 'psyche'란 말은 정신, 영혼 또는 마음을 의미한다. 따라서 정신분석이란 말 그대로 마음 또는 영혼의 분석을 뜻한다. 정신분석 이론가들은 정신 혹은 마음의 기저를 이해함으로써 인간 행동을 설명할 수 있다고 보았다. 행동주의 및 사회학습 이론이 인간의 외적인 행동들에 초점을 두는 반면, 정신분석 이론은 인간의 내적인 사고와 감정의 역동성에 초점을 둔다. 프로이드는 인간의 행동이란 동기, 공포, 감정, 그리고 사고과정들에 관한 지식을 통하지 않고는 이해되어질 수 없음을 가정하였다.

인간의 도덕성 발달을 바라보는 관점도 이와 같은 맥락에서 정립되었다. 정신분석 이론은 사회학습 이론가들과 인지발달 이론가들이 소홀히 하는 경향이 있는 인간 발달의 감정적 혹은 정의적 영역을 강조함으로써 도덕성의 발달을 인간 발달의 통합적 부분으로 인식한다. 정신분석 이론가들은 죄책감을 도덕적 행동의 일차적 동기로 여긴다. 도덕적 규범에서 일탈하고자 하는 유혹에 직면했을 때 죄책감을 강하게 느끼는 아동은 그러한 심리적 불안감을 피하기 위해 유혹에 저항한다고 본다. 따라서 죄책감은 인간으로 하여금 도덕적 규범들을 준수하도록 이끄는 원동력으로 인식된다. 죄책감이 감정 혹은 정서에 해당된다는 점에서 정신분석 이론은 도덕성의 정의적 측면을 중시 여기는 이론으로 분류되고 있다.

인간의 도덕성 발달을 설명하는 하나의 접근법으로서 정신분석 이론은 다음과 같은 기본적인 가정에 기초하고 있다.[1]

**1.** 인간의 심리도 자연계와 마찬가지로 우연한 현상이란 없으며, 인간의

모든 정신적 상황은 그 전에 일어난 정신적 사건에 의해 결정된다(psychic determinism). 사람들이 생각하거나 느끼는 모든 것에는 반드시 의미와 목적이 있다고 본다. 그러한 것들은 이미 선천적으로, 또는 개인의 주로 어린 시절의 경험에 의해 결정된다. 그렇기 때문에 사람들의 정신세계, 특히 성격은 어린 시절의 경험이나 이전의 정신경험이 중요하다.

2. 인간의 정신활동의 원동력은 무의식이다. 인간의 정신세계를 살펴보면 언뜻 보아 아무런 연관이 없는 것 같은 현상들이 의식의 밑바닥에 인과관계로 얽혀 있는데, 그런 세계가 바로 무의식의 세계이다. 정신세계의 활동은 대부분 이런 무의식 세계에서 일어나며, 의식세계로 나타나는 것은 물 위로 떠오른 빙산의 일각에 지나지 않는다. 인간의 행동에는 반드시 원인이 있는데, 그 원인을 이루는 것이 바로 무의식적 동기(unconscious motivation)이다.

3. 무의식적 동기는 타고난 본능들에 의해 추진된다. 가장 중요한 본능들은 주로 성적 충동(sexual drive)과 공격성으로 이루어져 있다. 이것들은 출생시부터 나이가 들 때까지 계속 감각적 욕구의 만족을 추구하는 동력(motivating power)으로 작용한다. 무의식적 동기와 의식 간에는 끊임없는 갈등이 빚어지는데, 이 갈등이 인간의 정신세계를 지배하는 힘이 된다.

4. 인간의 정신활동은 동기와 목표를 가지고 있다. 정신활동은 주위 세계의 어떤 것에 의해 결정되는 것이 아니라 정신 속에 담겨 있는 행동의 동기나 목표에 따라서 결정된다. 그래서 인간이 출생한 날부터 어떠한 목표를 가지고 어디로 향하는지 알기 위해서는 발달단계적으로 인간을 연구해야만 한다.

5. 본능들은 실제세계에서 행동을 통해 표출된다. 달리 말하면, 사람들은 물리적 및 사회적 환경들과의 상호작용에 의해 그들의 본능적 욕구를 충족시킬 방법을 발견해야만 한다. 그러나 환경이 모든 유형의 행동들을 수용할 수 있는 것은 아니다. 왜냐하면 모든 사회는 본능들이

표현되는 방식들을 허용하는 그 나름의 특정한 규칙과 관습을 유지하고 있기 때문이다.

6. 아동들의 주변 환경에 있는 성인들은 아동들에게 어떤 방법들은 수용이 가능하고 또한 어떤 방법들은 수용이 불가능한지를 알려준다. 또한 성인들은 아동들이 자신들의 욕구를 충족시키는 방법을 감시한다. 아동들의 욕구충족의 방법에 영향을 주는 하나의 수단으로서 부모, 교사, 목사, 경찰, 그리고 기타 다른 성인들은 아동들이 승인된 방법들을 통하여 욕구충족을 할 경우에는 그에 대해 보상을 해주는 반면, 금지된 방법들을 통하여 욕구충족을 할 경우에는 그에 대해 벌을 가한다.
7. 아동들은 성장함에 따라 점차적으로 자신들의 퍼스낼리티를 의미 있는 성인들이 자신들에게 부과해 온 행동에 관한 기대와 결합시킨다. 이러한 기대는 개인의 도덕적 가치들이다. 아동들이 그런 가치들을 내면화하기 시작하면 성인들은 아동들의 행동을 통제하기 위해 더 이상 제재를 가할 필요가 없게 된다.
8. 양심은 이제 행동의 통제자로서 작용한다. 양심은 사회적으로 승인된 행동들에 대해서는 자긍심과 자기 가치감(self-worth)으로 자기 자신을 보상하고, 금지된 행동들에 대해서는 죄의식, 부끄러움, 그리고 두려움의 감정으로 자기 자신을 벌하면서 행동의 통제자로서 공헌한다.

## Ⅱ. 인간관

프로이드를 중심으로 한 대부분의 정신분석 이론가들은 자신들의 이론적 근거를 어떤 특정한 철학적 관점보다는 수태부터 유기체가 스스로 생존할 수 있을 때까지의 생물학적 측면을 연구하는 발생학(genetics) 또는 태생학(胎生學)에 두고 있다. 이러한 배경에는 프로이드가 내과 의사로서 받았던 훈련, 그의 신경해부학적 연구, 그리고 생물학적 '욕구'가 발달에 중요한 역할을 한다는 그의 신념이 깔려 있다. 프로이드의 정신분석 이론은 다른 발달 심리학이 가정하는 인간관들[2]과는 다른 '정신분석적'(psychoanalytic) 인간관을 바탕으로 하고 있다.

'정신분석적' 인간관은 기본적으로 그 정향에 있어서 유기체적이다. 그러나 일반적으로는 퍼스낼리티 과정들을 강조하고 미시적으로는 정의적(情意的) 혹은 감정적 과정들을 강조한다는 점에서 유기체적 전통의 인지적 정향과는 다르다. 정신분석적 인간관은 다른 유기체적인 이론들과 마찬가지로 인간의 발달을 양적인 측면이라기보다는 질적인 측면으로 인식한다. 프로이드, 융, 그리고 에릭슨의 이론들은 모두 미리 정의된 최종 상태를 지닌 발달의 단계들을 가정하였다. 그리고 다른 유기체적 접근법들과 같이 정신분석적 전통에 있는 이론들은 적극적인 측면에서 유기체를 바라본다. 비록 에릭슨이 유기체와 사회적 환경 사이의 관계를 상호작용의 측면에서 바라보았지만, 대체적으로 정신분석적 전통을 고수하는 이론들은 환경을 비교적 수동적인 요소로 간주하는 경향이 있다.[3]

프로이드 심리학의 기본 가설을 이해하면 우리는 그가 인간의 본성을 어떻게 상정하였는가를 보다 쉽게 추론해낼 수 있다. "정신분석 이론의 기본 가설은 과거를 중시하고, 무의식을 강조하며, 발달단계에 따른 변화를 중시한다."[4] 여기에서는 프로이드 심리학의 기본 가설들을 중심으로 정신분석 이론이 상정하고 있는 인간관을 검토해 본다.

프로이드는 엄격한 생물학적 결정론자였다.[5] 인간의 모든 면(행동 · 사고 · 감정 · 포부)은 법칙의 지배를 받으며, 강력한 본능적인 힘에 의해 결정된다는 입장이 확고하였다. 이에 따라 그는 인간을 하나의 폐쇄된 에너지 체계로 인식하였다. 이것은 19세기의 생리학이나 물리학 개념의 영향을 받은 것으로, 인간의 행동은 에너지 보존법칙(에너지가 한 상태에서 다른 상태로 변화하더라도 그 총량은 불변한다)에 따라 단일 에너지에 의해서 활성화된다는 것이다.

이러한 자연법칙은 심리학적인 개념으로 응용되었다. 각 개인이 정신활동을 하는 데 필요한 에너지의 양은 제한되어 있으며, 인간 활동의 목표는 불유쾌한 에너지가 계속 쌓여서 생긴 긴장을 감소시키는 것이라고 하였다. 인간은 다른 유기체의 행동에 적용되는 것과 같은 자연법칙의 지배를 받는다고 본 것이다. 따라서 정신분석 이론의 체계 내에서는 자유의지, 선택, 인간적인 책임감, 결단, 자발성, 자기 결정과 같은 개념이 존재하기 어렵다. 프로이드는 인간의 행동이란 스스로 알지 못하는 무의식적 힘에 의해 결정된다는 입장을 견지하고 있다. 프롬(E. Fromm)이 프로이드의 인간관을 '기계론적 유물론'[6]으로 해석하는 것도 이런 맥락과 연결된다.

그런 점에서 프로이드의 인간관은 합리적인 존재로서의 인간관과는 거리가 멀다. "프로이드는 인간을 천부적으로 적개심에 불타는, 사회화되지 않은, 그리고 비도덕적인 존재로 인식하였다."[7] 그에 따르면, 인간은 근본적으로 비합리적이다. 의식의 영역 밖에 존재하는 비합리적이고 통제할 수 없는 본능이 인간 행동을 동기화한다. 자아에 어느 정도의 합리성이 있기는 하나, 자아(ego)는 어디까지나 원자아(id)의 요구에 궁극적으로 종속되는 것으로 해석한다. 따라서 "프로이드의 이론체계에서 인간을 스스로의 운명을 통제하는 합리적인 존재로 보는 관념은 하나의 신화에 불과하다."[8]

또한 프로이드는 인간을 끊임없이 내적 평형을 추구하는 존재로 이해하였다. 그는 모든 인간 행동은 불쾌한 육체적 긴장에 의해 발생되는 흥분을 감소시키는 방향으로 조정된다고 주장하였다. 원자아 본능은 표현하고자 끊임없이 요동치는 반면, 사람들은 이러한 본능적인 에너지에 의해 발생되는 긴장을 감소시키려는 행동을 한다. 따라서 인간은 늘 긴장이 없는 평형상태를 추구하게 된다.

프로이드의 이러한 인간관은 인간 본성의 서구적 개념들을 변형시키기에 충분하였다. 인간 행동의 무의식적 및 비합리적 결정요소들을 강조하는 프로이드의 인간관은 이전 세기의 지적 유산에 대하여 직접적으로 정반대의 기치를 든 것이다. 그의 관점은 서양의 관념론의 전통을 뒤흔들어 놓기에 충분하였다. 기본적으로 인간을 합리적인 존재로서 인식하는 '계몽운동'의 관점과 대조적으로, 프로이드는 보다 어둡고 불길한 그림을 그렸다. 인간 본성의 비합리적인, 혹은 합리성과 무관한 측면을 밝혀낸 것이다. 그는 인간의 의식적 사고란 무의식에 의해 유발된 자신의 행동을 합리화시키기 위한 구실에 지나지 않는다고 함으로써 합리주의의 기초를 붕괴시키는 데 큰 역할을 하였다.

여기에는 기본적으로 인류를 동물로 보았던 다윈(C. Darwin)의 진화론적 관점이 내재되어 있다. 프로이드는 발생(유전)적인 인간 본성의 입장을 취하면서도, 한편으로는 초기 환경의 중요성을 인정한 입장을 보였다. 인간 행동의 원천인 원자아(id)는 인간이 출생할 때 지니고 태어난다고 본다. 이는 프로이드의 이론에서 인성구조와 발달이 유전을 토대로 하고 있음을 암시한다. 아울러 "프로이드가 문화적 유산에 관계없이 심리성욕발달을 모든 사람에게 특징적으로 나타나는 불변적이고 생물학적으로 결정된 것으로 생각한 것은 인간 존재를 내적인 생물학적 유전요인의 결과로 인식하고 있음을 나타낸 것이다."[9] 그러면서도 프로이드는 인간 행동을 이해하는 데 있어서 초기 환경이 중요함을 강조하였다. 특히 약 5세경의 남근기 때 겪는 갈등을 어떻게 극복하느냐에 따라 도덕성이 결정적으로 영향을 받는다고 하였다. 그러나 분명한 것은 프로이드의 정신분석 이론에서 환경은 생물학적인 근원을 가진 본능에 대해서 어디까지나 이차적인 위상을 차지할 뿐이다.

그러면 프로이드의 정신분석 이론은 도덕적 인간의 본성에 대해서는 어떻게 설명하고 있는가?

이론의 기본 가설에 따르면, 출생 때부터 인간은 무의식적 수준에서 성과 공격성이 본능에 의해 동기를 부여받는다. 본능들의 경향성들이 잔인하게 이기적이고 또한 반사회적이기 때문에 이들 본능들의 억제되지 않은 만족은 개인들에게는 즐거움을 제공하지만, 사회가 안정적으로 작동하기 위해서는 그러한 본능들의 욕구충족이 억압되어져야만 할 것을 요구한다. 그러나 그것들을 억압하는 것은 긴장(intention)과 고통(distress)을 유발한다. 결론적으로, 긴장과 고통은 우리가 문명화된 삶의 이익을 위해 지불해야만 하는 값이다.

이러한 프로이드의 입장을 고려해 볼 때 "그의 인간에 대한 개념은 반박할 여지 없이 서구 문명에 대한 고발이며, 논박할 여지가 없는 문명에 대한 옹호이다."[10] 그는 인간의 역사를 억압의 역사로 본 것이다. 그에 따르면, 문화는 인간의 사회적인 존재뿐만 아니라 생물적인 존재도 제약한다. 더 나아가 문화는 인간 본능의 구조 자체도 제약한다. 그러나 프로이드는 이러한 제약이 인간의 진보를 위한 전제로서 작용하는 것으로 본 것이다. 아무런 구속도 없는 에로스는 죽음의 본능과 마찬가지로 파멸을 초래하게 되는 것이다. 따라서 그것의 의도를 제어할 필요성이 제기된다. 문명은 욕구의 완전한 충족이라고 하는 원초적인 목표를 제지하는 데서부터 출발하는 것으로 이해된다.

프로이드의 이론체계에 따르면, 유아는 생득적으로 무엇이 올바르고 또한 무엇이 올바르지 않은가를 보고하는 내적 소리를 지니고 있지 않다. 유아는 도덕적인 존재도 아니고, 또한 비도덕적인 존재도 아니다. 도덕성과는 무관하게 태어난다. 그들은 선악의 지식을 가지고 있지 않다. 하나의 동물로서의 인간은 그 본성이 근본적으로 변해질 때에 비로소 한 사람의 인간 존재가 될 수 있는 것이다. 프로이드는 이러한 변화를 쾌락원리에서 현실원리에로의 변화로 설명하였다.

인간의 심리적 구조를 이처럼 두 원리로 구분하는 것은 프로이드 이론의 기본적 토대를 구성하고 있으며, 또한 신정신분석 이론에서도 그 기본 구조는 아직 불변한 채 잔존해 있다. 인간은 서로 다른 심적인 과정과 원리로 규정지워진 두 개의 상반되는 차원에 존재하고 있는 것이다. 프로이드의 정신분석 이론이 상정하는 도덕적 인간의 모습은 이러한 기본 구조에 관한 그의 언급에 나타나 있다. 프로이드는 본능적 충동들과 승화의 기능에 대해 "인간 본성의 가장 깊은 본질은 모든 인간에게 유사한, 그리고 어떠한 기본적인 욕구의 만족에 목적이 있는 본능적 충동들로 이루어진다. 이들 충동들은 그 자체로는 선하지도 않고 악하지도 않다. … 사회가 악으로서 비난하는 모든 충동들—이기적인, 그리고 잔학한 것들—은 이러한 기본적인 종류의 것들이다. 선한 행동을 요구하고 또한 그러한 행동의 본능적 토대를 고민하지 않는 문명화된 사회는 아주 많은 사람들로 하여금 본성을 따르지 않도록 복종시키는 데 마침내 성공한 것이다. … [사람들]은 본능의 끊임없는 억압에 늘 매달리며, 그리고 그 결과로 일어나는 긴장은 그것 자체를 신경 불안정으로 드러낸다"[11]고 하였다.

도덕적 인간 본성의 모습은 심리적 구조의 두 원리간의 현실적 타협을 통해 구체화된다. "프로이드는 리비도 자유, 곧 사회적 제약 없이 그 자체를 주장하는 원자아(id)의 권리를 옹호하는 입장을 견지한 것으로 보인다."[12] 이러한 관점의 저변에 깔려 있는 것은 원자아의 '쾌락원리'(pleasure principle)로서, 그것은 "만약 좋다고 느끼면 바로 그것을 행하라"이다. 달리 표현하면, "당신이 당신의 리비도 욕구를 충족시키는 것은 당신에 대한 의무이다" 혹은 "당신이 당신의 리비도 욕구를 충족시키는 것은 당신 자신을 위해 당연한 일이다"라는 원리이다.

또한 동시에 프로이드는 창조성과 이타주의와 같은 그러한 것들은 승화로부터 결과한다는 것을 제시함으로써 문명화의 특징을 설명하였다.[13] 승화는 인간의 원초적인 성적 충동들의 자유로운 표현을 사회적으로 수용 가능한 행위들로 대체하는 것을 의미한다. 승화를 통해 리비도 에너지는 사회의 규범들 혹은 초자아의 명령들이 성적 충동들의 자유로운 공개 표현을 억압할 때마다 건설적인 노력들로 다시 방향을 잡는다. 이러한 관점의 저변에 깔려 있는 것은 자아의 '현실원리'(reality principle)로서, 그것은 "다른 사람들의 권리를 파괴하지 않는 것은 사회에 대한 의무이다" 혹은 "당신이 다른 사람들의 권리를 파괴하지 않는 것은 사회를 위해 당연한 일이다"라는 관점이다. 현실원리란 성적 충동과 공격적 충동의 리비도 에너지를 사회적으로 수용되지 않는 방식을 통하여 직접적으로 표현할 때 결과할 것보다 더 큰 궁극적인 만족과 적은 고통으로 이끄는 활동들에 투입하는 것, 즉 사회의 도덕적 규칙들을 준수하는 것이 계몽된 자기 이익이라는 확신을 말한다.

인간이 도덕적으로 성숙해 간다는 것은 쾌락의 원리에 따른 지배로부터 현실의 원리에 따른 지배에로 변화하는 과정을 암시하고 있다. 다시 말하면, 정신분석 이론은 심리구조에 대한 대비를 통해 도덕적 인간의 가치체계를 넌지시 부각시킨 것이다. "프로이드의 정신분석은 행동을 안내하는 특별한 도덕적 가치들을 제시하지는 않았다."[14] 그러나 신정신분석 이론가인 프롬(E. Fromm)은 이와 관련하여 매우 구체적인 정보를 제공해 주고 있다. 그는 도덕적 인간이란 최소한 '즉각적 만족에서 지연된 만족', '쾌락의 충족에서 쾌락의 제한', '놀이를 통한 기쁨에서 노동을 통한 고통', '수동성에서 생산성', '억압의 결여에서 안전의 보장'에 의의를 부여하는 가치체계의 변화를 가져온 사람이라는 것이다.[15] 이것은 도덕적 인간이 지니고 있어야 할 가치들에 대한 언급이다.

## Ⅲ. 도덕성의 개념

정신분석 이론은 도덕성을 내면화의 과정을 통해 문화적 규준들에 순응하는 성향으로 본다. 그러나 이를 설명하는 방식은 다른 도덕성 발달 이론들과 다르다. 정신분석 이론은 인간의 정의적 측면에 관심을 기울인다. 따라서 정신분석 이론은 내면화의 과정을 통해 문화적 규준들에 순응하는 성향을 도덕성의 정의적 요소와 관련하여 설명하고 있다. 이 이론은 아동이 옳고 그른 것에 대한 부모의 기준을 내면화하여 그것을 위반했을 때 죄책감, 수치심 같은 도덕적인 정서를 맛보게 되는 것을 도덕적으로 성숙해지는 것으로 본다. 그러므로 도덕적 규범을 어겼을 때 아동이 느끼는 죄책감의 정도에 의거해서 아동의 도덕적 성숙을 판단하게 된다. 이러한 관점을 좀 더 구체적으로 고찰해 본다.

프로이드의 정신분석 이론은 "인간의 퍼스낼리티, 행동, 그리고 동기를 설명하고자 하는 최초의 포괄적인 시도였다."[16] 프로이드는 또한 퍼스낼리티의 발달을 설명하는 맥락 안에서 도덕성의 발달에 관한 설명을 제공하였다. 그는 특히 초자아, 자아 이상, 양심, 그리고 외디푸스 콤플렉스 등을 통해 제시하였다. 프로이드에 있어서 도덕성의 획득은 아동의 초자아 퍼스낼리티 내에서의 발달을 의미한다. 초자아는 아동들이 자신들과 가까운 성인들의 규준들을 내면화함으로써 형성되기 시작한다. 그리하여 초자아는 궁극적으로 도덕적 명령을 분출하는 동인(agency) 혹은 기제(mechanism)가 된다. 이러한 도덕적 명령들은 무의식적인 원자아(id)의 충동을 통제하는 데 공헌하며, 특히 공격성이나 성적 충동들을 억제한다. 프로이드는 이러한 초자아가 구성되어졌을 때 비로소 도덕성이 형성된 것으로 보았다. 따라서 "도덕성은 사람들의 타고난 성적 및 공격적인 경향성들을 통제하는 고도의 압축력(constrictive force)이다."[17]

초자아는 남근기를 거치면서 형성된다. 따라서 유아는 도덕적인 존재와는 무관하게 태어난다. 그들은 선악시비(善惡是非)에 관한 지식을 갖고 있지 않다. 그들이 지니고 있는 도덕성이란 벌이나 고통을 피하려고 하는 동시에 쾌감을 획득하고자 하는 것에 불과하다. 원자아(id)의 욕구에 휘말릴 뿐이다. 그렇기 때문에 어린 아동은 사회의 규준들로부터 일탈하였다 하더라도 악이나 죄 혹은 수치심의 감정을 자발적으로 느끼지 못한다. 초자아를 아직 형성하지 못하였기 때문이다.

아동은 선악에 대한 구별을 알지 못하고 태어나지만 두 가지 능력을 갖고 태어난다. 하나는 내적 가치들을 발달시키는 능력이고, 또 다른 하나는 그 내적 가치들에 따를 때에는 선의 감정(만족해서 자만하는)을 느끼고 그들로부터 일탈했을 때에는 악의 감정(슬픔, 수치심, 죄의식)을 느끼는 능력이다. 이 능력은 출생 이후의 과정을 거치면서 환경으로부터 취하는 도덕적 가치라고 하는 형태로 발달한다. 프로이드가 말한 초자아란 바로 이 제3의 퍼스낼리티 구성요소를 말하는 것이다.

초자아는 양심(conscience)과 자아 이상(ego ideal)으로 구성된다. 흔히 초자아를 양심과 동의어로 사용하는 사람들이 있지만 이는 엄격히 말하면 잘못된 것이다. "양심은 사회의 '해서는 안 되는 것'(should nots)을 표상하고 자아 이상은 '해야만 하는 것'(shoulds)을 표상한다."[18] 양심은 결국 그 때문에 벌을 받게 되는 사태를 생기게 한다. 자아 이상은 아동들에게 가르쳐진 적극적인 도덕가치, 곧 '해야 한다'를 대표한다. 초자아의 자아 이상 때문에 사람들은 누가 시키지 않아도 선한 일들을 찾아서 솔선하여 하게 되며, 또한 그로부터 뿌듯한 만족감을 느낀다. 적극적인 이타심 등은 이러한 자아 이상의 발로라 할 수 있다.

프로이드는 양심을 감정적 성숙의 상징으로보다는 신경증(neurosis)의 표명으로 생각하였다. 이러한 입장은 양심이 지닌 몇 가지 기능들에 대한 설명에서 나타난다. 양심은 하나의 안내자라기보다는 고발자(accuser)이자 괴롭히는 자(tormentor)이다. 그의 관점에서 볼 때, 양심은 사람들이 의미 있는 관계를 잃을 것에 관한 두려움 때문에 갖고 있기는 하지만 나타내는 것을 두려워하는 의식적인 의향과 관념들에 대한 억압자(repressor)로서 행동한다. 양심은 또한 본질적으로 성적인, 그리고 흔히 꿈속에서 나타나는 잊혀진 기억들에 대한 잠재의식 검열자(censor)이다. 끝으로, 양심은 바람직하지 않은 충동들을 규제하는 데 필요한 금기의 저장소(reservoir of the taboos)이다.

그러면 양심은 어떻게 발생하게 되는가? 양심의 기원에 관한 프로이드의 관점은 아동과 부모에 의해 수행된 일련의 상호 관련된 행동들의 구조에서 설명이 가능하다. "아동의 양심은 유아기 때 자신의 부모에 대한 공격성이 일어났을 경우, 자신의 부모에 의해 좌절되거나 혹은 벌을 받을 때 자신의 부모와의 동일시(identification)와 그들의 도덕적 규준들의 내면화(internalization)에 의해 형성되어진다."[19] 유아는 자기가 사랑하는 사람을 잃을 것을 두려워하여 그에게 공격을 퍼붓기보다는 오히려 무의식적으로 자신의 분노를 자기 내면으로 전환시킨다. 그 이후 부모는 아동들에게 벌을 주거나 혹은 사회적 규칙과 규범을 침해하는 행동을 막음으로써 도덕적 규준들을 불어넣어 주게 된다. 그것은 부모가 존재하지 않을 때도 작동하게 된다.

어린 아동들은 어느 정도는 부모들의 통제에 의해, 또한 어느 정도는 병(病)이나 신체적 불안과 같은 요소들로 인하여 여러 가지 좌절들을 경험한다. 그리고 이러한 좌절들은 부모와 다른 사람들에 대한 적개심을 일구어낸다. 그러나 아동들은 부모의 사랑을 잃지 않기 위해 적개심을 억압한다. 이러한 적의(敵意)를 억압하기 위해 그들은 결과적으로 그들 부모의 행동을 모델로 삼고, 또한 그들 자신의 것으로서 부모의 금지를 받아들인다. 그러나 아동들이 이러한 내면화된 금지들과 반대로 나아갈 때, 그들은 부모가 승인하지 않은 그러한 것들을 하고 있다는 것을 알기 때문에 죄의식을 경험한다. 아동들은 또한 내면화된 그들 부모의 소망과 반대로 나아갈 때, 그러한 충동들에 대항하여 그들 자신을 보호하는 방어기제(defense mechanism)를 발달시킨다.

초자아를 구성하고 있는 또 하나의 축은 자아 이상이다. 자아 이상은 양심과 대조적으로 적극적 · 긍정적 규준들(positive standards)을 제공한다. 프로이드는 자신의 인간발달 이론을 다듬으면서 의식적인 자아과정(ego process)에 많은 주의를 기울였다. 그는 자신의 초자아 이론에 자긍심(self－esteem)의 개념을 도입하였다. 그는 또한 사람들이 스스로를 위한 어떤 이상을 성취하기 위해 도덕적으로 행동한다는 것을 믿기 시작하였다. 자아 이상은 양심처럼 도덕적 행위에 관한 어떠한 안내를 제공하는 부모의 목소리, 그리고 더 나아가 사회의 목소리를 상징한다. 자아 이상은 그 자체의 규준에 도달하는 것에 실패하면 죄의식의 감정을 야기시킨다.

양심과 자아 이상으로 구성된 초자아는 아동들의 행동 통제의 기능을 담당하게 된다. 나이가 아직 어린 아동들은 부모에 의해 일탈행동에 대해서는 벌을 받고 선한 행동에 대해서는 보상을 받는다. 그러나 점차 아동들이 나이가 들어감에 따라 그들의 내면에 있는 초자아가 그 역할을 담당하게 된다. 초자아는 스스로 벌을 가하거나 보상을 부여하는 역할을 담당한다. 그가 자기 자신의 것으로 받아들이고 있는 가치를 위반하게 되면 그의 양심이 죄의식이나 수치심, 공포의 감정으로 자기를 벌하게 된다. 또한 도덕가치를 준수하게 되면 그의 자아 이상이 자기는 공정하다는 감정이나 자기 상찬(賞讚), 과시감정으로 보상을 제공한다. 따라서 초자아가 기능을 발휘하기 위해서는 사회규범들과 행동기준들이 내면화되어야만 가능하다. 그리고 그러한 규범들과 기준들에 준하여 아동들이 옳고 그름, 선과 악, 그리고 도덕과 비도덕을 분별할 수 있게 될 때 비로소 공식적으로 등장하게 된다.

초자아는 처음에는 단지 부모의 옳고 그름에 대한 기대만을 반영한다. 그러나 아동들의 사회적 세계가 점차 확장됨에 따라 그들의 초자아는 그들 집단이 인정하는 적절한 행동을 첨가하여 초자아를 더욱 확장시킨다. 따라서 "초자아는 비록 아동들이 지각한 사회의 진정한 가치개념이 왜곡될 수 있기는 하지만 사회의 집단적 양심(collective conscience)을 반영한 것으로 간주된다."[20]

그러나 프로이드의 정신분석 이론에서 도덕성을 단순히 초자아의 기능으로만 이해하는 것은 이론을 지나치게 단순화하는 것이다. 사실 도덕성의 획득은 프로이드의 퍼스낼리티 발달 이론에서 중요한 하나의 구성요소이다. "정신분석 이론은 퍼스낼리티 발달에 관한 이론—개인의 퍼스낼리티를 형성하기 위해 작동하고 있는 힘들은 또한 퍼스낼리티가 부분적으로 유지되어지는 도덕적 구속(moral restraint)의 메커니즘을 형성한다—과 연결된 도덕성 발달의 유일한 이론이다."[21] 초자아의 형성은 아동의 심리성적 발달의 부분으로서 발생하였다. 특히 남근기(phallic stage)가 중요하다. 이처럼 도덕성은 아동의 퍼스낼리티 위에 부과된 하나의 가치가 아니라, 오히려 성인기를 향한 아동의 자연적 발달 안에서의 하나의 단일한 단계(a single stage)를 구성한다.

초자아의 형성은 아동의 의식적인 통제 밖에 있는 것으로 불가피한 일이다. 그러나 "초자아의 강도와 현저함은 아동의 퍼스낼리티, 특히 자아의 기능에 의해 변화한다. 강한 자아는 초자아의 높은 도덕적 구속들을 재형성할 수 있다. 궁극적으로, 개인의 도덕적 인격의 본질은 초자아의 기능 못지 않게 자아와 퍼스낼리티의 기능에 의해 결정된다. 왜냐하면 자아가 개인적인 도덕적 가치들의 발달을 도모하기 때문이다."[22] 그래서 안나 프로이드(A. Freud)는 "진정한 도덕성은 내면화된 비판(지금 초자아에 의해 강요된 표준 속에 구현되어진)이 그 자체의 결점에 관한 자아의 인식과 일치할 때 시작한다"[23]고 했던 것이다.

프로이드는 자신의 이론체계에서 도덕성과 관련된 초자아를 인간 발달에서 가장 의미 있는 결과로 보았다. 프로이드의 도덕성에 관한 설명은 양심 기원론을 중심으로 많은 심리학자들에 의해 비판받고 또한 수정 당하기도 하였지만 다음의 가정들은 주목을 받기에 충분한 가치가 있다.[24]

첫째, 양심의 기원 및 역할은 인간 진화의 산물이다. 이것은 다윈(C. Darwin)으로부터 빌려온 것이다. 프로이드는 문명화의 발달이란 개인적 이기심을 통제하는 사회의 능력에 의존하며, 그것은 진화의 산물이라고 보았다. 즉 (1) 인간은 자신을 위한 생존적 가치를 지닌 행동 경향과 능력을 선택한 진화적인 과정의 산물이다. (2) 인간은 이들의 다양한 경향과 능력의 힘에서 서로 다르다. (3) 도덕적 경향성 또한 진화적 과정을 반영한다.

둘째, '도덕성'(morality)은 사회의 규칙 및 전통과 동등하다. 프로이드는 보통 도덕적 상대주의자라는 비판을 받는다. 도덕적인 것이란 전적으로 자신이 사는 곳에 의존한다는 것이다. 그러나 그의 관점을 너무 단순하게 상대주의로 보아서는 안 된다. 그는 사실 보편적인 도덕적 이상을 옹호하였다. 그는 인간은 자각(self awareness)을 추구할 도덕적 의무를 가질 뿐만 아니라 도덕적 의미에서 자기 기만을 극복하도록 노력해야만 한다고 생각하였다. 어쩌면 그가 옹호하였던 보편적인 도덕적 이상은 우리에게 너무 도덕적일 것을 요구하기 때문에 더 이상 우리 사회에서 유행되지 않는지도 모른다. 또한 그는 전통적 도덕성이 보통 금지의 방식(negative ways)에서 보편적인 인간 본성에 영향을 미친다고 주장하였다. 전통적으로 도덕성이란 성적 충동과 공격성이라는 인간 본성을 금지시키는 측면에서 공헌한다는 것이다. 이들 본능들은 사회적 질서와 조화를 붕괴시키는 경향이 있다는 점에서 금지를 당한다. 그러나 동시에 도덕성은 개인에게 고통이다. 쾌락을 억압당해야 하기 때문이다.

셋째, 초자아는 부모의 따뜻함과 적절한 통제가 조화된 아동 양육

양식에서 가장 잘 발달한다. 특정한 아동 양육 패턴들은 바람직한 결과를 산출하는 반면, 이들 패턴들로부터의 일탈은 덜 바람직한 결과를 산출한다. 부모가 규준을 임의적으로, 혹은 가혹하게 적용하고, 애정이 없으며 일관적이지 못할 때 아동들은 약한, 혹은 일관적이지 못한 초자아를 발달시킨다. 1940년대 후반 이후의 아동발달에 관한 연구들은 이런 그의 주장을 확고히 해주었다.[25)]

끝으로, 아동들은 부정의(不正義)의 경험을 통해 초자아를 발달시킨다. 이것은 롤즈(J. Rawls)나 피아제의 정의관과 날카롭게 대조된다. 이들의 정의관에 따르면, 아동들은 동료들과의 협동의 경험을 통해 정의의 개념을 발달시킨다. 아동들은 사회적 상호작용에서 정의분배의 원리를 채택함으로써 이익의 갈등을 해결할 수 있다는 것을 발견한다. 반면, 프로이드는 사회란 그 구성원들에게 억압적이며 또한 고통스러운 체념을 요구한다고 주장한다. 사회적 삶은 이익뿐만 아니라 고통과 고난, 결핍을 공유해야 한다. 결론적으로, 프로이드에 있어서 정의로운 사회란 모두가 평등하게 고통받는 사회이다. 아동들은 자신의 권리를 존중해 주지 않는 동료들에 대항하여 기꺼이 보복하고자 한다. 아동들은 그러한 경험을 통해 자신들의 공정한 몫을 보호해야 한다는 의식을 발달시킨다.

## Ⅳ. 도덕성의 형성

프로이드의 도덕성 발달에 관한 관점을 검토해 보기 위해서는 우선적으로 발달에 관한 그의 이론적 체계를 살펴보는 것이 바람직하다. 왜냐하면 도덕성 발달에 관한 그의 견해는 단선적인 차원에서 설명되지 않기 때문이다. 발달에 관한 그의 이론체계는 역동적 · 구조적 · 단계적 요소들로 구성되어 있으며, 각 요소들은 기본적 본능을 충족시키기 위해서 끊임없이 반복되는 욕구의 영향을 받는 것으로 되어 있다. '역동적 요소'란 인간의 정신을 유동적 · 활동적 체계로 인식하는데, 이 체계는 때와 장소를 가리지 않고 필요로 하는 부분으로 에너지를 전달한다. '구조적 요소'란 원자아, 자아, 초자아의 세 가지로 분리된, 그러나 상호 의존적인 심리적 구조와 이 세 구조가 행동을 조절하는 방법을 설명한다. 그리고 '단계적 요소'란 발달이 한 단계에서 다음 단계로 진행된다는 것을 의미하며, 각 단계마다 다른 신체 부위에 리비도가 집중되며, 심리적 · 사회적 갈등을 수반한다는 것이다.[26] 정신적 에너지가 이처럼 다른 요소들을 어떻게 통과하는가 하는 것이 발달과정이자 또한 개인차의 기초가 된다.

도덕성의 형성과 관련하여 앞에서 언급이 있었던 관계로 부득이 중복을 피하기 어렵겠지만, 그의 양심 기원론에 초점을 맞춰 개략적으로 기술해 본다. 프로이드는 인간의 행동에는 반드시 원인이 있으며, 그 원인을 이루는 것이 바로 무의식적 동기라고 주장했다. 무의식적 동기는 주로 성욕과 공격성으로 이루어져 있으며, 그러한 무의식적 동기와 의식간에는 끊임없는 갈등이 빚어지는데, 이 갈등이 인간의 정신세계를 지배하는 힘이 된다.

무의식적 동기와 의식 간에 빚어지는 갈등과 긴장은 인간의 도덕성 형성에 결정적으로 중요한 역할을 한다. 갈등과 긴장은 어린 시기인 5세 정도에서 아주 강하게 되며, 또한 극적으로 해결되어진다. 아동들은 소위 밀하는 '외디푸스 콤플렉스'(oedipus complex)와 '일렉트라 콤플렉스'(electra complex)를 통해 도덕성의 기초가 되는 초자아를 형성하게 된다. 남자 아동들이 겪는 갈등을 외디푸스 콤플렉스라 부르고, 여자 아동들이 겪는 갈등을 일렉트라 콤플렉스라 부른다.

남자 아동들이나 여자 아동들이 갈등을 해결함으로써 초자아를 형성하는 과정은 비슷하다. 어린 소년들은 남근기에 도달하면 갑자기 아버지들이 자신들의 근친상간 욕망 때문에 벌로써 자신들을 거세할 것이라고 생각한다. 소년들이 이것을 믿는 이유는 인간 진화에 관한 프로이드의 관념들과 관련이 있다. 거세의 두려움으로 어린 소년들은 그들 아버지의 이미지를 내면화하고, 그들의 어머니에 대한 성적 욕망을 포기하며, 이들 사건들에 관한 모든 의식적인 기억을 억압한다. 어린 소녀들은 갑자기 어머니들이 자신들의 근친상간의 욕망 때문에 벌로써 자신들을 버릴 것이라고 생각한다. 유기(遺棄)에 대한 두려움으로 소녀들은 그들의 어머니 이미지를 내면화하고, 그들의 아버지에 대한 성적 욕망을 포기하며, 이들 사건들에 관한 모든 의식적인 기억을 억압한다. 이렇게 하여 아동들은 내면의 세계에 행동 통제자로서의 기능을 발휘하게 되는 초자아를 형성하게 된다.

남아나 여아 모두 콤플렉스를 해결하는 과정을 통해 부모의 상(image)을 내면화하게 되며, 그것은 곧 그들의 초자아가 된다. 초자아는 아동들이 무엇을 해야만 하고 또한 해서는 안 되는지에 관한 규정인 도덕적 계율을 구성하고, 만약 아동들이 부모의 규칙을 위반한다면(혹은 위반에 관하여 생각한다면) 자기 스스로 벌을 부과하는 경향성을 지닌다. 아동들이 초자아를 내면화한 이후 그들의 사고와 행동 모두는 그 내적인 부모에 의해 판단되어지고 평가되어질 것이다. 부모의 기대를 외면하거나 규칙들을 위반하는 행동들은 죄의식의 감정에 의해 벌을 받을 것이다. 금지된 행동들에 관하여 생각하는 것조차도 죄의식 감정을 불러일으킬 것이다. 정신분석 이론에서는 초자아의 형성을 도덕성의 형성으로 설명하고 있다.

## V. 퍼스낼리티 구조

프로이드는 말년에 무의식적 동기 중에서 선천적인 것 이외에 후천적으로 형성되는 것도 있음을 인정하였다. 그것이 바로 퍼스낼리티 구조이다. 프로이드는 인간의 퍼스낼리티가 출생 이후 20여 년에 걸쳐 발달되고, 또한 다양한 의식의 수준들에서 기능하는 세 가지 작동인(作動因), 곧 원자아(id), 자아(ego), 그리고 초자아(superego)로 구성된다는 것을 가정하였다. 이 체계가 어떻게 작동하는지를 이해하기 위해서는 의식의 상태 혹은 수준(levels)의 개념부터 검토하는 것이 순서이다.

## 1. 의식의 수준들(levels of consciousness)

프로이드는 자신의 환자들을 대상으로 관찰하였던 몽롱한 징후를 설명하는 하나의 수단으로서 인간의 일상 삶이 흔히 쉽게 해결할 수 없는 도덕적 딜레마들에 직면한다는 것을 제안하였다. 이러한 도덕적 딜레마들의 몇 가지 예를 들면, "한 아들은 자신의 어머니에게 성적으로 매력을 느끼는 것을 발견한다. 그러나 그는 그러한 열망들은 사회가 승인하지 않는다는 것을 깨닫는다", "10대 소녀는 자신의 남자 친구와 성관계를 갖고 싶어한다. 그러나 그녀는 신(神)으로부터의 벌을 두려워한다", "죽어가는 아버지를 간호하기 위해 신체적으로나 정신적으로 지친 딸은 병든 아버지의 침대 옆에서 잠에 떨어진다. 그때 갑자기 철야로 아버지를 간호하는 일에 소홀히 한 것에 대한, 그리고 아버지의 병에 의해 자신에게 부과된 책임의 임무를 원망한 것에 대한 수치심과 죄의식으로 잠을 깬다"[27] 등이다.

삶에서 직면하는 다양한 갈등들은 사람들에게 고통을 불러일으킨다. 프로이드는 사람들이 갈등들을 참아내기에 너무 고통스러워지면 스트레스를 주는 사고(思考)를 의식으로부터 무의식적인 상태에로 추방함으로써 그러한 도덕적 갈등들을 해결한다고 추측하였다. 그러나 그러한 방식으로는 갈등들이 진정으로 해결되지 않는다. 단지 퍼스낼리티의 무의식의 방에 억압당함으로써 지연될 뿐이다. 무의식의 상태에서 갈등들은 끊임없이 소용돌이친다. 그리하여 신체적 불안정과 같은 일종의 속임수의 형식들로 자신들의 고통을 끊임없이 표현하게 된다. 정신적 갈등들의 결과는 신체적 질환뿐만 아니라 또한 신경증 징후들, 공포증(phobias), 강박관념(obsessions), 강박충동(compulsions), 그리고 불안(anxieties)을 포함한다.

프로이드는 그러한 고통을 해결하기 위해서는 해결되지 않은 도덕적 갈등을 의식의 상태로 끌어와서 고통받는 개인이 그 갈등의 기원을 확인하고, 또한 딜레마를 현실적인 방식에서 재생시켜 그 갈등을 있는 그대로 받아들이게 할 필요가 있다는 것을 제안하였다. 프로이드는 그 갈등들의 기원을 해부하기 위해 최면술, 자유연상(free association), 그리고 꿈 해석이라는 세 가지 주요한 테크닉을 시도하였다. 그러나 그는 곧 하나의 신비스런 방식이란 이유 때문에 최면을 싫어하게 되었다.

퍼스낼리티는 의식적 측면과 무의식적 측면으로 구분될 뿐만 아니라 무의식 또한 그 수준이 구분된다. 한 수준은 바로 지금 의식에 있지 않는 그러한 개념들을 포함한다. 그들은 잠재적이다. 그러나 만약 우리가 선택하여 어떤 노력을 취하면 회상될 수 있다. 이 첫 번째 수준을 프로이드는 '전의식'(preconscious)이라 명명하였다. 두 번째 수준은 진정으로 억압된 개념들을 포함한다. 그것들은 의도적으로 퍼스낼리티의 저항력에 의해 눌려진 것들이다. 왜냐하면 그들을 의식으로 들어가도록 허용하는 것은 그 사람이 견디기에 너무나 고통스러울 것이기 때문이다. 전의식보다 더 깊고 또한 접근하기에 더 어려운 이 두 번째 수준은 정신분석 이론에서 진정한, 그리고 전형적인 '무의식'(unconscious)이다. 결국, "전의식은 열린, 밝은 의식과 그리고 닫힌, 어두운 무의식 사이의 그림자 지대(shadow zone)이다."[28]

## 2. 정신 작동인(作動因)들(the psychic functionaries)

인간의 퍼스낼리티는 세 가지 중요한 작동인들로 구성되어 있다. 이러한 작동인들이 도덕적 상황에서 사람들로 하여금 각자 어떻게 생각하고 또한 행동할 것인가를 상호작용하여 결정한다. 그 세 가지는 원자아, 자아, 그리고 초자아이다. 정신 작동인들을 의식의 수준과 관련시켜 그림으로 나타내 보면 다음과 같다.[29]

이들 세 가지 작동인은 아동의 발달과정에서 동시에 발생하지 않는다. 원자아가 가장 먼저 등장한다. 원자아는 출생시 이미 타고난다. 자아는 영아와 유아기를 거치는 동안 발달하기 시작한다. 초자아는 그 이후에

외부세계와의 접촉

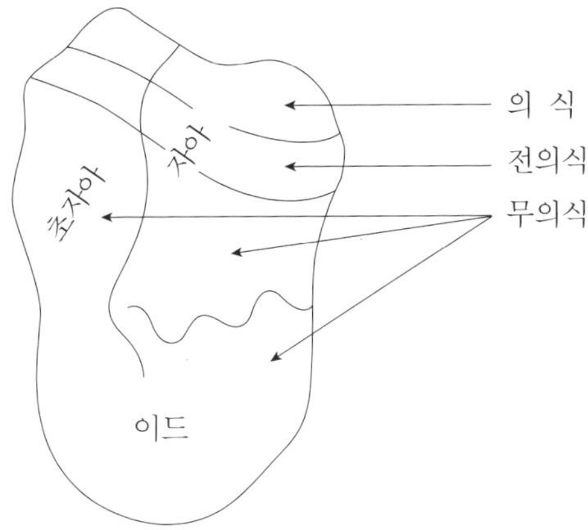


나타난다. 이들 작동인의 기능을 각각 검토해 본다.

### (1) 본능과 원자아(id)

프로이드는 모든 성장과 행동을 활성화시키는 데 필요한 에너지는 무의식에 들어 있는 본능들로부터 나온다고 주장하였다. 그는 그러한 근본적인 에너지를 하나의 쌍으로 이해하고 이를 정립시켰다. 그가 정립시킨 에너지의 근본적인 쌍은 삶의 본능(the life instinct)과 죽음의 본능(the death instinct)이다. 그 본능들은 인간의 전생애를 통하여 정신적 에너지(psychic energy)를 지시함에 있어서 지배적인 위치를 차지하기 위해 경쟁한다. 삶의 본능(eros)은 사랑, 창조, 자기 희생, 그리고 이타주의의 건설적인 행위들로 그 자체를 표현한다. 죽음의 본능(thanatos)은 그의 영향을 파괴적인 행위들, 증오, 그리고 공격으로 나타낸다. 프로이드는 리비도(libido)란 말을 삶의 본능으로부터 발생하는 에너지에 적용시켰다. 그러나 그는 죽음의 본능 에너지에 대한 평행적 용어를 만들어내지는 않았다.

인간 발달의 과정은 삶과 죽음의 에너지 사이의 끊임없는 투쟁, 곧 증오 대 사랑, 자기 파멸 대 생명 보존으로 이루어진다. 비록 아동기를 거쳐 성인기로 옮겨가면서 삶 본능이 더욱 두드러지게 나타난다 하더라도, 그 궁극적인 승리는 인간 유기체가 궁극적으로 모든 생기를 잃고 자력으로 움직이지 못하는 상태(비활성 화학의 상태)로 되돌아감에 따라 결국 죽음의 에너지(힘)로 돌아가게 된다.

퍼스낼리티의 구조는 발달과정을 거쳐 점차 완성되어 간다. 원자아는 본능을 표상하는 정신적 동인(agent)이다. 그것은 신생아의 퍼스낼리티에서 유일하게 작동하는 하나의 구성요소이다. 원자아는 "천부적으로 부여받은, 출생시 제시된, 구조 속에 조성되어 있는—무엇보다도 본능들—모든 것을 포함한다."[30] 원자아는 생득적인 것으로 기본적인 생물학적 반사 및 충동, 본능을 포함하고 있다. 여기서 자아와 초자아가 분화되어 나오며, '쾌락의 원리'(pleasure principle)에 의해 지배된다. 원자아는 객관적인 현실의 세계와는 상관없이 개인의 주관적 경험의 내적 세계인 본능적 욕구나 충동만을 나타내려고 한다. 원자아는 생각을 하지 않는다. 오직 원하고 행동할 뿐이다.

영아는 시간이 차츰 지남에 따라 세계와의 경험을 증가시켜 나간다. 그럼으로써 영아는 환경에 대해 보다 많은 자각을 하게 된다. 그 자각은 퍼스낼리티의 '일차적 과정'(primary process)을 산출하는바, 그것은 욕구를 충족시킬 대상에 관한 이미지를 마음 속에 창조하는 영아의 행위를 통해 나타난다. 예컨대, 신생아들이 배고픈 고통을 느낄 때, 그들은 어느 누군가에 의해 배고픔이 해소될 때까지 운다. 음식은 배고픔의 긴장을 감소시키고, 그리고 영아는 쾌락을 경험한다. 시간이 흐름에 따라 이러한 배고픔, 영양섭취, 그리고 긴장 감소의 순환은 반복되고, 그래서 점차적으로 음식의 맛, 냄새, 촉감, 그리고 양육자의 모습이 영아의 기억 속에 이미지로서 저장되어진다. 결론적으로, 영아는 일차적 과정에 의해 특별한 종류의 만족을 가져올 그러한 대상들을 상상할 수 있다.

인간의 도덕성 발달의 측면에서 볼 때, "일차적 과정은 무도덕적(amoral)인 성격을 지닌다. 원자아는 옳고 그름에 관한 사회의 개념에 대한 의식을 갖지 않는다."[31] 원자아는 쾌락적 관점에서 작동한다. 따라서 쾌락을 제공하는 것은 그것이 무엇이든 옳고, 고통을 제공하는 것은 그것이 무엇이든 그르다. 그러나 환경이 삶에 대한 그러한 자기 방종적 접근을 용납하지 않을 것이기 때문에, 성장하는 아동의 퍼스낼리티는 이제 원자아의 요구뿐만 아니라 환경의 요구를 인정하는 구성요소를 필요로 한다. 이 새로운 구성요소는 본능적 에너지를 소비함에 있어서 도덕적으로 현실적인 방법들을 제공할 것이 기대된다. 프로이드는 퍼스낼리티 작동인들 중 이 두 번째를 자아라 명명하였다.

### (2) 자아(ego)

사회의 목적은 자연의 힘을 통제하는 것, 미학적인 미를 보존하는 것, 지적인 추구를 장려하는 것, 그리고 사람들 상호 간의 관계를 조절하는 것인 반면에, 원자아(id)의 목적은 즉각적인 만족(immediate gratification)을 얻는 것, 그리고 그의 성적 및 공격적인 욕망들을 충족시키는 것이다. 이러한 갈등으로부터 자아라는 정신구조가 발생하였으며, "그의 목적은 원자아와 사회 사이를 중재하는 것이다. 자아는 다양한 테크닉들, 가장 잘 알려진 방어기제들, 불안, 그리고 죄의식을 통해 이들 정반대의 힘 사이에 정신적 균형을 유지하려고 노력한다."[32]

자아는 외부세계의 직접적 영향에 의해 변형되어져 온 원자아의 부분에 해당한다. 원자아가 전적으로 무의식에 거주하고 또한 세계의 실재에 관한 무자각(無自覺)을 나타내는 반면, 자아는 의식적이며 또한 환경의 기회들과 제한들을 잘 안다. 따라서 자아는 원자아의 요구와 물리적 및 사회적 환경들의 요구 사이를 협상하는 중재인으로서 공헌한다. 달리 말하면, 자아는 원자아의 욕구를 사회에 의해 부과된 제한들 내에서 만족시키는 현실적인 방안들을 발견하려고 노력한다. 자아는 아동에게 최초의 도덕감, 곧 사회적 관계를 안내하는 규칙들과 관습들에 관한 인지(認知)와 사회적 관습을 파괴하는 것에 대해 평가된 벌칙들에 관한 자각을 제공한다.

자아는 '이차적 과정'(secondary process)에 따라 작동한다. 원자아가 일차적 과정(욕구를 충족시킬 이미지를 마음 속에 그리는 것)에 따라 작동하는 반면, 이들 이미지들을 실제적으로 이행되어질 수 있는 행동들로 변형시키는 것은 자아의 몫이 된다. 이러한 자아의 기능을 이차적 과정이라 한다. 아동들은 몇 달 혹은 몇 년이 지나면서 다양한 환경 장면들에 점차적으로 개입하게 된다. 그들은 자신들의 신체적 및 심리적 욕구를 그들 주변의 사람들과 거스름 없이 만족시키고자 노력한다. 그리고 그들은 도덕적 딜레마를 해결하려고 노력하고 있는 바로 직접적인 주변 환경들에 있는, 이야기 책 속에 있는, 그리고 텔레비전 프로그램에 출연하고 있는 타인들을 목격한다. 아동들은 이들 장면들로부터 도덕적 상황들에서 행동하는 방식들의 레퍼토리를 확장하고, 이들 방식들 중 어느 것이 다른 것보다 도덕적으로 더욱 수용 가능한지를 배운다. 결국, 자아가 발달함에 따라 원자아와 환경에 의해서 부과된 갈등하는 요구들을 포용하는 테크닉들이 차츰 발달하게 된다.

성숙한 자아는 갈등하는 요구들을 성취하기 위해 직접적 수단들을 사용한다. 솔직하게 본능적 충동들을 인정하고 또한 주변 환경의 규칙들도 받아들인다. 자아는 이를 바탕으로 갈등하는 요구들을 만족시키는 해결책을 강구한다. 본능적 충동으로부터 나오는 요구와 사회의 규칙들로부터 나오는 요구 사이의 갈등을 해결하고자 모색한다. 강력한 자아는 솔직한, 추론된, 그리고 도덕적으로 받아들일 수 있는 방식들을 합리적으로 채택한다. 예컨대, 어떤 소년이 무슨 잘못을 저질렀다면 솔직하게 자신의 실수를 인정하고 또한 배상하려고 노력한다.

반면, 덜 성숙한 자아는 본능적 요구들과 환경의 기대들을 조절하는 데 있어서 솔직하지 못한 테크닉들을 사용한다. 소위 우회적인 방식들을 채택한다. "약한 자아는 자기 자신 속이기, 현실 왜곡하기, 그리고 다른 사람들에게 사건들의 진실한 상태 은폐하기 등을 포함하는 방어기제들에 주로 의존하게 된다."[33] 프로이드는 이러한 기능들을 '자아 방어기제'(ego defense mechanisms) 혹은 '자아 조정기제'(ego adjustment mechanisms)

라 불렀다. 자아가 도덕적 갈등을 직접적 수단에 의해 해결할 수 없다고 느낄 때, 그 문제를 우회적인 방식에서 접근한다.

대표적인 자아 방어기제들로는 다음과 같은 것들이 있다.

억압(repression)이란 무엇을 잊고 더 이상 행하지 않겠다는 통속적인 해결기제이다. 이는 사회적으로 용납될 수 없다고 생각되는 욕구나 충동, 사고 등을 자신의 무의식 속으로 숨겨버리는 것을 말한다. 억압된 충동 등은 결코 사라지지 않는다. 다만, 무의식 속에 잠재되어 있을 뿐이다. 이렇게 억압된 충동이나 욕구 등은 꿈, 농담, 말실수 등으로 나타나기도 하고 신경증적 행동, 정신신체장애 등의 근본 원인이 되기도 한다.

반동 형성(reaction formation)이란 자아가 실제의 욕구나 충동 등과 반대되는 행동을 나타냄으로써 금지된 욕구나 충동의 표출로 갖게 될 불안으로부터 자신을 보호하려고 하는 것을 말한다. 무의식 속에서 용납할 수 없는 충동을 반대의 감정으로 대치시켜 표현하는 것이다. 우리 속담에 "미운 놈 떡 하나 더 준다"라는 말은 이를 잘 나타내 준다. 자기에게 욕을 퍼붓는 사람에게 화를 내는 대신 미소를 지으며 "오늘도 행복하기를 바라네"라고 축복해 주는 것도 이러한 기제의 예에 속한다. 자신의 감정과는 정반대의 태도를 취함으로써 불안을 처리하는 것이다.

전위(displacement)란 본능적 충동의 표현을 재조정해서 위협을 덜어주는 상대로 대치하는 행동기제의 일종이다. 좌절에서 오는 긴장을 덜기 위해 본능적인 충동을 덜 위협적인 대상으로 옮기는 것이다. 어머니께 꾸중 듣고 애매한 동생이나 개에게 화풀이하는 것이나 "때리는 시어머니보다 말리는 시누이가 더 밉다"라는 속담은 전위의 일종이다.

승화(sublimation)란 억압된 충동이나 욕구의 발산방향을 완전히 사회적으로 인정되는 가치 있는 목표로 옮기고 그것을 실현함으로써 그 충동이나 욕구를 만족시키는 행동기제를 말한다. 프로이드는 승화를 억압의 가치 있는 형식으로 생각하였다. 이 기제를 통하여 사람들은 성과 폭력의 비도덕적 본능일지도 모르는 것을 사회적으로 수용 가능한 행동양식으로 전환시킬 수 있다고 하였다. 프로이드는 "너무 이른 억압은 억압된 충동의 승화를 불가능하게 만든다. 그러나 억압이 해제될 때 승화의 길은 다시 열린다"[34]고 하였다. 승화는 종교, 예술, 그리고 문학과 같은 문화의 중요한 측면들을 확립하는 데 있어서 본질적인 요소이다. 어린이들을 돌보거나 혹은 병자를 간호하는 일과 같은 이타적 행동들, 혹은 시를 쓰거나 발레를 하는 것과 같은 예술적 노력들은 사회에 의해서 승인되어지지 않을 직접적인 성적 행위를 대체하는 것으로 관조된다.

투사(projection)란 자신이 스스로 받아들일 수 없는 충동이나 태도 등을 무의식적으로 타인이나 환경 탓으로 돌리는 행동기제를 말한다. 불쾌한 혹은 공격적인 충동을 갖는 것을 인정하는 것이 너무나 고통스럽다는 것을 알기 때문에, 자아는 받아들일 수 없는 원자아 요구를 자기 자신보다는 다른 사람들에게로 그 탓을 돌림으로써 이 불안을 제거하고자 노력한다. 가령, 자신 스스로가 수치스러워 하는 강한 성적 욕망을 억압하고 있는 부인은 다른 사람들이 그녀를 유혹하거나 혹은 강간하려고 애쓰고 있다고 주장할 것이다. "어설픈 목수가 연장 나무란다", "똥 묻은 개가 겨 묻은 개 나무란다"라는 우리 속담은 이의 좋은 예이다.

고착과 퇴행(regression)이란 좌절과 불안이 그 개인에게 너무 클 때 주로 나타나는 기제이다. 좌절이나 불안을 감당하기가 어려울 때 그 개인의 성장이 일시적으로 혹은 영구히 정지되는 것을 고착이라고 한다. 또한 사람들은 욕구를 충족시켜야 하지만 욕구가 과도하게 충족되거나 지나치게 적게 충족될 경우 나이가 들어도 발달이 이루어지지 않고 그 단계에 머무르려는 경향이 나타나는데, 이를 고착이라고 한다. 이에 비해 발달이 진행된 경우라도 심리적 어려움이나 좌절을 겪게 될 때 욕구충족이 쉬웠던 이전의 발달단계로 되돌아가려는 경향이 발생하는데, 이를 앞 단계로의 퇴행이라고 한다. 예컨대, 경찰서에서 가게를 턴 혐의로 체포된 젊은이가 눈물을 터트리고 바닥에 풀썩 주저앉는 경우이다.

합리화(rationalization)란 현실을 왜곡하여 자존심을 보호하는 행동기제다. 예를 들면, 길 옆에 누워 있는 만취자의 호주머니에서 지갑을 훔치다 붙잡힌 통행자가 자기는 단순히 그 사람을 집으로 데려다 주기 위하여 그의 이름과 주소를 찾으려고 호주머니를 뒤지고 있었을 뿐이라고 주장한다. 숙제를 하지 않고 극장에서 영화를 관람하느라 시간을 허비해 버린 학생이 그냥 학교에 갔다가는 선생님으로부터 꾸중을 들을 것 같아 괜히 다음날 아침에 아프다고 가장하는 경우 등이 이에 속한다. “처녀가 애를 낳아도 할 말은 있다”거나 “핑계 없는 무덤이 없다”라는 속담은 합리화의 좋은 예이다.

탈출(escape)은 고통을 주는 상황의 장면을 떠나는 것으로 이루어진다. 탈출은 무단 결석하는 학생이나 행인을 치어놓고 뺑소니치는 운전자와 같이 물리적일 수도 있고, 어떤 사람이 범죄가 발생하였던 그날밤에 보았던 바를 “잊어버렸다”고 재판에서 증인하는 목격자와 같이 심리적일 수도 있다.

보상(compensation)은 실제든 상상이든 자신의 결함을 보상하거나 체면을 유지하려는 무의식적인 노력을 말한다. 보상은 사람이 약점으로 고통을 당하는 영역을 삶의 영역에서의 성공으로 대체하는 것을 포함한다. 예컨대, 동료들과 함께 하는 스포츠에 참여할 수 없는 병약한 청소년이 자신의 에너지를 특정과목의 공부에 투입함으로써 선생님들의 칭찬을 받거나, 남자 친구들의 매력을 끄는 장점이 별로 없는 볼품 없는 여학생이 그래픽 예술가로서의 탁월함으로 보상한다. 또한 “가난할수록 기와집 짓는다”, “글 못한 놈이 붓 고른다”, “빈 수레가 더 요란하다”라는 우리 속담도 이의 좋은 예들이다.

이 밖에도 여러 가지 자아 방어기제들이 있다. 전환(conversion)은 심리적 갈등이 신체감각이나 수의근육계(voluntary muscular system)의 증상으로 표출되는 것이다. 예컨대 두통, 갑작스런 마비 등이 이에 속한다. 상환(restitution)은 무의식적인 죄책감을 씻기 위해 고통을 감수하는 것이다. 격리(isolation)는 과거의 고통스러운 기억과 연관된 감정을 의식으로부터 떼어내는 것으로, 말 그대로 불안과 고통을 잊기 위해 실제 감정으로부터 자신을 격리시키는 것이다. 예컨대, 사랑하는 애인이 죽자 오히려 친구들과 웃고 떠들며 슬픔을 느끼지 않으려 하는 것이다. 취소(undoing)

는 용납할 수 없거나 죄책감을 일으키는 행동, 사고, 감정을 상징적인 방법을 통해 무효화시키는 것이다. 예를 들면, 동생에게 화가나 때린 다음에 곧바로 끌어안고 미안하다고 하며 입맞추는 것이다.

자기에로의 전향(turning against self)은 공격성 같은 본능적인 충동이 남이 아닌 자신에게로 향하는 것을 말한다. 개인이 위급한 사태에 대비하여 충동의 대상과 무의식적으로 동일시하면서 사용하는 기제이다. 예를 들면, 무의식에서 증오하는 아버지를 가진 사람이 현실의 아버지가 돌아가셨을 때 심한 우울에 빠질 수 있다. 왜냐하면, 현실의 아버지를 향하던 증오가 자신에게로 전향되어 자기 내부의 아버지를 향하게 되었기 때문이다. 부정(denial)은 외부현실의 불유쾌하고 원치 않는 부분들을 부인하는 방식이다. 알코올 중독자의 가장 큰 특징은 자신의 병을 부정하는 것이다. 타조는 위험에 처하면 머리만 파묻고 숨긴 채 위험을 부정한다. "눈 가리고 아웅한다"는 우리 속담도 이의 좋은 예이다.

동일시(identification)는 부모, 형, 윗사람, 주변의 중요한 인물들의 태도와 행동을 닮는 것을 말한다. 이에는 여러 가지 형태가 있다. 우선, 투사적 동일시(projective identification)가 있다. 이는 닮지 말아야 할 사람, 닮지 않겠다고 생각하는 사람을 닮는 것을 말한다. 공격자와의 동일시(identification with aggressor)는 두려운 대상의 특징을 닮아 자기 것으로 함으로써 두려움을 극복하는 것이다. 예를 들어, 어린 아이가 도깨비 흉내를 냄으로써 도깨비의 공포로부터 벗어나는 것이나 호된 시집살이를 한 며느리가 나중에 호된 시어머니가 되는 경우이다. 그리고 병리적 동일시("as if" personality, pathological identification)는 마치 누구인 양 행동하는 동일화이다. 강한 사람의 행동을 흉내냄으로써 자신도 그렇게 되었다고 믿고 현실적응을 하는 것으로, 진정한 의미의 동일시를 형성했다고 볼 수 없고, 따라서 진정으로 우러나오는 감정도 없다. 말 그대로 마치 무엇인 것처럼 행동하므로 대상이 쉽게 변화될 수도 있다. 주관 없는 기회주의자의 태도도 이에 속한다.

사람들은 위의 여러 조정 테크닉들을 통하여 갈등을 해결하는 데 실패하는 그 딜레마로부터 어느 정도의 일시적인 안정을 얻는다. 억압은 갈등들을 무의식 속에 파묻어 놓는다. 그러나 그들은 끊임없이 신경병적인 증후를 통해 소용돌이치면서 고통을 발산한다. 퇴행은 자아를 발달의 덜 성숙한 단계로 되돌린다. 탈출은 보통 해결해야 할 도덕적 이슈들의 과업을 연기하는 것 그 이상의 것이 아니다. 합리화는 단순히 실재(reality)를 극복하는 그 개인의 능력을 감소시키는 자기 기만이다. 그러나 보상과 승화라는 두 가지 부차적인 방어기제들은 보다 건설적인 것으로서 다른 것들보다 우월한 것으로 간주된다.

### (3) 초자아(superego)

프로이드의 정신 역동적 관점으로부터 볼 때, 원자아와 자아 사이의 균형은 쉽게 깨지기 쉽다. 만약 개인과 사회가 모두 존재해야만 한다면 원자아와 힘에 있어서 동등한, 즉 외부 사회의 가치들을 내적으로 유지할 수 있게 하는 하나의 정신구조가 결과적으로 발달할 필요가 있다. 이러한 구조가 다름 아닌 초자아이다. "초자아는 도덕적 사고와 행동을 규제하는 그 사람의 도덕적 인격을 형성한다."[35] 그의 목적은 원자아의 욕망들과 정반대에 있다. "원자아는 전적으로 도덕과 무관한 것이라고 할 수 있고, 자아는 도덕적이 되려고 노력하는 것이라고 할 수 있으며, 그리고 초자아는 초도덕적(supermoral)이 될 수 있고 원자아가 잔혹해질 수 있는 만큼만 단지 잔혹하게 된다라고 할 수 있다."[36]

인간은 태어날 때 어떠한 도덕적 가치도 지니지 않는다. 영아들은 세계에 무도덕 상태로 태어난다. 옳거나 혹은 그름에 관한 어떠한 의식이 없이 이 세상에 태어난다. 그러나 비록 신생아들에게 도덕적 가치들이 결여되어 있지만, 그들은 자신들의 환경 속에 있는 의미 있는 행위자들에 의해 그들에게 부과된 도덕적 가치들을 자신들의 퍼스낼리티 속으로 점차적으로 합체시키는 능력을 지니고 있다. 환경 속에 있는 의미 있는 최초의 동인들은 부모와 그들의 직접적인 보호자들이다. 이후 아동들은 차층 성장해 가면서 알게 되는 동 연령 친구들, 교사들, 종교 지도자들, 그리고 대중매체 등으로부터 도덕적 가치들을 획득한다.

아동들은 도덕적 가치들을 수합하여 받아들이는 능력을 가지고 있을 뿐만 아니라, 그 가치들을 준수하거나 혹은 파괴할 때마다 야기된 감정들을 자동적으로 경험할 수 있다. 그 가치들과 일치하여 하는 행동은 자긍심, 만족, 그리고 스스로 옳다고 여기는 감정(self—righteousness)을 제공한다. 그 가치들과 반대되는 행동들은 죄의식, 수치심,[37] 두려움, 그리고 자기 비난의 감정을 제공한다. 프로이드는 초자아를 도덕적 가치들과 동화시키는, 그리고 그들 가치들을 행동에 대한 안내로서 채택하는 아동들의 성향에 적용하였다.

프로이드는 자아가 원자아로부터 발달하는 것으로 이해하였듯이 초자아는 자아로부터 나타나는 것으로 보았다. "외디푸스 콤플렉스 과정의 외상(trauma)은 자기(the self)의 중요한 조직자인 자아로부터 초자아의 탄생을 촉진시킨다. 대수 방정식(algebraic equation)에서처럼 그때 초자아 대 자아는 부모 대 아동과 같다."[38] 프로이드는 이런 관계를 "이 새로운 정신적 작동인(作動因)은 지금까지 외부 세계에서 사람들에 의해 수행되어져 왔던 기능들을 계속 수행한다. 곧 그것은 자아를 관찰하고, 그것에 명령을 하달하며, 그것을 판단하고 또한 그것을 벌로써 위협한다. 마치 그것이 그로부터 생겨난 부모처럼, 곧 부모로부터 태어났듯이"[39]라고 비유하였다.

프로이드는 초자아가 양심(conscience)과 자아 이상(ego ideal)이란 두 가지 측면을 가진 것으로서 묘사하였다. 어린 아동들은 부모나 혹은 보호자들로부터 규범을 위반한 행동들에 대해서는 벌을 받고 또한 좋은 행동에 대해서는 보상을 받는다. 그러나 어느 정도 나이가 든 아동들과 청소년들은 가끔 외부의 제재를 필요로 하지 않는다. 그들은 이제 도덕적 가치를 파괴하는 것을 자기 자신의 일로 받아들인다. 그들의 양심은 고통을 주는 감정의 형식으로 스스로에게 벌을 부여한다. 그들이 도덕적 가치들을 준수하는 경우, 자아 이상은 그들에게 승인과 칭찬으로 보상한다.

"양심은 벌을 주는 동인이며, 자아 이상은 내적인 역할 모델(internal role model)이다."[40] 초자아가 외적 제재를 대신하게 된다.[41]

원자아와 자아에 초자아를 더함으로써 퍼스낼리티의 구조는 완성된다. 퍼스낼리티의 구조가 기본적으로 완성되는 시기는 남근기를 거친 이후이다. 따라서 어느 정도 나이가 든 아동들이나 청소년들, 그리고 성인들의 도덕적 행동은 세 가지 갈등 원천들을 자아가 중재하여 내놓는 해결책의 결과라 할 수 있다. 세 가지 갈등 원천들이란 우선 환경의 경우들과 관계없이 욕망의 직접적 충족을 요구하는 원자아, 욕망들이 벌칙 없이 만족되어질 수 있는 조건들을 설정하는 환경, 개인들로 하여금 실세계에서 자신들의 부모로부터, 그리고 다른 영향력 있는 동인들로부터 학습하였던 일련의 도덕적 가치들에 일치하여 삶을 영위하라는 압력을 넣는 초자아이다. 인간의 도덕적 행동들은 자아가 이 세 가지 갈등 원천들을 조정한 결과적인 산물이다.

## Ⅵ. 심리성적 단계(psychosexual stages)

퍼스낼리티 구조는 심리성적 단계(心理性的 段階)들의 계열을 통해 출생 이후 20여 년 동안을 거치면서 진화한다. 각 단계는 감각적 만족의 독특한 지대(zone)에 의해, 그러한 만족에 대한 다른 사람들의 태도에 의해, 그리고 도덕성 발달에 대한 함축들에 의해 특징지어진다.

프로이드는 세 가지 가정을 토대로 단계들의 계열을 설정하였다.[42] 첫째, 각 단계는 행동을 이끄는 주요한 충동력(driving force)인 성적 혹은 삶의 본능이 삶의 특별한 시기 동안 표현되어지는 독특한 방식을 나타낸다. 둘째, 각 단계는 완수해야 할 독특한 발달과업이 있다. 현재의 단계에 주어진 발달과업을 얼마나 잘 완수했느냐의 여부는 다음 단계에로의 진입 여부를 결정한다. 만약 현재의 단계에 주어진 과업을 성공적으로 완수하지 못한다면, 완수되지 못한 문제들이 잔류물로 남아 신경병적인 증후를 야기시킴으로써 다음 단계로의 진입을 방해한다. 셋째, 어떤 단계와 연관되어 있는 신체의 만족 지대와 그 만족을 성취하기 위해 추구하는 활동들은 그 단계에 적절한 연령범위에 있는 사람들에게는 정상이다. 그러나 그 단계의 보통 연령범위를 넘어선 사람들에게 있어서는 그 지대에 집중하는 것, 그리고 그와 관련된 행위들은 정상적이지 않고 또한 정신적으로 건강하지도 않다. 따라서 그러한 단계에 갇혀 있는 심리성적 성장은 비정상으로서 퍼스낼리티 불균형 및 일탈된 도덕성 발달의 증후로 간주된다. 어떤 단계의 활동에 과도한, 비정상적일 정도의 고착은 다음 단계의 삶의 시기 때 파괴적인, 비도덕적인 퍼스낼리티의 지표가 된다.

정신분석 이론가들은 이러한 기본 가정을 바탕으로 출생 이후부터 성인기 사이의 발달을 단계로 구분하였다. 발달 기간들의 구분은 정신분석 이론가들에 따라 다소간의 차이가 있지만, 일반적으로 이론가들은 최소한 다섯 가지 주요 단계들을 인정한다. 구강기(oral; 0∼1), 항문기(anal; 2∼3), 소아 성기기(infantile－genital; 3∼4), 잠복기(latency; 4 혹은 5∼사춘기), 그리고 청년 성기기(mature－genital; 10대 중반∼성인기) 등이다. 각 단계들의 특징을 도덕성 발달의 측면에 초점을 맞추어 검토해 본다.[43)]

## 1. 구강기(The Oral Period; 0 ~ 18개월)

신생아의 원자아는 리비도 에너지를 본능적 욕구를 만족시키고 또한 해방의 쾌락을 가져올 대상들의 이미지 속에 투입하려고 노력하고 있다. 이러한 투입의 행위(제1과정)를 '정신집중'(cathexis)이라 부른다. 원자아가 에너지를 어떤 대상의 이미지로 전달시킬 때, 우리는 원자아가 그 대상에 "정신을 집중하고 있다"라고 말한다. 출생 이후 정신집중의 첫 자연적 대상은 어머니의 가슴 혹은 그의 적절한 대체물이다. 왜냐하면 신생아들은 생명을 지속시키는 양분을 입을 통해서 섭취하기 때문이다. 신생아들은 또한 숨을 쉬기 위해서 입과 코를 사용해야만 한다. 입술(lips)과 입(mouth)에 있는 말초신경은 특히 민감하며, 또한 영아에게 특별한 쾌락을 제공한다.

어린 아이들이 먹고, 마시고, 그리고 숨쉬는 것에 대한 욕구를 충족시키는 일로부터 얻는 성공은 그들에게 세계에 관한 첫 인상을 제공한다. 그들의 퍼스낼리티는 리비도 에너지가 얼마나 빨리, 그리고 얼마나 완전하게 해방되어지는가에 의해 영향을 받을 뿐만 아니라, 이들 욕구들이 어떻게 만족되어지는가 혹은 소홀히 되어지는가와 연관된 분위기가 또한 그들에게 영향을 미친다. 만약 어머니가 그들을 다정스럽게 양육한다면 어린 아이들은 보다 행복한 상태에서 구강기를 통과할 것이다.

구강기는 빨기 단계(early receptive stage)와 깨물기 단계(latter biting stage)라는 두 하위 단계들로 다시 구분되어질 수 있다. 빨기 단계는 아동이 치아를 갖기 이전에 발생하며, 깨물기 단계는 잇몸이 보다 딱딱해지고 치아가 생길 때 도달한다. 이들 단계들의 각각은 어린 아동이 나중에 성인이 되어 간직하게 될지도 모를 도덕적 인격의 유형에 대한 그 자체의 함축들을 지니고 있다.

빨기 단계는 출생 후 첫 수개월 동안 지속된다. 성적 쾌락은 빨고, 삼키고, 입질하는 것으로부터 나온다. 이 기간 동안 영아들은 주로 수동적이고 또한 극도로 의존적이다. 만약 그들의 양분섭취 욕구 및 다른 의존 욕구들이 적절하게 충족되지 않거나 커다란 갈등이 이들 욕구들과 연관된다면 불충족감과 갈등의 찌꺼기는 무의식의 세계에 억압되며, 이는 나중에 그 자체를 드러내게 된다. 해결되지 않은 문제들이 잔류물로 남아 이후의 삶의 단계에서 비정상적인 형식으로 분출된다. 정신분석 이론가들은 극도의 탐욕을 나타내는 성인들, 예컨대 다른 사람들에 대해 행해진 해에 상관없이 대상과 지위를 획득하고자 하는 비정상적인 충동을 노정시키는 성인들을 명백하게 구강기의 빨기 단계에 고착된 것으로 해석한다.

정신분석 이론가들은 아동들의 심리성적 발달이 어떤 한 단계에서 고착되어질 수 있는 두 가지 방식들이 존재한다고 제안한다. 한 가지 방식은 그들이 그 단계에서 너무 적은 만족을 얻는 것이다. 그럼으로써 욕구의 불충족된 잔류물들을 무의식 속으로 옮겨가게 된다. 또 다른 방식은 아동이 그 단계에서 너무 많은 만족을 얻는 것이다. 지나친 탐닉을 즐기는 것은 그들로 하여금 계열상의 다음 단계의 과업을 맞이하려 들지 않게 만든다.

이와 관련하여 정신분석 이론은 어린이를 양육하고 있는 사람들에게 다음과 같은 두 가지 메시지를 전달하고 있다. 우선, 아동들은 주어진 단계에서 요구되는 욕구들을 충족시키지 못함으로써 나타나는 잔류물들이 삶의 다음 기간 동안에 해를 끼치는 것을 피하기 위해 각 단계에서 정신적 외상(trauma)이 없는 만족을 얻어야만 한다는 것이다. 그리고 또 하나는 주어진 기간에 얻은 만족이 너무 오랫동안 지속되어 아동들이 후속 단계들의 문제들을 붙잡고 해결하려 하지 않게 되어서는 안 된다라는 것이다. 만족이 너무 지나쳐도 안 되고 또한 너무 부족해도 안 된다는 충고이다.

깨물기 단계 역시 나중의 도덕적 인격에 대해 암묵적인 의미를 지니고 있다. 이 기간 동안 해결되지 않은 갈등들은 나중의 아동기, 청소년기, 그리고 성인기에서 다른 사람들에 대한 개인의 처신에 영향을 미치기 위해 무의식 세계에서 꿈틀거리며 요동칠지도 모른다. 영아가 느끼는 만족의 지배적인 지대는 아직 입이다. 그러나 차츰 치아가 발달함에 따라 입술에 어떤 것이 닿는 것은 이제 깨물고 씹는 것보다 덜 만족을 준다.

이 기간을 거치면서 영아들은 최초로 양가 감정(ambivalent feelings)을 발달시킨다. 그들은 어머니와 같은 한 대상이 쾌락을 제공하는 기능뿐만 아니라 고통을 제공하는 기능도 가질 수 있다는 것을 인정한다. 한 대상에 대해 반대 감정이 병존하는 것이다. 어머니는 젖을 주기도 하고, 또한 젖꼭지를 깨물 때 때리기도 한다. 영아들은 똑같은 대상에 대해 양가 감정을 인식하기 시작한다.

아동들의 초기 양가 감정과 가학적인 경향들(sadism)은 깨묾 속에 표현되어진다. 영아들이 이 단계를 불완전하게 거치게 되면, 그래서 영아가 깨물고자 하는 욕구로부터 얻는 만족을 불충분하게 경험한다면, 그리고 양가 감정을 과도한 고통 없이 표현할 기회를 충분히 갖지 못한다면 갈등의 잔류물들은 무의식 속에 잠재해 있다가 개인의 나중의 삶에서 도덕적 인격을 훼손시킬 수 있게 된다. 이 단계에 고착된 성인들은 타인들에 관하여 지나치게 비판적일 수 있다. 흔히 사람들은 일상의 삶에서 누군가를 헐뜯거나 혹은 호되게 비판할 때 그를 "씹는다"라거나 "신랄하게 비판한다"라는 말을 한다. 이때 '씹는다' 혹은 '신랄한' 이란 우리말은 영어권에서 'chewing out' 와 'biting' 으로 사용되고 있음은 흥미로운 일이다.

## 2. 항문기(The Anal Period ; 18 ~ 36개월)

대부분의 아동들이 성인들과 처음으로 감정적으로 긴장된 만남을 경험하는 것은 배변 훈련과 관련된다. 부모들은 아동들이 2 ~ 3세가 되면 그들의 대소변을 적절하게 통제시키는 데에 관심을 쏟는다. 만족 혹은 리비도 투입의 지배적 지대는 항문, 하위 변통(lower bowel)의 괄약근, 그리고 오줌, 방광과 관련한 비뇨체계의 근육이 된다. 정신분석 이론가들은 이 기간을 두 하위 단계들로 구분하고 있다. 초기 단계는 대변과 소변을 배설하는 데서의 쾌락과 관련된 '배설단계' (expulsion stage)이며, 후기 단계는 이들 물질들을 삼가는 것과 관련된 '보유단계' (retention stage)이다.

아동들은 배설단계 기간 동안 최초로 본능적인 정신집중(배변하고 싶은 욕구)에 대한 외적인 장애(아이가 배설을 통제하도록 하는 부모들의 관심)와의 심각한 갈등 경험을 맞이한다. 만약 아동들이 배설을 통제하려 한다면, 자아는 배설하고자 하는 충동을 느끼는 순간 그 욕구에 저항을 가해야만 한다. 따라서 자아는 저항에 힘을 실어주기 위해 원자아로부터 리비도를 빌려와야만 한다. 자아에 의한 그러한 리비도 힘의 사용을 '역정신집중' (countercathexis) 혹은 '반정신집중' (anticathexis)이라 부른다. 물론 그러한 기능은 보다 나중 단계에서는 초자아에 의해 수행되게 된다. 만약 어떤 아동이 청결에 대한 부모의 요구를 충족시킴으로써 그리하여 그들의 사랑을 보유하고자 원한다면, 그 아동은 배설의 만족을 얻기 위한 원자아의 에너지 투입 혹은 정신집중이 자아의 그 반대되는 정신집중에 의해 반격을 받도록 해야만 된다.

이 기간은 아동들이 사랑, 칭찬, 그리고 승인을 학습하는 아주 중요한 시기이다. 만약 이 기간이 부모들에 의해 현명하게 다루어지지 못한다면, 예컨대 아동이 신체적으로 배설을 통제할 준비가 아직 되어 있기 이전에 가혹하게 청결할 것을 요구한다면 그 아동의 퍼스낼리티는 공포(두려움), 죄의식, 그리고 반항의 잔류물들을 보유하게 될 것이다.

보유단계 기간 동안 아동들은 자신들의 의지대로 배설물을 간직하는 것을 학습한다. 그들은 이제 그들이 가치를 부여하는 산물(products)을 보유함으로써 감각적 만족을 얻는다. 다시 말해, 배설물을 보유함으로써 만족을 얻는다. 정신분석 이론가들은 아동들이 물건이 가치를 지니고 있다는 개념을 획득하는 것은 이 하위 단계 동안 발달한다고 설명하면서, 그 단계를 부적절하게 통과하면 나중에 성인이 되어 물건을 지나치게 저장하거나 혹은 수집하는 행동을 보여준다고 주장한다. 이러한 행위들은 세계적인 상품들, 지위의 상징들, 혹은 제자들을 축적하고 또한 보유하고자 하는 강박충동으로 나아가며, 그것이 자신의 야망을 추구하기 위한 일탈된 수단(거짓말하기, 협박하기, 뇌물주기)을 채택하고 또한 다른 사람들을 착취하는 것을 포함할 때 도덕적 문제가 된다.

## 3. 유아 성기기(The Infantile – Genital Period ; 3 ~ 6세)

소년의 페니스(penis), 그리고 소녀의 클리토리스(clitoris)와 음문(vulva)은 이 기간 동안 성적 쾌락의 초점이 된다. 정신분석 이론가들은 이 기간을 역시 두 하위 단계로 구분하고 있다. 초기 단계는 남근단계(phallic stage)이다. 아동들은 이 단계를 거치는 동안 성기를 만지는 것과 마스터베이션이 성적 쾌락을 제공한다는 것을 발견한다. 그러나 아직 오르가즘에는 이르지 못한다. 그 이후 아동들은 성기를 가지고 장난을 하는 것을 사랑 대상(love object), 곧 그 아동이 일종의 성적 관계를 갖고자 원하는 사람과 연결시킨다. 그럼으로써 후기 단계인 사랑 대상 단계에 진입하게 된다. 이 단계에서 아동들은 도덕성의 형성에 결정적인 영향을 미치게 되는 콤플렉스 혹은 갈등을 겪게 된다.

후기 단계에 도달할 즈음의 소년들은 자신의 아버지가 어머니의 애정을 이미 소유하였기 때문에 어머니의 모든 것을 자기 자신의 것으로 소유할 수 없다는 것을 깨닫는다. 프로이드는 그로부터 결과하는 딜레마를 '외디푸스 콤플렉스'(Oedipus complex) 혹은 '외디푸스 갈등'(Oedipus conflict)이라 불렀다. 이 갈등은 소년들이 자신의 어머니를 소유하고자 하는 바람을 가지고 있으나 강력한 아버지에 의해 방해받고 있는 데서 나타난다. 소녀들은 그 반대의 딜레마를 발견한다. 프로이드는 이를 '일렉트라 콤플렉스'(Electra complex)라 칭하였다. "특히 이 단계에서 남자 아동들은 거세와 관련된 불안을 느낀다. 한편으로는 여성에게서 페니스의 부재(不在)를 보는 것, 그리고 다른 한편으로는 어른에게서 들었던 위협의 기억을 환기하는 것, 이 두 가지가 거세 콤플렉스의 주요 조건들이다. 여기서 말하는 거세 불안(castration anxiety)은 남아가 실제로 품는 감정이 아니라 무의식적인 것이다."[44]

정신분석 이론은 아동들이 이러한 불안을 해소하기 위해 취하는 수단적인 방편으로 동일시의 개념을 제시하고 있다. 아동들은 이 갈등을 금지된 대상(여기서는 반대 성의 부모)에 대한 성적 감정을 퇴출시키고 동시에 같은 성의 부모를 동일시함으로써 해결한다. 아동들은 같은 성의 부모를 동일시함으로써 비난의 공포로부터 자신들을 해방시키며, 또한 같은 성의 특질들을 병합시킨다. 여기에서 같은 성의 특질들이란 아동들의 경쟁자인 같은 성의 부모로 하여금 다른 성의 부모를 향한 사랑의 경쟁에서 승리자가 되게 하였던 특질들을 의미한다. 소녀들은 자신의 어머니를 동일시하며 또한 그녀의 특질들을 발달시키려고 애쓴다.

초자아는 이러한 동일시 과정을 통하여 아동이 같은 성을 가진 부모의 도덕적 가치들을 채택함에 따라 청소년기 이전을 거치면서 발달한다. 이들 가치들은 아동들을 심리적으로 자기 자신들을 보상하고 벌주도록 준비시키며, 또한 그럼으로써 그들 자신의 행동을 외부의 권위적인 인물들의 부재 시에 통제한다.

만약 외디푸스/일렉트라 갈등이 성적 충동의 억압과 동성 부모와의 동일시를 통해 적절하게 해결되어지지 않으면 갈등의 잔류물들이 무의식 속에 남아서 이후 청소년기와 성인기의 퍼스낼리티를 왜곡시키게 된다. 예컨대, 동성애(homosexuality)는 아동들이 이성의 부모를 동일시함으로써, 따라서 동성의 부모보다는 이성의 부모를 자신들의 차후의 성적 취향으로 모방하게 되는 것으로 설명된다. 프로이드는 이러한 성인들의 일종의 성적 정향(性的 定向)으로서의 동성애를 수용 가능한 대안적인 성적 선호라기보다는 하나의 퍼스낼리티 질환(disorder)으로 이해하였고, 심지어는 비도덕적인 것으로까지 보았다.

성적 욕망들의 억압을 통한 외디푸스/일렉트라 콤플렉스의 해결은 아동들로 하여금 초기 성기단계의 잠재국면(latency phase)으로 진입시킨다. 이 국면은 이성에 대한 성적 충동이 일어나지 않는 시기로 '성욕 잠재기'에 해당된다. 이 국면은 초기 성기단계의 전반기와는 그 특징들에서 매우 다르다.

## 4. 잠복기(The Latency Period; 6세 ~ 사춘기)

이 기간에 해당되는 아동들은 비록 만족의 지배적인 지대가 아직 성기 주변에 집중되어 있지만, 거기에 초점을 모은 행동을 거의 나타내 보이지 않는다. 왜냐하면 아동들은 그들의 부모를 대상으로 한 사랑 대상들에 대한 받아들일 수 없는 갈망을 통제하기 위하여 성의 표현을 억압하고 있기 때문이다. 아동들은 만족을 제공하고 또한 벌을 주는 부모의 역할들을 채택하였기 때문에 그들은 이제 성에 관한 이야기와 표현을 수치스럽고 역겨운 것으로 간주한다. 소년들은 자위행위를 중단한다. 왜냐하면 소년들은 자신들의 페니스가 절단되는 벌을 받을 것을 두려워하기 때문이며, 소녀들은 부모의 사랑을 잃을까 두려워 그러한 행위를 중단한다. 프로이드는 아동들이 "소아 기억상실증(infantile amnesia)의 희생"[45]이 되어 삶의 초기 단계에서 약 5년 동안 억압에 의해 성적 충동과 행위를 잊어버린다고 하였다.

이 기간은 때때로 "패거리 시기"(gang age)[46]라 불리기도 한다. 왜냐하면 아동들은 이성이 포함된 집단을 거의 형성하지 않기 때문이다. 이제 초자아는 부모와 사회적 규칙의 하나의 강력한, 그리고 도덕주의적인 내적 표본으로서 작용한다. 부모와의 동일시를 통해 획득한 도덕적 가치들은 그 사회의 도덕적 규범들로 확장되는 것이다. 잠복기에 있는 아동들에게 게임과 다른 일상 활동들에서 규칙에 의한 놀이는 매우 중요한 문제가 되기 시작한다. 운동장, 가정, 그리고 교실에서 정의(正義)의 이슈는 "그것은 공정하지 않아", "너는 속이고 있어", 혹은 "너는 게임의 중간에 그 규칙들을 바꿀 수 없어"와 같은 비난이나 명령으로 제기된다.

외디푸스/일렉트라 갈등을 성공적으로 해결하는 데 실패한 아동들은 잠복기에 고착되어질 수 있다. 이 단계에 고착된 성인들은 이성으로부터 결코 안락함을 느끼지 못한다. 그들은 이성과의 성적 관계를 회피하거나 감정적으로 분리된 혹은 공격적인 방식에서 성적 행위를 수행할지 모른다. 이성에 대한 그들의 반감은 남성들이 여성들을 학대하는, 그리고 여성들이 남성들을 학대하는 신체적 폭행 혹은 심리적 폭행의 형식으로 굴절되어 나타날 수 있다. 적개심은 애정적 의도보다는 악의적 의도를 가진 성적 단어들의 사용에 반영되어 나타나기도 한다. 우리말의 "우라질 놈" 혹은 "꺼져, 개자식아"에 해당하는 영어의 "screw you", "fuck off, you bastard"란 말은 속어(俗語)로서 "성교하다"라는 뜻을 지니고 있다. 우리는 성과 관련된 비속어들을 자주 사용하는 성인들을 같은 맥락에서 이해할 수 있을 것이다.

## 5. 청년 성기기(the mature－genital period; 사춘기 이후~)

사춘기가 도래함으로써 소녀들은 가슴이 커지고 겨드랑이에 털이 나는 것과 같은 제2차 신체적 변화를 나타내기 시작한다. 또한 소년들은 성기기관의 성장, 정액의 출현, 몽정, 목소리의 변성, 그리고 신체의 털의 성장 등을 포함한다. 성적 쾌락의 주요 지대는 아직 클리토리스 부근(여성)과 페니스 부위(남성)이다. 그러나 이제 만족은 성적 오르가즘을 포함한다. 더 나아가 이성 파트너와의 성교가 지배적인 성적 행위가 되기 시작한다. 잠복기에서의 성의 거부로부터 이성과의 성적 행위의 열정적 추구로의 전이는 심리적으로 요구되는 과업이 될 수 있다. 이는 특히 혼외정사를 반대하는 도덕적 장벽을 확립한 사회에서 그렇다.

프로이드는 청소년들로 하여금 성적 교제를 삼가도록 하는 사회적 압력이 확립된 사회에서 승화(sublimation)란 성교를 통한 리비도 에너지의 직접적 투입을 대체하도록 동기를 제공하는 하나의 강력한 힘으로 인식하였다. 승화는 다양한 예술, 운동, 학문, 혹은 박애의 형식들이 가정된다. 예컨대, 음악을 작곡하고, 바이올린을 연주하고, 풍경화를 그리고, 시나 소설을 쓰고, 스포츠에 참여하고, 과학적 탐구를 추구하고, 아동들을 돌보고, 장애가 있는 자들을 돕기 등등이 여기에 해당될 수 있다.

요약하면, 인간은 생애의 첫 20여 년 동안 심리성적 단계들을 통과하여 진보하는 과업에 직면하게 된다. 아동기와 청소년기 동안 얼마나 성공적으로 각 단계에서 직면하게 되는 갈등들을 해결하는가는 성인기에서의 그들의 개인적/사회적 적응에 영향을 미친다. 각 단계에서 주어진 과업을 성공적으로 완수한다면 다음 단계로의 진입이 그만큼 용이할 뿐만 아니라, 미해결된 잔류물들이 거의 없기 때문에 정신적으로도 건강한 상태를 유지할 수 있다. 그럼으로써 각 개인은 퍼스낼리티 구조를 원만하게 형성할 수 있게 되고, 또한 초자아와 자아의 정상적인 작용으로 자신의 도덕적 가치체계를 확고히 정립할 수 있게 된다.

## Ⅶ. 도덕교육 전략

프로이드의 정신분석 이론은 다음과 같은 세 가지 측면에서 아동들의 도덕성 발달을 위한 도덕교육적 접근에 어려움을 안겨주고 있다.

첫째, 프로이드의 이론은 인간의 무의식적 감정을 강조하고 있다. 그는 사회적 혹은 환경적 조건들에서의 변화의 측면보다는 무의식적 감정의 측면에서 도덕성의 발달을 설명하였다. 인간의 무의식을 다루어야 한다는 것은 도덕교육적 접근을 매우 어렵게 하는 주요 요인이 되었다. 둘째, 프로이드는 주로 정상적인 삶의 과정을 거치지 못하고 있는 사람들에게 관심을 가졌으며, 이를 근거로 자신의 이론을 발전시켰다. 따라서 정상적인 발달을 보이고 있는 아동들을 대상으로 그들의 도덕성을 발달시키기 위한 교육적 전략의 수립에 구체적인 방법을 제시해 주지 못한다. 끝으로, 프로이드는 인간의 도덕성이 남근기에 겪는 외디푸스 혹은 일렉트라 콤플렉스를 통해 거의 완성된다는 입장을 분명히 제시하고 있다. 이는 이후의 발달단계에서 도덕성의 발달을 위한 교육적 접근의 중요성을 거의 무시하게 되는 근거가 되고 있다.

그러나 정신분석 이론은 아동들의 도덕성 발달을 위한 교육적 접근에서 결코 무시되기 어려운 중요한 사안들을 제시해 준다. 다시 말하면, 이 이론은 도덕교육자들에게 몇 가지 근본적으로 중요한 문제들을 묻도록 자극해 주고 있다. 도덕교육자들은 이러한 근본 물음을 토대로 아동들의 도덕성 발달을 위한 구체적인 교육적 방안들을 새롭게 강구해 나갈 필요가 있다. 특히 학교 도덕교육에 관계하는 사람들은 이 문제에 더욱 관심을 기울여야 한다. 왜냐하면, 그 동안 정신분석 이론은 도덕성의 발달이 남근기에 국한된다 하여 학교 도덕교육과 관련한 논의에서 지나치게 배제되어 왔기 때문이다. 정신분석 이론은 주로 문제 아동들을 대상으로 상담교육의 차원에서 적용되어 왔을 뿐이다. 우리는 이제 다음과 같은 근본 물음들을 통해 정신분석 이론이 학교의 명시적인 도덕교육에 구체적으로 응용될 수 있는 방안을 적극적으로 모색해 보아야 할 것이다.

첫째, 아동들의 초자아를 발달시킬 수 있는 좋은 방안이 무엇인가라는 물음이다. 정신분석 이론은 도덕성의 정의적 측면을 강조하고 있다. 죄의식, 수치심 혹은 자부심과 같은 도덕적 감정이 도덕적 행동을 낳는 궁극적인 추동력으로서 인정되고 있다. 이 이론에 따르면, 도덕성의 발달은 퍼스낼리티의 구성요소인 원자아, 자아, 초자아 중에서 초자아의 발달과 더불어 일어난다. 이 초자아는 남근기에 발달하는데, 이 시기에 경험하는 외디푸스 갈등이나 일렉트라 갈등을 해결하는 과정에서 아동들은 성이 같은 부모를 동일시하게 되고, 이 동일시 과정에서 부모의 행동뿐만 아니라 부모의 도덕규준도 내면화하게 된다. 부모의 행동이나 도덕규준은 곧 그 사회의 도덕적 가치들을 반영한다.

초자아는 부모를 대신하여 아동들의 행동을 통제하는 역할을 한다. 아동들은 초자아가 발달할수록 도덕적 위반행위를 할 때 심한 죄책감이나 수치심을 느끼게 된다. 그들은 이런 부정적 정서를 되도록 경험하지 않기 위해서 부도덕한 행위를 유발시키는 여러 종류의 내적 욕구나 외적 유혹에 저항하면서 도덕적으로 성숙한다. 초자아는 아동들이 내면화한 도덕적 규준들로부터 도출되어 나오는 도덕적 명령을 분출하는 기제(mechanism)가 된다. 초자아는 양심으로서, 그리고 자아 이상으로서 기능을 발휘한다.

양심이나 자아 이상의 교육적 중요성은 아무리 강조하여도 지나치지 않는다. 그 동안 도덕교육은 인지구조주의의 영향으로 지나치게 아동들의 도덕적 판단력의 증진에 매달려 왔다. 도덕적 딜레마를 통한 토론은 아동들의 도덕적 사고력을 형상시키는 데 도움을 줄 수 있지만 그것이 곧 그들의 도덕적 행동을 담보해 주지는 못한다. 도덕적 판단은 강력한 도덕적 감정과 어울렸을 때 도덕적 행동으로 연결될 확률이 높아진다. 해서는 안 되는 일을 했을 때 죄책감을 느끼고, 바람직한 일을 솔선하여 행하고자 하는 자아 이상을 발달시킬 때 아동들의 도덕성은 한층 탄탄한 바탕 위에서 발달할 수 있게 된다.

정신분석 이론에서 볼 때 초자아의 기초는 매우 이른 시기에 형성된다. 그러므로 아동들의 도덕성 발달을 위해서는 유아기 때부터 충동을 억제할 수 있는 기회를 자주 제공하는 것이 바람직하다. 초등학교 입학 이후에도 교사들은 계속적으로 아동들의 양심이 발달할 수 있는 기회를 제공해 주어야 할 것이다. 가령, 학교 교실에서 반드시 해야 할 일과 해서는 안 되는 일들을 명확히 설정한 후, 해서는 안 되는 일을 위반했을 때는 적절히 양심기능에 호소함으로써 아동들 스스로 죄책감을 느끼도록 하고, 또한 해야 할 일을 스스로 행하였을 경우에는 자긍심을 느낄 수 있도록 배려해 주도록 한다. 그럼으로써 아동들이 본능적인 욕구를 충족시키고자 할 때나 외부의 여러 가지 유혹을 느낄 때 양심에 비추어 욕구나 유혹에 저항할 수 있는 힘을 길러주어야 할 것이다.

둘째, 아동들의 도덕성은 어린 시기에 모두 완성되고 그 이후에는 발달하지 않는가라는 물음이다. 적어도 프로이드의 이론에 따르면, 인간의 도덕성 발달은 항문기에서의 배변훈련을 통한 도덕성의 입문기를 지나 남근기에서의 외디푸스 혹은 일렉트라 콤플렉스를 겪는 과정을 통해 도덕성은 모두 완성된다. 이것은 학교 도덕교육에서 그 동안 정신분석 이론을 무시하게 하였던 일차적인 요인이었다.

그러나 신정신분석 이론가들 중 대표적인 사람인 에릭슨은 프로이드와 달리 인생의 주기를 8단계로 구분하고 각 단계에서 발달시켜야 할 덕들을 제시하였다. 에릭슨은 그러한 덕들을 잘 발달시켰을 때 개인들이 건강한 자아를 발달시킬 수 있다고 하였다. 덕들은 기본적인 인간의 힘이다. 삶의 각 단계에서 맞이하는 갈등들을 성공적으로 해결한 결과들이며, 인간의 적응에 필요한 것이다. 에릭슨은 그러한 덕들로 희망(hope), 의지(will), 목적(purpose), 능력(competence), 성실(fidelity), 사랑(love), 돌봄(care), 그리고 지혜(wisdom)를 들었다.

교육적인 면과 관련하여 볼 때, 에릭슨은 프로이드와 마찬가지로 아동들의 도덕적 형성에 있어서 교사들의 역할보다는 부모의 영향에 더욱 관심을 보였다. 그는 다른 사람들이 이러한 도덕성 발달을 조장하기 위해 무엇을 해야만 하는가보다는 발달하고 있는 인간에게서 무엇이 진행되어지고 있는가에 관심을 더 가졌다. 에릭슨이 제시한 것은 도덕성 발달 이론 혹은 도덕교육에 대한 접근법이 아니라, 오히려 모든 도덕성 발달의 형식에 본질적인 심리적 덕들에 관한 이론이라 할 수 있다. 그러나 우리는 그의 이론으로부터 도덕교육에 대한 함축들을 이끌어낼 수 있다. 다시 말하면, 도덕교육에 대한 함의는 그러한 심리적 덕들이 교육을 통해 조장되어질 수 있으며, 그럼으로써 건강한 자아를 발달시킬 수 있다는 것이다.

능력의 덕에 대한 교육은 주로 학교의 맥락에서 일어난다. 노동과 협동에 관한 기본적 태도들은 아동들이 학교나 그 밖의 모든 곳에서 생활하는 데 필요하다. 도덕교육은 일을 생산해내고 기능들을 발달시키는 참여를 통해서, 또한 말들과 예시들을 통해서 시행될 수 있다. 아동들은 학교생활 기간 동안 새로운 기술을 배워야 한다. 그렇지 않으면 열등감, 실패감, 혹은 무능감이 아동들의 내면에 발달하게 된다. 이때 발달한 능력의 덕은 나중에 한 성인으로서 자신의 업무를 수행하는 데 필요한 중요한 기능을 발휘하게 된다.

특히, 에릭슨에 따르면 청소년들을 대상으로 하는 도덕교육은 매우 중요하다. 이 시기의 청소년들은 급격한 신체적 변화와 더불어 새로운 사회적 압력과 요구에 부딪치게 된다. 이에 따라 청소년들은 새로운 상황에 어떻게 대응해 나가야 할지 몰라서 당황하게 되고, 이전 단계까지는 회의 없이 받아들였던 자기 존재에 대해 새로운 경험과 탐색을 하기 시작한다. 곧 자아정체감의 확립이라는 중차대한 문제에 봉착하게 된다. 자아정체감이란 자기 동일성에 대한 자각인 동시에 자기의 위치, 능력, 역할 및 책임에 대한 분명한 인식이다.

에릭슨은 이 시기를 기본 신뢰감이 형성되는 시기인 제1단계에 못지 않을 만큼 중요한 시기라고 주장하였다. 왜냐하면, 긍정적인 자아정체감을 확립하면 이후의 단계에서 부딪치는 심리적 위기를 무난히 넘길 수 있게 되지만, 그렇지 못하면 다음 단계에서도 방황이 계속되고, 때로는 부정적인 정체감을 형성하게 되기 때문이다. 따라서 학교 도덕교육은 이 시기의 청소년들이 확고한 자기 인식을 바탕으로 한 긍정적인 자아정체감을 형성할 수 있도록 다각적인 노력을 기울여야 할 것이다.

이와 비슷한 또 다른 견해로 타이스(T. N. Tice)의 관점이 있다. 그는 전통적인 정신분석 이론이 제시하였던 도덕성 발달단계를 네 단계로 재구조화하였다. 각 단계는 어떤 중요한 발달과제들의 성취를 통해서만 확인이 가능하다. 각각의 연속적인 도덕단계에서의 전환점은 오로지 이전 단계의 기본적인 발달과업들이 성취되어지는 정도에 따라 도달되어질 수 있다고 하였다. 그의 견해에 따르면, 외디푸스 콤플렉스의 경험이 도덕성의 완전한 성취를 뜻하지는 않는다. 아동들이 초등학교와 중학교 과정을 거치면서 기초 도덕성으로서의 초자아를 정교하게 다듬고 강화해 나간다. 따라서 학교교육은 아동들의 도덕성 형성에 적극적인 영향을 미칠 수 있다.[47]

셋째, 도덕적 측면에서 왜곡된 행동을 보이는 아동들에 대해 정신분석 이론은 어떠한 교육적 시사점을 함축하고 있는가라는 물음이다. 정신분석 이론은 이에 대해 다른 어떤 이론들보다 분명하고 구체적인 시사점을 제공해 주고 있다. 정신분석 이론은 애초에 비정상적인 정신적 환자들의 치료를 목적으로 발달된 것이다. 따라서 건강하지 못한 자아에 의해서 나타나는 왜곡된 행동들에 관한 이해는 정신분석 이론의 설명을 통해 가장 적절히 접근할 수 있다.

도덕적 측면에서 왜곡된 행동들이란 얼핏 보아서는 바람직한 행동으로 보이지만 그의 내면적인 동기나 의도 등을 살펴보면 결코 우리가 옳은 행동이라고 말할 수 없는 행동들을 일컫는다. 예를 들면, 자주 자신의 행동을 합리화하는 행동, 어리광을 부리고 떼를 쓰는 행동, 화가 나 친구를 때린 후 곧바로 끌어안고 미안하다고 하면서 입을 맞추는 행동, 남에게 자꾸 잘못의 탓을 돌리는 행동 등이다. 이러한 행동들은 모두 건강하지 못한 자아로부터 비롯된다. 본능적 욕구와 사회적 환경 사이에 적절한 조화점을 찾지 못하고 왜곡된 형태로 드러난 행동들이다. 정신분석 이론에 따르면 이런 행동들은 억압, 반동형성, 퇴행, 투사, 합리화, 전위, 보상 등과 같은 자아 방어기제에서 비롯된 행동들이다.

학교에서 아동들이 위와 같은 왜곡된 행동을 보일 때, 교사들은 그러한 아동들에 대해 꾸중을 하기에 앞서 정신분석 이론에서 말하는 자아 방어기제에 대한 이해가 필요하다. 그럼으로써 교사는 아동과의 긍정적인 심리적 유대를 유지하면서 행동의 본질적인 원인에 접근할 수 있게 된다. 자아 방어기제의 행동들은 대체적으로 현실의 제약에 대한 회피로부터 나타난다. 따라서 교사들은 아동들이 현실에 대한 보다 분명한 인식을 가질 수 있도록 안내해 줄 필요가 있다. 가령, 잘못된 행동의 원인을 자주 다른 사람의 탓으로 돌리는 아동이 있다면, 교사는 그 행동이 일어난 원인과 그의 결과들을 아동에게 자세하게 일러주거나 혹은 아동이 생각해 볼 수 있도록 조건을 제시해 준다. 그리고 아동 스스로 잘못된 행동의 원인이 자신에게 있음을 인정하게 하며, 이때 교사는 아동에게 잘못된 행동의 책임을 지나치게 따져 묻는 것은 바람직하지 않다. 교사로부터 심한 벌을 받으면 받을수록 그 아동은 왜곡된 행동을 할 확률이 더 높아질 것이다.

도덕교육은 아동들이 진실한 자신의 내면의 목소리를 아무 제약 없이 낼 수 있을 때 비로소 가능해진다. 아동들이 교사의 권위나 혹은 학급의 경직된 분위기에 눌려 자신의 진실한 내면의 목소리를 내지 못한다면 도덕교육은 위장된 목소리들의 경연장이 되거나, 아니면 아동들의 관심과는 무관한 교사만의 일방적인 가치전달의 시간이 될 수 있다. 아동들은 자신들이 갖고 있는 본능적 욕구를 비롯하여 자신의 생각을 솔직하게 드러내놓고 이야기 할 수 있어야 한다. 그때 비로소 교사는 아동들이 욕구를 분출할 수 있는 현실적인 출구를 대안으로 제시할 수도 있고, 또한 아동들은 그런 기회를 가질수록 왜곡된 행동의 빈도를 줄여나갈 수 있을 것이다.

끝으로, 초자아의 형성에 결정적인 동일시의 대상은 오로지 부모에 국한되는가라는 물음이다. 정신분석 이론에 따르면, 아동들은 외디푸스 콤플렉스나 일렉트라 콤플렉스를 해결하는 과정에서 같은 성의 부모를 동일시하게 된다. 그럼으로써 그 부모의 신념과 행동을 모방하게 된다. 여기에서 부모의 신념과 행동은 단순히 개인적인 차원에서 그치는 것이 아니다. 부모의 그것들은 사실은 사회의 도덕적 가치들을 대변하는 것이다. 따라서 아동들은 부모와의 동일시를 통해 자신이 소속한 사회의 전통과 도덕을 내면화하게 된다. 부모의 역할이 아동들의 도덕성 형성에 결정적으로 영향을 미친다.

그러나 우리는 프로이드의 이론을 계승한 에릭슨의 관점을 참고해 볼 필요가 있다. 에릭슨은 동일시의 개념을 청소년 시기에까지 적용시키고 있다. 그는 청소년기의 중심과제를 자아정체감의 확립이라고 하면서, 이 시기의 청소년들은 자기 자신의 의문에 대한 해답을 찾으려고 애쓰지만 그 해답을 쉽사리 찾지 못하기 때문에 고민하고 방황한다고 주장하였다. 에릭슨에 따르면, 자아정체감을 쉽게 확립하기가 어렵기 때문에 청소년들은 동료집단에서 동일시의 대상을 찾거나 혹은 존경하는 위인이나 영웅에게서 동일시의 대상을 찾으려고 애쓴다.

사실 인간의 도덕성은 어떤 단계에 고정된 성질의 것이 아니다. "사람들은 도덕성을 자신의 어머니의 가슴에서 빨아들인다. 그들의 전체 삶은 도덕적 환경 내에서 영위된다. 그리고 한 개인이 죽더라도 도덕은 살아 존재한다. 사람들은 자신이 살고 있는 시대의 도덕적 분위기를 자각하기 시작하면서 그것을 수용한다. 그리고 오히려 아무 생각 없이 그의 행동은 그것에 적응할 것이다."[48] 따라서 아동들이 생활하는 모든 장면들은 도덕적 환경을 구성하고, 아동들은 특히 환경을 구성하고 있는 성인들의 행위를 통해 도덕적 삶을 익혀나간다.

이런 맥락에서 볼 때, 교사들은 아동들에게 있어서 초자아의 형성에 필요한 지속적인 동일시의 대상이 될 수 있다. 아동들이 일차적으로 접하게 되는 가정의 부모가 갖는 강도만큼의 영향력을 갖지는 못하겠지만, 적어도 교사들은 아동들이 초자아의 터전을 확고히 다지는 데 도움이 될 수 있다. 초등학교 시기의 아동들에게 있어서 교사들은 사회의 도덕적 가치들을 분명하게 내면화시키는 동일시의 대상으로서 역할을 할 수 있을 것이다. 그리고 또한 중 · 고등학교 시기의 청소년들에 있어서 교사들은 단순히 사회의 도덕적 가치들의 전달이라는 차원을 넘어 삶의 이상으로서의 이념을 올바로 제시하는 동일시의 대상으로서 역할을 할 수 있을 것이다.

## ✲ 주 ✲

1) R. M. Thomas, *Moral Development Theories－Secular and Religious : A Comparative Study*, Greenwood Press, 1997, p. 91 참고.

2) 발달 심리학은 인간 본성에 관한 많은 가정들의 기초를 제공하는 다섯 가지 주요한 철학적 모델을 발달시켜 왔다. 여기에는 '유기체적'(organismic), '정신분석적'(psychoanalytic), '기계론적'(mechanistic), '맥락적'(contextualistic), '변증법적'(dialectic) 모델이 포함된다. H. W. Reese & W. F. Overton, Models of development and theories of development, L. R. Goulet and P. B. Baltes (Eds.), *Life－span developmental psychology*, New York : Academic Press, 1970, pp. 115－145; R. A. Dixon & R. M. Lerner, A history of systems in developmental psychology, M. H. Bornstein and M. E. Lamb (Eds.), *Developmental psychology : An advanced textbook*, Hillsdale, NJ : Lawrence Erlbaum Associates, 1988, pp. 3－39 참고.

3) W. M. Kurtines and J. L. Gewirtz, *Moral Development : An Introduction*, Allyn and Bacon, 1995, p. 10 참고.

4) 오세진 외, 『인간행동과 심리학』, 학지사, 1999, p. 346.

5) L. A. Hjelle and D. J. Ziegler, 이훈구 역, 『성격 심리학』, 법문사, 1990, p. 80 참고.

6) 프롬(E. Fromm)은 프로이드의 근본사상을 '기계론적 유물론'이라 하였다. 이는 19세기 물질주의적 사상에서 비롯된 것으로, 인간을 성적 충동(리비도)이라고 불리는 비교적 일정한 성적 에너지에 의하여 움직여 나가는 기계와 같은 것으로 본다. E. Fromm and R. Osborn, 김기태 역, 『정신분석과 유물론』, 선영사, 1987, p. 174, p. 182 참고.

7) G. L. Sapp (Ed.), *Handbook of Moral Development : Models, Processes, Techniques, and Research*, Religious Education Press, 1986, p. 63.

8) 위의 책, p. 82.

9) 위의 책, p. 82.

10) H. Marcuse & E. Fromm, 오태환 역, 『프로이트 심리학 비판』, 선영사, 1987, p. 99.

11) E. Fromm and R. Xirau (Eds.), *The Nature of man*, New York : Macmillian publishing Co., 1968, pp. 240－241.

12) R. M. Thomas, 앞의 책, p. 106.

13) 위의 책, p. 106 참고.

14) 위의 책, p. 106.

15) H. Marcuse and E. Fromm, 앞의 책, p. 100 참고.

16) G. L. Sapp (Ed.), 앞의 책, p. 63.

17) 위의 책, p. 64.

18) R. M. Thomas, 앞의 책, p. 99.

19) M. Downey & A. V. Kelly, *Moral Education; theory and practice*, Harper & Row Ltd, 1978, p. 65.

20) L. A. Hjelle and D. J. Ziegler, 앞의 책, p. 59.

21) M. Windmiller, N. Lambert, E. Turiel, *Moral Development and Socialization*, Allayn and Bacon, Inc., 1980, p. 6.

22) G. L. Sapp (Ed.), 앞의 책, p. 65.

23) A. Freud, *The ego and the mechanisms of defense*, New York : International Universities Press, 1966, p. 119.

24) W. M. Kurtines and J. L. Gewirtz, 앞의 책, pp. 211−214 참고.

25) M. Hoffman, Moral internalization : Current theory and research, L. Berkowitz (Ed.), *Advances in experimental social psychology, Vol. 10*, New York : Academic Press. 1977.

26) N. J. Salkind, 정옥분 역, 『인간발달의 이론』, 교육과학사, 1995, p. 140 참고.

27) R. M. Thomas, 앞의 책, p. 93 참고.

28) S. Freud, *The Ego and the Id*, London : Hogarth, 1974, pp. 4−5.

29) E. J. Phares, 홍숙기 역, 『성격심리학』, 박영사, 1995, p. 59.

30) S. Freud, *An Outline of Psychoanalysis*, London : Hogarth, 1973(1938), p. 2.

31) R. M. Thomas, 앞의 책, p. 96.

32) G. L. Sapp (Ed.), 앞의 책, p. 63.

33) R. M. Thomas, 앞의 책, p. 98.

34) S. Freud, 임진수 역주, 『꿈과 정신분석』, 계명대학교출판부, 2002, p. 224.

35) G. L. Sapp (Ed.), 앞의 책, p. 63.

36) S. Freud, *The Ego and The Id*, London : Hogarth, 1974(1923), p. 44.

37) 길리간(J. Gilligan)은 수치심과 죄의식을 퍼스낼리티와 도덕성의 차원에서 분석하고 있다. 정신분석가들은 일반적으로 수치심을 경험하는 능력이 죄의식을 경험하는 능력보다 앞서서 발달한다고 본다. 또한 많은 정신분석가들은 수치심과 죄의식 둘 다 심리성적 발달(psychosexual development)의 세 단계(oral, anal, phallic)와 연관된다고 인식한다. 길리간은 자신의 임상경험을 바탕으로 각 단계를 초기와 후기 국면으로 구분하고 초기 국면을 수치심, 그리고 후기 국면을 죄

의식의 발달과 연관시켰다. 예컨대, 수치심은 세 단계의 각각의 초기 국면인 '빨기 충동'(구강기), '성애적 충동'(항문기), '요도적(urethral) 충동'(성기기)은 수동적인 리비도의 욕구에 반대하는 방어동기(the motive of defense)로서 일어난다는 것을 가정한다. 반면에, 죄의식은 세 단계의 각각의 후기 국면인 '새디즘적인 깨물기 충동'(구강기), '새디스트적인 충동'(항문기), 그리고 '경쟁적(competitive) 충동'(성기기)과 연관된 적극적인, 공격적인 충동들에 반대하는 방어 동기로서 일어난다고 보았다.

또한 길리간은 수치심과 죄의식을 수치심 윤리와 죄의식 윤리로 구분하여 도덕성 영역으로 확대하여 해석하고 있다. 수치심 윤리란 부정적으로 가치가 부여된 하나의 가치체계(value system)로서, 이 체계에서 가장 높은 선(good)은 수치의 반대인 자긍심(pride)이다. 반면에 죄의식 윤리는 가장 나쁜 악이 자긍심인 정반대의 가치체계로서, 이 체계에서의 가장 높은 선은 겸손(humility)이다. 이 둘의 관계에서는 한편으로 의식적인 것이 다른 한편으로는 무의식적이라 이해하였다. 죄의식 윤리의 의식적인 겸손 뒤는 무의식적인 자긍심이며, 수치심 윤리의 의식적인 오만함과 자긍심 뒤는 무의식적인 부끄러움이다. 길리간은 예수에 의해 전파된 도덕적 가치 체계를 죄의식의 표본으로 들었다.

길리간은 수치심 윤리와 죄의식 윤리 사이의 가장 근본적인 차이란 그것들이 자기 자신과 다른 사람들에 대해 사랑과 증오에 관해 만드는 정반대의 도덕적 가치평가와 관계된다고 하였다. 자기 자신에 대한 사랑에 관해 수치심 윤리는 긍정적인 가치(긍지, 이기주의, 나르시시즘)를 부여하나 죄의식 윤리는 부정적인 가치를 부여한다. 타인들에 대한 사랑에 관해 죄의식 윤리는 가치(이타주의, 동정, 연민)를 부여하나 수치심 윤리는 가치를 부여하지 않는다. 수치심 윤리는 다른 사람들에 대한 증오와 공격(새디즘, 살인, 전쟁)에 관해 가치를 부여하나 죄의식 윤리는 가치를 부여하지 않는다. 죄의식 윤리는 자기 자신에 대한 증오와 공격(참회, 매저키즘, 자살, 순교)에 관해 가치를 부여하나 수치심 윤리는 부여하지 않는다. 콜버그의 단계 1은 수치심 윤리의 모든 특징들을 대부분 예시한다. 길리간은 수치심 윤리와 죄의식 윤리의 전형을 콜버그의 도덕적 추론 발달단계와 관련시켜 제시하였다. 수치심 윤리의 전형은 1단계에 해당하는 자들의 윤리로 ① 타인들에 대한 분노(화)의 극대화, ② 자기에 대한 화의 최소화, ③ 타인들에 대한 사랑의 최소화, ④ 자기애(self-love)의 극대화의 특징을 보인다. 그리고 죄의식 윤리의 전형은 6단계에 해당하는 자들의 윤리로 ① 자기에 대한 분노의 극대화, ② 타인들에 대한 분노의 최소화, ③ 타인들에 대한 사랑의 극대화, ④ 자기에 대한 사랑의 최소화의 특징을 보인다. J. Gilligan, Beyond Morality : Psychoanalytic Reflections on Shame, Guilt, and Love, T. Lickona (Ed.), *Moral Development and Behavior : Theory, Research, and Social Issues*, Holt, Rinehart and

Winston, 1976, pp. 149－154 참고.

38) M. Windmiller, N. Lambert, E. Turiel, 앞의 책, p. 26.

39) S. Freud, *An Outline of Psychoanalysis*, p. 62.

40) G. L. Sapp (Ed.), 앞의 책, p. 65.

41) 본문에서 언급하지 않았던 다른 중요한 초자아 기능들로는 ① 자만심 규제, ② 이상을 설정하고, 배태하고 그리고 제안하는 능력들, ③ 자애(self－love)에 대한 능력들, ④ 자기 연민 및 자기 위안, ⑤ 자기 준수와 자기 비판, ⑥ 사랑하고 또한 사랑받는 자기 자신에 관한 감각 등이 있다. T. N. Tice, A Psychoanalytic Perspective, M. Windmiller, N. Lambert, E. Turiel, *Moral Development and Socialization*, Allayn and Bacon, Inc., 1980, p. 184 참고.

42) R. M. Thomas, 앞의 책, pp. 99－100 참고.

43) 타이스(T. N. Tice)는 전통적인 정신분석 이론이 제시하였던 도덕성 발달단계를 네 단계로 재구조화하였다. 각 단계는 어떤 중요한 발달 과제들의 성취를 통해서만 확인이 가능하다. 각각의 연속적인 도덕 단계에서의 전환점은 오로지 이전 단계의 기본적인 발달 과업들이 성취되어지는 정도에 따라 도달되어질 수 있다. 제1단계는 '기초 도덕성'(primary morality)으로서 초자아 구조의 형성으로 보통 5세에서 6세 사이에 성취된다. 출생이후부터 외디푸스 콤플렉스를 경험하면서 이루어지는 이러한 성취는 엄격한 의미에서 도덕성 발달에서의 최초의 전환점(turning points)이라 할 수 있는 전도덕적 토대들에 의존한다. 전도덕적 토대의 핵심은 출생이후부터 약 3세 사이에 이루어지는 분리(separation)－개별화(individuation) 과제의 성취에 있다. 제2단계는 '중기 아동기 도덕성' 으로서 잠복기 구조의 형성으로 보통 8세에서 12세 사이에 완성된다. 이 단계는 외디푸스 콤플렉스를 통해 형성된 기초 도덕성을 정교하게 다듬고(elaboration) 이를 보다 강화하는(consolidation) 기간이다. 이 단계는 잠복기의 구조(structure)의 성취에 의해 비로소 초래된다. 잠복기 구조의 성취는 제2의 주요 전환점으로 보통 6세에서 8세 사이에 이루어진다. 제3단계는 '청소년기 도덕성' 으로서 초기 청소년기에서 사춘기(puberty) 과업의 성취로 보통 14세에서 16세 사이에 완성된다. 중기 청소년기에 이르러 제2차 분리－개별화 국면을 맞이한다. 이 국면을 경험함으로써 청소년기의 도덕성을 완성한다. 후기 청소년기의 과업에 직면하면서 새로운 전환점을 맞는다. 제4단계는 '초기 성인기 도덕성' 으로서 후기 청소년기에 접어들면서 성취된다. 십대 후반에 이르러 성인 과업의 전환점을 맞이한다. 끝으로, 제5단계는 '후기 성인기 도덕성' 으로서 보통 21세나 25세에서부터 죽을 때까지의 기간에 해당한다. 노년기와 죽음에 직면하여 제3의 분리－개별화 국면을 맞이한다. T. N. Tice, A Psychoanalytic Perspective, M. Windmiller, N. Lambert, E. Turiel, *Moral Development and Socialization*, Allayn and Bacon

Inc., 1980, p. 164 참고.

44) J. D. Nasio, 표원경 역, 『정신분석학의 7가지 개념』, 백의, 1999, pp. 19–20.

45) S. Freud, *An Outline of Psychoanalysis*, p. 10.

46) R. M. Thomas, 앞의 책, p. 104.

47) T. N. Tice, 앞의 논문, p. 164 참고.

48) J. Park and R. W. Barron, Can morality be Taught?, L. S. Stiles & B. D. Johnson (Eds.), *Morality Examined : Guidelines for Teachers*, Princeton Book Company, Publishers, 1977, p. 4.

## ✻ 참고문헌 ✻

오세진 외, 『인간행동과 심리학』, 학지사, 1999.

장휘숙, 『인간발달』, 박영사, 2000.

조희숙 외, 『아동발달심리』, 학지사, 1994.

Dixon, R. A. & Lerner, R. M., A history of systems in developmental psychology, M. H. Bornstein and M. E. Lamb (Eds.), *Developmental psychology : An advanced textbook*, Hillsdale, NJ : Lawrence Erlbaum Associates, 1988.

Downey, M. & Kelly, A. V., *Moral Education; theory and practice*, Harper & Row Ltd, 1978.

Erikson, E. H., *Insight and Responsibility*, New York : Norton, 1964.

Erikson, E. H., *Life History and the Historical Movement*, New York : Norton, 1975.

Freud, A., *The ego and the mechanisms of defense*, New York : International Universities Press, 1966.

Freud, A., *The Writings of Anna Freud*, New York : International Universities Press, vol.v., 1974.

Freud, S., *An Outline of Psychoanalysis*, London : Hogarth, 1973(1938).

Freud, S., *The Ego and the Id*, London: Hogarth, 1974.

Freud, S., 임진수 역주, 『꿈과 정신분석』, 계명대학교 출판부, 2002.

Freud, S. and Osborn, R., 김기태 역, 『정신분석과 유물론』, 선영사, 1987.

Fromm, E. and Xirau, R. (Eds.), *The Nature of man*, New York : Macmillian publishing Co., 1968.

Gilligan, C., *In Another Voice*, Cambridge, Mass. : Harvard University Press, 1982.

Gilligan, J., Beyond Morality : Psychoanalytic Reflections on Shame, Guilt, and Love, T. Lickona (Ed.), *Moral Development and Behavior : Theory, Research, and Social Issues*, Holt, Rinehart and Winston, 1976.

Hjelle, L. A. and Ziegler, D. J., 이훈구 역, 『성격 심리학』, 법문사, 1990.

Hoffman, M., Moral internalization : Current theory and research, L. Berkowitz (Ed.), *Advances in experimental social psychology, Vol. 10,* New York : Academic Press, 1977.

Kurtines, W. M. and Gewirtz, J. L., *Moral Development : An Introduction,* Allyn and

Bacon, 1995.
Marcuse, H. & Fromm, E., 오태환 역, 『프로이트 심리학 비판』, 선영사, 1987.
Nasio, J. D., 표원경 역, 『정신분석학의 7가지 개념』, 백의, 1999.
Park, J. and Barron, R. W., Can morality be Taught?, L. S. Stiles & B. D. Johnson (Eds.), *Morality Examined: Guidelines for Teachers*, Princeton Book Company, Publishers, 1977.
Phares, E. J., 홍숙기 역, 『성격심리학』, 박영사, 1995.
Reese, H. W. & Overton, W. F., Models of development and theories of development, L. R. Goulet and P. B. Baltes (Eds.), *Life-span developmental psychology*, New York : Academic Press, 1970.
Salkind, N. J., 정옥분 역, 『인간발달의 이론』, 교육과학사, 1995.
Sapp, G. L. (Ed.), *Handbook of Moral Development : Models, Processes, Techniques, and Research*, Religious Education Press, 1986.
Strotzka, H., Psychoanalysis and Ethics, G. Zecha and P. Weingartner (Ed.), *Conscience : An Interdisciplinary View*, D. Reidel Publishing Company, 1987.
Thomas, R. M., *Moral Development Theories-Secular and Religious: A Comparative Study*, Greenwood Press, 1997.
Tice, T. N., A Psychoanalytic Perspective, M. Windmiller, N. Lambert, E. Turiel, *Moral Development and Socialization*, Allayn and Bacon, Inc., 1980.
Windmiller, M., Lambert, N., Turiel, E., *Moral Development and Socialization*, Allayn and Bacon, Inc., 1980.

Anna Freud(1895.12.3~1982.10.9)

Erik Homburger Erikson(1902.6.15~1994.5.12)

# 제 2 장 신정신분석 이론

## I. 기본 가정

신프로이드(Neo-Freudian) 학파는 고전적인 프로이드 이론에 기본적으로 동의하면서도 나름의 새로운 강조점들을 제시하였다. 대표적인 학자들로는 융(C. G. Jung), 애들러(A. Adler), 프롬(E. Fromm), 안나 프로이드(A. Freud), 에릭슨(E. H. Erikson) 등이 있다. 이들은 프로이드가 지나치게 무의식과 성욕을 강조하면서 인간 발달을 논하는 것에 반기를 들고 독자적인 정신분석 이론을 정립하였다. 이들은 고전적인 퍼스낼리티 구조(원자아, 자아, 초자아)를 수용하면서도 이의 역할에 대해 다른 입장을 제시한 것이다. 프로이드는 건강한 사람의 경우에 자아를 인간 행동의 조정자로 보았지만, 그것을 자율적인 위치에 있는 조정자로 보지 않고 언제나 이드(id)의 욕구에 보조적인 존재로 간주했다. 그러나 신정신분석가들은 자아의 자율성을 고양시키는 데 많은 노력을 기울였다.

신정신분석가들의 자아 이론은 당시 많은 심리학자들에게 호응을 받았다. 그 까닭은 심리학의 전통적 주제인 지각, 학습, 기억, 사고 등에 초점을 두었고, 또한 비정상적인 환자들을 대상으로 하지 않고 정상인의 행동을 강조하였기 때문이다. 더욱이 자아 이론은 고전적 정신분석학이 무의식적이고 비합리적인 성격 측면을 강조하는 데 반해 합리적이고 건설적인 면과 의식을 강조하였다.

이러한 관점에서 현대 신정신분석학 이론을 잘 정리한 인물이 에릭슨이다. 그는 프로이드가 강조하였던 본능과 초자아에는 거의 관심을 기울이지 않고 자아의 발달과 기능에 큰 관심을 기울였다. 에릭슨은 자아의 본질이 유전적 · 생리적 요인 외에 문화적 · 역사적 영향을 받는다고 믿는다. 자아는 삶의 각 단계에서 그것을 둘러싸고 있는 새로운 문제들을 창조적으로 풀어나가는 해결사로서의 역할을 한다. 자아는 각 발달단계마다 선천적으로 갖추어진 내적 준비와 외적인 환경의 기회를 결합시킬 줄 알며, 좌절되었을 경우에는 다시 새로운 방법으로 시도하고 노력한다. 자아는 인간의 퍼스낼리티 구조에서 항상 중심적인 역할을 담당한다.

신정신분석 이론은 학자에 따라 다양한 관점이 존재한다. 여기에서는 자아심리학으로 유명한 에릭슨의 이론을 중심으로 다룬다. 그의 자아심리학은 다음과 같은 가정들을 바탕으로 하고 있다.

1. 인간의 타고난 생물학적 요소는 나중의 개인적 퍼스낼리티 형성에 기초가 된다.
2. 인간의 발달은 전적으로 생물학적 혹은 환경적 영향에 좌우되지 않는다. 인간은 자신의 심리적 발달을 주도하는 능력을 가지고 있으며, 자신을 보호하고 삶의 과정을 지시함으로써 경험을 통합하며 조직화한다.
3. 모든 행동과 경험들은 아동기에 뿌리를 둔 무의식적인 내적 결정요소들(unconscious internal determinants)의 표현들로서 해석될 수 있다. 그러나 아동기의 사건들이 나중의 퍼스낼리티 구조를 결정하지만, 나중의 퍼스낼리티 구조 또한 과거 아동기의 사건들을 결정하는 데 환류(feed back)될 수 있다.[1]
4. 인간의 퍼스낼리티는 단계적으로 발달한다. 각 단계는 새로운 정보, 감정, 혹은 행동 등이 이전의 정보나 행동과 통합되는 구조적인 재조

직화를 나타낸다.

5. 인생주기의 각 단계는 그 단계가 우세하게 출현되는 최적의 시기가 있고, 각 단계는 전 단계의 심리사회적 갈등의 해결과 통합을 토대로 한다.
6. 각 단계마다 해당되는 신체기관이나 신체운동에 따른 지대(zone)가 있으며(예컨대, 구강기 때는 입과 먹는 행위), 단계 특유의 수행방식(mode)이 있다(예컨대, 구강기 때는 안으로 받아들임과 의존).
7. 인간의 심리발달은 생물학적 성숙과정의 요구와 일상생활 중에 직면하는 사회의 요구 및 사회적 기대간의 상호작용에서 비롯된다. 각 발달단계에서 인간은 자신의 필요와 사회적 · 환경적 요구에 적응하기 위해 심리적 노력을 한다. 그러한 노력은 긴장이나 갈등으로 경험된다. 즉, 심리사회적 위기를 경험하게 된다.
8. 인간이 생애에서 경험하는 모든 개인적 · 사회적 위기는 오히려 세계를 극복하고 성장으로 유도하는 도전감을 갖게 한다. 인간은 심리사회적 위기를 성공적으로 극복하게 되면 자아의 힘(the strength of ego)이라 불리는 심리사회적 능력 혹은 덕(virtues)을 형성하게 된다.
9. 인간의 행동과 기능의 기초는 원자아가 아닌 자아이다. 인간은 사회가 자신에게 미치는 영향과 자신이 개인적 · 사회적 위기를 극복하면서 '나는 누구인가?, 내가 무엇을 해야 하는가?' 라는 물음에 대한 답을 끊임없이 추구한다.

## Ⅱ. 인간관

신정신분석 이론의 대표적 인물인 에릭슨의 인간관은 정신분석 이론의 인간관을 포괄적으로 이해하는 데 많은 도움이 될 수 있다. 여기에서는 신정신분석 이론가인 에릭슨의 인간관을 프로이드의 전통적인 인간관과 세 가지 측면에서 비교하면서 살펴보고자 한다.

첫째, 에릭슨은 자아(ego)의 성장에 관심을 가졌다. 이 사실은 프로이드의 인간관과 근본적인 면에서 차이가 나타나게 된 중요한 원천이 되고 있다. 에릭슨은 프로이드가 중요시 여겼던 원자아(id)보다는 자아를 강조하였다. 그는 인간의 행동과 기능의 기초로서 자아에 주목하였으며, 자아를 성격의 자율적 구조로 간주하였다. 자아기능의 어떤 부분은 단순히 원자아와 사회의 요구 사이의 갈등을 피하려는 시도에 의하여 결정되는 것이 아니라는 것이다. 또한 그는 인간의 합리적 측면을 강하게 인정하였다. 에릭슨은 인간이 의사결정과 문제 해결에 있어서 보다 더 합리적이고 논리적인 존재라는 인식을 지니고 있었다. 이러한 관점은 무의식적 동기를 강조함으로써 인간의 비합리성을 부각시켰던 프로이드의 인간관과는 매우 다르다.

둘째, 에릭슨은 낙관적인 인간관을 지녔다. 에릭슨과 프로이드의 인간관의 차이는 심리성욕 갈등의 양상과 그 해결방식에서 나타난다. 프로이드는 초기 외상(trauma)이 성인기에 어떻게 정신병리를 야기시키는가 하는 것을 해명하려 하였던 반면에, 에릭슨은 생활에서 오는 정신사회적 위험(hazards)을 이겨낼 수 있는 인간 능력에 관심을 가졌다. 이것은 사실두 사람간의 인간관에 있어서의 중요한 차이를 드러내 준다.

프로이드는 비관적 인간관을 소유하였다. 그는 인간을 만약 그의 본능적인 욕구를 추구하도록 그냥 내버려둔다면 인류는 숙명적으로 파멸의 나락으로 떨어지게 된다는 점을 암시하였다. 그러나 에릭슨은 낙관적이다. 그는 모든 개인적 · 사회적 위기가 오히려 세계를 극복하고 성장으로 유도하는 도전감을 갖게 한다는 견해를 피력하였다. 그는 심리사회적 위기를 성공적으로 극복하게 되면 자아의 힘(the strength of ego)이라 불리는 심리사회적 능력 혹은 덕성(virtues)을 형성하게 된다고 하였다. "에릭슨은 프로이드와 달리 인간의 적응적인, 그리고 창조적인 힘을 강조하였으며, 휴머니스트들에 동조하여 인간은 천성적으로 선하다는 견해를 가졌다."[2)]

끝으로, 에릭슨은 인간의 전생애 발달에 관심을 가졌다. 에릭슨은 점성원칙(epigenetic principle)에 지배되는 8단계의 심리사회적 발달단계를 제시하였다. 발달의 점성적 원리란 인생주기의 각 단계는 그 단계가 우세하게 출현되는 최적의 시기가 있고, 각 단계는 전 단계의 심리사회적 갈등의 해결과 통합을 토대로 한다는 것이다. 그는 프로이드와 달리 인간의 성장을 계속적인 관계에서 고찰하였다. 인간의 자아발달을 전생애를 망라하여 고찰한 것이다. 이에 따르면, 도덕적 인간의 본질은 프로이드의 주장과 달리 결코 어린 시기의 경험에 의해 결정되는 것이 아니다. 인간은 각 단계에서 주어지는 심리사회적 위기를 극복해 가는 과정을 통하여 도덕적 인간이 지녀야 할 덕성을 하나씩 형성해 가는 것이다.

에릭슨은 "희망, 의지, 목적, 그리고 능력은 아동기에, 성실은 청년기에, 그리고 사랑, 배려, 지혜는 성인기에 각각 발달하는 중심적인 미덕이라고 생각된다"[3]고 하였다. 에릭슨이 말한 각각의 미덕은 점성적 성장단계의 위계에서 특정한 시기를 지니고 있다는 것을 의미한다. 예컨대, 희망(hope)은 신생아 동안에 형성되고, 의지(will)는 2세에서 3세 사이에, 목적(purpose)은 취학 전 3세에서 6세 사이에 형성된다. 특히 에릭슨은 각각의 미덕은 그것이 형성되기 이전의 미덕에 토대를 두고 있다는 점을 지적하였다. "의지는 희망이 확실한 것이 되기까지 훈련되어질 수 없으며, 또한 성실을 신뢰할 수 있을 때까지 사랑은 상호적인 것이 될 수 없다."[4] 인간의 점성적 발달은 프로이드가 인간의 도덕적 본성이 어린 시기에 결정된다고 주장하였던 것과는 근본적인 차이가 있는 관점이다.

## Ⅲ. 도덕성의 발달

신정신분석 이론은 인간의 도덕성 발달을 타고난 특질들과 환경요인들과의 상호관계에서 설명한다.[5] 이러한 관점은 고전적 정신분석 이론과도 별 차이가 없다. 타고난 특질들과 환경요인들을 구분하여 검토해 본다.

형질유전(heredity)은 다음과 같은 세 가지 방식에서 인간의 도덕성 발달에 영향을 미친다.

인간의 타고난 형질유전은 사람들로 하여금 이 세계의 어떤 측면들에 관심을 갖도록 영향을 미치고 또한 그들의 행동을 동기화시킨다. 신생아의 원자아는 전적으로 그 개인의 관심을 안내하고 모든 행동을 추동시키는 무의식적 본능들로 이루어진다. 프로이드는 도덕적 행동의 밑에 깔려 있는 동기 요소들로서 공헌하는 타고난 삶 본능과 죽음 본능을 가정하였다. 에릭슨도 기본적으로 이 관점을 수용하였다. 인간은 점성적으로 발달할 수 있는 능력을 선천적으로 타고났다고 보았다.

형질유전은 출생 이후 20여 년을 거치면서 진보하는 단계들의 계열을 결정한다. 프로이드는 심리성적 단계를 타고나는 것으로 가정하였다. 에릭슨도 심리사회적 단계를 그런 방식으로 인식하였다. 왜냐하면 그 단계들은 사회화되어지는 문화와 관계없이 모든 인간들에 의해 경험되어지기 때문이다. 모든 아동들과 청소년들이 똑같은 단계들의 계열을 경험하는 반면, 그들이 각 단계에 의해 부과된 발달과업을 완수하는 정도는 그들이 양육되어지는 환경, 특히 그들의 보호자들이 각 단계에서 아동들의 관심들에 대응하는 방식에 의해 상당한 정도로 결정되어진다.

형질유전은 사회의 가치들을 초자아의 안내 속에서 퍼스낼리티에 합병하는 잠재력을 발휘한다. 고전적 정신분석 이론이나 신정신분석 이론은 아동들이 무도덕적(amoral)으로 태어난다는 것을 가정한다. 아동들은 애초에 선한 행동을 하고자 하는, 혹은 나쁜 행동을 하고자 하는 의도가 없이 태어난다. 대신에 아동들은 자신의 주변 환경들로부터 도덕적 가치들을 획득한다. 처음에는 부모와 형제들로부터 도덕적 가치들을 획득한다. 그리고 나중에는 학교 교사, 동료, 그리고 책이나 텔레비전으로부터 그것들을 획득한다. 다만, 신정신분석 이론은 전생애를 통해 꾸준히 이들 가치들을 습득한다고 보았다는 점에서 차이가 날 뿐이다.

인간은 도덕적 가치를 자신의 퍼스낼리티 내에 통합시키는 능력을 타고난다. 인간은 자신의 생물학적 본성을 통하여 어떠한 도덕적 가치들을 획득하지는 않는다. 그러나 인간은 자신의 환경으로부터 획득한 가치들을 양심, 그리고 자아 이상의 형식으로 자신들의 퍼스낼리티 속으로 통합시키는 능력을 본래적으로 타고났다. 초자아는 도덕적 가치들의 위반을 죄의식과 수치심으로 비난함으로써, 그리고 그러한 도덕적 가치들의 준수를 자긍심과 자아 만족으로 보상함으로써 도덕적 가치들을 통합시킨다. 에릭슨은 이 과정에서 특히 자아의 역할을 강조하였다.

한편 환경(environment)요인들도 인간의 도덕성 발달에 중요한 역할을 담당한다. 환경은 모델의 제공, 도덕적 가치들의 제공, 리비도 에너지의 투입을 위한 기회의 제공, 그리고 보상과 벌을 적용하는 강력한 지도자의 제공 등 네 가지 방식에서 인간의 도덕성 발달에 영향을 미친다.

인간은 주변 환경의 모델을 동일시(identification)하면서 도덕성을 발달시킨다. 아동들은 외디푸스 갈등을 해결하는 과정에서 같은 성(性)의 부모를 동일시하게 되며, 또한 그럼으로써 그 부모의 신념과 행동을 모방하게 된다. 같은 방식에서 사람들은 삶을 영위하는 과정에서 매력을 발견하는 사람이나 신념들을 동일시한다. 동일시는 결과적으로 심리적 유대를 낳는다.

심리적 유대는 인간의 도덕성 발달에 두 가지 방식에서 영향을 미친다. 우선, 심리적 유대는 그들로 하여금 존경받는 모델들의 행동을 모방하도록 원인을 제공한다. 반사회적 행동은 모델들의 반사회적 행동을 모사하는 것으로부터 나오며, 사회적으로 건설적인 행동은 그 예를 모방하는 데서 나온다. 심리적 유대는 또한 개인들로 하여금 자신들의 모델의 성공으로부터 기쁨을 느끼게 하고, 그리고 모델의 실패와 나쁜 운명에 대해 슬픔을 느끼거나 분노하게 하는 원인을 제공하는 방식에서 도덕성 발달에 영향을 미친다. 이들 감정들은 사람을 도덕적 행동이나 혹은 비도덕적 행동으로 나아가게 할 수 있다.

인간은 주변 환경으로부터 제공되고 있는 도덕적 가치들을 내면화하면서 도덕성을 발달시킨다. 사람들이 채택할 수 있는 도덕적 가치들은 자신들의 일상 삶에서 목격하는 모델들의 행동을 통해 나타나게 된다. 어떤 모델이 나타내 보이는 가치들은 그 모델을 관찰하고 있는 개인이 숨기고 있는 욕구(needs)를 충족시켜 주는 것으로서, 그 개인이 자신의 것으로 채택하고 싶어하는 가치들이다. 결국, 자아는 원자아의 요구를 충족시킬 것 같은, 사회의 요구를 만족시킬 것 같은, 그리고 초자아가 수용할 것 같은 가치들을 채택한다. 다시 말하면 자아는 원자아, 사회, 그리고 초자아의 요구 사이의 갈등을 조절하는 차원에서 가치들을 채택한다.

인간은 리비도 에너지를 적절히 투입시키면서 도덕성을 발달시킨다. 그러나 리비도 에너지를 투입시킬 수 있는 기회는 주변의 주요 인물들(환경)에 의해 제공된다. 어려서 적절한 환경 속에서 성장한 아동들은 리비도 에너지를 제때에 투입시킬 수 있는 기회를 순조롭게 받은 것이다. 가령, 비이성적으로 대소변의 통제를 요구하는 부모 밑에서 성장하는 아동들은 관용적인 분위기 속에서 대소변의 통제를 익히는 아동들과 도덕성의 발달에서 차이가 있을 수 있다. 그것은 양육환경에 따라 개인적인 조절 시도들을 만족시킬 기회가 다르기 때문이다.

인간은 도덕적 행동을 격려하는 사람이 부과하는 보상과 벌을 통해 도덕성을 발달시킨다. 아동들은 부모나 주위 사람들로부터 사회의 가치와 도덕에 일치하는 행동을 하면 보상을 받고 규범을 위반한 행동을 하면 벌을 받는다. 나중에는 사회의 가치들이 내면화되어 자신의 행동이 윤리적으로 옳은지 혹은 그른지를 판단하게 해준다. 도덕의 원리는 벌과 보상을 통해 두 가지 측면에서 발달한다. 잘못된 행위에 대한 결과(벌, 비난)를 경험하면서 생긴 양심과 잘한 행위에 대한 결과(보상)를 경험하면서 추구하게 되는 자아 이상이 그것이다.

한 사람의 삶에서 위의 변수들이 어떤 정형(定型)을 이루느냐에 따라 각 개인들은 각기 다른 종류의 도덕성 발달을 경험하게 된다.

## Ⅳ. 심리사회적 단계(psychosocial stages)

### 1. 발달단계의 일반적 특성

에릭슨의 이론은 퍼스낼리티 구조에서 자아의 역할을 강조하였기 때문에 '자아심리학'이라 불리기도 하고, 또한 사회적 제도와 인간의 상호작용에 주요 강조점을 두었다는 점에서 '심리사회적' 발달 이론이라 명명되기도 한다. 에릭슨은 환경과의 상호작용의 과정에서 직면하게 될 정신(심리)사회적 위험(위기)을 이겨낼 수 있는 인간의 능력에 관심을 가졌다. 그러니까 위기를 잘 극복하는 인간이 건강한 자아를 형성할 수 있다고 보았다. 전일생을 통해 마주치게 되는 일련의 위기들을 그때 그때 잘 해결하고 극복함으로써 자아정체감을 형성해 나가는 것이 건강한 성격의 기반이 된다. 위기를 잘 극복하기 위해서는 긍정적인 경험과 부정적인 경험이 균형을 잡아야 하며, 그 균형은 개인에 따라 다르다.

에릭슨은 사람들이 경험하게 되는 심리사회적 위기들을 하나의 계열로 제시하였다. 그는 8가지 위기들을 단계로 계열화시켰으며, 이런 단계가 발전되는 과정은 성숙의 '점성원칙'(漸成原則)에 의해 지배된다고 하였다. 그는 이 단계들이 유전된 성격의 기본 설계도가 점차적으로 전개되어 나타난 결과라고 주장한다. 발달의 '점성적' 개념이란 인생 주기의 각 단계는 이 단계가 우세하게 발생되는 최적의 시기가 있고, 모든 단계가 계획대로 전개될 때 완전한 기능을 발휘하는 성격이 형성됨을 뜻한다.

각 발달단계는 '두 개의 극'(bipolar stages)을 가지고 있다. 하나의 극은 긍정적인 것이고, 다른 하나의 극은 부정적인 것이다. 에릭슨은 긍정적인 극을 '힘'(the power), 그리고 부정적인 극을 '약함'(weakness)이라고 부른다. 여기에서 심리적 건강은 긍정적인 힘을 완전히 획득하고 부정적인 약함을 제거하는 것이 아니다. 중요한 것은 이 둘 사이의 비율이다. 예컨대, 만일 철저히 신뢰만 하고 불신이 전혀 없는 사람은 위험과 적대적인 요소가 가득한 이 세상에서 살아가는 데 어려움이 많을 것이다. 따라서 심리적 힘은 부정적인 극에 대한 긍정적인 극의 우세를 요구하지만, 부정적인 극은 인생에 있어서 어떤 깊이나 복잡성을 더해주는 면도 있다.

각 단계는 생리적 성숙과 그 단계에 있는 개인에게 부과된 사회적 요구로부터 유발된 위기를 수반한다. 각 단계에서 경험하게 되는 위기는 개인들에게 생애의 전환기(turning point)에 해당한다. 개인이 각각의 위기를 경험하는 방식과 그것을 해결하고자 하는 노력들이 도덕적 · 윤리적 결과들을 산출한다. 에릭슨은 건강한 방식에서 발달하는 인간의 힘을 강조하였다. 그 힘은 다름 아닌 '덕' (virtue)이다. 기본적인 인간의 힘인 덕은 심리사회적 갈등들을 성공적으로 해결한 결과들이며, 인간의 적응에 필요한 것이다. 개인차는 이러한 위기가 어떤 식으로 해결되는가 하는 그 방법에 의해 결정된다.

에릭슨은 각 덕들이 발달하는 계열을 제시하였다. 인간 발달이 단계적으로 진행한다는 것이다. '희망', '의지', '목적', 그리고 '능력' 의 덕은 아동기에서 발달되는 덕의 기본들이고, '성실' 은 청소년기에 발달되는 덕이며, '사랑', '돌봄', 그리고 '지혜' 는 성인기의 중심적인 덕들이다. 이들 덕들은 서로에 의존한다. 의지는 희망이 확보될 때까지 발달될 수 없으며, 사랑은 또한 성실이 성취될 때까지 발달하기 힘들다. 그리고 모든 덕들의 예정 시간표에서 각각의 덕과 그 위치는 정신분석 문헌에 등장하고 있는 심리성적 단계들, 심리사회적 위기들, 그리고 인지적 성숙의 단계들과 같은 인간 발달의 다른 요소들과 밀접하게 연관되어 있다.[6]

에릭슨의 점성 원칙적인 성숙에 따른 심리사회적 발달단계를 표로 제시해 보면 다음과 같다.

## 2. 덕의 발달단계

에릭슨은 인간이 도덕적으로 발달하는 데 필요한 내적인 도덕적 힘 혹은 덕을 연구하였다. 그는 사람들이 생의 8단계마다 해결해야 할 갈등,

| 단계 | 기본 갈등 | 중요한 일 | 결과 | 심리사회적 힘 |
|---|---|---|---|---|
| 영아기<br>(출생~18개월) | 신뢰 대<br>불신 | 수유 | 보호자들이 신뢰성, 배려, 그리고 애정을 제공하면 아동들은 신뢰감을 발달시킨다. 이것이 부족하면 불신으로 나아갈 것이다. | **희망(hope)**: 생존 초기의 특징인 어두운 충동과 격분에도 불구하고 열정적인 소망이 달성될 수 있을 것이라는 지속적인 믿음이다. |
| 유아기<br>(2세~3세) | 자율성 대<br>수치심과 의심 | 배변훈련 | 아동들은 신체적 기능에 대한 자제력과 독립심을 발달시켜야 한다. 성공은 자율성을, 실패는 수치심과 자신의 능력에 대한 의심을 일으킨다. | **의지(will)**: 영아기에 경험한 수치와 회의에도 불구하고 자유 선택과 자기 제약을 실행하고자 하는 일관된 결심이다. |
| 유치원기<br>(3세~5세) | 주도성 대<br>죄책감 | 탐구 | 아동들은 환경에 대해 통제력과 힘을 발휘하기 시작해야 한다. 성공은 목적의식을, 실패는 죄의식을 낳는다. | **목적(purpose)**: 유아 환상의 포기나 처벌의 불안, 혹은 죄책감에 의해 억제되지 않고 가치 있는 목표를 생각하고 추구하는 용기 |
| 학령기<br>(6세~11세) | 근면성 대<br>열등감 | 학업 | 아동들은 새로운 사회적 요구 및 학업을 극복해야 한다. 성공은 자신감을, 실패는 열등감을 낳는다. | **능력(competence)**: 유아적 열등감에 의해 손상되지 않는, 과제를 완수하는 데 필요한 기술과 지능의 자유로운 발휘 |
| 청소년기<br>(12세~18세) | 정체성 대<br>역할 혼돈 | 사회적<br>관계 | 10대들은 자아의식과 개인적 정체성을 발달시켜야 한다. 성공은 자신에 대한 신뢰감을, 실패는 역할 혼돈과 약한 자아의식을 낳는다. | **충실(fidelity)**: 피할 수 없는 가치체계의 제약에도 불구하고 자유롭게 서약한 충성을 지속하는 능력 |
| 청년기<br>(19세~40세) | 친밀성 대<br>고립감 | 관계 | 청년들은 다른 사람들과 친밀한, 사랑하는 관계를 형성해야 한다. 성공은 견고한 관계를, 실패는 고독감과 고립감을 낳는다. | **사랑(love)**: 서로 간의 대립을 가라앉히고 영원히 상호 헌신하는 것 |
| 장년기<br>(40세~65세) | 생산성 대<br>침체기 | 일과<br>자녀양육 | 성인들은 자녀를 양육하거나 혹은 다른 사람들에게 도움이 되는 적극적인 변화를 창조함으로써 자신들을 연장시킬 일을 해야 한다. 성공은 유용성과 성취감을, 실패는 세계에의 피상적 참여를 낳는다. | **돌봄(care)**: 사랑, 필요 혹은 우연에 의해 생겨난 것에 대한 확장된 관심 |
| 노년기<br>(65세~사망) | 자아 통합감 대<br>절망 | 인생에 대한<br>회고 | 노인들은 인생을 되돌아보면서 성취감을 느껴야 한다. 이 단계에서의 성공은 지혜를, 실패는 후회, 비통, 그리고 절망을 낳는다. | **지혜(wisdom)**: 죽음에 직면해서 삶 자체에 대해 관조하는 것 |

도전, 혹은 위기가 존재한다고 가정하였다. 만약 발달이 올바르게 이루어진다면 그러한 갈등이나 위기는 그 사람 내에 등장하게 되는 내적인 힘에 의해 해소되어진다. 에릭슨은 생의 8단계에서 등장하는 이러한 덕들을 인간의 윤리적 발달의 측면에서 세 영역으로 분류하였다. 에릭슨은 이 세 가지 독특한 발달영역들을 "아동기에서의 도덕적 학습, 청소년기에서의 윤리적 혹은 이념적 실험, 그리고 성인기에서의 윤리적 정리 통합"[7]으로 제시하였다.

### (1) 영아기(출생~18개월) : 희망(hope)

덕의 근원들은 아동기에서 발달된다. 아동들이 직면하는 첫 번째 위기는 신뢰 대 불신(basic trust versus mistrust)이다. 이 단계는 프로이드의 구강기에 해당되는 시기로서, 출생에서 약 1세까지를 가리킨다. 이 위기 혹은 전환점은 신체적 · 심리적 · 사회적 요소들의 종합에 의해 초래된다. 이때의 과제는 세상에 대한 영아의 예측성과 영아를 둘러싼 환경에 영향을 미치는 영아 자신의 능력에 대한 기본적 신뢰감의 발달이라 할 수 있다.

이 단계에서 위기를 극복함으로써 발달하는 덕은 '희망'(hope)이다. 희망은 안정감, 일관성, 그리고 연속성을 뜻한다. 보호자와 영아와의 관계 유형에 따라 영아가 세상을 신뢰의 태도로 보는가 아니면 불신의 태도로 보는가가 결정된다. 어머니가 영아의 신체적 욕구에 잘 반응하고, 애정을 주고, 안전을 제공하면 영아는 자기 주변의 세상을 신뢰의 태도로 살피기 시작한다. 반면에 어머니가 거부적이거나, 주의를 기울이지 않거나, 일관성이 없을 때 영아는 세상에 대해 불신의 태도를 발달시킨다. 기본적 신뢰와 불신 간에 균형을 이루었을 때 생기는 힘이 곧 희망(希望)이다.

희망은 삶에 있어서 본질적인 최초이자 또한 가장 없어서는 안 될 덕이다. 다른 사람들은 이러한 가장 깊은 특질을 '신임'(confidence)이라 부르기도 하고, 에릭슨 또한 이를 '믿음'(trust)으로 설명하기도 하였다. 일반적인 믿음의 상태는 외부의 보호자들이 항상 같은 사람들이고 또한 계속적으로 보호해 주고 있음을 학습하였다는 것이다. 그러나 에릭슨은 "만약 삶이 지속되어져야만 한다면, 비록 신임이 훼손되거나 믿음이 손상되더라도 희망은 존속해야만 한다"[8]는 차원에서 이들을 포괄하는 의미로 희망을 기본적인 덕으로 여겼다.

희망이란 사람이 부정적 힘에 의해 압도당할 것이라는 공포 없이 세계에서 살 수 있게 하는 덕이다. "희망은 생존 초기의 특징인 어두운 충동과 격분에도 불구하고 열정적인 소망이 달성될 수 있을 것이라는 지속적인 믿음이다."[9] 여기서 말하는 희망은 특정한 소망이나 목표, 혹은 소원과는 무관한 기본적인 힘이다. 개인이 발달을 하면서 이 희망은 매 단계마다 강화된다. 보상경험들이 새로운 희망을 불러일으킨다. 동시에 개인은 포기할 수 있는 능력, 실망에 대처할 수 있는 능력을 발달시킨다. 또 꿈을 발달시키고 현실적인 기대를 하게 한다.

에릭슨은 이 시기를 인생에서 가장 중요한 시기로 보았는데, 그 이유는 이 시기에 신뢰감을 형성하게 되는 것이 생의 후기에 맺게 되는 모든 사회관계에서의 성공적인 적응과 밀접한 관련이 있기 때문이다. "주변 세상과 주변 사람들에게 신뢰감을 형성한 영아는 세상에 대해 안정감을 갖게 되며, 이는 성인이 된 후 정체감의 기본이 된다."[10] 신뢰감을 형성하지 못한 영아는 불신감을 가지고 다른 모든 관계에 대처하게 된다. 신뢰감을 형성한 영아는 평화롭게 잠들고, 잘 먹으며, 잘 배설하게 된다.

이 시기 동안에 영아가 맺게 되는 사회적 관계는 주로 돌보아 주는 사람인 어머니와의 관계이다. 영아가 생의 초기에 처음으로 맺게 되는 사회적 관계에서 어머니가 영아의 신체적 · 심리적 욕구와 필요를 적절히 충족시켜 주면서 그를 일관성 있게 돌보아 주면 영아는 어머니 또는 돌보아 주는 사람을 신뢰하게 된다. 에릭슨에 의하면, 영아가 일단 어머니에 대한 기본적 신뢰감을 형성하게 되면 다른 상황에서도 신뢰적인 태도를 가질 수 있게 된다고 한다. 예를 들면, 어머니가 잠시 자기 곁을 떠나도 영아는 마구 울거나 불안해하지 않고 어머니가 다시 올 것이라고 믿고 기다린다는 것이다.

그러나 우리는 에릭슨이 신뢰감만을 강조하고 불신감의 효용을 무시한 것이 아니라는 점에 주목해야 한다. 그는 인간의 참된 성장을 위해서는 어느 정도 불신감의 경험도 필요하다고 주장한다. 모든 위기에서처럼 건강한 사람은 긍정적 덕과 부정적 덕, 곧 신뢰와 불신의 균형을 이루어야만 한다는 것이다. 전적으로 신뢰하는 것은 어떤 위험이 있게 된다. 따라서 영아는 위험한 상황과 안전한 상황을 구분하는 것을 배워야 한다. 그러나 긍정적인 성격발달을 위해서는 불신감보다 기본적 신뢰감을 많이 경험해야 한다는 것이 그의 주장이다. "희망은 신뢰(faith)의 개체 발생학적 토대(ontogenetic basis)이다."[11] 곧, 희망은 신뢰의 근원이다.

정신분석은 인생 초기에 겪는 내부와 외부 사이의 분화과정이 우리의 가장 깊고 또한 가장 위험한 방어기제로 남는 '투사'(projection)와 '섭취'(대상의 속성을 제 것으로 동화시키는 것; introjection)의 기원이 된다고 가정한다. 섭취에서, 우리는 마치 외부의 선(goodness)이 내부의 확신이 된 것처럼 느끼고 행동한다. 투사에서, 우리는 내부의 해를 외부의 해로서 경험한다. 즉, 우리는 실제적으로 우리들 내부에 있는 악을 의미 있는 사람에게 부과한다. 이러한 기제들은 성인기에서 사랑, 믿음, 그리고 신뢰의 심각한 위기를 다시 초래한다. 그러한 위기들이 지속되면 그들은 정신적으로 건강하지 못한 인격을 지니게 된다.[12]

### (2) 유아기(2세~3세) : 의지(will)

다음 위기는 자율성 대 수치심과 회의감(autonomy versus shame and doubt)이다. 이 단계는 약 1세 이후부터 3세까지를 말하는데, 이 시기의 유아들은 여러 개의 상반되는 충동 사이에서 스스로 선택을 하고자 하게 되며, 이러한 과정을 통하여 자신의 의지를 나타내고자 한다. 자율성을 가지려고 하는 것이다. 따라서 이 위기는 부모가 유아들에게 규제 혹은 통제를 가하고자 시도할 때 일어난다.

에릭슨은 독립심과 자율성의 기초를 형성하는 주요 요소로 이 시기의 유아들의 운동능력의 발달을 강조하고 있다. 이 시기에 유아들은 새롭고 보다 행동지향적인 체험을 추구하게 된다. 유아들은 대소변의 통제가 가능하고, 자기 발로 서서 걷게 되면서부터 자기 주위를 혼자서 열심히 탐색하게 되며, 음식도 남의 도움을 받지 않고 자신의 힘으로 먹으려고 한다. 이러한 자율성은 그들의 언어에서도 나타난다. 유아들은 "나" 혹은 "내 것" 등의 말을 자주 사용하며, 특히 "안 해!"라는 말을 사용함으로써 자기 주장을 나타낸다.

유아들이 이처럼 자신의 의지대로 행동하려고 하게 되면 사회는 부모를 통하여 유아들로 하여금 사회적으로 적합한 행동을 하도록 훈련시키게 된다. 가령, 유아들에게 배변훈련을 시켜 때와 장소를 가릴 줄 알도록 하게 한다. 이러한 과정을 통해 유아들은 사회의 기대나 압력을 느끼게 된다. 이는 유아들에게 이중의 부담으로 작용하게 된다. 하나는 자기 조절에 대한 부담이요, 또 다른 하나는 주변 사람들(주로 부모)로부터 자신의 조절력을 인정받고자 하는 부담이다.

유아들의 독립심과 자율성을 얻고자 하는 노력이 그들로부터 인정받지 못하거나 반복적으로 실패하게 되면 좌절감은 유아들을 "기본적인 자기 조절감과 자기 가치감 대신에 지나친 수치심과 회의감으로 이끌 수 있다."[13] 수치심이란 자신이 타인들의 눈에 좋게 보이지 않는다고 생각할 때 갖는 느낌이다. 예컨대, 오줌을 싼 유아는 타인들이 자신의 이러한 모습을 볼까봐 부끄러워하게 된다. 회의감은 자신이 강한 존재가 아니며, 결국은 타인들에 의해서 자기가 통제받는다는 것을 느끼게 되면서 나타나게 된다. 이 전환점에서 아동이 발달시켜야만 하는 덕이 '의지'(will)이다.

의지는 허용과 통제의 균형을 통해서 발달한다. 의지라는 것은 고집이 강하다는 뜻이 아니다. 이는 판단력과 분별력을 가지고 자신의 충동을 통제하는 것을 말한다. 어쩔 수 없는 좌절에도 불구하고 결정을 내리고 결단력 있게 행동하는 것을 배운다. "의지라는 것은, 영아기에서의 피할 수 없는 수치심과 회의감의 경험에도 불구하고, 자기 제약(self-restraint)뿐만 아니라 자유선택(free choice)을 시행하는 지속적인 결심이다."[14] 아동의 의지는 성인이 되어 충동을 통제할 수 있는 능력이 된다. "의지는 법이나 외적인 필연성을 수용하는 기초가 되며, 법의 정신에 의해서 안내된 부모들의 사리분별 속에서 뿌리를 내린다."[15] 따라서 의지의 성취는 개인들이 어느 정도의 규제와 통제를 갖고 자유를 실천할 수 있다는 것을 증명한다. 수치심과 회의감의 발달은 그것들이 의지의 적극적 등장을 방해하지 않는 한 양심의 발달을 위해 필요한 성취이다.

### (3) 유치원기(3세~5세) : 목적(purpose)

다음 위기는 솔선 대 죄의식(initiative versus guilty)이다. 이 단계는 아동들에게 있어서 새로운 기술이나 능력이 다시 시작되는 때이다. 이 시기의 아동들은 신체적으로나 정신적으로 보다 성숙하고 균형 있는 모습을 보이게 된다. 또한 아동들은 자율적으로 새로운 것을 추구하고 싶어 한다. 아동들은 이 시기에 새로운 인지기술을 사용하여 그 주변 세상을 다루고자 한다. 이 시기의 아동들은 부모에게 공격적으로 보일 수 있는 활동과 행동이 넘친다. 부모의 보호를 뿌리치고 혼자서 뭔가를 해보려는 의욕을 나타내 보인다.

아동들은 목표 달성을 위하여 공격적이고 조정적인 방법을 사용할 수 있는데, 이는 아동들에게 죄의식을 갖게 할 수도 있다. "아동들이 자신의 능력 이상의 일을 하려고 하거나 이런 아이를 부모가 너무 심하게 제지하거나 처벌하는 것은 모두 아동들에게 불균형과 지나친 죄의식을 유발할 수 있는 위험요인이 될 수 있다. 만일 이 시기에 아동들의 초자아가 너무 강해 아동들에게 지나치게 많은 죄의식을 심어준다면 아동들은 자신을 지나치게 억제하고 제한하여 자신의 개성을 발휘하지 못하게 되며, 결국 무력하고 편협한 성인으로 성장할 수 있다."[16]

도덕성의 여명(黎明)은 아동들이 솔선 대 죄의식의 위기에 직면하는 세 살부터 일곱 살 사이 기간 동안 일어난다. 프로이드는 도덕성의 시작을 부모의 가치들에 대한 초자아의 내면화와 연계시켰다. 그러나 에릭슨은 이 생각을 받아들이지만 솔선 대 죄의식 위기를 다루기 위해 등장하는 새로운 자아 힘(ego strength)에 더 주목하였다. 이는 프로이드의 엄격한 초자아관을 유연하게 해주고 있다.

도덕성의 시작에서 요구되어지는 덕은 '목적'(purpose)이다. 프로이드가 세 살과 일곱 살 사이의 기간을 성적 갈등의 시작에 의해 지배되는 것으로 보았던 반면, 에릭슨은 이러한 갈등들을 놀이(play) 및 실재(reality)와 맞붙어 싸우는 보다 넓은 시도 내에 위치시켰다. 목적의 덕이 발달하는 것은 이러한 접전에서이다. 목적은 환상의 이해와 현실적 제한으로 발달한다. 목적은 아동들의 놀이와 환상에 근원을 두고 있다.

아동들에게 있어서 놀이란 어른들에게 있어서 생각, 계획, 그리고 청사진과 같다. 아동들은 놀이를 통해 조건들을 단순화하고 방법들을 탐구한다. 과거의 실패들을 철저하게 분석하고 기대들을 검증한다. 또한 놀이는 아동들에게 환상과 현실의 중간적인 세계를 제공해 준다. "목적이란 유아기 환상의 좌절에 의해서, 죄의식에 의해서, 그리고 처벌의 불안에 의해서 억제되지 않은 가치 있는 목표를 생각하고 추구하는 용기이다."[17] 목적은 방향을 제공하며, 현실에 기반을 둔 환상에 의해 키워진다. 죄책감에 의해 제한되지만 억제되지는 않는다.

부모가 아이들의 주도적 활동과 환상(외디푸스)에 어떻게 반응하는가가 매우 중요하다. 만일 부모가 자신의 능력 이상을 하려고 하는 아동의 활동을 지나치게 처벌하거나 억제시키면, 그 아동은 새로운 활동을 나쁜 것이라고 느끼고 죄책감을 발달시킬 수 있다. 지나친 죄의식은 아동들을 제한시켜 개성을 발휘하게 하는 데 장애로 작용하고, 결국 무력하고 편협한 성인으로 성장하게 할 수 있다.

### (4) 학령기(6세~11세) : 능력(competence)

6~7세에서 11~12세 사이의 주요한 위기는 근면성, 자신감 대 열등감(industry, competence versus inferiority)이다. 프로이드의 이론으로는 잠복기에 해당된다. 에릭슨은 이 단계를 자아 성장의 결정적인 시기라고 보았다. 이 시기의 어린이는 기초적인 인지적 기술과 사회적 기술을 습득하게 되면서부터 가족의 범주를 벗어나 더 넓은 사회에서 통용되고 유용한 기술들을 열심히 배우고자 하며, 이를 숙달하고자 한다. 학교에 입학하는 것은 이 단계의 변화로 들어가게 하는 주요 원동력이 된다. 아동들은 이때 읽고 계산하는 것을 배우거나 또는 다른 특별한 기술로 인정을 받고 싶은 욕망을 갖게 된다. 따라서 이 시기의 과제는 사회가 아동에게 요구하는 일련의 능력을 발전시키는 것이다. "능력감(能力感)은 결과적으로 기량(workmanship)이 되는 특징을 지니고 있다."[18]

아동들은 이 단계에서 경험하게 되는 위기를 극복하는 과정을 통해 '능력' (competence)의 덕을 발달시킨다. 능력은 실제적인 기술과 일반적인 능력의 발달로 생긴다. "능력이란 유아기의 열등감에 의해 손상되지 않은, 과제를 완수하는 데 있어서 기술과 지능의 자유로운 발휘이다."[19] 능력이란 기술의 심리적 기초이다. 이 단계에서부터 아동들은 생산적인 일원으로 자신의 문화에 합류한다. 이 덕은 사람들이 성공적으로 기능을 발달시킬 때 등장하는 개인적인 기쁨과 만족을 포함한다. 그것은 또한 삶의 다음 단계에서 업무를 수행하는 데 필요한 기능들을 위한 토대를 형성한다.

모든 문화는 실제적으로 사용할 수 있고 또한 지속적인 성취로 이끄는 기능들을 제공한다. 능력의 덕은 아동들에게 미래에 행할 수 있는 기량을 제공해 준다. "그것이 없다면 '강력한 자아' 는 존재할 수 없다."[20] 그것이 없다면 인간은 자신의 미래의 삶에 대한 준비에서 열등감을 느낀다. 그래서 이 단계의 아동들은 사회가 요구하는 일련의 능력을 발전시켜야 할 필요가 있다. 그러나 "가정생활이 아동에게 학교생활을 잘 할 수 있도록 뒷받침을 해주지 못하거나, 혹은 학교생활이 그 아동의 보다 이른 단계들에서의 전망들을 유지하는 데 실패하게 한다면 아동의 발달은 붕괴된다."[21] 이 시기의 성공적인 과제수행은 아동들에게 자신감을 심어준다. "이 단계의 아동들에게는 삶을 살아가는 기본적 방식에 대한 교육을 필요로 하게 되는데, 학교 수업, 집 청소, 음악 감상, 자신이 책임질 수 있는 일 맡기, 운동이나 여러 가지 손 기술을 익히는 놀이 등 다양한 활동을 통해서 성인의 삶을 살기 위한 준비를 하게 된다."[22]

#### (5) 청소년기(12세~18세) : 충실(fidelity)

청소년기의 주요 위기는 정체성 대 역할 혼돈 혹은 확산(identity versus role confusion or diffusion) 사이의 위기이다. 다섯째 단계인 사춘기에는 급격한 신체적 변화와 더불어 새로운 사회적 압력과 요구에 부딪치게 된다. 그러므로 이 시기의 청소년들은 이러한 새로운 상황에 어떻게 대응해 나가야 할지 몰라서 당황하게 된다. 그리하여 이전 단계까지는 회의 없이 받아들였던 자기 존재에 대해 새로운 경험과 탐색이 시작된다.

에릭슨이 심리학 영역에 제공한 주요한 공헌들 중의 하나는 청소년에 관한 그의 이론과 또한 그가 도덕성의 발달에서 청소년 단계에 부여한 중요성이다. 프로이드가 도덕성을 초기 아동기의 정신적 상태의 유물로서 생각하였던 반면, 에릭슨은 전생애를 통한 도덕성 발달의 이론을 제시하였다. 에릭슨은 청년기의 중심과제를 자아정체감의 확립이라고 했다.

자아정체감이란 자기 동일성에 대한 자각인 동시에 자기의 위치, 능력, 역할 및 책임에 대한 분명한 인식이다. "정체감은 전체적 자기(self)를 구성하는 여러 가지 요소들, 즉 개인의 성적 · 사회적 · 신체적 · 심리적 · 도덕적 · 이념적 · 직업적 특성을 모두 포함하는 복합적 개념이기 때문에 이 시기의 정체감 확립은 통합적인 자기상의 확립을 의미한다."[23] 정체감을 구성하는 여러 가지 요소들 중에서 신체적 자기와 성적 자기가 가장 먼저 형성되고, 직업적 · 이념적 · 도덕적 정체감은 점진적으로 형성되는 특징을 지니고 있다.

사춘기에 달성해야 하는 과제는 매우 중요하다. 이 시기에 청소년들은 자아정체감과 자신이 습득해야 하는 역할을 재검증하게 된다. 이 갈등은 자신의 성, 그리고 자신의 신념체계 혹은 이념을 도덕적 측면에서 다룸으로써 해결될 수 있다. "정체성 형성의 주체는 의식적 · 무의식적 모든 측면에서의 자아라 할 수 있다."[24] 이 시기에 자아는 좋아하는 대상을 동일시하고, 사회적 환경에 적응하여 위협과 불안에 대하여 방어할 수 있는 능력을 갖게 된다.

이 시기의 청소년들은 자기 자신의 의문에 대한 해답을 찾으려고 애쓰지만 그 해답은 쉽사리 얻어지지 않기 때문에 고민하고 방황한다. 이 고민과 방황이 길어질 때 정체감의 혼미가 온다고 에릭슨은 말한다. 이와 같이 자아정체감을 쉽게 획득하기가 어려우므로 청소년들은 동료집단에서 동일시 대상을 찾거나 혹은 존경하는 위인이나 영웅에게서 동일시의 대상을 찾으려 애쓴다. 그리고 자신을 시험해 보기 위해 여러 클럽에 가입해 보기도 하고, 다양한 활동에 참여해 보기도 한다. 이러한 자아 특성의 모든 요소는 개인의 심리사회적 정체성(psychosocial identity)의 확립을 위해 조립되고 통합되게 된다.

자아정체성의 형식에서 일어나고 있는 통합은 아동기의 동일시들(identifications)의 총합 그 이상이다. 그것은 이들 동일시들을 리비도의 변화, 자질로부터 발달된 소질, 사회적 역할들에서 제공된 기회들과 통합하는 자아의 능력에 관한 증가된 경험이다. 이때 "자아정체감은 내부의 동일성(sameness)과 계속성(continuity)이 타인들에 대한 자신의 의미의 동일성과 계속성에 의해 조화되어진다."[25]

이 단계의 위험은 역할 혼돈이다. "청소년은 이 시기를 통해 자신이 하고 싶고 되고 싶은 자아감과 자신에게 적합한 성적 역할에 대하여 재통합하게 된다."[26] 청소년들은 아동기와 성인기의 중간 지점에서 자신들에게 부여된 수많은 새로운 역할들로부터 혼돈을 일으킬 수 있다. "역할 혼돈이 일어났을 때 청소년들은 일관성이 없고 예측 불허의 행동을 보일 수 있으며, 스스로 퇴행하고 있다고 느낄 수 있다. 이는 일종의 위기감으로 청소년들은 고립감 · 불안감을 느낄 수 있으며, 우유부단해지거나 심지어 저항감을 불러일으킬 수 있다."[27] 따라서 부모와 교사들의 주의 깊은 배려와 관심이 어느 때보다 필요한 시기라 할 수 있다.

청소년들로 하여금 이 갈등을 해결할 수 있게 해주는 덕은 '충실'(fidelity)이다. 청소년들은 과거와의 연속성과 미래 지향을 제공하는 자아상을 형성해야만 한다. 매우 어렵고 불안이 가득 찬 과제이다. 여기서 청소년들은 다양한 역할을 실험해 보고 시도한다. 이때 청소년들이 동일시하는 사회집단은 적절한 자아정체감 발달에 영향을 준다.

충실이란 업과 궁극적인 가치에 헌신하는 것이다. "충실이란 가치체계의 피할 수 없는 모순들에도 불구하고 자유롭게 서약한 충성을 지속하는 능력(ability)이다."[28] 이 단계에서 청소년들은 자신의 문화의 윤리적 가치와 신념체계를 받아들인다. 동시에 문화도 각 세대의 지지에 의해 새롭게 변화한다. 자신의 충성을 서약하지 못하는 사람들은 일탈되거나 혁명적인 목표나 가치에 헌신하게 된다. "충실은 정체성의 초석이며 확고하게 믿고 있는 이데올로기와 긍정적인 감정을 지니고 있는 동료들로부터 고취된다."[29]

청소년들은 또한 그들의 발달하는 성적 관심(sexuality)을 도덕적 측면에서 다룬다. 그러나 에릭슨은 성적 관심의 해결을 정체성의 형성에서 가장 중요한 도덕적 요소로서 간주하지 않는다. 이 단계에서 보다 큰 도덕적 중요성은 청소년들이 실행하는 개인적인 이념 혹은 신념체계들의 작동이다.

### (6) 청년기(19세~40세) : 사랑(love)

에릭슨에 있어서 진정한 윤리적 감각이 발달하는 것은 비로소 친밀감 대 소외감(isolation versus intimacy)의 위기를 맞는 청년기에 이르러서이다. 프로이드는 청년기에 관해서는 거의 주의를 기울이지 않았다. 이 시기의 주요 과제는 타인과 자신의 정체성을 통합하여 친밀감을 나눌 수 있는 관계를 형성하는 것이다. 이 시기의 위험요소는 친밀성을 유지하지 못함으로써 관계를 회피하는 데서 비롯되는 고립감이다.

청소년기에는 주로 관심의 대상이 자기 자신이었으나 청년기에 이르게 되면 직업을 선택해야 하고 배우자를 찾아야 하므로, 이 시기의 사람들은 배우자인 상대방 속에서 공유적 정체감을 찾으려 든다. 따라서 이 시기에는 타인과의 관계에서 친밀성을 이룩하는 일이 중요 과업으로 된다. 에릭슨에 의하면, 청소년기에 긍정적인 정체감을 확립한 사람만이 진정한 친밀성을 이룰 수 있다고 한다. 정체감을 확립하지 못한 사람은 자기 자신에 대하여 자신감을 갖지 못하므로 타인과의 관계에서 친밀성을 형성하지 못하고 고립하여 자기 자신에게만 몰두하게 된다.

청년들에게 있어서 주요한 과업은 진정한 '사랑'(love)의 덕을 성취하는 일이다. 비록 청소년기에 사랑을 위한 능력이 발달하지만, 진정한 사랑의 친밀감을 성취하는 것은 성인 과업이다. 이러한 갈등들이 적절하게 해결되지 못하면 인간은 소외된 존재에로 나아갈 위험이 있다. 갈등해결의 결핍은 당사자로 하여금 밀접한 친구를 필요로 하지 못하게 한다.

"사랑은 인간의 덕들 중에서 가장 위대하다."[30] 사랑은 자신의 어머니에 대한 유아의 애착으로부터 청소년의 열정적이고 목숨을 건 심취 등 여러 가지 형식이 존재한다. 그러나 여기에서 말하는 사랑은 청소년기 이전을 거쳐 오면서 받았던 사랑이 성인기 동안 다른 사람들에게 제공된 돌봄으로의 전환을 의미한다. 에릭슨은 "사랑이란 상대방에게서 자기 자신을 발견하는 경험을 통한 상호 인정이란 점에서 정체성을 공유한 친구들과 동료들의 상호관계"[31]라고 하였다. 가장 진실한 의미에서의 사랑은 정체성과 성실을 가정한다. 사랑은 진실한 상호 의존과 친밀성으로 드러난다.

무엇보다 청년기의 사랑은 선택한, 적극적인 사랑이다. 교우관계는 누군가를 하나의 친구로서 채택하는 것을 의미한다. 우정과 협력 속에서 청년들은 각자의 친구가 된다. 그러나 자유로운 선택에 의한 친구들은 혈연적 유대를 넘어서는 친분관계를 위한 오랜 희망을 입증한다. 인간의 발달은 의사소통과 협력을 넓히는 능력 및 덕과 관련하여 성차(性差)가 별로 나타나지 않는다는 것을 보여준다. 성차는 애정생활과 출산의 기능과 같은 본질에 있어서 차이가 존재하는 곳에서 최대로 나타난다. 양성(兩性)은 의식, 언어, 그리고 윤리와 가장 근접한 자아(ego)의 작동에서 가장 유사하다. 따라서 "사랑은 분리된 기능에 내재되어 있는 서로 간의 반목을 가라앉히고 영원히 상호 헌신하는 것이다."[32] 사랑은 개인들 간의 친밀감을 확장시키고, 그럼으로써 사랑은 윤리적 관심의 토대가 된다.

그러나 사랑은 또한 가족이나 지역, 혹은 한 국가에 국한된다면 이기심과 연결될 수 있다. 그러한 사랑은 당파적 관계의 특징을 보이며, 연합이란 기껏해야 인간의 당파적 집착을 위한 하나의 이유일 뿐이다. 이런 이유는 인간을 자아 공황(ego－panic)의 상태로 내몰 수 있다. 자아 공황은 인간을 극단적인 잔학성(sadism)의 수준으로 가라앉히도록 유도하며, 인간으로 하여금 맹목적으로 나아갈 수 있게 만들기도 한다.[33]

### (7) 장년기(40세~65세) : 돌봄(care)

성인기에서의 두 번째 윤리적 갈등은 장년기와 관련되는 것으로 생산성 대 침체감(generativity versus stagnation) 사이의 갈등이다. 장년기는 자녀 양육과 차세대에 대한 교육 · 지도 · 감독을 함으로써 인류 사회의 문화를 전달 · 발전시키는 단계라 할 수 있다. 일단 두 사람간의 친밀성이 확립되고 나면 그들의 관심은 두 사람만의 관계를 넘어서 그 밖의 사람으로 확대되기 시작한다. 가정적으로는 자녀를 낳아 키우고 교육하게 되며, 사회적으로는 다음 세대를 양성하는 데에 관심과 노력을 기울이게 된다. 또 직업적인 성취나 학문적 · 예술적 업적을 통해서도 생산성이 발휘된다. 자신의 2세가 없는 경우에는 다음 세대들을 위한 사회적인 봉사 등을 통해서도 생산성을 발달시키게 된다. 만일 어떠한 이유로 해서 생산성을 제대로 발휘하지 못하거나 안 하게 되면 침체감이 형성된다. 이 경우에는 타인들에 대한 관심보다는 자신의 욕구에 더 치중하는 경향을 보이며, 남에 대한 관대함이 결여된다.

이 기간에서 발달이 필요한 덕 혹은 자아 힘은 '돌봄' (care)이다. 이것은 심리사회적 발달에 있어서 본질적인 특질이다. 왜냐하면 우리는 가르치는 종(species)이기 때문이다. 다른 동물들도 자기들의 후손을 가르치지만, 인간만이 가족과 공동체로 무리지은 수많은 후손들에게 이를 확장할 수 있다. "인간은 가르침을 필요로 하는 사람들을 위해서뿐만 아니라 자신의 정체성을 완성하기 위해서도 가르칠 필요가 있다."[34)]

돌봄이란 베풂이자 전수이며, 자기 것을 넘겨주는 것에 대해 감수할 수 있는 능력이다. 에릭슨은 자신의 자녀들에 대한 사랑뿐만 아니라 자신의 창조물과 관념에 대한 사랑을 언급하였다. 다시 말하면, 에릭슨은 돌봄을 실제적인 2세의 자녀들과 사상이나 이상, 창조물과 같은 정신적인 산출물을 돌보고 양육하는 것으로 설명한 것이다. 만약 그렇지 못하다면 자기 도취증(narcissism)과 자기 몰입에 빠지게 된다. "돌봄은 사랑, 필요 혹은 우연에 의해 생겨난 것에 대한 광범위한 관심이다. 돌봄은 철회할 수 없는 책무(obligation)에 따르는 양가감정(兩價感情)을 극복한다."[35)]

#### (8) 노년기(65세 이상 ~ 사망) : 지혜(wisdom)

마지막 윤리적 갈등은 자아통합 대 절망감 혹은 혐오감(ego integrity versus despair or disgust) 사이의 갈등이다. 성인 말기는 통합의 단계로 자신의 존재에 대한 성공과 실패를 받아들임으로써 도달하게 되는 단계이다. 인간은 삶의 전 7단계로부터 유익한 교훈을 얻을 수 있으며, 자신의 삶이 보다 큰 범위 내에서 어떤 질서와 의미를 갖고 있음을 인식할 수 있게 된다. 이 단계의 사람들은 신체적인 노쇠와 직업으로부터의 은퇴, 친한 친구나 배우자의 죽음 등으로 인하여 인생에 대한 무력감을 느끼게 되는 일이 많다. 이 시기의 성패는 신체적 · 사회적 퇴보를 어떻게 받아들이는가에 달려 있다고 에릭슨은 주장한다.

이 시기의 사람들은 지혜(wisdom)의 덕을 발달시킬 필요가 있다. 이 시기에 이르면 사람들은 신체적 힘을 상실하고, 활동적인 삶의 현장으로부터 은퇴를 하게 되며, 그리고 사랑한 사람들을 죽음으로 보내게 된다. 지혜의 힘은 궁극적으로 염려하는 것(죽음)에 직면하면서 겪는 통합성과 절망에 의해 생겨난다. 지혜는 그 동안의 축적된 지식과 경험을 통합한다. 지혜를 발달시킨 사람은 전체성과 완결성의 모델이다. "지혜란 죽음 그 자체에 직면해서 삶 그 자체에 대해 (갖는) 초연한 관심이다."[36)]

많은 사람들은 노년기에 접어들면서 자신이 홀로 건너지 않으면 안 될 계곡의 입구에서 인생의 최종적인 검증, 즉 인간의 존재를 되돌아보게 된다. 여러 가지 갈등들을 경험하면서 겪었던 시련이나 아픔 혹은 성공의 결과 등은 이제 한 사람의 지혜로 침전되어진다. 이 단계에 접어든 사람들은 대부분 이제 삶을 관조할 수 있는 여유를 지니게 된다. 그 여유란 오랜 삶을 통해 터득한 축적된 지식과 성숙된 판단으로부터 기인한다. "그것은 일시적인 상대성으로부터 자유로운 지식의 본질이다."[37)] "이러한 지혜를 통하여 앞의 7단계 동안 이룬 소산을 거두어들일 수 있게 되며, 드디어는 보다 더 차원이 높은 인생철학으로 통합을 이루어 나가게 된다. 따라서 성공적인 성인기의 발달은 친밀한 관계의 수립, 자녀 출산과 양육, 창조적 업적, 젊은이들에게 조언자로서 역할을 하는 것과 같은 형태의 생산성을 필요로 한다. 또한 자신의 존재와 자신이 이루어놓은 업적을 받아들임으로써 최종적인 통합을 이루게 된다."[38)]

이 시기의 사람들은 잠재력(potency), 실행력(performance), 그리고 적응력(adaptability)이 쇠퇴한다. 그러나 마음의 활력이 분별 있는 단념과 결합한다면 노년기의 많은 사람들은 인간의 문제를 온전하게 있는 그대로 바라볼 수 있으며, 또한 자라나는 세대에게 삶을 마무리하는 살아 있는 예를 제시해 줄 수 있다. 단지 그러한 성실성(integrity)만이 제한된 삶이 종말을 향하여 다가오고 있다는 인식으로부터 오는 절망감과 균형을 유지할 수 있으며, 오로지 그러한 전체성(whole)만이 사소한 감정의 염증을 버리도록 전환시킬 수 있다.

## V. 이론에 대한 비평

여기에서는 신정신분석 이론을 포함한 정신분석 이론 전반에 대한 포괄적인 비평을 제시하고자 한다. 사실, 정신분석 이론은 인간의 도덕성 발달에 관한 하나의 제안으로서 높은 공헌을 하였다. 프로이드의 이론 그리고 에릭슨과 같은 추종자들에 의해 제시된 수정안들이 도덕성 발달에 미친 긍정적 측면을 요약하면 다음과 같다.

첫째, 정신분석 이론은 아동심리학자들, 소아과 의사들, 사회사업가들, 교사들, 그리고 지식이 넓은 부모들의 아동 양육관에 현저한 영향을 미쳐왔다. 특히 정신분석 이론은 성(性)과 공격성의 영역에서 아동들의 감정적 욕구에 관해, 그리고 무의식적 동기와 같은 그러한 개념들에 관해 주목하였다. 보육원과 유치원에서 아동들의 성적 호기심, 비외상적(非外傷的) 배변훈련, 물놀이 및 진흙놀이, 그리고 손가락 그림(指頭畵法)의 상징적 의미 등에 관심을 기울이는 것은 프로이드의 정신분석 이론에 의해 영향을 받아왔다. 또한 껴안고 치고 하는 것과 같은 아동들의 신체적 접촉에 대한 욕구와 아동들이 동일시하기 쉬운 역할 모델로서의 교사들의 중요성 등은 프로이드의 신념에 의해 영향을 받은 것이다. 아동들의 성적 욕구에 관한 프로이드의 제안들은 부모들로 하여금 아동들의 성에 대한 관심이 자연적인 것이며 타고난 사악함의 증거가 아니라는 것을 확신시켜 주는 데 있어서 커다란 영향을 미쳐왔다.

둘째, 정신분석 이론은 사람들로 하여금 어떻게 살아야 하는가, 그리고 무엇을 해야 하는가를 결정할 수 있도록 해주는 '지적 골격'(intellectual framework)을 제공해 주었다. 스트로츠카(H. Strotzka)는 정신분석 이론을 윤리학과 비교하여 "정신분석 이론은 사람들로 하여금 무엇을 해야만 할 것인가를 말해주는 '관점' (perspective)이 아니라, 사람들로 하여금 하고자 원하는 바가 무엇인지를 묻는 '의문사'(interrogative)"[39]라고 하였다. 그는 이것이야말로 사람들로 하여금 강압이나 강제로부터가 아닌 사랑에서 행동하도록 보증해 주는 유일한 방식이라고도 하였다. 정신분석 이론은 무엇보다 우리의 행동 밑에 깔려 있는 의식적 혹은 무의식적 동기에 대해 언급한다. 정신분석 이론은 인간이 무엇을 해야만 하는가에 관한 문제에 대한 가장 근본적이자 보편적인 대답을 제공해 준다. 그것은 간단히 말해 "살아라!"(to live)라는 것이다.

셋째, 정신분석 이론은 예술, 문학, 영화 등의 작품에 많은 영향을 주었다. 특히 성과 관련된 프로이드의 견해는 오늘날까지 많은 반향을 불러일으키고 있다. 프로이드는 성의 해방을 합리적으로 이론화시킨 사람이었다. 그는 성을 진보적 의미로 발전시켰다. 프로이드는 미국 클라크 대학교(Clark University)에서 행한 연설에서 "우리는 원초적인 동물적 속성을 무시할 정도로 우리 자신을 과대평가해서는 안 된다"[40]고 역설하였다. 이후 대중은 성에 대한 지식을 자연스럽게 습득할 수 있는 계기를 마련하게 되었다. 성의 해방이 표면적으로 가시화되었다. 프로이드의 인간 무의식에 자리하고 있는 충동의 본능인 리비도 개념은 상징주의, 표현주의, 초현실주의 등의 회화에 많은 영감을 제공함으로써 예술표현의 범위를 넓혀놓기도 하였다.

넷째, 정신분석 이론가들은 양육인과 아동 간의 관계의 중요성에 관심을 기울이도록 주의를 환기시켜 주었다. 보다 중요한 것은 이들 이론이 모두 아동의 욕구 또는 과제가 나이에 따라 변화한다는 것과, 그러므로 부모는 변화하는 아동에게 끊임없이 적응하여야 한다는 것을 제시하고 있다. 부모가 변화하는 아동에게 끊임없이 적응해야 한다는 뜻은 부모의 우선적인 중요한 자질로서의 '훌륭한 양육태도'(good parenting)를 의미하는 것만은 아니다. 아동의 최종적인 인격과 그의 전반적인 정서적 건강은 특별한 가족 구성원 내에서 전개된 상호작용에 달려 있는 것이다.

이 점과 관련하여 안나 프로이드(Anna Freud)는 다음과 같이 언급하면서 아동의 외적 압력을 경감시키는 것이 정신분석 이론의 주요한 공헌이라고 주장하였다. 그녀는 "우리는 인간의 내적 기질을 변화시킬 수는 없지만, 그들과 상호작용하는 외적 압력의 일부분을 부드럽게 하는 입장에 서 있다"[41]고 하면서, 그것은 "발달의 결정적 시기에 요구, 동기, 욕망, 정서적 의존을 어떻게 만족시키는가에 따라서 어린 아동이 받는 위험에로의 통찰"[42]을 부모가 획득하는 데 도움이 되기 때문이라 하였다.

끝으로, 정신분석 이론은 '방어기제' 나 '동일시' 와 같은 여러 가지 유용한 새로운 개념을 제시해 주었다. 특히 동일시의 개념은 여러 형태로 널리 쓰여지고 있다. "전통적인 프로이드 이론은 우리 인간이 금지의 목소리(the voice of prohibition)를 받아들이는 다소 소극적 생각을 다루었을 뿐만 아니라, 존경하는 인물의 행동에 근거한 모델링이라는 적극적 생각을 다루었다."[43] 사회학습 이론의 대표자라 할 수 있는 반듀라(A. Bandura)의 모델링 개념은 정신분석 이론에서 제시된 개념의 한 변형으로 볼 수 있다.

그러나 정신분석 이론은 몇 가지 측면에서 중대한 결점을 지니고 있다.

첫째, 이론의 불명확성 혹은 애매모호함이다. 이는 정신분석 이론이 안고 있는 가장 큰 약점이라 할 수 있다. 정신분석 이론은 성격기능에 대해 불명확하고 지나치게 추상적인 해석을 하고 있으며, 과학적인 방법으로 접근하기가 어렵다. 객관적으로 검증하기가 어렵다는 의미이다. 예를 들면, 한 특정 아동이 외디푸스 콤플렉스에 처해 있는지의 여부를 어떻게 이야기할 수 있는가, 아동이 그러한 위기를 성공적으로 해결하였는지의 여부를 무엇에 의하여 결정할 수 있는가 등이다.

이와 관련하여 프로이드는 또한 정신적 기관의 주요 이론적 구성요소들인 원자아(id), 자아(ego), 그리고 초자아(superego)를 '기능의 단위들' 로서 묘사하며, 무의식적 충동들을 성향과 같은 것으로 제시하였다. 그는 또한 이들 구성요소들이 에너지를 소유하고 있으며 서로 갈등을 일으킨다고 주장하였다. 그러나 그는 "어떤 의미에서 기능들이 에너지로 차 있을 수 있는지, 혹은 성향들이 갈등에 개입되어질 수 있는지에 대한 설명을 제공하지 않았다."[44] 에릭슨의 경우, 기본적인 신뢰감과 같은 개념들은 엄격한 과학적 검증을 위해 정의하기가 어렵다. 따라서 프로이드나 에릭슨의 이론을 증명하려는 시도가 많았지만, 객관적으로 검증을 받을 수 있는 결정적인 증거들이 나오지 못하고 있다.

둘째, 편향된 여성관이다. 프로이드의 이론은 여성들의 도덕감 발달과 관련하여 비판에 열려 있다. 왜냐하면, 프로이드 이론에서 남성들의 도덕성 발달은 정상적인 것으로 제시되지만, 여성들은 보다 약한 초자아의 발달 때문에 보다 약한 도덕감을 성취하는 것으로 가정되고 있기 때문이다. 길리간(C. Gilligan)[45] 같은 심리학자들은 프로이드의 여성관에 비판적 시선을 던지고 있다. 프로이드는 여성을 '그렇지 않았더라면 보다 큰 문화적 이익을 위해 사용되었을지도 모를 남성들의 정신적 에너지를 낭비시키는 문명화의 요부'로서 인식하고 있었다. 프로이드의 이론이 이러한 측면을 지니게 된 것은 시대적 혹은 사회적 현상을 반영한 것이다. 남성 우월적인 유럽 문화의 사회체계에 뿌리를 두고 있기 때문에 여성을 비하시켰던 것이다. 이러한 비판은 에릭슨도 예외가 아니다. 그 역시 반여성적 편견에 사로잡힌 이론을 전개하였다는 평가를 받고 있다. 그것은 남녀 각각의 태도와 행동에 영향을 미치는 사회적 · 문화적 요인을 고려하지 않았기 때문에 나타난 것이다.

셋째, 지나친 성적 욕구에 대한 강조이다. "프로이드의 가장 위대한 업적은 생각한다는 것과 존재한다는 것 사이의 갈등을 발견한 일이다."[46] 그러나 그는 성적 욕구만을 지나치게 강조함으로써 자신의 이론을 스스로 한정시키고 말았다. 왜냐하면 그는 인간이 본질적으로 억압당하고 있는 것은 유년 시절부터의 성적 욕구이며, 생각한다는 것과 존재한다는 것 사이의 갈등은 바로 이 유년 시절의 성애(性愛)와 이성적 사고와의 갈등이라고 규정했기 때문이다.

프로이드의 이론에서 성적 욕구의 억압은 인간의 무의식의 근저(根底)를 이루었다. 그는 "모든 신경증에는 성적인 병인(病因)이 있다"[47]고 하였다. 신경쇠약, 불안 신경증, 히스테리, 강박증 등은 과도한 자위행위나 몽정, 중단된 성교나 욕구불만으로 끝난 성적 흥분, 혹은 어린 시절이나 과거의 성적인 억압이 그 원인이라는 것이다. 그러나 인간에게 있어서 의식적 지향과 무의식적 지향 사이에 일어날 수 있는 갈등은 매우 다양하다. 예를 들면, 의식적 행복감과 무의식적 우울, 의식적 정직과 무의식적 기만 등이 존재한다. 그러나 프로이드는 성욕과 그것의 억압에만 집착하고 있었기 때문에 이러한 모순들에 대해서는 전혀 주의를 기울이지 않았다.

이와 관련하여 우리가 생각해 보아야 할 점은 정상적인 발달에 대한 프로이드 이론의 기초가 되었던 자료들은 보통 아동들로부터 얻은 것이 아니라, 치료과정중에 있었던 상류계층의 특수한 환자들로부터 얻은 것이었다는 것이다. 따라서 건강한 발달에 대한 중요 요소로서 심리성적 갈등의 해결에만 초점을 둔 것은 너무 편협된 것이라는 비판을 면하기 어렵다.

끝으로, 아동의 도덕성 발달에 대한 책임을 지나치게 어머니에게 부과하였다. 비록 다른 이론들이 관심을 기울이지 못하였던 양육인과 아동간의 관계의 중요성을 부각시킨 점은 칭찬받을 만하나, 프로이드나 에릭슨의 이론은 아동발달에 대한 중요한 책임을 모두 모친에게 부과하고 있는 점은 비판을 받을 만하다. 아동 자신의 영향이나 환경, 또는 타인의 영향에는 거의 주의를 기울이지 않았다. 그러나 오늘날 대부분의 발달 심리학자들은 비록 모친이 아동의 도덕성 발달에 중요한 영향을 미친다는 점을 인정하기는 하지만, 위에서 말했던 다른 요인들도 또한 중요하다는 점을 인정하고 있는 형편이다.

### ✻ 주 ✻

1) D. P. McAdams, *The Person : An Integrated Introduction to Personality Psychology*, Harcoutr College Publishers, 2001, p. 560.
2) L. A. Hjelle and D. J. Ziegler, 이훈구 역, 『성격 심리학』, 법문사, 1990, p. 147.
3) E. H. Erikson, *Insight and Responsibility*, New York : Norton, 1964, p. 113.
4) 위의 책, p. 115.
5) R. M. Thomas, *Moral Development Theories－Secular and Religious : A Comparative Study*, Greenwood Press, 1997, pp. 107－108 참고.
6) E. H. Erikson, *Insight and Responsibility*, New York : Norton, 1964, p. 115 참고.
7) E. H. Erikson, *Life History and the Historical Movement*, New York : Norton, 1975, p. 22.
8) E. H. Erikson, *Insight and Responsibility*, p. 115.
9) 위의 책, p. 118.
10) 조희숙 외, 『아동발달심리』, 학지사, 1994, p. 181.
11) E. H. Erikson, *Insight and Responsibility*, p. 118.
12) E. H. Erikson, *Childhood and Society*, W. W. Norton & Company, Inc., 1950, p. 221 참고.
13) 조희숙 외, 앞의 책, p. 181.
14) E. H. Erikson, *Insight and Responsibility*, p. 119.
15) 위의 책, p. 119.
16) 조희숙 외, 앞의 책, pp. 182.
17) E. H. Erikson, *Insight and Responsibility*, p. 122.
18) 위의 책, p. 123.
19) 위의 책, p. 124.
20) 위의 책, p. 124.
21) E. H. Erikson, *Childhood and Society*, p. 227.
22) 조희숙 외, 앞의 책, p. 182.
23) 장휘숙, 『인간발달』, 박영사, 2000, p. 220.
24) 조희숙 외, 앞의 책, p. 182.
25) E. H. Erikson, *Childhood and Society*, p. 228.

26) 조희숙 외, 앞의 책, p. 182.

27) 위의 책, pp. 182–183.

28) E. H. Erikson, *Insight and Responsibility*, p. 125.

29) 위의 책, p. 125.

30) 위의 책, p. 127.

31) 위의 책, p. 128.

32) 위의 책, p. 129.

33) 위의 책, p. 130 참고.

34) 위의 책, p. 131.

35) 위의 책, p. 131.

36) 위의 책, p. 133.

37) 위의 책, p. 133.

38) 조희숙 외, 앞의 책, p. 184.

39) H. Strotzka, Psychoanalysis and Ethics, G. Zecha and P. Weingartner (Ed.), *Conscience : An Interdisciplinary View*, D. Reidel Publishing Company, 1987, p. 265.

40) S. Freud, 임진수 역주, 『꿈과 정신분석』, 계명대학교 출판부, 2002, p. 224.

41) A. Freud, *The Writings of Anna Freud*, New York : International Universities Press, vol. v., 1974, pp. 265–266.

42) 위의 책, p. 266.

43) M. Downey & A. V. Kelly, *Moral Education; theory and practice*, Harper & Row Ltd, 1978, p. 66.

44) R. M. Thomas, 앞의 책, p. 115.

45) C. Gilligan, *In Another Voice*, Cambridge, Mass. : Harvard University Press, 1982.

46) H. Marcuse and E. Fromm, 오태환 역, 『프로이트 심리학 비판』, 선영사, 1987, p. 221.

47) S. Freud, 임진수 역주, 앞의 책, p. 131.

## ✻ 참고문헌 ✻


장휘숙, 『인간발달』, 박영사, 2000.

조희숙 외, 『아동발달심리』, 학지사, 1994.

Downey, M. & Kelly, A. V., *Moral Education; theory and practice*, Harper & Row Ltd, 1978.

Erikson, E. H., *Insight and Responsibility*, New York : Norton, 1964.

Erikson, E. H., *Life History and the Historical Movement*, New York : Norton, 1975.

Freud, A., *The Writings of Anna Freud*, New York : International Universities Press, vol. v., 1974.

Freud, S., *An Outline of Psychoanalysis*, London : Hogarth, 1973(1938).

Freud, S., *The Ego and the Id*, London : Hogarth, 1974.

Freud, S., 임진수 역주, 『꿈과 정신분석』, 계명대학교 출판부, 2002.

Gilligan, C., *In Another Voice*, Cambridge, Mass. : Harvard University Press, 1982.

Hjelle, L. A. and Ziegler, D. J., 이훈구 역, 『성격 심리학』, 법문사, 1990.

McAdams, *D. P., The Person : An Integrated Introduction to Personality Psychology*, Harcoutr College Publishers, 2001.

Marcuse, H. & Fromm, E., 오태환 역, 『프로이트 심리학 비판』, 선영사, 1987.

Salkind, N. J., 정옥분 역, 『인간발달의 이론』, 교육과학사, 1995.

Strotzka, H., Psychoanalysis and Ethics, G. Zecha and P. Weingartner (Ed.), *Conscience : An Interdisciplinary View*, D. Reidel Publishing Company, 1987.

Thomas, R. M., *Moral Development Theories－Secular and Religious : A Comparative Study*, Greenwood Press, 1997.

Gordon Willard Allport(1897.11.11~1967.10.9)

Raymond Bernard Cattell(1905.3.20~1998.2.2)

Hans Eysenck(1916.3.4~1997.9.4)

# 제3장 퍼스낼리티 특질 이론

## I. 기본 가정

퍼스낼리티 구조의 맥락에서 도덕성의 발달을 설명하는 시도는 '인간은 심리적 존재'(psychological being)라는 본질에 근거하고자 하는 하나의 기획이다. 이러한 기획은 기본적으로 프로이드(S. Freud)를 모태로 하는 정신분석 이론에서 비롯되었다. 그러나 도덕성을 퍼스낼리티의 바탕 위에 확립하고자 하였던 그러한 시도들은 도덕성의 본질적 특징 가운데 하나인 판단과 이성을 제거하는 위험을 수반하고 있었다. 따라서 많은 사람들은 이들 이론들의 자연주의적 접근이 도덕성에서 이성의 기반을 무시하였다는 비판을 가했던 것이다.

우리가 도덕성을 퍼스낼리티 구조로부터 도출할 때 자연적 충동이나 욕구에만 관심을 기울이게 되면 그의 인지적 기반을 소홀히 하기 쉽다. 반대로, 인지와 이성만이 도덕적 동기를 제공하는 것으로 강조하게 되면 우리는 도덕성의 중심으로서의 인간을 잃는 위험을 초래하게 된다. 퍼스낼리티 구조의 맥락에서 도덕성의 발달을 설명하고자 하는 관점은 충동과 인지를 포괄하여 접근하는 하나의 대안적인 심리적 기제(psychological mechanism)이다. 이 이론은 전체로서의 인간을 의미하는 퍼스낼리티의 구조 속에서 도덕성을 검토한다.

퍼스낼리티 구조는 퍼스낼리티 특질(personality traits)들로 구성된다. 퍼스낼리티 특질이란 한 사람을 다른 사람과 비교적 영속적으로 구분해 주는 심리적 경향성을 말한다. 이는 퍼스낼리티를 이루는 기본 단위이자 인간 행동의 개인차를 설명해 주는 중요한 요소이다. 사람들은 나름대로 독특한 특질들의 구조를 가지고 있으며, 이러한 구조는 사람들의 사회생활이나 대인관계의 방향성을 결정해 준다. 한 개인은 시간과 장소에 따라 비교적 일관되지만 타인과는 서로 다른 퍼스낼리티 특질들의 구조를 갖는다.

퍼스낼리티 구조의 맥락에서 도덕성 발달을 연구하고자 하는 접근 방식은 오늘날 광범위하게 활용되고 있다. 특히, 퍼스낼리티 특질 이론은 도덕교육에 여러 가지 시사점을 제공해 주는 유용한 모델이다. 연구의 계통은 각기 차이가 있지만 에릭슨(E. Erikson), 뢰빙거(J. Loevinger), 로저스(K. Rogers), 브라시(A. Blasi), 그리고 데이먼(W. W. Damon)의 연구는 공통적으로 퍼스낼리티를 기초로 하고 있다.

퍼스낼리티 특질 이론은 다음과 같은 가정들[1]을 바탕으로 하고 있다.

1. 개인의 초기에 발생하는 기질(temperament)적 차이들은 발달의 과정을 형성한다.
2. 기질에서의 개인적 차이들은 사람들 사이의 스타일에서의 차이—인생의 초기에 나타나는, 시간이 지나도 실질적인 안정성을 나타내 보이는, 반응의 예견 가능한 양식들을 나타내는, 그리고 상당히 직접적인 신경생물학적 상관성을 가질 가능성이 있는 차이—를 말한다.
3. 퍼스낼리티 특질들은 이러한 기질이 사회적으로, 그리고 인지적으로 정교화된 것이다.
4. 퍼스낼리티 특질들은 유전적 요소와 환경적 요소 간의 상호작용으로 형성되며, 시간적인 측면과 상황적인 측면에서 어느 정도 일반적 · 전체적 · 안정적 성향들로서 개인 안에 자리잡고 있는 것으로

여겨진다.

5. 퍼스낼리티 특질들은 지성(intelligence)의 특질들과 대조적으로 전형적으로 사회적 상호관계 및 삶의 사회정서적 측면들과 연관된 사고, 감정, 그리고 행동에서의 일관성을 나타낸다. 그러므로 퍼스낼리티 특질들은 본질에 있어서 보다 덜 사회정서적이고 보다 더 인지적으로 보이는 가치, 태도, 세계관, 스키마 등과는 구분된다.
6. 서로 다른 퍼스낼리티 특질들은 일반적으로 각기 다른 기능을 발휘하면서도(independent) 상호 부가적으로(additive) 한 사람의 퍼스낼리티 구조를 이룬다.
7. 한 개인의 퍼스낼리티 구조는 특징적인 사고, 감정, 그리고 행동에서 다른 사람들과의 개인적 차이를 나타내 준다.
8. 한 사람의 행동은 그 개인의 전체적인 퍼스낼리티 구조에 의하여 주로 결정된다.

## Ⅱ. 인간관

우리는 퍼스낼리티 특질 이론이 상정하고 있는 인간관을 두 가지 측면에서 추론해 볼 수 있다. 하나는 퍼스낼리티와 관련한 이슈이다. 우리는 퍼스낼리티 이론가들이 개인들간에 존재하는 퍼스낼리티 차이가 유전에 의한 것인가 아니면 환경에 의한 것인가에 대해 어떻게 설명하는가를 살펴봄으로써 그들의 인간관을 추론할 수 있다. 또 하나는 인간을 바라보고 이해하는 해석의 방식이다. 우리는 퍼스낼리티 심리학자들이 인간을 환원론적으로 해석하는가 혹은 전체론적으로 해석하는가를 살펴봄으로써 그들의 인간관을 추론할 수 있다. 이를 차례로 검토해 보고자 한다.

퍼스낼리티 심리학자들은 인간의 본성을 선과 악의 측면에서 규정하고자 하는 일에는 관심이 없다. 이들은 심리학을 하나의 '과학' 으로 여기고 이에 상응하는 연구에 몰두하고자 하였다. 이러한 작업의 일환으로 이들은 퍼스낼리티의 개념을 보다 제한적으로 규정해 나가기 시작하였다. 일반적으로 퍼스낼리티의 개념 속에 포함되어 있던 '인격'(character)의 개념을 점차 배제해 나갔다.[2] 예컨대, 알포트(G. W. Allport)는 'personality'와 'character'란 용어가 자주 같은 의미로 사용되어 왔지만, 전통적으로 후자는 개인이나 그의 행동이 평가되는 행동강령을 의미해 왔다고 말한다. 그래서 그는 character는 '평가된' personality로, 그리고 personality는 '비평가된' character로 구분하고 있다. 이처럼 현대 심리학자들이 퍼스낼리티란 용어의 개념을 제한하는 까닭은 가치판단의 문제를 배제하고자 하는 심리학 자체의 학문적 특성을 반영한 결과로 해석된다.

따라서 퍼스낼리티 구조의 맥락에서 인간의 본성을 설명하고자 하는 특질 이론은 다분히 인간의 선천성에 주목한다. 이 이론은 보다 덜 인지적이고 또한 보다 더 사회정서적인 퍼스낼리티 특질에 주목한다. 특질 이론가들은 인간의 고유 본성으로서의 퍼스낼리티 특질을 가치판단을 배제한 채 있는 그대로 해석하고자 한다. 프로이드는 인간의 무의식적인 본능적 욕망에 관심을 두고 이의 파괴성을 은근히 부각시켰지만, 특질 이론가들은 퍼스낼리티 구조가 선한가 혹은 악한가의 문제에는 관심이 없다. 최근에 특질 이론가들이 일반적으로 동의하고 있는 5가지 특질들은 외적 환경요소와의 상호작용에 따라 도덕적 혹은 비도덕적으로 발휘될 수 있다. 인간은 본래적으로 선한 존재도 혹은 악한 존재도 아니라는 것이다. 이러한 관점은 고자(告子)가 "사람의 본성은 소용돌이치는 물과 같다. 그것을 동으로 터주면 동으로 흐르고, 서로 터주면 서로 흐른다. 사람의 본성에 선과 악의 구분이 없는 것은 마치 물의 본성에 동과 서의 구분이 없는 것과 같다"[3]라고 말한 입장과 상통한다.

그러면 퍼스낼리티 특질 이론가들은 인간의 퍼스낼리티 구조를 형성하는 자원인 특질들이 천부적인 유전으로 주어진 것으로 보는가 아니면 후천적인 환경에 의해 형성되는 것으로 보는가? 이에 관한 입장은 인간의 도덕성 발달을 해석하는 데 있어서 중요한 단서가 될 수 있다. 이들은 일반적으로 특질들은 유전적 영향들과 환경적 영향들의 상호작용으로 형성된다고 믿는다. 그러나 실제적으로 특질 이론가들은 환경적 영향보다는 유전적 영향에 보다 많은 무게를 부여한다. 많은 이론가들은 퍼스낼리티 특질들의 기원을 기질적 특징들에서 찾기 때문이다. 기질적 특징들은 이른 시기에 나타나는 환경에 대해 접근하고 반응하는 한 사람의 특징적 양식을 의미한다. 특질 이론가들은 이러한 기질적 특징들을 '초기에 나타나는 퍼스낼리티 특질들' 로서 인식한다.

인간은 자신의 삶을 총체적으로 인도할 자아를 기질이 특질로 세련화되어 가는 6가지 단계를 통해 발달시킨다. 퍼스낼리티 특질들은 초기의 기질적 특징들이 사회적으로 그리고 인지적으로 정교화되어 발달된 것이다.[4] 퍼스낼리티 특질의 유전성은 매우 강력히 인정되고 있다. 특히 아동기의 기질(temperament)과 청소년기의 퍼스낼리티 특질들에 대한 유전적 영향은 매우 실제적이라고 생각한다.[5] 유전적 영향은 특히 외향성과 신경증과 관련된 특질들에서 분명하다. 다른 특질들, 예컨대 동조성, 성실성, 경험에 대한 개방성에 대해서는 유전적 영향에 관한 평가가 앞의 두 가지에 비해 덜 일관적인 것으로 파악한다. 결국, 퍼스낼리티 특질 이론가들은 인간은 천부적으로 유전적 요소를 내포한 채 환경과의 상호작용을 통하여 점차 선악의 세계로 나아간다고 보고 있다.

특질 이론의 인간관은 '합리적 인간관' 으로 집약될 수 있다. 특질 이론가들은 인간의 유전적 요소를 강력히 인정하는 퍼스낼리티 특질을 주요 대상으로 하기 때문에 '인간의 비합리성' 을 강조할 것 같지만, 과거의 정신분석 이론이 내포하고 있던 그러한 인간관에서 한 걸음 나아가 인간의 합리성을 인정하고 있다. 이들에 따르면, 인간은 선천적으로 주어진 유전적 기질에 따라 삶을 피동적으로 유지시키는 존재가 아니다. 특질 이론가들은 인간에게서 "정신의 서로 대립하는 당파들을 화해시키기 위한 노력 이상의 것을 포괄하는 자아의 역할"[6]을 인정한다. 특질 이론가들은 인간이란 본질적으로 무의식적 과정들에 압도당하지 않는 합리적 존재라고 인식한다. 선악의 세계로 나아가는 궁극적인 결정의 주체는 인간 자신이라고 본 것이다.

한편, 퍼스낼리티 특질 이론가들은 인간을 퍼스낼리티 구조의 맥락에서 전체적으로 파악하고자 한다. 이들은 퍼스낼리티 구조가 한 인간의 사유, 감정, 그리고 행동의 방향성을 결정해 주는 원천으로 간주하고 있다. 실제적으로 우리가 퍼스낼리티에 대해 관심을 갖는 이유도 이와 관련이 깊다. 우리는 자신이나 타인의 퍼스낼리티에 대해 알게 되면 향후 발생하는 다양한 문제들에 직면하였을 때 효과적으로 대처할 수 있다. 자신의 퍼스낼리티에 관한 정보는 어떤 친구를 선택할 것인지, 어떤 일을 먼저 할 것인지와 같은 의사결정 상황에서 지침을 제공할 수 있으며, 타인에 관한 퍼스낼리티 정보는 상대방에 대한 보다 깊은 이해를 도움으로써 인간관계를 원활히 하는 데 도움이 된다.

퍼스낼리티 특질 이론가들이 인간을 전체적으로 파악하고자 한다는 점은 이들이 퍼스낼리티 특성을 규정하고 있는 데에서 잘 나타난다. 많은 퍼스낼리티 심리학자들은 공통적으로 두 가지 퍼스낼리티 특성을 지적하고 있다. 하나는 행동의 독특성이다. 퍼스낼리티는 한 개인이 다른 사람과 구별되는 점을 일컫는 말이다. 만약 어떤 상황에서 모든 사람이 동일하게 행동한다면, 우리는 그러한 외현적 행동을 퍼스낼리티에 기초해 나타나는 행동이라고 생각하지 않는다. 또한 그러한 행동을 기초로 타인의 퍼스낼리티를 추론하지도 않는다.

또 하나는 안정성과 일관성이다. 퍼스낼리티는 시간과 공간의 변화에 따라 매 순간 바뀌는 것이 아니라, 어느 정도 안정적으로 일관되게 나타나는 것이다. 그러나 퍼스낼리티가 안정성과 일관성이 있어야 한다는 것이 결코 퍼스낼리티가 변화되지 않는다는 것을 의미하는 것은 아니다. 우리는 의식적으로나 무의식적으로 퍼스낼리티의 변화를 시도하기도 한다. 비록 이러한 변화가 쉽게 이루어지지는 않지만, 한번 변화된 퍼스낼리티는 일정 기간 안정적으로, 그리고 일관되게 행동에 영향을 미치게 된다.

따라서 퍼스낼리티 심리학자들이 인식하는 퍼스낼리티의 개념 속에는 인간의 전체성이 내포되어 있다. 인간의 정신작용과 행위를 어떤 특정한 영역, 곧 자연적 충동이나 욕구 혹은 이성에 초점을 두고 해석하지 않는다. 인간을 전체적으로 파악하고자 한다. 인간의 퍼스낼리티 구조가 인간의 사고방식에서 기본적인 틀로서 작용하고, 행동은 이러한 내면적인 과정의 결과로 인식한다. 퍼스낼리티 특질 이론에 따르면, 인간은 비록 어려서 형성된 퍼스낼리티 구조를 기본으로 사유하고, 느끼고, 행동하지만 성장과정에서 환경과의 상호작용을 통해, 그리고 자신의 끊임없는 노력을 통해 퍼스낼리티 구조를 변화시켜 나가는 능동적 · 주체적 존재이다.

## Ⅲ. 퍼스낼리티 특질에 관한 관점들

### 1. 퍼스낼리티의 개념

퍼스낼리티란 대체적으로 "개인 내의 다양성 안에서의 통일체"(unity within variety)[7]를 의미하나 그에 대한 정의는 실로 매우 다양하다. 퍼스낼리티에 관한 어떠한 실체적인 정의도 보편성을 지니기는 어렵다. 어떤 개인이 퍼스낼리티를 정의하는 방식은 그의 독특한 이론적 기호에 의존하고 있기 때문이다. 알포트(G. W. Allport)는 "자신의 환경에 대한 '독특한 적응'을 결정하는 개인 내부의 정신물리학적 체계(psycho-physical systems)의 역동적인 조직"[8]이라 정의하였고, 아이젠크(H. J. Eysenck)는 "환경에 대한 자신의 독특한 적응을 결정하는 한 개인의 특성(character), 기질(temperament), 지력(intellect), 그리고 체격(physique)의 다소 안정적이고 지속력을 지닌 조직(organization)"[9]으로 정의하였다. 퍼스낼리티에 대한 정의는 주로 체계(system), 구조(structure), 혹은 조직(organization)의 개념을 강조하고 있다. 이러한 정의는 19세기 초반부터 중반에 이르기까지 주류를 이루어 왔던 '행동의 특이성' 중심의 정의[10]와 대조된다.

퍼스낼리티에 관한 정의는 이처럼 학자에 따라 다양하나 대체로 두 가지 범주로 집약된다. 총괄적인 정의와 기능적 정의가 그것이다. 총괄적 정의에 따르면, 퍼스낼리티라는 말은 개인에 관한 모든 것을 포함하는 것으로 사용된다. 퍼스낼리티는 개인을 묘사하는 데 가장 중요하다고 생각되는 개념들의 집적으로 구성된다고 본다. 또한 퍼스낼리티의 기능적 정의는 통합적 조직기능(integrative organizational function)을 강조한다. 개인의 단편적인 반응은 개인의 내부에서 능동적으로 작용하는 퍼스낼리티에 의해 조직된다는 것이며, 퍼스낼리티가 개인이 나타내는 다양한 행동에 질서와 통합성을 가져오게 한다는 것이다.

## 2. 퍼스낼리티 특질에 관한 관점들

퍼스낼리티 특질의 개념에 대한 논쟁은 오랫동안 지속되어 왔다. 우리는 다양한 논쟁들을 네 가지 관점으로 요약할 수 있다. 우선, 특질들이란 알포트가 '신경심리 구조'(neuropsychic structures)라 불렀던 것과 같은 중추신경 체계(central nervous system) 내에 존재한다는 관점이다. 그것이 시간과 상황을 초월하여 행동에 일관성을 나타나게 하는 원인으로 작용한다는 것이다. 이 관점은 사실적 혹은 설명적 개념이다. 이 관점은 어떤 행동의 저변에는 그런 행동을 하도록 원인을 제공하는 과정들이 존재한다고 가정한다. 그것을 퍼스낼리티 특질로 보는 것이다. 특질들은 관찰 가능한 실체들이 아니라 가설적인 구성들이다.

또 하나는 특질들이 행동에 중요한 영향을 발휘하는 성향들로서 존재한다는 관점이다. 이 관점은 퍼스낼리티 특질들을 사람의 기능에 영향을 미치기 위해 문화적 규범들 및 상황적 변수들과 같은 외적 영향들과 상호작용하는 일관된 방식에서 행동하고, 생각하고, 혹은 느끼는 경향성이라고 본다. 행동의 원인을 퍼스낼리티 특질로 보는 관점은 행동 개요들(summaries)을 기술하는 데, 그리고 행동에 대한 원인적 혹은 생성적 메커니즘들을 제시하는 데 사용되어질 수 있다.

결국, 이 두 관점은 퍼스낼리티 특질들을 인간의 기능에서 원인적 메커니즘으로 이해하고 있다. 다시 말하면, "퍼스낼리티 특질들이 신경심리 구조이든 혹은 행동성향이든 그것들은 행동을 하게 한다는 점에서 도구적이며, 또한 상황과 시간을 초월하여 행동에 일관성을 가져오게 하는 원인이다."[11]

대조적으로, 나머지 두 관점은 퍼스낼리티 특질들이란 실제적으로 행동하도록 하는 원인을 제공하는 것이 아니라 다만 사람들이 나타내 보이는 행동을 기술하기 위한 편리한 범주들로서 존재한다는 것이다. 이들 관점은 퍼스낼리티 특질을 "기술적-개요적 개념"[12](descriptive-summary conception)으로 파악한 것이다. 이 개념에 따르면, 퍼스낼리티 특질들은 한 사람의 과거 행동에서 관찰 가능한 일관성들을 기술하는 개요 변수들(summary variables)이다.

세 번째 관점[13]은 퍼스낼리티 특질들이란 단순히 각각 분리된 행동들의 조직을 위한 언어적 범주들일 뿐이라는 것이다. 따라서 특질들은 각각의 행동에 영향을 미치지 않는다. 오히려 퍼스낼리티 특질들은 행동들이다. 행동들은 주어진 범주의 전형적인 혹은 대표적인 몇몇 행동들을 지닌 특질군(群)으로 함께 규합된다. 예컨대, 외향성의 특질은 "나는 대중 앞에서 춤을 추었다"와 같은 그러한 행동들로 구성된다.

네 번째 관점은 퍼스낼리티 특질들이란 어떤 객관적인 의미에서, 심지어는 행동범주들의 의미에서 존재하지 않는다는 것이다. 대신에 퍼스낼리티 특질들은 단순히 사람들이 사회적 삶을 이해하고자 창안한 편리한 허구(fictions)일 뿐이라는 것이다. 우리가 '성실한'이라는 특질 용어들을 사용하지만 사실은 이들 용어는 단지 단어일 뿐이라는 것이다. 그 말들은 우리의 공유된 사회적 구성(social construction)을 초월해서는 아무런 의미를 갖지 못한다. 이 관점에 따르면, 우리는 결코 퍼스낼리티 특질들의 측면에서 행동을 설명할 수가 없다. 예컨대, 어떤 사람이 미소를 짓는 행동은 그 원인이 그 사람 내부에 존재하는 것이 아니라 그 사람이 존재하는 사회적 환경에 존재한다. 따라서 이 관점에서는 행동의 일관성의 원인을 환경적 상황에서 찾는다.

네 가지 관점들은 각기 나름의 강력한 논거를 제공할 수 있다. 각 관점은 특질의 중요한 측면을 부각시킨다. 첫 번째 관점은 특질들이란 생물학적 실재(biological reality)를 갖는다는 것, 두 번째 관점은 특질의 성향적 본질을 지적하고, 세 번째 관점은 특질들이란 기능적으로 비슷한 행동들을 연계시킨다는 것을 제시하며, 네 번째 관점은 특질 명칭들이란 일상의 사회적 인지(social cognition)에서 실용적이라는 것을 지적해 준다. 그러나 최근에 이르러 퍼스낼리티 심리학자들은 두 번째 관점을 주로 채택하고 있다. 대부분의 현대 퍼스낼리티 심리학자들은 특질들을 행동에 원인적인 영향을 미치는 성향들로서 이해한다.

이를 표로 나타내 보면 다음과 같다.[14)]

**퍼스낼리티 특질들의 본질에 관한 네 가지 입장들**

| 특질 영역 | 설명 | 이론가들 |
|---|---|---|
| 신경생리학적 기질(基質) Neurophysiological substrates | 특질들은 행동을 일으키게 하는, 그리고 상황과 시간을 초월하여 사회감정적 기능에서의 일관성의 원인이 되는 신경 중심 체계에서의 생물학적 유형들이다. | Allport(1937)<br>Eysenck(1967)<br>Gray(1982)<br>Cloninger(1987)<br>Zuckerman(1991) |
| 행동적 성향 behavioral dispositions | 특질들은 사람의 기능에 영향을 미치기 위해 문화적 규범들 및 상황적 변수들과 같은 외적 영향들과 상호작용하는 일관된 방식에서 행동하고, 생각하고, 혹은 느끼는 경향성들이다.<br>특질 귀인은 행동 개요들(summaries)을 기술하는데, 그리고 행동에 대한 원인적 혹은 생성적 메커니즘들을 제시하는 데 사용되어질 수 있다. | Cattell(1957)<br>Wiggins(1973)<br>Goldberg(1981)<br>Hogan(1986)<br>McCrae&Costa(1990) |
| 행위 빈도 Act frequencies | 특질들은 행동적 행위들에 대한 기술적인 개요 범주들이다. 똑같은 기능적 특성들을 갖는 행위들(어떤 행동들은 다른 행위들보다 일반적인 한 울타리 특성들과 관련하여 보다 전형적 혹은 대표적이다)은 군(群)들로 함께 집합될 것이다. | Buss & Craik(1983) |
| 언어적 범주 Linguistic categories | 특질들은 인간의 행동과 경험의 다양성을 범주화하기 위해, 그리고 의미를 이해하기 위해 사람들에 의해 고안된 편리한 허구들(convenient－fictions)이다.<br>특질들은 관찰자의 마음 밖에 존재하지 않는다.그러므로 특질들은 영향을 미치는 원인이 될 수 없다. 사회적 상호작용과 담화를 통해 사람들은 특질 용어들에 대한 의미들을 구성한다. | Mischel(1968)<br>Shweder(1975)<br>Hampson(1988)<br>Harre & Gillett(1994) |

## Ⅳ. 퍼스낼리티 특질 이론의 발달

퍼스낼리티의 구조에 관한 이론은 개인들이 보이는 행동방식의 차이를 묘사 · 설명하려는 체계적인 시도로서 크게 두 종류로 구분된다. 하나는 퍼스낼리티를 단편적인 상태로 이해하려는 연구들이다. 이러한 연구들은 퍼스낼리티가 어떻게 형성되고 발달하는가보다는 현재 어떤 종류의 퍼스낼리티 유형이 있는지와 같은 '상태'에 더 많은 관심이 있다. 특성 이론(character theory)이 대표적인 것이다. 또 하나는 퍼스낼리티가 어떻게 형성되고 발달하며, 그러한 퍼스낼리티가 생활하는 데 어떤 기능을 하는지를 이해하고자 하는 과정 이론(processing theory)이다. 과정 이론에는 무의식과 어린 시절의 경험을 강조하는 정신분석 이론, 개인과 환경의 상호작용을 강조하는 행동주의 관점의 이론, 그리고 개인의 주관적 경험과 자기 실현을 강조하는 인본주의 이론 등이 있다.

- 퍼스낼리티 구조 이론
  - 특성 이론
    - 유형론
      - 체액론 – Hippocrates
      - 체격론 – Kretschmer, Sheldon
    - 특질론 : Allport, Cattell, Eysenck
  - 과정 이론
    - 정신분석
      - 고전정신분석 – Freud
      - 신정신분석 – Adler, Jung
    - 행동주의 : 조건형성 이론, 사회학습 이론
    - 인본주의 : 현상학적 이론 – Rogers, Maslow

## 1. 퍼스낼리티 유형 이론(typology)

### (1) 체액론(體液論)

아리스토텔레스의 제자이자 식물학자였던 테오프라스터스(Theophrastus)는 기원전 4세기에 서구에서 최초로 퍼스낼리티 특질들을 분류하여 제시하였다. 그는 아테네 사람들의 각기 다른 유형들을 묘사하는 것으로서 기질과 관련이 있는 일련의 특성 개요들을 고안하였다. 최초의 유형 이론은 히포크라테스(Hippocrates)에 의해 제시되었다. 그는 사람의 체액을 혈액, 점액, 흑담즙, 담즙으로 구분하고, 그 중 어느 체액이 신체 내에서 우세한가에 따라 성격이 결정된다고 주장하였다. 인체는 불 · 물 · 공기 · 흙이라는 4원소로 되어 있고, 인간의 생활은 그에 상응하는 네 가지 체액에 의하여 이루어진다고 생각하였다.

그리스 의사였던 갈렌(Galen; A.D. 130~200)은 퍼스낼리티 특질에 관한 유명한 체계를 제시하였다. 그는 네 가지 기질 이론을 개발하였다. 기질은 특정한 행동적 특질과 관련되는 체액이다. 네 가지 핵심적인 체액은 혈액(blood), 흑색 담즙(black bile), 황색 담즙(yellow bile), 그리고 점액(phlegm)이다. 혈액은 다혈질(sanguine) 퍼스낼리티와 연관된다. 혈액이 지배적인 신체상의 기질인 사람은 대담하고, 자신만만하며, 확고하다. 흑색 담즙은 우울질(melancholic) 유형과 관련된다. 너무 지나친 흑색 담즙은 사람을 우울하고 불안하게 만든다. 그는 염세적이며 깊은 수심에 잠긴다. 황색 담즙은 화를 잘 내는 사람(choleric person)과 관련된다. 그는 쉽게 흥분하고 자주 화를 낸다. 마지막으로 점액질 사람(phlegm person)은 쌀쌀하고, 냉담하며, 차갑고 게으르다. 갈렌은 이상적인 기질은 네 가지 기질들의 적절한 조화로부터 나온다고 주장하였다. 특질들이 최적으로 혼합된 사람은 "그의 영혼에는 대담함과 소심함, 태만함과 무례함, 열정과 시기의 중간이 존재한다. 그는 쾌활하며, 애정적이고, 자비로우며, 그리고 신중하다."[15]

중세에 이르면서 철학자들은 체액들이 퍼스낼리티 특질들과 직접적으로 연관된다는 생각을 차츰 멀리하게 되었다. 그러나 오늘날까지도 네 가지 기질들과 행동을 연관지어 기술하려는 접근은 유지되어 오고 있다. 19세기 후반, 분트(W. Wundt)는 네 가지 기질들은 감정적 강도(emotional strength)와 감정적 변화성(emotional variability)으로부터 발생한다고 주장하였다. 그리고 20세기 중반에 아이젠크(H. Eysenck)는 네 가지 유형들을 두 가지 상위 특질들(외향성과 신경증)의 계통에 따라 개편하였다. 아이젠크는 비록 신체상의 기질들보다는 대뇌구조(structure)와 기능(functioning)의 측면에서 특질들의 차이를 찾고자 하였지만, 그는 이들 특질들의 생물학적 토대를 인정하였다.[16]

### (2) 체격론 (體格論)

크레츠머(E. Kretschmer)와 셀던(W. Sheldon)은 신체상의 형체(forms)가 퍼스낼리티 특질들과 연관된다는 체격 심리학(constitutional psychology) 이론을 발달시켰다. 크레츠머는 체형에 따라 사람을 허약형, 비만형, 투사형, 이상발육형의 네 범주로 나누고, 각 체형에 따라 성격이 결정된다고 보았다. 허약형(asthenic type)은 키가 큰 편이고, 어깨가 좁고, 호리호리하게 마른 체격이다. 얼굴은 하관이 빠진 계란형이며, 손가락은 갸름하다. 정신분열증에 걸릴 성향이 많다. 투사형(athletic type)은 어깨가 떡 벌어지고, 얼굴은 아래턱뼈가 잘 발달되어 긴 편이다. 대체로 골격, 근육, 피부가 잘 발달되어 균형 잡힌 체격이다. 조울증보다 정신분열증의 경향이 다소 많다. 비만형(pyknic type)은 두부, 흉부, 복부 등이 현저히 발달하고, 몸에는 지방조직이 많고, 배가 나와 있다. 사지는 통통하고, 얼굴은 폭이 넓고 둥글며, 온화하다. 조울증에 걸릴 성향이 많다. 이상발육형(displactic type)은 이상발육으로 생긴 특성을 가진 체격의 소유자이다.

셀던은 누드 남성들을 담은 사진들을 보고 평가된 남성들의 신체

유형들과 행동을 연구하였다. 그는 연구결과들을 토대로 세 가지 신체유형과 이에 대응하는 특질들을 분류하였다. 지방이 잘 발달된 반면 근육 및 뼈가 잘 발달되지 못하여 신체가 둥그스름하고 보들보들한 사람은 내배엽형(endomorph; 비만형)이다. 비만형은 태평스럽고, 붙임성 있으며, 사회적 인정을 매우 바라고, 그리고 안락과 편안함을 찾는다. 지방과 근육이 잘 발달하지 못하고 신체가 여위고 뼈대가 굵은 사람은 외배엽형(ectomorph; 마르고 키가 큰 형)이다. 외배엽형의 신체유형은 자제, 프라이버시, 내향성, 그리고 자각의 특질들과 연관된다. 마지막으로, 중배엽형(mesomorph; 中胚葉型)은 상대적으로 근육질로서 통통하지도, 그리고 마르지도 않은 체격과 신체적 기력과 지구력을 보이는 근육질이다. 중배엽형과 대응하는 퍼스낼리티 특징들은 공격적 · 지배적 · 모험적이고, 용기가 있으며, 그리고 때때로 다른 사람들의 감정에 대하여 무감각하다. 신체유형들과 이에 대응하는 특질들은 단지 남성들에 국한되었다. 체격 심리학은 여성에 대해서는 관심을 갖지 않았다.

## 2. 퍼스낼리티 특질 이론(traits theory)의 유형

퍼스낼리티 특질들에 관한 최초의 과학적 연구들은 19세기 말에 이르러 수행되었다. 갈톤(F. Galton)은 그 대표적인 심리학자로서, 그는 퍼스낼리티에서 중요한 개인적 차이들은 언어로부터 수집되어질 수 있다는 것을 제안하였다. 갈톤은 개인적 차이들의 기본적인 영역들이 무엇인가를 결정하기 위해서는 언어를 찾아볼 것을 제안하였다. 모든 형용사들은 특질들과 관련이 있다는 것이다. 제2차 세계대전이 시작할 무렵, 통계학이 발달하면서 보다 과학적인 퍼스낼리티 특질들에 관한 이론이 발달하기 시작하였다. 이 무렵의 대표적인 특질 이론가들로는 알포트(G. Allport), 카텔(R. B. Cattell), 아이젠크(H. Eysenck) 등이 있다.

### (1) 알포트(G. Allport)의 모형

알포트는 퍼스낼리티 특질들은 개인에게 여러 가지 다른 자극이나 상황에 대해 유사한 방식으로 반응하도록 조작하는 실체로서 개인의 사고, 정서 및 행동을 결정하는 중요한 역할을 한다고 주장하였다. 갈톤의 제안에 따라 알포트는 심리적 기능에서 개인적 차이들을 언급하는 모든 영어 단어들을 뽑았다. 그는 심리적 상태, 특질, 그리고 평가를 언급하는 약 18,000 단어들을 모았다. 그는 자신의 판단에 따라 이들 중에서 약 4,500 단어가 비교적 안정적이고 지속적인 퍼스낼리티 특질들을 반영한다고 보았다.

그는 행동상에 미치는 정도에 따라 특질들을 주 특질(cardinal trait), 중심 특질(central trait), 이차적 성향(secondary disposition)으로 구분하였다. 주 특질은 영향력이 매우 커서 한 개인의 행동 전반에 영향을 미친다. 이러한 주 특질의 지배를 받는 사람은 마치 주 특질의 노예가 되어 있는 것처럼 여겨진다. 특정한 행동에 지나치게 관심을 많이 갖는 경우이다. 중심 특질은 주 특질보다 행동에 미치는 영향력은 적지만 비교적 보편적이고 일관된 영향을 끼치는 것으로 우리가 한 개인을 기술할 때 사용하는 특성들이 바로 중심 특질에 해당한다. 예컨대, 우리가 어떤 사람을 가리켜 늘 친절하고 상냥한 사람이라고 말한다면 우리는 그의 중심 특질을 말하고 있는 것이다. 이차적 특질은 중심 특질보다 덜 보편적이고 덜 일관적인 영향을 미치는 것이다. 예컨대, 어떤 학생이 학교 교실에서는 정리정돈을 잘하지만 집에서는 그렇지 않는 경우이다.

알포트는 "특질이란 특수한 국면의 반응들로 내몰거나 혹은 안내하는 능력을 지니고 있는 외피적(cortical), 내피적(subcortical), 혹은 습관적 성향"[17]으로 보고, 사람의 성향양식들 또는 '퍼스낼리티 구조'가 사람의 행동을 결정한다고 생각하였다. 환경 혹은 자극조건들보다는 구조를 강조한 것이다. 알포트는 어떠한 두 사람도 완전하게 같지는 않으므로 어떠한 두 사람도 동일한 사상(事象)에 똑같이 반응하지 않는다고 하였다. 각 사람의 행동은 특정한 특질들의 구조에 의해서 결정된다고 하였다.

#### (2) 카텔(R. B. Cattell)의 모형

카텔은 특질이란 행동으로부터 추론된 "정신구조"[18]이며, 행동의 규칙성 혹은 일관성을 설명하는 근본적인 구성개념이라고 하였다. 그는 알포트의 4,500 단어목록을 171개의 비슷한 기술자(記述子)들로 모으고, 거의 사용하지 않거나 은유적으로 사용되는 것들은 제거하였다. 그는 이들 171개의 특질과 유사한 용어들에 관하여 다른 사람들을 평가하도록 사람들에게 부탁하였다. 이들 평가들에서 카텔은 상호 관련된 용어들의 35~40 다발들을 개발하였고, 그것들을 자기 보고와 동료 보고 평가척도의 구성에 사용하였다. 요인분석법(factor-analysis method)이 창안되고 복잡한 통계절차들이 비교적 단순하게 되면서 카텔의 잘 알려진 16 특질들의 리스트가 결과적으로 등장하게 되었다.

카텔은 개인의 특징적 행동을 설명할 수 있는지의 여부에 따라 특질을 표면 특질(surface trait)과 근원 특질(primary trait)로 분류하였다. 표면 특질은 인간이 보이는 다양한 행동들 중에서 각기 서로 관련되어 있다고 여겨지는 일련의 행동들을 묶어놓은 것이다. 예컨대, 미소를 짓는 행동, 친절한 행동, 어려운 이웃을 돕는 행동 등은 함께 나타나는 경향이 있는데, 이는 친절성 특질을 나타내며, 타인을 비방하거나, 얼굴을 찌푸리거나, 타인을 괴롭히는 일련의 행동은 공격성 특질을 나타낸다.

표면 특질은 환경의 영향을 받아 실제 자신의 의도와는 다른 행동 패턴을 보여야 하는 경우에 발생한다. 따라서 이러한 표면 특질은 행동들 간의 상관, 즉 친절성 특질에 해당하는 일련의 행동들은 같이 일어날 가능성이 매우 높은 반면 공격성 특질에 해당하는 행동은 친절성 특질에 해당하는 행동과 함께 일어날 가능성이 매우 낮다는 것을 나타낼 뿐, 한 개인의 행동이 어떠한 이유로 일어났는지에 대한 명확한 설명은 제시하지 못한다.

이에 반하여 근원 특질은 성격의 핵심을 이루는 것으로 개인의 행동, 생각 및 정서에 영향을 주어 행동의 일관성을 결정짓는 역할을 한다. 근원 특질은 표면 특질에 해당하는 행동의 진정한 원인이 무엇인지에 대한 설명을 제공하게 된다. 예컨대, 친절성과 공격성의 특질에 속하는 일련의 행동들을 나타내는 사람의 저변에는 정서적 불안이라는 근원 특질이 존재할 수 있다. 한 개인은 타인에게 소외받을지도 모른다는 정서적 불안감 때문에 타인에게 친절하게 대하기도 하고, 때로는 공격적으로 행동하기도 한다.

### (3) 아이젠크(H. J. Eysenck)의 모형

아이젠크는 소수의 성격 차원만이 존재하며, 개인은 이러한 차원들에서 정도의 차이에 의해 독특한 특질을 소유하게 된다고 주장한다. 그는 요인분석을 통하여 세 가지 성격 차원들을 발견하였는데, 초기에는 외향성/내향성(extroversion/introversion) 차원과 안정성/불안정성(stability/instability) 차원 또는 신경증적 경향성(neuroticism) 차원이라고 불리는 두 개의 차원을 발견하였고, 그 후에 정신병적 경향성(psychoticism) 차원을 첨가하였다.

외향성/내향성 차원은 뇌의 각성 수준과 관련되어 있는데, 외향성인 사람들의 성격 특성으로는 충동적이고, 혈기왕성하며, 사교적인 특성들이 나타나는 반면, 내향성인 사람들은 수줍어하고, 관심이 한정되어 있으며, 내성적이고 과묵한 성격 특성들을 보인다. 신경증적 경향성 차원은 정서적인 안정성과 관련이 있는 것으로, 신경증적인 경향성이 높을수록 정서적으로 불안정하고 예민하여 사소한 일에도 지나치게 근심을 하는 경향이 있다. 정신병적 경향성 차원은 이 경향성이 높을수록 타인을 배려하지 않고 이기적으로 행동하며, 공격적이고 냉정하며, 충동적으로 행동하고 자제할 줄 모르는 행동 경향성을 보인다.

아이젠크는 히포크라테스의 모델을 바탕으로 퍼스낼리티의 차원을 다음과 같이 제시하였다.[19]

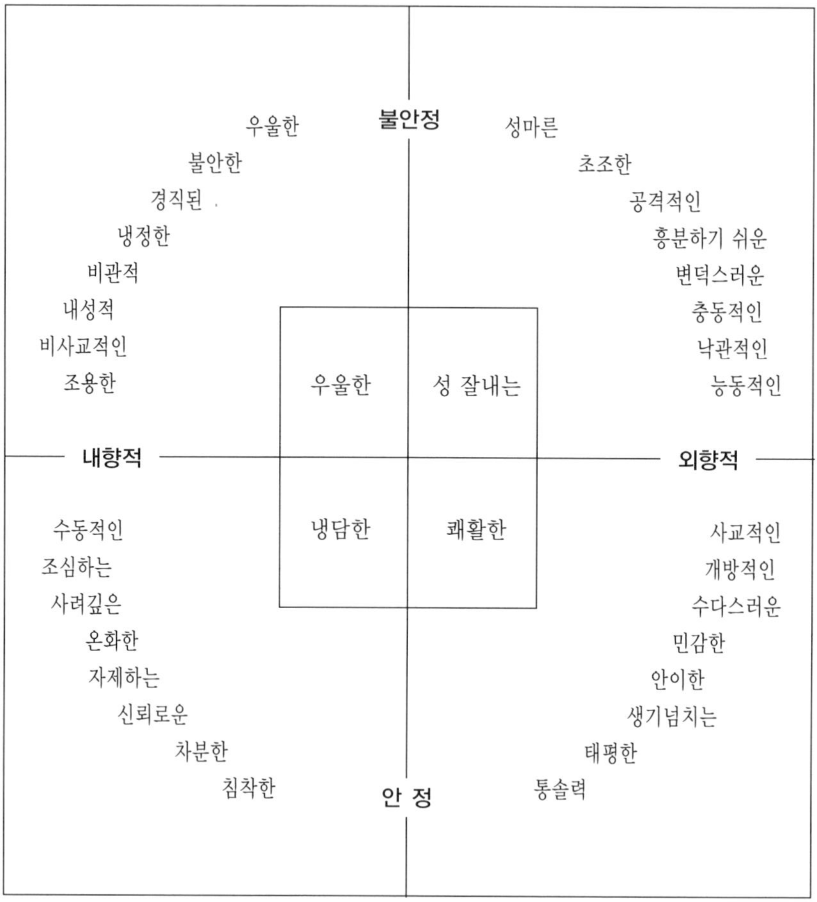


위 세 학자들의 특질 이론 모형을 요약해 보면 다음과 같다.

| 학자 | 분류 | 성격 유형 | 성격 특징 | 보기 |
|---|---|---|---|---|
| Allport | 공통 특질<br>개별 특질 | 공통 특질<br>중심 특질<br>주특질<br>이차적 성향 | 사회생활에 공통된 성격 특질<br>사람이면 누구나 갖는 특질<br>개인 생활을 지배하는 특질<br>개인차를 나타내는 특질 | 본능적 특질<br>동기와 정서<br>권위주의<br>특정 색 선호 |
| Cattell | 근원 특질<br>표면 특질<br>내 · 외향성<br>안정성 차원 | 내향성<br>외향성 | 행동을 결정하는 기본 특질<br>개인차를 나타내는 특질<br>조용, 내성적, 신중, 질서 추구<br>사교적, 충동적, 모험적 | 성본능<br>동성/이성애 |
| Eysenck | 정신병 차원 | 신경증적 경향성<br>정신병적 경향 | 쉽게 흥분하고 불안정함<br>공격적이고 냉정, 충동적 | |

## 3. 5대 특질(The Big Five) 모형

많은 서로 다른 퍼스낼리티 특질들이 어떻게 조직되어 인간의 개별성을 설명할 수 있게 되는가? 2000여 년 전에 테오프라스터스(Theophrastus)는 20여 개 이상의 다른 퍼스낼리티 유형들을 기술하였다. 반면에 갈렌(Galen)은 네 가지의 유형을 제시하였다. 현대에 이르러 카텔의 요소분석 절차들은 16가지 특질들이 많은 인간의 개별성을 설명한다고 확신하였다.

그러나 카텔의 요인분석에 근거한 연구자들은 서로 다른 결과에 도달하였다. 이들 중의 최초의 사람이 피스케(D. Fiske)이다. 그는 카텔의 평가척노 중 22개를 가지고 작업한 이후 5기본 특질늘(basic traits)이 대부분의 상호 관련들을 설명한다고 결론을 내렸다. 그는 다섯 개의 요인을 사회적 적응성, 동조성, 성취의지, 정서적 통제, 지적 추구로 보았다. 맥도갈(W. McDougall)은 1930년대에 퍼스낼리티가 다섯 가지의 분리 가능한 요소들, 즉 지성(intellect), 특성(character), 기질(temperament), 성향(disposition), 그리고 성미(temper)로 분석되어질 수 있으며, 이들의 각각은 매우 복잡하며 또한 많은 변인들을 포함한다고 하였다. 이후 몇 년 동안 비슷한 연구들은 비슷한 결론들을 산출하였다.

퍼스낼리티 특질들의 영역은 노만(W. T. Norman)에 의해 성공적으로 분석되었다. 노만은 퍼스낼리티의 특질을 다섯 가지 차원으로 구분하고 이를 각각 규정해 주는 구성요소들을 제시하였다. 이는 다음과 같다.[20]

| | 특성 차원 | 규정해 주는 구성요소 |
|---|---|---|
| Ⅰ | 외향성 | • 말이 많은 – 조용한 • 솔직한, 개방적인 – 숨기는<br>• 모험적인 – 신중한 • 사교적 – 은둔적 |
| Ⅱ | 동조성 | • 질투하지 않는 – 질투하는 • 온화한, 점잖은 – 완고한<br>• 협동적인 – 비협동적인 |
| Ⅲ | 성실성 | • 세밀한, 정연한 – 부주의한 • 책임감이 있는 – 신뢰할 수 없는<br>• 양심적인 – 비양심적인 • 참는 – 그만두는, 마음이 잘 변하는 |
| Ⅳ | 정서적 안정성 | • 균형이 잡힌 – 신경질적인, 긴장된 • 침착한 – 흥분하기 쉬운<br>• 건강 염려증이 아닌 – 건강 염려증적인 • 평온한 – 불안한 |
| Ⅴ | 지성 | • 예술적으로 민감한 – 예술적으로 둔감한<br>• 지적인 – 비숙고적인, 편협한<br>• 품위 있는, 세련된 – 미숙한, 촌스러운<br>• 상상력이 풍부한 – 단순한, 직접적인 |

1960년대 중반에 이르러 많은 연구들은 퍼스낼리티 특질들의 평가가 대략적으로 5가지 기초적 범주들로 모아질 수 있다고 제시하였다. 관점이 다양함에도 불구하고 최근에 이르러 이들 특질 연구자들은 비슷한 결론에 도달하게 되었다. "인간의 퍼스낼리티로 상상될 수 있을 수천 가지 특질들은 다섯 가지 세트 혹은 기본적인 그룹, 다발, 혹은 영역으로 묶여질 수 있다"[21]는 것이다. 다시 말하면, "영역들은 다섯 가지 최상위 개념들에 의해 적절하게 기술되어질 수 있다."[22]

1980년대에 이르러 이러한 모형은 더욱 광범위하게 인정되기 시작하였다. 많은 연구자들은 퍼스낼리티 특질들의 5요소 모델(Five–Factor Model) 혹은 더욱 단순히 'Big Five'라 부르는 것에 합의하기 시작하였다. 디그만(J. Digman), 골드버그(L. Goldberg), 맥크래이와 코스타(R. McCrae and P. Costa), 그리고 위긴스(J. Wiggins) 등은 이러한 연구의 대표자들이다.

퍼스낼리티의 다섯 가지 영역에 대한 여러 학자들의 견해는 다음과 같다.[23)]

| 학자/퍼스낼리티 영역(요인) | Ⅰ | Ⅱ | Ⅲ | Ⅳ | Ⅴ |
|---|---|---|---|---|---|
| Fiske(1949) | 사회적 융통성 | 순종 | 성취의지 | 감정 통제 | 탐구 지능 |
| Eysenck(1970) | 외향성-내향성 | 정신병 경향 | | 신경증 경향 | |
| Tupes & Christal(1961) | 외향성 | 쾌히 응함 | 신뢰성 | 감동성 | 문화 |
| Norman(1963) | 외향성 | 동조성 | 성실성 | 정서적 안정성 | 지성 |
| Borgatta(1964) | 단호함 | 호감을 받을 만함 | 과업 흥미 | 감동성 | 지능 |
| Cattell(1957) | 외향성 | 시의심(猜疑心) | 초자아 강도 | 불안 | 지능 |
| Guilford(1975) | 사회적 활동성 | 편집성향 | 내향적으로 사고 | 정서적 안정성 | |
| Digman(1988) | 외향성 | 호의적 추종 | 성취하고자 하는 의지 | 신경증 경향 | 지성 |
| Hogan(1986) | 사교성과 야망 | 호감을 사는 품격 | 사려분별(신중) | 적응성 | 지능 |
| Costa & McCrae(1985) | 외향성 | 쾌히 응함 | 양심적인 | 신경증 경향 | 개방성 |
| Peabody & Goldberg(1989) | 권력 | 사랑 | 일 | 정서 | 지성 |
| Buss & Plomin(1984) | 활동성 | 사회성 | 충동성 | 감동성 | |
| Lorr(1986) | 개인 상호 간 개입 | 사회화의 수준 | 자기 통제 | 정서적 안정성 | 독립성 |

일반적으로 "5요인 퍼스낼리티 모델은 다섯 가지 기본적 영역—외향성(extraversion), 친화성(agreeableness), 성실성(conscientiousness), 신경증(neuroticism), 그리고 경험에 대한 개방성(openness to experience)—의 측면에서 퍼스낼리티 특질들을 계층적으로 조직한 것이다."[24)] 서로 다른 연구자들은 서로 다른 명칭들을 제안하고, 또한 5요소들에 대한 약간

씩 다른 개념들을 제시하고 있다. 그러나 대부분은 요소들 가운데 두 가지는 아주 비슷하다는 것에 동의한다. 아이젠크가 외향성/내향성, 그리고 신경증이라 불렀던 것에는 매우 일치하고 있다. 여기에서는 5요소의 나머지 다른 세 요소들을 친화성(agreeableness), 성실성(conscientiousness), 그리고 경험에 대한 개방성(openness to experience)이라 부르고자 한다. 각 영역의 요소들은 긍정적 측면과 부정적 측면의 양 극단으로 구성된 띠(spectrum)를 이룬다.

**5대 특질들과 그의 면면들**[25)]

E : 외향성(Extraversion)
- 따뜻함(Warmth)
- 사교성(Gregariousness)
- 단정적으로 주장함(Assertiveness)
- 적극성(Activity)
- 자극의 추구(Excitement seeking)
- 적극(긍정)적 감정(Positive emotions)

A : 친화성(Agreeableness)
- 신뢰(Trust)
- 솔직성(Straightforwardness)
- 이타주의(Altruism)
- 순종(친절)(Compliance)
- 겸손(Modesty)
- 부드러운 마음(Tender-mindedness)

N :신경증(Neuroticism)
- 불안(Anxiety)
- 적대성(Angry hostility)
- 우울(Depression)
- 자각(Self-consciousness)
- 충동(Impulsiveness)
- 상처받기 쉬움(Vulnerability)

C : 성실성(Conscientiousness)
- 능력(Competence)
- 질서준수(Order)
- 의무를 다함(Dutifulness)
- 성취 노력(Achievement striving)
- 자기 수양(Self-discipline)
- 심사숙고(Deliberation)

O : 경험에 대한 개방성 (Openness to Experience)
- 공상(Fantasy)
- 미적 정서(Aesthetics)
- 느낌(Feelings)
- 행위(Actions)
- 아이디어(Ideas)
- 가치(Values)

외향성/내향성 (E)는 융(C. Jung)과 아이젠크(H. Eysenck)에 의해 현대 심리학에 소개된 특질이다. 이 특질은 사교성, 자극의 추구, 그리고 긍정적 정서와 같은 인간 퍼스낼리티의 특질들을 포함한다. 외향성이 높은 사람들은 일반적으로 사교성이 풍부한, 사회적인, 그리고 열정적인 사람들로서 기술되어진다. 매우 내향적인 사람들은(E에서 낮은 사람들) 일반적으로 사교성이 없는, 말이 별로 없는, 그리고 내성적인 자들로 간주된다.

외향성은 경험적으로 사회적 행동, 직업 선택, 학습, 그리고 정서적 생활에서의 개인적 차이들과 연결된다. (E)에 관한 최근의 연구들은 매우 외향적인 사람들은 그들의 삶에서 보다 긍정적인 정서적 사건들을 경험하는 경향이 있다는 것을 보여주며, 또한 내성적인 사람들과 비교하여 보다 높은 수준의 행복과 삶의 만족을 보고하였다. 그 이유로 외향성의 사람들은 사회적 관계를 통해 사회적 삶의 기술들을 고양시키고, 자신감과 독단적 주장을 자주하고, 그리고 부분적인 것에 대한 사회적 비난을 무시하는 경향성이 강하기 때문이라고 하였다. (E)와 긍정적 감정 사이는 경험적으로 지지받고 있다. 그리하여 몇몇 심리학자들은 (E)는 '긍정적 정서'(positive affectivity)로 이름을 고쳐야 한다고 주장하고 있다.

두 번째 특질인 친화성 (A)는 '호의적 추종', '사회성', '친절한 순종', 그리고 '사회적 호감' 등 다양하게 불리는 특질이다. 이 특질은 사랑과 공감의 표현적 특질들, 우정, 협동, 배려, 이타주의, 그리고 애정을 포함한다. (A)의 부정적 극단은 적의(敵意), 타인들에 대한 무관심, 자기 중심성, 앙심, 그리고 시기질투 등 공격성의 특질들을 나타낸다. 친화성이 높은 어머니들은 그들의 유아들에게 보다 따뜻함과 인지적 자극을 제공한다. 또한 (A)에서 높은 학생들은 반대 성(性)의 학생들과 거의 불일치가 존재하지 않으며 갈등이 존재하지 않는다.

세 번째 특질인 신경증 (N)은 아이젠크에 의해 두드러졌다. 장기간에 걸친 불안, 우울, 과도한 감정, 신경성, 침울함, 적개심, 상처받기 쉬움, 자각, 그리고 침울증은 모두 이 일반적 요소로 수렴된다. 이 요소는 가장 일반적으로 정서적 불안정(N)으로부터 정서적 안정(낮은 N)에 이르는 하나의 연속체로서 기술된다. (N)에서의 개인적 차이들은 광범위한 행동 결과들, 대인 상호간의 커뮤니케이션 패턴들로부터 건강문제의 보고에 이르기까지 연결되어진다.

(N)에서 높은 사람들은 낮은 (N)에 있는 사람들과 비교하여 보다 부

정적인 감정적 사건들을 경험한다. (N)에서 높은 사람들은 그들의 삶에서 보다 많은 스트레스를 경험하며, 그들은 또한 스트레스를 다루기 위하여 상대적으로 덜 효과적인, 그리고 비생산적인 극복 전략들을 사용하는 경향이 있다. (N)과 부정적 정서와의 연결은 아주 일관적이어서 몇몇 심리학자들은 (N)은 '부정적 정서'(negative affectivity)로 이름을 바꾸어야 한다고 주장한다.

네 번째 특질인 성실성 (C)은 '양심성' 으로 해석되기도 한다. 어떤 학자들은 이 영역을 교육적 성취와 연결시켜 '성취하고자 하는 의지' 혹은 단순히 '의지'(will)라 부르기도 한다. 이 영역은 얼마나 열심히 노력하는가, 자기 수양적인, 책임이 있는, 의존할 만한, 의무를 수행하는, 잘 조직된, 그리고 참을성이 있는 것과 관련하여 초점이 모아진 많은 특질 용어들을 포함한다. (C)에서의 개인적 차이들은 노력에서의 도구적 효과성의 일관된 예보자들이다. (C)에서 높은 성향을 보인 사람들은 주위 사람들이나 동료들에 의해 보다 유능하고 또한 생산적이라고 평가받는다. 일반적으로 (C)에서 높은 사람들은 낮은 사람들보다 규칙을 잘 준수하며, (C)에서 낮은 사람들은 알코올 중독, 범죄, 그리고 심지어는 운전 솜씨도 미숙하다.

다섯 번째 특질인 경험에 대한 개방성 (O)은 '지성'(intellect), '문화'(culture), '지능'(intelligence), 그리고 '탐구 지성'(inquiring intellect) 등 다양하게 불리고 있다. 이 특질은 인지적 기능과 관련되는 많은 퍼스낼리티 영역들을 포함한다. 지성 그 자체는 일반적으로 순수한 (O)의 부분이라고 여겨지지는 않지만 (O)에서 높은 사람들은 많은 지적 호기심을 갖는다. 즉, 그들은 또한 상상력이 풍부한, 호기심이 있는, 마음이 넓은, 창조적인, 지적으로 대담한, 비전통적인, 그리고 복잡한 사람들로서 기술된다. 대조적으로 (O)에서 낮은 점수의 사람들은 보통 상상력이 풍부하지 못한, 실용적인, 현실적인, 좁은 호기심을 가진, 그리고 상대적으로 단순한 사람들로 기술된다.

(O)는 교육의 수준과 적극적으로 관련된다. 5대 특질들 중에서 유일

하게 정치적 태도와 직접적으로 연관되는 특질이다. (O)에서 높은 사람들은 그들의 사회정치적 표현에서 보다 자유주의적인 경향이다. 그들은 진보적 변화를 중요시하며, 전통적 권위에 대해 회의주의이며, 그리고 경쟁하는 관점들에 인내적이다. 반면에 (O)에서 낮은 사람들은 보다 보수적인 경향이다. 그들은 변화보다는 안정을 중요시하며, 권위에 복종적이며, 통일적인 관점을 선호한다.

## Ⅴ. 도덕성의 발달

### 1. 선행 연구의 사례들

퍼스낼리티 구조의 맥락에서 도덕성에 접근하는 방식은 자아(ego)의 영역에서 가장 활발하게 경험적으로 입증되어져 왔다. 연구의 계통은 각기 차이가 있지만 에릭슨(E. Erikson)의 자아정체성 지위(ego identity status)에 관한 연구, 뢰빙거(J. Loevinger)의 자아 발달(ego development)의 단계에 관한 연구, 로저스(K. Rogers)의 자기(self)에 관한 연구, 그리고 브라시(A. Blasi)의 자기 모델(self model)과 데이먼(W. W. Damon)의 자기 이해(self－understanding)에 관한 연구는 주목할 만한 것들이다. "자아의 기능에 대한 이들 연구들은 공통적으로 퍼스낼리티 구조에서의 도덕성 발달에 대한 강력한 개념적 및 경험적 연계를 갖고 있다."[26]

퍼스낼리티 구조의 맥락에서 도덕성의 발달을 보는 보다 확장된 하나의 시각을 제공한 것으로는 브라시(A. Blasi)의 '자기'(self)에 관한 연구를 들 수 있다. 그는 기존의 도덕성 발달에 관한 연구들이 가설적 딜레마를 근거로 분석하던 방식에서 탈피하여 일상적인 삶에서 경험하는 도덕적 갈등들을 분석대상으로 삼음으로써 도덕적 영역에서 자기의 역할을 분명하게 이끌어냈다. 그는 도덕적 인지와 도덕적 행위 사이의 관계에 관심을 기울였다. 그는 도덕적 지식과 실제적인 도덕적 결정 사이를 중개하는 데 있어서 도덕적 정체성의 역할에 초점을 맞추었다. 그로부터 도덕적 행위의 문제는 자기 모순이 없는 자기 일관성의 문제가 된다.

그의 자기 모델(self model)은 다음과 같은 것들을 가정하고 있다.[27] 첫째, 도덕적 판단의 결과는 그 내용상 책임의 판단이 된다는 것이다. 달리 말하면, 도덕적으로 훌륭한 행위를 결정하였던 행위자는 그 행위가 자신에게 엄격하게 의무적인지 어떤지를 결정한다는 것이다. 둘째, 엄격한 의무의 의미에서의 책임에 관한 준거는 자신의 자기 구조(self structure) 혹은 자기 자신에 관한 본질적 규정(definition)과 관련된다는 것이다. 셋째, 도덕적 행위에 대한 동기의 토대는 심리적인 자기 일관성, 즉 자기 스스로 모순적이지 않는 자기 일관성에 대한 내적인 요구에 있다는 것이다. 그리고 끝으로, 만약 개인이 자기 모순성에 따른 주관적인 불만으로부터 회피하고자 한다면 도덕적 행위는 도덕적 판단을 따르기 쉬울 것이라는 것이다.

이는 월커(L. J. Walker)와 그의 동료들의 연구결과와도 일치하고 있다. 그들은 연구 참여자들로 하여금 자신들의 개인적 경험으로부터 실제 생활의 도덕적 딜레마를 회상하고 또한 토론할 것을 부탁하였다. 그 결과 그들은 도덕적 민감성(moral sensitivity)에서 놀라울 정도의 개인적 차이가 존재한다는 것을 발견하였다. 최근의 도덕적 갈등을 회상하도록 요구하였을 때, 어떤 사람들은 하루에도 몇 번씩 그런 상황에 직면하였다고 진술한 반면, 다른 사람들은 수년 동안 도덕적 갈등에 직면하지 않았다고 진술하였다. 실험자들은 이를 근거로 사람들이 도덕적 영역을 개념화하는 데 있어서, 그리고 일상의 갈등들을 해석하는 데 있어서 상당한 개인적 차이가 존재한다는 결론을 내렸다. 어떤 사람들에게는 거의 모든 행위가 도덕적 함축을 지닌 것으로 생각되지만, 또 다른 사람들은 단지 극단적인 경우 이외에는 거의 모든 행위들이 도덕적 영역에 속하지 않는 것으로 간주한다는 것이다.

월커와 헤니그(L. J. Walker & K. H. Hennig)는 도덕적 행위의 저변에는 두 가지의 주요한 인지적 구성요소들이 존재한다고 보았다. 하나는 도덕적 상황에 관한 해석(interpretation)이요, 다른 하나는 행위의 적절한 과정을 선택함으로써 도덕적 갈등을 해결하는 것이다. 이에 비추어 보면, 콜버그의 접근법은 후자에 관해서는 우리의 이해를 도와주지만 전자에 관해서는 거의 알려주지 않는다는 것이다. 생명을 살릴 것인가 아니면 법에 복종할 것인가와 같이 갈등들이 애매하지 않게 미리 구성되어진 표준적인 도덕적 딜레마의 사용(예컨대, 콜버그의 MJI)은 사람들이 도덕적 영역을 어떻게 정의(규정)하는가, 어떻게 그들이 도덕적 상황들을 일상생활에서 해석하는가, 그리고 그들의 해석이 후속적인 행위에 어떠한 영향을 미치는가에 관한 평가를 방해한다는 것이다.[28)]

한편, 데이먼은 아동기로부터 청소년기에 이르는 과정에서 자기 이해(self-understanding)와 도덕성 발달 관계를 연구하였다. 그는 '도덕성'과 '자기'(the self)를 두 가지의 분리된 개념적 체계로 인식하고 아동기부터 청소년기까지 그 두 가지의 발달을 추적하였다. 이 기간 동안 자기 이해의 발달도식(developmental scheme)을 제시하였고, 또한 그 기간 동안의 도덕성 발달의 주요한 특징들을 기술하였다. 두 개념적 체계에서의 변화들을 비교하고 대조하였으며, 두 체계들이 어떻게 다양한 발달수준에서 상호작용하는지를 분석하였다.

그에 따르면, 청소년기 이전에는 두 개념적 체계의 조직화 원리들이 둘 사이의 관계 조정을 어렵게 만든다. 아동기에 있는 동안의 '자기'는 신체적으로, 그리고 활동적으로 이해된다. 그럼으로써 아동들은 도덕적 판단을 하는 과정에서 풍부하고 생기 있는 도덕적 감수성에도 불구하고 자신의 '자기' 개념 속에 있는 도덕적 상호작용과 신념들을 고려하지 않는다. 두 개념적 체계 사이의 분리는 흔히 두 개념적 체계간의 대립으로 이끈다. 이러한 분할은 결과적으로 도덕적 판단과 행동 간의 괴리를 가져오게 된다.

또한 '도덕성'과 '자기'가 분리된 개념적 체계라는 것은 어떤 사람의 도덕적 판단의 수준이 곧 그 개인의 삶을 이끈다고 보기 어렵게 만든다. 이러한 분할은 청소년기에 이르러 비로소 통합의 변환을 가져오게 된다. 그럼으로써 청소년기에 이르면 이제 자기를 사회적 · 심리적으로 이해한다. 또한 도덕적 견지에서 자기를 정의하기 시작한다. 그리하여 그 둘 간의 상호적인 관련성에 관한 자각이 나타나게 된다. 따라서 아동기로부터 청소년기로의 발달과정은 두 체계 사이의 분리와 불협화의 상태로부터 상대적 통합의 상태에로의 전환을 나타낸다.[29)]

## 2. 퍼스낼리티의 구조와 도덕성 발달

도덕성 발달에 관한 연구는 보다 넓은 이론적 맥락에서 취해져야만 한다. 그렇지 않으면 그 연구는 사소한 학문적 연습이 될 위험이 있다. 도덕성 발달에 관한 연구가 보다 넓은 이론적 맥락 내에 위치되어지기 위해서는 퍼스낼리티 이론 내에 통합되어져야만 한다.[30)] 도덕성이란 인간 존재의 전체적인 측면으로서 인정되어져야 할 필요가 있으며, 또한 우리는 그런 의미에서 도덕성이 퍼스낼리티의 다섯 가지 구성요소들 간의 역동적인 상호 의존을 바탕으로 기능을 발휘한다는 점에 주목할 필요가 있다. 도덕성은 그 자체로서는 생명력이 떨어지는 상부구조에 해당한다. 인지, 정의, 행동 간의 역동적 상호작용을 가능케 하는 토대구조가 필요하다. 토대 혹은 하부구조는 그 자체로서 생명력이 있다. 그것은 인간으로서의 근원의식을 제공한다. 도덕성은 하부구조 위에 세워진 상부구조에 해당되는 것으로 특질들 간의 통합되어진 유형에 따라 실제세계에 반응하는 것이다.

퍼스낼리티는 두 가지 방식에서 도덕성의 기능과 관련된다. 첫째, 일반적인 의미에서 "도덕적인 사람이 되다" 혹은 "좋은 사람이 되다"라는 것은 개인의 본질적 자아의 한 부분이 된다. 즉 도덕성은 퍼스낼리티의 한 부분이 된다. 그러나 도덕성이 퍼스낼리티에서 중심적인 위치를 점유하는 정도에 있어서 각 개인마다 차이가 있을 수 있다는 것을 가정할 수 있다. 만약 어떤 사람에게 있어서 도덕성이 퍼스낼리티의 중심에서 벗어나 있다면 도덕적 관점은 그 사람의 삶에서, 일상의 실제적인 문제의 결정에서, 세계에 관한 근본적인 견해에서, 혹은 타인에 대한 감정과 느낌을 이끌어내는 데 있어서 별로 중요한 기여를 하지 못할 것이다. 이러한 측면에서 보면, 도덕적 지식과 판단이 행동으로 연결되지 못하는 까닭은 단순히 그 사람의 도덕적 의지가 약하기 때문이라고 말할 수는 없다. 도덕적 판단과 행동 간의 괴리는 의지의 허약성으로부터 기인한다는 스트로건(Straughgan)의 견해[31)]는 대단히 좁은 해석이라 할 수 있다. 판단과 행동 간의 괴리현상은 의지의 차원을 넘어 퍼스낼리티에서 도덕성이 차지하는 중요성의 범위나 강도에서 좁거나 약하기 때문에 일어난다고 볼 수 있다.

둘째, 특수한 의미에서 퍼스낼리티의 특질들이 각 개인의 도덕성을 특징짓는다. 즉 퍼스낼리티의 어떤 구성요소(특질)가 위계상 높은 혹은 강도에 있어서 강력한 영향을 발휘하느냐에 따라 도덕성의 인지적·정의적·행동적 측면이 각 개인에 따라 그 정도에서 차이가 나타나게 된다는 것을 가정하는 것이다. 그에 따라 어떤 사람은 타인에 대한 공감(compassion)이 자신의 도덕성에서 본질적인 것으로 간주되는 반면, 또 어떤 사람은 공정이나 정의를 강조하는 인지적 도덕성을 본질적인 것으로 여기는 것이다.

퍼스낼리티 구조의 맥락에서 도덕성의 발달을 보는 관점은 넓은 의미에서 현상학적 입장이라 할 수 있다. 현상학적 입장은 개인에게 현실(real)로 보이는 것은 바로 그가 인식하는 모든 것을 포함한 인간의 내적 준거체계나 그의 주관적 세계 내에 존재하는 것을 뜻한다. 이 입장은 개인의 지각과 경험들이 그의 진실(reality)을 구성할 뿐만 아니라 그의 행동에 기초를 형성한다고 주장한다. 인간은 그들이 사건을 어떻게 지각하여 해석하였는지에 따라 그 사건에 반응한다. 또한 현상학적 심리학은 한 현상의 심리학적 현실은 그것이 어떻게 지각되는가 하는 그 방법의 결과라는 것을 기본 원리로서 주장한다. 한 인간의 감각은 직접적으로 현실세계를 반영하지는 않는다. 대신에 사실상의 현실은 반응하는 유기체가 관찰하고 해석한 것으로서의 현실이다.[32)]

각 개인은 자신의 사적 경험세계와 일치하는 방향으로 현실을 구성하며, 이러한 경험적 세계는 그 개인만이 완전하게 알 수 있다. 따라서 인간 행위의 최대한의 이해는 인간의 내적인 준거체계를 관찰함으로써 가능하다. 인간의 생각하고 느끼고 행위하는 특정 방법을 설명하기 위해서는 그가 세계를 어떻게 지각하고 해석하는지를 알 필요가 있다. 도덕성이란 것도 그러한 그의 내적인 준거체계의 작동에 따라 나타나는 하나의 현상에 해당한다. 여기에 우리가 도덕성을 인간의 전체로서의 퍼스낼리티의 맥락에서 검토해 보아야 할 당위성이 존재한다.

퍼스낼리티 구조의 맥락에서 도덕성의 발달을 보는 관점은 행동의 역사적인 면이나 행동의 파생물을 성격에 내재한 주요 요인으로 보는 프로이드류의 정신역동적 입장과 기본적으로 궤를 같이 한다. 퍼스낼리티 발달에 관한 정신분석학 이론은 사람은 누구나 일련의 보편적 심리성욕 발달단계를 거쳐서 발달해 가는데, 그 발달과정에서 접하게 되는 여러 가지 경험들이 나중의 퍼스낼리티 형성에 결정적 영향을 준다고 가정하고 있다. 특히 프로이드는 개인의 전체적인 퍼스낼리티 속에 도덕성을 위치시키려 하였으며, 추상적이고 관념적인 이상들(ideals)에 의존하는 도덕성을 회의적으로 바라보았다. 대신 본능과 같은 충동들과 그들의 변형된 형태의 둘레에 도덕적 퍼스낼리티를 구축하였다. 따라서 프로이드는 기본적 동기로서의 쾌락적 욕망에 관심이 있었다.

퍼스낼리티 특질 이론은 정신분석학 이론의 그러한 가정을 기본적으로 수용하고 있다. 인간이 지니고 있는 퍼스낼리티의 구조는 적어도 유아기의 여러 경험들을 통하여 영향을 받는다. 한 개인이 성장하는 과정에서 접한 환경이나 경험들은 그 개인 나름의 퍼스낼리티 구조를 형성하도록 한다. 다시 말하면, 모든 사람들이 공유할 것으로 믿어지는 다섯 가지의 특질들, 곧 외향성/내향성, 친화성, 신경증(정서적 안정성), 성실성(양심성), 개방성(지성) 등이 성장과정에서 겪은 경험들로 인해 각각의 강도와 전체적인 조합방식에 차이를 가져오게 만든다. 어떤 사람은 I영역의 '외향성/내향성'이 구조상에서 강력한 영향력을 발휘하는 조합방식이 형성될 수 있고, 또 어떤 사람은 Ⅰ영역보다는 Ⅱ영역의 '친화/적의(혹은 공격성)'와 Ⅲ영역의 '성실성'이 다른 특질들보다 상대적으로 강력한 영향력을 발휘하는 조합방식을 따를 수 있을 것이다. 개인마다 과거 성장과정에서 겪었던 경험들이 다른 관계로, 다섯 가지 특질들 중 어떤 영역에 해당하는 특질이 퍼스낼리티 구조에서 핵심적인 요소로 작용하는가는 개인차가 있게 된다. 개인이 지니고 있는 고유의 퍼스낼리티 구조는 그 개인의 역사와 함께 형성된다.

도덕적 판단과 행위 사이의 불일치는 기본적으로 이 구조로부터 비롯된다고 볼 수 있다. 사람이 어떤 문제사태에 관하여 판단을 할 경우, 퍼스낼리티 구조상의 판단과 관련된 영역, 곧 Ⅴ영역인 지성이 주도적으로 작용하게 된다. 물론 나머지 Ⅰ·Ⅱ·Ⅲ·Ⅳ영역들도 상호 중첩적으로 영향을 미치겠지만 중심적인 역할은 Ⅴ영역의 특질이 담당하게 된다. 그러나 실제 행동으로 나타나는 것은 단순히 Ⅴ영역의 특질에 의한 판단의 결과에 따르는 것이 아니라 그 개인이 지니고 있는 전체적인 퍼스낼리티 구조의 특징에 따라 나타난다. 예컨대, Ⅴ영역의 특질인 개방성(지성)에 의해 비록 "A"라는 판단을 내렸다 하더라도 다른 영역의 특질들이 강력한 영향력을 발휘하고 있는 구조를 지닌 사람은 그와 다른 행동을 취할 가능성이 높은 것이다.

사람들은 각자 자신의 고유한 퍼스낼리티 구조를 가지고 현재의 사상(事象)들을 해석하게 된다. 사람들은 항상 사상들을 변화시킬 수는 없는 반면, 항상 사상들을 상이하게 해석할 수는 있다. 또한 그 사상에 대한 해석들은 상이한 행동과정을 유도할 수 있다. 내적 준거체계로서의 퍼스낼리티 구조는 보통 자아(ego), 자기(self), 혹은 자아정체성 등의 개념으로 표현할 수 있다. 여기서 자기 혹은 자아정체성 등의 용어는 각자가 지닌 고유한 퍼스낼리티 구조로부터 비롯되는 의식의 총체를 의미한다. 퍼스낼리티 구조의 맥락에서 도덕성 발달을 검토한 몇 가지 연구들이 공통적으로 그러한 개념을 사용하고 있는 것도 그런 의미에서 해석될 수 있다.[33)]

퍼스낼리티의 구조는 기본적으로 출생 이후 유아기를 거치면서 겪었던 경험들에 의존한다. 그러나 유아기의 경험들이 성인의 퍼스낼리티의 모든 것을 결정한다고 보기는 어렵다. 인간은 성장하면서 환경과의 상호작용을 통해 끊임없이 퍼스낼리티의 구조를 재구성해 간다. 이 점에서 퍼스낼리티 특질 이론의 입장은 분명히 정신분석학 이론과 일정한 거리가 있다. 프로이드류의 정신분석학 이론은 엄격한 생물학적 결정론에 기초하고 있다. 이런 이론체계에서는 자유의지, 선택, 인간적인 책임감, 결단, 자발성, 자기 결정과 같은 개념이 존재하지 못한다. 이러한 관점들은 도덕적 행위의 동기를 욕구와 본능의 비인지적인, 그리고 비합리적인 본질 속에 위치시키고 있다는 점에서 전적으로 동의하기 어려운 점을 지니고 있다.

인간은 역사성의 존재임과 더불어 이성의 작용을 통한 창조적 존재이기도 하다. 란트만(M. Landmann)은 인간은 어떤 불변적으로 완결되어 있는 존재성을 갖고 있지 않다고 하였다. 다만 그의 가장 일반적인 소질, 그의 지각과 행위의 특수 방식만이 고정된 유전적 부분으로서 자연으로부터 그에게 주어져 있을 따름이라는 것이다. 그러나 "이 고정된 부분이 인간에 있어서 곧 그의 전체가 되는 것은 아니다. 그것을 넘어서 제2의 차원, 즉 자연으로부터 결정되는 것이 아니라 인간 자신의 창조력과 결단에 맡겨져 있는 제2의 차원이 있다"[34]고 하였다. 인간은 자기 자신을 끝까지 완성시켜 나가야 할 과제를 갖고 있는 존재이다. "인간만이 인식으로 말미암아 변화를 입는 유일한 존재자이다."[35] 개인의 과거에 대한 역사적인 사실들은 개인의 인생의 전과정을 나타내도록 돕는 반면에, 그 사람의 오늘날의 행동을 적절하게 설명하지 못한다. "식물의 삶은 씨의 삶과 연속적일지라도 그 씨는 더 이상 성숙한 식물을 기르고 유지하지는 않는다."[36]

이러한 관점은 현상학적 심리학의 입장과 부분적으로 궤를 같이 한다. 여기에서 말하는 '현상학적'이란 사람이 지각하는 개인적 경험을 일컫는 용어로 사용하는 것이다. 현상학적 입장은 자기 이론, 구성개념 이론, 인본주의 이론, 인지 이론 및 실존주의 이론과 같은 다른 명칭들을 포괄한다. 란트만이 말한 "제2의 차원"이란 심리학적으로 해석한다면 자신의 퍼스낼리티 구조를 재구성하는 작업을 의미한다고 볼 수 있다. 인간은 현재의 경험을 통하여 과거의 경험들로부터 형성된 퍼스낼리티 구조를 끊임없이 재구성해 나간다.

끝으로, 퍼스낼리티 구조의 맥락에서 도덕성을 보는 관점은 도덕적 판단과 행위의 관계를 어떻게 해석하는가? 우리는 도덕적 상황에 처했을 때 행해지는 행위를 도덕적 판단의 결과물로 해석할 수 있다. 이때 도덕적 판단의 결과물이란 무엇을 의미하는가? 인간에게 도덕적인 문제만을 다루는 고유한 의식의 세계가 별도로 존재한다고 보기 어렵다. 이를 확대하여 풀이한다면 인간에게 있어서 '도덕성'이란 것도 그 개인의 의식의 세계에 별개로 존재하는 성향이 아니다. 우리가 도덕성의 발달을 인지적 요소, 정의적 요소, 그리고 행동적 요소라는 개념적으로 구분된 것들이 의식의 세계에 별개로 존재하는 도덕성이란 심리적 성향의 요소로 인식하는 것은 편협 된 시각이다.

인간의 도덕성에는 그 사람의 모든 것이 투영되어 있다. 그 개인의 과거의 역사성과 미래의 자신의 삶에 관한 창조성이 숨쉬고 있다. 그 사람의 전체가 응축되어 있는 것이다. 그 개인이 지니고 있는 모든 의식의 총체가 다만 도덕적인 문제를 향하여 표출되고 있는 것뿐이다. 따라서 어떤 사람의 도덕적 행동은 그 사람이 도덕적인 문제를 보고 판단하는 결과물이지만, 그 과정이 이루어지는 토대는 그 도덕적 상황을 해석하는 내적 준거체계로서의 고유한 퍼스낼리티 구조에 의해 결정적으로 좌우된다고 본다. 따라서 퍼스낼리티 특질이론이 제시하고자 하는 입장은 인간의 도덕적 행동은 오직 전체 인간을 살펴봄으로서만 이해될 수 있다는 것이다. 인간은 통합된 유기체로서 행동하며, 인간의 전체는 행동에 대한 환원론적 접근방식으로 분해될 수 없다. 도덕성의 발달은 전체론적 관점(holistic view)에서 접근할 필요가 있다. 퍼스낼리티의 맥락에서 도덕성을 바라보는 시각은 바로 그러한 전체론적 관점의 한 시도이다.

## Ⅵ. 도덕교육 전략

우리는 아동들의 도덕성을 발달시키고자 하는 교육적 노력을 퍼스낼리티 특질 이론의 관점에서 재해석할 필요가 있다. 지금까지의 도덕교육은 몇 차례 이론적인 변화에 편승하여 그 접근방식에서 차이를 보이기는 했지만, 기본적으로는 어떠한 가치나 덕들을 아동들에게 제시한 후, 모든 아동들이 그 가치나 덕들을 그대로 받아들여 내면화함으로써 행동으로 나타나길 기대하는 접근방식의 틀을 유지하여왔다. 각 개인이 지니고 있는 독특한 퍼스낼리티의 구조와 그에 따른 구성의 차이를 고려하지 않은 것이었다. 학생들에게 똑같은 도덕적 사상(가치나 덕목)을 가르쳤는데도 불구하고 일률적으로 같은 행동이 나타나지 않는 현상에 주목하여 도덕교육의 무용론 내지는 폐지론을 주장하는 목소리들 또한 기존의 관점과 궤를 같이 하고 있다. 도덕교육의 관점이나 그에 대한 비판 모두 도덕교육의 기본적인 접근방식에 대한 시각의 오류에서 벗어나지 못하고 있다고 생각된다. 여기에서는 학교에서 그 동안 실시해 왔던 전통적인 도덕교육의 접근방식을 퍼스낼리티 특질 이론의 시각에서 비판적으로 검토해 보고 퍼스낼리티 구조의 관점에서 이를 재해석해 보고자 한다.

첫째, 도덕적 판단력이나 사고력 등 도덕적 추론 능력의 발달이 질 높은 도덕적 행동을 담보한다는 주지주의 관점의 해석이다. 그 동안 우리나라의 도덕교육은 4차 교육과정 이후에 인지발달 이론을 바탕으로 도덕적인 문제 해결에 필요한 사고력과 가치판단 능력을 신장시키기 위해 많은 노력을 기울여 왔다. 학교 현장에서는 딜레마를 중심으로 가치갈등 수업이나 토론수업 등을 실시하여 왔다. 물론, 학생들의 도덕적 추론능력을 향상시켜 준다는 목표 그 자체로 볼 때는 그 나름의 의미를 지니고 있다. 하지만 여기서 다루고자 하는 지행불일치의 문제는 여전히 그 중심에 잔존하고 있다.

지행의 괴리 문제는 비단 도덕교육에만 해당되는 것은 아니나 이는 다른 어떤 교과에서보다도 도덕교육에서 가장 중요한 문제임이 분명하다. 어떤 개인의 행동을 예측하는 데 있어서 순수한 추론의 결과보다는 그 개인이 지니고 있는 퍼스낼리티의 구조를 파악하는 것이 오히려 더 신뢰성이 높을 것으로 기대된다. 물론 그 퍼스낼리티의 구조라는 것이 분명하게 가시적으로 드러나는 성질의 것이 아니라서 매우 어려운 문제임은 분명하나, 적어도 그 경향성을 추적한다면 전혀 불가능한 일은 아니다. 개인이 직접적으로 관련된 도덕적 문제 사태인 경우에는 추론과 행동이 일치할 경우가 많을 것이다. 왜냐하면, 그런 경우에는 추론 자체가 그 개인이 소유하고 있는 퍼스낼리티의 구조에 입각하여 수행될 것이기 때문이다. 그러나 자기 자신이 직접적으로 관련되지 않은 문제 사태의 경우, 지행의 불일치는 빈번해질 가능성이 더 높다. 왜냐하면, 그런 경우에는 그 개인이 지니고 있는 퍼스낼리티의 전체 구조로부터 추론이 진행된다기보다는 추론과 관련이 있는 V 영역(지력)이 배타적으로 작용할 개연성이 높기 때문이다. 따라서 실제적으로 자신이 개입되는 상황이 벌어지면, 추론의 결과보다는 자신이 지닌 고유한 퍼스낼리티의 구조에 의해 행동으로 표출되기 때문에 괴리 현상이 빚어질 가능성이 훨씬 높아지는 것이다.

따라서 학교에서의 도덕교육은 가능하다면 가설적 딜레마보다는 학생들 자신이 개입된 직접적인 문제사태를 가지고 접근하는 것이 바람직하다. 물론 지금까지의 도덕교육 역시 이 점을 강조하지 않은 것은 아니다.[37] 내용 선정의 원칙으로 강조되어 온 것은 사실이나, 그것이 실제 수업의 현장에서 학생들 각 개인의 경험과 밀착되어 전개되었느냐 하는 점에 있어서는 깊이 생각해 볼 여지가 충분히 있다. 적어도 이 장의 관점에서 본다면, 도덕수업의 성패를 판가름하는 하나의 준거는 아동들 개인이 수업에서 다루는 주제를 얼마만큼 자기 자신의 문제로 인식하느냐의 여부가 될 수 있다. 도덕수업은 학생 개개인으로 하여금 자기 자신이 지니고 있는 퍼스낼리티의 구조를 작동시킬 수 있을 때 최대의 의미가 있다.

둘째, 도덕교육의 환원주의적 관점이다. 도덕교육에서의 환원주의적 관점이란 도덕성의 구성요소를 인지적 요소, 정의적 요소, 그리고 행동적 요소로 구분한 후 각각의 요소에 대해 그에 적절한 교육적 접근을 하면 도덕성의 구성요소들이 내면적으로 통합되어 완성될 것이란 해석이다. 이러한 관점의 해석은 '통합적' 접근을 취한다고 주장하는 인격교육 운동에서도 그대로 드러난다. 그러나 소위 말하는 "더하기 식" 혹은 "가법적 접근"[38]은 진정한 의미에서의 도덕성의 통합을 설명해 주지 못한다. 도덕성의 구성요소별로 각기 다른 접근을 취함으로써 각각을 서로 다른 실체로 인정하면서 그것들이 어떻게 최종적인 인격에 통합되는가 하는 문제에는 관심을 두지 않는다. "이 문제가 명료화되지 않고 있기 때문에 모든 교육적 노력이 도덕교육으로 간주되고, 도덕교육에서는 모든 접근이 통합적으로 동원되어야 한다는, 하기 좋고 듣기 좋은 말이 입에 오르내리는 가운데 도덕교육은 올바른 방향을 잡지 못하고 답보와 방황을 거듭할 수밖에 없다"[39]는 지적은 설득력이 있다.

퍼스낼리티 특질 이론의 관점에서 보면 도덕성은 일종의 상부구조에 해당한다. 그 자체로서는 생명력이 떨어지는 상부구조에 활력을 제공하고 역동적인 작용을 가능하게 하는 하부구조로서의 퍼스낼리티 구조가 존재한다. 각 개인의 퍼스낼리티의 구조는 다섯 가지의 특질들이 각기 다른 강도와 방식으로 조합되어 있다. 도덕교육은 하부구조에 해당되는 퍼스낼리티의 구조에 다가서야 한다. 인지적 요소와 관련된 교육적 노력, 곧 Ⅴ영역의 개방성(지력)과 관련된 교육이 조합되어 있는 다른 퍼스낼리티 특질들, 예컨대 '정서적 안정성'이나 '성실성' 등의 특질들과의 유기적 관계 속에서 전개될 때 비로소 그 개인의 퍼스낼리티 구조에 통합되는 것이다. 도덕성 구성요소들의 통합이란 결국 도덕적 사상(事象)을 바라보고, 해석하고, 느끼고, 행동하게 하는 퍼스낼리티의 특질들 간의 조합을 의미한다고 볼 수 있다. 인적이 뜸한 곳에서 일어난 교통사고를 목격한 어떤 사람의 경우를 예로 들어보자. Ⅱ영역의 '친화성'이란 특질의 영역에 속하는 '이타주의', '솔직성'은 Ⅳ영역의 '성실성'이란 특질의 영역에 속하는 '의무를 다함'이나 Ⅰ영역의 '외향성/내향성'이란 특질의 어떤 정도, 그리고 그 문제 사태를 정확히 읽고 판단할 수 있는 지력의 정도와 연계되어 나타나기 마련이다. 그러므로 그런 문제 사태를 중심으로 수업을 전개한다면, 다섯 가지 영역들의 특질들과의 관련성 속에서 접근했을 때 그 사람이 지니고 있는 퍼스낼리티 구조의 맥락에 접근한 것이며, 그렇게 할 수 있을 때 비로소 '통합적' 으로 접근한다고 할 수 있다.

셋째, 이는 첫 번째 해석과 관련이 깊은 것으로, 도덕교육에서 감정 혹은 정서의 위상에 관한 해석이다. 도덕교육에서보다 감정이 더 중요한 곳은 없다. 감정과 이성의 교육은 개인의 삶, 가치, 그리고 행동과 밀접하게 관련되어 있기 때문에 매우 중요하다. 모든 교육에 도덕적 영역이 존재하고, 또한 도덕교육은 모든 교사의 관심이라는 것은 이를 말함이다. 도덕교육에서 감정을 고려해야만 하는 것은 아동들이 자신들의 감정을 통제하는 것을 배워야 할 필요가 있기 때문이다. 아동들은 아리스토텔레스가 주의를 기울였던 부절제(akrasia)의 문제를 극복할 수 있어야 한다. 윌슨(J. Wilson)이 말한 KRAT, 곧 도덕적 원리들을 행동으로 전환하는 능력을 발달시킬 필요가 있다. 우리가 아동들로 하여금 이러한 능력을 발달시키도록 돕는 최선의 방법은, 아리스토텔레스가 충고하였듯이,[40] 그들로 하여금 어렸을 때 '좋은' 행동의 어떠한 습관을 발달시키도록 하는 것이다. 이를 퍼스낼리티 특질 이론의 관점과 관련하여 표현하면, 어려서부터 바람직한 퍼스낼리티의 구조를 형성할 수 있도록 돕는 것이다.

퍼스낼리티의 구조를 형성하고 있는 특질들은 감정 혹은 정서와 매우 밀접하게 관련되어 있다. 그러한 감성들이 이성적 요소들과 통합되어 도덕적 행위를 산출하게 된다. 아리스토텔레스가 지적하였듯이 감성적 요소들이 이성적 요소들과 '바람직하게' 통합되는 방식은 어려서부터 습관화할 수 있도록 하는 것이 최선의 방법이다. 그것은 체계적인 도덕적 감정의 교육이 반드시 필요하다는 외침과 다름 아니다. 그런 의미에서 도덕교육은 초등학교 시기에 매우 중요한 의의를 지닌다. 아동들의 학교생활 전반에 걸친 도덕교육적 관심과 더불어 도덕교과의 주당 수업 시수가 적절히 확보되어져야만 하는 것은 그런 이유에서이다.

넷째, 도덕교육의 목표에 관한 정보(錠步)조직(lock-step system)적 관점의 해석이다. 여기서 정보조직이란 발목을 쇠사슬로 묶인 죄수들이 집단으로 걷는 걸음의 형태를 의미한다. 우리가 도덕교육을 통하여 학생들에게 어떤 특정한 가치나 덕목을 가르치면, 모든 학생들이 그에 관한 지식과 정서를 일률적으로 똑같은 방식에서 획득하고 그에 따라 행동할 것으로 기대하는 것은 무리다. 도덕교육의 목표는 아동들의 개별적 성장을 무시하는 정보조직적 제시방식으로부터 벗어나야 한다. 도덕교육은 실질적으로 학생들의 개인차를 존중하는 차원에서 접근해야만 한다.

도덕교육은 아동들이 학교에 입학하기 전에 이미 각자 어느 정도 수준의 도덕적 지식을 획득하고 있다는 사실로부터도 어려움이 뒤따르지만, 그 개인차가 단순히 인지적 영역의 도덕적 지식에 국한되는 것이 아니라 그것이 퍼스낼리티를 구성하고 있는 다른 특질들 간의 강도나 조합방식에서의 차이와 연결된다는 점에서 진정한 어려움이 있다. 예컨대, '타인 배려'라는 덕목과 관련된 지식의 수준에서도 차이가 나겠지만, 그와 관련된 감동성이나 성실성, 외향성/내향성 등의 특질들과의 관련에서도 각자 차이가 날 수밖에 없다. 그런데도 불구하고 도덕교육에서 어떤 도덕적 사례를 제시하고 아동들이 일률적으로 같은 수준과 강도로 감동이나 감화를 받기를 기대한다는 것 자체가 무리이다.

도덕교육에서는 완전학습이란 있을 수도 없고 의미도 없다. 학생들은 각자 자신의 고유한 퍼스낼리티의 구조를 구성해 가는 과정중에 있다. 도덕교육에서 교사의 역할은 구성주의 이론가들이 말하는 '비계'를 설치해 주는 작업에 노력을 기울일 필요가 있다. 그의 구체적인 형식은 가치명료화 수업모형에서 제시하는 '가치지'(value sheet) 전략이 하나의 좋은 예일 수 있다. 가치 명료화 수업모형에 깔려 있는 기본 방향에 관해서 전적으로 동의하기는 어렵지만, 적어도 도덕의 문제를 개별적으로 접근하고자 했던 기본 관점은 바람직하다고 본다. 도덕교육에서 교사는 최소한의 기본적인 것들을 제시한 후, 그에 따른 구체적인 사항들은 『생활의 길잡이』를 학습장(work-book) 형식으로 개발하여 이를 최대한 활용하는 방식도 정보조직적 방식에서 벗어날 수 있는 하나의 대안이 될 수 있을 것이다.

끝으로, 도덕교육의 효과에 관한 해석이다. 우리는 학교 도덕교육의 효과에 관한 전방위 기대에서 벗어나 이를 냉정한 시각으로 바라보고 접근하는 자세가 필요하다. 적어도 이 장(章)의 관점에서 본다면, 학교 도덕교육의 효과는 매우 제한적일 뿐더러 장기적인 기간을 필요로 한다. 왜냐하면, 도덕성은 상부구조로서 그것을 움직이는 토대로서의 하부구조에 해당하는 퍼스낼리티의 구조가 쉽게 변형되는 성질의 것이 아니기 때문이다. 학교의 교육적 노력이 어떤 효과를 발휘하기 위해서는 하부구조에 해당되는 퍼스낼리티의 구조에 어떠한 영향이 파급되어야 한다. 그러나 퍼스낼리티의 구조를 형성하는 특성들은 어린 시절에 겪었던 다양한 경험들을 기반으로 오랜 기간을 걸쳐 구성된 것이다. 그것은 일종의 심리적 하드웨어에 해당한다. 따라서 매우 제한된 시간으로 운영되는 학교 도덕교육의 노력에 의해서 쉽사리 변화하길 기대하는 것은 무리다. 많은 교육학자들이 '인격교육'(character education)이란 말은 사용하지만 '퍼스낼리티 교육'(personality education)이란 말을 사용하지 않는 까닭도 이런 맥락과 연결되고 있다. 우리는 학교 도덕교육의 효과에 대한 성급한 기대에서 벗어나야 한다. 우리는 대신에 진지하고, 차분하며, 꾸준하게 접근하는 자세를 견지할 필요가 있다.

## VII. 이론에 대한 비평

학교 도덕교육의 궁극적인 관심은 아동들의 도덕성을 발달시키는 데 있다. 따라서 도덕성의 발달을 해석하는 관점은 역으로 학교 도덕교육의 방향에 커다란 영향을 미치게 된다. 그 동안 도덕 심리학에서의 지배적인 관심은 도덕성의 구성요소를 인지적 요소(사고), 정의적 요소(감정), 그리고 행동적 요소(행동)로 구분한 후 이들 요소의 어느 한 측면에 초점을 맞춰왔다. 그러나 도덕성의 개인 내 기능, 즉 정신 내부적인 측면들은 사고, 감정, 그리고 행동의 역동적 상호작용을 포함한다. 그럼에도 불구하고 그러한 상호작용 본질은 전통적인 도덕 심리학의 주요 이론들에서 외면당해 왔으며, 그 세 가지 심리적 요소들의 개별적인 측면들이 도덕성을 대표하는 핵심으로서 간주되어 왔다.

정신분석 이론으로부터 도출된 동일시-내면화 접근은 죄의식과 같은 감정을 강조하였고, 사회학습 이론은 유혹에 대한 저항과 같은 행동을 강조하였으며, 인지구조주의 이론은 도덕적 판단과 같은 인지적 요소를 도덕성의 핵심으로 강조하였다. 도덕성에 대한 이러한 인위적인 삼분법은 자연스럽게 세 요소들의 상호 관련성을 무시하게 되었다. 그럼으로써 분리된 다른 측면들에 대해서는 외면한 채 배타적으로 어떤 한 측면에 관심을 기울이게 되어 도덕성의 기능을 지나치게 단순화시켜 버리는 문제를 낳게 되었다.

위와 같은 문제점들을 극복하기 위해 도덕성의 발달을 퍼스낼리티 구조의 맥락에서 이해하고자 한 특질 이론의 접근방식은 전통적인 정신분석 이론과 특성 이론에 근거하고 있으며, 아울러 현상학적 심리학 이론과도 관련된다. 한 개인은 모든 사람들이 공통적으로 소유하고 있을 것으로 여겨지는 특질들을 성장과정을 거치면서 자기 나름의 독특한 방식으로 조합하게 된다. 그 결과 개인은 자기 자신만이 지닌 유일한 퍼스낼리티의 구조를 발달시킨다. 이 관점에서 보면 각 개인이 발달시킨 퍼스낼리티의 구조는 개인마다 다르며, 따라서 어떠한 도덕적 문제를 인식하고 느끼고 행동하는 방식이 달라지게 된다. 달리 말하면, 여러 사람들이 하나의 같은 도덕적 사상(事象)을 접하더라도 각기 다른 퍼스낼리티의 구조에 따라 그 사상을 구성하는 인지적 방식이나 정서의 강도가 달라지게 되며, 그에 따라 외현적으로 표출되는 행동 또한 차이가 나게 된다는 입장이다.

도덕성은 행위나 혹은 사고의 특징 그 이상의 행위자의 특질을 나타낸다. 도덕성은 본질적 자기 혹은 자아 정체성에 뿌리를 두고 있다. 개인은 각자 자기 자신에 관한 심리적 기제로서의 퍼스낼리티 구조를 계속적으로 발달시키고 있다. 그것은 도덕성을 조직하는 하나의 원리로 작용하며, 동시에 도덕적 행위의 동기에 에너지를 제공한다. 도덕성은 단순히 인지적 요소, 정의적 요소, 행동적 요소의 합집합이 아니다. 그것은 퍼스낼리티를 구성하는 다양한 특질들이 심리적 일관성의 어떤 원리에 따라 결합되어 도덕적 문제에 대해 어느 정도 일정한 패턴으로 반응하도록 해준다. 개인에 따라 퍼스낼리티의 구성요소들(특질들)을 조직하는 원리가 다르기 때문에 도덕성에 있어서도 개인차가 나타난다고 볼 수 있다. 이러한 방식에서 볼 때, 도덕성은 퍼스낼리티 구성요소들(특질들)을 토대로 하며, 또한 그것은 행위의 원리로서 기능을 발휘한다.

도덕성은 그 자체로서는 활력이 약한 상부구조에 해당한다. 인지, 정의, 그리고 행동 간의 역동적 상호작용을 가능하게 하는 토대구조가 요청된다. 도덕적 지식 혹은 판단과 도덕적 행위와의 연결에는 심리적 근원뿐만 아니라 실제성을 확보하기 위해 하부구조가 필요하다. 토대 혹은 하부구조는 그 자체로서 생명력이 있고, 본질적이며, 또한 활력이 있다. 하부구조는 인간으로서의 근원 의식을 제공하는 기능을 발휘한다. 도덕성은 내재적인 자연적 힘의 하부구조 위에 세워진 상부구조에 해당함으로써 특질들 간의 통합되어진 유형에 따라 실제 세계에 대해 반응하게 되며, 그에 있어서 개인차가 드러나게 된다.

학교 도덕교육의 방향도 이러한 맥락에서 재해석할 필요가 있다. 그 동안 인지발달 이론을 중심으로 형성되어 왔던 도덕적 추론과 행동 사이의 신뢰는 마지 영혼이 오로지 감정이나 욕망과 연결된다는 것과 똑 같은 종류의 편견을 반영한 것이다. 도덕적 이해와 도덕적 지식은 아동들에게 도덕적 실재(reality)의 단편만을 제공해 준다. 또한 어려서의 올바른 습관이 나중의 자율적인 도덕성의 형성에 중요한 밑거름이 된다는 믿음에서 모든 학생들을 일정한 틀에 가두어 특정한 행위를 반복시키는 것은 인간을 잃는다는 차원에서 더더욱 위험한 일이다.

모든 학생들은 각자 역동적인 퍼스낼리티의 구조를 지니고 있다. 퍼스낼리티의 구조는 그 개인의 도덕성을 발현시키는 원초적인 토대가

된다. 학교 도덕교육은 도덕성이라는 단일의 개념에 지나치게 집착하여 접근하는 방식으로부터 탈피해야 할 필요가 있다. 이는 지금까지 도덕성을 인지적 영역에 치우쳐 해석해 왔던 관점보다 훨씬 더 넓은 차원이다. 어쩌면 도덕성은 비록 그 중요성을 인정한다 하더라도 한 개인의 퍼스낼리티에서 빙산의 일각에 불과할지 모르기 때문이다.

그러나 많은 연구자들은 특질이론에 대해 대체적으로 다음과 같은 세 가지 문제점들을 지적하고 있다.

첫째, 5개의 특질들이 과연 인간의 퍼스낼리티 특질을 모두 망라하고 있는 것인지에 대한 의문이다. 많은 연구자들에 의해 퍼스낼리티 특질들이 추출되어 있는데, 그 결과가 반드시 일치하고 있지는 않다. 연구자들 사이에서 기본적인 특질들에 대한 최종적인 결론이 유보된 상태이다. 따라서 우리는 이에 관해 꾸준한 관심을 기울여야 한다는 비판이다. 특히 다섯 번째 영역(개방성)에 대해서는 논란의 여지가 많다.

둘째, 퍼스낼리티 구조의 모습을 직관적으로 이해하기 힘들다. 특질이론가들은 인간의 기본적인 퍼스낼리티 특질들을 5가지로 분류하고, 퍼스낼리티 구조는 이 요소들이 가법적으로, 그리고 독립적으로 구성된 결과라고 밝히고 있다. 그러나 이러한 설명은 인간의 퍼스낼리티 구조가 각기 다른 5가지 특질들로 모자이크식으로 나열되어 구성된다는 점 이외에는 별다른 정보를 제공해 주지 못한다. 즉, 우리는 특질 이론가들의 설명만으로는 인간의 퍼스낼리티의 전체적인 모습, 즉 입체적인 전체 구조의 모습을 이해하기 힘들다.

끝으로, 특질들의 획득과 변화를 설명하기 위한 보다 큰 이론적 틀이 없다. 따라서 한 특수한 상황에서 한 단일 개체의 행동을 예측할 수 있는 확고한 토대가 없다. 어떤 한 특질이 상황적 자극에 따라 어떤 반응을 보이게 될지가 불분명하다. 특질들의 예측력이 부족하다는 지적이다. "그것은 마치 저울 위에 올라가서 동전을 집어넣으면 '당신은 … 한 사람입니다' 라고 인쇄된 카드가 나오는 것과 같다. 정지된 영화화면과 비슷하게 그 사람이 어떻게 거기에 왔거나 어디로 가게 될지가 나타나 있지 않다."[41] 물론, 특질 이론은 인간의 퍼스낼리티 구조가 결코 변하지 않는다거나 행동이 상황에 따라 결코 변하지 않는다고 말하지는 않는다. 그러나 특질 이론은 발달과 변화의 문제에 직면하면 답이 모호해진다.

## ✻ 주 ✻

1) D. P. McAdams, *The Person (Third Edition)*, Orlando : Harcourt College Publishers, 2001, pp. 252－253 참고.

2) 이에 관한 자세한 내용은 김태훈, 『덕 교육론』, 양서원, 1999, pp. 13－19 참고.

3) 孟子, 告子篇 上, 性 猶湍水也 決諸東方則東流 決諸西方則西流 人性之無分於善不善也 猶水之無分於東西也.

4) 이러한 정교화는 최소한 여섯 가지 과정을 포함한다. 첫 번째 과정은 '학습과정'(learning process)이다. 어떤 반응들은 단지 광대한 훈련 이후에만 학습된다는 사실은 학습 과정에 기본적인 개인적 차이들이 존재한다는 것을 나타낸다. 기질적 차이들은 정교화 과정(분별학습, 소거, 강화, 그리고 벌을 포함하는)에 포함된 몇 가지 학습 메커니즘들에 영향을 미칠 것이다. 두 번째 과정은 '환경 유도'(environmental elicitation)이다. 기질적 차이들은 또한 환경으로부터의 각기 다른 반응들을 유도한다. 기질에서의 개인적 차이들은 성인들이 발달의 과정에 아동들에게 어떻게 반응하는가에 영향을 미친다. 예컨대, 성인들의 아동들에 대한 그들의 개인적 특징들과 행동에 관한 언어적 메시지(강화, 귀인)는 아동들의 후속적인 행동에 영향을 미친다, 아동들은 약 7세에서 8세에 퍼스낼리티 일관성에 관한 이해를 발달시킨다. 세 번째 과정은 '환경 해석'(environmental construal)이다. 신념체계와 기대의 등장과 함께 기질적 차이들은 또한 환경적 경험들이 어떻게 해석되는가에 영향을 미치기 시작한다. 따라서 각자의 환경에 관한 효과적인 경험을 만들어간다. 네 번째 과정은 '사회적 및 시간적 비교'(social and temporal comparisons)이다. 증가된 인지적 복잡성과 함께 두 가지 사회적 심리적 · 과정들은 자기 평가에 영향을 미치는 것으로 가정된다. 즉, 아동들은 자기 자신을 타인들과 비교하고 대조함으로써 자신에 관하여 학습한다(사회적 비교). 뿐만 아니라 아동들은 자기 자신을 시간이 지나면서 비교하고 대조하여 학습한다(시간적 비교). 다섯 번째 과정은 '환경 선택'(environmental selection)이다. 자아 규제(self－regulatory) 능력들이 나이와 함께 증가하면서 개인들은 선택을 하기 시작하고, 또한 그들의 특징들을 강화하고 유지하게 하는 선호를 나타내기 시작한다. 끝으로, '환경 조정'(environmental manipulation)이다. 일단 자아개념이 확고하게 확립되면 개인은 자기 자신을 발견하는 환경들을 변경하고, 변화시키고, 그리고 조정하기 시작한다. 인간은 이러한 여섯 가지 과정을

거치면서 자신의 퍼스낼리티 특질들을 완성시키고, 또한 그럼으로써 자신의 퍼스낼리티 구조를 형성시킨다. A. Caspi, Personality Development across the Life Course, W. Damon & N. Eisenberg (Ed.), *Handbook of Child Psychology Fifth Edition, Vol. 3*, New York : John Wiley & Sons, Inc., 1998, pp. 339－342 참고.

5) A. Caspi, Personality Development across the Life Course, W. Damon & N. Eisenberg (Ed.), *Handbook of Child Psychology (Fifth Edition), Vol. 3*, New York : John Wiley & Sons, Inc., 1998, p. 325 참고.

6) E. J. Phares, *Introduction to Personality*, 홍숙기 역, 『성격심리학』, 박영사, 1995, p. 268.

7) R. Forgus & B. Shulman, *Personality : A Cognitive View*, Prentice－Hall, Inc., englewood cliffs, N. J., 1979, p. 10.

8) G. W. Allport, *Personality : A Psychological Interpretation*, New York : Holt, Rinehart & Winston, 1937, pp. 47－50; C. L. Cooper and L. A. Pervin (Ed.), *Personality, Vol. 1*, London and New York : Routledge, 1998, p. 205.

9) H. J. Eysenck, *The structure of Human Personality (3rd ed.)*, London : Methuen, 1970, pp. 1－14; 인격은 한 개인의 비교적 안정적이고 지속적인 능동적 행위의 체계("will")를, 기질은 정의적 행동의 체계("emotion")를, 지성은 인지적 행위의 체계("intelligence")를, 체격은 신체적 모양과 신경－호르몬 자질을 나타낸다. C. L. Cooper and L. A. Pervin, 앞의 책, p. 249.

10) 예를 들면, 왓슨(J. B. Watson)은 "퍼스낼리티란 신뢰할 만한 정보를 제공할 만큼 충분한 시간을 거쳐 실제적인 관찰에 의해 발견되어질 수 있는 행위들의 총합"이라 정의하였다. 위의 책, pp. 248－249.

11) R. R. McCrae and O. P. John, An introduction to the five－factor model and its applications, C. L. Cooper and L. A. Pervin, *Personality : Critical Concepts in Psychology (Vol. 1)*, London : Routledge, 1998, p. 253.

12) A. Caspi, 앞의 논문, p. 322.

13) D. M. Buss & K. H. Craik, Act prediction and the conceptual analysis of personality scales: Indices of act density, bipolarity, and extensity, *Journal of Personality and Social Psychology, 45*, 1983, pp. 1081－1095 참고.

14) R. R. McCrae and O. P. John, An introduction to the five－factor model and its applications, C. L. Cooper and L. A. Pervin, *Personality : Critical Concepts in Psychology (Vol. 1)*, London : Routledge, 1998, p. 254.

15) R. M. Stelmack & A. Stalikas, Galen and the humour theory of temperament, *Personality and Individual Differences, 16*, 1991, p. 559.

16) D. P. McAdams, 앞의 책, p. 256 참고.

17) C. L. Cooper and L. A. Pervin, 앞의 책, p. 211.

18) W. Mischel, 손정락 역, 『성격심리학』, 교육과학사, 1996, p. 136.

19) H. J. Eysenck, *Personality, Genetics, and Behavior*, New York : Praeger, 1982, pp. 7－12; C. L. Cooper and L. A. Pervin, 위의 책, p. 262.

20) W. Mischel, 손정락 역, 『성격심리학』, 교육과학사, 1996, p. 146; D. P. McAdam, 앞의 책, p. 306 참고.

21) D. P. McAdams, 앞의 책, p. 305.

22) J. M. Digman, Personality Structure : Emergence of The Five－Factor Model, *An－nual Review Psychology*, 41, Annual Reviews Inc., 1990, p. 420.

23) 위의 논문, p. 423.

24) R. R. McCrae and O. P. John, An introduction to the five－factor model and its applications, C. L. Cooper and L. A. Pervin, *Personality : Critical Concepts in Psychology (Vol. 1)*, London : Routledge, 1998, p. 295.

25) D. P. McAdams, 앞의 책, p. 306.

26) L. J. Walker & K. H. Hennig, Moral Development in the Broader Context of Personality, Suzanne Hala (Ed.), *The Development of Social Cognition*, Psychology Press Ltd., 1997, p. 318.

27) A. Blasi, Moral Identity : Its Role in Moral Functioning, W. M. Kurtines, J. L. Gewirtz, *Morality, Moral Behavior, and Moral Development*, John Wiley & Sons, 1984, pp. 128－139 참고.

28) L. J. Walker & K. H. Hennig, Cognitive processes in moral development, G. L. Sapp (Ed.), *Handbook of moral development : models, processes, techniques, and research*, 1986, pp. 104－45 참고.

29) W. Damon, Self－understanding and Moral Development from Childhood to Adolescence, W. M. Kurtines & J. L. Gewirtz, *Morality, Moral Behavior, and Moral Development*, John Wiley & Sons, 1984, pp. 109－127. 데이먼의 자기 이해의 발달 과정에 대한 교육적 접근 내용은 김태훈, 『덕교육론』, 양서원, 1999, pp. 158－161 참고.

30) R. Hogan, Moral Development and the Structure of Personality, D. J. DePalma & J. M. Foley (Eds.), *Moral Development ; Current Theory and Research*, Lawrence Erlbaum Associates, Publishers, 1975, p. 153.

31) B. Spiecker & R. Straughan (Ed.), *Philosophical Issues in Moral Education and Development*, Open University Press, 1988, pp. 6－16.

32) L. A. Hjelle & D. J. Ziegler, *Personality Theories : Basic Assumptions, Research, and Applications*, McGraw－Hill International Book Company, 1981, p. 406, p. 408.

33) 박아청, 『성격심리학의 이해』, 교육과학사, 2003, p. 137 참고.

34) M. Landmann, 허재윤 역, 『철학적 인간학－인간의 자기이해의 역사와 현황－』, 형설출판사, 1985, p. 11.

35) 위의 책, p. 13.

36) W. Mischel, 손정락 역, 앞의 책, p. 217.

37) 교육부, 『국민학교 교육과정 해설(II)』, 1994, p. 66, 교육부, 『초등학교 교육과정 해설(III)』, 1999, p. 195 참고.

38) 이홍우, “도덕성의 형식과 내용”, 『아시아교육연구』, 2권, 1호, 2001, p. 148.

39) 위의 논문, p. 148.

40) “도덕적인 덕들은 본성적으로 우리 속에 생기는 것도 아니요, 본성에 반하여 우리 속에 생기는 것도 아니다. 오히려 우리가 본성적으로 그것들을 받아들이도록 되어 있으며, 또 그것들은 습관에 의하여 완전하게 되는 것이다.” Aristoteles, 최명관 역, 『니코마코스 윤리학』, 서광사, 1991, p. 61.

41) E. J. Phares, 홍숙기 역, 앞의 책, p. 272.

# ✻ 참고문헌 ✻


교육부, 『국민학교 교육과정 해설(II)』, 1994.

교육부, 『초등학교 교육과정 해설(III)』, 1999.

김태훈, 『덕 교육론』, 양서원, 1999.

孟子

박아청, 『성격심리학의 이해』, 교육과학사, 2003.

이홍우, "도덕성의 형식과 내용", 『아시아교육연구』, 2권, 1호, 2001.

Allport, G. W., *Personality : A psychological interpretation*, New York : Holt, Rinehart and Winston, 1937.

Aristoteles, 최명관 역, 『니코마코스 윤리학』, 서광사, 1991.

Audi, R. (Eds.), *The Cambridge Dictionary of Philosophy* (*2nd ed.*), Cambridge University Press, 1999.

Bandura, A., Social Cognitive Theory of Thought and Action, W. Kurtines & J. L. Gewirth, *Handbook of Moral Behavior and Development, Vol. 1 : Theory*, Lawrence Erlbaum Associates, Publishers, 1991.

Blasi, A., Moral Identity : Its Role in Moral Functioning, W. M. Kurtines, J. L. Gewirtz, Morality, *Moral Behavior, and Moral Development*, John Wiley & Sons, 1984.

Burnyeat, M. F., Aristotle on learning to Be Good, A. O. Rorty (Ed.), *Essays on Aristotle*, Berkeley : University of California Press, 1980.

Buss, D. M. & Craik, K. H., Act prediction and the conceptual analysis of personality scales : Indices of act density, bipolarity, and extensity, *Journal of Personality and Social Psychology, 45*, 1983.

Caspi, A., Personality Development across the Life Course, W. Damon & N. Eisenberg (Ed.), *Handbook of Child Psychology* (*Fifth Edition*), Vol. 3, New York : John Wiley & Sons, Inc., 1998.

Cooper, C. L. and Pervin, L. A. (Ed.), *Personality, Vol. 1*, London and New York : Routledge, 1998.

Damon, W. W., Self－understanding and Moral Development from Childhood to Adolescence, W. M. Kurtines and J. Gewirtz (Ed.), Morality, *Moral Behavior, and Moral Development*, Wiley, 1984.

Digman, J. M., Personality Structure : Emergence of The Five－Factor Model, *Annual Review Psychology*, Annual Reviews Inc., 1990.

Eysenck, H. J., *Personality, Genetics, and Behavior*, New York : Praeger, 1982.

Eysenck, H. J., *The structure of Human Personality(3rd ed.)*, London : Methuen, 1970.

Forgus, R., & Shulman, B., *personality: a cognitive view*, prentice－hall, Inc., Englewood Cliffs, 1979.

Hjelle, L. A., & Ziegler, D. J., *Personality Theories : Basic Assumptions, Research, and Applications*, McGraw－Hill International Book Company, 1981.

Hogan, R., Moral Development and the Structure of Personality, D. J. DePalma & J. M. Foley (Eds.,), *Moral Development : Current Theory and Research*, Lawrence Erlbaum Associates, Publishers, 1975.

Landmann, M., 허재윤 역, 『철학적 인간학–인간의 자기이해의 역사와 현황–』, 형설출판사, 1985.

Lockwood, A. T., *Character Education －Controversy and Consensus*, Corwin Press, Inc., 1997.

McAdams, D. P., *The Person(3rd ed.)*, Harcourt College Publishers, 2001.

McCrae, R. R. and John, O. P., An introduction to the five－factor model and its applications, C. L. Cooper and L. A. Pervin, *Personality : Critical Concepts in Psychology* (Vol. 1), London: Routledge, 1998.

McLaughlin, T. H., & Halstead, J. M., Education in character and virtue, J. M. Halstead & T. H. McLaughlin (Ed.), *Education in Morality*, Routledge, 1999.

Mischel, W., 손정락 역, 『성격심리학』, 교육과학사, 1996.

Phares, E. J., *Introduction to Personality*, 홍숙기 역, 『성격심리학』, 박영사, 1995.

Power, C., Higgins, A., and Kohlberg, L., The Habit of the Common Life : Building Character Through Democratic Community Schools, L. P. Nucci (Ed.), *Moral Development and Character Education : A Dialogue*, McCutchan Publishing Corporation, 1989.

Rest, J. R., The Major Components of Morality, W. M. Kurtines, J. L. Gewirtz, *Morality, Moral Behavior, and Moral Development*, John Wiley & Sons, Inc., 1984.

Spiecker, B., & Straughan, R. (Ed.), *Philosophical Issues in Moral Education and Development*, Open University Press, 1988.

Stelmack, R. M. & Stalikas, A., Galen and the humour theory of temperament, *Personality and Individual Differences*, 16, 1991.

Walker, L. J. & Hennig, K. H., Cognitive processes in moral development, G. L. Sapp (Ed.), *Handbook of moral development : models, processes, techniques, and research*, 1986.

Walker, L. J., & Hennig, K. H., Moral Development in the Broader Context of Personality, S. Hala (Ed.), *The Development of Social Cognition*, Psychology Press Ltd., 1997.

Carl Ransom Rogers(1902.1.8~1987)

Abraham Maslow(1908.4.1~1970.6.8)

# 제 4 장 인본주의 이론

## I. 기본 가정

로저스(C. R. Rogers)와 매슬로우(A. H. Maslow)는 일반적으로 인본주의 심리학자들로 분류된다. 이것은 당시 미국 심리학계의 동향과 관련이 깊다. 그 당시의 많은 이론가들은 인간의 본능 중 어떤 것들은 악하거나 반사회적이어서 훈련과 사회화에 의해 길들여져야 한다고 주장하고 있었다. 정신분석학의 프로이드나 행동주의 이론가들의 주장이 대표적이다. 프로이드는 행동이 무의식적 욕구(needs)와 충동(drives)에 의해 동기화된다는 아이디어를 중심으로 정신분석 이론을 확립하였다. 행동주의자들은 보상, 벌, 그리고 환경의 다른 우연성이 행동을 산출하기 위해 인간의 욕구를 어떻게 형성시키는가에 초점을 두었다. 그들은 인간의 행동 동기와 목적을 부정적인 측면에서 이해하거나 혹은 외부의 요인에 두었다.

그러나 로저스와 매슬로우는 한편으로는 정신분석학적 인간관에서 볼 수 있는 음울한 비관론과 절망에, 그리고 또 다른 한편으로는 행동주의에서 볼 수 있는 인간을 로봇화하는 생각에 반기를 들고 인간을 희망적이고 낙관적인 관점에서 바라보았다. 매슬로우는 "인간의 삶은 그것이 지닌 가장 고상한 열망을 고려하지 않고는 결코 이해될 수 없다. 성장, 자아 실현, 건강에 대한 열망, 정체와 자율의 추구, 우월성을 향한 노력(그리고 '향상'을 향한 노력)은 이제 의심할 필요 없이 보편적이고 일반적인 경향으로 인정되어야 한다"[1]고 하였다. 또한 그는 "우리가 인간의 건강한 경향성을 이해하지 못한다면 인간의 허약함을 결코 실제적으로 이해할 수 없다"[2]면서 심리학에 새 바람을 일으켰다. 이러한 관점은 당시에는 매우 신선한 것이었다. 그래서 이론가들은 이들의 관점을 제3의 심리학으로 분류하고, 이를 인본주의 심리학이라 부른 것이다.

인본주의자들은 유기체적 관점에서 인간의 동기와 목적에 관하여 새로운 시각을 제공하였다. 이것은 행동주의로 대표되는 고전적·기계주의적인 과학과 대립적 차원이 아닌 상호 보완적 차원이다. 인본주의적 과학은 가치, 개성, 의식, 목적, 윤리, 그리고 '인간성 고양' 등과 같은 문제들을 다룬다고 하였다. 유기체적 관점은 인간을 "별개의 특성, 추동, 습관에 대해서보다는 통일된 체계로서의 전체 유기체에 초점"[3]을 맞춘다. 인간은 누구나 내면에 필요, 욕망, 목적, 의도를 갖고 있다. 인간은 이러한 필요에서 행동한다. 인간의 행위에 에너지를 부여하고 방향을 제공하는 것은 동기와 목적이다. 인본주의 심리학자들은 인간의 존재란 무엇인가를 규정하는 데 결정적으로 관련되는 기본적 욕구와 목적 추구 경향성을 통일된 전체로서의 인간에 초점을 맞추어 접근하였다. 인간의 행동과 경험에 대한 최고의 동기자(motivator)는 '자아를 실현하고 완성하고자 하는 노력'이라는 것이다.

인본주의 심리학자들이 선호한 유기체적 관점 속에는 상호 관련된 원리들이 내재되어 있다.[4]

첫째는 경험하고 있는 사람을 주요 관심대상으로 삼는다. 인본주의 심리학은 실제 삶의 상황에 있는 개인들에 대한 연구로 시작한다. 인간은 단순한 연구의 대상이라기보다는 주체이다. 인본주의 심리학자들이 꽉 쥐고 놓지 않는 기본적인 의문은 '나는 누구인가?'이다. 둘째는 인간의 선택, 창조성, 그리고 자아 실현을 중심 주제로 삼는다. 인본주의 심리학자들은 심리적으로 온전하지 못한 사람들에 대한 연구는 온전하지 못한 심리학으로 나아가게 된다고 주장한다. 심리학자들은 전체로서의 개인, 그리고 건강한 개인들을 연구해야만 한다고 믿는다. 끝으로, 궁극적인 가치는 인간의 존엄에 수렴된다. 인간은 고상한 존재로서 받아들여진다. 심리학자들은 인간의 행동을 예견하거나 혹은 통제하기보다는 오히려 인간을 이해해야만 한다고 생각한다.

인본주의 이론은 다음과 같은 가정들을 바탕으로 정립되었다.

1. 인간은 부분들로 환원되는 존재가 아니다.
2. 인간은 본질적으로 신체구조처럼 취급될 수 있는 심리적 구조의 어떤 골격과 유전에 근거를 둔 욕구, 능력 및 경향성을 가지고 있다.
3. 인간의 욕구, 능력 및 경향들은 인류 전체의 보편적인 특징이다. 모든 사람은 자신의 내부에 건전하고 창조적인 성장을 위한 가능성을 가지고 있다.
4. 인간은 본질적으로 선하거나 적어도 중성적인 타고난 성질을 갖는다. 그것은 선천적으로 위험스럽거나 사악하거나 혹은 나쁜 것이 아니다.
5. 인간에게 주어진 내적 본성은 동물의 본능과 같이 강력하지 않아 습관이나 문화적 압력에 의해 압도될 수 있다. 그러나 내적 본성은 인간의 내면에서 영원히 실현을 계속 추구한다.
6. 인간의 바람직한 발달은 이러한 성질을 실현하고, 잠재력을 구현하며, 본질적인 성질이 명령하는 바에 따라 성숙하는 것이다.
7. 선이란 인간의 내적 본성을 실현시키는 방향으로 바람직한 발달을 돕는 모든 것이다. 반면에 악이란 인간의 본질적인 성질을 좌절시키거나 방해하거나 거부하는 모든 것이다.
8. 인간은 주체적으로 선택하는 존재이지 결코 선택받는 존재가 아니다.
9. 인간은 목적적인 존재이다.
10. 인간은 유동적인 형성의 과정이지 고정된 혹은 정적인 실체가 아니다. 인간은 끊임없이 변화하고 있는 잠재력의 배열이지 고정된 특질들의

집합이 아니다.

## Ⅱ. 인간관

서구 학자들은 인간의 본성에 대한 물음에 대해 전통적으로 네 가지 방식에서 답하여 왔다. 이들 네 가지 전통들을 요약해 보면 다음의 표와 같다.[5] 인본주의 심리학이 등장할 당시의 인간에 관한 상식적 개념은 '인간이란 본성적으로 자기 자신과 다른 사람들에게 비합리적이고, 비사회적이며, 그리고 파괴적인 존재' 로 인식되었다. 많은 사람들이 인간의 본성에 대해 그러한 부정적 관점을 갖게 된 데에는 기독교 사상과 프로이드의 정신분석학이 많은 영향을 미쳤다. 기독교 사상은 인간이란 본래 악하고 죄가 많다는 믿음을 바탕으로 한다. 또한 프로이드의 사상 역시 인간을 근본적으로 비합리적이고, 반사회적이며, 이기적이고 파괴적인 본성을 소유하고 있다는 전제를 바탕으로 하고 있다.

로저스와 매슬로우의 인간관은 인간을 긍정적으로 인식하였다는 점에서 기본적으로 공통적이다. 이들은 일반적으로 낙관적인 관점을 가진 자들로 분류된다. 철학적으로 보면 이들의 인간관은 멀리는 플라톤과 계몽 철학자들, 그리고 가까이는 실존철학과 연결된다.

인본주의 심리학자들은 상호간에 다소 다른 견해가 있지만 인간 본성에 대해서만은 동일한 개념을 공유한다. "인간 본성에 관한 이들의 공유된 개념은 서구 철학적 사고의 역사에 깊은 뿌리를 두고 있다."[6] 특히 키에르케고르(Kierkegaard)와 싸르트르(J. P. Sartre) 등의 실존철학을 그 바탕으로 하고 있다. 실존철학은 인간의 운명을 개척해 나가는 데 있어서 인간의 능동적 역할에 관심을 기울였다는 점에서 인본주의 인간관의 바탕이 되고 있다.

실존철학자들은 "인간이 '인격' 에서 '대명사' 로, '주체' 에서 '객체' 로, '나' 에서 '그것' 으로 전환되었다"[7]는 문제의식으로부터 인간화를 추

| 전통 | 주요 아이디어 | 대표자들과 현대 이론들 |
|---|---|---|
| 낙관주의<br>(optimism) | • 사람들은 기본적으로 선하며, 합리적 사고를 할 수 있다.<br>• 이성이 행동을 안내한다.<br>• 사람들은 자신들을 행복하게 만드는 의식적인 목적에 따라 행동한다. | 플라톤<br>계몽철학자(1700년대)<br>로저스(C. Rogers, 1951)<br>매슬로우(A. Maslow, 1954)<br>자기 결정 이론<br>(self determination theory)<br>인지 이론 |
| 비관주의<br>(pessimism) | • 사람들은 주로 악하며, 흔히 가련하다(왜냐하면 사람들은 악한 것들을 원하기 때문이다).<br>• 행동은 비합리적인, 그리고/혹은 육체적 본능과 목적에 의해 동기를 부여받는다.<br>• 인간의 이성은 과대평가된 것이다. | 원죄에 관한 구약성서의 개념<br>프로이드(S. Freud, 1900)<br>진화 심리학<br>(evolutionary psychology) |
| 중립주의<br>(neutrality) | • 사람들은 출생시 텅 빈, 형성되지 않은 백지상태이다.<br>• 환경은 보상, 벌, 기타 등등을 통하여 목적과 동기를 형성한다.<br>• 좋은 환경은 사람들을 선하고 행복하게 만든다. | 로크(J. Locke)<br>행동주의<br>스키너(B. F. Skinner) |
| 다원주의<br>(diversity) | • 사람들은 다양하다.<br>• 사람들마다 서로 원하는 것들이 다르다.<br>• 사람들마다 서로 다른 목적들을 지닌다. | 제임스(W. James, 1892)<br>맥도갈(W. McDougall, 1908)<br>머레이(H. Murray, 1938)<br>맥크렐랜드<br>(D. McClelland, 1951)<br>현대 목적 이론 |

구하고자 하였다. 인간은 모든 곳에서 자신의 특수한 인간적 속성을 상실하였다는 것이다. 이로부터 실존철학자들은 "인간은 '실존'(that one is)의 사실로부터 '본질'(what one is)을 창조적으로 형성한다. 인간의 행동에는 인과적인 관계가 없기 때문에 개인은 완전한 선택의 자유를 가지며, 그리고 각자는 스스로 그 자신의 실존에 책임을 진다"[8]는 사상을 발전시켰다. 자신의 삶은 자신이 개척해 나가야 한다는 것이다.

인본주의 심리학자들은 이러한 실존철학의 기본 사상을 바탕으로 인간관을 확립하였다. 우리는 인본주의 심리학자들이 공유하고 있다고 판단되는 인간관을 크게 세 가지 측면으로 요약할 수 있을 것이다.

우선, 인간의 삶이란 단순히 스스로 그 자신을 만드는 과정이라는 인식이다. 우리는 이를 '형성(becoming)의 인간관'이라 부를 수 있다. 인간은 결코 정적인 존재가 아니다. 인간은 항상 어떤 존재가 되려고 하는 과정 중에 있다. 인간은 고정된 실체가 아니라 유동적인 형성의 과정이다. 로저스는 "인간은 변화의 흘러가는 강이지 견고한 물질의 블록이 아니다. 끊임없이 변화하고 있는 잠재력의 배열이지 고정된 특질들의 집합이 아니다"[9]라고 하였다. 이것은 로저스의 관점에서는 '충분히 기능하는 사람'으로, 그리고 매슬로우의 관점에서는 '자아 실현인'이 되고자 하는 경향으로 설명된다. 사람이라면 누구나 그런 잠재적 가능성을 지니고 태어났다. 이러한 인간상에 대한 추구는 생물학적 욕구나 성적 · 공격적 본능의 충족 이상의 것을 요구한다.

또한 인간은 자신의 행위를 결정할 책임을 지니고 있다는 인식이다. "인간은 경험하고, 결정하고, 그리고 그 자신의 행동을 자유롭게 선택하는 의식적 존재"[10]라는 것이다. 우리는 이를 '자유와 책임의 인간관'이라 부를 수 있다. 인본주의 심리학자들은 인간 본성의 측면으로부터 이러한 개념을 이끌어내고 있다. 인간은 자유의지를 가진 존재로서 주어진 잠재적 가능성을 완성해 나갈 책임을 가진다. 비록 우리 인간은 자기 자신의 의지에 따라 삶을 부여받은 것은 아니지만 한 인간으로서 자신의 삶을 창조해 나갈 자유가 있고, 또한 우리는 자신의 삶에 책임을 져야 한다. 만약 우리 인간이 이를 도외시한다면 우리는 자기 자신의 삶에 대한 방관자로서 "궁극적으로 자포자기의 삶을 사는 것"[11]이다.

끝으로, 인간의 삶은 '지금 이곳'(here and now)으로부터 의미가 시작된다는 인식이다. 우리는 이를 '현상학적 인간관'이라 부를 수 있다. 현상학적 관점은 과학의 객관적 연구방법의 한계를 지적하면서 인간 일반이 아닌 특정한 개인의 내적 세계의 이해에 관심을 기울인다. 현재 어떤 특정한 사람이 갖고 있는 주관적 의식이나 느낌을 중요시 여긴다. 그것이 어떻게 생겼는가는 관심 밖이다. 한 개인의 주관적 경험을 인간 본성의 연구에 있어 주요한 현상으로 강조한다.

그러나 로저스와 매슬로우는 기본적으로 인본주의 인간관을 공유하면서도 차이점을 노정시키고 있다. 로저스는 심리적으로 장애가 있는 사람들을 치유하는 과정을 통해서 인간의 긍정적 측면에 주목하였던 반면에, 매슬로우는 처음부터 심리학의 어두운 측면을 부각시키면서 심리적으로 건강한 사람들을 대상으로 인간의 잠재력을 긍정적으로 평가하게 되었다. 이들의 인간관을 구체적으로 검토해 본다.

로저스는 프로이드와 마찬가지로 정서적으로 장애가 있는 사람들을 치료하는 경험을 밑바탕으로 인간의 본질에 대한 사상을 발전시켰다. 그러나 로저스는 프로이드와는 달리 인간을 자기가 통제할 수 없는 어떤 힘에 의해 좌우되는 존재라기보다는 미래의 목적과 자기 지시적 목적으로 지향된 에너지를 가진 활동적 존재로 간주했다. 로저스는 인간의 기본적 본성을 "기본적으로 건설적이고 신뢰할 만하다"[12]고 보았다. 즉, 그는 "인간 본성의 가장 핵심이자 퍼스낼리티의 가장 깊은 층인 인간의 '동물적 본성'의 토대는 본질적으로 긍정적이다. 기본적으로 사회적이고, 앞을 향해 나아가며, 합리적이고 현실적이다"[13]고 인식하였다. 인간은 자신이 통제할 수 없는 어떤 내적인 힘에 의해서 움직여지는 피동적인 존재가 아니라는 것이다. 인간은 "미래의 목적과 자기지향적 목적을 향해 정향(定向)된 하나의 적극적 에너지를 가진 존재"[14]로서 능동적으로 자신의 삶을 이끌어 간다고 믿었다. "실현경향은 선택적이고 특정한 방향을 따르는데, 이를 건설적 경향이라고 부를 수 있다"[15]고 하였다. 이러한 관점은 다분히 루소의 성선설 개념과 일치한다.

철학적으로 볼 때 로저스의 인간관은 다분히 자유주의적 성격이 짙다. 그는 "어떤 인간도 자신의 내부에 건전하고 창조적인 성장을 위한 가능성을 가지고 있다"[16]고 믿는다. 로저스는 "개인은 비록 어떤 제한할 수 있는 조건들이 존재하지만 자기 자신을 안내하고, 규제하고, 통제할 수 있는 역량을 지니고 있다. 단지 이들 조건들이 결핍될 때에만 개인에게 외적 통제와 규제를 제공할 필요가 있다"[17]고 하였다. 인간은 성장을 위한 사리에 맞는 조건들을 제공받을 때 마치 씨가 자라 꽃을 피우듯이 자신의 잠재적 역량을 건설적으로 발달시킬 것이라고 믿었다. 따라서 로저스에 있어서 심리요법(psychotherapy)은 "개인에게 이미 존재하고 있는 역량을 해방시키는 것"[18]으로서 의미를 지닌다.

로저스도 인간이 살인하고 싶은 감정, 이상적 충동, 반사회적 행동을 때로는 드러낸다는 것을 부정하지 않았다. "나는 인간 본성에 대해 아주 낙관적인 관점을 가지고 있지는 않다. 방어적인 목적도, 내적인 공포도 없는 데에도 불구하고 사람은 믿을 수 없을 정도로 잔인하고, 소름끼치도록 파괴적이며, 미성숙하고, 퇴행적이고, 반사회적이며, 위험한 방법으로 행동할 수 있거나 행동한다는 것을 나는 잘 안다"[19]고 하였다. 그러나 인간은 타고난 내적 본성에 의해 그렇게 행동하는 것은 아니라고 믿었다. 그것들은 반드시 통제되어져야만 하는 자발적인 충동들이 아니다. 오히려 그것들은 보다 기본적인 충동들(사랑, 소속감, 안전, 등등)의 좌절에 대한 반동이다. 그런 사람들도 가장 깊은 내면에는 긍정적 방향의 경향이 있다고 하였다. 그럼에도 불구하고 사람들이 이러한 경향성을 인식하지 못하는 까닭은 좋지 않은 가정환경과 부모의 훈육, 혹은 문화적 압력 등의 영향 때문이다. 그러나 만약 개인이 자기 자신의 삶에 대한 책임을 기꺼이 받아들인다면 이러한 좋지 않은 영향력은 극복될 수 있다.

한편 매슬로우는 뇌 손상 환자와 정신 장애자의 연구에 기초하였던 기존의 연구자들과 달리 건강하고 창조적인 사람들을 상대로 자신의 연구를 진행하였다. 그는 인간에 대한 심리학의 염세적이고, 부정적이며, 한정된 개념을 비판하였다. 그리하여 "심리학이 인간의 장점보다 약점에 더 관심을 기울였으며, 인간이 지니고 있는 미덕은 무시하고 인간의 죄악만을 탐색해 왔다"[20]고 지적하였다. 다시 말하면, 당시의 심리학자들은 인간의 삶을 행복을 얻기 위해 취하는 능동적인 조처로서보다는 고통을 피하기 위해 절망적인 시도를 하는 것으로 이해하고 있다고 비판하였다.

여기에는 프로이드의 정신분석학에 대한 강한 비판이 함축되어 있다. 매슬로우는 심리학이 고통, 갈등, 수치심, 적개심 등을 다루고 있으나 즐거움, 충만, 사랑, 안녕 등을 고려하는 심리학은 존재하고 있지 않다고 하였다. 그래서 그는 지금까지 심리학이 다루어 왔던 다른 절반, 곧 더 밝고 나은 절반에 관심을 갖고 전체적인 인간의 모습을 제시하고자 하였다.

매슬로우는 이와 관련하여 "우리는 인간의 건강한 경향을 이해함이 없이 인간의 허약함을 결코 실제적으로 이해할 수 없다. 그렇지 않다면 우리는 모든 것을 병적으로 만드는 실수를 저지른다. 그러나 또한 우리는 인간의 허약함을 이해함이 없이 인간의 강함을 결코 이해하거나 도울 수 없다. 그렇지 않다면 우리는 오로지 합리성 하나에 지나치게 낙관적으로 의존하는 오류에 빠지게 된다"[21]고 경고하였다.

매슬로우가 갖고 있었던 인간관은 다음과 같은 세 가지 개념으로 집약될 수 있다.[22] 첫째, 인간은 그 자신의 본질적인 성질, 즉 자기의 신체 구조처럼 취급될 수 있고 논의될 수 있는 심리적 구조의 어떤 골격을 가지고 있으며, 유전에 근거를 두는 욕구, 능력 및 경향성을 가지고 있다. 매슬로우는 이러한 욕구들이 표면적으로는 악하기보다는 선하거나 중성적이라고 하였다. "이러한 내적 본성은 동물의 본능과 같이 강력하고 압도적이고 틀림없는 것은 아니다. 그것은 약하며 섬세하고 미묘하며, 또 습관, 문화적 압력, 그리고 그에 대한 그릇된 태도에 의해 쉽게 압도된다."[23] 둘째, 내적 본성을 실현하고자 하는 인간의 욕구는 비록 약하기는 할지라도 거의 사라지지 않는다. 비록 거부될지라도 그것은 영원히 밑바탕에서 실현을 계속 추구한다. 건전하고 정상적인 발달은 본질적인 성질을 실현하고, 이러한 잠재력을 구현하며, 이러한 본질적인 성질이 명령하는 바에 따라 성숙하고 성장하는 데 있다. 끝으로, 선이란 인간의 내적 본성을 실현시키는 방향으로 바람직한 발달을 돕는 모든 것이며, 악이란 이를 좌절시키거나 방해하거나 거부하는 모든 것을 의미한다. 정신병리란 일반적으로 인간의 본성을 거부, 좌절, 혹은 왜곡한 결과이다. 자아 실현의 진로를 방해하거나 좌절시키거나 왜곡시키는 모든 것이다. 인간이 신경증적이 되는 까닭은 무지와 사회적 병리가 만연한 환경이 그렇게 만들었거나 그가 자신의 사고를 왜곡시켰기 때문이다.

## Ⅲ. 인본주의 심리학의 기본 이론

### 1. 로저스(C. R. Rogers)의 자아(Self) 이론

로저스는 프로이드(S. Freud), 융(C. Jung), 애들러(A. Adler) 등의 이론과 마찬가지로 치료적인 관계에 있는 사람들과의 경험으로부터 자신의 이론을 발전시켰다. 그는 인간의 평등성에 대한 깊은 신념을 가지고 있었다. 그에 의하면 우리 인간은 한 사람의 예외도 없이 자기의 가능성을 충분히 발휘시키기를 희망하는 존재이다. 물론 자아를 실현해 가는 과정에서 많은 어려움에 봉착하지만 인간은 궁극적으로 그런 문제를 해결할 수 있다고 보았다. 우리는 이러한 그의 자아 이론을 검토해 봄으로써 도덕교육의 기본 방향을 설정하는 데 필요한 모종의 근거들을 확보할 수 있을 것이다.

#### (1) 두 가지 구성개념 : 유기체(organism)와 자아(self)

로저스의 이론에는 유기체(organism)와 자아(self)라는 두 가지 구성개념이 존재한다. 이들 개념들은 기본적으로 현상학적 입장[24]에서 구축되었다. 우선, 유기체의 개념부터 검토해 본다. 프로이드는 인간의 동기를 두 부류의 본능적 욕구(죽음과 삶 본능)의 측면에서 보았고, 머레이(Murray)는 약 20가지 기본적인 심인성 욕구(psychogenic need)를 확인하였다. 그러나 로저스는 인간의 동기에 관한 단순하고 일원론적인 이론을 주장하였다. 모든 충동, 욕망, 필요, 목적, 가치, 그리고 동기는 '유기체 고양'(organismic enhancement)이라는 하나의 우산 아래로 수렴된다. 곧, 인간의 행동과 경험은 하나의 기본적인 추구에 의해 안내된다.

로저스는 "유기체는 몸소 체험하는 자신을 실현하고, 유지하고, 그리고 고양하고자 하는 하나의 기본적인 경향성과 노력을 갖고 있다"[25]고

하였다. 따라서 인간에게는 "인간을 유지하거나 혹은 고양하는 데 공헌하는 방식에서 모든 역량을 발달시키고자 하는 유기체의 내재적인 경향성"[26]이 존재한다. 인간의 삶에서의 근본적인 명령은 자기 자신이 될 수 있는 모든 것이 되는 것, 자신의 내적 잠재력을 충분하게 발휘하는 것이다. 그렇게 하면서 사람은 전 생애에 걸쳐 보다 큰 차별성, 독립성, 그리고 사회적 책임을 발달시킨다. 사람은 의식적인, 목적지향적인 선택을 통하여 변화한다. 그러므로 만약 우리가 끊임없이 되고자 하고 또한 끊임없이 내적 잠재력을 충분히 실현하고자 움직여야만 한다면 우리는 선택을 명확하게 지각해야만 할 것이다. 그런 의미에서 볼 때 로저스에게 있어서 '훌륭한 삶' (good life)이란 '방향' 을 의미한다. "훌륭한 삶은 고정된 존재의 상태도 아니고(즉, 그것은 덕, 만족, 행복의 상태가 아니다), 또한 개인이 적응되고, 충족되고, 혹은 실현되는 조건도 아니다. 그것은 또한 심리학적 용어를 사용한다면 충동 감소, 긴장 감소, 혹은 평형(homeostasis)의 상태도 아니다. 훌륭한 삶이란 목적지(destination)가 아니라 방향(direction)이다."[27]

심리학적으로 보면 유기체는 모든 경험의 소재지이다. 모든 경험들이 규합되어 현상적 장(phenomenal field)을 구성한다. "현상적 장은 한 인간의 경험, 그 사람의 실재(reality)에 관한 주관적 이해의 전체적 파노라마이다."[28] 그것은 개인의 전체적인 준거체계(frame of reference)이다. 또한 그것은 그 사람에 대한 가장 포괄적인 해석구조(interpretive structure)로서 오로지 자기 자신만이 완전히 알 수 있다. "그것은 감정이입적인 추론을 통한 경우를 제외하고는 어느 누구에게도 알려질 수 없으며, 그리하여 결코 완전히 알려질 수도 없는 것이다."[29]

행동의 근원은 로저스가 말하는 현상적 영역 안에 있다. 경험을 하는 인간에게 영향을 미치는 무의식적 갈등, 생물학적 결핍, 환경적 영향, 그리고 모든 다른 힘들은 현상적 영역을 통해서만 오로지 의미가 있거나 혹은 무관하게 된다. 개인은 주관적 현실인 현상적 장에 의존하여 행동하고 있으며, 외적 현실인 자극적인 조건들에 의존하여 행동하고 있지는 않다. 만약 우리가 어떤 아동의 현상적 영역을 알고자 한다면 우리는 경험에 관한 그 아동의 주관적인 보고를 주의 깊게 청취해야만 한다. 인간의 행동은 단순한 외적 자극에 따른 반응과는 차원이 다르다는 입장이다. 로저스는 '비역사적'인 입장을 취하였다. 이는 "사상(事象)들을 과거에서 비롯되는 결과로서가 아니라 현재의 지각의 산물로서 설명하는 입장"[30] 이다. 사람들의 현실 지각을 이해하면 우리는 그들의 행동을 설명할 수 있다는 것이다. 로저스는 인간을 "자신의 지각의 노예"[31]로 인식한다.

현상적 장은 의식의 측면과 무의식의 측면 모두를 포함한다. "의식(consciousness)은 우리 경험의 일부를 상징화한 것이다."[32] 따라서 어떤 특정한 순간에 있어서의 현상적 장이란 의식적인 경험(상징화된 경험)과 무의식적인 경험(상징화되지 않은 경험)으로 이루어져 있다. 그러나 유기체는 상징화되지 않은 경험을 변별하여 이것에 반응한다. 로저스는 이것을 '잠재지각'(subception)이라 부른다. 잠재지각이란 우리의 경험이 의식적이고 명백한 자각(awareness)의 세계로 들어가기 전의 탐지를 일컫는다.

인간은 상징화된 자기 경험을 현존의 세계에 비추어 검증하는 경향이 있다. 우리 인간이 현실적으로 행동할 수 있는 것은 이러한 검증을 통해 세계에 대한 신빙성 있는 지식을 얻기 때문이다. 그러나 어떤 경험들은 검증되지 않은 채 남아 있을 수 있다. 이러한 검증되지 않은 경험들은 우리 인간으로 하여금 비현실적으로, 그리고 심지어는 자기 자신에게 해를 끼치면서까지 행동하게 하기도 한다. 그런데 여기에서 '참된' 현실을 '객관적으로' 검증할 수 있는 어떤 외적(外的)이거나 비인격적인 '표준' 혹은 '준거'가 필요하다. 그러나 그 표준 혹은 준거라는 것도 결국은 인간의 주관에 속하기 때문에 인간의 주관적 세계 속에서 허구와 진리를 구분한다는 것은 불가능한 일이다. 그러므로 인간은 많은 경우에 자신과 외계(外界)에 관해 틀린 개념을 지닐 수 있다.

한편, 자아(self)는 로저스의 이론에서 또 하나의 중요한 개념이다. 그에 따르면 자아는 출생시에는 존재하지 않는다.[33] "자아는 'I'나 'me'가 지니는 특징들에 대한 지각, 그리고 타인들과의 여러 가지 생활 측면에 대한 'I' 나 'me' 의 관계성의 지각으로 구성되어 있는 체제화되고 일관성이 있는 개념적인 형태인데, 이들 지각들에 대해 부여된 가치들과 함께 결합되어 있다. 그것은 반드시 의식되는 것이 아니나 의식이 가능한 것이다. … 또한 그것은 유동적이고 변화하는 형태, 즉 하나의 과정이지만 어떤 특정한 순간에는 하나의 특수한 실체(實體)이기도 하다."[34] 다시 말하면, 자아는 개인이 그 자신에 대해 인지하는 특성들의 집합으로서 유아가 성장하면서 자기인 것과 자기가 아닌 것을 배우게 되고, 차츰 나이가 들어가면서 자아는 더욱 복잡한 체계를 갖추게 된다. 자아는 고정된 것이 아니라 끊임없이 변화와 발전을 거듭한다. 그런 점에서 자아는 현상적 장의 일부분에 속한다.

자아는 있는 그대로의 자아, 곧 '현실적 자아' (real self)와 사람이 되고자 하는 바의 자아, 곧 '이상적 자아' (ideal self)로 구분된다. 현실적 자아란 개인이 현재 자기 자신을 지각하고 있는 자아의 모습을 의미한다. 그리고 이상적 자아란 개인 자신이 최선을 다할 경우 할 수 있고, 또한 되고 싶은 자신의 이상적 모습을 의미한다. 이상적 자아는 개인이 갖추고자 하는 자아개념을 뜻한다. "그것은 근본적으로 프로이드 이론의 초자아(superego)와 같다."[35]

로저스는 자아와 유기체 사이, 그리고 자아와 이상적 자아 사이의 불일치가 어떻게 발전되고 또한 어떻게 하면 이러한 불일치를 해소할 수 있는가의 문제에 많은 관심을 가졌다. 자아와 유기체 사이의 불일치는 개인으로 하여금 위협과 불안을 느끼게 한다. 불일치를 느끼는 사람은 방어적으로 행동하고 사고는 위축된다. 우리 인간에게는 또 하나의 불일치가 존재할 수 있다. 그것은 있는 그대로의 자아와 되고자 하는 바인 이상적 자아 사이의 불일치이다. 이러한 불일치가 크면 클수록 그 사람은 만족감을 얻지 못하고 적응하지 못한다. 건강한 사람의 내면에는 이러한 불일치들이 존재하지 않는다.

### (2) 자아의 발달과 주요 요소

자아의 발달에 있어서 중요한 요소는 다음과 같다.

첫째, 긍정적 대우에 대한 욕구이다. 로저스는 모든 인간이 환경의 주요 인물들로부터 따뜻함, 사랑, 그리고 수용과 같은 대우를 받고 싶어 하는 욕구를 가지고 있다고 주장한다. 사람이라면 누구나 사랑받고 싶어 한다는 것이다. 이러한 욕구는 자아가 출현하면서 발달하기 시작하며, 이후에는 지속적으로 존재하게 된다. 이 욕구는 다른 사람들로부터 긍정적 대우를 받을 때 만족과 그렇지 못했을 때 갖는 좌절을 경험하면서 더욱 강화되어간다.

이 욕구는 도덕성 발달의 측면에서 매우 중요한 의미를 지닌다. 대체적으로 아동들은 긍정적 대우에 대한 욕구를 만족시키기 위해 자신의 유기체적 평가과정을 희생하면서까지 어떤 행동을 하려한다. 즉, 아동들은 자칫 어떤 경험의 좋고 나쁨을 자신의 유기체적 반응에 따라 평가하지 않고 주변의 주요 인물들의 요구에 따라 행동을 하는 경향이 있다. 아동의 행동은 어떤 경험이 본래적으로 부여된 경향을 촉진시키는가 혹은 방해하는가에 따라 평가하여 나타나지 않고 주요 인물로부터 긍정적 대우를 받고자 하는 방향으로 나타나게 된다. 예컨대, 부모나 교사로부터 사랑을 받고 싶어 그들이 바라는 바대로 행동할 수 있다.

그러나 이것은 자아와 경험 사이의 불일치를 초래하게 된다. 이것은 인간에 있어서 기본적인 이간(離間)이다. 그는 경험을 유기체적 평가에 따라 하지 못하고 타인의 긍정적 대우를 얻기 위하여 자신이 경험한 것의 어떤 가치를 부정하고 타인이 생각하는 가치에 따라서 그 경험을 지각하게 된다. 그러나 로저스는 "이것은 의식적인 선택이 아니라 유아기에 자연적으로 발달한다"[36]고 보았다. 결국 이런 아동은 자기 자신에 충실하지 못하게 된다. 로저스는 인간이 심리적으로 성숙하기 위해서는 이러한 모순을 회피하고 자신의 유기체적 평가와 일치하는 방향으로 자아를 이룩하고 또 행동의 통제자로서 통일된 유기체적 평가과정을 회복해야 한다고 하였다.

인간의 긍정적 대우에 대한 욕구는 타인들에 대해서 뿐만 아니라 자기 자신에게도 적용된다. 자기 자신으로부터의 긍정적 대우에 대한 욕구는 자기가 자신을 인정할 때 느끼는 만족과 그렇지 않았을 때의 불만을 통해 학습된다. 이러한 욕구는 'I'와 'me'가 분화되었을 때 가능하다. 자아가 마치 중요한 사회적 타인이 된 것과 같다. 긍정적 자아 대우의 발달은 자아 실현에 있어서 매우 중요한 의미를 지닌다. 독립적인 한 인간으로서 성장하는 데 반드시 필요하기 때문이다. 인간은 궁극적으로 자신의 자아와 일치하는 방향으로 행동하게 된다.

둘째, 가치의 조건(conditions of worth)이다. 인간, 특히 아동들은 타인들로부터의 긍정적 대우에 대한 욕구를 강하게 갖고 있다. 자신의 주변에 있는 중요한 사회적 인물들로부터 받는 기대를 충족시키고자 노력한다. 그리하여 사회적 중요 인물들이 제시하는 조건에 민감한 반응을 보인다. "만약 네가 방을 깨끗이 치우면 너를 안아주겠다"라는 유형의 조건적인 긍정적 대우 또는 가치의 조건들은 아동들로 하여금 중요한 사회적 인물이 제시하는 기대에 따라 행동할 것을 요구하는 상황을 나타낸다. 결국 이 욕구는 타인이 부여하는 요구나 조건을 충족시킴으로써 해소된다.

가치의 조건은 아동이 '충분히 기능하는 사람'으로 형성되어 가는 데 있어서 결정적인 영향을 준다. 또한 인간의 도덕성 발달 측면에서도 매우 중요한 요인이다. 가치의 조건에 지나치게 익숙해진 아동은 자신의 행위를 제한시키고 현실을 왜곡하는 경향이 있다. "이것은 아동이 현재의 자기나 혹은 자신이 앞으로 되고자 하는 바를 확인하고 또한 달성하기보다는 타인들에 의해 세워진 표준들을 달성하고자 애쓰기 때문이다. 따라서 그는 한 개인으로서(자기 자신에 관하여 무엇이 가치로우며 또한 무엇이 가치롭지 않은지) 자기 자신과 자신의 가치를 오로지 인정과 지지를 받았던 자신의 행동, 사고, 그리고 감정의 측면에서 평가하기 시작한다. 개인은 어떤 점에서 칭찬을 받았고 또한 어떤 점에서 칭찬을 받지 못했는가를 느낄 것이다. 이런 과정은 유기체적 경험과 나쁜 관계에 있는 자아개념을 초래하게 되며, 그럼으로써 심리적 건강을 위한 견고한 토대로서 공헌하지 못한다."[37]

셋째, 무조건적인 긍정적 대우이다. 인간은 성장과정에서 가치의 조건을 완전히 벗어나 생활할 수는 없다. 그러나 무조건적인 긍정적 대우 또한 주거나 받는 일이 가능하다. "이것은 한 개인이 일체의 '만약'(ifs), '그리고'(ands), '그러나'(buts)라는 조건 없이 현재 있는 그대로 수용되거나 존중받는다는 것을 의미한다."[38] 이의 대표적인 경우가 부모의 '내리사랑'이다. 부모는 자녀들이 어떤 생각, 느낌, 행동을 하더라도 궁극적으로는 자신들의 모든 것을 희생하면서도 아끼고 사랑한다. 자녀들이 반드시 가치의 조건을 충족시킬 경우에만 애정을 제공하는 것은 결코 아니다.

로저스는 아동의 양육에 대한 이상적 접근법으로서 무조건적인 긍정적 대우를 강조하였다. 이것은 "훈련, 사회적 제한, 혹은 다른 행동 통제의 형식들의 부재를 뜻하는 것은 아니다. 그것이 의미하는 바는 아동이 정확하게 현재 있는 그 자체로, 즉 한 귀중한 인간으로서 평가받고 사랑받는 '분위기'를 제공한다는 것"[39]을 의미한다. 그러나 무조건적인 긍정적 대우가 모든 것을 무비판적으로 수용하거나 용인하는 것을 의미하지는 않는다. 인간을 진실로 존귀한 존재로 인정한다는 것을 뜻한다. 아동이 어떤 도덕적 일탈 행동을 할 경우에는 그에 대해 적절한 제재를 취하는 과정 속에서도 무조건적인 긍정적 대우가 가능하다. 교사가 도덕적 일탈행동을 한 아동에게 체벌을 하기 전에 먼저 그 아동으로 하여금 교사 자신의 종아리를 때리도록 하는 것은 좋은 예이다. 그 아동은 교사가 진실로 자신을 사랑하고 있다는 믿음을 갖게 될 것이다. 그는 한 인간으로서 대우를 받는 것이다.

넷째, 불안 혹은 위협의 경험이다. 인간은 성장과정에서 발달시킨 자아구조와 일치하는 방향으로 행위를 하는 경향이 있다. 이를 달리 말하면, "인간은 자기 지각(self-conceptions)과 경험 사이에 일관성의 상태를 유지하고 싶어한다.”[40] 따라서 개인은 자신의 자아구조와 가치의 조건에 일치하는 경험을 정확하게 의식하게 된다. 역으로, 자신의 자아구조와 가치의 조건과 갈등을 일으키는 경험은 불안이나 위협으로 지각된다. 이런 경험들은 개인의 의식 속에서 상징화가 거부되기 쉽다.

불안이나 위협은 인간이 자신의 경험과 자아구조 사이의 불일치 혹은 부조화를 지각할 때 발생한다. 이러한 경험은 통일된 전체로서의 자아에 어울리지 않기 때문에 부작용을 낳게 된다. 성실한 생활을 강조해 온 부모 밑에서 성장한 아동은 불성실한 행동을 하였을 때 불안을 느낀다. 자기 자신을 정직한 사람으로 인식하고 있는 사람이 부정직한 행위를 할 경우 스스로 위협을 받는다. 불성실한 행동을 한 아동이나 부정직한 행동을 한 사람은 내면적으로 긴장과 내적 혼란을 겪게 된다. 그러한 긴장이나 내적 혼란은 개인이 의식하지 못한 수준에서도 가능하다. 개인이 자아구조와 경험 간의 부조화에 따른 갈등을 의식할 때 비로소 불안이나 위협이라는 정서적 반응을 지각하게 된다. 그것은 체계화된 자아구조 혹은 통일된 전체로서의 자아가 와해될 위험이 있음을 알려주는 일종의 경고이다.

다섯째, 방어기제의 발달이다. 유기체는 외부의 위협에 대처할 수 있는 나름의 방어기제를 발달시킴으로써 자신을 유지시킨다. 인간은 방어에 의해 현재의 자아구조를 유지한다. 로저스는 두 가지의 방어기제만을 제시하였다. 하나는 ‘지각적 왜곡’(perceptual distortion)이고, 또 다른 하나는 ‘부성’(denial)이다. 지각적 왜곡은 현재 자신이 갖고 있는 자아구조와 일치하는 형태로 부조화적인 경험을 선택적 혹은 왜곡하여 의식하는 것이다. 프로이드가 자아 방어기제의 하나로 제시하였던 ‘합리화’(rationalization)의 개념과 일치한다. 부정은 위협적인 경험을 의식적으로 완벽하게 회피함으로써 자신의 자아구조를 유지하는 것을 말한다. 이 방어기제는 자신의 자아구조와 불일치한 경험의 존재를 아예 무시해 버린다.

끝으로, 성격파탄(性格破綻)과 정신병리이다. 보통 우리 인간은 불안이나 위협을 지각할 때 방어기제를 통해 이를 해소해 나간다. 그럼으로써 자신의 현재 자아구조를 유지시켜 나간다. 그러나 어떤 개인이 자신의 자아구조와 심각한 수준에서 불일치를 이루는 경험을 하거나, 혹은 심각하지는 않다 하더라도 불일치의 경험을 자주 하게 되면 그 개인은 일상생활에서 상당한 불안이나 위협을 지각할 수밖에 없다. 방어기제가 효능을 발휘하는 범위를 넘어서는 경우, 개인은 성격파탄(personality disorganization)을 겪게 되거나 혹은 신경증과 같은 정신병리 현상을 겪게 된다.

### (3) 완전히 기능하는 사람

로저스는 자기 자신의 잠재력을 충분하게 발휘할 수 있는 사람을 '완전히 기능하는 사람'[41](fully functioning person)이라 하였다. 완전히 기능하는 사람은 자아(the self)의 현상적 영역을 확장시킨다. 그러므로 그는 의식적으로 자기 자신의 삶의 많은 다른 측면들을 알고 외적으로 불일치하는 경험의 측면들을 전체 속에서 서로 일치하도록 통합할 수 있다. 그는 감정적 경험과 자기 발견에서 풍요로운 삶을 이끈다. 그는 반성적이고, 자발적이며, 유연하고, 적응을 잘하며, 자신만만하고, 다른 사람을 신뢰하며, 창조적이고, 그리고 자기를 의지하는(self－reliant) 자이다. 완전히 기능하는 사람은 경험에의 개방성(openness to experience), 실존적 삶(existential living), 유기체적인 신뢰감(organismic trusting), 경험적 자유(experiential freedom), 그리고 창조성(creativity)을 가진 사람으로 현상적 장에서 완벽하게 기능을 발휘하는 사람이다.[42]

로저스는 실현화 경향이 인간의 중요한 본질의 하나라고 보았다. "완전히 기능하는 사람은 '유기체적 가치화 과정'(organismic valuing process)에 따라 작동한다."[43] 인간은 '자기가 얼마만큼 자아 실현을 하고 있는가'라는 견지에서 자신의 경험과 행위를 자동적으로 평가한다는 것이다. 즉, 이것은 기본적인 유기체 실현 경향성과 일치하는 그러한 경험들은 만족한 것으로 보이고 또한 그럼으로써 접근되고 유지된다는 것을 의미한다. 실현화와 반대적인 것들, 즉 유기체의 성장과 완성을 증진시키지 않는 그런 경험들은 회피되어지거나 혹은 최소화된다.

많은 이론가들과는 달리 로저스는 일련의 발달단계들을 제시하지 않았다. 그러나 그는 유기체의 완성을 증진시키는 중요한 환경적 조건들을 확인하였다. 모든 사람들은 '긍정적인 존중'(positive regard)에 대한 필요, 혹은 다른 사람들에 의해 사랑받고자, 그리고 승인받고자 하는 욕망을 경험한다. 완전히 기능하는 사람은 상당한 정도의 '무조건적인 긍정적 존중'을 경험하였을 가능성이 높다. 즉, 그 사람은 다른 사람들에 의해 무비판적인 방식에서 사랑받아 왔고 또한 인정받아 왔다는 것을 의미한다.

그러나 사랑과 인정(acceptance)은 흔히 조건적이다. 곧, 우리는 우리가 행동하고, 말하고, 생각하고, 그리고 느끼는 특별한 것들로 칭찬을 받고, 보상을 받고 축복을 받는다. 다른 사람들로부터의 그러한 조건적인 긍정적 존중은 '가치의 조건들'(conditions of worth)에 관한 이해로 이끈다. 우리들은 우리의 경험 중에서 어떤 측면들은 가치가 있고 어떤 것들은 가치가 없다고 믿게 된다. 타인들에 의해 가치가 없는 것으로서 관조되는 그러한 자아(self)의 측면들은 궁극적으로는 부정되어지거나 혹은 왜곡되어질 수 있다. 왜냐하면 그것들은 긍정적인 존중을 낳지 못하는 대신에 벌의 전조(前兆)가 될 수 있기 때문이다. 예컨대, 힘이 약한 친구를 자주 괴롭히는 아동은 주변의 친구들이나 부모로부터 그 일로 비난을 받을 것이다. 그 아동에 대한 존중은 조건적이 된다. 즉 그러한 일을 그만 둘 때 친구들이나 부모로부터 존중을 받을 수 있다. 따라서 그 아동은 자신이 다른 친구를 괴롭힌다는 것을 부정하기 위해 자신의 '자아 이미지'(self-image)를 변경할 것이다. 그 아동의 의식적인 부정은 내적인 진리를 드러내지 않고 감추는 것이다. 그리고 그것은 내적인 갈등과 고뇌를 낳게 된다.

프로이드처럼, 로저스는 사람들이 중요한 갈등들로부터 고통을 겪는데, 그 갈등들의 상당수가 삶에서의 무의식적인 이슈들을 포함한다고 믿었다. 그러나 로저스는 프로이드와 달리 그 갈등들은 본능적인 힘과 초자아 요구 사이에서 나오기보다는 오히려 자아와 가치에 관한 파악된 조건들 사이로부터 나온다고 믿었다. 로저스는 갈등 없는 삶을 살 가능성에 관하여 프로이드보다 훨씬 더 낙관적이다. 만약 우리가 완전히 기능하는 지위를 획득한다면, 우리는 더 이상 가치의 조건들을 우리의 경험에 부과하는 것이 아니라 우리의 전체적인 유기체적 경험을 좋은 것으로 받아들인다.

그러나 완전히 기능하는 사람으로 이르는 길은 순탄한 것이 아니다. 우리는 그 길을 따라가면서 분명히 실망과 불안을 경험하기도 한다. "불안은 우리가 어떤 경험을 자아구조(self structure) 및 자기 것으로 받아들여진 가치의 조건들(introjected conditions of worth)과 병립할 수 없는 것으로서 무의식적으로 지각할 때 일어난다."[44] 곧, 잠재지각에서 발생한다.

우리 인간은 자아를 위협하는 사건에 직면할 때 재빨리, 그리고 무의식적으로 그 사건의 위협적인 본질을 확인하고 자아를 해로부터 보호하고자 노력한다. 전형적으로는 그 사건의 실재(reality)를 왜곡하거나 혹은 부정함으로써 이를 해소하고자 한다. 이런 경우에 그 사건은 유기체의 성장과 실현을 향한 일반적 경향성과 관련해서보다는 오히려 가치에 관한 내적인 조건들과 관련하여 무의식적으로 평가받는다. 우리는 여기에서 자아의 지향적 경향성들이 유기체의 일반적인 실현하고자 하는 경향성과 갈등을 일으키게 되는 것을 보게 된다. 사람은 의식적으로는 의식적 자아(conscious self)를 고양시키는 어떤 것을 욕구하지만 무의식적으로는 전체 유기체의 자발적인 그리고 성장-촉진하고자 하는 경향성을 충족시킬 또 다른 어떤 것을 욕구한다.

그러나 완전히 기능하는 사람에게 있어서는 어떠한 부정 혹은 왜곡이 발생할 필요가 없다. 왜냐하면 그 사람은 가치의 조건들에 따라 경험을 평가할 필요가 없기 때문이다. 완전히 기능하는 사람은 삶에서 성장과 고양을 위한 기회를 나타내 주는 그러한 미묘한 느낌들과 인상들을 예민하게 알아차린다. 그러므로 완전히 기능하는 사람은 삶에서 불안을 훨씬 덜 느낀다.

## 2. 매슬로우의 존재 심리학(Psychology of Being)

### (1) 전체론적 · 역동론적 관점

매슬로우의 심리학적 관점은 골드슈타인(K. Goldstein)의 형태 심리학, 프로이드(S. Freud)의 본능론, 그리고 애들러(A. Adler)의 역동론으로부터 크게 영향을 받았다. 그의 관점은 기본적으로 전체론적이며 또한 역동론적이다. 이는 "개개인의 인간은 하나의 통일체를 이루고 있는 것이며, 동기 유발된 경우는 통일체로서의 개인이 동기 유발된 것이며, 위의 욕구, 입의 욕구와 같은 부분적인 욕구는 존재하지 않는다"[45]는 말에 잘 나타나 있다.

매슬로우는 인간의 동기를 기계론적 관점에서 접근하는 것을 거부한다. 기계론적 세계관의 특징은 요소환원주의(reductionism)이다. 이는 전체와 부분을 나누어 생각하여 부분이 모여 전체가 되고, 전체가 흩어지면 요소로 나뉘어져 더 나눌 수 없는 불변 · 절대적인 입자 같은 데로 환원된다고 보는 입장이다. 매슬로우는 이와 대조적으로 인간 존재를 원자론적인 것으로 보기보다는 전체론적인 것으로, 분류적이라기보다는 기능적으로, 정적이라기보다는 역동적으로, 인과적이라기보다는 능동적으로, 단순 기계적이라기보다는 목적적인 것으로 본다.

### (2) 인간의 욕구 위계

매슬로우는 기본적으로 '인간이란 자신의 내적 잠재력을 실현하고자 노력하는 존재'라는 인식을 갖고 있다. 그는 이러한 기본적인 인간의 노력을 '자아 실현'(self-actualization)이라 명명하였다. 자아 실현에 대한 욕구는 최소한 네 가지 다른 욕구들에 의해 뒷받침되고 있다. 이들 욕구들은 '욕구 위계'(need hierarchy)를 형성한다.

위계의 맨 밑은 '생리적 욕구'(physiological need)로서 음식, 물, 그리고 수면에 대한 욕구와 같은 것이다. 그 위에는 '안전 욕구'(safety need)로서 구조(structure), 안전, 질서, 고통의 회피, 그리고 보호에 대한 욕구와 같은 것이다. '소속과 사랑 욕구'(belongingness and love need)는 세 번째 수준이다. 사람들은 다른 사람들에 의해 인정받고 사랑받고자, 그리고 애정이 있는, 사랑하는, 친밀한 융화를 원한다. 다음은 '존중 욕구'(esteem need)이다. 이것은 자아 존중과 타인들로부터의 존중에 대한 욕구를 의미하며, 다른 사람들에 의해 그리고 자기 자신에 의해 유능한 유기체로서 보여지기를 바라는 욕구이다. 마지막으로, '자아 실현을 위한 욕구'(self-actualization need)가 있다. 이것은 사람이 자기 자신의 잠재력을 보다 아래 단계의 욕구들을 넘어서고 초월하여 충분히 발휘하고자 동기를 부여한다. 이를 그림으로 나타내면 다음과 같다.

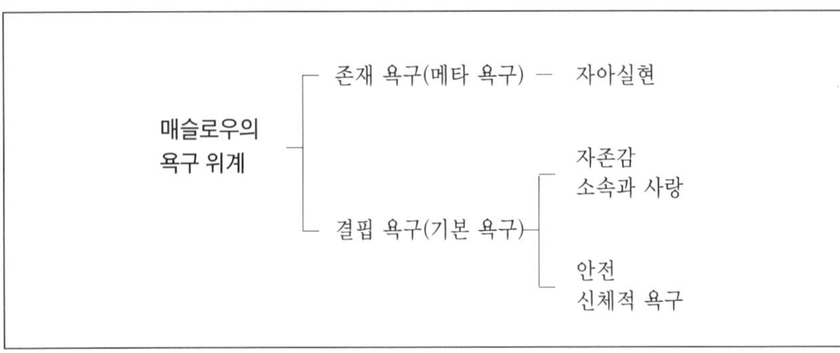


욕구 위계에서의 핵심적인 개념은 보다 높은 욕구는 보다 낮은 단계의 욕구들이 만족될 때까지는 일반적으로 제기되어질 수 없다는 것이다. 예컨대, 배가 고픈 사람은 생리적 욕구인 음식을 확보할 때까지는 소속에 대한 욕구에 따라 행동하지 않는다. 자아 실현은 위계의 정점에 위치한다. 우리는 사람들이 보다 낮은 단계에서, 그리고 위계의 보다 기본적인 수준에서 그 욕구들을 달성할 때까지는 자신들의 내적인 잠재력을 완성하고자 기대할 수가 없다.

인간의 욕구는 기본 욕구와 메타 욕구로 구분된다. 기본 욕구들은 기아, 사랑, 안전, 자기 존중 등에 대한 욕구들이다. 기본 욕구들은 결핍 욕구이다. 기본 욕구들은 대부분의 경우에 메타 욕구에 대해 우세하며 위계적인 순서로 배열된다. 결핍 욕구는 욕구 위계의 보다 낮은 단계들에서 존재한다. 결핍 욕구들은 부족, 부재, 그리고 긴장에 기초하고 있다. 배가 고파서 음식을 먹는 것은 음식의 부족에 의해 동기를 받는다. 성적 행동은 리비도 긴장으로 인해 발생한다. 결핍 욕구들에 의해 지배되는 행동은 유기체로 하여금 꾸준한 평형의 상태에로 되돌아가도록 한다. 곧, 유기체는 부족을 채우거나 혹은 긴장을 완화시키는 방향으로 움직인다. 따라서 사람들은 배가 부르면 먹는 것을 중단한다.

반면에 메타 욕구들은 정의, 선, 미, 질서, 조화 등에 대한 욕구들이다. 이들 욕구들은 '존재가치'라 불린다. 메타 욕구는 성장 욕구이다. 메타 욕구들은 위계가 없다. 그들은 똑같이 강하고, 또한 서로 쉽게 대치될 수 있다. 메타 욕구들은 기본 욕구들만큼 인간에게 본능적이거나 선천적인 것은 아니다. 그러나 메타 욕구들이 충족되지 않으면 그 사람은 병적이 될 수도 있다. 이러한 메타 병리(metapathologies)들은 소외, 고민, 냉담, 냉소와 같은 상태들로 이루어진다. 존재가치들은 성장과 경험을 촉진시킨다. 존재가치에 따라 자신의 삶을 구성하는 사람은 결핍 욕구를 초월한 자이다. 존재가치들에 의해 동기화된 행동은 시간이 지날수록 더욱 성장하고 또한 풍부해진다. 매슬로우의 욕구 위계는 인간의 욕망을 분석하는 수준을 넘어 인간 문명 자체를 한 차원 높게 끌어올리려는 원대한 철학적 계획을 담고 있다.

### (3) 자아 실현인(self-actualizer)

매슬로우는 여러 사람들과의 인터뷰를 통해, 전기들을 읽고 그리고 구조화된 연구를 수행함으로써 자아 실현하는 사람 혹은 자아 실현인에 관한 "관상학적 초상"[46](personological portrait)을 그렸다. 그는 자아 실현을 이룬 사람들을 대상으로 어떤 특징들이 그들을 보통 사람과 다르게 하는가를 발견하기 위해 임상적으로 연구했다. 링컨(A. Lincoln), 제퍼슨(T. Jefferson), 베토벤(Beethoven)과 같은 역사적 인물들, 루스벨트(A. L. Roosevelt), 연구자의 친지들 및 친구들과 같은 동시대의 인물들이 연구 대상자들이었다.[47]

다음의 목록은 매슬로우가 확인하였던 자아 실현인들이 갖는 공통적인 특징들이다.

**자아 실현인들의 몇 가지 특징들**[48]

(1) 그들은 현실지향적이다(현실지각이 정확하고 풍부하다).
(2) 그들은 자기와 타인과 자연을 있는 그대로 받아들인다.
(3) 그들은 자발성을 많이 지니고 있다.
(4) 그들은 자기중심적이기보다는 오히려 문제중심적이다(일과 개인적 감정을 구분한다).
(5) 그들은 독립적 태도와 프라이버시에 대한 욕구를 가지고 있다.
(6) 그들은 자율적이고 문화화에 저항한다(인습이나 문화에 의해서 강요되는 것을 배격한다).
(7) 그들의 사람과 사물에 대한 인식은 참신하고, 풍부한 감정적 반응을 보인다.
(8) 그들은 절정경험을 자주 갖는다.
(9) 그들은 인류를 동일시하고 있다(인간을 차별하지 않고 모든 사람에게 관심과 애정을 갖는다).
(10) 그들은 인간관계를 개선시킨다(누구와도 우호적인 관계를 맺을 수 있는 태도를 지니고 있다).
(11) 그들은 보다 민주적인 인격구조를 갖고 있다.
(12) 그들은 매우 높은 창조성을 갖고 있다.
(13) 그들은 가치체계에서 어떤 변화를 갖는다.

자아 실현인은 기본적으로 '존재가치'(being values)에 의해 동기를 부여받는다. 매슬로우의 심리학을 '존재 심리학'이라 부르는 것도 여기에서 연유한다. 매슬로우가 생각한 존재가치들은 다음과 같다.[49]

**전체**(wholeness) ; 통일, 통합, 하나에 대한 경향, 상호 연결, 단순성, 조직, 구조, 이분법의 초월, 질서
**전형**(perfection) ; 필연성, 옳음 그 자체, 바로 그러함, 불가피성, 적합성, 정의, 완전함, 당위성
**완성**(completion) ; 끝, 종국, 정의, 끝남, 충족, 목적, 운명
**정의**(justice) ; 공정, 질서, 적법, 당위성
**생동성**(aliveness) ; 과정, 생기 있음, 자발성, 자기 규제, 완전히 기능
**풍요성**(richness) ; 분화, 복잡함, 얽힘
**단순성**(simplicity) ; 정직, 있는 그대로임, 본질
**아름다움**(beauty) ; 옳음, 형식, 생동, 단순, 풍부, 전체, 전형, 완성, 독특성, 정직
**좋음**(goodness) ; 옳음, 바람직함, 당위성, 정의, 자비, 정직
**독특성**(uniqueness) ; 개성, 개별성, 고상함, 비교 불가능함
**수월함**(effortlessness) ; 쉬움, 긴장, 경쟁 혹은 어려움의 결핍, 우아함, 피로해하지 않음
**명랑함**(playfulness) ; 즐거움, 기쁨, 재미, 유쾌함, 유머, 풍부, 힘들이지 않음
**진리**(truth), **정직**(honesty), **실재**(reality) ; 있는 그대로임, 단순성, 풍부함, 당위, 아름다움, 순수한, 깨끗한 그리고 순정한, 완성, 본질
**자기 자신감**(self-sufficiency) ; 자율성, 독립, 그 자체가 되기 위해 그 자체 이외의 다른 것을 필요로 하지 않음, 자기 결정, 환경 초월, 구별, 자신의 법칙에 따른 삶

그러면 왜 대부분의 사람들은 자아 실현을 성취하지 못하는가? 우리는 성장을 저지하는 문제, 즉 성장의 정지와 성장의 기피, 고착, 퇴보, 그리고 방어의 문제 혹은 사악(evil)의 문제를 생각해 보아야만 한다. 왜 많은 사람들이 실질적인 정체성을 갖지 못하는가, 왜 많은 사람들이 그들 자신의 결정과 선택을 내리는 힘을 갖지 못하는가? 매슬로우는 이에 대하여 그 원인을 네 가지로 지적하였다.

첫째는 자신의 잠재적 능력에 대한 불신이다. 많은 사람들이 자신에 대해 부정적인 평가를 내린다. 많은 사람들은 자신에게 주어진 잠재적 능력을 의심하는 경향이 있다. 그럼으로써 그들은 자신의 잠재적 능력을 발휘하여 자아 실현을 할 수 있는 기회를 스스로 상실해 버린다. 둘째는 사회적 환경의 압력이다. 사회의 구조나 제도가 인간의 잠재적 능력을 발휘할 수 있는 기회를 원천적으로 봉쇄해 버릴 수 있다. 특히 서구 문화는 인간의 본능적 욕구들을 나쁘거나 혹은 사악하다고 가정하는 경향이 있

어왔다. 그 결과 "많은 문화적 제도들이 이러한 인간의 본래적 본성을 통제, 금지, 억압 그리고 진압하고자 하는 목적에서 발달되었다."[50] 우리나라의 경우, 조선시대의 사회구조는 여성들이 자신의 잠재적 능력을 발휘하여 자아 실현을 할 수 있는 여건을 매우 어렵게 만들었다. 사회의 제도가 인간의 자아 실현을 막는 장애로 버티고 있었던 것이다.

셋째는 본래적인 퇴보의 힘이다.[51] 개인에게는 두 범주의 힘이 존재한다. 건강을 향해 나아가는 압력과 더불어 또한 병(sickness)과 허약함을 향해 후퇴하는 두렵고 퇴보적인 압력이 존재한다. 우리는 앞으로 나아갈 수도 있고 또한 뒤로 퇴보할 수도 있다. 사실 우리 인간에게 주어진 자기달성(self-fulfillment)을 향한 충동들과 정향적인 경향성들은 강력한 본능을 가진 다른 동물들과 비교할 때 매우 약하다. 그래서 이들 충동들은 습관에 의해, 잘못된 교육에 의해, 나쁜 문화적 태도에 의해, 외상적 에피소드에 의해 쉽게 억제될 수 있다.

끝으로, 관성적인 삶의 태도이다. 인간은 기본적으로 안전한 상태에서 삶을 지속하고자 하는 욕구를 지니고 있다. 또한 자신에게 익숙한 관습에 따라 행동하고자 하는 경향이 있다. 그러나 인간이 자아 실현을 하기 위해서는 그러한 기본적인 욕구나 관습적 태도에서 과감히 벗어나 보다 상위의 욕구를 성취하고자 하는 의지를 필요로 한다. 정치 · 경제적 여건이 어느 정도 인간의 하위 욕구를 충족시켜 줄 수 있는 사회일 때 상위의 욕구를 성취하고자 하는 의지를 발산하기가 용이하다. 그렇지만 그것은 어디까지나 외적인 조건일 뿐, 인간 스스로 관성적인 삶의 태도에 얽매이지 않도록 부단한 노력을 기울여야 한다.

## Ⅳ. 도덕성의 개념적 요소

인본주의자들은 도덕성을 하나의 개별적인 연구주제로 삼지 않았다. 그들은 도덕성의 개념을 특정한 관점에서 규정하거나 그의 발달과정을 추적하여 보고하지 않았다. 그러므로 우리는 인본주의적 관점에서 보는 도덕성의 개념을 로저스와 매슬로우의 여러 저작들을 토대로 간접적인 방식에서 추론할 수밖에 없다. 이러한 접근방식은 자칫 논리의 비약이나 아전인수적인 해석의 오류를 범할 개연성을 안고 있다. 이러한 점에 유의하면서 인본주의 관점에서의 도덕성의 개념을 제시해 보고자 한다.

도덕성의 개념은 인본주의자들에게 독특하게 인식되고 있다. 인본주의자들은 가장 이상적인 인간상을 심리적으로 건강한 상태에 있는 사람으로 본다. 로저스는 이러한 사람을 '완전히 기능하는 사람'이라 표현하였고, 매슬로우는 '자아 실현인'이라 표현하였다. 두 사람 모두 도덕성을 자아 실현의 넓은 범주에서 설명하고 있다. 그들은 "'도덕성'이란 대부분 불수용 혹은 불만족의 부수현상(epiphenomenon)"[52]이라고 본다. 다시 말하면 "도덕, 윤리, 그리고 가치로 통용되는 바의 많은 부분은 보통 사람들에게 나타나는 정신병리학(psychopathology)의 단순한 부산물일 수 있다"[53]는 것이다. 자아 실현인들에게는 도덕이나 윤리의 문제가 하등의 의미가 없다. 많은 문제들이 수용적인 성향의 분위기에서는 불필요하게 보이거나 점차 사라진다는 것이다. 이 말은 문제가 해결된다기보다는 그것이 결코 내재적 문제가 아니었다는 것이 처음으로 분명하게 보이게 된다는 것이다.

보통 사람들에게 성과 연령, 계층, 정치적 관심, 역할, 종교 등은 불안, 공포, 적의(敵意), 공격, 방어, 그리고 질투를 유발할 수 있는 비옥한 토대가 되지만, '완전히 기능하는 사람'이나 '자아 실현인'에게는 전혀 문제가 되지 않는다. 오히려 그들은 이러한 차이를 즐긴다. "이러한 사람들의 삶을 기술하는 데 있어서 '행복하다'나 '만족스럽다'와 같은 부사는 '도전적인', '열정적인', 그리고 '의미 있는'과 같은 말들보다 오히려 적절하지 못하다."[54] 그들에게는 도덕성 그 자체가 어떤 의미로 다가서지 않는다.

따라서 우리는 인본주의자들이 말하는 심리적으로 건강한 사람을 도덕적인 사람, 그 역인 심리적 상태를 지닌 신경증의 사람을 비도덕적인 사람이라는 대응방식을 단선적으로 적용할 수는 없다. 그러나 우리는 인본주의자들이 심리적으로 건강한 사람이라고 규정하는 특성들 속에서 도덕성의 개념을 추론해낼 수는 있을 것이다. 왜냐하면, 그러한 사람들에게 도덕성은 별개의 심리적 상태라기보다는 오히려 심리적 건강 그 자체일 수도 있기 때문이다. 이런 관점에서 '완전히 기능하는 사람'과 '자아 실현인'의 특성들을 중심으로 인본주의자들이 상정하는 도덕성의 개념을 내용요소를 중심으로 추론해 보고자 한다.

우리는 이 과정에서 염두에 두어야 할 점이 한 가지 있다. 자아 실현인과 관련하여 매슬로우는 우리들로 하여금 환상에서 벗어날 것을 주문하였다. 매슬로우는 소설가들, 시인들, 그리고 수필가들이 '훌륭한 사람'(good man)을 너무 지나치게 좋게 묘사함으로써 어느 누구도 그와 같은 사람이 될 수 없을 것으로 생각하게 만든 실수를 저질렀다고 비판하였다. 매슬로우는 "훌륭한 사람들도 어리석고 소모적인, 혹은 경솔한 습관을 갖고 있다. 그들 또한 따분하고, 완고하며, 짜증을 낼 수 있다"[55]고 하였다. 또한 그들도 "죄의식, 불안, 슬픔, 자책, 내면적 고민, 그리고 갈등으로부터 자유롭지 않다"고 하였으며, "완전한 인간이란 존재하지 않는다"[56]고 하였다. 우리는 그러한 인간에 대한 환상으로부터 벗어나야 한다는 것이다. 이것은 인간이란 '형성되어 가는' 존재라는 로저스의 생각과도 일치하고 있다. 따라서 우리는 도덕성의 개념도 위의 관점에서 폭넓게 인식해야 할 것이다.

첫째, 자율적 도덕원리에 따라 사고할 수 있는 능력이나 성향을 말한다. 우선, 이러한 능력은 실재(reality)를 보다 효과적으로 인식할 수 있음을 의미한다. 이러한 성향을 지닌 사람은 "자아의 본질, 인간 본성, 사회생활, 자연, 그리고 물리적 실재에 관한 철학적 수용을 통해 확고한 가치체계의 토대를 확립하고 있다."[57] 도덕성의 이러한 요소를 발달시킨 사람이 지니고 있는 사람의 삶의 원리와 가치는 그렇지 못한 사람의 그것과 비교하여 분명히 차이가 있다. 그들은 물리적 · 사회적, 그리고 사적인 심리적 세계에 대한 인식에서 심각한 차이를 드러낸다. 왜냐하면, 그러한 인식은 각 개인이 지니고 있는 가치체계(value system)에 의존하기 때문이다.

분명한 가치체계를 확립한 사람들은 인간 본성 및 문화의 보편성에 대한 신념을 지니고 있다. 인간 본성은 보편적이고 또한 범문화적이란 점에서 확고한 가치체계를 확립한 사람들에게는 도덕적 상황에서의 선택에 대한 갈등과 투쟁, 애매함과 불확실성이 줄어들거나 점차 사라진다. 이들에게는 이분법(dichotomies)적 사고가 존재하지 않는다. 이분법적으로 간주되는 문제들은 '단지 덜 건강한 사람들에게서만 존재' 한다는 것이다. 건강한 사람들에게서는 이러한 이분법들이 해결되고, 여러 상반된 점들이 사라지며, 그리고 많은 정반대들이 통일을 이루기 위해 각자 상호간에 내면적으로 합일되고 또한 연합된다. 예컨대 가슴과 머리, 이성과 본능, 혹은 인지(cognition)와 의욕(conation) 사이의 갈등은 사라진다. 이러한 사람들에게 욕망은 이성과 아주 훌륭히 일치한다. 이기주의와 비이기주의 사이의 이분법 또한 사라진다. 의무가 기쁨일 때, 노동이 놀이일 때 의무는 쾌락과 대조되어질 수 없고, 또한 노동은 놀이와 대조되지 않는다. 그런 사람들은 자신의 의무를 다하면서 기쁨을 얻고 또한 행복하다. "이러한 사람들에게는 원자아(id), 자아(ego), 그리고 초자아(superego)가 상호 협동적이며 유기적이다. 또한 인지(the cognitive), 충동(the impulsive) 그리고 감정(the emotional)이 유기체적 통일로 연합한다."[58]

도덕성의 이 요소는 퍼스낼리티에서 위선, 거짓, 부정직을 발견하는, 그리고 일반적으로 사람들을 올바르게 판단하는 일과 관련된다. "신경증 환자는 감정적으로 아픈 사람이 아니다. 그는 인지적으로 '잘못' 된 것이다. 만약 건강과 신경증이 실재에 관한 올바른, 그리고 올바르지 못한 인식이라면 사실의 명제와 가치의 명제가 이 영역에서 융합된다. 그리고 원칙적으로 가치명제는 단순히 취향 혹은 훈계의 문제라기보다는 경험적으로 입증 가능해야만 할 것이다."[59] 실재에 관한 올바른 인식은 진리를 추론하는, 진리를 인식하는, 결론에 도달하는 논리적인 능력을 낳는다.

이러한 능력을 지닌 자들은 대부분의 사람들이 실재와 혼돈하여 인간이 만든 엄청난 개념, 추상, 기대, 신념, 그리고 전형(stereotype)에서 살기보다는 자연의 실재세계에 근접하여 생활한다. 그러므로 그들은 그들 자신의 소망, 희망, 공포, 불안, 그들 자신의 이론과 신념, 혹은 그들의 문화적 집단의 그것들보다는 존재하는 바를 훨씬 더 인식하기 쉽다. 도덕성의 이러한 능력을 지닌 사람들은 '청정한 눈'(innocent eye)을 지녔다. 실재의 세계는 미지의 세계이다. 도덕성의 이러한 요소를 지닌 사람들은 미지에 의해서 위협당하거나 놀라지 않는다. 그들은 그것을 수용하고, 그것과 편안하게 지내며, 알려진 것에 의해서보다는 미지에 의해서 더욱 매력을 느낀다. 그들은 애매함과 비구조화를 인내할 뿐만 아니라 그것을 좋아한다.

또한 이러한 능력 혹은 성향은 자율적이고 개인적인 윤리강령에 따라 사고하고 행동하는 성향과 관련된다. 따라서 이러한 성향을 지닌 사람들은 인습에 얽매이지 않고 인습 초월적인 자율적인 사고와 행동을 한다. 이러한 성향을 지닌 사람들은 행동에 있어서 상대적으로 자율적이다. 정신적인 삶이나 사고에서는 훨씬 더 자율적이다. 그들의 행동은 단순함과 자연스러움의 특징을 지닌다. 효과를 위한 인위성 혹은 부자연스러움이 없다. 이것은 반드시 일관되게 비관습적인 행동을 의미하는 것은 아니다. 물론 이들은 탈관습적 방식에서 행동하는 빈도가 높다. 그의 탈관습성은 표면적이 아니라 본질적 혹은 내면적이다. 탈관습적 · 자율적 · 자연적인 것은 그의 충동, 사고, 의식이다. 이들은 전통의 의식에 기꺼이 참여한다. 다만, 이들은 인습에 얽매어 사고하거나 압도당하지 않는다는 의미이다.

이러한 특징의 하나의 결과는 이들 사람들은 관습적이기보다는 오히려 상대적으로 자율적이고 개인적인 윤리 강령을 지니고 있다는 것이다. 어떤 사람들은 때때로 그들을 비윤리적인 사람들이라고 비판하기도 한다. 왜냐하면 그들은 상황이 그것을 요구하는 것으로 보일 때는 관습뿐만 아니라 법도 위반할 수 있기 때문이다. 그러나 비록 그들의 윤리가 그들 주변 사람들의 그것과 똑같지 않다 하더라도 그들은 가장 윤리적인 사람들이다. 우리가 보통 사람들의 일상적인 윤리적 행위가 진정으로 윤리적 행위(예컨대, 근본적으로 수용된 원리들에 토대를 둔 행동)라기보다는 주로 인습적 행동이라는 것을 이해한다면 우리는 이를 쉽게 알 수 있다.

그들은 분명히 일상적인 인습이나 혹은 일상적으로 수용된 가정들에서 벗어나 행동하는 경향이 있다. 도덕성의 이러한 요소를 소유한 사람들이 나타내 보이는 독립적 태도는 다른 사람들과의 사회적 관계에서 때때로 오해를 낳기도 한다. 보통 사람들은 그들의 독립적 태도를 냉정, 신사인 체함, 애정의 결핍, 불친절, 혹은 심지어 적의(敵意)로 해석하기도 한다. 보통 사람들은 일상적인 사회적 관계에 대해 의존, 요구, 안심에 대한 욕구, 인사, 지지, 따뜻함, 그리고 배타성 등의 개념을 부여한다. 그들은 자기 결정(self decision), 자기 관리(self government)에 익숙하다. 그들은 적극적이고 책임 있게 자기 결정을 내리는 주체자이다. 매슬로우가 "자아 실현인들은 평균적인 사람들보다 더 '자유의지'를 가지며 또한 덜 '결정되어진다'"[60]고 하였듯이 도덕성의 이러한 요소를 소유한 사람들은 자기 결정에 보다 익숙하다.

그들이 일반인들과 도덕적인 측면에서 차이를 보이는 기본적인 원인은 삶의 동기에서 비롯된다. 그들의 삶의 동기(motivational life)는 일반인들의 그것과 양적으로 다를 뿐만 아니라 질적으로 다르다. 그들에 있어서 삶의 동기는 결핍 동기(deficiency motivation)라기보다는 성장 동기(growth motivation) 혹은 메타 동기(meta-motivation)에 있다. 일상인들의 동기는 부족한 기본적 욕구 만족을 위한 투쟁이다. 그러나 도덕성의 이러한 성향을 지닌 자들에게 있어서 동기는 바로 인격 성장, 인격 표현, 성숙, 그리고 발달이다. 한 마디로 도덕적 성장이다.

자율적인 도덕원리에 따라 행동하는 사람들은 자신들의 실질적 생활에서 옳음과 그름 사이의 차이에 관하여 불확실하지 않다. "그들은 일상의 삶에서 평균적인 사람들이 윤리적인 문제를 다룰 때 공통적인 그러한 혼돈, 무질서, 비일관성, 혹은 갈등을 거의 나타내 보이지 않는다. 이들은 매우 윤리적이며, 그들은 명확한 도덕적 표준을 가지고 있고, 그들은 옳게 행하고 나쁘게 행하지 않는다."[61] 말할 필요도 없이 그들의 옳고 그름에 관한, 그리고 선과 악에 관한 생각들은 흔히 인습적인 것들이 아니다. 그들은 항상 마치 수단과 목적이 명확하게 구분이 가능한 것처럼 행동한다. 일반적으로 그들은 수단보다는 목적에 마음을 둔다. 그리고 수단은 아주 분명하게 이들 목적에 예속시킨다.

도덕성의 두 번째 요소는 내적 만족을 추구하는 성향이다. 이러한 성향을 지닌 자들의 특징은 물리적 · 사회적 환경과 상대적으로 독립적이다. 그들은 결핍 동기보다는 성장 동기에 의해 추진을 받기 때문에 외적 만족에 의존하지 않는다. 대조적으로 일반 사람들은 다른 사람들, 문화, 목적에 대한 수단들로부터 만족을 얻는다. 대부분의 사람들은 사랑, 안전, 그리고 다른 기본적인 욕구 만족을 필요로 한다. 이것들은 외부에서 올 수 있는 것이다. 결핍 동기화된 사람들은 다른 사람들을 이용 '해야만 한다.' 왜냐하면 그들의 주요 욕구 만족의 대부분(사랑, 안전, 존중, 위신, 소속)은 다른 사람들로부터 올 수 있기 때문이다.

그러나 성장 동기화된 사람들에게 있어서 만족의 결정요소들이나 훌륭한 삶의 결정요소들은 개인의 내부에 있는 것이지 사회적인 것이 아니다. 이제 그들에게 있어서 명예, 지위, 보상, 인기, 위신, 그리고 사랑은 도덕적 발달과 내적 성장보다 덜 중요하다. 도덕성의 이러한 성향을 소유한 사람들은 외적 만족을 초월하여 개인적인 진정한 인간 발달의 문제에 관심을 갖는다. 그러나 여기서 우리가 반드시 기억해야만 할 것은 건강한 도덕성을 소유하기 위해서는 기본적인 욕구들이 충족되어져야만 한다는 것이다. 결핍 동기가 만족되지 않은 상태에서 성장 동기에 따른 도덕적 성장을 기대하기 어렵다.

또한 도덕성의 이러한 성향은 선택과 결정, 혹은 평가적인 판단의 원천 혹은 소재와 관련된다. 이러한 성향을 지닌 개인은 점차적으로 이러한 평가의 소재가 그 자신 내에 있다는 것을 느낀다. "그는 승인 혹은 불승인에 대해, 살아가는 표준에 대해, 결정과 선택에 대해 다른 사람들을 점차 덜 바라보게 된다. 그는 선택하는 것은 그 자신 내에 의존한다는 것을 인정한다."[62] 이러한 성향을 지닌 사람들에게 있어서 문제되는 유일한 질문은 '나는 나를 깊게 만족시키는 방식에서 살고 있는가, 그리고 나를 진정으로 표현하는 방식에서 살고 있는가?'이다.

도덕성의 이 요소는 또한 가면을 벗는 태도와 관련된다. 로저스는 인간이 되어 가는 과정의 특징 가운데 하나는 "가면의 뒤를 아는 것"[63]이라 하였다. 이 요소를 잘 발달시킨 사람은 방어, 보호색, 혹은 겉치레를 멀리한다. 그리고 마찬가지로 다른 사람들이 보이는 그러한 인위적 가면을 혐오한다. 그는 위선적인 말투, 교활, 위선, 잘난 체함, 뻔뻔스러운 얼굴을 배척할 뿐만 아니라 인위적인 방식에서 표현하고자 노력하는 모든 행태를 거부한다. 그러한 사람은 자기 자신을 발견하고자 노력한다. 그는 자신의 행동, 심지어는 자신이 경험한 감정이 자신의 유기체의 진솔한 반응으로부터 유발된 것이 아니라 자신이 가면 뒤에 숨기고 있었던 겉치레였다는 것을 인식한다. 그는 자신의 삶의 상당부분이 현재 있는 그대로에 의해서가 아니라 '그래야만 하는 것'(should)으로 생각하는 바에 의해 영위되고 있다는 사실을 발견한다. 그는 때때로 자신의 자아를 전혀 갖고 있지 못하다는 인식을 한다. "그는 오로지 다른 사람들이 '마땅히 해야만 한다'(ought)고 생각하는 구조 속에서 사고하고, 느끼고, 그리고 행동하려고 노력하고 있다는 것을 발견한다."[64]

도덕성의 세 번째 요소는 보편적 가치구조에서 이타적 과업을 완수하고자 하는 성향이다. 매슬로우는 자아 실현인들의 특징들 중의 하나를 '자아중심적'(ego centered)이라기보다는 '문제중심적'(problem centering)이라 표현하였다. 우리는 여기에서 도덕적인 사람이 지니는 성향의 요소를 추론할 수 있다. 그것은 '건강한 도덕성을 지닌 자들은 자아중심적이지 않다'는 것이다. 그들은 오히려 당위적 과업중심적이다. 그들이 관심을 갖는 과업은 일반적으로 그들 자신을 위한 문제들이 아니며, 또한 일반적으로 그들 자신과 관련된 것도 아니다. 자신들이 해야만 하는 책무, 의무 혹은 책임이라고 느끼는 과업이다. 그들은 비개인적 혹은 비이기적인, 일반적으로 인류의 선과 관련된 과업들에 열정을 갖는다.

도덕성의 이 요소는 문화화(enculturation)에 대한 저항의식과 관련된다. 즉, 이 요소는 특수한 문화에 구속되지 않고 이를 초월하여 사고하고 행동하고자 하는 태도이다. 이러한 태도를 지닌 자들은 폭넓은 내적 준거체계(frame of reference)를 정립하여 삶을 영위한다. 그들은 결코 나무에 가까이 가기 위해 숲을 보지 못하는 실수를 하지 않는다. "그들은 조잡하지 않고 넓은, 지엽적이지 않고 보편적인, 그리고 순간이 아닌 세기의 측면을 가진 가치구조(frame of values) 내에서 사고하고 행동한다."[65] 그러므로 어떤 의미에서 보면 이들은 철학자들이라 할 수 있다.

또한 도덕성의 이 요소는 보편적 인류애와 관련된다. 이러한 요소를 소유한 자들은 인간에 대해 깊은 동일시, 동정(공감), 그리고 애정의 감정을 갖고 있다. 물론 그들도 때때로 화, 성급함, 혹은 불신도 있지만 그들은 인간을 돕고자 하는 진정한 욕망을 갖고 있다. 그들에게 있어서 다른 사람들은 마치 자신들의 가족 구성원과 같은 것이다. 그들은 이 세상의 모든 창조물에 대해 기본적인 형제애를 느낀다. 그들은 소위 말하는 "맏형적인 태도"(the older－brotherly attitude)[66]를 갖고 있다. 인류를 위해 뭔가 선한 일을 스스로 찾아 할 수 있고 또한 해야만 한다는 소명의식을 가슴 속에 간직하고 실천한다.

이러한 도덕성의 요소를 간직한 사람들은 외면적인 대인관계가 아닌 내면적인 대인관계를 발달시킨다. 그들은 많은 사람들과 융합하고, 보다 큰 사랑을 나누며, 상호 동일시를 자연스럽게 성취해낸다. 자아를 보호하기 위한 경계를 소멸시킨다. 대인관계의 폭은 오히려 이러한 도덕성의 성향이 부족한 사람들보다 더 좁을 수 있다. 대인관계의 규모는 작을 수 있다. 이것은 공자가 "군자는 화합하되 뇌동하지 아니하고, 소인은 뇌동하되 화합하지 못한다"[67]고 하였던 말과 같은 의미이다. 여러 사람들과 융화적인 대인관계를 유지하면서도 헌신적인 인간애를 공유하려면 많은 시간을 필요로 하기 때문이다. "헌신은 순간의 문제가 아니다."[68]

또한 도덕성의 이 요소는 '민주적인 인격구조'(character structure)와 관련된다. 이러한 도덕성의 요소를 소유한 사람들은 모두 민주적 특징을 갖고 있다. 그들은 계층, 교육, 정치적 신념, 인종, 혹은 유색인과 상관없이 어느 누구와도 친절하게 어울릴 수 있는 인격을 지니고 있다. 이것은 공자(孔子)가 "군자는 두루 사귀어 편당(偏黨)하지 않고, 소인은 편당하여 두루 사귀지 못한다"[69]고 한 말과 같은 의미이다. 그들은 어떤 누군가가 갖고 있는 특징이 무엇이든 상관없이 자신들을 가르칠 수 있는 어떤 것을 갖고 있는 그 어느 누구로부터도 기꺼이 배우고자 한다. 그들은 권위, 지위, 혹은 나이에 따른 위신을 내세우지 않는다. 매슬로우가 자아 실현인들은 "철학적 · 비적의적(非敵意的) 유머감각"[70]을 지니고 있다고 말한 것도 이와 관련된다. 도덕성의 이 요소를 지닌 사람은 누군가에게 상처를 줌으로써, 누군가의 열등한 점을 지적함으로써, 혹은 권위를 조롱함으로써 사람들을 웃게 하는 유머를 멀리한다. 그는 인간 존중의 차원에서 유머도 즐길 뿐이다.

도덕성의 네 번째 요소는 자신의 유기체를 신뢰하는 성향이다. 이러한 성향을 소유한 사람들은 다양한 도덕적 상황에서 가장 바람직한 행동을 발견할 수 있는 존재는 바로 자기 자신이라는 신념을 갖고 있다. 로저스는 이러한 성향을 "자신의 유기체에 대한 신뢰"[71]로 표현하였다. 어떤 면에서 보면 인간의 삶은 순간적인 실존적 선택의 연속이다. 우리는 끊임없이 도덕적 갈등 상황에 직면하면서 살아간다. 도덕적 갈등 상황은 심각한 것일 수도 있고, 별 마음 없이 지나칠 수 있는 가벼운 것일 수도 있다.

유기체에 대한 신뢰를 가지고 있는 사람은 우선 자신의 경험에 개방적인 태도를 지닌다. 이러한 "경험을 개방적으로 수용할 수 있는 능력은 그를 새로운 사람, 새로운 상황, 새로운 문제를 다루는 데 있어서 더욱 현실적이 되도록 만든다. 그것은 그의 신념이 경직되어 있지 않다는 것, 그는 다양한 해석을 받아들일 수 있다는 것"[72]을 의미한다. 그는 자신이 직면한 도덕적 상황을 마음 속에서 인위적으로 폐쇄해 버리지 않는다. 오히려 도덕적 상황에 함축되어 있는 많은 갈등하는 증거들을 있는 그대로 받아들일 수 있다.

그는 도덕적 상황에서 자신의 행동을 어디에 토대를 둘 것인가를 판단하기 위해 유용한 모든 자료에 접근한다. 그는 자신의 감정과 충동에 관한 지식을 갖고 있다. 심지어는 이에 대해 애정을 갖고 있다. 그는 자신이 소속하고 있는 사회의 요구, 법률, 친구들과 가족들의 소망 등에 관해서도 지각할 수 있다. 또한 그는 삶을 살아오면서 겪었던 비슷한 상황들을 기억하고 있다. 비슷한 상황에서 자신이 취했던 행동의 결과가 어떠했던가에 대해서 알고 있다. 그는 직면하는 도덕적 상황에 관한 모든 관련 지식들을 인식하면서 가장 바람직한 선택이 무엇인가를 스스로 발견할 수 있다.

반면에 도덕성의 이러한 요소가 결여된 사람은 자신의 경험에 대해 방어적인 태도를 보인다. 심리학 연구에 따르면, 우리가 감각을 통해 경험한 증거가 자아에 관해 지니고 있는 상(picture)과 모순되면 우리는 그 증거를 왜곡하여 해석한다. 다시 말하면, 우리는 우리의 감각들이 보고하는 모든 것을 지각할 수 없고, 단지 우리가 갖고 있는 자아상에 적합한 것들만을 볼 수 있다. 자신에게 유리한 방향에서 경험의 증거들이 왜곡되어 해석된다. 선입견의 범주에서 모든 것을 결정하기 쉽다. 따라서 우리는 직면한 도덕적 상황을 있는 그대로 직시하지 못하게 되어 바람직한 선택을 발견하기 어렵게 된다. 이런 사람은 자칫 '모든 나무는 녹색이다', '모든 아버지는 엄격하고 모든 어머니는 자애롭다'는 식의 경직된 사고에서 벗어나기 어렵다.

도덕성의 이러한 요소는 자아, 타인들, 자연을 긍정적으로 수용하는 태도와 관련된다. 따라서 이러한 요소를 발달시킨 사람은 자신의 행위에 대해 극단적인 불안, 지나친 죄의식, 혹은 수치심을 품지 않는다. 반면에 이러한 요소가 결여된 사람은 같은 경우에서 상대적으로 심각한 수준의 죄의식, 수치심, 혹은 불안을 느낀다. 그는 불필요하게 너무 많은 일들에 관하여 죄의식을 느끼거나 수치심을 느끼며, 너무 많은 불필요한 상황들에서 불안을 갖는다.

도덕성의 이러한 요소를 발달시킨 사람은 불평 없이 자기 자신과 자신의 본성을 수용한다. 그는 냉정하게 자기 자신의 본질을 받아들인다.

이것은 자만과는 다르다. 그는 인간이란 본질적으로 불완전한 면을 내포하고 있으며, 자기 자신 또한 한 인간이라는 평범한 진리를 수용할 수 있다. 우리가 물이 높은 곳에서 낮은 곳으로 흐르고 있는 자연의 특징을 아무런 의심 없이 받아들이는 것과 같이 "그는 인간 본성의 단점과 원죄, 허약성, 그리고 무모함을 받아들일 수 있다."[73] 그는 자기 자신 안에 있는, 그리고 타인들 안에 있는 인간 본성을 존중하는 경향이 있다. 매슬로우는 최상의 수용을 '동물적 수준'이라 하였다. 매슬로우의 생각을 원용한다면 이러한 도덕성의 요소를 지닌 자는 훌륭한 동물이 되는 경향이 있다. "그는 후회나 수치심, 혹은 사죄 없이 스스로를 즐긴다. 그는 건강한 식욕으로 음식을 즐기고 잠을 잘 잔다. 그는 이처럼 낮은 수준에서뿐만 아니라 모든 수준, 예컨대 사랑, 안전, 소속, 명예, 자아 존중에서 또한 자기 자신을 수용할 수 있다."[74] "그는 그 자신의 결점을 안고도 편안하게 살 수 있기 때문에 마침내는 그러한 결점이 전혀 결점이 아닌 것으로 단순히 중립적인 개인적 특징으로서 인식한다."[75]

그러나 이러한 태도는 죄의식, 수치심, 불안, 슬픔, 혹은 방어를 완전히 외면해 버린다는 것과는 다르다. 다만 불필요한 혹은 신경증 차원의 죄의식이나 수치심을 갖지 않는다는 의미이다. 이러한 도덕성의 요소를 소유한 사람도 죄의식, 수치심, 불안, 슬픔, 혹은 후회를 지닌다. 그는 "(1) 개량할 수 있는 결점, 예컨대 게으름, 생각 없음, 열정의 상실, 타인들을 괴롭히기, (2) 심리적 병의 잔존물, 예컨대 편견, 시기, 질투, (3) 습관, (4) 종족, 문화 혹은 집단의 결점"[76]에 대해서는 그러한 감정들을 경험한다. 매슬로우가 "건강한 사람은 현재 있는 바와 마땅히 있어야만 하는 바 사이의 불일치에 관하여 불편함을 느낄 것"[77]이라고 말하였듯이 도덕적인 사람도 이와 마찬가지일 것이다.

## V. 도덕교육 전략

로저스에게 있어서 훌륭한 삶이란 고정된 상태가 아닌 것으로 인식된다. 그는 훌륭한 삶이란 덕(virtue), 혹은 만족함(contentment), 혹은 해탈(nirvana), 혹은 행복(happiness)의 상태가 아니라고 평가하였다. 그것은 개인이 적응되고, 혹은 달성되고, 혹은 실현되는 조건(condition)이 아니다. 또한 그것은 심리학적 용어로 충동 감소, 혹은 긴장 완화, 혹은 항상성(homeostasis)의 상태가 아니다. 로저스는 많은 사람들에게 행복 혹은 적응은 훌륭한 삶과 동의어로 사용되고 있으며, 사회과학자들은 흔히 긴장의 감소, 혹은 항상성, 혹은 평형성의 성취를 삶의 목적을 구성하는 것처럼 말해왔다고 비판하였다.

로저스는 수년간의 상담경험을 통해 훌륭한 삶을 나름대로 인식하게 되었다. 그는 "훌륭한 삶이란 존재(being)의 상태가 아니라 과정(process)이다. 그것은 목적지(destination)가 아니라 방향(direction)이다. 훌륭한 삶을 구성하는 방향은 '모든' 방향으로 움직이는 심리적 자유가 존재할 때 전체적 유기체(total organism)에 의해 선택된 것"[78)]이라고 정리하였다.

교수-학습에 대한 로저스의 생각도 인간의 삶에 관한 위와 같은 관점의 맥락에서 발달되었다. 로저스는 "다른 사람을 가르치는 방법을 가르칠 수 없다. 그것을 시도한다는 것은 결국은 쓸데없는 일"[79)]이라고 하면서 "행동에 중요하게 영향을 미치는 유일한 학습은 자기발견적(self-discover)인, 자기전유(專有)적(self-appropriate)인 학습"[80)]이며, 그러한 자기발견적인 학습은 직접적으로 다른 사람에게 전달되어질 수 없다고 못박았다. 또한 내담자 중심의 심리치료에서 중요한 학습이라는 것은 사실들의 단순한 축적 그 이상인 학습을 의미한다고 하였다. 그것은 "차이를 만드는—개인의 행동에서, 그가 미래에 선택하는 행동의 과정에서, 그의 태도에서, 그리고 그의 퍼스낼리티에서—학습이다. 그것은 지식의 단순한 증대가 아니라 그의 존재의 모든 부분에 침투한 학습"[81]이라고 하였다.

로저스는 심리치료를 통해 발달시켰던 자신의 교수-학습관을 현장 교육자들에게도 권고하였다. 그는 "교육자들 역시 차이를 만드는 학습에 관심을 가져야 한다"[82]고 하면서 사실들에 관한 단순한 지식을 가르치는 일이 교육의 중심이 되어서는 안 된다고 주장하였다. 로저스는 심리요법에서의 학습의 조건들을 제시한 바 있고, 또한 그는 그러한 조건들 속에 함축된 교육적 의미를 밝혔다. 여기에서는 로저스가 밝혔던 학습의 조건들과 교육적 함의들[83]을 중심으로 도덕교육에서의 학습 조건들을 재구성해 보고자 한다.

첫 번째 조건은 도덕적 문제 사태에 대한 인식이다. 우선 의미 있는 학습은 문제로서 인식(지각)된 상황들과의 관계에서 더욱 쉽게 일어난다는 것을 의미한다. 이에 대해 로저스는 정규 과정에서보다는 워크숍(workshop)에서, 일반 형식적 공교육 과정에서보다는 공개강좌에서 그러한 접근이 더욱 효과적이었음을 발견하였다. 워크숍이나 공개강좌 과정에 오는 개인들은 그들이 문제로서 인정하는 문제들과 접촉하고 있는 학생들이다. 정규 학교과정에 있는 학생, 그리고 특히 필수과정에 있는 학생들은 그 과정을 수동적으로 이수하는 경향이 짙다는 것이다. 곧, 학생들은 자신과 관련도 없는 문제를 억지로 이수하고 있다는 것이다.

따라서 우리는 학생들이 모든 수준에서 자기 존재와 관련된 문제와 실실적으로 접촉할 수 있도록 허용해야 한다. 그럼으로써 학생들은 자신들이 해결하고자 소망하는 문제들과 이슈들을 인식한다. 이러한 지적은 오늘날 우리 문화의 현재 경향과 날카롭게 대조적이다. 교사의 과업이란 학생들에게서 의미 있는 학습이 일어날 수 있는, 그런 학습을 촉진시키는 교실 분위기를 창조하는 것이다. 그럼으로써 학생들이 도덕시간을 통해 학습하는 문제들이 자신들의 삶과 직접적인 연관을 지니고 있음을 경험할 수 있도록 해야 한다.

두 번째 조건은 경험과 지각의 일치, 혹은 교사와 학생 간의 마음의 합치이다. 이 요소는 로저스가 제시하였던 '일치'(congruence)와 관련된다. 만약 교육적 접근이 시작되면 교사는 학생과의 관계에서 통일된, 통합된, 혹은 일치된 사람이 되어야만 한다. 여기서 말하는 통일, 통합, 혹은 일치라는 것은 관계 내에서 그는 정확하게 현재 있는 그대로(what he is)—허울, 혹은 역할, 혹은 가장(위선)이 아닌—라는 것이다.

로저스는 '일치'라는 용어를 경험과 지각의 정확한 조화(대응)라는 의미로 언급하였다. 충분하게 일치하는 순간은 교사가 관계 속에서 이 순간에 경험하고 있는 바를 완전하고 또한 정확하게 인식할 때이다. 이러한 일치가 상당한 정도로 나타나지 않으면 중요한 학습이 발생하기 어렵다. 그때 우리는 교사가 "학생이 어디에 서 있는가를 정확하게 안다"고 말한다. 우리는 그러한 관계 속에서 안락함과 안정을 느끼는 경향이 있다. 그는 감정과 반응이 일어나고 또한 그것들이 변화함에 따라 이들 감정과 반응들의 정확한 자각에 의해 대응되는 그의 감정들과 반응들에 관한 그의 실제적인 경험에 자기 스스로 자유롭고, 깊고, 그리고 수용적이다.

이 조건은 교사의 진실성(realness)과 밀접한 관련이 있다. 만약 교사가 일치한다면 학습은 촉진되어진다. 이것은 교사가 공개적으로 자신이 지니고 있는 태도를 자각한다는 것을 포함한다. 그는 자신의 실제적인 감정을 수용한다. 따라서 그는 학생들과의 관계에서 진실한 사람(real person)이 된다. 그는 그가 좋아하는 주제들에 관하여 열정적일 수 있으며, 그리고 그가 싫어하는 주제에 의해 싫증을 느낄 수 있다. 그는 화가 날 수도 있지만 또한 민감하거나 혹은 동정적일 수 있다. 그는 자신의 감정을 '자신의' 감정으로서 수용하기 때문에 그것을 학생들에게 부과할 혹은 그들이 똑같이 느껴야 한다고 주장할 필요가 없다. "그는 한 '사람'이지 교육과정에서 필수적으로 요구되는 얼굴 없는 화신이 아니다. 또한 지식이 한 세대로부터 다음 세대로 전달되는 생명 없는 관(sterile pipe)도 아니다."[84]

세 번째 조건은 무조건적인 긍정적 존중(unconditional positive regard)이다. 교사는 학생들에게 따뜻한 배려—소유적이지 않는, 개인적 만족을 요구하지 않는 배려—를 경험한다. 그것은 "'만약' 네가 그렇게 행동한다면 나는 너에게 관심을 갖는다"가 아니라, 단순히 "나는 염려한다"를 입증하는 분위기이다. 이것을 '무조건적인 긍정적 존중'이라 한다. 왜냐하면 그것은 그것에 부착되는 가치의 조건들을 갖지 않기 때문이다. 교사가 무조건적인 긍정적 존중의 분위기를 제공하는 정도에 따라 의미 있는 학습이 일어나기 쉽다.

네 번째 조건은 수용과 공감적 이해이다. 교육의 조건은 교사가 내부로부터 보여진 것으로서의 학생의 세계에 관한 정확한, 공감적인 이해를 경험하는 것이다. 학생의 사적인 세계가 마치 자기 자신의 것인 양 느낀다는 것이다. 우리는 그러한 느낌을 일컬어 '공감'이라 부른다. 그리고 이것은 도덕교육에서 본질적인 조건에 속한다. 교사는 마치 그것이 자신의 것인 것처럼 학생의 분노, 공포, 혹은 혼돈을 느낀다. 그러나 교사는 자기 자신의 분노, 공포, 혹은 혼돈을 거기에 개입시키지 않아야 한다. 학생의 세계가 교사에게 이렇게 있는 그대로 깨끗할 때, 그리고 학생이 그 안에서 자유롭게 움직일 때 교사는 학생에게 분명하게 알려진 바에 관한 자신의 이해를 전달할 수 있고, 또한 학생이 잘 인식하지 못하는 경험의 의미를 말할 수 있다.

의미 있는 학습은 교사가 학생을 있는 그대로 수용할 수 있을 때, 그리고 그가 소유하고 있는 감정을 이해할 수 있을 때 일어난다. 위에서 언급하였던 세 번째와 네 번째 조건들을 고려해 보면 따뜻하게 수용할 수 있는, 무조건적인 긍정적 존중을 제공할 수 있는, 그리고 새로운 제재를 만날 때 내포되어 있는 공포, 기대, 낙담의 감정으로 공감할 수 있는 교사는 학습을 위한 조건을 상당한 정도로 확립한 것이나 마찬가지이다.

다섯 번째 조건은 학생들에게 자원(resources)을 제공해 주는 것이다. 사실 심리치료에서는 자신의 자아를 학습하기 위한 자원들은 거의 내담자의 내부에 있다. 치료자가 공급할 수 있는 자료는 거의 없다. 그러나 교육의 경우는 이와 다르다. 교사는 책, 일할 공간, 새로운 도구, 산업과정의 관찰을 위한 기회, 그 자신의 연구에 토대를 둔 강의, 그림, 그래프 혹은 지도, 그 자신의 감정적 반응들 등 여러 가지 원천을 제공할 수 있다. 교사는 그러한 자료들이 학생들로 하여금 안내, 기대, 명령, 부과, 혹은 요구가 된다고 느끼지 않도록 해야 한다. 교사는 자기 자신뿐만 아니라 자신이 발견할 수 있는 다른 모든 자원들을 학생들에게 제공할 수 있다. 그러나 학생들에게 어떤 특정한 방향을 명령하거나 요구하는 측면에서 접근하는 것은 바람직하지 않다.

여섯 번째 조건은 인간의 기본적 동기(motive)에 대한 신뢰이다. 교사는 기본적으로 학생들에게 자아 실현의 경향이 존재한다는 것을 신뢰하는 것이다. 따라서 교사는 삶의 문제와 실질적인 접촉을 갖는 학생들은 학습하길 바라고, 성장하길 원하고, 발견하고자 추구하고, 완수하고자 바라며, 창조하고자 바란다는 것을 가정해야 한다. 교사는 학생들과의 개인적 관계나 교실의 분위기를 그러한 측면에서 조성시킬 수 있도록 하는 것이다. 교육의 궁극적 목적이란 이러한 인간의 자연적 경향들이 결실로 나타날 수 있도록 하는 데 있다는 것을 굳게 믿는다.

일곱 번째 조건은 비지시적 교수(non-directive teaching)이다. 여기에는 학생들에 대한 모든 평가 프로그램의 생략이 포함되어 있다. 로저스는 학생들에게 부과되는 강의, 강화(talks), 혹은 과목의 해설을 비판적으로 바라보았다. 교수-학습의 과정은 비구조화된 것이어야 한다는 입장이다. 비구조화된 교수-학습의 과정은 어느 누구도, 심지어는 교사조차도 다음에 교실에서 무엇이 제시될 것인지, 무슨 주제가 토론될 것인지, 어떤 질문들이 제기될 것인지, 어떤 개인적 욕구, 감정 그리고 정서가 일어날 것인지를 모른다. 로저스는 이러한 비구조화 된 자유의 분위기를 강조하였다.[85)]

로저스 자신이 지적하듯이 과정에는 최종이란 것이 없다. 교사는 모든 전통적인 교수법칙과 달리 결코 요약하지 않는다. 이슈들은 해결되지 않은 채 남는다. 수업에서 제기된 문제들은 항상 진행중의 상태에 있다. 알고자 하는 그들의 욕구가 있으면, 어떤 동의에 이르고자 한다면 학생들은 함께 모여서 이해하고자 원하며 결말을 추구한다. 따라서 점수는 의미가 없어진다. 점수는 종결을 의미하기 때문이다. 이러한 로저스의 비지시적 교수법칙을 따른다면 교사는 학생들에게 점수를 주어서는 안 된다. 점수를 제시하는 사람은 학생들 자신들이다. 교사는 표준으로서 교과서를 가지고 말하지 않는다. 학생들을 가지고 말한다. 그리고 또한 교사는 한 사람의 자아로서 학생들과 의사를 소통한다. 그리고 이것 때문에 형식적인 과정을 구성하는 비개인적 과목과 대조적으로, 거기서 긴밀함과 따뜻함이 발달한다.

또한 로저스는 외적인 준거의 측면에서 학생의 학습에 관한 모든 평가 프로그램을 포함하지 않았다. 달리 말하면, 그는 시험을 생략해야 한다고 생각하였다. 로저스는 교사에 의해 갖추어진 몇 가지 준거에 도달했는지를 보기 위해서 학생들의 성취에 관해 테스트하는 것은 직접적으로 의미 있는 학습을 위한 교육과 모순된다고 보았다. 로저스는 우리 인생에서 "평가의 자연스런 위치는 입장의 티켓으로서이지 반항자에 대한 곤봉으로서가 아니다"[86]고 하였다. 그리하여 교사는 자기 존중의, 자기 동기화되는 사람으로서의 학생에게 입장의 이들 티켓들을 얻기 위한 노력을 쏟고 싶은지 어떤지를 선택할 자유를 남겨놓아야 한다는 것이다. 따라서 교사는 학생들로 하여금 "일치하도록 강요하는 것을 삼가야 하고, 학생들의 창조성을 희생하게 하는 것을 삼가야 하며, 학생들을 타인들의 표준의 측면에서 인생을 살도록 원인 지우는 것을 삼가야 한다"[87]는 것이다. 그러나 로저스가 별로 탐탁하게 여기지 않았던 두 가지 요소들, 곧 교사에 의해 집단에 부과되는 강의와 강화들, 그리고 교사에 의한 개인의 평가는 오늘날 교육의 일반적인 두 가지 주요 핵심요소들을 구성하고 있다.

마지막 조건은 위의 조건들에 대한 학생들의 자각이다. 교육에서 의미 있는 학습에 대한 마지막 조건은 학생이 교사의 일치, 수용, 그리고 공감에 관한 어떤 것을 경험하거나 혹은 인식해야만 한다는 것이다. 이들 조건들이 교사에게 존재한다는 것만으로는 불충분하다. 그러한 것들이 어느 정도는 성공적으로 학생들에게 전달되어져야만 한다.

## Ⅵ. 이론에 대한 비평

인본주의 심리학은 다른 심리학과는 달리 하나의 완전한 조직적 이론이나 체계를 갖추지 않았다. 제3세력 심리학으로서의 인본주의 심리학은 다양한 사조나 학파의 이론들을 수렴한 성격이 강하다. 그래서 많은 사람들은 인본주의 심리학을 하나의 '이론'(theory)이라기보다는 일종의 '운동'(movement)이라 부르기도 한다.

로저스와 매슬로우의 인본주의적 접근들은 치료 처지, 카운슬링, 그리고 교육의 영역에서 가장 큰 영향을 미쳐왔다. 로저스의 이론은 심리치료 과정, 결과에 관한 연구와 교육적 환경에서의 응용 연구 등으로 광범위하게 확장되어 활용되었다. 로저스의 이론은 특히 자아에 관한 연구에 주요한 자극이 되어오고 있다. 로저스의 치료 이론은 퍼스낼리티 이론의 발달을 앞당겼다. 치료 이론은 치료에서 경험된 현상에 대해 질서를 제공하는 하나의 방식으로서 등장하였다. 이 이론은 퍼스낼리티 변화를 포함하며, 퍼스낼리티 변화는 퍼스낼리티에 관한 이론의 진화로 나아갔다. 퍼스낼리티에 관한 이론은 자아(the self) 혹은 자아개념(self－concept)을 중요시 여기기 때문에 자아 이론(self－theory)이라 불린다. 그러나 보다 넓게 보면 치료 이론과 퍼스낼리티 이론 모두 지각 이론(perceptual theory)에 속한다. 로저스의 자아에 관한 관심은 이후 퍼스낼리티 이론에서 자아에 관해 다양한 관심을 갖게 된 계기가 되었다.

매슬로우의 이론은 유기체적 관점에 독특한 공헌을 하였다. 유기체 이론은 정신－신체 이원론, 능력 심리학 및 자극 반응의 행동주의에 대한 반동으로서 성공적이었다. 유기체 이론의 주요 원리는 "전체는 부분들의 총화(總和)와는 다르며, 부분에 일어나는 것은 전체에도 일어나고 유기체 내에는 분리된 구획이 없다"[88]는 것이다. 매슬로우는 환자들보다는 건강한 사람들에 주목하였다. 매슬로우는 성격의 전체성과 통일성이 아주 명백하게 나타나는 건강한 사람들을 대상으로 연구하였다. 매슬로우가 관찰하였던 이러한 자아 실현자들은 유기체 이론의 구현자들이라고 할 수 있다.

그러나 로저스와 매슬로우의 인본주의 심리학은 여러 가지 비판을 받고 있는 것도 사실이다.

첫째, 내담자 중심 요법의 가정들과 내담자 중심 요법이 토대를 이루고 있는 퍼스낼리티 이론간에 불일치가 존재한다는 비판이다. 로저스는 개인의 주관적 세계 혹은 내면적 준거체계를 사용할 때 현상학적 관점을 수용하고 채택하였다. 이것은 개인이 자신의 경험을 실재로서 지각한다는 것, 사실은 자신의 경험이 자신의 실재라고 지각하는 것을 가정하였을 때, 그리고 경험을 개인의 현상적 장으로서 규정하였을 때 명백하게 나타나고 있다. 상담에서 치료의 과정은 환자 자신과 자신의 세계에 관한 지각의 재조직으로서 보여진다. 치료의 결과 또한 자기 지시(self-direction)와 평가와 선택의 소재에 관한 지각을 포함한다. 개인은 자유로운 존재로서 자기 자신의 선택과 결정을 내릴 권리를 가진, 또한 그럴 능력을 가진 존재로서 인식된다. 그러나 내담자 중심의 관점은 개인이 스스로 치료자의 지시 혹은 처방 없이 그가 선택하는 방식에서 변화할 수 있다는 것을 가정한다.

그러나 "현상학은 결정론적(deterministic)이다."[89] 모든 행동은 행동하는 유기체의 현상적 장에 의해 완전하게 결정된다. 만약 모든 행동이 완전하게 결정된다면 자유와 선택은 존재할 수 없다. 선택이란 존재할 수 없게 된다. 따라서 "내담자 중심 요법의 가정들과 내담자 중심 요법이 토대를 이루고 있는 퍼스낼리티 이론간에 불일치가 존재한다."[90] 자아가 현상적 장에 영향을 미친다고 주장될 수 있다. 그러나 자아는 그 자체가 결정된 것이라는 주장 또한 가능하다. 그러므로 내담자가 자신의 현상적 장을 재구성함으로써 자신의 행동을 통제한다고 주장하는 것이 가능할 것 같지 않다. 재구성으로 이끄는 행동은 현상적 장에 의해 결정된 그 자체이다. 철학적으로 자유와 결정론이 화해할 방법이 존재하지 않는 것 같다.

둘째, 로저스의 추상적 개념들은 상담과정에 구체적으로 도움을 주지 못한다는 비판이다. 로저스는 추상적인 개념들을 사용하였다.[91] 비록 그가 새로운 개념 혹은 과거 용어들에 관한 새로운 정의를 그렇게 많이 소개한 것은 아니지만 그의 저작에는 상당수의 추상적인 개념들이 존재한다. '유기체적 경험' 이나 '무조건적인 긍정적 존중' 과 같은 것들이 이에 속한다. 그는 이들 개념들에 대해 조작적으로 정의를 내렸을 뿐만 아니라 상담자나 치료자 또한 그러한 정의가 필요하다고 제안하였다. 무조건적인 긍정적 존중, 공감적 이해, 그리고 일치의 개념들은 측정 가능한 변수들로 개발되어 내담자(환자)가 진보하였는지 혹은 변화하였는지를 입증하는 데 활용되었다. 그러나 이들 개념들에 대한 기술(記述)은 너무 광범위하고 또한 일반적이어서 상담자가 상담 과정에서 고려하기 어렵다. 이러한 구체성의 결여는 태도를 강조하는 데서 나타난다. 로저스는 상담과정에서 중요한 것은 인터뷰에서 사용하는 테크닉이나 전문적인 훈련, 학문적 지식보다 오히려 내담자의 특성(quality)이라고 믿었다.

셋째, 내담자 중심의 접근과 관련하여 로저스에 의해 제안된 조건들[92]에 대해 의문이 제기되고 있다. 그 조건들이 상담이나 심리치료를 위한 필요충분 조건인지의 여부에 대한 논란을 의미한다.[93] 로저스는 이들 조건들이 제시될 때 치료상의 퍼스낼리티 변화가 변함 없이, 그리고 불가피하게 일어난다고 주장하였다. 그러나 퍼스낼리티 변화는 다른 사람과의 심리적 접촉 없이 책을 읽거나 이야기를 듣는 경험을 통해서도 일어난다. 또한 인간은 기본적으로 일치하고 불안하지 않아도, 즉 불일치하지 않아도 삶의 경험과 독서를 통해 의미심장하게 자신의 퍼스낼리티를 증진시켜 나간다. 인간에게 있어서 건설적인 퍼스낼리티 변화를 위해 절대적으로 필요한 단 하나의 조건이 존재하지 않는다. 대안적인 여러 가지 조건들이 존재한다.

넷째, 로저스의 인간에 관한 지나친 낙관론에 대한 비판이다. 로저스는 훌륭한 삶의 과정을 살고 있는 사람의 한 가지 특징은 각각의 실존적 상황에서 가장 만족하는 행동에 도달하는 하나의 수단으로서 자신의 유기체를 신뢰한다고 하였다. 어떤 상황에서 어떤 행동과정을 택할 것인가를 선택할 때 많은 사람들은 안내하는 원리들에, 몇몇 집단 혹은 제도에 의해 부과된 행동 강령에, 타인들의 판단에, 혹은 그들이 몇 번의 비슷한 과거의 상황에서 행동하였던 방식에 의존한다. 그러나 훌륭한 삶의 과정을 살고 있는 사람은 새로운 상황에 대해 그들의 전체적 유기체적 반응을 신뢰한다는 것이다.

그러나 로저스의 관점은 지나치게 낙관적이라 할 수 있다. 그리고 인간의 직관을 개인적으로 매우 신뢰하는 것 같다. 인간은 아무리 다양한 자료를 활용한다 하더라도 주어진 상황에서 최선의 선택을 한다는 것이 쉽지가 않다. 공자도 나이가 일흔이 되어 비로소 마음 내키는 대로 행동해도 이치의 틀에 어긋나지 않는다(從心所欲不踰矩)고 하였다. 인본주의자들이 비록 실존철학자들의 사상으로부터 많은 영향을 받았다 하더라도 인간의 직관에 지나치게 의존하는 것은 과학성을 부르짖는 자신들의 주장에도 어긋난다.

끝으로, 로저스의 교실 방법론은 지극히 이상에 치우친 것이라는 비판을 받는다. 로저스는 비지시적 교수(non-directive teaching)와 학생들에 대한 모든 평가 프로그램의 생략을 교수-학습의 조건으로 내세웠다. 로저스는 학생들에게 부과되는 강의, 강화(talks), 혹은 과목의 해설을 비판적으로 바라보았다. 교수-학습의 과정은 비구조화된 것이어야 한다는 입장이다. 비구조화 된 교수-학습의 과정은 말 그대로 교수-학습안을 미리 작성하지 않는다는 것이다. 이슈는 계속 남겨져 학생들이 자유롭게 탐구할 수 있도록 하고, 점수도 부여되지 않는다. 또한 로저스는 외적인 준거의 측면에서 학생의 학습에 관한 모든 평가 프로그램을 생략해야 한다고 하였다.

테넨바움(S. Tenenbaum)은 이러한 로저스의 교실 방법론에 대해 매우 긍정적인 평가를 내렸다. 그는 로저스의 방법론이 과거의 그것과 근본적으로 다르다고 하면서 그것은 사람들을 움직이게 하는, 그들을 보다 자유롭게 만드는, 더욱 마음을 열리게 하는, 더욱 유연하게 하는 역량을 갖고 있다고 지적하였다. 아울러 테넨바움은 로저스의 방법론이 교실을 초월하여 인간이 서로 간에 의사를 전달하고 같이 살고자 노력하는 모든 영역(area)으로 확장해야 할 만큼 중요하다고 역설하였다.[94] 그러나 로저스의 이러한 교실 방법론은 현실적으로 학교교육에서 적용하기는 무리다. 소규모 대안학교 등에서 적용할 수 있는 방법론으로 의미를 제한하여 해석하는 것이 바람직할 것이다.

## ✻ 주 ✻

1) A. H. Maslow, *Motivation and personality (2nd ed.)*, New York : Harper & Row, 1970, pp. xii – xiii.
2) A. H. Maslow, *Toward a psychology of being (2nd ed.)*, New York : D. Van Nostrand, 1968, p. 166.
3) C. S. Hall, G. Lindzey, *Theories of Personality (3rd ed.)*, 이상노 · 이관용 공역, 『성격의 이론』, 중앙적성출판사, 1985, p. 292.
4) B. Weiner, *Human Motivation*, Holt, Rinehart and Winston, 1980, pp. 408 – 409 참고.
5) D. P. McAdams, *The Person*, Orlando, Harcourt College Publishers, 2001, p. 436.
6) L. A. Hjelle, D. J. Ziegler, *Personality Theories : Basic Assumptions, Research, and Applications*, McGraw – Hill International Book Company, 1981, p. 364.
7) S. E. Stumpf, *A History of Philosophy*, 이광래 역, 『서양 철학사』, 종로서적, 1991, p. 602.
8) L. A. Hjelle, D. J. Ziegler, 앞의 책, p. 364.
9) C. R. Rogers, *On becoming a person : A Therapist's View of Psychotherapy*, Boston : Houghton Mifflin, 1961, p. 122.
10) L. A. Hjelle, D. J. Ziegler, 앞의 책, p. 365.
11) 위의 책, p. 365.
12) C. R. Rogers, *On becoming a person*, p. 194.
13) 위의 책, p. 91.
14) L. A. Hjelle, D. J. Ziegler, 앞의 책, p. 403.
15) C. R. Rogers, *A Way of Being*, Boston : Houghton Mifflin, 1980, p. 121.
16) C. S. Hall, G. Lindzey, 앞의 책, p. 300.
17) C. R. Rogers, A Theory of therapy, personality, and interpersonal relationships, as developed in the client – centered framework, S. Koch (Ed.), *Psychology : A Study of a Science (Vol. 3)*, New York : McGraw – Hill, 1959, p. 221.
18) C. H. Patterson, *Theories of Counseling and Psychotherapy*, New York : Harper & Row, Publishers, 1966, p. 405.
19) C. Rogers, *On becoming a person*, p. 27.

20) C. S. Hall, G. Lindzey, 앞의 책, p. 287.

21) A. H. Maslow, *Toward a Psychology of Being*, p. 166.

22) A. H. Maslow, *Motivation and Personality*, pp. 340－341 참고.

23) A. H. Maslow, *Toward a psychology of being*, p. 4.

24) 현상학은 비록 실재세계가 존재할지라도 그 존재는 직접적으로 알려지거나 혹은 경험되어질 수 없다고 가정한다. 그 존재는 세계에 관한 지각의 토대 위에서 추론된다. 이러한 지각들은 개인의 현상적 장(phenomenal field) 혹은 현상적 세계를 구성한다. 인간은 단지 자신의 현상적 세계를 알 수 있으며, 그 외의 어떠한 실재세계를 결코 알 수가 없다. 그러므로 인간은 오로지 자신이 사물을 어떻게 지각하는 가 혹은 사물들이 자신에게 어떻게 나타나는가의 측면에서 행동할 수 있을 뿐이다. C. H. Patterson, 앞의 책, p. 432 ; 현상학적 접근은 다음과 같은 특징을 갖는다. 첫째, 현재 어떤 사람이 갖고 있는 느낌이나 생각을 중시한다. 그것이 어떻게 생겨났느냐에 대해서는 묻지 않는다. 둘째, 외부 상황에 대해 갖는 당사자의 의미를 중요시한다. 셋째, 사람에게 직접 개인의 현상세계를 물어보는 연구방법을 선호한다. 넷째, 과학의 객관적 연구방법의 한계를 지적한다. 다섯째, 인간 일반이 아닌 특정한 개인의 내적 세계의 이해에 관심이 크다. 어떤 이의 현상세계는 어떤 다른 목적이 아닌 그 자체가 중요한 것이라고 보는 것이다. 안범희, 『성격 심리학』, 도서출판 하우, 2000, pp. 293－294.

25) C. R. Rogers, *Client－Centered therapy : Its Current Practice, Implications, and Theory*, Boston : Houghton－Mifflin, 1951, p. 487.

26) C. R. Rogers, A Theory of therapy, personality, and interpersonal relationships, as developed in the client－centered framework, p. 196.

27) L. A. Hjelle, D. J. Ziegler, 앞의 책, pp. 415－416.

28) D. P. McAdams, 앞의 책, p. 441.

29) C. R. Rogers, A theory of therapy, personality, and interpersonal relationship, as developed in the client－centered framework, p. 210.

30) Phares, E. J., *Introduction to Personality*, 洪埱基 譯, 『性格心理學』, 博英社, 1995, p. 155.

31) 위의 책, p. 155.

32) C. R. Rogers, A theory of therapy, personality, and interpersonal relationship, as developed in the client－centered framework, p. 198.

33) 로저스는 자아 실현과 (유기체) 실현 경향을 구별한다. 후자는 매슬로우가 말하는 자아 실현(잠재력 실현) 욕구와 동등한 개념이다. 매슬로우의 자아는 개인의 잠재적 가능성들을 의미한다. 따라서 로저스의 실현 경향과 매슬로우의 자아 실현 욕구는 출생시부터 존재한다. 반면에, 로저스의 자아는 긍정적 존중의 욕구,

가치의 조건과 관련하여 점차 발달되는 자아상(自我像) 혹은 자아개념(自我概念)으로서, 아 자아의 실현은 유기체의 실현과 상충될 수도 있다. Phares, E. J., 洪淑基 譯, 앞의 책, p. 159 註釋(譯註) 참고.

34) C. R. Rogers, A theory of therapy, personality, and interpersonal relationship, as developed in the client－centered framework, p. 200.

35) L. A. Hjelle, D. J. Ziegler, 앞의 책, p. 408.

36) C. R. Rogers, A Theory of therapy, personality, and interpersonal relationships, as developed in the client－centered framework, p. 226.

37) L. A. Hjelle, D. J. Ziegler, 앞의 책, p. 411.

38) 위의 책, p. 412.

39) 위의 책, p. 412.

40) 위의 책, p. 413.

41) C. R. Rogers, *On becoming a person*, pp. 183－196 참고.

42) C. S. Hall, G. Lindzey, 앞의 책, p. 302.

43) D. P. McAdams, 앞의 책, p. 441.

44) 위의 책, p. 442.

45) A. H. Maslow, *The psychology of science : A reconnaissance*, New York : Harper & Row, 1966, p. 12.

46) D. P. McAdams, 앞의 책, p. 444.

47) C. S. Hall, G. Lindzey, 앞의 책, p. 290 참고.

48) A. H. Maslow, *Toward a psychology of being*, p. 26.

49) 위의 책, p. 83.

50) 위의 책, p. 164.

51) 위의 책, p. 164 참고.

52) A. H. Maslow, *Motivation and Personality*, p. 178.

53) 위의 책, p. 178.

54) B. Weiner, 앞의 책, p. 415.

55) A. H. Maslow, *Motivation and personality*, p. 175.

56) 위의 책, p. 176.

57) 위의 책, p. 176.

58) 위의 책, p. 179.

59) 위의 책, p. 154.

60) 위의 책, p. 161.

61) 위의 책, p. 168.

62) C. R. Rogers, *On Becoming a Person*, p. 119.

63) 위의 책, p. 108.

64) 위의 책, p. 110.

65) A. H. Maslow, *Motivation and Personality*, p. 160.

66) 위의 책, p. 166.

67) 論語 · 子路, 子曰 君子 和而不同 小人 同而不和.

68) A. H. Maslow, *Motivation and Personality*, p. 166.

69) 論語 · 爲政, 子曰 君子 周而不比 小人 比而不周.

70) A. H. Maslow, *Motivation and Personality*, p. 169.

71) C. R. Rogers, *On Becoming a Person*, p. 118.

72) 위의 책, p. 115.

73) A. H. Maslow, *Motivation and Personality*, p. 155.

74) 위의 책, p. 155.

75) 위의 책, p. 156.

76) 위의 책, p. 157.

77) 위의 책, p. 157.

78) 위의 책, pp. 186.

79) 위의 책, p. 276.

80) 위의 책, p. 276.

81) 위의 책, p. 281; 다음의 것들은 중요한 학습, 곧 차이를 만드는 학습을 나타내주는 요소들이다. • 사람은 자신을 다르게 본다, • 그는 자신과 자신의 감정을 보다 충분하게 수용한다, • 그는 더욱 자신 있고(self-confident) 자발적(self-directing)이 된다, • 그는 더욱 그가 되고자 바라는 사람이 되어간다, • 그는 자신의 인식(perception)에서 더욱 유연하고, 덜 경직되기 시작한다, • 그는 자신을 위해 보다 더 현실적인 목적을 채택한다, • 그는 보다 성숙한 방식에서 행동한다, • 그는 만성적인 알코올 중독과 같은 오랜 기간에 걸쳐 형성된 행위, 곧 자신의 부적응적인 행동들을 변화시킨다, • 그는 더욱 다른 사람들을 수용하기 시작한다, • 그는 증거에, 자기 자신의 밖에서 진행중인 것들에 대해, 그리고 자기 자신의 안에서 진행중인 것에 대해 더욱 개방적이 되기 시작한다, • 그는 건설적인 방식에서 자신의 기본적인 퍼스낼리티 특징들을 변화시킨다. 위의 책, pp. 281-282.

82) 위의 책, p. 281.

83) 위의 책, pp. 282-292 참고.

84) 위의 책, p. 287.

85) 위의 책, pp. 299-309 참고.

86) 위의 책, p. 291.

87) 위의 책, p. 291.

88) C. S. Hall, G. Lindzey, 앞의 책, p. 291.

89) C. H. Patterson, 앞의 책, p. 433.

90) 위의 책, 1966, p. 433.

91) 위의 책, p. 435 참고.

92) 로저스는 치료를 위해서 다음의 조건들이 반드시 존재해야만 한다고 주장하였다. 1) 두 사람이 개인적인 만남을 갖는다, 2) 내담자는 불일치의 상태, 곧 화가 나 있거나 혹은 불안한 상태에 있다, 3) 치료자는 관계에서 일치(조화)의 상태에 있다, 4) 치료자는 내담자를 향해 무조건적인 긍정적 존중을 경험한다, 5) 치료자는 내담자의 내적 심리구조에 관한 공감적 이해를 경험한다, 6) 내담자는 최소한의 정도에서라도 조건 4)와 5)를 지각한다. 위의 책, pp. 412－413.

93) 위의 책, 1966, p. 436 참고.

94) C. R. Rogers, *On Becoming a Person*, p. 309 참고.

# ✲ 참고문헌 ✲


論語

안범희, 『성격 심리학』, 도서출판 하우, 2000, pp. 293－294.

Hall, C. S., Lindzey, G., *Theories of Personality (3rd ed.)*, 이상노 · 이관용 공역, 『성격의 이론』, 중앙적성출판사, 1985.

Hjelle, L. A., Ziegler, D. J., *Personality Theories : Basic Assumptions, Research, and Applications*, McGraw－Hill International Book Company, 1981.

Maslow, A. H., *Motivation and personality (2nd ed.)*, New York : Harper & Row, 1970.

Maslow, A. H., *The psychology of science : A reconnaissance*, New York : Harper & Row, 1966.

Maslow, A. H., *Toward a psychology of being (2nd ed.)*, New York : D. Van Nostrand, 1968.

McAdams, D. P., *The Person*, Orlando, Harcourt College Publishers, 2001.

Patterson, C. H., *Theories of Counseling and Psychotherapy*, New York : Harper & Row, Publishers, 1966.

Phares, E. J., Introduction to Personality, 洪琡基 譯, 『性格心理學』, 博英社, 1995.

Rogers, C. R., A Theory of therapy, personality, and interpersonal relationships, as developed in the client－centered framework, S. Koch (Ed.), *Psychology: A Study of a Science (Vol. 3)*, New York : McGraw－Hill, 1959.

Rogers, C. R., *Client—Centered therapy : Its Current Practice, Implications, and Theory*, Boston: Houghton－Mifflin, 1951.

Rogers, C. R., *On becoming a person : A Therapist's View of Psychotherapy*, Boston : Houghton Mifflin, 1961.

Rogers, C. R., *A Way of Being*, Boston : Houghton Mifflin, 1980.

Stumpf, S. E., *A History of Philosophy*, 이광래 역, 『서양 철학사』, 종로서적, 1991.

Thomas, R. M., *Comparing Theories of Child Development (2nd ed.)*, 백운학 역, 『아동발달의 제 이론』, 교육과학사, 1987.

Weiner, B., *Human Motivation*, Holt, Rinehart and Winston, 1980.

Ivan Petrovich Pavlov(1849.9.14~1936.2.27)

John Watson(1878.1.9~1958.9.25)

Edward Lee Thorndike(1874.8.31~1949.8.9)

Burrhus Frederic Skinner(1904.3.20~1990.8.18)

# 제5장 행동주의 이론

## Ⅰ. 기본 가정

행동주의는 왜 사람들이 그러한 방식에서 행동하는가를 설명하고자 하는 일군의 심리학 이론들의 집합이다. 비록 행동주의에 속한 이론들 사이에 약간의 차이가 존재하지만 모두 공통적인 어떤 특징을 소유하고 있다. 기본적으로 모든 행동주의자들은 학습을 자극(S)과 반응(R) 사이의 연결을 확립하는 활동으로서 인식한다. 따라서 행동주의자들은 흔히 S-R 이론가들로 불린다.

행동주의에 몇 가지 관점이 존재하는 까닭은 행동주의자들이 자극과 반응 사이에 인간의 내부에서 발생하는 바를 판단하는지의 여부에 관하여 서로 일치하지 않기 때문이다.[1] 어떤 이론가들은 자극과 반응 사이에 정신 내부에서 어떤 일이 진행된다는 생각을 거부한다. 따라서 자극과 반응 사이에 발생하는 바에 관한 평가를 고려하지 않는다. 반면에, 스키너(B. F. Skinner)와 같은 이론가들은 사람들이 정신 속에 '생각'(thought)을 갖고 있다는 것을 거부하지는 않는다. 그러면서도 이들은 정신이 관찰 가능하지 않기 때문에 자극과 반응 사이에 일어나는 것을 알고자 노력하는 것은 시간 낭비라고 비판한다. 또 다른 일군의 행동주의자들은 자극과 반응 사이에 유기체(O) 내에서 일어나는 정신적 과정에 주목한다. 이들은 S–O–R 혹은 '인지심리학자들'이라 불린다.

행동주의 이론은 도덕성 발달에 관하여 다른 이론들이 갖지 못하는 장점을 지니고 있다. 아주 상식적인 방식에서 도덕성을 설명하기 때문이다. 도덕성 발달과 관련하여 인지발달 이론에서는 행동의 기준이 되는 규범에 대한 이해를 강조하여 도덕 판단을 중시한 데 반해, 행동주의 이론에서는 관심의 일차적 기준을 도덕적 행위 혹은 행동에 둔다. 도덕 판단보다는 도덕 행동을 중시한다. 행동주의 이론가들은 도덕 판단과 도덕 행동이 별개의 것이라고 주장한다. 도덕 판단을 잘 한다고 해서 반드시 도덕적으로 행동하는 것은 아니라는 것이다.[2] 사실, 대부분의 사람들은 도덕성에 관하여 말할 때 "행위의 영역을 상식적인 방식에서 언급한다."[3] 다시 말하면, 사람들은 특정한 사람의 '행동'을 보고 그 사람의 도덕성을 언급한다. 예컨대, 시험에서 부정행위를 하는 일, 체면을 살리기 위해 거짓말하는 일, 혹은 특정한 개인이나 기관으로부터 뭔가를 훔치는 일, 곤경에 처해 있는 사람을 돕는 일 등은 모두 선악시비(善惡是非)와 관련된 인간의 행동들이다. 행동주의는 그러한 행동을 통해 인간의 도덕성에 접근한다.

따라서 행동주의 이론가들은 인간의 내적인 사고과정에는 별 관심을 두지 않는다. 이들은 관찰 가능하고 측정이 가능한 행동에 주목하였다. '행동과학'으로서의 심리학을 주창한 것이다. 이들은 인간의 행동에 대해 어떤 특수한 동기를 가정하는 것을 거부한다. 또한 이들은 인간의 행동을 인지적 추론의 결과물로서 인식하지도 않는다. 인간의 도덕적 행동은 도덕적 추론의 결과나 어떤 내적인 동기에 의한 것이라기보다는 외적 환경의 변인들에 의해 영향을 받는다고 믿는다.

행동주의 이론가들은 다음과 같은 기본적인 가정 위에서 인간의 도덕성 발달을 설명한다.[4]

1. 인간의 행동은 기본적으로 외적 자극에 대한 반응의 결과이다. 도덕적 행동을 포함한 어떠한 복잡한 행동도 이러한 자극과 반응기제의

복합이다. 사람들은 내적인 정신작용을 통하여 자율적으로 판단하여 행동하기보다는 주변의 환경적 요소들의 영향에 따라 행동한다. 인간의 행동을 설명하는 데 정신이나 영혼 등을 생각할 필요가 없다.

2. 인간의 도덕적 행동의 발달은 누적된 학습의 효과이다. 보상적 행동결과는 그 행동경향을 강화하고, 보상적이 아닌 행동결과는 같은 행동이 일어나는 경향을 약하게 만든다.
3. 발달에서의 개인차는 과거 내력과 과거 경험의 차이의 반영이다.
4. 생물학적 요인들은 발달하는 행동의 종류에 대해 일반적인 한계를 짓는다. 그러나 환경은 유기체가 할 수 있는 행동을 결정한다. 즉, 생물학적 과정이 틀을 제공해 주지만 환경은 획득되어질 행동의 종류를 결정한다.
5. 개인의 도덕적 발달은 생물학적으로 결정된 단계와 직접적으로 연관되지 않는다. 인간의 도덕성은 어떤 단계나 순서에 따라 발달하는 것은 아니다.

## Ⅱ. 인간관

행동주의 이론의 인간관은 기본적으로 '기계론적 모형'(mechanistic model)[5]에 속한다. 이 모형은 인간의 발달을 근본적으로 외적인 사건에 대한 반응으로 본다. 무의식은 물론 목적이나 의지, 지능 등을 무시한다. 고전적인 기계론적 모형에 따르면 인간은 기계처럼 외적 자극에 대해 자동적으로 반응하는 것이다. 인간은 능동적인 유기체로서보다는 수동적인 존재로 간주된다. 성장과 발달의 주요한 추진력은 유기체의 내부에 있지 않으며, 오히려 환경과 같은 개인의 외부에 있다고 본다. 따라서 만약 우리가 어떤 사람에게 미치는 중요한 환경적 영향을 모두 밝힐 수 있다면 우리는 그 사람의 행동을 예측할 수 있다. 이 모형은 변화를 질적인 것이 아닌 양적인 것으로 보며, 발달을 연속적인 것으로 본다. 초기의 행동으로부터 후의 행동을 예측할 수 있는 발달과정을 보인다. "기계론적 입장은 경험이 어떻게 후의 행동에 영향을 미치는가에 초점을 둔다."[6)]

이러한 기계론적 모형의 철학적 근원은 17세기 영국 경험주의 철학자인 로크(J. Locke)의 '백지상태'(tabula rasa, blank slates)란 개념으로 거슬러 올라간다. 그는 인간이 처음부터 죄악의 덩어리로 태어난다는 전통적인 인간관에 정면으로 도전하여 환경론을 제시한 것이다. 이 철학적 입장으로부터 볼 때 인간 존재는 경험의 세계에 의해 쓰여지는 백지상태로서 태어난다. 신생아는 천진난만하고 아무 것도 학습되지 않은 상태이다. 신생아는 가장 기본적인 생물학적 반사만을 할 수 있을 뿐이다. 아동들은 지능이나 기질에 있어 어떤 차이가 있을 수 있다. 그러나 그들은 어떤 지식을 미리 갖고 태어나는 것은 아니다. 인간은 처음에 백지상태로 태어나 환경과의 상호작용에 의해 영향을 받게 된다는 관점이다.

이것은 천부적인 관념과 지식에 관한 합리주의 철학적 주장과 대조된다. 즉, 환경적인 자극이 행동을 유발하는 결정적인 요소라고 설명하는 경험론(empiricists)과 환경적인 자극은 정신적 자료에 불과할 뿐, 도덕적 행동은 타고난 정신적 능력에 의해 유발되는 것이라고 인식하는 생득론(nativists)의 입장이 서로 대조된다. 비록 두 입장이 각각 서로를 향하여 움직여오고 있지만, "철학 이론에서의 이러한 대조는 오늘날에도 '행동에 관한 연구' 대(對) '말(talk)에 관한 연구'로 분명하게 존재하고 있다. 특히 이러한 대조는 언어적으로 평가된 도덕적 사고의 구조에 대해 배타적으로 관심을 기울이는 인지구조주의 이론과 행동에 관해 초점을 모으는 행동주의 이론에서 두드러지게 나타나고 있다."[7)]

스키너의 인간관을 통해 행동주의 이론의 인간관을 좀 더 구체적으로 검토해 본다. 스키너는 보통 '급진적 행동주의자'로 분류되고 있는데, 그것을 다른 의미로 해석하면 그만큼 그의 이론이 '전통적인 행동주의'의 기본적인 가정들을 간직하고 있다는 뜻이다. 스키너는 인간이라는 유기체를 하나의 폐쇄된 상자로 보았다. 그 상자에 무엇이 들어가느냐, 나오느냐, 그리고 그것으로부터 무엇이 따르게 되느냐 하는 것들은 행동을 분석하는 데 연관이 있는 변수들이다. 그러나 상자 안에서 무슨 일이 일어나고 일어나지 않느냐 하는 것은 중요하지 않다. 즉, 상자가 합리적 혹은 비합리적 과정을 지니고 있는가의 여부에는 관심이 없다. 사람의 행동을 설명하는데 상자 안을 들여다보고 조사할 필요가 없다는 것이다.

행동은 오로지 자극에 대한 반응으로 설명된다. 자극에 뒤따라 강화가 주어지면 미래에 다시 유사한 자극이 주어질 때 같은 반응을 보일 가능성을 결정한다. 인간이 들어오는 자극과 나가는 반응에 대하여 어떻게 생각하고 느끼는가 하는 것은 그 인간의 행동을 설명할 때 무관하다. "스키너는 정신분석 이론의 내적 역동성 등과 같은 정신적 개념은 인간 행위의 진정한 외부적 원인을 속이는 허구적인 설명에 불과하다고 보았다."[8]

스키너를 중심으로 하는 급진적 행동주의의 기본적인 철학적 주장은 모든 행동들이 환경요소들의 통제하에서 결정되어진다는 것이다. 스키너에게 자율적인 인간과 같은 그러한 개념은 존재하지 않는다. 왜냐하면 인간은 그들이 사는 환경에 의해 완전하게 통제되어지기 때문이다. 이것은 스키너가 자신의 책 제목에서 암시되는 바와 같이 인간을 자유와 존엄을 넘어서서(beyond) 이해할 것을 주문하고 있음을 의미한다. 이러한 그의 관점은 "한 사람의 행동은 종(種)들의 진화 역사를 따라 추적 가능한 유전적 재질에 의해, 그리고 한 개인이 노출되어져 온 환경적 경우들에 의해 결정된다"[9]는 말에 잘 나타나 있다.

스키너에 있어서 행동은 행동의 결과 혹은 법칙적인 자극–반응관계의 함수이다. 인간은 그의 조건화 역사에 따라 완전하게 결정된다. 행동의 개인 차이는 오직 다양한 강화 역사의 차이에서 오는 결과일 뿐이다. 따라서 어린 아동들은 어떤 행동이든지 획득할 수 있는 무한한 가능성을 지니고 있다. 강화의 일차적인 요인은 주로 그들의 부모이다. 아동들의 사회적 세계가 확장됨에 따라 부모 외의 다른 강화요인들이 행동 발달에 영향을 미치게 된다. 또래집단에서의 경험들은 특히 유력한 강화의 원천이 된다. "스키너가 가정하는 인간은 자신의 행동을 선택할 자유가 없으며, 그의 행동은 외부 강화에 의해서 형성될 뿐이다."[10]

스키너는 개인을 강화하거나 혹은 보상하는 그러한 것들은 좋은 것이라고 믿는다. 개인을 강화하지 않는 그러한 것들은 나쁘다. 인간의 진화론적 역사에서 어떤 것들이 선 혹은 악이 되는 것은 우연적인 것으로 보인다. 종(種)의 장기적 생존에 공헌하는 것들은 좋은 것이 된다. 이런 맥락에서 도덕적인 사람은 자신이 속한 사회의 문화가 존속하는 데 최선인 것에 모든 행동들이 일치하도록 그렇게 형성되고 통제되어져 온 사람이다.

행동주의는 단지 행동 혹은 행위에만 관심을 집중하기 때문에 행동주의 이론가들에 의해 제공된 설명은 도덕성의 다른 측면보다는 단지 도덕적 훈련에만 적용 가능한 것이라고 주장되어질 수 있다. 그들은 도덕적 감정, 추론, 혹은 판단을 다루지 않았다. 동기나 욕구, 혹은 태도나 감정과 같은 측정과 관찰이 불가능한 것들은 그들의 연구대상에서 제외되었다.

행동주의자들은 아동들을 자신들 주위의 세계를 조작하고 해석하는, 그리고 그들 자신의 규준을 형성하는 것을 점진적으로 학습하는, 그리고 그들 자신의 도덕적 원리들을 현존하고 있는 환경들의 각기 다른 요구들에 따라 적용하는 것을 학습하는 존재로서보다는 다른 사람들의 영향에 대해 반응하거나 혹은 반작용하는 그러한 수동적인 학습자들로서 간주하였다. 그러나 최근에 이르면서 인간을 단지 수동적인 존재로서 간주하는 이론은 그 설득력을 확보하기에 많은 어려움을 겪고 있다. 이에 대한 비판이 급증하고 있기 때문이다. "이러한 현대적 경향은 행동주의 이론을 도덕교육에 관한 충분한 설명으로서 받아들일 수 없게 만들고 있다."[11]

## Ⅲ. 도덕성의 개념

스키너와 같은 급진적 행동주의자들은 정신주의(mentalism)를 배격한다.[12] 정신주의 혹은 의식주의는 정신적 상태를 행동의 원인으로 취급한다. 그러나 행동주의자들은 사람들이 어떤 행동을 하는 까닭은 자신들의 행동의 결과 때문이라고 본다. 어떠한 윤리적 판단을 정당화하는 데 적절한 합리적 근거를 추구하는 작업에 반대한다. "어떤 것을 좋다 혹은 나쁘다고 말함으로써 가치판단을 한다는 것은 결국 그것이 지니고 있는 강화효과(reinforcing effects)의 측면에서 그것을 분류하는 것"[13]에 다름 아니라는 것이다. 이러한 관점은 가치의 세계란 사실의 세계와 본질적으로 다르지 않다는 자연주의적 전통(naturalistic tradition)에 속한다.

그러면서도 엄격히 말하면 행동주의의 도덕철학 관점은 본질적인 자연주의적 도덕철학과는 주요한 차이가 있다. 자연주의적 도덕철학은 오늘날 소위 말하는 규범 윤리학을 형성하였으며, 규범 윤리학은 특정한 일군의 도덕적 가치들에 관한 '합리적 정당화'에 관심을 갖는다. 그러나 "행동주의는 규범적인 도덕철학에 대한 여지를 남겨놓지 않는다."[14] 왜냐하면 행동주의자들은 "어떠한 특정한 일군의 도덕적 가치들이 관련된 모든 이유들을 수집하고 분석함으로써 충분한 정당화를 제공받을 수 있다고 믿는다는 것은 근본적으로 의식적"이라고 생각하고 이를 거부하기 때문이다. 행동주의자들은 확고하게 가치중립적인 입장에 서고자 한다.[15]

우리는 행동주의 이론이 상정하고 있는 인간의 도덕성도 위와 같은 기본적인 틀 속에서 이해할 수 있다. 행동주의 이론은 인간의 도덕성이 타고난 것이 아니라는 입장을 취하고 있다. 즉, 사람들은 도덕적 가치와 자신들의 습관적 행동양식들을 천부적으로 갖고 태어난 것이 아니며, 또한 자연적으로 나이를 먹어감에 따라 진화하는 것도 아니라고 본다. 대신에 사람들은 도덕성을 일상생활에서 사회적 환경들과 직면하는 동안 점진적으로 학습하게 된다는 입장을 견지하고 있다. 모방과 조건반사의 법칙에 따라서 서서히 자기 통제 능력을 몸에 익혀 가는 것이다.

인간의 정신이나 영혼 등은 행동주의자들에게 있어서 별 의미가 없다. 이들은 "도덕성에 관한 설명에서 신념이나 의향과 같은 '정신적 현상'(mentalistic phenomena), 그리고 선택, 책임, 정의의 개념에 대한 모든 언급을 피해야만 한다"[16]고 주장하였다. 대신에 행동주의자들은 사람들의 퍼스낼리티 특징들(신체적 모습, 욕구, 신체적 및 정신적 능력들, 감정, 성숙도, 자아개념)과 사람들이 목격하는 행동의 모델들, 그리고 각기 다른 도덕적 행동을 뒤따르는 결과들의 유형들에 영향을 미치는 물리적/사회적 환경들을 도덕적 실재(reality)로 간주한다.

행동주의 이론은 도덕적 사건에 영향을 미칠지도 모르는 보이지 않는 영혼과 같은 초자연적 힘이나 무의식적 동기와 같은 것들을 배제한다. 이들 이론가들은 도덕적 행동을 설명하기 위해 양심 혹은 초자아와 같은 일종의 가설적인 구성(hypothetical construct)을 가정하는 것은 전적으로 잘못된 것이라고 주장한다. 왜냐하면 그러한 메커니즘은 관찰되어질 수 없고, 따라서 결국 가설적인 것으로 남아 있을 수밖에 없기 때문이다. 이들 이론가들은 도덕적 행동이 학습되어진다는 것을 가정하고 다른 종류들의 행동을 설명하기 위해 사용하였던 학습의 법칙들과 과정들의 측면에서 도덕적 행동의 습득을 설명하고자 하였다. 그들의 관점에서는 양심과 같은 가설적인 정신적 구조들(hypothetical mental structures)이나 혹은 인지발달 심리학자들이 제시하였던 인지구조 및 단계와 같은 것들을 상정할 필요가 없다.

행동주의 이론은 도덕성을 도덕적 규범을 위반하고자 하는 유혹에 대한 저항으로 설명하는 경향이 강하고, 사회학습 이론은 도덕성을 기본적으로 유혹에 대한 저항으로서 인식하지만 행위의 사회적 표준을 내면화하는 과정으로서, 혹은 사회의 도덕적 규칙을 자신의 것으로 받아들여 행동하는 과정에 관한 학습의 측면에서 설명하는 경향이 강하다. 행동주의 이론가들이 도덕성을 어떻게 개념적으로 규정하는가를 행동주의 이론의 핵심이라 할 수 있는 고전적 조건화 이론과 조작적 조건화 이론을 중심으로 검토해 본다.

## 1. 고전적 조건화 이론

고전적 조건화 이론은 전형적인 자극-반응 이론이다. 고전적 조건화 이론에서는 이러한 자극-반응모형에 기초하여 도덕성을 '조건화된 반응 혹은 행동양식'(conditioned reflex)으로 규정한다. 이 이론의 주창자들은 하등동물이 다양한 자극에 대한 반응으로 조건화되는 것과 마찬가지로 인간도 조건화된 반응들을 유출할 수 있다고 주장한다. 도덕성과 관련하여 볼 때 그것은 "이전의 중립 자극에 부착된 조건화된 공포반응"[17] 이 대표적이다. 왓슨(J. B. Watson)은 공포가 인간, 특히 어린 아동들에게 얼마나 쉽게 조건화되어질 수 있는가를 실험적으로 보여주었다. 왓슨은 11개월 된 알버트(Albert)라는 아동에게 흰쥐를 만날 때마다 날카로운 소리를 들려주어 흰쥐에 대한 공포를 학습시킬 수 있었다. 이와 비슷한 방식에서 불안도 사회화의 과정을 통해 어린 아동들에게 조건화되어진다.

어린 아동은 '사회적으로 바람직하지 않은 방식' 혹은 '사회에서 반사회적 행동으로 규정된 방식'에서 행동한다. 예컨대 그는 속이고, 거짓말하고, 공격적이 된다. 그러나 그 아동이 바람직하지 않은 방식에서 행동할 때 부모는 즉시 그에게 호통을 가하거나 혹은 그에게 벌을 세울 것이다. 따라서 그 아동의 사회적으로 바람직하지 않은 행위는 '강력한, 고통을 낳는 자극'을 수반한다. 이는 어린 아동에게 '고통과 두려움(공포)'의 반응을 산출한다. 조건화의 과정, 즉 아동의 바람직하지 않은 행위와 벌을 결합시킴으로써 벌 받는 행위는 아동에게서 조건화된 공포반응 혹은 불안을 낳게 될 것이다. 이런 상황이 몇 번 반복되면 공포반응은 그 아동으로 하여금 그러한 유형의 행위에 다시는 개입하지 않도록 하는 데 충분할 정도로 강력해진다.

특정 행위에 대한 벌로 인해 아동에게 조건화된 공포는 비슷한 행위들로 일반화되어진다. 이런 과정을 '자극 일반화'(stimulus generaliza tion)라 한다. 예컨대 알버트의 경우, 흰쥐로 인해 조건화된 공포는 토끼와 같은 털이 있는 비슷한 동물들로 일반화되어진다. 자극 일반화는 부모들이 흔히 하는 소위 말하는 '낙인찍기'(labelling)에 의해 촉진되어진다. 아동이 잘못을 저지를 때마다 부모는 벌 이외에도 그의 잘못을 "나쁜", "버르장머리 없는", "돼먹지 못한" 등의 용어와 결부시킨다. 아동은 그러한 '잠재적으로 위험한', 그리고 '벌을 산출하는' 낙인찍힌 행동과 함께 점차 성장한다. 결과적으로 조건화된 불안은 부모들에 의해 낙인찍힌, 혹은 승인받지 못하는 다양한 행동유형들의 범주로 일반화되어진다. 도덕성이라 불리는 바는 어떤 상황들과 행동들의 유형들에 대한, 즉 부모들에 의해 분류된, 그리고 벌을 받는, 그럼으로써 공포가 조건화된 그러한 상황들과 행동들에 대한 "조건화된 불안반응"(conditioned anxiety response)[18]이다.

## 2. 조작적 조건화 이론(도구적 학습 이론)

고전적 조건화 이론에서는 도덕성을 조건화된 반응양식으로 규정하는 반면, 도구적 학습 이론에서는 도덕성을 보상과 벌의 수단(도구)을 통하여 학습된 한 현상(phenomenon)으로 규정한다. 그러나 각기 다른 강화에 따라 각기 다른 유형의 도구적 학습이 존재한다. 예를 들면, 굶주린 고양이는 그의 적절한 반응들에 대해 보상(정적 강화)을 받음으로써 페달을 밟고 음식을 얻는 것을 배울 수 있다. 혹은 쥐는 만약 적절한 반응들이 혐오적인 자극(부적 강화)의 제거에 의해 강화되어진다면 스위치를 끄고 쇼크를 피하는 것을 학습할 수 있다. 혐오적인 자극의 제거를 통하여 동물들은 또한 어떤 행동유형들을 피하거나 혹은 금지하는 것을 배울 수 있다. 학습의 과정에서 외적 보상과 벌에 의해 강해진 동물들의 이러한 반응들은 일단 학습되면 이들 외적 요소들에 의존하지 않게 된다. 그것들은 내면화되어지기 시작한다.

한 동물이 직접적인 보상과 벌을 통하여 어떤 일들을 하거나 혹은 하지 않는 것을 학습하는 것과 마찬가지로 아동 또한 보상과 벌에 대한 자신의 경험에 기초하여 어떤 행동들을 하거나 혹은 하지 않는 것을 학습한다. 도구적 학습 이론가들에 따르면, 이러한 학습유형은 사회화의 과정에서, 그리고 도덕성이라 부르는 내적 통제(inner control)의 발달에서 핵심적인 역할을 수행한다.

사회화가 도구적 학습과정을 통해 어떻게 영향을 받는가는 다음과 같이 설명되고 있다. "사회화의 대부분은 아동의 외현적 행동의 결과에 대해 강화하는 결과와 억압하는 결과를 통하여 발생한다. … 이러한 형식의 학습은 아동이 외현적인 행동을 나타내야만 하며, 또한 그 행동이 일어나면 부수적으로 결과가 뒤따라야 한다는 것이 요구된다. 그 결과는 행동이 일어난 이후 비교적 짧은 시간 내에 뒤따라 나올 때 효과적일 수 있다. 그러나 만약 행동과 결과 사이의 간극이 그 행위에 관한 아동의 인지적 표명에 의해 연결되어진다면, 비록 그 간극이 길다 하더라도 결과의 효과는 연장되어질 수 있다. 행동은 적절한 단서 하에서 그 표출이 외적 결과에 의존하지 않음을 보일 때 내면화되어진다. 어떤 행동과 그의 결과가 충분히 여러 차례 상호 연결되어졌을 때, 그 결과에 의해서 아동 내에 촉발된 정서적 변화들(affective changes)은 그 행위와 연합된 내적인 행동 단서들, 혹은 인지적 표명(cognitive representation)으로 직접적으로 연계(조건화)되어질 것이다. 이러한 정서(affectivity)의 구성요소들은 그때 어떠한 외적 결과가 부수적으로 수반되지 않을 때조차도 행위의 내적 상관관계에 의해 유발되어질 것이다."[19]

사회화의 맥락에서 볼 때 아동의 행위는 초기에 제공받는 보상이나 벌에 의해 통제된다는 것을 의미한다. 그러나 행동에 따른 보상이나 벌의 결과들은 아동의 내부에 그에 상응하는 정서를 산출한다. 보상은 만족한 감정을 낳고 벌은 혐오적인, 혹은 고통스런 감정을 낳는다. 특정한 행위와 그의 결과들(행위의 성격에 따른 보상 혹은 벌)이 반복적으로 상호 연결됨으로써 그에 상응하는 정서적 상태가 그 행위의 단서로 조건화되어지기 시작한다. 일단 정서가 그렇게 조건화되어지면 아동이 행동의 단서를 인식할 때 그 행위의 성격에 상응하는 만족할, 혹은 혐오적인 정서가 아동

내에서 유발된다. 결과적으로 그의 행동은 실제적인 결과의 발생과 상관없이 이러한 내적인 정서상태에 의해 통제되어진다. 따라서 아동의 행동은 내적으로 통제 혹은 내면화되어진다.

아동들에게 있어서 이러한 내면화(internalization)는 인지적 능력에 의해 촉진되어진다. 인지적 능력은 아동들로 하여금 자신의 행위결과를 자기 자신에게 추상적으로 표명할 수 있게 해준다. 또한 인지적 능력은 그들로 하여금 행위의 단서들에 관한 보다 나은 인식, 분별, 그리고 일반화를 가능하게 해준다. 그리고 내적인 정서상태들은 행위의 단서들과 결과들에 관한 아동의 인지적 표명들에 의해 유발되어진다. 따라서 아동들이 획득하게 되는 내면화된 통제 속에는 인지적 과정과 더불어 정서적 과정이 내포되어 있다.

조작적 조건화 이론에서 보면 결국 도덕성은 "인지적(cognitive) · 평가적(evaluative) · 정의적(affective) 과정들로 구성되는 행동에 관한 내면화된 통제"[20]를 의미한다. 다시 말하면, 도덕성이란 자신의 행위에 관한 인지적 평가를 내포하고 있으며, 이에 대한 정서적 상태들에 의해 영향을 받는 내면화된 통제를 뜻한다.

## Ⅳ. 도덕성의 발달

심리학자들이 학습에 관해 과학적인 연구를 시작한 것은 19세기 말부터였다. 다윈(C. Darwin)의 진화론을 바탕으로 심리학자들은 학습을 환경에 적응하는 수단으로 보았다. 다윈은 동물과 인간을 하나의 연속선상에 있는 것으로 보았으며, 이에 기초하여 심리학자들은 우선 동물들의 학습현상에 대해 연구를 시작하였고, 동물 연구에서 밝혀진 원리들을 바탕으로 인간에게도 적용될 수 있는 학습원리들을 찾아내고자 노력해 왔다. 행동주의 이론(고전적 조건화 이론, 조작적 조건화 이론)은 인간 발달에 대한 연구에 기여한 주요 학습 이론들 가운데 하나이다.

행동주의 이론가들은 도덕적 행동이란 단계 발달을 통해서가 아니라 사회적 상황과 맥락 내에서 결정된다는 것을 가정한다. 이들의 관점으로부터 볼 때 도덕성의 발달은 모든 아동들에게 공통적인, 그리고 모든 문화에 동일한 도덕적 추론의 연속적인 단계들로 이어지는 주기적 전개로 이루어지지 않는다. 이 이론은 인간의 도덕성이 사회적 환경과의 상호작용을 통하여 서서히 학습되는 것으로 설명한다. 아동들은 도덕성과 관련하여 백지상태로 태어나지만 점차적으로 사회적 환경과의 상호작용을 통하여 그 사회의 도덕적 가치들과 행동들을 배워나간다. 도덕성의 발달을 학습경험들의 점진적인 축적으로서 설명하고 있다.

이들 이론가들은 개인 내부에서 정신구조(structures) 혹은 덕(virtues)을 찾는 것이 아니라, 오히려 그들의 삶에서의 환경적 요소들과 그 결과들(consequences)을 발견하려고 한다. 그들은 인간의 도덕성 발달에서 사회적 조건들과 문화적 기대의 영향력을 강조한다. 만약 한 사람의 삶에서 어떤 변화들이 발생한다면 그것은 내적인 성숙 혹은 발달을 통해서라기보다는 오히려 사회적 상황들, 가족구조, 또래집단의 기대, 혹은 다른 환경적 요소들을 통해서 설명되어진다고 본다.

행동주의 이론은 사회학습 이론과 마찬가지로 도덕성의 내용(contents)이 아닌 발달의 과정(process)에 관심을 갖는다. 달리 말하면, 두 이론 모두 공통적으로 사람들이 어떤 도덕적 가치들을 획득하는가에 관심을 갖기보다는 사람들이 어떻게 그러한 도덕적 가치들을 획득하는가에 더 큰 관심이 있다. "행동주의 이론은 가치중립적이 될 것을 주장한다."[21] 인간의 도덕성 발달에 관하여 피아제가 타율적 관점으로부터 자율적 관점으로의 가치의 진보를 추적하였고, 콜버그가 사회법칙의 수용으로부터 자기 자신의 도덕적 원리를 개발하는 것으로 도덕성의 발달을 추적하였던 반면에, 행동주의 주창자들은 기본적인 가치들 중 어느 것이 다른 것보다 더 바람직한가를 제시하고자 하지 않았다. 이를 고전적 조건화 이론과 조작적 조건화 이론으로 구분하여 검토해 본다.

## 1. 고전적 조건화 이론

고전적 조건화는 반응 조건화와 동일한 의미를 지니고 있다. 고전적 조건화를 시도하기 위해서는 먼저 반사반응을 유출시키는 자극을 찾아야 한다. 이 자극을 무조건 자극(unconditioned stimulus : US)이라고 하며, 이 자극에 의해 자동적으로 유출되는 반응을 무조건 반응(unconditioned response : UR)이라고 한다. 다음 단계는 무조건 자극과 중립 자극(neutral stimulus : NS)을 서로 연합시키는 과정이다. 이러한 연합과정을 여러 차례 반복하게 되면 중립 자극은 결국 무조건 자극이 없이도 반응을 유출시킬 수 있게 된다. 이렇게 중립 자극만으로도 반응을 유출시킬 수 있게 될 때 이 중립 자극을 조건 자극(conditioned stimulus : CS)이라고 부르며, 이 자극에 의해 유출되는 반응은 조건 반응(conditioned response : CR)이라고 부른다. 파블로프 실험의 경우 고기가루는 무조건 자극이고, 이에 대한 타액 분비는 무조건 반응이다. 그리고 종소리는 중립 자극으로 사용되었다. 종소리와 무조건 자극이 여러 차례 짝을 지워 제시된 후 종소리는 그 자체로서 타액 분비를 일으킬 수 있는 조건 자극이 되었으며, 이때 이 조건 자극에 의해 나오는 타액 분비는 조건반응이라고 부른다.

고전적 조건화 이론에 따르면, “도덕성이란 오랜 조건화 과정의 조합(combination)이자 절정(culmination)”[22]이기 때문에 조건화에 영향을 미치는 요소들은 비슷하게 또한 도덕성에 영향을 미친다고 할 수 있다. 그러한 요소들 가운데 중요한 두 가지는 개인의 조건화 가능성과 조건화의 과정이다.

조건화 가능성은 개인이 조건화되어질 수 있는 용이성을 의미한다. 이와 관련하여 모든 사람은 똑같지 않다. 조건화 가능성은 사람마다 약간씩 다르다. 조건화 가능성은 성격(personality)의 ‘내향성(introversion)－외향성(extroversion)’과 관련된다. 내향적인 사람은 쉽게 조건화되어질 가능성이 있는 반면, 외향적인 사람은 쉽게 조건화되어지지 않을 가능성이 많다. 아이젠크(H. J. Eysenck)에 따르면 “외향성인 사람들의 성격 특성은 충동적이고, 혈기왕성하며, 사교적인 특성들이 나타나는 반면, 내향성인 사람들은 수줍어하고, 관심이 한정되어 있으며, 내성적이고 과묵한 성격 특성들을 보인다.”[23] 그러나 사람들은 오로지 외향적인 사람과 내향적인 사람으로만 분류가 가능한 것은 아니다. 대부분의 사람들은 오히려 내향성과 외향성이란 두 극단의 연속선상에 속해 있다. 따라서 이 입장에 따른다면 도덕성 혹은 ‘조건화된 불안반응’은 보다 내향적인 사람에게서 쉽게 발달되는 반면, 보다 외향적인 사람들에게서는 더욱 어렵게 발달된다.

조건화 가능성 이외에 도덕성의 발달은 조건화의 과정, 즉 조건화된 자극과 조건화되지 않은 자극의 연합을 가정한다. 가령, 아동들은 이기적 행동이나 반사회적 행동을 하게 되면 벌을 받는다. 이런 상황이 반복되면 이기적 행동이나 반사회적 행동은 벌과 연합되게 된다. 아동들은 나중에 이와 비슷한 경우가 발생하게 되었을 때 조건화된 자극으로 인하여 불안감을 느끼게 된다. 그러한 불안감은 결국 아동들로 하여금 그 행동을 억제하도록 자극시킨다. 다시 말하면, 조건화된 자극과 조건화되지 않은 자극 간에 연합이 형성되는 것이다. 그런 점에서 “조건화 이론가들은 사회화를 ‘옳은 방향에서의 조건화’라 부른다.”[24] 만약 사회화의 과정을 통하여 생성되고 또한 조건화된 그러한 불안이 아주 강력하다면 도덕성 또한 확고할 것이다.

이러한 맥락에서 조건화 이론가들은 아동의 비행(非行)에 대해 벌을 줄 때 시간 요소의 중요성을 강조한다. 벌이 효과를 발휘하기 위해서는 비행에 뒤따라 곧바로 행해져야만 한다. 만약 아동의 비행이 곧바로 비난이나 애정의 철회 혹은 기타 다른 벌을 수반한다면 벌을 연기할 때보다 도덕성의 발달에 있어서 훨씬 더 효과적이다. 조건화 이론에 따르면 도덕성은 사회화의 과정에서 발달된 ‘조건화된 불안반응’이다. 그러므로 아동들의 도덕성을 발달시키고자 한다면 우리는 아동들 각자의 조건화 가능성과 사회화의 과정에 관심을 기울여야 할 것이다.

## 2. 조작적 조건화 이론

조작적 조건화는 스키너에 의해 가장 체계적으로 연구되었다. 쏜다이크(E. Thorndike)는 자극과 반응과의 관계보다는 행동과 그 결과 간의 관계성에 대해 연구하였다. 그는 행동과 결과 간의 관계성을 연구하기 위해 굶주린 고양이를 넣어두고 고양이가 나무 페달을 밟으면 문이 열려 밖에서 생선을 먹을 수 있도록 고안된 문제상자(puzzle box)를 만들었다. 시행착오를 거듭할수록 고양이가 문제상자를 빠져나오는 데 걸리는 시간이 단축되었다. 그는 이 현상을 '효과의 법칙'(the law of effect)이라 불렀다. 이는 만족스러운 결과를 가져오게 하는 행동은 강해지고 불만족스러운 결과를 가져오는 행동은 약해지는 현상을 말한다. 쏜다이크는 이러한 전체적인 과정을 '도구적 조건화'(instrumental conditioning)라고 불렀다. 이는 행동이 어떤 결과를 초래하는 데 있어서 도구적 역할을 하였기 때문이다.

쏜다이크로부터 영향을 받은 스키너는 도구적 조건화라는 용어 대신 '조작적 조건화'(operant conditioning)라는 용어를 사용하였다. 이는 사람들이 바람직한 결과를 이끌어내기 위해 단지 어떤 자극에 대해 수동적으로 반응하는 것이 아니라 환경상에 어떤 능동적인 조작을 가한다는 의미에서 나왔다. 조작적 조건화의 원리로는 정적 강화(positive reinforcement), 부적 강화(negative reinforcement), 소거(extinction), 처벌 등이 있다.

스키너는 도덕성의 발달에 관한 논의에서 주로 '행동의 통제'(행동적 차원)와 '위반 이후의 반응'(감정적 차원)에 초점을 맞추었다.

우선 먼저 행동적 차원인 행동 통제의 학습부터 검토해 본다. 급진적 행동주의자들은 "언어를 토대로 하는 인지적 행위('사고'와 '추론')는 많은 외현적인, 직접적으로 관찰된 행동들을 통제하지만 행동 통제의 법칙들은 그러한 인지적 행위를 통제한다"고 주장한다.[25] 행동 통제의 형식은 자연적 통제, 사회(문화)적 통제, 그리고 도덕적 통제 등 세 가지가 있다.[26] 행동주의자들은 아동들이 어린 시기에 이러한 행동통제의 형식들을 조합하면서 도덕적 인간으로 성장해 나간다고 본다. 예컨대, 어린 아동은 부모와 "네가 정 그렇게 행동한다면 점심을 주지 않는다"(자연적 통제), 혹은 "나는 너를 꾸짖을 것이다"(사회적 통제) 등의 사건을 통해서 점차 도덕적 통제로 나아가며, 이후 "아니야, 난 결코 그럴 수 없어"(도덕적 통제)라는 식의 자기 통제적인 행동 통제 형식을 발달시키게 된다. 이런 점에서 보면 행동 통제의 학습은 곧 벌의 역사라 할 수 있다.

아동이 도덕적 행동 통제의 형식을 학습하게 되는 과정을 좀 더 구체적으로 살펴본다. 사회적으로 수용 가능한 행동은 주로 긍정적 보상을 통하여 학습된다. 보상받은 행동은 만족한 정서적 상태를 유발한다. 결과적으로 실제적인 행동과 기대는 만족한 정서와 연계되어지게 된다. 따라서 아동은 사회적으로 수용 가능한 방식에서 행동하도록 동기화되어진다. 사회적으로 승인된 행동, 즉 보상을 받은 행동에 관한 학습은 또한 아동이 보상을 받은 행동들과 상반되는 행동들을 선택할 때 때때로 경험하게 되는 좌절, 즉 무보상(無報償)에 의해서도 촉진되어질 수 있다.

사회적으로 수용할 수 없는 행동의 억제 혹은 유혹에 대한 저항은 주로 벌(罰) 혹은 혐오적인 통제를 통하여 학습된다. 벌을 받은 행동은 보통 불안이라 불리는 혐오적인 정서적 상태를 야기시킨다. 이러한 불안은 아동으로 하여금 벌을 받는 행동을 억제하도록 동기를 제공하며, 역으로 그 억제는 야기된 불안을 감소시킨다. 사회적으로 수용할 수 없는 행동의 억제를 조건으로 하는 이러한 불안 감소는 이러한 반응을 상화시킨다. 따라서 아동은 유혹에 저항하는 것을 학습한다. 야기된 불안은 아동으로 하여금 수용할 수 없는 행동을 억제하도록 동기를 제공하는 것과 더불어 또한 아동으로 하여금 대안적인 행동의 형식들, 즉 사회적으로 수용 가능한 행동들을 선택하도록 동기를 제공한다.

벌이 행동 억압에 영향을 미치는 것과 관련한 효과에 대해서는 여러 가지 차원에서 검토되어 왔다. 이들 중 가장 중요한 것들로는 벌을 주는 시기(timing), 강도(intensity), 빈도와 일관성, 벌을 주는 동인과 벌을 받는 수용자 사이의 인간적인 따뜻한 관계 등이 있다. 예컨대, 벌의 시기와 관련하여 벌은 적절한 시기에 주어져야 그 효과를 볼 수 있다. 비행(非行)의 초기에 주어지는 벌이 행동의 억제 혹은 유혹에 대한 저항을 유발시키는 데 보다 효과적인 것으로 가정된다. 그러한 벌의 일정(schedule)은 금지된 행동에 대한 아동의 접근에서 그의 불안을 야기시키는 데 더욱 공헌하며, 따라서 이는 벌이 비행의 완료 이후에 가해지는 것보다 아동으로 하여금 유혹에 보다 더 잘 저항하도록 동기를 제공한다.

이론가들에 따르면, 도덕성이라 불리는 이러한 내적 통제의 몇몇 증표들은 아동이 두 살이 되기 전에 발견된다. 그러나 이러한 내적 통제를 학습하는 과정은 주로 6세부터 10세 사이에 진행된다. 이 중요한 기간 이후 도덕성의 발달은 주로 통제의 과정에서가 아니라 통제의 내용이나 범위에서 이루어진다. 아동이 성장함에 따라 그는 복잡한 사회적 행동의 형식들을 보다 더 잘 이해하게 되며, 그럼으로써 그에게 자신의 행동에 관한 새로운 측면들이 등장하게 된다. 그러나 내적 통제의 과정은 이미 아동기(6세에서 10세 사이)에서 학습되어졌다.

한편, 위반 이후의 반응들(post-transgressional reactions)은 개인이 위반 이후에 경험하는 혐오적인 정서적 상태, 그리고 이들 정서적 경험들에 의해 동기화되어지는 다양한 반응들을 포함한다. 우선 혐오적인 정서적 상태들 혹은 경험들을 먼저 분석해 본 후 반응들을 검토해 본다.

일반적으로 위반 이후에 뒤따라 나오는 혐오적인 정서적 상태가 존재한다. 이러한 정서적 상태를 우리는 흔히 불안이라 부른다. 이것은 아동이 비행을 저지른 이후 받았던 벌의 초기 경험과 연합된 일종의 '조건화된 상태'이다. 이의 출현에는 어떠한 인지적 평가가 거의 요구되지 않는다. 그러나 이러한 일반적인 혐오적 정서상태는 각기 다른 인지적 평가들에 의해 더욱 더 세분화되어진다. 위반에 뒤따라 나오는 그러한 세분화된 혐오적인 정서적 경험들로는 공포(fear), 수치심(shame), 그리고 죄의식(guilt) 등이 있다.[27)]

위반 이후의 반응들은 개인이 위의 혐오적인 정서적 상태들의 한 가지나 혹은 그 이상을 감소시키기 위해 위반 이후에 나타내는 행동의 다양한 형식들을 의미한다. 그러므로 이들 반응들은 혐오적 경험들의 감소에 의해 동기화되어진다. 그러한 반응들로는 자기 비판, 보상, 자백, 그리고 처벌 요구 등이 있다.

자기 비판은 아동이 위반 이후에 자기 자신에게 던지는 비판적 반응을 의미한다. 그것은 주로 불안을 감소하는 기능을 갖는다. 보상은 위반 부분에 대해 스스로 수정하는 것과 원상 복구시키는 특징을 지닌다. 이러한 자기 수정과 원상 복구는 타인들에 대한 위반의 결과들에 관한 평가를 함축한다. 그러므로 복원은 죄의식 감정에 의해 보다 동기화된 반응이다. 자백은 본질적으로 자기 자신의 잘못에 관해 다른 사람에게 하는 언어적 보고이다. 부모들은 보통 아동이 잘못을 인정하고 보고하는 것을 높게 평가한다. 그리하여 부모들은 아동들이 자백을 하면 위반에 대해 벌을 주지 않는다. 벌을 주더라도 가벼운 벌을 준다. 따라서 이러한 반응들은 벌과 불안의 공포를 감소시키는 데 있어서 효과적이 되며, 그리고 이러한 불안 감소는 그 반응을 강화시킨다. 처벌 요구란 위반 이후에 벌을 요구하는 것이다. 처벌 요구는 불안을 감소시킨다는 점에서 자기 비판과 비슷하다. 처벌 요구는 아동의 행동이 엄격한 통제하에 있는, 그리고 위반들이 거의 항상 벌을 받는 사회화 경험의 결과일 가능성이 높다.[28]

## V. 도덕교육 전략

행동주의의 교육 이데올로기는 '기계'(mechanism) 은유 속에 표현되고 있다.[29] 기계는 환경적 자극 에너지가 전달되는 교환대이다. 환경으로부터의 정보들이 저장되고, 정정되고, 그리고 재조합되는 장치이다. 환경은 '투입'(input)으로서의 정보 혹은 에너지가 유기체에로 직접 전달되고 또한 유기체 내에 축적되는 것으로 여겨진다. 역으로, 유기체는 '결과'(output)로서의 행동을 방출한다. 이러한 관점은 인지발달 이론 혹은 구성주의 이론의 주요 대안이 되고 있다.

쏜다이크의 학습의 법칙들이나 스키너의 자극-반응학습은 모두 이러한 세계관을 바탕으로 발달을 설명하고 있다. 급진적 행동주의자인 스키너에 있어서 도덕적인 사람은 문화의 존속에 최선인 것에 대해 모든 행동들이 일치하도록 그렇게 형성되고 통제되어 온 자이다. 행동주의의 기본적인 철학적 주장은 "모든 행동은 환경적 요소들의 통제 아래서 결정된다"[30]는 것이다. 자율적인 인간과 같은 그러한 개념이 파고들기 어렵다. 행동주의 이론의 도덕교육적 전략 또한 기본적으로 이러한 세계관에서 출발한다.

우리는 행동주의의 교육적 원리를 다음과 같이 세 가지로 정리할 수 있을 것이다.[31]

첫째는 강화와 소거의 원리(the principles of reinforcement and extinction)이다. 이것은 유기체가 지니고 있는 과거의 자극과 반응에 관한 경험의 역할과 관련된다. 만약 우리가 어떤 아동이 특정한 상황에서 어떤 행동을 할 것인가를 예견하고자 원한다면 우리는 그 상황과 관련된 그 아동의 과거 경험이 무엇인가를 알아야만 한다. 보상이 뒤따랐던 과거의 행동은 습관 잠재력(habit potential)를 증가시킬 것이며, 보상이 뒤따르지 않았거나 혹은 벌을 받았던 과거의 행동은 습관 잠재력을 감소시킬 것이다.

둘째는 유사성 정도의 원리(the principles of the degree of similarity)이다. 이것은 현재 제시된 일군의 자극과 과거에 제시되었던 자극들 사이의 유사성의 정도와 관련된다. 현재의 자극과 보상을 받았던 행동으로 입력된 자극 사이의 유사성이 크면 클수록 습관 잠재력은 더욱 커질 것이다. 유사성은 지각적 유사성에 의해서 뿐만 아니라 언어에 의해서도 중개될 수 있다. 만약 서로 아주 다른 두 자극들이 똑같은 수준에서 주어진다면 어떤 하나의 자극과 연관된 습관 잠재력은 다른 것에 쉽게 일반화되어질 수 있다. 예컨대, 어떤 아동이 작은 강아지를 좋아한다면 그 아동은 아주 큰 개를 또한 좋아할 수 있다.

셋째는 동기 혹은 충동상태의 원리(the principle of the motivation or

drive state)이다. 이것은 유기체의 현재의 동기 혹은 충동상태와 관련된다. 예컨대, 만약 우리가 어떤 아동이 사과를 먹을 것인지의 여부를 예견하고자 원한다면 우리는 그 아동이 과거에 사과를 먹었던 역사를 알아야 할 뿐만 아니라 그가 현재 얼마나 배가 고픈지를 알아야만 한다. 충동은 배고픔, 갈증, 혹은 고통처럼 타고난 생물학적 충동일 수도 있고 공포, 의존, 위신, 혹은 특수한 욕망처럼 학습된 충동일 수 있다.

이제 행동주의 이론을 바탕으로 한 도덕교육적 전략을 보다 구체적으로 검토해 본다. 행동주의자들의 관점에서 볼 때, "아동 양육이나 교수의 과업은 기본적으로 바람직한 행동을 수행하도록 학습자들을 강화하고 바람직하지 못한 행동에 대해 벌을 가하거나 혹은 강화를 제거하는 방식에서 학습상황과 결과를 조정하는 것"[32]이다. 따라서 행동주의자들은 강화 스케줄, 즉 결과들이 바람직한 반응들의 빈도를 증가시키고 바람직하지 않은 반응들을 소거시키기 위해 조정될 수 있는 패턴에 많은 주의를 기울인다. 아동들의 도덕적 행동에 대한 학습도 이러한 유형에서 설명된다.

스키너의 급진적 행동주의 관점에서 볼 때 도덕학습은 다른 형식의 학습과 다르지 않다. 학습이란 개인의 행동들의 형성으로 환원되어진다. 우리가 바라는 행동들은 적절한 보상을 제공하면, 그리고 환경을 적절하게 구성하면 형성이 가능하다. 따라서 우리는 요망하는 행동들을 외적 요인들의 조정을 통해 보다 쉽게 도출할 수 있다. 역으로, 바람직하지 않은 행동들에 대해서는 강화를 제공하지 않으면 된다. 우리가 단순히 무시해 버린다면 요망하지 않는 행동들은 점차 소멸되어 버린다. 그러므로 "스키너에 있어서의 도덕교육은 행동변형과 관련된 기술의 사용을 필연적으로 수반한다. 사회적 통제들이 요구되는 것이다. 사회적 통제들을 강화함으로써만 도덕적 부패 등으로부터 벗어날 수 있기 때문이다."[33]

행동주의 이론에 입각한 도덕교육 접근법을 행동변형과 관련하여 구체적으로 제시해 보면 바람직한 행동들을 고무시켜 주거나 새로운 행동들을 가르치기 위해 정적 강화와 부적 강화를 제공하는 방법이 있다. 이는 학교에서 충분히 적용할 수 있다. 대표적인 방법들로는 칭찬–무시 접근(praise–and–ignore approach), 프리맥 원리(Premack's principle), 조형(shaping), 행동계약(contingency contracting), 그리고 적극적 실습(positive practice) 등이 있다.[34)]

칭찬–무시 접근이란 실수나 비행을 무시하는 한편, 좋은 행동에 대해서는 후하게 칭찬하는 전략이다. 칭찬이 효과적이기 위해서는 강화될 행동과 연결되어야 하고, 강화될 행동을 명백하게 구체화시켜야 하며, 믿을 수 있어야 한다. 칭찬은 뚜렷한 행동에 대한 진실한 표현이어야 한다. 그래서 아동들이 그 칭찬을 정당화하기 위해 그들이 무엇을 했는지를 이해할 수 있어야 한다. 가식적인 칭찬은 오히려 역효과를 발휘할 수 있음에 주의해야 한다.

프리맥 원리란 프리맥(D. Premack)의 이름을 딴 것으로, 높은 빈도의 행동은 낮은 빈도의 행동에 대해 효과적인 강화인자가 될 수 있다는 원리이다. 다시 말해, 행동의 빈도가 높은 행동을 이용해서 행동의 빈도가 낮은 행동을 강화시키는 것을 말한다. 선호하는 활동을 통해 덜 선호하는 활동을 강화시키는 방법이다. 이 방법은 때때로 '할머니의 규칙'(grandma's rule)으로 간주되기도 한다. "다른 사람들이 해주기를 바라는 것을 먼저 하고 나서 네가 원하는 것을 해도 된다"는 원리이다. 예를 들면, 어떤 아동이 방 청소는 싫어하면서 친구들을 데리고 와 노는 것을 무척 좋아한다면, 아동에게 방을 깨끗이 청소하고 나면 친구들과 자주 놀게 해주겠다는 약속을 함으로써 방 청소하는 행동을 강화시키는 것이다.

앞에서 살펴본 강화의 원리는 특정 행동의 발생 빈도가 어느 정도 있는 상황에서 그 행동이 발생할 때 적용시킬 수 있다. 그러나 어떤 경우는 행동의 발생 빈도가 적용시킬 수조차 없을 때도 있다. 말하자면, 학생으로 하여금 전혀 해보지 않은 새로운 행동을 학습시키려고 할 때에는 행동이 전혀 발생하고 있지 않기 때문에 강화를 적용시킬 기회가 없는 것이다. 이렇게 현재 학생들이 할 수 있는 행동이 아닌 새로운 행동을 형성시키려고 할 때에는 조형이라는 방법을 사용한다.

이 원리는 완벽을 기다리지 않고 진전과정을 강화하는 것이다. 이 원리를 사용하려면 교사는 학생들이 도달하기를 기대하는 최종적인 행동을 몇 개의 작은 단계들로 나누는 것이 좋다. 그리하여 바람직한 목표나 행동을 향한 각각의 작은 단계의 진전을 강화하는 것이다. 조형에서 최종적으로 학습시키고자 하는 목표 행동은 현재 발생하고 있지 않기 때문에 목표 행동과 다를지라도 이와 유사한 행동이 나올 때 강화하기 시작한다. 그리고 유사 행동이 강화되어 그 빈도가 점차 늘어나게 되면 이 행동에 대한 강화를 중단하고, 목표 행동과 좀 더 유사한 행동이 나올 때만 강화를 해주기 시작한다. 또한 이 행동의 빈도가 어느 정도 증가하면 강화를 다시 중단하고 이 행동보다 목표 행동에 더 유사한 행동이 나올 때까지 계속하게 되는데, 이러한 절차를 조형이라고 한다.

행동 계약은 부모와 아동 간 혹은 교사와 아동 간에 서로 무엇을 어떻게 하겠다고 약속한 것을 글로 명시하는 방법이다. 이 방법은 부모 혹은 교사와 아동들 간에 의해서 목표 행동과 보상방법 등이 사전에 약속된 것이므로 다른 강화방법과 다르고, 특별한 것은 양자 간의 합의에 의해서 약속이 명문화된다는 점이다. 가장 효과적인 방법은 아동 스스로 계약조건을 작성하도록 하는 것이다. 처음에는 부모나 교사들이 아동들과 협의하여 계약할 수 있지만, 점차 아동들의 참여정도를 증가시킴으로써 결국에는 그들 자신이 주도적으로 행동 계약을 할 수 있도록 안내해 준다.

끝으로, 적극적 실습이란 어떤 행동을 다른 행동으로 바꾸도록 학생들을 돕는 전략이다. 학생들이 실수를 저질렀을 때 그들은 가능한 빨리 그것을 고쳐 다른 대안을 연습한다. 예컨대, 학생들이 학급규칙을 어겼을 때 벌을 주는 대신 그 학생으로 하여금 바른 대안 행동을 익히도록 요구한다.

한편, 바람직하지 않은 행동에 대한 대처방법으로는 싫증나게 하기(satiation), 질책(reprimands), 그리고 처벌(punishment) 등이 있다. 싫증나게 하기는 문제 행동을 그만두게 하는 또 다른 방법으로서 학생들이 그것을 하는 데 지칠 때까지 계속하도록 하는 것이다. 그러나 이 접근법은 주의해서 사용해야 한다. 왜냐하면 어떤 행동을 계속하도록 강요받은 학생들은 육체적으로나 정서적으로 해로울 수 있고, 심지어는 위험할 수 있기 때문이다. 이 원리를 사용할 때 교사는 학생들보다 먼저 포기해서는 안 된다는 점에 주의해야 한다. 또한 한 행동을 끝까지 반복시키는 것 역시 중요하다.

질책은 교사의 온정과 배려 속에서 시행되도록 주의해야 한다.[35] 한 연구는 부드럽고 개별적인 질책 대(對) 큰 소리로 학생들 앞에서 야단치는 질책 사이에 소란 행동의 감소효과를 실험하였다. 이 결과에 따르면, 문제 학생을 조용히 질책해서 그 학생만 들을 수 있게 하는 것이 더 효과적인 것으로 나타났다. 교사가 규칙 위반자에게 모든 학생들이 들을 수 있도록 큰 소리로 말할 때 오히려 소란 행동이 계속되거나 증가한다고 하였다.

처벌은 행동의 빈도를 감소시키는 하나의 방법이다. 처벌이란 특정 행동에 즉각적으로 뒤따라 나오는 자극의 변화에 의해 이후의 행동의 빈도가 감소하게 되는 과정을 말한다. 그리고 여기서 행동의 빈도를 감소시키는 자극의 변화를 '처벌인'(punisher)이라고 한다. 강화가 행동을 증가시켜야만 강화라고 말할 수 있듯이 처벌도 행동의 감소를 가져와야만 처벌이라고 할 수 있다.

강화가 정적 강화와 부적 강화로 나누어질 수 있듯이 처벌 또한 정적 처벌과 부적 처벌로 구별될 수 있다. 정적 처벌이란 어떤 자극이 주어짐으로써 행동이 감소하게 되는 경우이며, 부적 처벌은 어떤 자극이 없어짐으로써 행동이 감소하게 되는 것을 말한다. 아이가 나쁜 짓을 했을 때 부모가 매로 때림으로써 나쁜 짓을 더 이상 하지 않게 된다면 이것은 정적 처벌이라고 할 수 있다. 부적 처벌의 대표적인 예로는 타임아웃(time out)이 있다. 타임아웃이란 부적절한 행동을 했을 때 '강화인'(reinforcer ; 행동의 빈도를 증가시키는 역할을 한 자극)을 받을 수 있는 상황에서 격리시키는 것을 말한다. 일종의 사회적 고립을 뜻한다. 예를 들면, 어떤 아이가 교실에서 다른 아이들을 괴롭히고 산만한 행동을 할 때, 이 아이를 일시적으로 교실 밖으로 나가 있게 함으로써 교실 내에서의 재미있는 활동에 참여하지 못하게 하는 것이다. 이 접근은 행동주의 기법 중에서 가장 논란이 되고 있는 것 중의 하나이다.

처벌은 부적 강화와 다르다. 부적 강화는 구체적인 행동을 강화하는 데 초점이 맞춰져 있다. 교사들은 바람직한 행동이 나타나자마자 혐오적인 것을 제거시키는 것으로 행동들을 강화시킬 수 있다. 이는 또한 학생들에게 통제력을 발휘할 기회를 준다. 반면에, 처벌은 사건 후에 발생하며, 학생들은 그 처벌을 그렇게 쉽게 통제하거나 제거할 수 없다는 점에서 다르다. 또한 부적 강화는 요망하는 행동의 빈도를 높이기 위한 방법이나 처벌은 요망하지 않는 행동을 제거하기 위한 방법이란 점에서 근본적으로 차이가 있다.

처벌은 그 효과 면에서 매우 뛰어나기는 하지만 여러 가지 부작용이 있을 수 있다. 가장 대표적인 부작용으로 공격성을 들 수 있다. 인간과 동물 모두 처벌을 받게 되면 공격적 행동을 보이는 경우가 있다. 처벌을 적용함으로써 나타나는 또 다른 부작용으로는 부정적인 정서반응과 회피반응 등을 들 수 있으며, 처벌 적용에 따른 윤리적인 문제 또한 신중히 고려해야 할 사항이다. 처벌의 또 다른 단점은 부적절한 행동을 감소시킬 수는 있어도 바람직한 행동을 증가시킬 수는 없다는 것이다. 그러므로 처벌은 가능하면 사용하지 않는 것이 좋으며, 사용할 수밖에 없는 상황이라면 강화와 함께 사용하는 것이 바람직하다.

## Ⅵ. 이론에 대한 비평

제한된 범위 내에서 스키너의 기본적 입장인 "행동이란 강화에 의해 형성된다"는 주장에 대해 논박하기는 어렵다. 그러나 여러 사람들은 스키너의 급진적 행동주의가 도덕성의 발달과 교육에 대해 완전한 심리학적 토대를 제공하지는 못했다고 비판한다. 행동 변형의 효과성을 설명하는 데 다양한 해석들이 가능하다. 행동주의 원칙들과 정반대되는 원리들에 기초된, 그러면서도 그 효과에 있어서는 똑같은 다른 행동 형성의 형식들이 존재한다는 것은 사실이다. 이것은 사람들이 자신들을 순응시키는 길과 관련하여 높은 수준의 유연성을 소유한다는 확신을 우리에게 준다. 이러한 유연성은 또한 비록 사람들이 항상 자신들의 환경을 구성할 힘을 갖지 않을지 모르지만, 사람들이 환경 내의 요소들에 반응하는 방법에 관한 어떠한 통제를 실행할 수 있다는 것을 입증해 준다.

가치의 학습과 관련한 스키너의 생각들은 우리들에게 인간 자유에 어떤 한계들이 존재한다는 것을 기억하도록 해준다는 점에서 중요하다. 자유는 절대적인 조건이 아니라 개인적인 심리적 상태의 측면에서 배경과 행동을 통제하는 것으로 보인다. "우리의 배경은 우리의 자유를 통제한다. 그러나 우리는 또한 배경이 아무리 강력하다 하더라도 그 배경 및 가치들과 반대되는 결정을 내릴 힘을 갖고 있다는 것 또한 인정해야 한다."[36]

일반적으로 자유는 도덕성에서 행동을 평가하는 준거(standard)로서의 역할을 한다. 그렇기 때문에 사람들은 도덕적 문제와 관련하여 자신의 선택에 대한 책임을 진다. 행위자의 통제 아래에 있는 행위만 오로지 '도덕적' 가치가 있는 것이다. 이런 의미에서 우리는 자유를 한 '인간'이 되는 데에 있어서 본질적인 것이라고 말할 수 있다. "인간은 단순히 꼭두각시나 인질이 아니고 행위의 원천이자 책임의 소재이며, 게임에서의 경기자이다."[37] 인간은 그러한 경기자가 되는 '능력'(capacity)을 지닌 존재이다. 행동주의 이론가들은 이러한 인간 자유의 관점과는 얼마간의 거리를 유지하고 있다.

우리가 행동주의 이론의 많은 장점을 인정한다 하더라도 도덕교육의 차원에서 보면 수긍하기 어려운 점이 있다. 인간의 인지적 능력을 지나치게 도외시하였다는 점에서 그렇다. 도덕교육은 도덕적 이상과 원리에 따르는 도덕적 인간을 기르는 기획이다. "도덕적인 사람은 우선 도덕에 관심을 가질 수 있는 사람이다. 도덕적 관심은 우리가 일상생활에서 직면하는 문제들에 대해 도덕적으로 인식할 수 있는 지적 통찰력을 필요로 한다. 그러나 지적 통찰력은 도덕적 지식체계를 단순히 도덕적으로 옳다는 '사실'로서 받아들이는 것이 아니라 그것을 따르겠다는 진정한 '이유'로 받아들이는 도덕적 신념의 내면화이다. 이런 점에서 인격의 인지적 요소는 도덕적 감정이나 덕성과 밀접하게 관련된다."[38)]

행동주의 이론에 관한 비평을 고전적 조건화 이론과 조작적 조건화 이론으로 구분하여 제시해 본다.

## 1. 고전적 조건화 이론

도덕성의 조건화 이론은 도덕성에 관한 이론들 가운데서 가장 단순한 것에 속한다. 이러한 단순함은 또한 최대의 약점이기도 하다. 그러나 이 이론은 우리로 하여금 도덕성의 발달과 기능에 내포된 요소에 주의를 환기시키도록 해주었다. 이 요소란 '불안의 조건화'이다. 불안은 특히 아동들에게서 쉽게 조건화될 수 있다. 불안은 금지된 것들에 대한 위반에 뒤따라 나온다. 뿐만 아니라 비행에 대한 가혹한, 그리고 반복된 벌은 강력한 불안을 조건화하며, 또한 위반을 한 경우에는 불균형적인 감정적 반응들을 낳을 수 있다. 이러한 조건화된 불안은 내향적인 아동들에게 보다 쉽게 내면화되어질 수 있다. 조건화 이론에서 발견한 이러한 점들은 아동들의 도덕성의 발달에 관한 연구에서 중요한 공헌에 해당된다.

그러나 도덕적 가치의 획득을 조건화의 과정으로, 그리고 도덕성을 '조건화된 불안반응'으로 환원시킴으로써 조건화 이론은 행동주의 이론 일반이 받는 심각한 비판들을 고스란히 떠안는 결과를 초래하였다. 그동안 이 이론에 대해 제기되어 왔던 대표적인 비판 세 가지를 제시해 보면 다음과 같다.

첫째, 도덕성을 부정적인 기계적 장치로 간주하였다는 점이다. 이 이론에 따르면, 조건화된 반응들은 자율신경체계의 자동적인 반응들에 기인하며, 그것은 유기체의 의식적인, 그리고 심사숙고하는 통제를 넘어

선다. 따라서 도덕성을 자동적 영역으로 환원시키는 조건화 이론은 인간에게서 성숙한 도덕성과 양심의 두 가지 특징인 합리성과 자율성을 박탈해 버린다. 아울러 사람들은 오로지 부정적으로 동기화되어져야만 도덕적 행동을 보이는 것은 아니다. 다시 말하면, 사람들은 꼭 불안에 기초한 조건화된 반응을 보일 수 있을 때 도덕적인 존재가 되는 것은 아니라는 것이다. 인간의 행동은 이타적인 가치들에 의해 긍정적으로 동기화되어진다. 그리고 이들 도덕적 가치들의 발달은 상당한 정도가 성숙, 지적 발달, 사회적 강화, 그리고 경험들에 의존한다. 조건화 이론은 도덕성의 발달에서 이들 요소들의 역할을 무시하였다.

둘째, 벌의 개념을 너무 단순화시켰다는 점이다. 고전적 조건화 이론에 따르면, 불안의 조건화가 효과적이기 위해서는 벌이 비행에 바로 뒤이어 따라나와야 한다. 그러나 이러한 조건이 아동 양육 관습에서 충족되어지는지, 그리고 결과적으로 도덕성이 조건화 과정을 통해서 형성되어지는지의 여부는 아직 충분히 입증되지 않고 있다. 사실 벌의 문제는 보다 복잡하다. 아동은 비행을 저지르기 전이나 혹은 후에 벌을 받을 수 있다. 조건화 이론에 따르면, 비행을 저지르기 전에 받은 벌은 유혹에 대한 저항을 조장하는 반면, 비행을 저지른 후에 받은 벌은 위반 이후의 감정적 반응들에 대해 공헌한다. 그러나 우리가 심리적 및 신체적 벌의 다양한 효과를 생각해 보면 벌의 복잡성은 더욱 증가한다. 그럼에도 불구하고 조건화 이론은 벌과 관련된 복잡한 요소들과 도덕성 발달에 관한 다양한 효과들을 간과하였다.

끝으로, 너무 지나치게 습관이나 혹은 다른 사람들로부터 배워왔던 것에 의존한다는 점을 강조하고 있다는 것이다. 전적으로 보상과 벌에 의존한 학습은 진정한 도덕적 사고를 무의미하게 만들 수 있다. 왜냐하면 그러한 학습은 유연하질 못하고 너무 완고할 수 있기 때문이다. 다시 말해, 상황에 따라 유연하게 응용할 수 있는 능력을 발달시키지 못한 채 단순한 반복으로 그칠 위험이 있다. 그러한 학습은 상황에 특수적일 수 있다. 다른 문제들을 제기하는 상황들에 일반화되기 어렵다. 더 나아가 일단 지지하는 권위 인물이 사라지면 그 아동은 상실감을 느낄 수 있다. 왜냐하면 그가 하고 있는 바에 관한 승인이나 칭찬을 해줄 현재의 인물이 없기 때문이다.

따라서 교사들은 단순히 아동들에게 아무 생각 없이 계속 사용할 일군의 습관을 가르치고 있는 것은 아니라는 확신을 가질 필요가 있다. 교사들이 아동들에게 그들의 이해 수준에 적절하게 이유들을 말하고 또한 설명해 주는 것은 매우 큰 의미가 있다. 사회학습 이론에서 지적한 바와 같이, 교사들은 아동들에게 비도덕적인 행동들을 금지하는 이유들을 설명해 줌으로써 아동들이 자기 통제력을 갖도록 하는 데 도움을 줄 수 있다. 이는 아동들에 대한 교화의 위험을 피하는 길을 제공하기도 한다.

## 2. 도구적 학습 이론

이 이론은 도덕성에 관한 연구에서 보상과 벌의 중요성을 일깨워 주었다는 측면에서 중요한 공헌을 하였다. 도구적 학습 이론은 행동을 학습하는 데 있어서 보상과 벌의 효과를 입증하였다. 그런고로 도덕성의 적절한 발달을 위해서는 좋은 행동을 보상하고 나쁜 행동을 벌하는 것이 중요하다. 아동들에게 적절한 인지적 교수(가르침)를 제공하는 것은 그들로 하여금 다른 상황들을 보다 잘 분별할 수 있도록 해주며, 그리고 그에 따라 행동하도록 해준다는 발견 또한 이 이론이 제공한 공헌에 속한다.

그럼에도 불구하고 도구적 학습 이론은 도덕성의 이론으로서 몇 가지 단점을 지니고 있다. 이를 다섯 가지로 요약하여 지적해 본다.

첫째, 발달요소들(developmental factors)을 무시하였다. 도덕성 발달은 적절한 보상과 벌을 제공하는 과정에 의해서, 그리고 내적인 정서적 상태들을 낳음으로써 설명되어지는 것은 아니다. 피아제나 콜버그와 같은 인지발달 이론가들이 보여준 바와 같이 도덕성의 발달은 기본적인 발달적 과정을 포함한다. 예컨대 성숙, 사회적 상호작용 등등의 기능이다. 그러나 도구적 학습 이론은 도덕성이란 일차적으로 직접적인 강화를 통하여 학습된 하나의 자기 통제 메커니즘, 혹은 일군의 내면화된 규준들이라는 점을 강조함으로써 이 이론은 도덕성과 관련된 발달요소들을 간과하였다. 유기체에 의해 나타내진 행동들은 정상적으로 그의 발달단계와 상응한다. 그런 점에서 발달요소들은 매우 중요하다.

둘째, 도덕적 반응에서 인지와 정의(情意)를 무시하였다. 도구적 학습 이론의 약점은 도덕적 판단의 역할에 대해 적절한 중요성을 부여하지 않고, 또한 그것을 도덕성의 발달에로 통합하지 않은 점이다. 행동 통제의 많은 부분들은 벌을 받은 경험들을 통하여 조건화된 내적 정서들(internal affects)에 의해 영향을 받는다. 벌은 그 본질상 아동들에게 그 행위에 관한 인지적 평가(cognitive evaluation)를 부여한다. 그리고 벌을 받은 행위가 다음의 경우에 공포나 혹은 불안을 야기시킬 때, 이러한 공포 혹은 불안은 벌을 통하여 부여된 그 행위의 잘잘못에 관한 인지적 평가를 함축한다. 만약 벌에 그러한 평가적 요소가 없다면 우리는 벌을 단순한 공격적 행위들과 구분하기 어려울 것이다. 불안, 공포, 그리고 수치심과 같은 정서적 상태들은 행위의 잘못에 관한 의식이나 혹은 도덕적 위반에 관한 의식을 포함하는 한 도덕적 감정이다. 따라서 도덕적 반응은 내적 정서와 인지적 평가를 내포하고 있다는 점을 인정해야 할 것이다.

셋째, 부모와 아동 간의 상호작용의 역할을 무시하였다. 도덕성에 관한 도구적 학습 이론은 따뜻한, 그리고 애정 어린 부모와 아동 간의 관계의 역할에 대해 적절한 주목을 하지 않았다. 결과적으로 이 이론에 따르면 벌의 각기 다른 영향들은 그의 시행 시기와 주로 관련된다. 벌을 주는 동인과 벌을 받는 동인 사이에 존재하는 관계의 질과 채택된 훈육의 방법은 별로 주목을 받지 못하였다. 이들 정의적 요소들의 무시 때문에 위반 이후 반응들은 벌과 연합된 단순한 불안(그것은 공포, 수치심, 그리고 죄의식으로 구분되어질 수 있다)으로 단순화되어진다. 이들 감정적 상태들은 정신분석 이론과 같은 다른 이론들에서 강조하였던 애정 상실에 대한 공포로부터 나타나는 정서와는 분명히 다르다. 부모와 아동 혹은 교사와 학생들 간의 상호관계의 애정에 토대를 둔 정서는 위반 이후의 감정적 반응의 중요한 구성요소이다.

넷째, 매개 변인들(intervening variables)을 간과하였다. 즉 도구적 학습 이론은 도덕성 발달에 있어서 성별, 사회적 계층 차이 등등과 같은 변수들을 무시한 것이다. 도덕적 판단의 역할이 강조되지 않기 때문에 도덕성 발달에 대해 이들 변수들이 미칠 수 있는 가능한 영향들이 간과된 것이다.

끝으로, 인간의 창조적 행위에 대한 설명이 빈약하다. 대부분의 심리학자들은 조작적 조건화 이론에서 설명하는 행동학습을 인정한다. 그렇지만 행동주의자들이 사람들이 원래 어떻게 해서 행동을 시작하는가의 문제에 대해서는 회피하고 있다고 생각한다. 도덕적 행동이란 것이 일정한 틀이 정해져 있는 것이 아니다. 식당에서 음식을 먹는 방식이나 윗사람에게 인사하는 방법과 같은 행동만이 도덕적 행동은 아니다. 오히려 도덕적 행동은 훨씬 더 복잡하고 섬세한 사고와 추론을 요구하는 경우가 많다. 인간의 사고활동에 관심을 갖는 사람이라면 행동주의자들의 조건반사 원리만으로 모든 도덕적 행동을 설명할 수 있다고 믿기는 어려울 것이다.

## ✻ 주 ✻

1) R. M. Thomas, Basic Concepts of Behaviorism, R. M. Thomas (Ed.), *The Encyclopedia of Human Development and Education : Theory, Research, and Studies*, Pergamon Press, 1990, p. 66 참고.

2) 거트만(J. Guttmann)은 초등학교 6학년 아동들을 대상으로 정직에 관하여 토론을 한 후 눈을 감고 종이 위에 그려진 미로의 통로 사이를 양쪽 선에 닿지 않고 연필로 그어 나가는 과제를 제시하고 실험자가 뒤로 돌아서는 상황을 연출하여 속일 수 있는 기회를 주는 실험을 하였다. 그 결과 아동들의 도덕성 추론과 미로 실험에서 보이는 행동간에는 일관성의 관계가 없었다. 도덕적 추론을 잘했다고 해서 미로 실험에서 덜 속인 것은 아니라는 것이다. J. Guttmann, Cognitive morality and cheating behavior in religious and secular school children, *The Journal of Educational Research, 77*, 1984, pp. 249－254 참고.

3) W. M. Casey and R. V. Burton, The Social－Learning Theory Approach, G. L. Sapp (Ed.), *Handbook of Moral Development : Models, Processes, Techniques, and Research*, Religious Education Press, 1986, p. 74.

4) N. Salkind, 정옥분 역, 『인간발달의 이론』, 교육과학사, 1989, pp. 196－199 ; R. M. Thomas, 백운학 역, 『아동발달의 제이론』, 교육과학사, 1987, pp. 450－451 참고.

5) 기계론의 기원은 Wilhelm Preyer와 Sir Francis Galton의 연구 및 G. Stanley Hall의 후기 연구이다. 그러나 발달 심리학에서의 기계론적 정향은 J. B. Watson에 의해 등장하게 되었다. 현대 발달 심리학에서는 B. F. Skinner, 그리고 현대 행동 분석가들인 S. W. Bijou와 D. M. Baer의 연구(*Child development : The basic stages of early childhood*, Englewood Cliffs, NJ : Prentice Hall, 1976)가 그 전통을 대표하고 있다. 기계론적 모델은 유기체를 기계와 유사한 것으로 본다. 기계의 부분들, 그리고 그들의 관계는 모든 보다 복잡한 현상들이 궁극적으로 환원되어질 수 있는 기본적인 실체(basic reality)를 형성한다. 결론적으로, 기계론적 모델은 복잡한 현상들이 보다 단순한 요소들 혹은 구성요소들의 측면에서 궁극적으로 설명이 가능한 것으로 보여진다는 점에서 환원적이다. 이를 심리학적 측면에서 설명한다면, 환원론(reductionism)은 모든 복잡한 행동들이 사실은 매우 단순한 행동들의 배열로 이루어진다는 것을 나타낸다. 환원론은 복잡한 행동을 이해하기 위해서는 그 복잡한 행동을 구성하는 가장 작은 가능한 행동적 단위들을 격리

시키고, 그리고 개별적으로 조사하는 것이 필요하다는 것을 주장한다. 일단 개별적 단위들의 각각을 지배하는 과정(process)이 이해되면 행동에 관한 보다 복잡한 형식들에 관한 설명들이 자연스럽게 뒤따라 나올 것으로 본다. W. M. Kurtines and J. L. Gewirtz, *Moral Development : An Introduction*, Allyn and Bacon, 1995, p. 11.

6) D. E. Papalia 외 2인, 박성연 역, 『인간발달 I』, 교육과학사, 1993, p. 43.

7) W. M. Casey and R. V. Burton, 앞의 논문, p.75.

8) L. A. Hjelle, D. J. Ziegler, 이훈구 역, 『성격 심리학』, 법문사, 1990, p. 258.

9) B. F. Skinner, *Beyond freedom and dignity*, New York : Knopf, 1971, p. 96.

10) L. A. Hjelle, D. J. Ziegler, 앞의 책, p. 255.

11) M. Downey & A. V. Kelly, *Moral Education; theory and practice*, Harper & Row Ltd, 1978, p. 72.

12) 행동주의를 비판하는 자들은 사고나 감정이라고 하는 현상을 부정하는 것은 넌센스라고 하였다. 그러나 스키너는 이러한 비난을 초기 행동주의자들에게는 적절한 것이라고 인정하면서도 자신에게는 알맞은 것이 아니라고 부정하였다. 그는 초기 행동주의자들을 '방법론적 행동주의'(methodological behaviorism)라 하고, 자신의 입장을 '급진적 행동주의'(radical behaviorism)라 하여 구분하였다. 그리고 전자의 입장은 사고나 감정의 존재를 무시하지만, 후자는 사고나 감정을 정상적인 내재적 활동으로 인정한다고 하였다. 그러면서 스키너는 사고나 감정을 수용하지만, 그것을 취급하는 연구방법은 미성숙된 것이기 때문에 신뢰성이 매우 낮다고 하였다. 따라서 스키너 자신은 환경적 상황이나 관찰 가능한 행동의 분석에 의존하는 것이 최선이라고 주장하였다. 그는 행동에는 그 행위자의 외부에 있는 타인에 의해 관찰되는 것(외현적 행동 overt behavior)과 내성에 의해 본인만이 알 수 있는 것(내재적 행동 covert behavior) 두 가지가 있다고 생각하였다. 그는 전자에만 주목하였다. 또한 스키너는 왓슨과 같은 방법론적 행동주의자들이 '인격은 가소성이 있고 강화를 통제하고 있는 사람들의 욕구대로 형성될 수 있다' 고 주장하는 것에 대해 의견을 달리한다. 스키너 자신은 극단적인 환경론자가 아니라고 주장한다. 유전적 요소를 인정하고 있다는 것이다. R. M. Thomas, 백운학 역, 『아동발달의 제이론』, 교육과학사, 1987, pp. 458－459, 461 참고.

13) B. F. Skinner, 앞의 책, p. 105.

14) W. Day, Ethical Philosophy and the Thought of B. F. Skinner, J. E. Krapfl & E. A. Vargas, *Behaviorism and Ethics*, Michigan: Behaviordelia, 1977, p. 21.

15) 위의 논문, p. 21.

16) B. Spiecker & R. Straughan (Eds.), *Philosophical Issues in Moral Education and De-*

*velopment*, Philadelphia : Open University Press, 1988, p. 9.

17) H. J. Eysenck, The development of moral values in children, *British Journal of Educational Psychology*, 1960, p. 13.

18) 위의 논문, p. 13.

19) J. Aronfreed, *Conduct and Conscience*, New York, Academic Press, 1968, p. 49.

20) 위의 책, pp. 5－6.

21) R. DeVries & L. Kohlberg, *Constructivist Early Education : Overview and Comparison With Other Programs*, Longman Inc., 1987, p. 5.

22) H. J. Eysenck, *Crime and Personality*, Granada Publishing, 1977, p. 120.

23) 위의 책, p. 121.

24) 위의 책, p. 137.

25) R. W. Malott, H. M. Kent, Developing Moral Control, J. E. Krapfl & E. A. Vargas, 앞의 책, p. 49.

26) 자연적 통제의 형식은 사회가 행동의 결과들에 개입하지 않을 때 발달한다. 가장 단순한 행동 통제의 형식으로서 사람이 자연의 세계에서 생존하도록 돕는다. 문화적 통제는 타인들의 노력을 통해 인간 행위의 결과들을 강요하거나 혹은 조정하는 데 작용한다. 그리고 도덕적 통제는 가장 복잡한 형식에 속한다. R. Malott와 H. Kent는 도덕적 통제를 죄의식 통제(Guilt control), 규칙 지배적 통제(Rule－Governed Control), 그리고 합리적 통제(Rational Control)로 구분하였다. 죄의식 통제는 다른 사람들에 의해 벌을 받는 것과 비슷하게 자기 스스로 자신을 벌주는 행위이다. 행동주의자들이 도덕성의 형성과 발달을 설명하는 것은 이러한 유형의 통제를 의미한다고 보아야 할 것이다. 규칙 지배적인 통제는 말 그대로 규칙을 준수하여 자신의 행동을 통제하는 것이다. 예컨대, "가만히 좀 있어, 작은 생물이라도 다치지 않도록 조심해야 해!"라고 하였을 때, 여기에는 '생물은 보호되어야 한다'라는 규칙이 존재한다. 끝으로 합리적 통제는 콜버그(L. Kohlberg)의 5단계와 6단계에 해당되는 것으로 보다 복잡한 규칙 지배적인 통제라 할 수 있다. 이에 관한 자세한 내용은 위의 논문, pp. 49－61 참고.

27) J. Aronfreed, 앞의 책, p. 243 참고.

28) 위의 책, p. 238 참고.

29) R. DeVries & L. Kohlberg, 앞의 책, p. 5 참고.

30) J. L. Elias, *Moral Education : Secular and Religious*, Robert E. Krieger Publishing Company, 1989. p. 67.

31) J. W. M. Whiting & I. L. Child, *Child Training and Personality : A Cross－Cultural Study*, Yale University Press, 1973, pp. 21－22 참고.

32) R. M. Thomas, 앞의 논문, pp. 66－67.

33) J. L. Elias, 위의 책, p. 67.

34) A. E. Woolfolk, 김아영 외 5인 역, 『교육심리학』, 학문사, 1997, p. 226 참고.

35) 위의 책, p. 235 참고.

36) J. L., Elias, 앞의 책, p. 68.

37) F. E. Ellrod, Freedom and Moral Choice, G. F. McLean, F. E. Ellrod, D. L. Schindler, J. A. Mann, *Act and Agent : Philosophical Foundations for Moral Education and Character Development*, Boston : University Press of America, 1986, p. 137.

38) 도성달 · 유병렬 · 김태훈 · 추병완, 『윤리학과 덕교육』, 한국정신문화연구원, 2001, p. 77.

## ✲ 참고문헌 ✲


도성달 · 유병렬 · 김태훈 · 추병완, 『윤리학과 덕교육』, 한국정신문화연구원, 2001.

Aronfreed, J., *Conduct and Conscience*, New York, Academic Press, 1968.

ijou, S. W. & Baer, D. M., *Child development : The basic stages of early childhood*, Englewood Cliffs, NJ : Prentice Hall, 1976.

Casey, W. & Burton, R. V., Training children to be consistently honest through verbal self–instructions, *Child Development, 53*, 1982.

Casey, W. M. and Burton, R. V., The Social–Learning Theory Approach, G. L. Sapp (Ed.), *Handbook of Moral Development : Models, Processes, Techniques, and Research*, Religious Education Press, 1986.

Day, W., Ethical Philosophy and the Thought of B. F. Skinner, J. E. Krapfl & E. A. Vargas, *Behaviorism and Ethics*, Michigan : Behaviordelia, 1977.

DeVries, R. & Kohlberg, L., *Constructivist Early Education: Overview and Comparison With Other Programs*, Longman Inc., 1987.

Downey, M. & Kelly, A. V., *Moral Education; theory and practice*, Harper & Row Ltd, 1978.

Elias, J. L., *Moral Education : Secular and Religious*, Robert E. Krieger Publishing Company, 1989.

Ellrod, F. E., Freedom and Moral Choice, G. F. McLean, F. E. Ellrod, D. L. Schindler, J. A. Mann, *Act and Agent : Philosophical Foundations for Moral Education and Character Development*, Boston : University Press of America, 1986.

Eysenck, H. J., *Crime and Punishment (3rd ed)*, Granada Publishing, 1977.

Eysenck, H. J., The development of moral values in children, *British Journal of Educational Psychology*, 1960.

Guttmann, J., Cognitive morality and cheating behavior in religious and secular school children, *The Journal of Educational Research, 77*, 1984.

Hjelle, L. A., Ziegler, D. J., 이훈구 역, 『성격 심리학』, 법문사, 1990.

Kurtines, W. M. and Gewirtz, J. L., *Moral Development : An Introduction*, Allyn and Bacon, 1995.

Malott, R. W., Kent, H. M., Developing Moral Control, J. E. Krapfl & E. A. Vargas,

*Behaviorism and Ethics*, Michigan : Behaviordelia, 1977.
Papalia, D. E. 외 2인, 박성연 역, 『인간발달 I』, 교육과학사, 1993.
Salkind, N., 정옥분 역, 『인간발달의 이론』, 교육과학사, 1989.
Skinner, B. F., *Beyond freedom and dignity*, New York : Knopf, 1971.
Spiecker, B. & Straughan, R. (Eds.), *Philosophical Issues in Moral Education and Development*, Philadelphia : Open University Press, 1988.
Thomas, R. M., 백운학 역, 『아동발달의 제이론』, 교육과학사, 1987.
Thomas, R. M., Basic Concepts of Behaviorism, R. M. Thomas (Ed.), *The Encyclopedi of Human Development and Education : Theory, Research, and Studies*, Pergamon Press, 1990.
Whiting, J. W. M. & Child, I. L., *Child Training and Personality : A Cross−Cultural Study*, Yale University Press, 1973.
Woolfolk, A. E., 김아영 외 5인 역, 『교육심리학』, 학문사, 1997.

Albert Bandura(1925.12.4~현재)

# 제6장 사회학습 이론

## Ⅰ. 기본 가정

사회학습 이론은 도덕성의 사회화에 관한 설명이다. 그것은 학습 이론의 산물이자 또한 학습 이론의 확장인 인간 발달에 관한 이론이다. 사회학습 이론은 사람들이 성장하면서 획득하는 행동의 유형이 주로 다른 사람들과의 상호작용의 결과라는 가정 위에서 인간의 발달을 설명한다. 이러한 설명방식은 사실 사회학습 이론의 독단적이자 고유한 것이 아니라, 몇 가지 기본적인 특징들을 공유하고 있는 여러 이론들의 집적물이라 할 수 있다. 특히 사회학습 이론은 "언어, 이해, 기억, 상상, 그리고 문제 해결에 관한 정보처리 이론(information-processing theory)과 그 기본 구조에서 상당히 공통적인 특징을 보이고 있다."[1]

역사적으로 보면 사회학습 이론은 행동주의 이론으로부터 발달하였다. 따라서 사회학습 이론은 기본적으로 인간의 행동을 자극과 반응의 기제로 설명하며, 강화가 반응을 더욱 효과적으로 일으키게 한다는 입장을 견지하고 있다. 그러나 고전적 행동주의와 대조적으로 사회학습 이론은 발달을 설명하는 중요한 요소로서 관찰 가능한 행동과 더불어 인간의 인지적 기능, 곧 마음 혹은 정신적 과정이 행동을 산출하는 데 있어서 하는 역할을 포함시켰다.

사회학습 이론은 인간이 행동을 할 때 그 행동에 뒤따르는 결과들이 비슷한 상황에서 똑같은 행동을 다시 시도할 것인지에 영향을 미칠 것이라는 믿음을 바탕으로 하고 있다. 만약 그 결과들이 보상으로서 경험된다면 미래에도 똑같은 행동이 다시 시도될 것이다. 그 역도 그대로 성립된다. 이것은 행동주의와 사회학습 이론 모두 공통적인 원리로서 작용한다.

그러나 사회학습 이론가들은 "많은 학습이 대리적(vicarious)"[2]이라는 확신을 갖고 있다. 다시 말하면, 사람들은 직접적으로 어떤 활동에 참여함으로써 학습을 하기도 하지만 오히려 다른 사람들을 단순히 관찰하는 것만으로도 많은 학습을 할 수 있다는 것이다. 사람들은 다른 사람들이 하는 행동을 보고 그 행동의 결과에 주목한다. 그런 후 사람들은 모방할 행동과 피해야 할 행동을 결정한다. 모방과 모델링에 대한 이러한 신념은 사회학습 이론을 행동주의와 결정적으로 구별시켜 준다.

사회학습 이론은 다음과 같은 기본적인 가정 위에서 인간의 도덕성 발달을 설명하고 있다.[3]

1. 인간의 행동은 기본적으로 외적 자극에 대한 반응의 결과이다. 인간은 내적인 정신작용을 통하여 자율적으로 판단하여 행동하기보다는 주변의 환경적 요소들의 영향에 따라 행동한다.
2. 인간은 도덕적 가치들과 습관적 행동양식들을 천부적으로 타고나지 않는다. 또한 그것들은 나이가 들어가면서 점차 자연적으로 진화하는 것도 아니다. 인간은 일상적인 삶의 과정에서 사회적 환경들과 직면하면서 그것들을 점차 학습한다.
3. 인간은 직접적으로 중요한 사회적 장면들에 참여하거나 혹은 그러한 장면들에 참여하고 있는 타인들을 목격한다. 인간은 사회적 교류에 직접 참여함으로써, 혹은 참여하고 있는 다른 사람들을 단순히 관찰함으로써 도덕적 가치들과 행동방식들을 학습할 수 있다.

4. 인간은 일상적인 삶의 경험들을 통하여 학습하는 도덕적 가치들과 행동양식들 중에서 어떤 것들을 채택할 것인가를 결정할 때 그에 뒤따르는 결과들을 고려한다. 사회적 교류의 결과들에 대해 보상이 뒤따르는 가치의 표현과 행동방식들은 채택된다. 반면, 결과들에 대해 바람직하지 않은 보상이 뒤따르거나 혹은 전혀 어떤 보상이 수반되지 않은 가치의 표현과 행동방식들은 거부된다.
5. 도덕성의 발달은 자신의 가치들과 행동방식들을 축적하고 또한 세련시키는 점진적인, 하루하루의 과정이다. 달리 말하면, 도덕성의 발달은 급작스런 진보를 내포하는 단계와 같은 방식에서 이루어지지 않는다.
6. 연령과 관련된 단계들의 계열이 존재하지 않는다. 인간은 학습에서 무한한 변화가 가능하다.

## Ⅱ. 인간관

사회학습 이론을 주창하는 자들은 매우 많으며, 또한 약간씩 관점에서 차이가 있다. 여기에서는 대표적인 사회학습 이론가라 할 수 있는 반듀라(A. Bandura)의 인간관을 중심으로 사회학습 이론의 인간관을 제시해 본다. 반듀라는 온건적 행동주의자로 분류된다. 그 이유는 반듀라의 사회학습 이론이 전통적인 자극-반응 행동주의자인 스키너가 가정하는 것과는 몇 가지 점에서 다른 인간상을 제시하기 때문이다. 물론 사회학습 이론은 자극-반응 결합, 도구적 · 조작적 행동, 강화 스케줄 등의 개념을 포함하는 전통적인 S-R 심리학의 기본 관점들을 수용한다.

그러나 사회학습 이론은 또 다른 중요한 학습이 모방 또는 모델링의 과정을 통해서 일어난다는 것이다. 전통적인 S-R 이론도 그러한 과정을 전혀 무시하지는 않지만 사회학습 이론에서의 모방과정은 더욱 복잡해진다. 왜냐하면 개인은 어느 정도의 빈도와 강도로 어떤 행동을 모방할 것인지를 결정하는 능동적 역할을 하기 때문이다. 인간의 내적 사고과정인 인지적 작용을 인정하고 이를 강조하고 있다는 것을 뜻한다. 이러한 차이는 인간 본성에 관한 기본적인 입장의 차이로 나타난다.

반듀라는 인간들의 행동양식에서의 일차적 차별요인을 환경 내의 강화양상에 두고 있다. 이는 "원초적 반사를 제외하고 인간은 태어날 때 어떠한 행동 목록도 가지고 있지 않다. 인간은 그 모든 것들을 배워야만 한다"[4]라는 그의 기본 명제에 잘 나타나 있다. 그는 전적으로 인간의 생물학적 요인을 거부하지는 않았다. 그도 호르몬이나 유전적 속성과 같은 생물학적 요인이 행동에 영향을 미칠 수 있다고 보았다. 그러나 다른 사회학습 이론가들과 마찬가지로 그 역시 인간의 본성을 환경적 측면과의 연계 속에서 파악하였다.

반듀라는 인간과 환경과의 상호 결정론(reciprocal determinism)을 옹호한다. "인간의 관념, 행위, 환경들은 서로 상호작용의 결정인자이기 때문에 인간은 환경의 힘에 의해서 통제되는 무력한 대상도 아니며, 또한 자신이 선택하는 것은 무엇이든지 할 수 있는 완전히 자유로운 행위자도 아니다"[5]라는 입장이다. 그의 관점에서 보면 인간은 자신의 행위를 규제함으로써 미래의 환경조건에 영향을 줄 수 있다는 점에서 다소 자유로운 존재로 여겨진다. 인간은 주로 인지과정과 자기 강화의 방법으로 이러한 과정을 수행해 나간다. 그러나 또한 환경은 인간이 환경에 주는 만큼 인간에게 영향을 미친다. 자기 규제와 인지를 통하여 환경의 직접적인 영향은 상당히 수정된다. 따라서 행동 · 인지 · 환경요소 사이에는 계속적인 상호작용이 있게 된다. 결국 인간은 환경을 형성하는 동시에 환경은 또한 인간을 형성시킨다.

이러한 상호 결정론에는 인간의 합리성을 인정한다는 가정이 깔려 있다. 전통적인 행동주의와 달리 인간의 인지능력을 인정한 셈이다. 그가 인지심리학자로 분류되는 까닭도 여기에 있다. 그의 합리성에 대한 가정은 그의 중심 개념인 모델링 또는 관찰학습에서 분명히 드러난다. 관찰된 행위의 인지적 심상들을 형성하거나 기억해둘 능력이 없이는 모델링이나 관찰학습이 불가할 것이기 때문이다. 또한 반듀라의 합리성에 대한 가정은 그가 외적 강화를 행위의 자동적 결정인자로서보다는 그것의 정보적 · 유인적 기능을 더욱 강조하고 있는 점에서도 잘 나타난다. 그의 관점에서 보면 강화란 인간으로 하여금 미래의 행위를 야기시키는 것과 관련해 어떤 생각을 하게 하는 것이다. 즉, 강화를 인지적 개념으로 해석한다. 이러한 입장은 스키너의 행동주의 이론과는 매우 다르다. 그러므로 사회학습 이론에서 인지가 중심적 위치를 차지하고 또한 그 중요성이 확산되는 것은 그 밑에 합리성에 대한 가정이 깔려 있다는 것을 의미한다.

반듀라에 따르면, 인간은 외부 영향에 대해 능동적으로 반응한다. 인간은 자신의 인지과정을 통해서 외부 영향을 관찰하고 분석함으로써 그에 대해 반응한다는 것이다. 이는 인간을 어떤 기대와 우연에 따라서뿐만 아니라 행동이 일어나기 전일지라도 자신의 행동의 결과가 무엇인지 알 수 있는 선견이나 지식에 따라서도 환경을 조작하는 '능동적 중재자'로 인식한다는 것을 의미한다. 인간은 자신의 행동에 의해 나타날 외적 결과를 관찰하고, 생각하고, 계획하고, 예견한다.

반듀라를 포함한 사회학습 이론가들은 인간은 미래지향적 방식으로 행동한다는 입장을 견지하고 있다. 인간의 행동은 과거나 현재에 나타난 외부 결과에 대한 반응보다는 예견된 결과에 대한 반응에 더 지배된다는 것이다. 근본적으로는 자신의 행동에 대한 예견된 결과에 따라 반응함으로써 행동하는 것이다. 이러한 관점은 전통적 행동주의 입장인 자극-반응개념으로부터의 급진적인 변화를 나타낸다.

## Ⅲ. 도덕성의 개념

사회학습 이론은 전통적인 행동주의의 자극-반응 이론에서 규정하는 도덕성의 개념을 기본적으로 수용하면서도 이를 좀 더 확장시킨다. 사회학습 이론이 상정하는 도덕성의 개념 속에는 승인되지 않은 행동의 억제, 즉 유혹에 대한 저항뿐만 아니라 자기평가적 · 비판적 반응들과 같은 자기 통제의 성격이 함축되어 있다. 따라서 사회학습 이론은 도덕성을 문화적 규준들(cultural standards)의 내면화를 통해 발달된 일종의 자기 통제 메커니즘으로서 규정한다.

행동주의 이론은 도덕성을 도덕적 규범을 위반하고자 하는 유혹에 대한 저항으로 설명하는 경향이 강하고, 사회학습 이론은 도덕성을 기본적으로 유혹에 대한 저항으로서 인식하지만 행위의 사회적 표준을 내면화하는 과정으로서, 혹은 사회의 도덕적 규칙을 자신의 것으로 받아들여 행동하는 과정에 관한 학습의 측면에서 설명하는 경향이 강하다. "도덕적으로 행동한다는 것은 해로운 행위를 금지하고 유익한 행위, 즉 다른 사람들의 복지를 증진시키는 행위를 촉진시키는 행동에 대한 통제를 내면화한다는 것이다."[6] 내면화된 통제에 관한 행동적 증거는 강화자(reinforcer)가 존재하지 않을 때 그러한 통제를 반복적으로 보여주는 것이다. 예컨대, 어른들이 보지 않아도 늘 횡단보도로 통행하는 아동은 통제의 내면화를 입증시켜 주고 있는 것이다.

그러면 사회학습 이론은 도덕적 통제의 내면화가 어떻게 이루어지는 것으로 설명하는가? 사회학습 이론은 대부분의 개인의 행동은 경험하는 자극과 강화의 패턴들에 의해 통제된다는 것을 가정한다. 또한 행동에 관한 최초의 사회화는 부모의 통제 아래에서 조작적 조건화와 고전적 조건화를 통해 일어난다고 가정한다. 사회학습 이론이 상정하고 있는 도덕성의 개념을 보다 구체적으로 검토해 본다.

전통적 S-R 이론과 사회학습 이론과의 중요한 차이는 후자가 발달에서의 '내적 중재과정' 조작을 특별히 중요시 여긴다는 점이다. 사회학습 이론은 특정 종류의 행동을 직접적으로 경험하지 않아도 '대리' 또는 간접 강화, 곧 관찰만으로도 그 행동을 학습할 수 있다는 것이다. 그러므로 특정한 상황에서 특별한 방식으로 행동하는 모델을 보는 아동은 그러한 상황에서 비슷한 방식으로 행동하는 것을 배울 것이다. '모델에의 모방'이라 불리는 이러한 유형의 학습은 사회적 학습의 본질적 측면이다.

사실 이러한 사회학습 이론은 동일시(identification)에 주목하는 정신분석론적인 정향과 관찰학습(modeling)에 주목하는 인지주의적인 정향이 날실과 씨실로 엮여 있는 모습을 보인다.

사회학습 이론은 도덕성의 보다 포괄적인 양식에 주의를 기울인다. 이에 따르면 도덕성은 자기 통제의 한 특수한 유형이다. 동일시와 관찰학습의 과정이 복합된 자기 통제 혹은 자제는 보통 순수한 외적 통제, 벌과 보상에 기초된 자기 통제, 그리고 순수한 내적 통제로 구별된다. 이 세 가지의 자기 통제 유형을 차례로 검토해 보면 우리는 사회학습 이론에서 상정하고 있는 도덕성의 개념을 충분히 유추해낼 수 있을 것이다.

순수한 외적 통제는 자기 통제 중에서 가장 하급에 속한다. 어린 아동들은 무엇을 해도 되는지, 그리고 무엇을 해서는 안 되는지를 모른다. 그들은 끊임없이 감독을 받고 통제를 받아야만 한다. 이러한 모든 통제들은 순수한 외적 통제에 속한다. 두 번째 유형의 통제로 아동의 자기 통제가 있다. 이는 벌에 대한 공포 혹은 보상에 대한 희망에 의존한다. 만약 아동들이 잘못에 대해 벌을 받으면, 특히 몇 차례 벌을 받는다면 그들은 더 이상 그 행동을 하지 않을 것이다. 그들에게 나쁜 짓은 벌과 연합되어진다. 따라서 그들은 벌의 공포 때문에 나쁜 짓을 회피할 것이다. 좋은 행동도 이와 같은 방식에서 설명된다. 이런 통제들은 개인 내부로부터 나온다 하여 비록 '자기 통제'라 불리지만, 벌을 주거나 혹은 보상을 줄 수 있는 어느 누군가가 즉시 혹은 가까운 미래에 존재하는 것에 의존하기 때문에 순수한 외석 통제의 확장에 해당된다.

통제의 세 번째 유형은 아동의 내적 통제이다. 이것은 부모들의 외적 통제에 의존하지도 않고 또한 벌이나 보상과 같은 요소들에 의존하지도 않는다. 통제가 전적으로 아동들 자신 내부로부터 나온다. 이런 아동들은 어떻게 행동할 것인가를 자기 자신에게 가르친다. 그들은 이러한 자기 교수(self instructions)에 따라 자기 자신을 통제하려고 노력한다. 만약 자기 교수와 상반되게 행동한다면 그들은 자기 자신에게 벌을 가한다. 벌이 자기 내부로부터 나온다. 이런 내적 통제는 외부 동인이 필요하지 않다.

부모나 성인들의 행동규준들을 진정으로 자기 자신의 것으로서 수용하였기 때문에 그들의 존재 여부와 상관없이 행동을 통제한다.

도덕성이란 용어는 위의 자기 통제 유형 가운데 마지막 유형인 순수한 내적 통제에 적용된다. 그러므로 도덕성이란 "아동들이 부모나 교사 등 성인들에 의해 표현된 가치들을 자기 자신의 것으로서 내면화하거나 혹은 통합시킨 결과로서 발달하는 내적 자기 통제(internal self-control)를 의미"[7]한다. 이러한 내적 자기 통제는 세 가지 준거를 갖는다. 우리는 이를 도덕성의 요소라 부를 수도 있을 것이다. 첫째, 도덕적 가치들 및 규준들(standards)에 따른 자기 교수이다(인지적 영역). 둘째, 발각될 혹은 벌을 받을 위험이 존재하지 않는 유혹상황에서의 통제의 유지이다(행동적 영역). 셋째, 죄의식, 즉 자신의 행동규준들을 위반함으로부터 기인하는 자기 책망, 자기 비판 혹은 후회(양심의 가책)의 발생이다(정의적 영역).

이런 맥락에서 사회학습 이론가들은 도덕적 규범을 위반하고자 하는 유혹에 저항하는 능력을 모든 사람들에게 공통적인 도덕성의 본질적인 구성요소로 보며, 그것이 무너져 내리거나 혹은 발달에 실패할 때, 다시 말해 유혹들이 저항되어지지 않을 때 개인이나 사회는 그에 따른 엄청난 대가를 지불한다는 입장을 견지하고 있다. 신문의 사회면에 등장하는 사건들은 이에 대한 충분한 증거를 제공하며, 그리고 그의 중요성을 점차 인식하도록 하게 한다.

일반적으로 도덕적 규범은 본질적으로 규정적(prescriptive) 혹은 금지적(proscriptive)인 성격을 지닌다. 예컨대, 십계명은 규정적 명령(부모를 존중하라, 신을 믿어라)과 금지적 명령(훔치지 말라, 거짓말하지 말라, 살인하지 말라 등)을 모두 포함하고 있다. 규정적 성격과 관련된 명령들은 한 사회 내에서의 개인 상호간의 삶의 질과 관련이 깊다. 반면 금지적 성격과 관련된 명령들, 즉 비도덕적 행동들의 금지는 사회 그 자체의 존속을 위해 더욱 필요한 것이다.

전형적인 사회학습 이론에 따르면, 도덕적 영역은 어떤 주어진 사회적 집단의 사람들이 헌신하는 도덕적 가치들의 특별한 배열에 의해 규정되어진다. 이들 가치나 원리 중에 어떤 것들은 특정한 사회에만 적용되기도 하고 또 어떤 것들은 대부분의 사회에 의해 공유되기도 한다. 예를 들면 "살인하지 말라", "거짓말하지 말라", "도둑질하지 말라" 등의 원리들은 모든, 혹은 거의 모든 사회의 구성원들의 일반적 복지를 증진하기 때문에 대부분의 사회에 의해 공유된다. 그러나 도덕적 가치들이 적용되어지는 조건들은 사회 체계에 따라 다를 수 있다는 점을 인정하고 있다.

또한 도덕적 가치들은 개인적인 것이 될 수도 있고 또한 여러 사람이 공유하는 것이 될 수도 있다. 개인적 가치는 어떤 사람이 타인들에 대해 행동하는 좋은 그리고 나쁜 방식들에 관하여 간직하는 확신이다. 공유된 가치는 다양한 사람들에 의해 공통적으로 간직되어진 그러한 확신이다. 공유된 가치들은 흔히 조문화된 법의 형식으로 나타내어지거나 한 집단의 구성원들이 존중하게 되는 관습으로서 유지된다. 사회학습 이론가들은 어떤 도덕적 가치들이 철학적으로 다른 것들보다 우월한가를 주장하려고 시도하지 않는다. 대신에 그들의 과제는 사람들이 어떻게 그러한 가치들을 획득하는가에 관한 과정들을 심리학적으로 설명하는 것이다.

사회학습 이론은 사람들이 도덕적 가치를 간직해야 할 필요성을 인정하고, 또한 사람들이 그 사회의 구성원들에 의해 광범위하게 환영된 대부분—비록 모두는 아니라 하더라도—의 가치들을 수용하여 내면화할 필요가 있다는 것을 인정한다. 그러나 사회학습 이론은 보통 그러한 가치들이 무엇이어야 하는가에 대해서는 결코 관심을 갖지 않는다. 그 까닭은 사회마다 규범적인 도덕적 가치들에서 차이들이 존재할 수 있고, 또한 한 사회 내에서조차도 개인들 사이에 차이가 어느 정도 존재할 수 있다는 점, 그리고 대부분의 사람들은 사회적 학습 과정을 통하여 자신들에게 특수한 문화의 지배적 가치들을 채택한다는 점을 인정하기 때문이다.

## Ⅳ. 도덕성의 발달

사회학습 이론은 사회적 행동이 주로 관찰과 정보에 대한 정신적 처리과정을 통하여 학습된다고 가정하는 일종의 학습 이론이다. 이 이론에 대한 검토는 논리적으로 도덕성 발달에 대한 행동주의 이론, 정신분석 이론, 그리고 인지학습 이론에 대한 검토 이후에 이루어져야 한다. 이러한 논리는 사회학습 이론이 도덕적 추론을 포함하는 다양한 사회화의 과정을 통해 모든 학습을 설명하고자 하는 노력에서 변형된 행동주의를 정신분석 이론이나 혹은 인지학습 이론과 한데 묶으려고 시도하는 이론들의 집합이라는 사실에 근거한 것이다.[8] 따라서 학습 이론의 기본적인 개념들은 사회학습 이론이 도덕성 발달을 설명하는 근본 구조를 제공하고 있다.

도덕성의 형성과 발달을 설명하는 하나의 중요한 축으로서의 학습 이론이 발전해 온 과정을 표로 정리해 보면 다음과 같다.

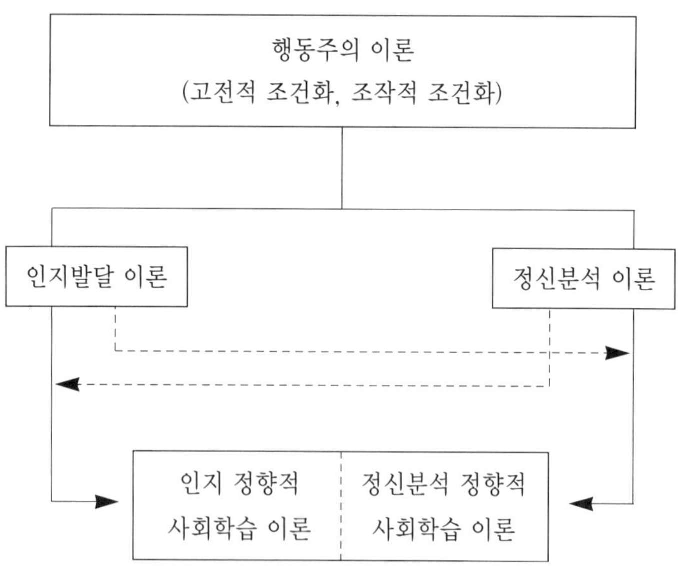

사회학습 이론가들은 다양한 심리학 이론들로부터 개념, 가설, 그리고 방법론에 관하여 선택적으로 의존하고 있다. 어떤 이론가들은 정신분석학적 개념들인 동일시(identification), 좌절(frustration), 억압(repression), 그리고 의존(dependency)의 개념들을 사용하는 반면, 어떤 이론가들은 모델링(modeling)이나 모방(imitation)과 같은 그들 자신의 개념들을 구성하였다. 그들은 또한 문화인류학자들의 연구결과들을 이용하기도 하였다.

사회학습 이론이 이처럼 복잡한 양상을 띠게 된 까닭을 이해하기 위해서는 그 이론이 발달해 온 배경을 검토해 볼 필요가 있다. 고전적 조건화 이론과 조작적 조건화 이론은 인간을 너무 수동적인 역할을 하는 존재로 인식한다는 점에서 많은 비판을 받아왔다. 이러한 문제점을 극복하기 위해 2차 세계대전 바로 직전에 일군의 심리학자들은 추동 이론(drive reduction theory)[9]과 본능 이론(instinct theory)[10]이라는 두 가지 학습 이론에 관심을 기울이게 되었다. 이 두 가지의 이론적 혼합에서 밝히고자 하였던 문제들 가운데 하나는 인간의 행동들이 어떻게 직접적인 교수 없이도 획득되어지는가 하는 것이었다. 정신분석 이론의 프로이드는 이러한 이슈를 동일시와 초자아의 발달로 설명하였다. 프로이드가 제안한 동일시 과정의 많은 것은 직접적인 교수 없는 관찰에 의한 학습과 모방의 중요성을 지적한 것이었다. 반면에, 학습 이론가들은 하나의 전체적인 과정으로서의 동일시 개념에 기초된 프로이드의 가설들에 불만을 갖고 그것을 관찰 혹은 잠재학습(observational or latent learning)의 명칭 아래 접근하였다. 이는 학습에서 인지적 요소의 역할을 강조한 것이다.

잠재학습은 톨만(E. C. Tolman)이 대표자라 할 수 있다. 그는 외현적 행동으로 나타나지 않더라도 학습은 일어날 수 있다고 주장하였다. 외현적 행동에 대한 강화 없이도 학습이 일어날 수 있으며, 이러한 형태의 학습을 잠재학습이라고 하였다. 잠재학습에서는 학습이 수행으로 즉각 나타나지는 않으나 나중에 수행에 대해 강화가 주어지면 학습현상을 볼 수 있게 된다. 관찰학습이란 이러한 잠재학습으로부터 비롯된 것이다. 관찰학습은 학습자가 직접적으로 행동하지 않고도 타인이 행동하는 것을 관찰함으로써 행동을 학습하는 것을 말한다. 관찰에 의한 사회적 학습은 다른 사람들을 바라보는 것, 곧 관찰, 모델링, 그리고 모방에 의한 학습의 중요성에 주의를 기울였다.

우리는 이러한 측면에 관심을 기울인 사람들을 모두 포괄적으로 같은 범주로 포함시켜 소위 말하는 사회학습 이론이라 부른다. 고전적 행동주의 이론을 S－R 이론이라 한다면, 현대 행동주의 이론이라 할 수 있는 사회학습 이론은 S－O(유기체)－R이라 불린다. 여기에서 'O'는 유기체의 기능을 의미한다. 이를 매개변수라 부르는 사람도 있고, 사고(thinking)라고 부르는 사람도 있으며, 정보처리 과정(information processing)으로 부르는 사람도 있다. 이 이론은 자극을 반응으로 변화시키는 과정에서 유기체 내에 무엇이 일어나고 있는가를 검토해 보려고 한다. 사회학습 이론이란 명칭은 이 이론이 행동의 규정 요인으로 사회적 변인을 중요시하고 있기 때문이다. 사회학습 이론은 프로이드의 정신분석 이론을 행동주의 방식으로 풀어 해석하려는 정신분석 정향의 사회학습 이론가들과 인지학습 이론의 측면을 행동주의 방식으로 적용하여 이론을 전개하려는 인지적 정향의 사회학습 이론가들로 구분된다.

이들 이론 간에 존재하는 관심상의 차이와 연구결과들을 검토해 본다.

정신분석학적 정향을 가진 사회학습 이론가들은 도덕성 발달의 몇몇 측면들을 설명하기 위해 동일시 과정(identification process)에 주목한다. 이 이론의 발달은 밀러와 달라드(N. E. Miller & J. Dollard)[11]가 많은 공헌을 하였다. 그들은 사람들, 특히 아동들이 모방을 통하여 다른 사람들로부터 행동을 획득할 때 내포된 과정들에 관심을 가졌다. 2차 세계대전 이후 이 부류에 속한 이론가들은 본격적으로 아동과 부모 간의 관계에 관심을 집중하여 연구를 진행하였다. 부모와의 동일시는 아동들의 행동이 그들 부모의 행동과 일치하느냐 혹은 하지 않느냐에 따라 아동 자신들을 칭찬하거나 혹은 책망하는 과정에 대한 언급이다. 어떤 연구는 아동들이 그들의 부모를 선택적으로 동일시한다는 것, 그리고 내적인 가치보다는 외적인 행동을 더욱 쉽게 동일시한다는 것을 지적하고 있다. 따라서 "부모들은 아동들이 훔치기와 거짓말하기 등에 대한 금지들을 수용하도록 하기 위해서는 소극적인 동일시 모델 그 이상이 되어야 할 필요가 있다."[12)]

정신분석 정향을 지닌 사회학습 이론의 대표적인 사람들로는 시어즈(R. R. Sears)와 그의 동료들을 들 수 있다. "이들은 행동주의 이론과 정신분석 이론을 모두 이용하는 이론적 뼈대를 통해 공격, 유혹에 대한 저항, 그리고 죄의식을 포함하는 도덕성 발달에 관한 많은 측면들을 탐구함으로써 이 분야에 지대한 공헌을 하였다."[13)] 특히 시어즈는 동일시 과정에 특별한 관심을 가지고서 정신분석학적 영역을 행동주의 이론과 결합시킴으로써 발달에 대한 최초의 그리고 유일한 절충적인 견해를 탄생시켰다.[14)]

그는 아동의 사회적 발달 가운데서 동일시라고 하는 적응기제가 어떠한 역할을 지니고 있는가 하는 문제를 집중적으로 연구하였다. 그의 모방행동에 관한 연구는 반듀라의 관찰학습 이전에 등장한 것으로 반듀라에게 많은 영향을 미쳤다. 다른 행동주의자들과 같이 시어즈 또한 아동의 행동결과가 그 아동이 어떠한 특징을 지니는가를 결정하는 요인이라고 생각하고 있었다. 그러나 그는 아동이 부모를 닮는 것은 부모의 의식적이고 일관된 교육의 탓이 아니라고 생각하였다. 아동은 동일시에 의해서, 즉 모델의 흉내를 냄으로써 자연발생적으로 학습된다는 것이다. 자극과 반응 사이의 매개변인을 인정한 것이다.

시어즈는 동일시 과정을 하나의 발달적 성격으로 설명하였다. 원래 행동주의 모형은 발달단계의 존재를 가정하지 않는다. 그 까닭은 만약 발달이 일련의 단계 순서대로 이루어진다면, 이는 개인이 어떤 지점에 도달할 때 정체기와 갑작스런 변화의 불연속 과정으로서 발달이 이루어진다는 것을 뜻하기 때문이다. 따라서 행동주의 이론은 행동의 연속성을 지지한다. 이전의 행동들은 이후의 행동과 관련되어 있고, 또 어느 정도는 이후 행동의 원인이 된다고 믿는다. 시어즈는 이런 맥락에서 동일시의 과정을 (1) 기본적 행동(rudimentary behavior), (2) 이차적 행동체계(secondary behavioral systems), 그리고 (3) 이차적 동기유발 체계(secondary motivational systems)의 세 가지 단계(stages) 모형을 제시함으로써 최초로 행동주의에 단계개념을 제시하였다. 이를 표로 제시해 보면 다음과 같다.

| 단 계 | 연 령 | 초 점 |
|---|---|---|
| 1 : 기본적 행동<br>2 : 이차적 행동체계<br>3 : 이차적 동기 유발체계 | 출생 ~ 16개월<br>16개월 ~ 5세<br>5세 이상 | 선천적 욕구<br>가족중심적 학습<br>가족 외적 학습 |

이와 같이 시어즈는 프로이드의 동일시 개념을 행동주의 구조에 포함시켜 부모와 같은 여러 모델들이 아동들에게 어떠한 영향을 제공하는가를 주의 깊게 검토하였다. 특히 그는 부모가 자녀를 양육하는 방법에 관심을 집중하였으며, 그 연구결과는 지금까지도 상당한 공헌을 하고 있다. 그는 어머니의 애정이 중요한 요인이었음을 밝혔다. 어머니의 애정은 자녀의 많은 행동과 관련이 있었고, 어머니의 냉담은 오줌싸기와 식생활 습관 문제와 연관이 있었다. 또한 그는 아동 훈육시에 벌과 보상의 효과를 연구하였다. 그 연구결과에 따른다면 벌이 보상보다 덜 효과적인 것으로 나타났다. 체벌은 공격성과 식생활 습관과 큰 연관이 있는 것으로 나타났다.

또 다른 정신분석학적 정향을 지닌 사회학습 이론가들인 화이팅(J. Y. M. Whiting)과 그 동료들은 프로이드의 연구에 기초하여 위와 같은 행동이론들에 대한 검증을 범문화적 비교로 확장하였다.[15] 전형적으로 이들 연구들은 성인기에 나타나는 성격적 특징들이 어려서 받은 훈육 테크닉에 의해 영향을 받는지의 여부, 이들 테크닉들이 관리되어지는 강도, 그리고 테크닉이 사용되어질 때 아동의 연령 등을 중심으로 시행되었다. 그 대표적인 것은 유아에 쏟은 인생 초기의 따뜻함이 성인기에서 높은 양심(죄의식)을 낳는다는 결과이다. 이들 연구들은 또한 세계 여러 사회들이 사회규칙들에의 일치를 확인하기 위한 사회적 통제기제들을 가지고 있다는 것, 그리고 이들 메커니즘들이 각기 다른 아동 양육 선례들과 연결되어진다는 것을 보여주었다. 서구 사회는 유혹에 대한 저항과 죄의식으로 구성되는 양심의 내면화에 의존하는 경향을 보여준다. 반면에 다른 사회들은 마법, 유령에 대한 공포, 혹은 수치 등과 같은 다른 메커니즘들에 의존한다는 것이다.

한편, 또 다른 일군의 학자들은 하나의 전체적인 과정으로서의 동일시 개념에 기초된 가설들에 불만을 갖고 모방에 포함된 많은 요소들을 경험적으로 탐구하였다.[16] 이들 연구들은 도덕적 규칙들을 설교할 뿐만 아니라 실천하는 모델들(부모, 친구들, 교사들, 형제들)이 관찰자로 하여금 그러한 똑같은 높은 표준들과 일치하도록 하게 하는 데 영향을 미친다는 것을 입증하였다. 부모를 포함한 많은 성인들은 아동들에게 '설교'를 통해 도덕적 규칙들을 의식적으로 가르치려고 노력하지만, 그들은 또한 자신들의 행동에 의해서 '가르치고 있다'는 것을 지각하지 못하는 경우가 많다. 이들 연구자들은 아동들은 모델이 제공하는 도덕적 표준들에 관한 언어화된 훈계보다는 존중하는 모델의 행위를 더 잘 모방한다는 증거들을 내놓았다.[17]

사회학습 이론가들은 이러한 결과들을 설명하기 위해 점차적으로 인지적 과정들의 역할에 관심을 집중하게 되었다. 예컨대, 관찰된 바에 대한 주목 및 그에 대한 해석, 시간이 지난 후 모델의 행동에 대한 기억, 성(性)에 적절한 행동과 같은 선택적인 모방, 그리고 모델의 행동을 기호화하기 위해 필요한 인지적 수준 등이다. 그리하여 사회학습 이론가들은 그들의 설명에서 점차적으로 인지적 구성요소들을 포함하였다.

이러한 입장을 견지하는 가장 대표적인 사람이 반듀라이다. 위의 내용은 반듀라의 사회학습 이론에서 핵심적인 위치를 차지하고 있다. 그에 따르면 사람들은 새로운 행동을 거의 창조하지 않는다. 사람들의 대부분의 행동은 어느 누군가를 모방함으로부터 나온다. 그러한 행동은 모델을 정확히 모사한 것이거나 혹은 여러 다른 사람들의 행위들을 부분적으로 독특하게 조합한 것일 수 있다. 반듀라에 따르면, "다양한 모델들에 노출될 때 관찰자들은 거의 단 하나의 원천을 배타적으로 모방하여 그들의 행동을 유형화하지 않으며, 또한 그들이 선택한 모델들의 모든 속성들을 채택하는 것도 아니다. 오히려 관찰자들은 자신들의 개인적 원천들과 다양한 모델들의 측면들을 혼합하여 새로운 합성물을 만들어낸다. … 서로 다른 관찰자들은 모델들이 갖고 있는 여러 특성들의 각각 다른 조합들을 채택한다"[18]는 것이다.

반듀라는 도덕성 발달에 대한 가장 일관된 인지정향적인 사회학습 이론을 제시하였다. 그는 피아제와 콜버그의 단계 이론에 관해 비판적이다. 반듀라는 인간의 도덕성이 각기 별개의 융통성 없이 고정된 일렬방식의 단계들(lock－step stages)로 발달한다는 생각을 거부한다. 물론 그 역시 일반적인 발달의 경향성마저 부인하는 것은 아니다. 그는 아동들이 나이가 들어감에 따라 모든 문화에서 공통적으로 나타나는 생체 정신사회적 변화들(biopsychosocial changes)의 비슷한 유형들 때문에 발달의 순서에서 약간의 보편성들이 존재한다는 점을 인정한다. 반듀라는 모든 문화에 보편적인 그러한 유사성들로서 아동들의 지적 능력이 성숙한다는 것, 보다 일반화되고 또한 복잡한 도덕적 가치들을 획득하는 사회적 경험들의 범위가 점차 확장한다는 것, 사회는 연령에 따라 각기 다른 행동 기대와 제재들을 적용한다는 것, 그리고 인간은 도덕적 표준들을 자신들의 행동을 안내하도록 내면화시키는 능력이 점차 증가한다는 것 등을 들었다.[19]

그는 도덕성 발달을 사회적 상황들에서의 변화를 통해 설명한다. 어린 아동들은 처음에 여러 가지 행동적인 통제를 받는다. 그들은 심지어 신체적 본능과 관련된 행동들에 대해서조차도 통제를 받는다. 그러나 아동들이 점차 성장함에 따라 그들에 대한 통제도 신체적 제재(制裁)들로부터 점차 사회적 제재들로 변화되어 간다. 사회적 제제들을 통해서 그들의 행동을 통제해 나가는 것이다. 그는 이에 대해 "성공적인 사회화는 외적인 제재(制裁)와 요구에 대해 상징적이고 내적인 통제들의 점진적 대체를 요구한다. 행위의 도덕적 표준들이 개인 교수와 학교교육에 의해 확립되어진 후 자기 존대감이 위반행동에 대한 억제로서 등장한다"[20]고 주장하였다.

반듀라에 따르면, 부모들은 아동들이 점차 나이가 들어감에 따라 그들에게 도덕적 추론의 형식을 사용하기 시작한다. 그들은 또한 청소년들에게 법적 규칙과 벌칙에 호소한다. 아동들은 또한 도덕적 결론에 도달하는 방법을 배운다. 나이가 든 아동들과 청소년들은 부모 이외에 도덕적 판단과 행동을 학습하는 대상들을 갖게 된다. 부모 이외의 다른 성인들, 또래들, 그리고 다양한 상징적인 유형의 모델들은 중요한 역할을 한다. 더 나아가 텔레비전에 나오는 본보기들은 현대 사회에서의 가치들을 학습하는 데 있어서 커다란 영향력을 발휘한다. 반듀라는 사회적 학습의 조건들이 문화들마다 매우 다양하기 때문에 도덕성 발달의 단계와 유형들을 일률적으로 말하기가 불가능하다고 하였다.

또한 반듀라는 사람들의 도덕적 판단을 많은 요소들의 기초 위에서 만들어진 사회적 결정체라 하였다. 사람들은 도덕적 교훈, 모델링, 그리고 법률 위반에 따른 경험들에 기초하여 자신의 도덕적 판단을 내린다는 것이다. 즉 도덕적 평가의 표준들은 교훈, 모델링, 그리고 법률을 위반하는 행동들의 결과들에 관한 직접적 혹은 대리적 경험 등으로부터 나온다. 예컨대, 사람들은 어떤 모델들의 판단이나 행동을 본받아 자신의 도덕적 판단들을 변경할 수 있다. 모델들은 여러 사람들에게 이상(理想)을 전이하고, 다른 것들에 앞서는 어떠한 이슈들의 중요성을 강조하며, 그리고 어떤 행동들에 대한 정당화를 제공한다. 사람들은 이러한 모델들로부터 도덕적 판단을 내리는 데 영향을 받는다.

도덕적 판단과 행동 간의 괴리문제는 늘 학문적 주제이자 논쟁거리였다. "사회학습 이론가들은 일반적으로 도덕적 행동이 발생하는 심리적 메커니즘을 합리적(인지적) 원천과 비합리적(정의적) 원천들의 조합으로 설명"[21]하면서 이 문제에 접근하였다. 가장 일반적인 합리적 원천들로는 도덕적 가치, 사려 깊은 고려(prudential consideration), 그리고 자아 방어 기능들(technique)이 있다. 그리고 비합리적 원천들로는 공포, 분노, 격분, 부끄러움, 애정 등과 같은 감정이 있다.

도덕적 가치들은 어떤 사람이 도덕적 상황에서 행동하는 좋은, 그리고 나쁜 방식들에 관해 갖는 확신들이다. 이러한 전형적인 가치들에 관한 예로는 "살인하지 말라", "속이지 말라", "곤경에 처해 있는 사람들을 도와라", "부모님께 효도하라", "웃어른을 공경하라" 등이다. 사려 깊은 고려는 어떤 특정한 행동이 자기 자신의 복지에 영향을 미칠 수 있는가에 관한 신념이다. 특히 다른 사람이 그 행동에 관해서 어떻게 생각할 것인가, 그리고 어떤 바람직한 사회적 결과가 뒤따라 일어날 수 있는가의 측면에서 고려한 신념이다. 어떤 사람들은 도덕적 가치들을 의식적으로 고려하지 않을 수도 있다. 따라서 사려 깊은 고려는 때때로 도덕적 가치들과 갈등을 일으킬 수 있다. 어떤 가치가 자신의 직접적인 복지와 배치될 때 도덕적 가치들과 갈등을 일으키게 된다. 예컨대, "만약 내가 여자 문제로 친구가 고민하고 있다는 사실을 그의 부모에게 말한다면, 그 친구는 결코 다시는 나에게 자신의 비밀을 말하지 않을 것이다"와 같은 고려이다.

자아 방어 기능들은 도덕적 가치의 위반으로 보이는 바에 대해 자기 자신을 변명하고 방어하는 것이다. 이것은 잘못으로 간주되어질 수 있는 행동을 도덕적으로 정당화하는 합리화의 일종이다. 자기 방어는 보통 자기 자신의 행위들을 표면적으로 정당화하는 데 도움이 되는 조건들을 자주 인용한다. 예를 들면, "나는 그 친구가 나를 때리려고 했던 것을 미리 알고 있었다. 그래서 내가 그를 먼저 쳤다"와 같은 경우이다.

또한 도덕적 행동의 주요한 일차적인 비합리적인 원천은 도덕적 의사결정 상황들에서 합리성을 변경하거나 혹은 지배할 수 있는 강력한 감정들이다. 가령 공포, 분노, 격분, 부끄러움, 애정, 동정 등등이다. 예를 들면, "어머니는 자신의 아들이 그 소녀를 성폭행했다는 것을 알았다. 그러나 어머니는 아직까지 자신의 아들이 어디에 숨어 있는지 말하는 것을 거부하고 있다"와 같은 경우이다.

도덕적 행동들은 이처럼 합리적인 원천들과 비합리적인 원천들이 상호 복합적으로 작용하여 나타나는 결과들이다. 이러한 과정 속에는 흔히 도덕성의 세 가지 구성요소라고 하는 인지, 정의, 그리고 행동이 모두

들어 있다. 반듀라는 도덕성이 발달하는 과정을 인지, 감정, 그리고 행동의 조화라는 측면에서 "사회인지 이론은 도덕적 현상에 대해 인지적 상호작용주의 관점을 채택한다. 이 개념적 구조 내에서 도덕적 사고와 정서적 반응, 도덕적 행위, 그리고 환경요소들 모두가 각각 서로 양 방향으로 영향을 미치는 상호작용의 결정인자들로서 작동한다"[22]고 설명하였다.

이러한 기본적인 구조를 바탕으로 반듀라는 도덕성의 발달에 관한 사회학습 이론을 인지발달 이론과 비교하여 그 정당성을 부각시키고 있다. 그는 인지발달 이론이 흔히 사람들의 최고 높은 도덕적 추론의 단계와 그 사람의 실제적인 도덕적 장면들에서 행동하는 방식 사이에 존재하는 불일치를 설명하는 데 실패하고 있다는 점을 지적하였다.[23] 그에 따르면, 그 잘못은 인지발달 이론이 오로지 사람들의 추론에만 관심을 집중시키고 있는 점에서 비롯되고 있다. 이것은 합리성이 도덕적 행동을 명령한다는 오류를 범하고 있다는 것이다. 달리 말하면, 인지발달 이론은 사람들이 도덕적 상황에서 스스로 어떻게 행동할 것인가를 결정하는 데 개입되는 다른 요소들, 곧 사려 깊은 고려, 자기 방어 기능들, 감정, 그리고 복잡한 환경영향들을 인정하고 고려하는 데 실패하고 있다는 것이다.

사회학습 이론가들의 관점을 종합하면 도덕성의 발달은 (1) 아동들이 점차적으로 모델로서의 타인들을 관찰하고 또한 그 행동 자체를 시도함으로써 자신들이 갖고 있는 도덕적 가치들과 도덕적 행동들의 레퍼토리를 확장하며, (2) 미래에 자신의 필요를 충족시키고 또한 보상을 획득하는 데 어떤 종류의 도덕적 행동이 다른 종류의 행동보다 더 나을 것인가에 관한 결정을 내리는 데 있어서 관찰된, 그리고 직접적으로 경험된 결과들로부터 얻었던 지식을 사용하는 하나의 과정이다.

## V. 도덕성 발달에 관한 경험적 연구들

도덕성 발달에 관한 초기의 경험적 연구는 하트숀과 메이(Hartshorne

& May)에 의해 수행되었다. 그들은 기만(欺瞞)의 세 가지 범주들(속이기, 거짓말하기, 훔치기)을 측정하기 위해 33가지 다른 시험들을 개발하였다. 그들은 또한 이타주의와 돕기의 도구들을 창안하였고, 아동들의 도덕률과 규칙들에 대한 지식, 그리고 언어적 충절을 평가하기 위한 시험들을 창안하였다. 기만에 관한 다양한 시험들의 상관관계 분석으로부터 잘 알려진 결론은 '특수성 법칙'(the doctrine of specificity)이라 명명되었다. 즉, 정직이나 부정직은 상황에 따라 변화되지 않는 통합된 인격 특질이라기보다는 삶의 상황들의 특수한 기능들이라는 것이다.[24)]

여러 연구결과들을 종합해 보면 지능과 유혹에 대한 저항 사이에는 낮은 긍정적인 상관관계가 존재한다. 하트숀과 메이는 이 관계를 최초로 지적하였다. 이러한 관계는 특히 학업 시험에 관한 속이기가 부정직의 척도일 때 더욱 그렇다. 이에 대한 몇 가지 가능한 설명들이 존재한다. 그럴듯한 설명은 보다 높은 지능은 아동으로 하여금 발각되어질 위험에 대해 보다 민감하도록 만들며, 그럼으로써 유혹에 대해 보다 큰 저항으로 이끈다는 것이다.

연령과 유혹에 대한 저항의 경우 사이에 큰 상관관계가 존재하지 않는 것으로 보인다. 그러나 나이가 더 든 아동이 정직이나 부정직과 관련된 행동에서 보다 더 많은 일관성을 보이는 경향이 존재한다. 흔히 소녀들이 소년들보다 더욱 도덕적이라고 간주되어 왔다. 몇몇 연구들은 소녀들에게서 유혹에 대한 보다 큰 저항의 이러한 성차를 지지하였다. 그러나 또 다른 몇몇 연구들은 그 반대의 결과를 밝히고 있다.[25)]

또한 특수한 상황적 요소들은 유혹에 대한 저항에 대해 의미 있는 효과를 지니고 있다. 하트숀과 메이에 의해 입증된 바와 같이 발각의 위험과 일탈에 대한 인센티브가 가장 영향력이 있는 것들 중의 두 가지로 보인다. 여러 연구들은 아동들이 속이는 행위가 발각되어질 것 같지 않으면 그들의 속이기는 증가한다는 것을 발견하였다. 더 나아가 눈으로 확인할 수 있는 보상들이 행위에 대한 결과로 제공되어질 때 아동들은 더욱 속이는 경향이 있다. 만약 시험이나 혹은 과제들이 중요하지 않은 것으로 제시된다면 속이기를 덜 할 것이다. 만약 인센티브들이 그 아동에게 주관적으로 더욱 강력하게 인식된다면 그러한 일탈행위는 더욱 일어나게 된다. 예를 들면, 친구와의 경쟁력이 강한 아동은 그러한 인센티브에 더욱 민감해져 속이기를 더 하게 될 것이다.

모델이 유혹에 대한 저항에 어떤 효과를 제공하는지에 관하여 여러 연구들이 시행되었다.[26] 여러 연구들은 부정직한 모델이 관찰자들로 하여금 부정직한 행동으로 이끌 수 있다는 것을 분명하게 지적하였다. 모델의 강력한 영향들에 관한 반듀라와 그의 동료들의 연구는 도덕성 발달의 영역에서도 사실이다. 일탈적인 행동을 금지하지 못하는, 즉 유혹에 복종하는 모델의 능력은 여러 연구들에 의해 입증되어져 왔다. 반면, 정직한 모델의 긍정적인 영향은 덜 강력한 것으로 나타났다. 일탈을 행하는 모델이 관찰자의 유혹에 대한 복종을 증가시킨다는 점에 관해서는 어느 정도 밝혀졌지만 모델이 유혹에 대한 저항을 증가시키는 것에 관하여는 훨씬 덜 분명하다.

호프만(M. L. Hoffman)은 유혹에 대한 저항이 저항하는 모델을 관찰함으로써, 혹은 아니면 금지사항들을 위반한 대가로 벌을 받는 모델을 관찰함으로써 증가되어진다는 어떤 증거가 없다는 결론을 내렸다.[27] 호프만의 이 연구는 많은 연구자들에 의해 도전을 받아왔다. 그들은 유혹에 저항하는 모델을 관찰함으로써 관찰자들로 하여금 일탈에 저항하는 것을 촉진시킨다는 점을 주장하였다.

또한 몇몇 연구들은 유혹에 대한 저항에 영향을 미치는 자녀 양육이나 훈육 테크닉과 관련된 요소들을 고찰하여 왔다. 뢰버(R. Loeber)는 아동 비행(非行)의 안정성에 관한 연구에서 아동의 은밀한 반사회적 행위들은 부모가 아동의 행위들을 감시하거나 혹은 추적하는 일에 소홀하기 때문인 것과 관련된 반면, 아동의 명백한 반사회적 행위들은 부모가 아동의 비행을 훈육하는 데 있어서의 혼란과 연관되어진다는 점을 제시하였다.[28] 맥코드(J. McCord)는 부모의 감독 결여를 성인 범죄행위를 예견하는 하나의 가정 분위기 변수로서 여겨왔다. 성인 범죄성과 연관된 가정 분위기를 나타내는 다른 변수들로는 어머니의 낮은 자신감(self-confidence), 아버지의 일탈, 부모의 공격성, 어머니의 낮은 애정, 그리고 부모 간의 높은 갈등 등이 있다.[29]

도덕적 행위들에 관한 아동 양육 선례들을 연구하려는 시도들은 방법론적 어려움 때문에 곤란을 겪고 있다. 행동 측정들의 신뢰성, 아동 양육관습의 평가의 타당성, 상관관계들이 발견되어지는 원인과 결과의 방향을 확립하는 것 등이 대표적인 어려움이다. 이러한 어려움에도 불구하고 몇몇 결론들이 도출되어질 수 있었다. 정신분석 이론과 마찬가지로 사회학습 이론의 입장에서도 어머니와 자녀 사이의 따뜻한 관계는 아동에게 강력한 양심을 확립하는 데 본질적인 것으로 간주되어져 오고 있다.

유혹에 대한 저항에 영향을 미치는 훈육 테크닉과 관련하여 교수(instruction), 설교(preaching), 그리고 추론과 같은 언어적 과정들의 효과에 대해서는 아직까지 사회학습 이론가들 가운데서 논쟁적인 문제로 남아있다. 호프만(M. L. Hoffman)은 부모들이 그들 자녀들의 행동을 변화시키려 설득하기 위해 설명과 이유들을 제공하는 유도(induction)의 방법이 애정 철회 혹은 강력한 단언을 통한 훈육보다 더 효과적이라고 주장하였다.[30]

몇몇 실험적 연구들은 유혹에 대한 저항에 영향을 미치는 훈육의 보다 특수한 방법들을 고찰하였다. 그루섹과 커친스키(J. E. Grusec & L. Kuczynski)는 불평을 계속하는 아동에 대한 벌의 각기 다른 방법들의 효과들을 검토하였다. 그들은 적극적으로 아동을 개입시키면서 벌을 주는 동인의 강압적 역할을 최소화하는 자기 벌(self-punishment)의 효과성을 검증하였다. 달리 말하면, 아동이 내면화 과정에 적극적으로 개입되어질 때 훈육은 단순히 외적으로 부과되어지는 것보다 더욱 효과적이었음을 제시하였다.[31] 그러나 이들은 모두 일반화되어질 수 있기 이전에 이 영역에서 보다 많은 연구들이 필요하다는 점을 인정한다.

이것은 지난 십여 년 동안 사회학습 이론에서 일어났던 주요한 이론적 변화로 나아가게 하였다. 아동들이 외적으로 부과된 규칙들을 내면화하는 과정은 도덕성 발달의 핵심에 해당된다. 관찰학습의 중요성을 지적하고 있는 반듀라나 인지적 구조에 관한 실험적 연구를 수행한 아론프리드(J. Aronfreed)와 같은 보다 초기의 모델들은 인지적 구성요소들의 중요성에 관하여 어느 정도 지적을 하여왔다. 그러나 최근에는 이러한 과정에 영향을 미치는 아동의 인지적 활동의 역할을 명백하게 강조하는 연구들이 많이 나타나고 있다.

미셸 부부(W. Mischel & H. Mischel)는 도덕성에 대한 인지적 사회학습 접근의 적용을 논의하였다. 인지적 및 행동적 구성능력 요소들(construction competency factors)과 수행을 결정하는 또 다른 일련의 요소들 사이를 구분하였다. 이 모델은 인지적 신념체계, 도덕적 추론의 복잡성, 기대된 행동 결과들과 이들에 관한 주관적 가치, 그리고 마지막으로 도덕적 사고로부터 도덕적 행동으로 이행하는 것을 허용하는 자기규제적인 과정들을 포함한다.[32] 지난 10여 년 동안 가장 광범위하게 고찰되어져 온 것들 중의 하나는 이러한 가설적인 과정에서의 마지막 단계, 즉 '자기 규제 기제' (self-regulatory mechanisms)[33]이다. 이것은 행동의 인지적 /언어적 통제(cognitive/verbal control)에 관한 연구로 발달하였다.

미셸 부부는 학령기 이전 아동들로부터 6학년 아동에 이르기까지 만족의 효과적인 지연을 위한 그들의 규칙들에 관한 이해와 규칙들의 적용에서 발달론적 진보가 존재한다는 증거를 검토하였다.[34] 유혹하는 상황에 처해졌을 때(지금 하나의 사탕을 선택할 것인가 아니면 나중에 두 개를 받을 것인가) 어린 아동들은 기다리는 농안 보상에 노출됨으로써, 그리고 완선한 관념 작용에 개입함으로써("사탕이 맛있다") 유혹에 복종하게 된다. 아동들은 나이가 들어감에 따라 보상을 뛰어넘는, 그리고 완전한 관념작용보다는 과업지향적인 일에 개입하는 것과 같은 지연-장려전략들에 관한 이해를 발달시킨다. 예컨대, 그들은 "사탕이 맛있다"보다는 "나는 기다릴 것이다"와 같은 생각을 시작할 수 있다.

유혹에 대한 자기 통제력을 길러주는 데 효과적인 또 다른 방법은 도덕적인 자아개념을 심어주는 것이다. '착함' 또는 '정직함' 등과 같은 속성을 자아개념에 통합시킨 아동은 그러한 자신의 이미지에 맞추어 행동하려고 노력하게 되고, 도덕규칙을 어기게 되었을 때는 자신을 크게 비판하거나 후회하게 된다. 따라서 아동에게 거짓말하지 않고 훔치지 않는 '좋은' 혹은 '정직한' 사람이라는 확신을 심어줌으로써 스스로 도덕규칙에 따르기를 원하도록 만드는 것이다.[35]

미셸 부부의 모델과 같은 이러한 사회학습 이론의 연구경향들은 최종적으로 레스트(J. Rest)의 모델[36]과 콜버그와 캔디(L. Kohlberg & D. Candee)의 인지발달 모델[37]들의 종착점과 같다. 사회학습 이론은 엄격한 명시적인 행위 혹은 비(非)추론적인 모델로부터 멀리 벗어나 언어적 단서들을 통한 자기 통제(self-control)의 사적인 사건들을 포함하는 것으로 움직여 가고 있다. 결론적으로 "사회학습 이론은 도덕적 및 비도덕적 행위들을 앞서거나 혹은 동반하는 인지적 요소들과 그 과정들에 관한 탐구에 관심을 기울이고 있다."[38]

## Ⅵ. 도덕성 발달의 원인 요소들

도덕성을 도덕적 규범에 대한 일탈 유혹으로부터의 저항이나 도덕적 규범에 일치하는 행동양식의 습득이란 차원에서 해석하는 행동주의 이론과 사회학습 이론은 도덕적 행동의 학습을 네 가지 종류의 메커니즘으로 설명한다. 이것은 달리 말하면 도덕성 발달의 원인 요소들에 해당한다. "여기에는 강화(reinforcement)와 보상(rewards), 벌(punishment) 혹은 벌의 위협, 모범(modeling) 혹은 모방(imitation), 그리고 자기 통제(self-control) 혹은 자기 효능감(self-efficacy) 등이 있다."[39]

### 1. 강화와 보상

사회학습 이론은 분명히 모델을 단순히 관찰하는 것만으로도 행동들을 학습할 수 있다고 하였다. 그러나 대부분의 학습 이론가들은 안정적인 행동유형들은 강화를 통하여 발달되어질 수 있다고 생각한다. 행동과 그 결과간의 연합이 어떻게 이루어지느냐는 도덕적 행동의 학습에 매우 중요한 요소이다.

스키너와 같은 행동주의자들은 인간의 미래 행위들을 결정하는 요소로서 자신이 행한 행동의 결과를 강조하였다. 그는 사람들의 행동방식을 매우 단순하게 공식화시킨다. 사람들은 행동할 때마다 그 행동의 결과를 수반하게 된다. 그러한 행동에 따른 결과는 그 사람이 미래의 비슷한 상황에서 유사한 방식으로 행동할 것인지의 여부를 결정한다. 만약 그 결과가 유쾌하고 보상을 받으면, 즉 강화를 받으면 그때 그 사람은 미래에 같은 방식에서 행동할 경향이 커진다. 그러나 만약 그 결과가 보상을 받지 못하거나 단순히 강화가 없으면 그 사람은 미래의 비슷한 환경에서 다르게 행동할 경향이 커진다.

사회학습 이론가들 또한 행동을 모델링하는 데 있어서 결과를 중요한 요인으로 간주한다. 반듀라에 따르면, 개인이 어떤 행위를 했을 때 그에 뒤따르는 행위의 결과들은 정보를 제공함으로써, 그리고 그 사람의 미래의 동기에 영향을 미침으로써 미래 행동에 영향을 준다. 행위에 뒤따르는 결과들은 나중에 어떤 주어진 행위를 할 경우 유쾌한 결과들로 이끌 것 같은지, 혹은 불유쾌한 결과들로 이끌 것 같은지에 관한 정보를 제공해 준다. 긍정적인, 유쾌한 결과들을 약속하는 행위들은 반복되기 쉽다. 환영받지 못하는 결과들을 산출하였던 행위들은 미래에 회피되기 쉽다.

뿐만 아니라 행위의 결과들은 그 사람이 모델이 보여준 행동을 얼마나 열정적으로 학습하려고 노력할 것인가를 결정하는 데 도움을 준다. 즉, 미래의 동기에 영향을 미친다. 예를 들어보자. 어떤 아동이 잘못을 저질렀는데 학급 동료가 선생님에게 친구의 잘못에 대해 용서를 구한다. 선생님은 친구의 잘못을 용서해 달라는 학급 동료에게 칭찬을 해준다. 그러면 그런 과정을 보아 온 관찰자는 미래에 그와 유사한 행동을 하고자 하는 높은 동기를 갖게 될 것이다.

## 2. 벌 혹은 벌의 위협

벌의 문제에 관하여는 약간의 불일치가 존재한다. 스키너와 같은 사람은 긍정적인 행동을 형성하는 데 있어서 벌을 가치 있는 과정으로 간주하지 않는 반면, 아이젠크(H. J. Eysenck)를 비롯한 대부분의 사회학습 이론가들은 내면화된 도덕적 행동들을 확립하는 데 벌이 효과적이란 입장을 내비치고 있다. 특히 벌은 속이기나 훔치기와 같은 반사회적인 행동들을 억제시키는 데 유용하다고 주장하였다.

벌의 효과를 인정하는 이론가들도 자세히 들여다 보면 입장 차이를 드러낸다. 예컨대, 아이젠크(H. J. Eysenck)가 내놓은 조건화 이론은 아동들이 비도덕적 행동들을 저지른 후 벌을 받는 경험을 통하여 반사회적 행동들을 삼가게 된다는 것을 가정하였다. 그는 "사람들은 의심의 여지없이 벌을 통하여 행동의 적절한 규칙들을 형성한다. 그리고 이러한 행동 규칙들은 미래에 그들의 행동을 안내하는 데 공헌한다. 가벼운 벌은 아동들로 하여금 그들 자신의 자아 규제적인 통제를 산출하도록 돕는 데 효과적일 수 있다"[40]고 하였다.

그러나 반듀라의 모델링 이론은 이와 다른 입장이다. 아동들은 금지된 행동을 하지 않고, 또한 그럼으로써 벌을 받지 않고도 바람직하지 않은 행동을 억제하는 것을 똑같이 잘 학습할 수 있다는 것이다. 아동들은 다른 사람들이 벌을 받고 있는 모습을 관찰하는 것으로 충분하다는 것이다. 일종의 대리경험을 통해서 자제력을 획득할 수 있다는 입장이다.

벌과 관련하여 연구되어 오고 있는 구체적인 요소들은 벌을 제공하는 적절한 시기(timing), 빈도(frequency), 강도(intensity), 일정(schedules), 그리고 벌과 인지적 변수들과의 상호작용 등이다. 한 연구에 따르면,[41] 벌은 일탈의 행동을 보이는 시초에 사용되어질 때, 그래서 불안이 일탈이나 위반의 전조(前兆)들과 연관된 단서들에 대해 조건화가 이루어질 때 가장 효과적이라는 것이다. 아동들은 이러한 불안을 피하기 위해 위반행동을 회피한다. 이것은 '유혹 패러다임에 대한 저항'이라 명명되고 있다. 또한 벌을 즉시에, 일관되게, 그리고 적절한 강도로 제공하게 되면 금지된 행동들에 대한 통제를 내면화하는데 가장 효과적이다. 더 나아가 바람직한 대안적 행동들에 대해 긍정적인 강화를 제공하는 것은 바람직하지 않은 행동을 감소시키는 데 의미 있는 공헌을 한다.

벌과 인지적 변수들 간의 상호작용에 관한 연구는 도덕교육에 중요한 시사점을 제공해 주고 있어 좀 더 구체적으로 다루어 본다. 벌의 중요한 구성요소는 이들 상황적 단서들에 대해 조건화되는 부정적 결과, 예컨대 공포나 불안의 발생이다. 이들 단서들이 수많은 규제상황들과 연합되게 되면 단서들은 금지된 행동을 억제하는 일반화된 힘을 얻는다. 부모는 아동의 행동을 통제하기 위해 즉시적인, 신체적인 통제기법들을 사용하는 것 이 외에도 언어적인 명령이나 혹은 매우 섬세한 표정 제스처들을 사용할 수도 있다. 반듀라와 그와 비슷한 해석을 갖고 있는 다른 사람들[42]은 도덕규칙들이 어떻게 획득되어지고 또한 내면화되어지는가를 이해하는 데 본질적인 것으로서 인지적 중재를 제시하였다.

이에 따르면, 아동들에게 있어서의 행동 통제는 처음에는 비도덕적 행위와 그것을 둘러싸고 있는 단서들에 대해 조건화된 불안으로 시작되지만 나이가 들어감에 따라 언어적 맥락들이 더욱 더 강력하게 작용하게 된다. 구체적으로 이를 설명해 보자. 일상생활에서 유혹에 대한 저항 패러다임의 가장 보편적인 형태는 부모나 교사들이 아동들에게 제시하는 언어적 경고이다. 부모나 교사들은 아동들이 도덕적 규범을 위반하거나 혹은 요구된 행동을 수행하지 않으면 앞으로 일어날 일에 대해 경고를 한다. 예를 들면, "만약 너희들이 교실에서 이 볼을 가지고 장난친다면 난 너희들에게 화를 낼 것이다" 등이다. 이러한 예는 언어를 통하여 일탈 시나리오를 만드는 것이다. 이는 위반을 하기 전에 마음에 형성되는 어떠한 단서들과 불안을 연계시키는 패러다임이며, 그럼으로써 아동들로 하여금 유혹에 대한 저항을 발달시키는 데, 혹은 금지된 행위의 회피를 발달시키는 데 공헌한다.

그러나 대부분의 경우 부모나 교사들은 아동들이 금지된 행위를 저지르고 난 이후에 추론이나 설명을 제공한다. 즉, 아동들이 잘못을 저지른 이후에 야단을 치는 경우가 대부분이다. 이론적으로 볼 때, 위반을 한 이후에 주는 벌은 유혹에 대한 저항을 발달시키기보다는 죄의식을 산출하는 데 공헌한다. 그럼에도 불구하고 위반 이후에 설명과 추론의 수단을 사용함으로써, 그리고 금지된 행위에 관하여 인지적 재창조를 함으로써 유혹에 대한 저항의 발달에 공헌하는 정서적 유발을 기할 수 있으며, 이는 다시 위반 이전 단서들에로 전환되어질 수 있다. 이러한 맥락에서 볼 때 아동들의 인지적 발달의 수준, 특히 언어적 발달은 도덕적 표준을 가르치기 위한 훈련기법들의 효과를 결정하는 데 결정적으로 중요하다고 할 수 있다.[43]

또한 "부모나 교사들은 아동들에게 인지적 맥락을 제공함으로써 단순하게 조건화된 자극으로서 작용하였던 최초의 언어적 단서들이 의미를 발휘하게 하는 데 도움을 줄 수 있다."[44] 가령, 교사들이 아동들에게 어떤 요소들이 그 상황을 도덕적으로 만드는지에 관하여 분명한 설명과 이유들을 제시한다면, 그때 교사들은 아동들 내에서 발달하고 있는 도덕적 개념들에 대해 인지적 맥락을 제공하고 있는 것이다.

특히 중요한 것은 부모나 교사들이 이들 상황들을 확인하는 데 사용하는 분류 용어들이다.[45] 분류 용어들은 포괄하는 범위의 측면에서 위계적으로 배열될 수 있다. 어떤 용어는 특수한 상황이나 혹은 매우 비슷한 경우들에만 적용이 가능하지만 또 어떤 용어들은 매우 광범위하게 적용이 가능하다. 어떤 아동이 친구의 과자를 몰래 먹었다고 가정해 보자. 교사가 그 아동에게 "친구의 과자를 먹어서는 안 된다"라고 꾸중하는 경우는 특수한 상황에 적용되는 것이다. 이 경우에 교사는 아동에게 특수한 상황(교실에서)에서 특별한 반응(과자를 먹는 것)을 억압하는 것을 가르친 것이다. 이는 분류 용어의 위계상 가장 낮은 수준에서 접근하는 것이다. '도둑질'이라는 분류 용어는 보다 넓으나 다른 사람의 재산을 취하는 상황에 대해서만 적용할 수 있다. '정직'은 훨씬 더 포괄적인 수준에서 적용할 수 있는 용어다. '정직' 은 거짓말하기, 도둑질, 그리고 속임 등을 모두 포함한다. 아동들이 보다 포괄적인 수준의 용어를 사용하여 도덕적 상황들을 범주화할 수 있을 때 도덕적 행동을 낳게 되기 쉽다.

부모나 교사들은 상황에 따라 이러한 분류 용어들을 적절히 사용해 주어야 한다. 그럼으로써 아동들은 주어진 상황을 도덕적 맥락에서 바라볼 수 있게 된다. 만약 아동들이 어떠한 주어진 상황이 도덕적 반응을 요구한다는 것을 인식하지 못한다면 그들은 유혹에 저항하지 않을 가능성이 그만큼 높아지게 된다. 아동들이 주어진 상황을 '정직' 과 같은 용어들을 사용하여 도덕적 상황으로 분류할 수 있다면, 그리고 이 개념이 벌과 연관되어져 있다는 것을 학습하였다면 아동들은 그만큼 유혹에 저항하기 쉬워질 것으로 기대된다.

## 3. 모델링 혹은 모방

반듀라는 관찰학습에 영향을 주는 몇 가지 조건들을 확인하였다. 그는 사람들이 어떤 모델을 보거나 혹은 들음으로써 배우는 중요한 이유는 모델들로부터 획득된 정보가 미래에 자기 자신들의 필요를 충족시키는 것과 관련된 행동을 결정하는 데 기여하기 때문이라고 하였다. 이러한 정보는 이미지(images) 혹은 언어적 상징들(verbal symbols)로써 기억 속에 상징적 형식(symbolic form)으로 저장되어 미래에 사용되어진다.[46)]

반듀라에 따르면, 관찰자들이 모델로부터 도덕적 행동을 학습하는 과정은 다섯 가지 주요 기능들로 구성된다. (1) 관찰자가 모델의 행동에 주의를 집중해야 한다(attention).[47)] (2) 모델의 행동을 기억하기 위해 부호화해야 한다(coding).[48)] (3) 모델의 행동을 기억 속에 간직하고 있어야 한다(retaining).[49)] 그리고 (4) 모델의 행동을 재현할 수 있는 능력을 가지고 있어야 한다(carrying out action).[50)] 모든 네 가지 단계들(steps)은 (5) 행동을 수행하려는 동기가 있어야 한다(motivation).

비록 인지적 구성요소들이 이 이론에서 중요한 역할을 하지만, 관찰학습과 모방이 정말 이들 변수들에 의해 영향을 받는지의 여부를 평가하기 위해서 반드시 요구되는 증거는 행동의 명백한 수행이다. 사실 이 점이 반듀라의 모델에서 가장 중요하다. "관찰을 통해 진정으로 학습이 발생하였다면 모방된 행위가 관찰자의 저장소(repertory)에서 그 이전에 없었던 새롭게 조직된 행동적 반응들의 패턴을 이루었음을 입증해야만 한다"[51]는 것이다. 그것은 다름 아닌 행동으로 나타나야 한다는 것을 뜻한다.

반듀라를 중심으로 한 이론가들은 모델을 통한 관찰학습이 많은 친사회적 행동들이나 혹은 도덕적 행동들의 습득을 설명한다고 주장한다. 많은 연구결과들은 아동들이 단순히 다른 사람들이 수행하는 것을 관찰함으로써 행동유형들을 학습할 수 있다는 것을 보여주고 있다. 행동은 다른 사람들에게 주어진 강화와 벌을 관찰함으로써 강화되어지거나 혹은 금지되어질 수 있다. 아동들은 또한 자극에 대한 조건화된 감정적 반응들을 획득할 수 있다. 또한 관련 연구들은 아동들이 주변에서 자주 목격해왔던 관대한 행동들이나 혹은 이기심의 행동들을 쉽게 내면화한다는 것을 보여준다. 또 다른 연구는 주변 인물들이 유혹에 휩쓸리는 것을 본 아동들은 나중에 유혹에 저항하기 어려운 반면, 자제력을 보이는 사람들을 본 아동들은 나중에 유혹에 더 잘 저항한다는 것을 입증해 보였다.[52]

부모나 교사들은 모델링의 효과에 관하여 늘 유념해야 한다. 왜냐하면 부모나 교사들의 의지와 상관없이 아동들은 모델을 통해서 자신들이 지금까지 자발적으로 보여주지 못하였던 새로운 반응들을 획득할 수 있게 되기 때문이다. 예컨대, 만약 도덕적으로 행동하는 것이 타인들을 고려하고 그들에게 공격성을 나타내 보이지 않는 것을 의미한다면, 그들의 공격적 행동으로 인해 성인들로부터 가혹하게 벌을 받는 아동에게는 어떠한 효과가 있는가? 만약 모델링의 효과가 지금까지의 설명과 같다면 이것은 아동을 보다 공격적으로 만드는 데, 그리고 타인들에 대한 배려를 줄이는 데 공헌하는 것이 틀림없다. 이와 연장선상에서 본다면 많은 사회적 혹은 도덕적 행동들의 학습은 불가피하게 이루어진다는 것을 알 수 있다. 아동들은 그들 주위에서 보고 있는 모델들의 다양한 행동들을 따르고 있는 것이다.

더 나아가 반듀라에 따르면, 아동들은 모델들에 대한 관찰의 결과로서 새로운 종류의 행동만을 배우는 것이 아니다. 아동들은 모델의 행동을 통해 잠재적인 성향을 드러내기도 한다. 가령, 공격적인 행동을 보인 모델을 관찰한 아동들은 그보다 훨씬 더한 공격적 반응을 나타낸다는 것이다. 모델의 공격적인 행동들에 대한 관찰은 지금까지 잠재되었거나 혹은 잊혀졌던 아동들의 공격적 반응들을 자극시킨다. 따라서 모델은 탈억제 혹은 해제효과를 보여주게 된다. 이런 점에서 보면 텔레비전에 방영된 폭력은 아동들에게 억제되어 왔던 반응들을 자극시키는 효과를 발휘할 수 있다.

모델링 혹은 모방에 관한 연구들은 또한 아동들의 사회적 혹은 도덕적 행동에 관한 보상과 벌의 대리효과(vicarious effect)에 관심을 기울이고 있다. 반듀라는 다른 일련의 실험들에서 보육원 아동들의 네 집단을 각기 다른 조건들하에서 관찰하였다. 한 집단의 아동들은 비디오를 통해 공격적 행동에 대해 벌을 받는 모델을 시청하였다. 두 번째 집단의 아동들은 같은 행동에 대해 보상을 받는 모델을 관찰하였다. 한 통제집단의 아동들에게는 상당히 적극적인, 그러나 비공격적인 모델을 보여주고, 또 다른 통제집단의 아동들에게는 아무런 모델을 보여주지 않았다. 아동들의 놀이를 관찬한 결과 공격적 행동에 대해 보상을 받았던 모델을 관찰한 아동들은 다른 집단의 아동들보다 의미 있게 보다 적의(敵意)적인 행동에 개입하는 것을 알 수 있었다.

## 4. 자기 규제(self-regulation), 자기 통제(self-control) 혹은 자기 효능(self-efficacy)

행동주의 및 사회학습 이론가들은 외적인 강화로 설명할 수 없는 특정한 행동들을 위해 자기 강화(self-reinforcement)의 개념을 도입하였다.

행동주의 이론가들은 인간으로 하여금 명백한 강화의 부재시에도 도덕적 규칙에 일치하여 행동하도록 하는 혹은 규범을 위반하고자 하는 유혹에 저항하여 행동하도록 하는 메커니즘으로서 자기 통제를 제시하고 있다. 반면에, 신행동주의 이론이라 할 수 있는 사회학습 이론가들은 이를 확장하여 자기 효능으로 설명하고 있다. 이 과정은 모델링의 특수한 그리고 보다 복잡한 형식에 속한다.

자기 효능은 특히 최근에 이르러 도덕교육적 차원에서 관심의 주요 대상이 되고 있다. 이성적 존재로서의 인간의 도덕적 행동을 가장 잘 설명해 줄 수 있기 때문이다. 효능감이란 인지적 · 사회적 · 정서적 · 행동적 하위 기능들이 수많은 목적을 달성하기 위해 조직화되고 효과적으로 잘 배합되어 있는 생성적인 능력(generative capability)을 의미한다.[53] 반듀라는 인간의 행동들이 자신의 능력감, 즉 자기 효능감에 의해 얼마나 영향을 받는가에 관심을 기울여 왔다. 그의 입장은 "사람들은 자기의 삶에 영향을 미치는 사건들을 통제하기 위해서 노력하며, 이러한 노력에 의해서 사람들은 보다 바람직한 미래를 실현하고 바람직하지 않은 미래에 대처할 수 있다. 만일 자기의 행동에 의해 바람직한 결과를 산출할 수 있다는 믿음이 없다면 사람들은 행동하지 않을 것이다. 따라서 효능감에 대한 신념은 행동의 주된 근원이며, 인간의 삶은 개인의 효능감에 대한 신념에 의해 유도된다고 할 수 있다"[54]는 말에 잘 나타나 있다.

자기 효능감은 다음과 같은 네 가지 주요한 정보 근원들로부터 형성된다. "능력의 지표로 제공되는 성공경험, 유능감의 전이 및 다른 사람의 성취와 비교를 통해 효능감을 변화시키는 대리적 경험, 언어적 설득과 우리가 어떤 능력을 소유하고 있다는 연합된 유형의 사회적인 영향, 그리고 사람들이 자기의 신체적 능력, 강도, 기능장애에 대한 취약성을 부분적으로 판단하는 데서 오는 생리적 및 정서적 상태(physiological and affective states) 등이다."[55] 반듀라는 효능감에 대한 어떤 영향도 효능감 정보의 이러한 근원들 중 하나 또는 그 이상을 통하여 작용한다고 본다. 자기 효능감의 근원으로서 두 번째로 지적된 대리적 경험이란 모델링을 뜻한다.

반듀라는 모델링이 개인 효능감을 촉진시키는 효과적인 도구로 생각하고 있다.

## Ⅶ. 도덕교육 전략

사회학습 이론은 행동주의와 마찬가지로 주로 도덕적 학습이나 도덕적 훈련의 측면 혹은 도덕적 습관이라는 하나의 측면에 초점을 맞추어 왔다. 특히 사회학습 이론은 학습 이론의 확장으로서 도덕성의 사회화에 관한 최근의 많은 연구들에 개념적 얼개를 제공해 왔다. 따라서 이 이론은 도덕성의 발달을 위한 교육적 접근도 조작과 고전적 조건화, 정적 및 부적 강화, 벌, 소거, 억압, 일반화 등 학습 이론의 기본적인 개념의 틀 속에서 이루어지고 있다. 이에 덧붙여 "사회학습 이론은 인간의 도덕적 발달과 사회화의 현상을 설명하기 위해 모델링, 대리 강화, 양육과 같은 개념들을 창안하였다."[56]

도덕성의 획득과 관련하여 사회학습 이론은 특별한 반응 경향들이 어떻게 획득되고 또한 그러한 경향들이 도덕적 사태에서 어떻게 일관된 접근으로 작용하게 되는지를 매우 유용하게 설명해 준다. 도덕적 행동의 일관성은 입증하기가 사실 매우 어렵다. 사람들은 특별한 유혹에 저항하는 것과 같은 행동을 하는 데 있어서 일관성을 보이기가 쉽지 않다. "도덕적 행동의 일관성은 개인의 가치, 행동 레퍼토리, 그리고 특별한 도덕적 맥락에 관한 이해의 틀 속에서 추구되어져야만 한다."[57] 이런 점에서 보면 사회학습 이론은 다른 이론들이 설명하기 어려운 개인에게 있어서의 도덕적 행동의 변화 가능성을 설명해 줄 수 있는 장점을 지니고 있다.

많은 행동의 최초 사회화는 조작적 조건화와 고전적 조건화를 통해 일어난다. 바람직한 행동의 형식들은 주목(attention)과 양육(nurturance)에 의해 보상을 받고, 바람직하지 않은 행동의 형식들은 애정 혹은 주목의 철회에 의해 억압을 당한다. 그러나 "우리가 도덕적 혹은 비도덕적으로 간주하는 대부분의 여러 가지 행동들은 아주 어린 아동의 행동 레퍼토리 속에 어떤 형태로도 존재하지 않는다."[58] 매우 이른 학습단계에서 단지 일어나고 있는 것은 나중에 규칙들에 관한 학습을 위한, 그리고 불유쾌한 결과들을 회피하기 위해 이러한 규칙들에 복종하는 학습을 위한 토대를 세우는 것일 뿐이다.

규칙들을 준수하는 행동에 관한 실제적인 학습에는 강화와 더불어 또 다른 학습기제들(mechanisms)이 요구된다. 이들 기제들로는 관찰학습(모델링), 형성(shaping), 그리고 대용 행동의 발달 등이 있다. 관찰학습은 개인이 다른 사람의 행동을 모방할 때 일어난다. 형성은 바람직한 실행에 다가서는 행동에 관한 보상과 관련된다. 대용 행동의 발달은 바람직하지 않은 행동을 벌주고 아동에게 그러한 행동 대신에 수용할 만한 행동으로 대체하도록 가르치는 것이다. 사회학습 이론은 기본적으로 이러한 전략들을 통해 도덕교육에 접근하고자 하였다. 여기에서는 사회학습 이론의 대표적인 개념이라 할 수 있는 관찰학습을 중심으로 도덕교육 전략을 검토해 본다.

관찰학습은 동일시의 개념을 포괄적으로 내포하고 있다. 동일시는 사회학습 이론에서 핵심적인 개념 중의 하나이다. 특히 학습과 관련해서 그 중요도는 더욱 높아진다. 여러 연구결과들은 다음과 같은 방식에서 영웅 숭배(hero worship)에 관한 상식적인 생각을 지지해 주고 있다. "첫째, 사람들은 자신들이 싫어하는 사람들보다는 존경하는 사람들의 행동을 보고 그들의 행동을 모델로 삼는 경향이 강하다. 둘째, 사람들은 이성(異性)보다는 동성(同性)의 모델로부터 행동패턴을 채택하는 경향이 있다. 셋째, 돈, 명성, 혹은 높은 사회경제적 지위와 같은 보상을 받는 모델들은 그렇지 않은 사람들보다 더욱 모방되기 쉽다. 끝으로, 사람들은 행동에 대해 제재를 당하는 사람들을 모방하지 않는 경향이 있다."[59] 이러한 실증적 결과들은 아동들의 도덕성 발달을 위한 교육전략의 토대로 활용되고 있다.

사회학습 이론의 중심적인 인물인 반듀라는 자신의 관찰학습 이론을 반사회적 행동의 교정에 초점을 맞추어 정교화시켰다. 그는 우리가 흔히 말하는 비행 혹은 일탈이라고 하는 개념을 일종의 병으로 보고 이를 치료하려는 차원에서 접근하는 방식을 거부하였다. 대신에 그는 이를 행동 수정(behavior modification)이라고 부를 것을 제안하였다. 그는 자신에게도 해롭고 사회적 · 윤리적 규범에서도 현저하게 일탈하고 있다고 하는 행위는 병의 증상 따위가 아니고, 단지 개인이 환경이나 자신의 요구에 적응하기 위해서 학습한 것에 지나지 않고, 그 치료는 의학적인 것이 아니라 주로 사회적 학습의 문제로 인식해야 한다고 주장하였다.

반듀라는 이러한 일탈행동의 숨겨진 원인을 아동이 처한 현재의 환경에서 찾는다. 그는 그 원인을 아동의 일탈행동이 수반하고 있는 만족으로 이해한다. 아동의 그러한 일탈행동이 정지되지 않는 것은 그것이 만족을 수반하고 있기 때문이든지, 아니면 그 이상의 만족을 부여해 주는 다른 행동을 알지 못하기 때문이라는 것이다.[60] 따라서 반듀라는 사회적으로 바람직하지 않은 행동을 나타내는 아동에게 바람직하지 않는 행동을 계속할 때보다 바람직한 행동을 몸에 붙이는 편이 더욱 보상을 얻을 수 있다는 확신을 갖도록 행동결과를 통제하는 접근을 권장하였던 것이다.[61] 주변 환경에 그러한 동일시의 모델이 있을 때 그 효과는 더욱 증대될 것으로 기대된다.

반듀라에 따르면, 관찰학습의 가능한 결과는 5가지로 요약될 수 있다. 즉 (1) 새로운 행동이나 태도를 가르치는 것, (2) 이미 있던 행동을 고무시켜 주는 것, (3) 행동의 억제를 변화시키는 것, (4) 관심을 기울이게 하는 것, (5) 정서를 일으키는 것 등이다. 새로운 행동이나 태도를 가르칠 때 혹은 이미 형성되어 있던 행동을 고무시켜 줄 때 모델링은 매우 효과적이고 편리하다. 관찰학습의 결과로서 세 번째로 지적한 "행동의 억제를 변화 시킨다"라는 것은 모델링이 행동의 억제를 강화시킬 수도 있고 약화시킬 수도 있다는 것이다. 예컨대, 만약 학급 구성원들이 한 학생이 규칙을 어기고도 벌 받지 않는 것을 보게 된다면 그들은 규칙 위반에 바람직하지 못한 결과가 항상 뒤따르는 것이 아님을 학습할 것이다. 따라서 그 학급의 아동들은 앞으로 규칙을 위반하고자 하는 충동을 덜 억제할 수도 있다. 만약 규칙 위반자가 인기 있고 높은 지위의 학급 리더라면 모델링의 효과는 더욱 뚜렷해진다. 이런 현상을 '파급 혹은 잔물결 효과'(ripple effect)라 부른다. 이는 모방을 통한 행동의 전염적인 확산을 의미한다.

관찰학습은 또한 관심을 기울이게 하는 결과를 가져온다. 타인을 관찰함으로써 우리는 행위에 대해 배울 뿐만 아니라 그 행위에 개입된 대상들을 알게 된다. 예를 들면, 어떤 아동이 학급에서 오랫동안 소외되어 왔던 한 학생에게 관심을 계속 보이게 되면 많은 다른 아동들도 그 학생에게 주목을 하게 될 것이다. 끝으로, 관찰학습은 정서를 각성시켜 주는 결과를 가져온다. 즉 관찰학습을 통해서 학생들은 스스로 한번도 경험해 보지 못한 상황에 대한 정서적 반응을 발달시킬 수도 있다. 어떠한 상황에 대한 이야기를 듣거나 글을 읽는 것 또한 관찰의 또 다른 형태에 속한다.

## VIII. 이론에 대한 비평

도덕성을 행위에 관한 그 사회의 표준들의 내면화로서 개념화하는 일반적인 사회학습 이론과 관련하여 수많은 비판이 가해져 왔다. 예컨대, 이 이론에 대한 비판가들은 인종적 편협과 관련된 규범들이 엄연히 존재하고 있는 사회에서 성장한 아동들이 그러한 규범들에 순응하는 것을 결코 도덕적이라 할 수 없다는 것이다. 더 나아가 비판가들은 간디(M. K. Gandhi)나 루터 킹(M. L. King, Jr)이 보여주었던 비순응적인 행동들은 사회적 규범에 대한 순응 혹은 내면화에 기초된 도덕성의 정의와 쉽게 맞아떨어지지 않는다는 점을 예로 들고 있다.[62] 우리는 오히려 그들의 행위를 통해서, 그리고 그들이 타인들에게서 증진시킨 행위의 유형을 통해서 그 사람들을 고도로 도덕적인 존재로 인정하고 있다.

사회학습 이론가들은 그들의 연구를 지나치게 과학적 방법의 경험적인 이해로 제한시키고 있다. 거의 전적으로 관찰 가능한 행동에 초점을 맞춤으로써, 그리고 내적인 상태의 보고와 분석들에 충분하게 주의를 기울이지 않음으로써 이들 이론가들은 도덕성 발달을 이해하는 데 있어서 중요한 많은 자료들을 무시하였다. 감정, 의향(intention), 동기, 그리고 도덕적 추론의 중요성은 이들 이론에서 쉽게 설명되어지지 않는다. 사회학습 이론은 어린 연령에서의 도덕적 행동의 학습에 관한 설득력 있는 설명을 제공한다. 그러나 이 이론은 청소년기와 성인기에 일어나는 보다 복잡한 학습을 적절하게 다루지 않았다. 따라서 사회학습 이론은 행동주의 이론의 결정론(determinism)과 메커니즘(mechanism)보다 더 진보한 것인지의 여부에 관한 비판적 의문을 야기시키고 있다. 이를 동일시 이론과 관찰학습 이론으로 구분하여 검토해 본다.

## 1. 동일시 이론

동일시 이론이 도덕성 발달에 공헌한 점들을 제시해 보면 다음과 같다.

첫째, 부모의 사랑과 애정 어린 양육의 역할이다. 경험적 결과들은 아동과 부모 사이의 만족하는 감정적 관계는 도덕성 발달과 밀접하게 관련된다는 것을 보여주었다. 어린 아동들이 따뜻하고 애정 어린 부모와의 상호작용을 통한 기본적 안정성과 사랑을 경험하지 못한다면 타인들과의 비슷한 관계를 확립하는 능력은 심각하게 손상되거나 혹은 왜곡되어질 수 있다. 이러한 점에서 이 이론은 다른 이론들이 적절히 강조하지 않았던 도덕성 발달을 위한 기본적 조건에 관심을 보여주었다.

둘째, 훈육(discipline)의 역할이다. 이 이론은 도덕성의 발달을 증진시키는 것은 훈육과 연계한 부모의 따뜻함과 애정 어린 보살핌이라는 것을 보여주었다. 또한 심리적 훈육은 도덕성의 발달에 더욱 도움이 된다는 것을 보여주었다. 이러한 맥락에서 아동들로 하여금 자신들의 행동으로 나타난 결과들과 관련하여 귀납적으로 추리하도록 하거나 혹은 언어로 가르쳐 주는 것은 매우 중요한 일이다. 또한 훈육은 일관되고 이성적이어야만 한다는 것을 제시하였다. 심리적 훈육과 대조적으로 신체적 훈육은 공격, 공포, 일탈행동 등등을 조장한다. 특히 가혹하고 애정이 없는 부모에 의해서 가해지는 그러한 훈육의 경우는 더욱 그렇다는 점을 강조하였다. 훈육의 역할과 훈육의 유형들에 따른 각기 다른 효과에 관한 이러한 발견들은 동일시 이론의 현저한 공헌이다.

셋째, 부모의 가치와 규준들이다. 아동들은 동일시의 과정을 통하여 부모가 지니고 있는 가치들을 학습하기 때문에 부모들이 적절한 가치와 규준을 소유하고 또한 나타내 보이는 것은 아동들의 도덕성 발달을 위해 매우 중요하다. 아동들의 도덕성 발달은 비록 사랑이 있고 또한 수용적인 가정 분위기 속에서 성장한다 하더라도 부모들이 적절한 가치와 규준을 지니고 있지 못하다면 아동들의 도덕성은 바람직한 방향으로 잘 발달되기 어렵다.

그러나 동일시 이론은 또한 다음과 같은 단점을 지니고 있다.

첫째, 이 관점은 유혹에 대한 저항을 단지 부정적 관점에서만 바라본다. 동일시 이론은 죄의식과 유혹에 대한 저항 사이의 밀접한 관계를 가정한다. 왜냐하면 죄의식으로부터 올 고통을 회피하고자 하는 마음은 유혹에 대한 저항의 동기로서 여기기 때문이다. 이러한 관점은 유혹에 대한 저항을 반사회적 행동의 억제를 자극하는 긍정적·이타적 동기로는 보지 않는다. 비록 예견된 죄의식이 위반의 강력한 억제자로서 작용하겠지만 인간은 또한 정의, 이타주의 등등과 같은 도덕적 가치들의 긍정적인 영향의 토대 위에서 유혹에 저항하기도 한다. 이는 특히 콜버그의 이론에 입각해 보면 분명해진다.

둘째, 죄의식의 개념을 단순화시켰다. 이 이론에 따르면 죄의식은 내면화된 규준의 위반에 뒤따라 나오는 자기 책망(self-blame)이다. 그리고 다양한 위반 이후 반응들(자백, 원상 회복, 처벌 요구)은 죄의식의 표현으로 여겨진다. 그러나 이것은 죄의식의 개념을 매우 단순화시킨 것이다. 왜냐하면 이들 반응들은 죄의식에 의해서 동기화되어질 수 있을 뿐만 아니라 또한 불안, 공포, 그리고 수치심에 의해서 동기화되어질 수도 있기 때문이다. 이것은 위반에 뒤따르는 정서적 상태의 복잡성을 나타낸다.

셋째, 인지적 측면들을 무시한 것이다. 도덕성의 발달을 설명하는데 있어서 이 이론은 아동의 성장하는 지적 활동의 역할과 획득하는 가치들의 의식적 과정들을 간과하였다. 그리고 도덕성의 발달을 10세로 제한함으로써 이 이론은 성숙한 도덕성의 발달에 있어서 도덕적 판단의 역할이나 중요성을 무시하였다.

끝으로, 도덕성의 발달을 문화변용(acculturization)으로서 이해하였다. 동일시 이론은 도덕성 발달을 자기 자신의 부모의 가치와 규준, 그리고 문화적 가치와 규준으로 합체되어 가는 하나의 과정으로서 이해한다. 그러나 이러한 관점은 도덕성 발달이란 기본적으로 개념과 태도 내에서의 변형의 과정을 포함하며, 그것은 도덕적 명령을 평등과 정의에 기초한 상호적 인간관계의 차원으로서 인식하는 데서 절정에 이른다는 다른 연구자들의 관점을 고려하지 않았다. 동일시 이론의 구조 내에서는 자신의 문화와 사회의 전통적인 가치들과 반대로 나아가는 성숙한 도덕적 인간들과 위대한 도덕적 개혁자들의 발달을 이해하기가 어렵다.

## 2. 관찰학습 이론

관찰학습 이론은 도덕적 반응들의 학습을 강화의 틀을 초월하여 확장시켰다. 도덕적 반응들의 학습을 보다 넓은 사회적 상호작용의 맥락 속에 위치시킨 것이다. 인간은 직접적으로 강화를 받을 필요가 없이 사회적 모델을 관찰함으로써 학습할 수 있다는 것이다. 실제 생활을 생각해 보면 아동들은 서로 다른 상황에서 부모, 교사, 사회 지도자, 영화배우, 가수, 정치 이데올로기, 변화하는 사회적 · 종교적 관습 등 다양한 모델들 혹은 의미 있는 타자들과 접촉을 하게 된다. 관찰학습 이론은 아동들이 비록 직접적으로 보상을 받지 않는다 하더라도 이들 모델들의 행동유형들을 학습한다는 것을 발견하였다. 이 이론은 특히 그 모델들의 행동이 사회적으로 성공적일 경우는 더욱 쉽게 학습된다는 점을 지적하였다. 이러한 점을 강조한 것은 사회학습 이론의 커다란 공헌이자 장점이라 할 수 있다.

그러나 사회학습 이론의 관찰학습 관점 역시 기본적으로 행동주의 이론이 안고 있는 문제점들에서 크게 벗어나지 못한 한계를 지니고 있다. 이 이론이 안고 있는 단점들을 검토해 본다.

첫째, 발달요소들을 강조하지 않은 것이다. 도덕성 혹은 자기 통제(self-control)는 단순히 '모델링'의 산물이 아니다. 그것은 발달요소들을 포함한다. 그리고 관찰학습은 모든 기능들을 보통 자기 통제에 기인하는 것으로 설명함으로써 관찰학습의 역할을 너무 지나치게 강조하였다. 그럼으로써 이 이론은 발달요소들의 중요성을 간과한 것이다. 전형적으로 관찰학습 이론은 아동들의 도덕적 판단들이 모델 판단(model judgment)의 영향을 받아 변화한다는 점을 지적하면서 아동들의 도덕 판단 반응들은 쉽게 변화가 가능하다는 점을 강조하였다. 이러한 입장은 곧바로 도덕 판단에 관한 인지발달 이론가들의 타당성을 의문시하는 것으로 발전하였다.

그러나 이러한 입장은 보다 충분한 검증을 요구한다. 오히려 인지발달 이론가들은 역으로 그 타당성을 의문시한다. "모델을 모방하는 상황에 곧바로 뒤따라 행해진 사후 검사는 도덕판단의 구조적 단계 변화를 입증하는 것이 아니라 단순히 모델들의 영향 아래에서 도덕 판단의 일시적 변화만을 증명하는 것이라고 비판하였다."[63] "또 다른 연구자들은 아동들이 타인들로부터 학습하는 능력은 일차적으로 그들의 발달단계에 의해 결정되어진다는 것을 보여주었다."[64]

그리고 만약 관찰학습의 역할이 그렇게 중요하고 또한 발달 요소들과 독립적이라면, 성숙한 성인 모델들을 관찰하는 어린 아동들이 왜 성숙하지 못한 도덕적 판단들을 내리는지 의문하지 않을 수 없다. 결국 반듀라를 중심으로 하는 사회학습 이론은 모델링의 중요성을 보여주었지만 발달요소들의 역할을 무시하였다는 비판을 면하기 어렵게 되었다.

둘째, 관찰학습 이론은 아동 발달에 관심을 지닌 모든 사람에게 그 효용성을 제공하지 못한다. 부모나 교사와 같이 각 발달단계에서 아동들이 어떻게 발달하는가에 관심을 지닌 사람들에게 이 이론은 어떤 결정적인 도움을 제공하지 못한다. 관찰학습 이론은 아동들이 각 단계에서 어떠한 상태에 있는가 하는 사실보다는 오히려 아동들이 어떻게 해서 학습하게 되는가 하는 문제에 더욱 관심을 갖고 기술하기 때문이다.

끝으로, 도덕성 발달을 단순히 내면화로서 단순화시켜 버렸다. 다른 학습 이론들과 정신분석 이론처럼 관찰학습 이론은 도덕성을 문화적 표준들의 내면화를 통해 발달된 하나의 자기 통제 메커니즘으로서 간주하였다. 그러나 내면화 이론은 결정적인 한계를 지니고 있다. 그들의 문화와 문화적 모델들의 도덕적 가치 및 표준들과 상반되는 그러한 도덕적 가치들과 표준들을 지닌 사람들이 있을 때 누구의 가치들과 표준들이 더욱 발달된 성숙한 도덕성인지 설명할 수 없다.

✻ 주 ✻

1) E. R. Hilgard, G. H. Bower, *Theories of Learning*, New Jersey; Prentice－Hall, Englewood Cliffs, 1975, p. 605 참고.

2) R. M. Thomas, Social Learning Theory, R. M. Thomas (Ed.), *The Encyclopedia of Human Development and Education : Theory, Research, and Studies*, Pergamon Press, 1990, p. 75.

3) R. M. Thomas, *Moral Development Theories－Secular and Religious : A Comparative Study*, Greenwood Press, 1997, p. 67 참고.

4) A. Bandura, *Social learning theory(2nd ed.)*, Englewood Cliffs, New Jersey, Prentice－Hall, 1977.

5) A. Bandura, The self system in reciprocal determinism, *American Psychologist*, *33*, 1978, pp. 356－357.

6) J. E. Sieber, A Social Learning Theory Approach to Morality, M. Windmiller, N. Lambert, E. Turiel, *Moral Development and Socialization*, Boston : Allyn and Bacon, Inc., 1980, p. 138.

7) R. R. Sears, E. Maccoby, and H. Levin, *Patterns of Child Rearing*, Evanston, 1957, p. 366.

8) 사회학습 이론의 발전 과정에 관한 내용은 다음을 참고 할 것. R. V. Burton & L. Kunce, Behavioral Models of Moral Development, W. M. Kurtines and J. L. Gewirtz, *Moral Development : An Introduction*, Allyn and Bacon, 1995, p. 150.

9) 이 이론에 따르면, 추동(drive)이란 유기체가 저장하고 있다가 방출하는 힘을 의미하며, 이 이론은 행동을 결정하는 내재적 추동으로서 동기의 개념을 소개하고 있다. 추동은 행동의 연료이고, 자극에 의해 생성되는 힘이며, 다양한 목표 지향적 행동으로 이어진다는 것이다. 오세진 외, 『인간행동과 심리학』, 학지사, 1999, p. 291.

10) 이 이론에 따르면, 유기체는 종의 생존에 필수적인 어떤 기능이 이미 만들어진 상태에서 태어난다고 한다. 이 이론은 본능을 특정한 행동을 강제적으로 하도록 만드는 이해할 수 없는 내재적인 힘으로 정의한다. 프로이드는 본능에 대해 조금 다른 관점을 지니고 있었다. 그는 본능은 의식적인 목적이나 사전에 결정된 방향이 없으며 유기체는 그것을 충족시키기 위한 많은 수단을 학습해야 한다고 보았

다. 그는 본능이 신체의 욕구를 충족시키기 위해 존재하며, 이는 심리적인 에너지를 만들어 낸다고 믿었다. 프로이드는 대부분의 본능은 무의식적으로 영향을 미치며 때로는 사회적 요구와 대립해서 갈등을 낳는다고 생각하였다. 위의 책, pp. 290－291.

11) N. E. Miller & J. Dollard, *Social learning and imitation*, New haven, Yale Univ. Press, 1941.

12) J. L. Elias, *Moral Education : Secular and Religious*, Robert E. Krieger Publishing Company, 1989, p. 88.

13) R. V. Burton & L. Kunce, Behavioral Models of Moral Development, W. M. Kurtines and J. L. Gewirtz, *Moral Development : An Introduction*, Allyn and Bacon, 1995, p. 150.

14) R. R. Sears, A Theoretical framework for personality and social behavior, *American Psychologist*, *6*, 1951, pp. 476－483 참고.

15) R. V. Burton & L. Kunce, 앞의 논문, p. 150 참고.

16) 위의 논문, p. 151.

17) A. Bandura & F. J. McDonald, The influence of social reinforcement and the behavior of models in shaping children's moral judgments, *Journal of Abnormal and Social Psychology*, *67*, 1963, pp. 274－281.

18) A. Bandura, *Social learning theory*, Englewood Cliffs, NJ : Prentice－Hall, 1977, p. 48.

19) A. Bandura, Social cognitive theory of moral thought and action. W. M. Kurtines & J. L. Gewirtz (Eds.), *Handbook of moral behavior and development : Volumn 1 : Theory*, Hillsdale, NJ : Erlbaum, 1991, p. 52 참고.

20) A. Bandura, *Social Learning Theory*, p. 43.

21) R. M. Thomas, *Moral Development Theories－Secular and Religious : A Comparative Study*, Greenwood Press, 1997, p. 68.

22) 위의 논문, p. 45.

23) J. H. Kupfersmid & D. M. Wonderly, Moral maturity and behavior : Failure to find a link, *Journal of Youth and Adolescence*, *9*, 1980, pp. 249－262 참고.

24) W. M. Casey and R. V. Burton, 앞의 논문, p. 76.

25) 위의 논문, p. 78.

26) 위의 논문, pp. 78－81 참고.

27) M. L. Hoffman, Moral Development, P. Mussen (Ed.), *Carmichael's Manual of Child Psychology (3rd ed.)*, New York : Wiley, 1970.

28) R. Loeber, The stability of antisocial and delinquent child behavior : a review, *Child*

*Development, 53*, 1982, pp. 1431－1446 참고.

29) J. McCord, Some child－rearing antecedents of criminal behavior in adult men, *Journal of Personality and Social Psychology, 37*, 1979, pp. 1477－1486 참고.

30) M. L. Hoffman, Development of Internal Moral Standards in Children, Merton Strommen (Ed.), *Research on Religious Development*, New York : Hawthorn, 1971.

31) J. E. Grusec & L. Kuczynski, Teaching children to punish themselves and effects on subsequent compliance, *Child Development, 48*, 1977, pp. 1296－1300 참고.

32) W. Mischel & H. Mischel, A cognitive social learning approach to morality and self－regulation, T. Lickona (Ed.), *Moral development and behavior*, New York : Holt, Rinehart & Winston, 1976, pp. 84－107 참고.

33) A. Bandura, Social Cognitive Theory and Moral Thought and Action, W. M. Kurtines & J. L. Gewirtz, 앞의 책, p. 58 참고.

34) W. M. Casey and R. V. Burton, 앞의 논문, p. 84 참고.

35) D. G. Perry, L. C. Perry, K. Bussey, D. English, & G. Arnold, Processes of attribution and children's self－punishment following misbehavior, *Child Development, 51*, 1980, pp. 545－551 참고.

36) J. Rest, The Major Components of Morality, W. M. Kurtines and J. L. Gewirtz (Ed.), 앞의 책, pp. 24－36 참고.

37) L. Kohlberg & D. Candee, The relationship of Moral Judgment to Moral Action, W. M. Kurtines and J. L. Gewirtz (Ed.), *Morality, Moral Behavior and Moral Development*, New York : Wiley, 1984, pp. 52－73 참고.

38) W. M. Casey and R. V. Burton, 앞의 논문, p. 85.

39) M. Downey & A. V. Kelly, 앞의 책, p. 68.

40) H. J. Eysenck, *Crime and Punishment (3rd ed.)*, Granada Publishing, 1977, p. 437.

41) J. Aronfreed, *Conduct and conscience*, New York : Academic Press, 1968.

42) 예를 들면, Y. Mischel & H. N. Mischel, A cognitive social－learning approach to morality and self－regulation, T. Lickona (Ed.), *Moral development and behavior : Theory, research and social issues*, New York : Holt, Rinehart and Winston, 1976, pp. 84－107 참고.

43) R. V. Burton, A Paradox in theories and research in moral development, W. M. Kurtines & J. L. Gewirtz (Eds.), *Morality, moral development and moral behavior*, 1984, pp. 193－207 참고.

44) R. V. Burton & L. Kunce, Behavioral Models of Moral Development, W. M. Kurtines and J. L. Gewirtz, *Moral Development : An Introduction*, Allyn and Bacon, 1995, p. 153.

45) W. Casey & R. V. Burton, Training children to be consistently honest through verbal self－instructions, *Child Development*, *53*, 1982, pp. 911－919 참고.

46) A. Bandura, *Social Learning Theory(2nd ed.)*, Englewood Cliffs, New Jersey, Prentice－Hall, 1977, pp. 22－29 참고.

47) 사람들이 한 모델을 관찰할 때, 그들은 에피소드에 있는 적절한 단서들에 주의를 기울여야만 하고 단지 부차적인 모델, 그리고 그 환경의 측면들을 무시해야만 한다. 행위의 중요한 특징들을 놓치고 그리고 비본질적인 측면들을 포함하는 것은 관찰자들이 미래에 그 행동을 시도할 때 실망스런 결과들로 이끈다.

48) 사람들은 시각 심상(心像, visual image) 혹은 의미 부호(semantic code)로서 기억 속에 그 사건을 정확하게 기록해야만 한다. 적절한 부호화 체계(coding system)가 없다면 사람은 목격된 사건의 본질들을 저장하는 데 실패한다. 에피소드들을 기억하고 또한 회상하는 능력은 경향성을 갖고 발달한다. 예컨대, 나이가 더 든 아동들은 다른 사람들의 수행들로부터 배울 준비가 더 잘 준비되어 있는데, 이는 주로 그들이 상징을 사용할 능력이 더욱 진보되어 있기 때문이다.

49) 만약 모델들로부터 얻어진 지식이 미래에 유용하게 사용될 것이라면 그것은 기억 속에 영구적으로 저장되어진다. 기억들은 시간이 흐름에 따라 희미해지거나 혹은 사라진다. 그러므로 사람들이 다른 사람들을 관찰함으로부터 학습한 많은 것들이 잊혀지고, 또한 따라서 도덕적 결정 상황에서 필요할 때 더 이상 유용하지 못하게 된다. 연습 혹은 실천과 다양한 부호들을 한 사건에 연계시킴(다양한 상호 연결된 단어들 혹은 이미지들을 에피소드와 연합시킴)과 같은 그러한 기억 보조자는 필요할 때 저장된 정보를 쉽게 복구시키는데 공헌한다.

50) 사람들은 모델을 관찰함으로써 학습한 행동을 실제 행위로 표현해 볼 필요가 있다. 왜냐하면 행위에 관한 일반적 개념을 단순히 얻는 것만으로는 충분하지 않기 때문이다. 관찰자들이 모델로부터 학습한 행동을 충분히 소화하기 위해서는 실제적으로 그 행동을 실천해 보는 것이 좋다.

51) R. V. Burton & L. Kunce, Behavioral Models of Moral Development, p. 152.

52) J. Grusce, Learning Resistance to Temptation through Observation, *Developmental Psychology*, *15*, 1979, pp. 133－240 참고.

53) 반듀라에 따르면, 자기효능은 자기개념(self－concept)이나 자기 존중감(self－esteem)과 개념적으로 다르다. 자기개념은 직접적인 경험을 통해 형성되거나 의미 있는 다른 사람들의 평가를 통해서 형성된, 자기에 대한 복합적인 견해이다. 특히 자기 효능은 자기 존중감과 종종 같은 개념으로 사용되는 경우가 있으나 이 둘은 전혀 다른 것을 의미한다. 지각된 자기 효능감은 개인의 능력에 대한 판단과 관련된다면 자기 존중감은 자기 가치에 대한 판단과 관련된다. 전자는 자기의 능력에 대한 신념과 관계가 있는 반면 후자는 자기 자신을 좋아하거나

싫어하는 것과 관계가 있다. A. Bandura, 김의철 · 박영신 · 양계민 역, 『자기효능감과 인간행동』, 교육과학사, 1999, pp. 60 – 61.

54) 위의 책, pp. 32 – 33.

55) 위의 책, p. 183.

56) J. E. Sieber, A Social Learning Theory Approach to Morality, M. Windmiller, N. Lambert, E. Turiel, *Moral Development and Socialization*, Boston : Allyn and Bacon, Inc., 1980, p. 130.

57) J. E. Sieber, 앞의 논문, p. 131.

58) R. M. Thomas, Social Learning Theory, 앞의 책, p. 139.

59) R. M. Thomas, Social Learning Theory, 앞의 책, p. 75.

60) 이에 대한 비판자들은 이러한 방법은 너무나도 단순하고 표면적인 접근방법이라고 주장한다. 그들은 아동의 외현적 행동을 직접 변화시키도록 하는 시도는 그 배후에 있는 원인을 놓쳐버리는 일이 된다고 주장한다. 예컨대, 정신분석학적 입장에서 보면, 그 원인은 아동이 심리성적 발달단계에서 갈등을 해소하는 데 실패하고, 무의식 가운에서 그 갈등을 억압하여 남겨놓은 것으로부터 일어난다. 따라서 치료자는 과거의 어떤 사건이 갈등을 낳게 하는가를 확인하기 위해 환자의 마음 가운데 들어가서 환자가 그것을 의식적으로 해소하고, 정신적으로 건전한 생각이 되도록 도와주어야 한다. R. M. Thomas, 백운학 역, 앞의 책, p. 484.

61) 위의 책, pp. 482 – 483 참고.

62) W. M. Casey and R. V. Burton, 앞의 논문, p. 74 참고.

63) E. Turiel, An Experimental Test of the Sequentiality of Developmental Changes in the Child's Moral Judgments, R. C. Johnson (Eds.), *Conscience, Contract and Social Reality*, New York, 1972, p. 316.

64) J. Rest, Level of Moral Development as a Determinant of Preference and Comprehension of Moral Judgments Made by Others, *Journal of Personality*, *37*, 1969, p. 238.

# ✲ 참고문헌 ✲


오세진 외, 『인간행동과 심리학』, 학지사, 1999.

Aronfreed, J., *Conduct and Conscience*, New York, Academic Press, 1968.

Bandura, A. & McDonald, F. J., The influence of social reinforcement and the behavior of models in shaping children's moral judgments, *Journal of Abnormal and Social Psychology*, 1963.

Bandura, A., Social cognitive theory of moral thought and action. W. M. Kurtines & J. L. Gewirtz (Eds.), *Handbook of moral behavior and development : Volumn 1 : Theory*, Hillsdale, NJ : Erlbaum, 1991.

Bandura, A., *Social learning theory*, Englewood Cliffs, NJ : Prentice–Hall, 1977.

Bandura, A., The self system in reciprocal determinism, *American Psychologist, 33*, 1978.

Bandura, A., 김의철 · 박영신 · 양계민 역, 『자기효능감과 인간행동』, 교육과학사, 1999.

Burton, R. V. & Kunce, L., Behavioral Models of Moral Development, W. M. Kurtines and J. L. Gewirtz, *Moral Development : An Introduction*, Allyn and Bacon, 1995.

Burton, R. V., A Paradox in theories and research in moral development, W. M. Kurtines & J. L. Gewirtz (Eds.), *Morality, moral development and moral behavior*, 1984.

Casey, W. & Burton, R. V., Training children to be consistently honest through verbal self–instructions, *Child Development*, *53*, 1982.

Casey, W. M. and Burton, R. V., The Social–Learning Theory Approach, G. L. Sapp (Ed.), *Handbook of Moral Development : Models, Processes, Techniques, and Research*, Religious Education Press, 1986.

Downey, M. & Kelly, A. V., *Moral Education; theory and practice*, Harper & Row Ltd, 1978.

Elias, J. L., *Moral Education : Secular and Religious*, Robert E. Krieger Publishing Company, 1989.

Eysenck, H. J., *Crime and Personality*, Granada Publishing, 1977.

Eysenck, H. J., The development of moral values in children, *British Journal of Educational Psychology*, 1960.

Grusce, J., Learning Resistance to Temptation through Observation, *Developmental Psychology*, *15*, 1979.

Grusec, J. E. & Kuczynski, L., Teaching children to punish themselves and effects on subsequent compliance, *Child Developmetn*, *48*, 1977.

Guttmann, J., Cognitive morality and cheating behavior in religious and secular school children, *The Journal of Educational Research*, *77*, 1984.

Hilgard, E. R., Bower, G. H., *Theories of Learning*, New Jersey; Prentice-Hall, Englewood Cliffs, 1975.

Hjelle, L. A., Ziegler, D. J., 이훈구 역, 『성격 심리학』, 법문사, 1990.

Hoffman, M. L., Development of Internal Moral Standards in Children, Merton Strommen (Ed.), *Research on Religious Development*, New York : Hawthorn, 1971.

Hoffman, M. L., Moral Development, P. Mussen (Ed.), *Carmichael's Manual of Child Psychology* (*3rd ed.*), New York : Wiley, 1970.

Kohlberg, L. & Candee, D., The relationship of Moral Judgment to Moral Action, W. M. Kurtines and J. L. Gewirtz (Ed.), *Morality, Moral Behavior and Moral Development*, New York : Wiley, 1984.

Kupfersmid, J. H. & Wonderly, D. M., Moral maturity and behavior : Failure to find a link, *Journal of Youth and Adolescence*, *9*, 1980.

Kurtines, W. M. and Gewirtz, J. L., *Moral Development : An Introduction*, Allyn and Bacon, 1995.

Loeber, R., The stability of antisocial and delinquent child behavior : a review, *Child Development*, *53*, 1982.

McCord, J., Some child-rearing antecedents of criminal behavior in adult men, *Journal of Personality and Social Psychology*, *37*, 1979.

Miller, N. E. & Dollard, J., *Social learning and imitation*, New haven, Yale Univ. Press, 1941.

Mischel, W. & Mischel, H., A cognitive social learning approach to morality and self-regulation, T. Lickona (Ed.), *Moral development and behavior*, New York : Holt, Rinehart & Winston, 1976.

Papalia, D. E. 외 2인, 박성연 역, 『인간발달 I』, 교육과학사, 1993.

Perry, D. G., Perry, L. C., Bussey, K., English, D. & Arnold, G., Processes of attribution and children's self-punishment following misbehavior, *Child Development*, *51*, 1980.

Rest, J., Level of Moral Development as a Determinant of Preference and Comprehension of Moral Judgments Made by Others, *Journal of Personality*, *37*, 1969.

Sears, R. R., A Theoretical framework for personality and social behavior, *American Psychologist*, *6*, 1951.

Sears, R. R., Maccoby, E. and Levin, H., *Patterns of Child Rearing*, Evanston, 1957.

Sieber, J. E., A Social Learning Theory Approach to Morality, M. Windmiller, N. Lambert, E. Turiel, *Moral Development and Socialization*, Boston : Allyn and Bacon, Inc., 1980.

Skinner, B. F., *Beyond freedom and dignity*, New York : Knopf, 1971.

Thomas, R. M., Social Learning Theory, R. M. Thomas (Ed.), *The Encyclopedia of Human Development and Education : Theory, Research, and Studies*, Pergamon Press, 1990.

Thomas, R. M., *Moral Development Theories–Secular and Religious : A Comparative Study*, Greenwood Press, 1997.

Turiel, E., An Experimental Test of the Sequentiality of Developmental Changes in the Child's Moral Judgments, R. C. Johnson (Eds.), *Conscience, Contract and Social Reality*, New York, 1972.

Woolfolk, A. E., 김아영 외 5인 역, 『교육심리학』, 학문사, 1997.

Lawrence Kohlberg(1927.10.25~1987.1.17)

Carol Gilligan(1936.11.28~현재)

# 제 7 장 인지발달 이론

## I. 기본 가정

'인지'(cognition)란 지각한 내용을 여러 가지 방법으로 변형하고 부호화하며 기억 속에 저장한 다음 그것을 사용할 경우 인출하는 정신과정을 일컫는다. 따라서 인지발달 이론은 외적 행동을 가져오는 인간의 내적 정신과정의 발달을 객관적이고 과학적인 방법으로 연구하는 학문의 일종이라 할 수 있다. 이 이론은 대표적인 '유기체론 모형'(organismic model)에 속한다. 유기체론은 유전적 요인과 환경의 역할을 모두 중요시하기 때문에 '상호작용 모형'이라고도 불린다. 이 모형은 하등동물들이 환경에 적응하면서 생물학적 구조를 변경하는 과정에 관심을 기울였다. 이것은 아동들의 정신발달에 대한 광범위한 연구를 시작한 계기가 되었다. 유기체론은 이처럼 생물학적 연구를 바탕으로 인간의 인지발달을 설명하였으며, 인간의 도덕성 발달 또한 이러한 기본적 틀을 중심으로 해석하였다.

유기체론의 입장에 따르면 인간은 미리 정해진 최종 상태를 향해 나아간다. 이 모형은 인간의 발달 수준의 시기와 순서를 통제하는 유전적인 구조를 전제한다. 인간은 일정한 시기에 따라 특정한 발달이 순서적으로 이루어지게 되는 유전적 구조를 갖고 태어난다는 것이다. 그러한 유전적 구조가 주변의 환경적 요소와 어떻게 상호작용하느냐에 따라 발달의 속도나 범위에 있어서 개인차가 발생할 수 있을 뿐이다. 인지발달 이론은 이러한 발달과정에서 유기체론의 핵심적인 전통이라 할 수 있는 개인의 능동적인 역할을 매우 중요시 여긴다. 환경과 유전적 구조와의 상호작용을 통해 발달하는 인간은 그 과정에 있어서 수동적이 아닌 능동적인 역할을 수행한다.

인간의 도덕성 발달도 기본적으로 이런 구조에서 설명된다. 인간의 도덕성은 목표 지향적이자 또한 목적론적으로 발달한다. 피아제(J. Piaget)가 이론화한 도덕적 추론의 국면들이나 콜버그(L. Kohlberg)가 이론화한 도덕성 발달단계들은 모두 일정한 방향을 향하여 나아가는 발달경향이나 혹은 불변적인 계열을 의미하고 있다. 두 사람 모두 국면이나 단계에서의 변화를 양적인 개념이 아닌 질적인 개념에서 이해하였다. 또한 변화는 불연속적이고 하나의 보편적인 계열과 패턴을 갖고 있는 것으로 여겨졌다. 인간은 이런 과정을 능동적으로 수행한다.

인지발달 이론은 도덕적 성숙, 동기, 그리고 행동에 관한 전통적인 관점들에 대해 비판적인 입장을 갖는다. 각기 다른 문화에 따라 도덕은 상대적이라는 전통적인 관점과 대조적으로, 인지발달 이론은 도덕적 성숙의 최종 상태에서는 범문화적인 일반적 경향성을 보인다고 확신하였다. 또한 도덕적 행동의 동력(motive power)을 '정의'(情意)로 보는 전통적인 관점과 대조적으로 인지발달 이론은 '인지'를 도덕적 행동을 유발하는 동기의 원천으로서 강조한다.

인지발달 이론은 다음과 같은 기본적인 가정들을 바탕으로 하고 있다.[1)]

1. 인간은 태어나 환경적 요소와 유전적 요소 간의 상호작용을 통하여 자기 나름의 인지구조(cognitive structures)를 구성한다.
2. 도덕적 사태에 직면할 때마다 인지구조는 우리 자신이 그 사건에 부

여할, 혹은 그 사건으로부터 도출할 의미를 결정지어 준다. 결과적으로 인지구조는 우리 각자의 삶의 경험들을 나름의 특정한 형태로 해석하도록 해주는 정신적 렌즈(mental lens)로서의 역할을 한다. 우리의 인지구조는 사람마다 어느 정도 서로 다르기 때문에 똑같은 도덕적 사태에 대한 해석은 사람마다 어느 정도 서로 다를 수 있다.

3. 인지구조는 성장하면서 점차 변화한다. 사람마다 갖는 인지구조의 특징은 그 개인의 유전적 구조와 환경과의 상호작용에 의해 결정되어진다. 다시 말하면, 각 개인의 정신적 형판(型板)의 구성은 그 개인이 타고난 유전적 암호(genetic code)와 일상 경험들 사이의 교류의 산물이다. 따라서 각 개인이 갖는 세계에서의 경험들은 그 개인이 구성한 형판(구조)이 진화하는 정확한 방식을 결정한다.

4. 도덕적 추론은 하나의 계열을 이루어 발달한다. 각 개인이 세계를 해석하는 정신적 렌즈인 인지적 구조와 그 구조의 작동에 의해 형성되어온 마음의 내용들은 계열을 이루어 변화한다.

## Ⅱ. 인간관

루소(J. J. Rousseau)의 사상은 인지발달 이론의 철학적 기원에 해당한다. 루소는 인간의 발달에 있어서 내적인 힘을 중시하였다. 그는 발달이 내적으로 조정되고 순서대로 진행되는 단계들로 되어 있으며, 인간은 단계적으로 변화한다고 밝혔다. 그가 처음으로 발달단계의 개념을 소개한 셈이다. 그는 또한 신의 뜻이 가장 잘 드러난 것은 자연의 장(場)이며, "신은 만물을 선하게 창조했으나 인간의 손에 들어오면서 만물은 악하게 되어버렸다"고 하여 자연 안에, 그리고 인간 내면에 있는 신의 뜻을 파악해야 한다고 했다. 그런 점에서 그는 아동을 옳고 그른 것에 대한 감각을 갖고 태어나는 '고상한 야만인'(noble savages)이라고 보았다.

그가 말하는 자연인은 습관에 의해 변질되기 이전의 감각과 이성을 지닌 인간을 의미한다. 그러나 현대 인지발달 이론가들은 이처럼 폭넓은 가정을 그대로 받아들이지는 않는다. 이들은 앞에서도 언급하였듯이 '유기체론 모형'[2]에 근거하여 훨씬 구체적이고 과학적으로 인간의 본성을 그리고 있다. 따라서 인지발달 이론이 상정하고 있는 인간관을 이해하기 위해서는 우선 유기체론의 기본 입장을 검토해 보는 것이 유익하다.

유기체론 모델은 인간의 발달을 두 가지의 기본적인 맥락에서 해석한다. 우선, "유기체론 모델은 인간 발달을 미리 정의된 최종 상태를 향한 움직임을 내포하는, 목표 지향적인, 그리고 목적론적(teleological)으로 인식한다."[3] 이는 유기체론 모델이 인간을 능동적인 존재로 이해하게 한 원인요소이기도 하다. 인간은 자신의 발달을 스스로 진행시켜 나간다. 비록 내적인 힘(유전적 요소)과 외적인 힘(환경적 요소)이 상호작용하지만 변화의 원천은 어디까지나 내적인 것에 있다. 이 모델은 생활경험을 발달의 원인으로 보는 것이 아니라 발달을 촉진시키거나 지연시킬 수 있는 부차적인 요인으로 본다.

또한 이 모형은 발달을 질적인 변화로 이해한다. "이 모델은 인간의 발달적 변화를 양적인, 단일 방향성의, 그리고 역행할 수 없는 것이라기보다는 질적인 것으로서 설명한다. 질적인 변화를 강조함에 따라 이 모델은 흔히 단계 패턴을 채택한다. 그리고 발달을 보편적인 개념에서 설명하고자 한다."[4] 인간은 각 단계마다 다른 종류의 능력을 발달시키고 도덕적 문제를 다르게 대처해 나간다. 각 단계는 전 단계의 발달에 의해 영향을 받고 다음 단계에 대한 기초를 마련한다. 각 단계에서의 사고와 행동은 전 단계와는 질적으로 다르기 때문에 최종 단계에서 어떤 인간이 될 것인가를 예측하는 것은 오직 인간 발달의 보편적 과정에 관한 지식을 통해서 가능할 뿐이다.[5]

인지발달 이론은 인간의 본질에 관한 설명도 기본적으로 위와 같은 유기체 모형에 입각하고 있다. 인간은 합목적적으로 발달한다. 아동은 선천적으로 옳고 그름에 관한 의식을 갖고 태어나지 않는다. 그러나 아동은 다른 사람들과의 경험을 통하여 도덕규칙들을 획득하며, 그런 과정을 통하여 도덕적 인간으로 성장해 간다. 도덕적 인간의 본성은 유전적 요소와 환경적 요소가 상호작용하는 과정을 거치면서 나이와 함께 발달한다. 인간은 누구나 보편적으로 도덕적 실재론에서 자율적 도덕성의 국면으로 발달한다. 그러나 피아제는 또한 응보(retribution) 혹은 공평(equity)에 대한 경향들과 같은 어떤 도덕적 성향들은 인간의 생물학적 본성의 한 부분이라고 믿었다. 이들 경향들이 세계 속에서 다른 사람들과의 경험들로 인해 결과적으로 고양되어지거나 혹은 감소되어진다고 이해하였다.

또한 인지발달 이론은 인간을 능동적 존재로 파악한다. 아동들은 성인을 모방하고 명령을 기억하며 수동적으로 따르는 능력 외에 환경의 자극을 적극적으로 받아들여 오히려 이를 이용하는 능동적 존재이다. 선천적으로 타고난 유전적 요소와 세계에 대한 경험들은 무질서를 혐오하는 인간의 본능적 성향에 따라 인지적 구조들을 구성하게 되며, 동화와 조절을 통해 새로운 지식들을 창출해낸다. 이러한 지식들은 자기 중심주의적인 사고의 구조들을 변경시킴으로써 자율적인 도덕적 인간으로 발달할 수 있는 토대를 마련해 준다. 다만 아동들은 미숙한 인지구조를 갖고 있기 때문에 동일한 자극이라도 성인과는 전혀 다른 의미로 해석하고 받아들인다. 아동들은 생물학적 성장, 지향적 활동 또는 경험, 정보를 전달하고 가르치는 사회적 전달과정, 그리고 조화와 균형의 상태를 추구하고자 하는 선천적 경향 등의 조합을 통해 성숙한 도덕적 인간으로 발달해 간다.[6]

한편, 인지발달 이론을 도덕적 영역으로 확장시켰던 콜버그(L. Kohlberg) 역시 기본적으로 유기체론에 입각하여 도덕적 인간의 모습을 설명하였다. 콜버그는 인간을 합목적적 존재로 인식하였다. 인간은 아동기를 거쳐 성장하면서 점차적으로 외부에서 부과된 원리들과 가치들로부터 자유로워진다. 그리고 더욱 더 일반적인 원리들과 내부로부터 부과된 가치들이 발달하기 시작한다. 인지적인 영역에서 도덕적 사고가 발달하는 것이다. 이러한 "도덕적 사고의 발달은 양심의 행동적 및 감정적 측면과 연결되어진다. 그리하여 우리가 일단 도덕적 판단의 발달을 이해하면 도덕적 행동과 감정의 발달은 훨씬 더 명료하고 또한 예측이 가능하게 된다."[7]

도덕적 인간의 본성은 도덕적 판단 발달의 최종 지점인 6단계에서 가장 전형적으로 나타난다. 행동을 하는 근원적인 동기(motive)는 내부적으로 부과된 원리들과 이상들에 기초하는 것으로, 도덕적 판단의 발달단계가 높아짐에 따라 자연적으로 성숙한다. 그러므로 "도덕적 행동은 비록 다른 요소들에 의해서도 영향을 받지만 도덕적 판단의 성숙에 의해 결정적으로 영향을 받게 된다."[8] 최종 단계에 이르면 이제 양심은 도덕적 반응에서 자기 자신을 안내하는 가치들과 이상(理想)으로 작용한다. 곧, 양심은 도덕적 판단의 기준이 되는 것이다. 양심은 인지적 · 정의적 · 행동적 영역에서 일관성을 유지하게 된다. 도덕적 인간은 자신의 내적 힘이라 할 수 있는 양심에 따라 도덕적 판단을 내리고 그에 따라 행동하는 사람이다. 그 사람이 지니고 있는 양심의 내적 표준에는 바로 정의(justice)가 자리하고 있다.

## Ⅲ. 도덕성의 개념

인지발달 이론가들은 전통적으로 정의(正義)의 심리적 성향에 초점을 맞추어 도덕성을 연구하여 왔다. 그 근원은 피아제의 『아동 도덕 판단』(*The Moral Judgment of the Child*)에 있다. 이 책에서 피아제가 논의하였던 아동들의 포괄적인 도덕성 발달은 콜버그의 이론에서 구체적으로 정교화되고 수정되어졌다. 피아제나 그 이후의 콜버그는 인지발달 이론을 도덕적 영역으로 확장하는 과정에 직면하였을 때 공통적으로 도덕적 영역을 어떻게 정의할 것인가라는 문제에 봉착하게 되었다. 다시 말하면, 그들은 '인간의 도덕성이란 결국 무엇을 의미하는가'라는 문제를 안게 되었던 것이다.

그들은 철학적 문헌에 의존하여 도덕적 영역을 정의(定義)함으로써 이 문제를 해결하고자 하였다. 그들은 도덕을 정의(正義)의 개념과 동등하게 보았다. 도덕적 영역의 일차적인 것으로 정의를 가정한 것은 정의 정향이 모든 사람들의 사고에서 도덕적 추론의 기본적인 양식이라는 것을 의미한다. 즉, 모든 사람들은 도덕적 문제 사태에 직면하면 정의의 정향에 따라 옳고 그름을 판단한다는 것을 뜻한다.

피아제와 콜버그가 인간관계를 도덕성 발달에 있어서 가장 중요한 요소로 간주하였던 것도 이 가정으로부터 비롯된 것이다. 인간은 다른 사람들과 관계를 형성하며 살기 마련이다. 인간은 그러한 관계 속에서 정의의 개념 속에 내재된 평등이나 상호성과 관련된 사례들을 경험하게 된다. 나의 권리가 중요하듯이 다른 사람들의 권리도 똑같이 중요하다는 경험이 바로 그런 것이다. 피아제와 콜버그는 "그러한 경험들이야말로 인간이 도덕적 지식을 구성하는 데 있어서 유일하게 중요하다"[9]는 것을 강조하였다.

피아제와 콜버그가 인식한 도덕성의 개념을 좀 더 구체적으로 고찰해 본다. 피아제는 도덕성을 단순히 특정한 문화의 규범과 가치의 직접적인 내면화로 보는 뒤르껭(E. Durkheim)의 관점에 도전하였다. 뒤르껭은 도덕적으로 행동하는 것은 집단 이익을 증진시키기 위해서, 즉 자신이 소속한 사회의 이익을 증진시키고자 행동하는 것이라고 하였다. 사회적 이익은 사회마다 각기 다르기 때문에 도덕이 요구하는 내용은 사회에 따라 상대적이다. 그는 마치 각 생물마다 그 자체를 유지시킬 수 있는 신경체계를 갖추고 있는 것과 같이 각 사회마다 그 사회에 필요한 도덕을 갖게 된다고 하였다.

반면에 피아제는 도덕성을 '옳고 그름에 대한 판단, 곧 어떤 규칙을 근거로 행동을 결정할 것인지를 판단하는 능력'으로 정의하였다. 그는 도덕성을 도덕적 추론능력과 동일시 여긴 것이다. 피아제는 도덕적인 성숙이 규칙에 대한 존중 및 사회적 정의에 대한 존중과 관계가 있다고 보았다. 그리하여 그는 성숙한 도덕성의 본질을 공정(fairness) 혹은 정의로 인식하였다. 도덕적 추론의 일차적인 양식이 정의 정향이라는 것이다. 아동들은 정상적으로 성장한다면 동료들과 협동이나 경쟁을 경험하게 된다. 그럼으로써 그들은 자연적으로 평등(equality)과 상호성(reciprocity)의 이상(理想)을 구성하게 된다. 피아제는 성숙한 정의란 동료들간의 상호작용에서 관점들의 교환을 통한 "최대의 평형"(equilibrial limit)[10] 혹은 하나의 이상적인 평형상태로 규정하였다.

한편, 콜버그는 피아제의 이론을 계승한 가운데 도덕성을 정의에 관한 추론능력으로 이해하였다. 그는 자신의 이론을 사람들이 흔히 가정하듯이 도덕성 발달에 관한 완전한 이론으로서 내세우지 않았다. "오히려 그는 자신의 이론을 정의 추론에 관한 개체 발생의 합리적 재구성이라 하였다. 그는 항상 자신의 진술들이 감정, 열망, 혹은 행위가 아닌 정의 추론의 단계들이라는 것을 분명히 하려고 노력하였다. 그의 데이터 기반 역시 딜레마의 상황에 처해 있는 서로 다른 사람들의 권리나 주장들 사이에서 갈등을 제기시키는 일련의 가설적 딜레마들이었다."[11]

지금까지의 논의를 요약하면, 인지발달 이론은 전통적으로 도덕성을 정의(正義) 정향과 동일시하여 왔으며, 또한 도덕성의 발달을 질적으로 다른 정의의 개념을 구성해 가는 단일한 과정으로 이해하였다. 그럼으로써 도덕적으로 성숙한 사람은 부모의 권위로부터, 그리고 사회적 관습으로부터 독립하여 모든 사람들의 권리를 동등하게 인식하여 판단할 수 있는 평등성과 자율성을 성취한 자로 가정하였다.

그러나 인지발달 이론의 이러한 전통적인 관점은 근래에 이르러 부분적으로 수정되고 있다. 약 반세기에 걸친 인지발달 이론의 역사에서 도덕적 사고에서의 정의 정향과 배려 정향이 이론적 차원에서 공히 확신을 갖게 된 것은 근래에 이르러서였다. 그 기원은 길리간(C. Gilligan)[12]의 배려 정향에 관한 경험적 연구였다. 그녀가 인지발달 이론에 대해 배려 정향과 여성들에 관한 사고가 배제된 잠재적 의미에 주의를 기울였던 것은 피아제가 도덕성 발달에 관한 전통적인 정의 모델의 토대를 세웠던 이후 실로 45년 만이었다. 배려 정향은 기존의 도덕성 발달에 관한 인지발달 관점에서 나타나지 않은, 그리고 소녀들과 여성들의 도덕적 사고에서 주로 발견된 것이다. 공교롭게도 피아제와 콜버그는 모두 배타적으로 남성들의 표본을 이론 정립을 위한 연구의 토대로 삼았었다.

따라서 기존의 이론에서 설명되지 않았던 도덕성의 개념에 관한 길리간의 발견은 인지발달 이론을 수정하는 첫 걸음이 되었다. 그녀가 제시한 이론은 도덕성의 개념에 새로운 이론적 문제를 일으키게 되었다. 배려 정향은 개인들의 사고에서 도덕적 추론의 지배적인 하나의 양식(하나의 구조화된 전체)으로서 일관되게 나타나는가의 문제이다. 이러한 의문은 전통적인 인지발달 이론의 윤리적 및 인식론적 가정들을 다시 생각하고 경험적으로 검증할, 그리고 타당화할 필요성을 낳게 되었다. 최근에 이르러 인지발달 이론은 길리간의 경험적 연구결과를 받아들여 "기존의 정의 정향과 함께 배려 정향을 구조화된 전체(추론의 양식)들로서 정의하는 인식론적 가정을 받아들이는 경향"[13]을 보이고 있다.

이제 도덕성 개념의 확장이 불가피해졌다. 정의의 정향과 함께 배려의 정향이 도덕성의 개념적 영역을 구성하게 된 것이다. 여기에서 도덕성을 구성하는 두 정향을 간략히 비교해 보고자 한다. 사실 철학이나 문학의 역사를 통해서 보면 도덕성의 영역은 두 가지 정향을 다 내포하고 있었다. 두 정향은 어떻게 타인들을 대우하고 또한 타인들로부터 대우받아야만 하는가의 문제에 대한 관심에서 서로 수렴되는 반면, 그 의문에 대한 답을 구성하는 방식에서 서로 구분된다.

정의의 정향 혹은 윤리에서는 각 개인들은 타인들과의 관계로부터 분리된 객관적인 존재로서 정의된다. 자기 자신이 타인들에 의해서 보여지기를 바라는 것처럼 다른 사람들을 객관적으로 본다. 그리고 정의의 도덕을 분리된 개인들의 역할에 따른 의무와 책무에 근거를 둔, 개인들 간의 상호성으로서의 관계에 관한 이해에 의존하는 공정성으로 사용하는 경향이 있다. 도덕적 문제들은 일반적으로 자기와 다른 사람들(사회를 포함하는) 사이에 갈등하는 주장들의 문제로서 이해된다. 도덕적 문제들은 공평한 규칙들, 원리들, 혹은 표준들에 호소함으로써 해결된다.

정의의 도덕은 자신의 역할과 관련된 의무, 책무, 혹은 약속에 관심을 갖는다. 그리고 또한 자기, 타인들, 혹은 사회를 위한 표준, 규칙, 혹은

| | 배려의 도덕성<br>(관계에서의 감응의 관점) | 정의의 도덕성<br>(관계에서의 권리의 관점) |
|---|---|---|
| 타인들에 대한 관점 | 다른 사람들을 그들 자신의 측면과 맥락에서 본다; 그들의 상황으로 들어간다. | 다른 사람들을 내 자신이 (자아의 렌즈를 통해) 보여지기를 바라는 바로써 바라본다; 평등과 상호성에서, 객관성을 위해 상황으로부터 한 발짝 뒤로 물러난다. |
| 타인들과의 관계에서의 자아의 개념 | 타인들과의 관계에서 상호의존적이다. | 타인들과의 관계에서 자율적 · 평등적 · 독립적이다. |
| 관계의 개념과 이미지 | 사람들의 주어진, 상호의존적인 것으로서의 애착; 사람들의 반응, 격리(고립)에 대한 관심; 거미줄로서의 관계 | 역할들을 통한 애착; 의무, 책무; 관계에서의 평등과 공정성에 대한 관심; 위계(hierarchies)로서의 관계 |
| 사고와 감정의 양식 | 개별적; 맥락적; 의문 제기하기; 일시 정지된 판단; 대화, 토론의 사용, 목표는 이해하기이다; 함께 소유된 사고와 감정 | 객관적; 일반화하기; 추상적 · 규칙추구적이다; 목표는 비평하는 것이다; 분석하기; 의문에 대답하기; 증명하기; 분리되어져야 할 필요가 있는 것으로 보이는 사고와 감정 |
| 개인 상호 간의 개념과 과정 | 상호 의존적; 토론에 대한 강조; 경청하기; 타인들을 그들 자신의 맥락에서 이해하기 위하여 | 객관적; 역할 관련; 다른 사람들과의 관계에 있어서 공정성과 평등을 유지하기 위하여 |

원리로서 상호성에 관심을 기울인다. 즉, 자신이 만약 그 위치에 있다면 대우받기를 원하는 방식대로 자신이 다른 사람을 대우하는 공정성을 원리로 받아들인다. 그래서 정의의 도덕은 전통적으로 사람들이 서로 공유하는 규칙들, 원리들, 권리들, 그리고 의무들에 따라 생활함으로써 서로를 공정하게 대우해야만 한다는 점을 강조한다. 또한 정의의 윤리는 보다 논리적 · 합리적 · 객관적인 것으로 여겨지며, 그리고 보다 직접적으로 도덕적 사고와 연관되는 것으로 이해된다.

한편, 보살핌 혹은 배려의 윤리에서는 각 개인들이 타인들과의 관계 속에 상호 연결되어진 존재로 정의된다. 타인들을 그들의 상황과 맥락 속에서 바라본다. 도덕적 문제들은 일반적으로 관계의 이슈들로서, 즉 타인들에게 반응하는 방식으로서 이해된다. 도덕적 문제들은 배려의 행위를 통해 해결된다. 배려의 도덕은 관계, 즉 서로 간의 상호 의존적인 관계를 유지하는 것을 고려한다. 그리고 타인들의 복지를 증진하는 일이나 혹은 그들의 해를 방지하는 일을 고려한다. 타인들의 짐, 상처, 혹은 심리적 · 정신적 고통을 덜어주려는 일에 관심을 갖는다. 배려의 윤리는 전통적으로 '모든 사람이 배려를 받을 것이다. 어느 누구도 홀로 혹은 상처를 입고 남겨져서는 안 된다'라는 것을 보증하는 방식에서 서로를 대해야 한다고 강조한다. 또한 배려의 윤리는 보다 직관적이고 비논리적인, 비합리적인, 그리고 주관적인 것으로 여겨지며, 그리고 보다 직접적으로 도덕적 감정과 연관된 것으로 이해된다.

일군의 관련된 개념들에 대한 두 도덕성의 논리는 다음과 같다.[14]

## Ⅳ. 도덕성의 형성과 발달

인지발달 이론가들은 도덕성의 발달을 개인이 도덕적 원리들을 이해하고 또한 그것들에 동의하기 때문에 받아들이는, 혹은 그가 스스로 성취하게 된 도덕적 원리들에 따라 행동할 수 있는 상태에로 나아가는 적극적(active) · 역동적(dynamic) · 구성적(constructive) 과정으로서 간주한다. 인지발달 이론을 대표하는 피아제, 콜버그, 그리고 길리간을 중심으로 도덕성의 형성과 발달과정을 고찰해 본다.

### 1. 피아제의 관점

#### (1) 관점 형성의 배경

피아제가 도덕성의 형성과 발달에 관해 언급하기 이전, 이에 관한 선행연구들은 많이 있었다. 도덕성 발달에 관한 초기 연구들 중에서도 게젤(A. Gesell)의 연구는 주목을 끌기에 충분하였다. 그는 발달을 환경의 영향과는 어느 정도 관계없이 주로 성숙적인 과정으로 인식하였다. 그는 도덕적 행동에서의 세 가지 독특한 단계들을 제시하였다. 첫째 단계는 성인의 명령에 복종하는 것으로 특징지어진다. 둘째 단계는 권위 인물이 현장에 존재하지 않음에도 불구하고 규칙을 엄격하게 고수하는 특징을 보인다. 그리고 마지막 단계는 명백하게 자발적으로 행동하는 자율적 도덕성을 보여준다. 게젤은 아동을 양육하는 부모나 학교 교사들은 아동들의 연령에 따라 각기 다른 종류의 도덕적 행동을 기대해야 한다고 하였다. 또한 학교 도덕교육은 아동들의 발달 수준에 따라 교육적 접근을 달리해야 한다는 점을 강조하였다.[15)]

그러나 게젤은 아동들의 사고과정들의 본질을 탐구하는 것으로까지는 나아가지 못하였다. 아동들의 도덕적 행동이 왜 그 세 단계에 속하는지를 분명하게 설명하지 못했던 것이다. 그는 아동들이 어떻게 생각하는가보다는 아동들이 무엇을 생각하는가에 관하여 말해주고 있을 뿐이었다. 피아제는 게젤의 연구를 한 단계 높게 향상시켰다. 도덕성의 발달을 아동의 전체적인 지적·인지적 발달의 한 측면으로 보고 아동의 사고과정을 탐구하기 시작하였다.

피아제는 사회학적 맥락에서는 뒤르껭(E. Durkheim), 철학적 측면에서는 칸트(I. Kant)로부터 영향을 받았다. 피아제는 도덕성의 사회적 맥락에 의미를 부여하였는데, 그것은 바로 뒤르껭으로부터 영향을 받은 것이다. 뒤르껭은 우리가 사회적 존재인 한에 있어서만 단지 도덕적 존재라고 주장하였다. 또한 그는 개인과 사회와의 관계에, 개인에 대한 사회의 훈육에, 그리고 사회적 구조 내에서의 개인의 종국적인 자율성에 관심을 가졌다. 피아제는 도덕성을 타율적 도덕성과 자율적 도덕성으로 구분하였는데, 그것은 의지(will)의 타율성(heteronomy)과 자율성(autonomy) 사이를 구분하였던 칸트로부터 영향을 받은 것이다.[16)]

피아제는 아동들의 지적 발달에 관한 광범위한 연구를 통해 정신적 성장에서 두 가지 부류의 진보가 있음을 발견하였다. 하나는 아동들의 일반적인 인지발달에서의 단계들이요, 또 하나는 각각 특정한 사고과정을 요구하는 다양한 개별적 단계들이 있다. 예컨대 수 개념이나 꿈의 발달, 놀이형식들의 진화 등이다. 도덕적 판단의 발달도 이 부류에 속한다. 그런

데 이 두 부류의 성장은 상호 밀접한 관계 속에서 이루어진다. 그러므로 우리가 피아제의 도덕성 발달에 관한 관점을 이해하기 위해서는 정신적 성장의 일반적 단계들과 도덕적 판단의 특수한 진보를 동시에 검토해 보아야 한다.

피아제 이론에서 정신적 발달의 일반적 단계들은 매우 중요하다. 왜냐하면 일반적 지능의 특정한 수준이 아동들의 도덕적 판단에 관한 특수한 단계들을 결정짓는 토대가 되기 때문이다. 정신적 발달은 네 가지 수준들을 거치면서 진보한다. 네 가지 수준은 감각 운동기(sensorimotor; 출생~2세), 전조작적 사고기(preoperational thought; 약 2세~7세), 구체적 조작기(concrete operation; 약 7세~11세), 그리고 형식적 조작기(formal operation; 약 11세~15세)이다. 인간은 각 수준에 따라 환경 속에 있는 사건들을 해석하는 인지구조들을 갖게 된다. 인지구조들은 그 사람이 세계를 바라보고 해석하는 정신적 렌즈로서 역할을 하게 된다. 따라서 정신적 발달을 나타내는 네 수준들은 인지구조들에서의 중요한 변화를 나타낸다. 이러한 정신적 발달의 일반적 단계들은 도덕적 문제에 대한 특수적인 추론의 토대를 제공해 준다.

### (2) 도덕성 발달에 관한 경험적 연구

도덕성 발달의 인지적 측면들을 설명하기 위한 주요 이론은 피아제의 『아동 도덕 판단』(*The Moral Judgment of the Child*)이 연구의 초석이었다. "이 책은 사실 대부분 성인들의 영향이 아동들의 도덕발달에서 지배적이라는 뒤르껭의 이론을 반격하기 위해 시도되었다."[17] 피아제는 이 책에서 아동들의 도덕적 판단의 본질을 탐구하고자 하였다. 그는 제네바(Geneva)에서 '아동들의 규칙에 대한 태도', '옳고 그름에 관한 판단', 그리고 '정의와 공정에 관한 평가' 등 세 가지 넓은 영역에 관해 연구를 진행하였다. 그는 아동들을 대상으로 한 이 세 가지 경험적 연구를 통해 도덕적 판단에서의 성숙은 보상, 벌 혹은 모방에 의한 규칙들의 학습이 아니라 인지적 재구조화의 과정을 포함하는 점진적인 발달과정이라는 관점을 확립하였다. 그가 어떻게 그러한 결론에 도달하게 되었는지 그의 경험적 연구를 간략히 소개해 본다.

첫째, 게임 규칙에 대한 존중과 관련한 연구이다. 피아제는 "모든 도덕성은 규칙들의 체계 안에 있으며, 모든 도덕성의 본질은 개인들이 그러한 규칙들을 획득하는 측면에서 추구되어야 한다"[18]고 기술하였다. 이러한 관점에서 피아제는 어린 아동들이 어떻게 규칙을 이해하게 되고 존중하게 되는가의 문제에 관심을 집중하였다. 그는 어린 아동들은 각기 다른 규칙들을 서로 분별하지 못하고 모두 같은 것으로 생각하므로 도덕적 규칙에 대한 발달이나 게임 규칙에 대한 발달의 양상이 같다고 생각하였다. 따라서 게임 규칙에 대한 판단을 통해서 아동의 도덕성 판단에 대해 알아보고자 하였던 것이다.

그는 아동들이 규칙을 실천하는, 즉 아동들의 도덕적 행동에 관심을 가졌을 뿐만 아니라 아동들이 자신들의 행동에 대한 구속으로서 규칙을 인지하는 방법에도 관심을 기울였다. 이 연구를 위해 그는 아동들이 공기놀이를 하면서 따르는 규칙들을 선택하였다. 왜냐하면 이 규칙은 성인들에 의해 전수되기보다는 다른 아동들과의 놀이를 통해서 전달되는 드문 규칙이기 때문이었다. 그 자신이 규칙과 전통에 관한 무지한 입장으로 놀이에 참여하였으며, 아동들과의 대화를 통해 그들이 성숙해 감에 따라 규칙에 대한 접근이 어떻게 변화해 가는가를 발견하였다.

아주 어린 아동들은 전혀 규칙에 관계없이 놀이에 참여하였다. 그러나 약 6세 정도에 이르면 그들은 점점 놀이의 규칙들을 알게 되었고, 이제 규칙들을 변경 불가능한, 그리고 엄격하게 따라야 하는 것으로서 간주하고 있다. 이것은 그들에게 외적으로 주어진 규칙에 복종하고 의문을 제기하지 않는 아동들의 타율성을 반영한다.

그러나 아동들은 점차적으로 규칙들이란 변경이 가능하고 놀이를 규정하기 위해 만들어진 것이라는 것을 이해하기 시작한다. 이제 규칙들은 다른 놀이 친구들과 상호 동의에 의해 변경될 수 있다. 타율성이 자율성으로 나아가기 시작하는 것은 이 단계 동안이며, 약 11세 내지는 12세 정도에서 규칙들이 어떻게 그리고 왜 만들어지는지에 관심을 보이기 시작한다. 그들은 이제 규칙들을 엄격하게 실천하는 일에 관심이 있는 것이 아니라 환경에 따라 상호 동의에 의해 그것들을 변경할 준비가 되어 있다.

아동들의 자율성은 타인들과의 협동능력이 점차 증대하면서 발달하게 된다. "또래들 간의 협동적 활동들과 상호 이해는 아동들의 자율성이 발달하는 데 있어서 필요조건들이다."[19] 초기 단계의 아동들은 규칙들이 어떤 권위를 가진 인물로부터 나타나는 것으로 이해한다. 규칙들에 대한 존중은 쌍방적이기보다는 일방통행적이다. 아동들은 동료들과의 관계를 경험하면서 차츰 자율성의 성장에 필요한 상호 동의와 협동의 기회나 장면을 얻기 시작한다. 아동들의 자율성은 본질적으로 권위 인물들에 의해 부과된 규제들로부터 해방되어질 때 성장되어질 수 있다.

둘째, 옳고 그름에 관한 판단과 관련한 연구이다. 피아제가 두 번째 영역인 아동들의 옳고 그름에 관한 판단에 대해 연구한 바를 고찰해 보면 우리는 타율성의 단계로부터 자율성의 단계에로 발달해 가는 도덕성의 점진적 과정을 다시 발견할 수 있다. 피아제는 옳고 그름에 관한 아동들의 판단을 탐구하기 위해 일화법(逸話法)을 사용하였다. 그는 아동들이 과실(過失)에 대해 어떤 판단을 하는지, 또 훔치기와 같은 행동에 대해서는 어떻게 판단하는지를 알아보기 위해 한 쌍씩 대비되는 이야기들을 제시하였다.[20] 하나는 좋은 의도로 했던 일이 잘못되어 큰 손상이 생긴 이야기이고, 다른 하나는 나쁜 의도로 행동했으나 손상이 크지 않은 이야기를 대비하여 아동들에게 제시하고 두 이야기의 주인공들에게 똑같이 잘못이 있는지, 둘 중 누가 더 나쁜지, 누가 벌을 더 많이 받아야 하는지, 왜 그런지 등을 물었다.

실험결과에 따르면, 6~7세 아동들은 물질적인 손상의 정도에 따라 (예; 컵을 15개나 깼으니까, 더 큰 얼룩을 만들었으니까, 빵이 리본보다 크니까, 또는 비싸니까, 새장이 사탕과자보다 크니까) 도덕성을 판단했으며, 9~10세 아동들은 의도를 고려하여(예 ; 잼을 먹으려고 했으니까, 자신을 위해서 리본을 훔쳤으니까) 도덕성을 판단하였다. 이러한 결과로 아동의 도덕성 판단은 주로 물질적인 손상의 정도에 따라 판단하는 객관적인 책임, 그리고 의도를 고려하는 주관적인 책임의 단계로 나누어진다는 것을 알 수 있다. 객관적인 책임은 타율적 도덕성 단계의 특징이며, 대개 평균 7세경에 나타났고, 주관적인 책임은 자율적 도덕성 단계의 특징으로 대개 평균 9세 정도에 나타났다.

처음에 아동들은 만약 성인이 자신의 행동을 승인하면 그것을 옳은 것으로 간주하고, 만약 성인이 승인하지 않으면 그른 것으로 간주한다. 타율적인 단계에 있는 아동들은 행동 뒤에 깔려 있는 의도보다는 그의 물리적 결과들에 따라 옳고 그름을 판단한다. 피아제는 이러한 도덕적 판단의 단계를 "도덕적 실재론"(moral realism)[21]이라 칭하였다. 이 단계의 아동들은 직접적이고 또한 실제적인 것을 중심으로 판단한다. 외적인, 관찰된 행동의 결과에 초점을 맞추는, 그리고 의도를 무시하는 어린 아동들의 이러한 경향은 자아중심성(egocentricity)으로 설명된다. 이 수준에 있는 아동들은 자기 자신과 그 자신의 감정을 타인들의 그것들과 구분시키는 능력에서 아직 제한을 받는다. 그들은 자기 자신의 관점으로부터만 어떤 일들을 볼 수 있다. 그들은 늘 환상과 사실을 구분하지 못한다. 그들에게 꿈은 실제적이다. 다른 관점들이 가능하다는 것을 인식하지 못한다. "그들은 규칙들을 내면화할 수 없다. 또한 다양한 환경으로 인해 각기 다르게 형성된 다른 사람들의 의도나 요구들을 고려하여 규칙들을 적용할 수 없다."[22]

그들의 도덕적 판단이 유연해지기 시작하는 것은 이러한 자아중심성의 단계로부터 벗어남에 따라 가능해진다. 아동들이 어떤 상황에 대해 여러 가지 측면, 특히 관찰할 수 없는 측면들에 초점을 맞출 수 있기 시작하면서 도덕적 판단이 유연해지게 된다. 따라서 훔치기에 관한 사건 일화에 접한 나이든 아동들은 남의 것을 훔치는 일이 보통은 나쁘지만 만약 자신들의 친구가 배가 고프다면 그렇게 나쁜 것만은 아니라고 주장할 것이다. 피아제는 또래 동료집단과의 협동과 상호작용을 통해 나타나게 되는 타인들에 대한 고려는 이제 아동들의 삶에서 중요한 부분을 차지한다고 주장하였다.

끝으로, 정의에 대한 개념 발달과 관련한 연구이다. 피아제는 규칙에 대한 개념과 함께 정의에 대한 판단도 도덕성 발달의 한 요소라고 보았다. 정의에 대한 아동의 판단을 알아보기 위해 피아제는 징벌적 정의(re-tributive justice), 집단 책임(collective responsibility), 내재적 정의(im-manent justice), 분배 정의(distributive justice), 평등과 권위(equality and authority) 등에 관한 아동의 판단을 연구하였다.

세 번째 영역의 연구와 관련하여 피아제는 도덕적 사건들에 관한 해석을 결정하는 세 가지 인지구조의 양식들이 아동 중기와 초기 청소년기 사이에 연속되는 것을 확인하고, 인간의 도덕적 추론이 타율적으로부터 자율적 도덕성으로 진보하는 경향이 있다고 하였다. 그에 따르면, 7세 혹은 8세 이하의 아동들은 전형적으로 정의란 성인 권위자에 의해 규정되어진 것이라고 믿는다. 정의란 성인들에 의해 형성된 규칙들을 엄격하게 준수하는 것을 의미한다. 이러한 개념은 8세부터 11세를 거치면서 점차 공평으로서의 정의에 대한 믿음으로 변경되어진다. 이 수준에서 정의란 모든 사람을 똑같이 다루는 것을 의미한다. 동료들 간의 상호성과 공평성이 강조된다. 마지막으로, 11세와 12세경에 도덕성의 보다 높은 수준이 나타나게 된다. 산술적인 평등적인 정의가 형평(equity)의 고려에 의해서 유연해진다.[23)]

피아제는 아동들의 정의감 또한 동료들과의 상호 존중을 통해 발달한다고 주장하였다. 정의감은 비록 성인들의 가르침과 모범에 의해 자연적으로 강화되어질 수 있지만 주로 이러한 영향들과 독립적이며, "아동들 서로 간에 갖는 상호 존중과 연대성(solidarity)보다 그의 발달에서 요구되는 것은 없다"[24)]는 것이다. 어린 아동들은 정의란 성인들이 자기들에게 하도록 말하는 것을 의미하는 것으로 해석한다. 어떤 것을 잃어버리거나 깨뜨리는 것은 벌을 받을 만하다. 비록 우연에 의한 일이라도 마찬가지로 받아들인다. 공정은 비록 필요(need)가 서로 다르다 하더라도 평등한 공유를 의미한다.

### (3) 도덕성의 발달 국면

피아제는 도덕성을 두 가지 종류로 구분하였다. 전통적 도덕성은 성인들의 명령에 대한 무조건적인 복종과 규칙들에 대한 무비판적인 집착에 반영되어진다. 이는 도덕적 실재론 혹은 타율성의 단계로서 기술되어지며, 도덕적 이슈에 있어서 규범이나 권위에 대해 일방적인 존중을 나타내며, 또한 타인들에 의존하는 특징을 보인다. 반면 합리적 도덕성은 아동들이 상호 동의에 의해 자신들의 도덕률을 구성할 수 있으며, 또한 그러한 도덕률을 엄격하게 혹은 무조건적으로보다는 경우에 따라 다르게 적용할 수 있다. 이는 도덕적 자율성의 단계로서 기술되어지며, 도덕적 이슈에 있어서 규범이나 권위에 대한 일방적 존중에서 탈피하여 평등과 상호성에 입각한 자신의 이성적 판단에 의존하는 특징을 보인다.

아동들은 전통적 도덕성으로부터 성숙, 발달, 그리고 인지적 재구조화의 과정을 거치면서 합리적 도덕성에 도달하게 된다. 피아제는 아동들의 도덕적 판단의 발달이 다른 영역에서의 인지적 발달과 똑같이 이루어진다고 가정하고, 도덕적 규칙을 아직 이해하지 못하는 전 도덕의 국면으로부터 진화된 자율적 도덕적 판단의 국면에 이르기까지 일반적으로 도덕성 발달에서 '뚜렷한 방향'이 존재한다고 결론내렸다. 다시 말하면, 아직 규칙을 이해하지 못해 규칙 위반에 대해 판단을 하지 못하는 전 도덕적 국면으로부터 물리적 결과에 의존하는 외적인 도덕성, 그리고 마지막으로 내적인 혹은 자율적인 도덕성에 이르기까지 뚜렷한 방향이 존재한다.

피아제의 도덕성 발달에 관한 관점을 요약하면 다음과 같다.[25]

---

**국면 1 :** 전 도덕(pre-moral)

아직 규칙을 이해하지 못하며, 따라서 규칙 위반에 대해 판단하지 못하는 단계이다.

**국면 2 : 타율적 도덕성**(heteronomous morality)

- 6~10세 사이에 발달한다.
- 규칙에 대한 일방적인 존중을 나타내며, 규칙은 절대적이고 고정된 것이며 바뀔 수 없는 것으로 생각하는 도덕적 실재론을 나타낸다.
- 의도보다는 결과에 의해 도덕성을 판단하는 객관적 책임의 특성을 나타낸다.
- 규칙을 위반하면 부모, 교사, 또는 신으로부터라도 반드시 처벌이 뒤따른다는 내재적 정의개념을 가지고 있다.
- 처벌에 대해서는 속죄의 벌을 공정한 것으로 생각하며, 잘못한 일에 대해 처벌받았던 아이가 잘못한 점에 대한 설명을 들었던 아이보다 더 행동을 고칠 것이라고 생각한다.
- 성인에 대한 거짓말은 나쁘다고 생각하지만, 아동 상호간의 거짓말은 그다지 나쁘지 않다고 생각한다.
- 처음에는 공정성에 대한 개념이 없고 권위의 명령에 복종하는 것이 공정한 것이라고 생각하다가 평등을 권위의 명령보다 중시하는 단계로 발달한다.

**국면 3 : 자율적 도덕성**(autonomous morality)

- 10~11세 사이에 시작된다.
- 규칙은 상호 협의에 의해서 고칠 수도 있다고 생각하며, 결과보다는 의도를 고려하여 도덕판단을 하는 주관적 책임의 특성을 나타낸다.
- 내재적 정의개념에서 벗어나 처벌에 대한 객관적인 관점을 갖게 된다.
- 처벌에 대해서는 상응하는 벌쪽을 택하며, 벌의 교정효과에 대해서는 잘못을 처벌하는 것보다 잘못에 대해 설명한 경우 행동교정이 더 잘 이루어진다고 믿는다.
- 거짓말은 성인에 대한 것이든 아동에 대한 것이든 나쁘다고 생각한다.
- 평등을 가장 우선적으로 생각하는 단계에서부터 각 개인이 처한 상황을 고려하여 권위의 명령에 따를지의 여부를 결정하는 단계로 발달한다.

---

피아제의 연구는 도덕성 발달에 관한 후속적인 연구를 자극하였다. 비록 피아제는 아동들이 한 국면으로부터 다음 국면으로 고정된 계열을 따라 움직인다는 것을 입증하였지만, 그는 이 과정을 촉진하거나 방해하

는 조건들을 검토하지는 않았다. 그리고 그는 왜 어떤 아동들은 자율성의 단계에 도달하기 전에 성장을 멈추게 되는지를 설명하지 않았다. 또한 피아제는 부모나 교사들이 아동들의 도덕성을 발달시킬 수 있도록 돕는 방법들을 제시하지는 않았다. 피아제는 학생들의 도덕성 발달과 관련하여 학교교육이 담당해야 할 잘 의도된 안내를 제공하지 않았던 것이다. 그럼에도 불구하고 피아제의 연구는 후세의 도덕교육 연구자들이 많은 성과를 얻을 수 있었던 기초를 깔아놓았던 것은 분명하다.

## 2. 콜버그의 관점

### (1) 관점 형성의 배경

도덕성 발달에 관한 피아제의 선구적인 연구들은 이후 인지발달 이론가들이 세웠던 여러 가지 모델의 일반적 구조를 제공하였다. 이들 후세 학자들 중 가장 널리 알려진 사람이 콜버그다. 그의 연구는 도덕발달 심리학에 가장 중요한 공헌을 하였다. 그는 피아제 이론의 기본적인 골격들을 받아들였고, 청소년들과 성인들을 대상으로 도덕적 추론에 관한 광범위한 경험적 연구들을 수행하여 피아제의 이론적 골격들을 확장시켰을 뿐만 아니라 장식을 가하여 도덕성 발달에 관한 인지발달 이론을 확립시켰다. 콜버그는 피아제의 도식을 아리스토텔레스로부터 칸트, 볼드윈(J. M. Baldwin)을 거쳐 하버마스(J. Habermas)에 이르기까지 다양한 일련의 철학자들과 심리학자들의 제안들을 섭렵하여 확장시켰다.

콜버그와 인지발달 이론의 전통은 도덕성 발달의 분야에 엄청난 영향을 미쳤다. 이것은 1960년대와 1970년대에 일어나고 있었던 보다 넓은, 그리고 혁명적인 변화들과 맥락을 같이하고 있었다. 도덕성 발달분야가 연구의 주제로 등장하기 시작할 그 당시에 일어나고 있었던 하나의 중요한 변화는 과학 그 자체의 본질과 관련한 것이었다. 20세기 전반부 내내 과학 철학은 실증주의 전통의 영향 아래 있었다. 실증주의자들은 과학과 도덕성을 독특한, 그리고 본질적으로 화해가 불가능한 것으로서 간주하였다. 과학은 '가치'(value)로부터 자유로운, 그리고 가치중립적인 것이다. 그러나 1962년에 쿤(T. Kuhn)에 의해 발간된 『과학혁명의 구조』란 제목의 과학사(科學史) 책은 실증주의 전통에 대한 도전이었고, 그리고 결국에는 과학철학에 혁명을 가져왔다. 실증주의 전통의 가장 중요한 가정들(과학이란 가치로부터 자유롭다라는 가정을 포함하여)이 도전받게 된 것이다. 그 결과 실증주의 전통의 영향은 쇠퇴하게 되었다.

실증주의 전통의 쇠퇴는 자연과학과 사회과학에 광범위한 영향을 미쳤다. 가장 중요한 것은 과학에서 가치의 역할과 관련하여 일었던 변화들과 관련된다. 보다 자세하게는 실증주의 영향의 쇠퇴와 함께 과학적 탐구의 영역으로부터 가치의 배제를 정당화하는 것이 더욱 어렵게 되었다. 일반적인 철학적 분위기가 변화함에 따라, 그리고 이들 변화들의 영향이 사회과학으로 확대됨에 따라 도덕적 이슈들을 포함하고 있는 학문과 연구활동을 추구하는 것이 더욱 가능해졌다. 비록 회의론과 저항이 전환시대의 초기에 존재하였지만 변화의 대세를 막지는 못했다. 콜버그의 첫 연구가 등장하였던 것은 이러한 전환시대의 초기였다.

일반적인 지적 환경에서의 변화는 도덕성 발달 분야의 등장을 위한 길을 열어놓는 데 도움을 주었다. 그러나 발달 심리학에서 발생하고 있었던 변화들은 콜버그의 연구와 도덕성 발달 분야의 등장에 보다 직접적인 영향을 주었다. 1960년대 초에 시작하여 1970년대를 거치는 동안 발달 심리학에서 지배적이었던 행동주의 이론이 인지주의 이론으로 대체되었다. 무엇보다 피아제의 연구업적에 관한 점증하는 자각이 인지주의 혁명을 가져오는 데 결정적이었다.

콜버그는 1960년대와 1970년대 동안 발달 심리학에서 일어나고 있었던 인지적 혁명과 필적되는 도덕성 발달 연구분야에서의 인지적 혁명의 단초를 제공하였다. 그는 1958년에 피아제의 연구에 기초하여 아동들과 청소년들의 도덕적 추론을 연구함으로써 도덕성 발달 영역에서 자신의 연구를 시작하였다. 콜버그의 1958년 연구는 그 당시 심리학에서의 과학적 분위기를 주도하였던 행동주의와 실증주의 전통 두 가지 모두에 대한 급진적 파괴를 의미하였다. 그의 연구는 우선 행동보다 추론을 우선시하였다는 점에서 행동주의 전통을 파괴하고 있었다. 또한 그의 연구는 실증주의 전통에 대한 파괴였다. 그의 연구는 단순히 추론과 관련되는 것은 아니다. 그것은 그 당시에 과학적 연구를 위한 적절한 주제로서 간주되어지지 않았던 '도덕적' 추론과 관련되었다.

그 이후 몇십 년 동안 콜버그는 자신의 연구를 확장하였고, 또한 이를 정교화하였다. 그는 이론적 차원에서 발달의 세 수준을 포함한 보다 세련된 도덕성 발달 계열을 제안하였다. 피아제의 이론과 달리 콜버그는 "단계들이 불변적인 계열을 형성하는 '진정한' 단계"[26]라는 것을 제안하였다. 이와 함께 콜버그는 도덕적 추론을 측정하기 위한 피아제의 방법을 광범위하게 다듬었다. 피아제는 아동들과의 인터뷰 때 비교적 자유해답식(open-ended)의 '임상적' 방법을 사용하였다. 콜버그는 이를 바탕으로 고도로 세련된 인터뷰 절차를 개발하였다. 그리고 콜버그는 도덕성 발달 이론을 도덕교육과 같은 실제적인 방안들에 적용하였다. 콜버그는 딜레마를 통한 도덕적 토론이나 규칙 제정에의 참여를 통한 도덕적 추론의 조장 등을 포함한 도덕교육에서의 혁신적인 방법들을 제시하였다.

### (2) 도덕성 발달단계

#### 가. 단계의 내용

콜버그의 도덕적 판단에 관한 연구는 점차적으로 피아제의 개념들을 보충하고 또한 확장하였지만 그의 연구의 복사판이라 할 정도로 비슷하게 시작하였다. 콜버그는 피아제와 마찬가지로 "분배 정의, 교환 정의, 그리고 교정 정의에 관한 관점이 어떻게 유형화되어지는가의 방식을 준거로 도덕적 추론단계를 기술하였으며, 그것은 곧 도덕성의 발달과정을 의미한 것"[27]이었다. 다만 그는 색다른 방법론을 사용하고(한 쌍의 이야기 대신에 도덕적 딜레마를 사용), 또한 어린 아동들만이 아닌 청소년들도 표본

대상으로 포함시킨 점에서 달랐을 뿐이었다. 그 역시 개인들의 도덕적 판단에 주로 관심을 기울였다. 그는 개인들이 나타내는 실제적인 도덕적 행동보다는 그들이 어떤 판단을 내리는 추론에 초점을 모았던 것이다.

콜버그의 도덕성 발달의 구조는 3수준 6단계의 형식을 취하고 있으며, 각 단계는 도덕적으로 행동하고자 하는, 혹은 도덕적 판단을 내리는 각기 다른 종류의 동기들을 품고 있다. 모든 단계가 도덕적 이상을 나타내는 것은 아니다. 각 단계는 단지 도덕적 문제를 해결하기 위해 사용되어지는 하나의 관점에 해당한다. 높은 단계일수록 보다 넓은, 보다 많은 변수들이나 혹은 도덕적 문제의 측면들을 고려하게 된다. 높은 단계일수록 보다 진정으로 혹은 본질적으로 도덕적이다. 따라서 최고의 단계가 도덕적 이상을 나타낸다고 할 수 있다.

세 수준은 전인습적 수준, 인습적 수준, 후인습적 수준으로 구분되며, 각 수준은 두 개의 하위 단계를 포함한다. 후인습적 수준인 단계 5와 6에 이른 사람들은 도덕적 문제들을 모든 특수한 사실들과 모든 실제적인 관점들을 고려하여 해결한다. 가장 이상적으로 도덕적 문제들이 해결되는 것이다. 각 수준과 단계들을 좀 더 구체적으로 설명해 본다.

---

**1수준 : 전인습적 수준**(pre-conventional level)

- 4세에서 10세 사이의 대다수 아동들과 일부 청소년, 범법 청년 및 성인들의 수준이다.
- 외적인 기준(대개 부모의 판단기준)에 의해 도덕판단을 내린다.
- 처벌을 피하고 보상을 얻기 위해 권위의 인물이 부여한 규칙을 따른다.

**1단계 : 처벌 및 복종 지향**

- 한 행위의 옳고 그름을 그 행위의 결과에 의해 판단한다.
- 처벌을 피하기 위해서 권위의 명령에 복종한다.
- 진정한 의미의 규칙에 대한 개념은 없으며, 위반행위의 중대성은 그 결과의 크기, 즉 처벌의 양, 객관적인 손상의 양 등에 의해 결정된다.

**2단계 : 개인주의, 도구적 목적 및 거래 지향**

- 자신에게 당장 이익이 있을 때 규칙을 따른다.
- 보상받을 일들은 하고 처벌받을 일들은 피한다.
- 즐거운 결과를 가져오는 것이 선이다.
- 평등한 교환, 거래, 협약 등 공정한 것이 정의이며, "만일 네가 나를 도와준다면 나도 너를 도와줄 것이다"라는 것이 기본 철학이다.
- 위반행위의 중대성은 이제 부분적으로 행위자의 의도에 의해 판단된다.

---

이 시기의 아동들은 처벌을 피하거나(단계 1), 보상 또는 강화를 받기 위해서(단계 2) 타인들에 의해 만들어진 규칙이나 표준에 따라 행동한다. 단계 1 도덕성은 도덕적 권위에 관한 물리적 이해(예를 들어 아버지는 우두머리다, 왜냐하면 아버지는 키가 크기 때문이다)를 포함한다. 비슷한 방식으로 약속을 지키는 것에 대한 정당화는 물리적 결과들(예를 들어 그렇지 않으면 그 사람이 너를 때릴 것이다)에 대한 호소로 이루어진다. 상황의 두드러진 특징들(예를 들어 크기, 대상, 혹은 물리적 결과들)이 아동들의 관심이나 상상을 붙잡고 도덕적 판단을 지배하는 경향을 보여준다. 피아제의 외적 도덕성처럼 콜버그의 단계 1은 나이가 들어감에 따라 보다 진보된 도덕적 판단에 의해 점차적으로 보완되어간다.

단계 2는 욕구충족을 위한 수단으로서의 도덕성이 특징이다. 올바른 행위는 자신의 필요를 충족시켜 줄 수 있는 것으로 제한된다. 모든 것은 자신이 어떻게 보는가에 달려 있으며, 각자의 욕구에 따라 결정된다는 상대적 개념을 갖는다. 단계 2에 속한 사람들은 자기에게 유리할 때만 규칙을 따른다. 자신의 이익과 욕구를 충족하기 위해 행동하며, 다른 사람들도 그렇게 하게 한다. 이들은 공평한 것, 산술적인 평등한 교환이나 거래가 옳다고 본다.

**2수준 : 인습적 수준(conventional level)**

- 10세에서 13세 사이의 시기에 도달되는 도덕성 발달의 수준이다.
- 대부분의 청년들과 성인들은 이 수준에 속한다.
- 인습적 역할 동조(conventional role conformity) 수준, 곧 자신의 역할을 인습에 맞게 수행하는 수준이라고도 하며, 이전에 비해 사회적인 표준이나 가치들을 더 많이 내면화하게 된다.
- 선한 행동을 하기 위해, 또는 사회적인 질서를 유지한 데 대한 칭찬과 인정을 받기 위해서 부모나 또래집단, 혹은 사회집단이 요구하는 규칙들을 따르려고 애쓴다.

**3단계 : 개인 상호 간의 기대, 관계 및 개인 상호 간의 동조 지향**

- 아들이나 딸, 형제, 친구 등으로서 자기에게 가까운 사람들의 역할 기대에 따라 행동하는 것이 도덕적인 행동이며, 선한 동기를 가지고 타인에 대한 관심을 보이는 것이 선이라고 생각한다.
- 신뢰, 충성, 존경, 감사, 상호 관계의 유지 등을 존중한다.

**4단계 : 사회체제와 양심 지향**

- 권위와 사회질서 유지의 도덕성이라고도 한다.
- 스스로 동의한 현실적 의무를 준수하는 것이 선이라고 생각한다.
- 확고한 사회적 의무와 갈등을 일으키는 극단적인 경우를 제외하고는 법은 준수되어야 한다고 믿는다.
- 사회, 집단, 제도에 공헌하는 것 역시 선으로 여겨진다.

아동들은 옳은 행동이란 타인을 기쁘게 하거나 타인으로부터 인정받는 행동이라고 판단하기 때문에 타인의 기대에 부합하고 싶은 동기를 갖게 되며(단계 3), 나아가 자신의 의무를 다하고 법과 질서를 따르는 것이 옳다고 판단하게 된다(단계 4). 청년기와 성인기의 많은 사람들이 이 수준에 해당되는 도덕성 발달을 이루게 된다.

단계 3에서 개인들의 개별적 관점들이 상호 신뢰하는 관계의 관점인 제3의 관점으로 합치되어진다. 단계 3의 상호성은 우리로 하여금 단순한 산술적 평등 교환의 관념을 넘어서서 관계, 상호성 혹은 기대, 그리고 만족과 의무의 감정을 유지하는 것으로서의 상호성을 이해하도록 허용한다. 단계 4는 법과 질서를 지향한다. 의무를 수행하거나, 권위에 경의를 표하거나, 기존의 사회질서를 유지하고자 하면 그 사람은 좋은 일을 하고 있는 것으로 여겨진다.

---

**3수준 : 후인습적 수준(post-conventional level)**

- 자율적 도덕원리(autonomous moral principles)에 따르는 수준이라고도 한다.
- 도덕적 기준이 내면화되어 자신의 것이 된다.
- 자신을 권위 또는 권위의 일부로 본다.
- 이 수준에 도달하는 시기는 개인에 따라 차이가 있다. 빠른 경우에는 13세경에, 좀 더 늦는 경우에는 성인 전기에 와서 도달하기도 하지만 상당수의 사람들은 이 수준에 도달하지 못하는 것으로 본다.

**5단계 : 사회계약, 공리성과 개인 권리의 지향**

- 계약, 개인적 권리, 민주적으로 인정된 법률의 도덕성 단계라고도 한다.
- 사람들은 다양한 가치와 의견을 가지고 있고, 대부분의 가치와 규칙들은 집단에 따라 상대적이라는 것을 안다.
- 사회질서를 유지하기 위해 법과 규칙은 준수되어야만 하지만 그 법과 규칙은 바뀔 수 있다고 생각한다.
- 생명과 자유와 같은 비상대적인 가치는 어떤 사회에서도, 또 다수의 의견과 상관없이 지켜져야 한다고 믿는다.

**6단계 : 보편적 윤리적 원칙 지향**

- 개인적 양심의 원칙에 의한 도덕성 단계라고도 한다.
- 스스로 선택한 윤리적 원리를 따르고, 그 원칙에 의해서 정의를 판단한다.
- 법이 대개 자신이 구성한 윤리적 원리에 일치하기 때문에 따르지만, 이 원리와 충돌할 때는 자신의 원리에 따라 행동한다.

• 보편적인 원리, 즉 인권 평등과 인격체로서의 인간의 존엄성을 가장 존중한다.

이 수준에서는 옳은 행동이란 사회 전체가 합의한 기준에 따르는 행동이라고 판단하고, 개인의 권리를 중요시하며, 합리성에 따라 사회적 기준(법이나 규칙)이 바뀔 수 있음을 알게 된다(단계 5). 나아가 도덕성이란 양심에 따라 이루어지는 결정이라고 보기 때문에 타인들의 생각이나 법의 제한과는 관계없이 자신이 선택한 도덕적 원리에 따라 행동하는 행동을 옳은 행동이라고 판단하게 된다(단계 6).

다양한 사회를 대상으로 실시하였던 도덕적 추론의 경험적 연구들은 콜버그의 이러한 3수준 6단계 도덕성 발달 이론의 현실성을 실제적으로 검증하였다. 많은 연구들은 대부분의 사람들이 콜버그가 제안한 여섯 단계 중 처음 다섯 단계들의 관점들을 적용한다는 것을 확인하였다. 그러나 마지막 단계 6은 결코 실제적으로 성취되어질 수 없는 이상적 조건이 아닌가 하는 의문을 낳고 있다. 콜버그 자신도 예수나 석가모니, 소크라테스와 같은 소수의 성인들만이 이 단계에 도달하게 된다고 보았다.

### 나. 단계의 개념과 특징

피아제와 대조적으로 콜버그의 이론화 작업은 훨씬 정교한 도덕적 판단 단계늘의 계열을 포함하게 되었다. 피아제가 세 가지 중첩하는 국면들(전도덕적 · 타율적 · 자율적)에 관한 뚜렷한 방향을 기술하였던 반면에, 콜버그는 보다 단언적인 주장들을 하였다. 그는 사람들이 속한 특정한 국면들이 단계라는 용어의 사용을 정당화할 만큼 충분히 널리 발달되어 있고 또한 일관된다고 주장하면서 '국면'(phase)이라는 용어를 '단계'(stage)로 대체하였고, 또한 세 국면들을 6단계로 세분화하였다. 더 나아가 피아제가 제시하였던 '뚜렷한 방향'에 대해 콜버그는 단계들이 불변적인 계열에서 진보한다는 보다 견고한 주장을 펼쳤다.[28)]

콜버그는 자신의 단계에 대한 개념을 보다 확고히 하는 데 도움이 되는 네 가지 구조주의적 가정들(structuralist assumptions)을 제시하였다. 첫째, 각 단계는 독특한 혹은 질적으로 다른 사고양식 혹은 방식을 나타낸다. 그럼에도 불구하고 이들 단계들은 모두 도덕적 문제를 해결하는 것과 같은 똑같은 기능을 발휘하며, 또한 똑같이 정의(正義)에 초점을 맞추고 있다. 둘째, 단계들은 변화하지 않는 일정한 계열을 이룬다. 개인은 각 단계를 순차적으로 통과하게 되며, 이 과정에서 비약이나 퇴보는 없다는 것이다. 셋째, 각 단계 혹은 사고방식은 그 자체로 '하나의 완성된 구조'(structured whole)를 형성한다. 끝으로, 단계들은 점증하는 복잡성과 조직화의 위계에서 서로 잘 어울린다. 곧, 단계들은 위계적 통합을 이룬다.

이 네 가지 가정들 가운데서도 '하나의 완성된 구조' 라는 개념은 매우 중요하다. 사실 인지발달 심리학의 혁명적 공헌은 인간의 관념이 추론의 양식을 구성하는 하나의 다발을 형성한다는 인식론적 가정을 경험적으로 확인한 일이다. 그러한 추론의 양식들을 바로 '하나의 완성된 구조' 혹은 '구조화된 전체' (structured whole)라 부르는 것이다. 각각의 구조화된 전체는 개인들이 그 안에서 자신의 사고를 조직하는 하나의 특별한 얼개(framework)로서, 그것은 하나의 일관된 내적인 논리를 갖춘 추론의 형식이다. 그리고 각각의 완성된 구조는 다양한 상황들에서 그 사람의 반응들 밑에 깔려 있고 또한 그러한 반응들 속에 나타난다. 다시 말하면, 하나의 완성된 구조란 특정 상황에 대한 개별 태도들의 집합체라기보다는 독특한 도덕적 논리를 갖는 통일된 사고방식을 의미한다. 질적으로 다른 도덕적 추론의 양식들은 각기 다른 완성된 구조들의 존재를 의미한다. 각각의 양식의 내적인 논리가 질적으로 서로 다르기 때문에 어떤 하나의 양식은 어떤 주어진 시점의 개인의 사고에서 지배적인 것으로 가정되어진다.

이러한 단계발달 이론은 몇 가지 독특한 특징들을 지니고 있다.

첫째, 단계의 개념은 연대기적인, 혹은 정신연령의 개념을 대신한다. 그러나 연령은 어디까지나 단지 개략적인 안내일 뿐이라는 점을 기억해야 한다고 주장한다. 예를 들면, 11세 혹은 12세 연령까지 타율성의 단계로부터 벗어나지 못한다고 말할 수 있지만, 그것은 단지 매우 개략적인 안내일 뿐이다. "아동들은 모두 똑같은 비율로 발달하지 않는다. 그래서 어떤 아동들은 다른 아동들보다 빨리 단계들을 통과할 수 있다. 또한 모든 성인들은 어떤 상황들에 대해 타율적 방식에서 반응할 수도 있다."[29)]

둘째, 단계들의 계열(sequence)은 불변적인 것으로서 입증되어 오고 있다. 단계를 빠뜨리거나 혹은 다른 순서로 통과하는 것은 불가능하다. 모든 단계개념에서처럼 단계들의 순서는 불변적인 것으로 간주된다. 콜버그에 있어서 이러한 불변성은 더 나아가 서로 다른 문화적 조건들 하에서의 보편성을 포함한다. 이것은 모든 문화에서 단계들을 통과하는 움직임이 같은 속도로 나아간다는 것을 의미하는 것이 아니라 문화의 본질과 관계없이 그 계열이 같으며, 마지막 단계의 예외 가능성을 지니면서 모든 단계들이 등장한다는 것을 의미한다.

그는 또한 하위문화, 곧 동일 사회 내의 사회적 · 경제적 · 인종적 특질이 구분되는 집단의 문화 차이는 기본적인 도덕적 가치들에서의 차이가 아닌 단계를 통과하는 속도에서의 차이를 만들어낸다고 하였다. 모든 연령에서 중산층 아동들은 노동계층 또래들보다 도덕성 발달의 속도에서 다소 빠른 경향이 있었음을 보여주었다. 이것은 아동들이 현존 사회질서에의 참여에 대한 느낌과 그것에 관한 이해에서의 차이로 해석되었다.

끝으로, 한 단계에서 다음 단계로의 진행은 단순히 이전 단계에 덧붙임을 하는 것이 아니라 재조직화 혹은 재구성화를 의미한다. 아동으로 하여금 도덕적 문제들을 이전과는 다른, 그리고 보다 복잡한 관점으로부터 바라보고 도덕적 판단을 내릴 수 있도록 한다. 콜버그는 자신의 도덕성 발달단계의 도식을 논리적 추론에 관한 피아제의 이론에 연결시켰다. 아동들이 어떤 특정한 도덕적 추론의 단계에로 진보하려면 그 이전에 적절한 논리적 사고의 수준에 도달해야만 한다는 것이다. 가령, 어떤 개인이 도덕적 판단의 단계 2(개인주의적 · 도구적 도덕성)에 접근하기 위해서는 피아제의 구체적 조작적 사고를 할 수 있어야만 한다. 어떤 사람이 단계 4

(사회–체계 도덕성)에 도달하기 위해서는 그 전에 피아제의 형식적 조작 사고과정을 충분히 구사할 수 있어야만 한다는 것이다.[30]

### 다. 단계 상승의 원리

콜버그에 따르면, 인간은 도덕적으로 성숙해감에 따라 인지적 재구조화와 재질서화를 이룬다. 각 발달단계는 그 이전 단계보다 도덕적으로 더 바람직하고 또한 더 복잡한 인지적 이해가 가능하다. 콜버그는 인지적 갈등이란 수단을 끌어들여 각 개인들이 현재의 단계에서 다음 단계로 어떻게 발달하는가를 설명하였다. 그의 이러한 접근은 이 후의 추종자들에 의해 소위 '플러스 1단계(+1)' 와 '단계 혼합' (stage mixture)이라는 두 가지 원리로 발전되었다. 이들 원리들은 나중에 그의 제자들에 의해 실제적 차원에서 검증되었다.

먼저 플러스 1단계 원리부터 검토해 본다. "투리엘(E. Turiel)과 그의 동료들은 아동들이 인지적 갈등을 해결하는 과정을 통하여 기존의 인지적 구조들을 변화시키고자 하는 자극을 가장 잘 받는다는 것을 발견하였다."[31] 인지적 갈등이 아동들의 인지적 재구조화를 자극시키는 데 있어서 최선의 방법임을 밝혀낸 것이다. 아동들은 이러한 인지적 재구조화를 통해 다음 단계로 나아가게 된다.

투리엘과 그의 동료들은 특정 아동들의 집단에 그들의 도덕적 판단 단계보다 더 높은 도덕적 논증들을 제시해 봄으로써 그 가능성을 확인해 보았다. 그 결과 아동들은 자신들의 단계보다 2단계 높은 논증들로부터는 도덕적 추론에 대한 아무런 자극을 받지 못하였다. 한 단계 아래의 논증을 제시하는 것도 마찬가지로 효과가 없었다. 다시 말하면, 두 단계 위의 논증이나 한 단계 아래의 논증은 아동들에게 인지구조들을 재구조화하고자 하는 자극을 제공하지 못한다는 것이다. 레스트(J. Rest)와 그의 동료들의 연구도 이와 비슷한 결과를 얻었다. 아동들은 자신들의 수준보다 낮은 논증들은 더 나쁜 것으로 간주하기 때문에 즉시 거부한다는 것을 밝혔었다. 투리엘의 연구결과와 마찬가지로 오로지 한 단계 위의 논증을 제시하였을 때만이 도덕판단의 발달에 도움을 주었다.

따라서 "아동들은 자신의 현재의 단계보다 한 단계 위의 논증에 직면했을 때 인지적 갈등 혹은 인지적 비평형을 경험하게 되며, 그럼으로써 그들은 보다 더 복잡한 방식에서 사고하도록 도전을 받는다."[32] 이 원리는 바로 실제적인 도덕교육의 방법론에서 핵심적인 요소로 등장하였다. 이 원리를 바탕으로 학교 교사들은 도덕교육 시간에 딜레마 토론 등의 방식을 통해 학생들의 도덕적 판단단계를 상승시키고자 하였던 것이다.

단계 상승과 관련한 또 하나의 원리인 단계 혼합의 원리를 검토해 본다. 도덕적 단계들은 일차적으로 결과보다는 사고의 과정에 관심이 있으며, 또한 단계들은 양적인 차이보다는 질적인 차이를 나타낸다. 단계들의 차이가 질적이기 때문에 한 단계와 다음 단계 사이의 갑작스런 절단지점을 가정하는 것은 매우 어려운 일이다. 우리가 단계 혼합의 개념에 주목해야 할 이유가 여기에 있는 것이다.

아동들은 모든 발달단계에서 다양한 측면의 사태들을 경험한다. 그러나 아동들은 환경의 모든 측면들에 반응하기보다는 어떤 특정의 측면들에 대해 더욱 잘 반응한다. 그들은 자신들이 쉽게 이해할 수 있는 측면들, 달리 말하면 그들 자신의 발달수준에 적절한 그러한 측면들에 반응한다. 그렇지만 아동들은 또한 자신들이 아직 완전히 이해하지 못하는, 달리 말하면 그들 자신의 단계보다 위에 있는 측면들을 경험하기도 한다. 아동들은 이러한 보다 복잡한 자극들에 대해 직접적으로 반응하지는 못한다. 그러나 많은 다른 경험들이 아동들의 지각 안에서 서로 밀치며 다투게 되어 혼합의 양상을 보이게 된다. 단계 혼합이란 바로 이러한 다양성과 관계된다.

단계 혼합은 연속적인 발달구조에 있어서 필요조건이다. 한 단계로부터 다음 단계로의 움직임은 단지 우리가 기본적인 단계 혼합을 인정할 때만 가능하기 때문이다. 한 단계로부터 다음 단계로의 느린 진행은 미미한 단계 혼합을 의미한다. 이것은 단계 사이의 연결고리가 거의 없다는 것을 뜻한다. 연접하여 결부된 것이 거의 없다는 것이다. 이를 개울 사이에 놓은 걸침목에 비유해 본다면 걸침목이 개울 사이에 많이 놓이면 놓일수록 사람들이 개울을 건너기가 쉬워진다. 단계 혼합이 클수록 다음 단계로의 변화가 그만큼 쉬워진다. 도덕적 판단의 발달에서 별로 진보가 없는 사람들은 흔히 단계 혼합의 안정상태를 보여준다. 그래서 단계 변화 가능성이 거의 없고, 진보의 기회가 없으며, 점차적으로 안정화가 정착된다.

단계 혼합의 개념은 문화간의 차이를 설명하는 데 매우 유용하다. 가령, 격리된 공동체에서의 도덕성 발달은 기술사회(technological society)에서보다 더욱 느리게 진행한다는 가정을 설명해 준다. 격리된 공동체에서는 새로운, 그리고 낯선 경험에 의한 도전이 거의 없이 안정된 상태가 지속되기 때문에 단계 상승이 더디게 된다. 아울러 격리된 공동체는 기술사회보다 지적 · 사회적 · 도덕적 갈등이 훨씬 적게 존재하기 때문이다. 따라서 만약 우리가 아동들의 도덕성 발달을 증진시키길 바란다면 그 주요 과업은 공통점이 없는 요소들을 증가시키는, 그리하여 단계 혼합의 수준과 앞으로의 전진 가능성을 높이는 데 있다.

### (3) 정의공동체 학교(just community school) 접근

콜버그는 후기에 이르면서 전기에 강조하였던 소크라테스적인 접근과 발달론적인 접근뿐만 아니라 교화적인 혹은 사회화론적인 접근법을 제안하였다.[33] 학교에서 학생들이 공동생활을 통해 도덕성을 발달시켜 나갈 수 있도록 하는 것이다. 그는 이러한 변화를 1970년대 후반의 '나르시시즘(narcissism)과 사생활 중심주의(privatism) 문화에 반대하는 차원에서 옹호하였다. 이후에 콜버그는 학교를 사회의 가치들을 전달하는 결정적인 제도로서 인식하기 시작하였다. 그는 도덕교육에 대한 학교의 사회적 역할과 잠재성에 관해 인식을 새롭게 한 것이다. 이러한 자신의 이론에 관한 재공식화 혹은 수정은 그가 한때 멀리하고 비판하였던 뒤르껭의 관점으로 더욱 가까이 다가서게 된 결과가 되었다.

콜버그가 정의공동체 접근을 강조하게 된 것은 민주적으로 운영되는 이스라엘의 키브츠(Kibbutz)와 코네티컷(Connecticut) 주(州)의 감옥이 직접적 계기가 되었지만, 그는 이를 통하여 '정의'와 '공동체'의 균형을 찾고자 하는, 그리고 학생 개개인의 권리를 보호하면서 그들의 도덕적 성장을 증진하는 데 있어서 집단의 강력한 호소력을 안내하고자 하는 노력을 보였던 것이다. 콜버그는 이 접근법을 통해 '인습적 도덕판단 대 원리화된 도덕판단의 역할', '형식 대 내용의 구분', '도덕교육에서의 인지적 영역과 정의적 영역', '판단과 행동 간의 관계', 그리고 '도덕교육에 대한 교화적 접근 대 비교화적 접근'의 논쟁점들을 재검토하고 자신의 전기 이론을 재정립하였다.[34]

그의 후기 이론을 대표한다고 볼 수 있는 정의공동체 접근에 관하여 좀 더 구체적으로 검토해 본다. 정의공동체 접근은 기존의 가설적 딜레마를 통한 단계 상승 접근으로부터의 커다란 변화이다. 정의공동체 접근의 개념은 학생들의 추론과 행동에 영향을 줄 조건들을 창조하는 것이었다. 그가 생각한 그러한 조건들[35]로는 (1) 공정, 공동체, 그리고 도덕성에 관해 초점을 맞춘 공개적인 토론, (2) 각기 다른 관점, 그리고 보다 높은 추론 단계에의 노출에 의해 자극된 인지적 갈등, (3) 규칙 제정과 규칙 강행, 그리고 권한과 책임의 공적인 실행에의 참여, (4) 높은 수준의 공동체 연대의식의 발달 등이 있다.

정의공동체 학교는 교사들과 학생들이 함께 제정한 규칙들이 존재하며, 또한 이를 엄격히 적용한다. 그리고 모든 구성원들이 자발적으로 학교의 제반 일에 참여한다. 정의공동체의 주요한 제도적 구성요소들은 오리엔테이션, 핵심 혹은 조언자 집단, 공동체 미팅, 의제위원회, 그리고 훈육 혹은 공정위원회가 있다.

2주간의 오리엔테이션은 학생들에게 학교의 이상을 소개하고 그들에게 참여를 위해 필요한 기능들을 연습할 기회를 제공한다. 예를 들면 주의 깊게 듣기, 효과적으로 말하기, 그리고 비판적으로 생각하고 이슈 해결하기, 그리고 규칙 제정하기 등이다. 이 시간은 또한 상호 간에 신뢰를 형성하고, 민감한 이슈를 제안하고, 서로 사귀고, 미래에 어려운 결정을 내리는 것을 허용하는 기반을 창조하는 시간이다.

정의공동체의 주요한 제도는 공동체 미팅이다. 미팅은 학기 내내 매주 1시간 혹은 1시간 30분에서 2시간 동안 지속된다. 모든 구성원들이 참여할 것이 요청된다. 회의는 1~2명의 의장에 의해서 운영되며, 교사는 의장의 협조자로서 봉사한다. 회의 개시를 선언한 후 의장은 의제를 알린다. 그 의제는 의제위원회에 의해서 취해진 토론과 결정의 산물이다. 이 위원회는 공동체에서 발생하였던 이슈들을 모으고, 그것들을 명료화하고, 공동체 미팅에서 토론할 의제들의 우선순위를 결정한다. 이 위원회는 1명의 교사와 8~12명의 학생들로 구성된다.

공동체 미팅을 준비하기 위해 학생들은 매주마다 핵심 혹은 조언자 집단이라 불려지는 보다 작은 그룹에서 미팅을 갖는다. 각각의 핵심 혹은 조언 그룹은 1명의 교사/조언자와 20명~25명의 학생들로 구성된다. 이들 작은 집단들은 학교의 이슈뿐만 아니라 개인적인 이슈들을 토론할 수 있는 비공식적인 분위기를 만든다. 교사/조언자와 이 집단 학생들 사이에서 발달하는 긴밀한 관계는 학생들이 이슈에 관한 이해를 얻고, 자신들의 관점을 나타내는 것을 연습하고, 그리고 공동체 미팅에서 전체 공동체에 의해 고려해 볼 수 있는 제안들을 낳는 기반을 제공한다.

정의공동체 학교는 그 구성원들에 의해 규칙들이 만들어지기 때문에 공동체는 또한 그 규칙들을 위반한 구성원들에 대해 공정한 대가를 결정할 수 있도록 하는 제도를 마련하고 있다. 이것이 훈육 혹은 공정위원회의 주요 목적이다. 자신들의 동료들에 대해 적절한 제재를 토론하고 결정하는 일은 훈육위원회의 학생 구성원들로 하여금 친구나 동료에 대한 우정을 유지하는 것과 공동체에 대한 자신의 책임을 완수하는 것 사이에서 발생하는 비평형을 경험하도록 해준다. 1년의 과정이 끝나면 모든 학생들은 이 위원회에 소속해 볼 수 있다.

정의공동체 접근의 마지막 제도적 구성요소는 역사적으로는 첫 번째에 해당되는 것으로, 학과 교육과정에서의 도덕적 딜레마 토론이다. 이는 영어, 사회, 역사, 생물학, 심지어 수학과목에서도 실행된다.

**정의공동체 프로그램의 제도적 구조**[36]

| 제 도 | 구성원 수 | 과 업 |
|---|---|---|
| 의제위원회 | 10명에서 12명 학생들<br>1명의 교사 | 토론을 위한 이슈들 고르기.<br>공동체 회의에 의제 제출하기. |
| 조언집단 | 20명에서 25명 학생들<br>1명의 교사/조언자 | 개인적 이슈들을 토론하기 위한 신뢰하는 분위기 창조하기.<br>제안/해결책을 산출하기 위해 공동체가 직면하고 있는 이슈들에 관한 도덕적 토론 갖기. |
| 공동체 회의 | 모든 학생들과 모든 교사들,<br>평등한 구성원으로서 1인/1투표권 | 도덕적 토론.<br>민주주의를 통한 이슈들의 (결의) 규칙 제정<br>위원회 결정들에 관한 상소(항소) |
| 훈육 혹은<br>공정위원회 | 10명 내지 12명의 학생들<br>1명의 교사 | 규칙 파괴들, 개인 상호 간 갈등들의 경우들 에 관한 공정위원회 청문(듣기).<br>제재 가하기.<br>결정을 내릴 때 모두에 의한(의해서) 역할 채택에 초점 맞추기. |

정의공동체 접근의 제도적 구조를 표로 요약해 보면 위와 같다.

### (4) 도덕적 판단과 행동 간의 상관관계

도덕적 판단과 관련되는 가장 중요한 변인은 도덕적 행동이다. 콜버그의 관점에 따르면, 인간은 자신의 도덕적 판단의 수준에 어울리는 도덕적 행동을 하게 된다. 도덕적 판단과 행위 간의 관계를 알아보고자 하였던 최초의 본격적인 연구는 하트숀(H. Hartshorne)과 메이(M. A. May)에 의해 실시되었다.[37] 이 연구에서 아동들의 부정행위를 검사하기 위하여 사용된 방법은 작은 동그라미를 20개 그려놓은 종이를 아동들에게 주고는 눈을 감은 채로 동그라미들 속에 차례로 숫자를 적도록 한 것이었다. 이 과제를 눈을 감고하는 것은 거의 불가능한 것이기 때문에 동그라미 한 가운데에 숫자를 모두 적어놓은 것은 거짓말을 한 셈이 된다. 그들은 실험을 통하여 과제의 종류나 상황에 따라 부정행위의 정도가 달라지며, 여러 가지 도덕적 지식과 부정행위 간 상관관계는 매우 낮음을 밝혀내었다.

그러나 콜버그는 이와 같은 부정직성은 유혹을 물리치는 정도가 약하기 때문이라기보다는 자기가 옳다고 생각하는 도덕적 판단수준이 낮기 때문이라고 해석하였다. 이에 따라 콜버그는 도덕적 판단수준이 높을수록 정직성과 같은 바람직한 도덕적 행위는 점차 증가할 것이라고 믿었다. 다시 말하면, 도덕적 판단과 도덕적 행위 사이는 밀접한 관계가 있다는 것이다.

인지발달 이론을 신봉하는 자들은 위의 콜버그의 해석에 기본적으로 동조한다. 도덕적 판단과 행동간의 불일치 혹은 괴리현상에 대해 그들은 '인지적 왜곡'이란 개념으로 설명하고자 한다. 그들에 따르면, 도덕적 판단과 도덕적 행동 사이의 관계에 관한 고려에서 소홀히 취급된 것은 인지적 왜곡의 역할이다. "인지적 왜곡은 자아, 그리고 자아의 사회적 행위를 포함하고 있는 진실하지 못한 태도 혹은 신념이다."[38] 자신에 대한 이기적인 편견은 결과적으로 초기 아동기에 자연적으로 인지적 왜곡을 낳게 된다는 것이다.

데이먼(W. Damon)은 어린 아동들이 분배 정의와 관련된 추론에서 공정을 자기 자신의 욕망과 혼돈 한다는 것을 발견하였다. 예컨대, 아동들은 "나는 그것을 가질 것이다. 왜냐하면 나는 그것을 갖고자 원하기 때문이다"[39]라고 말할 수 있다. 결과적으로 아동은 어떤 대상에 대한 자격이 그것에 대한 자신의 욕망으로부터 자동적으로 뒤따라 나온다고 잘못 믿고 있다. 이러한 자기중심적인 인지적 왜곡이 청소년기까지 지속되면 심각한 반사회적 행동에 개입할 위험이 매우 높아진다. 자기중심적인 편견은 도덕적 판단에서 진보가 이루어진다 하더라도 완전하게 사라지지는 않는다. 단계 3의 도덕적 판단능력을 성취하고서도 아직 비도덕적인 혹은 반사회적인 행동에 개입하는 것은 전적으로 가능하다.

인지발달 이론이 이처럼 도덕적 판단과 행동간의 괴리현상을 인지적 왜곡의 개념으로 설명하면서 판단과 행위 사이의 밀접한 연관에 관한 주장을 굽히지 않고 있지만 아직 그 괴리를 설명하는 데 충분한 설득력을 얻고 있지는 못한 실정이다. 우리들이 일상적인 삶에서 판단과 행동간의 괴리를 자주 경험하고 있기 때문이다. 인간의 행동은 단순히 인지적 요소의 작용만이 아닌 감정적 요소와의 상호작용에 따른 결과물이란 점에서 또 다른 설명이 요구되고 있는지 모른다.

## 3. 길리간(C. Gilligan)의 관점

### (1) 관점 형성의 배경

길리간은 1970년대 후반에 이르러 콜버그의 도덕성 발달 이론에 의문을 제기하였다. 그녀에 따르면, 남자와 여자에게 주어지는 도덕적 명령이 다르다. 상이한 도덕적 명령은 도덕적 문제를 다른 방향에서 보게 하지만, 그것은 결코 남성적 방향이 도덕적으로 보다 더 우수하다는 것을 의미하지는 않는다. 그녀는 오히려 보다 인간적인 도덕성 발달의 개념을 발전시키기 위해서는 남성적 방향과 여성적 방향이 서로 보완적으로 통합될 필요가 있다고 주장한다.

길리간이 콜버그의 관점에 대해 제기한 비판은 그의 연구 방법론과 관련된다. 하나는 딜레마에 관한 것이요, 또 하나는 표본대상과 점수체계에 관한 것이다. 이를 차례로 검토해 본다.

그녀는 사람들이 가설적 딜레마와 실제 딜레마에 아주 다르게 반응한다는 점에 주목하였다. 그럼에도 불구하고 콜버그는 가설적 딜레마에 대한 반응만으로 개인의 도덕적 판단능력을 평가하였다고 비판하였다. 길리간은 콜버그가 사용한 가설적 딜레마들은 일상생활과 관련이 없고 진실과 분리되어 있는 가상적 상황 조건에 지나지 않는다고 비판하고, 임신한 여성들이 낙태를 할 것인가 하지 않을 것인가와 같은 실제적 딜레마를 연구함으로써 이 문제에 대한 증거를 제시하려고 하였다.

길리간은 표본대상과 점수체계에 대해서도 비판을 가하였다. 그녀는 콜버그의 이론이 남성들만의 표본을 대상으로 연구함으로써 도덕성 발달에 존재하는 남녀의 성차(性差)를 무시하였을 뿐만 아니라, 연구에 사용한 딜레마들과 그의 반응을 분석하는 점수체계들이 남성 위주로 구성되어 있어 여성들의 ‘다른 목소리’를 듣지 못하였다고 주장하였다. 콜버그는 연구 참여자들로 하여금 도덕적 추론의 평가척도(the Moral Judgment Interview : MJI)에 제시되어 있는 일련의 가설적인 도덕적 딜레마에 반응하도록 요구하였다. 이에 대해 길리간은 딜레마들이 서로 관련이 없는 이슈들에 초점을 맞추고 있고, 상황적 정보가 부족하며, 그리고 권리들의 갈등만으로서 구성되어져 있다고 본다. 이들 딜레마들이 정의 · 권리 추론에는 적절할지 모르나 배려 · 반응 추론에는 적절치 않다고 믿는다. 따라서 길리간은 콜버그의 접근은 여성들이 도덕성 발달에서 낮은 수준에 머무른다는 증거를 산출하며, 그리고 그러한 성차(性差)는 편견의 지표라고 주장한다.

이러한 문제점들을 극복하기 위해 길리간은 도덕성 발달에 대한 연구에서 전통적으로 사용되어 왔던 가설적 딜레마뿐만 아니라 실생활(real-life) 도덕 딜레마를 그 대안으로 사용하였다. 실생활 딜레마는 “사람들이 도덕적 문제를 어떻게 정의하는가, 그리고 그들은 어떤 경험들을 자신들의 삶에서 도덕적 갈등들로 이해하는가”[40]에 관한 질문들로 구성되어졌다. 가설적 딜레마는 연구자가 딜레마 해결을 위해 제시한 문제들을 통하여 사람들의 사고를 이끌어내도록 구성되어졌다. 이러한 도덕적 딜레마들과 도덕에 관한 일반적 질문들에 덧붙여 길리간은 사람들이 이해하는 자기 자신들에 관한 문제들을 포함하였다.[41]

이들 자료에 대한 분석을 통해서 길리간은 인지발달 이론에서 전통적으로 제시되어 왔던 인간관계에서의 평등, 자율성, 권리, 그리고 정의의 이슈들에 대한 관심과 질적으로 다른 도덕적 추론의 양식인 배려, 감응(responsiveness), 상호 의존, 그리고 애착의 이슈들에 대한 일관된 관심을 확인하였다. 그녀는 이러한 다른 도덕적 추론의 양식들이 내재적으로 각기 다른 자아의 개념들과 연결된다는 것을 발견하였다. 이와 더불어 배려 정향이 여성들의 반응에서 주로 나타났다는 사실은 이 정향이 성(性)과 관련되어진다는 것을 의미하였다.

### (2) 도덕적 정향의 성차(性差)[42]

길리간은 도덕성에 관하여 다음과 같은 두 가지의 주장을 내놓았다. 하나는, 남성과 여성은 전형적으로 기본적인 삶의 정향에서 서로 다르며, 그리고 각기 다른 통로를 따라 발달한다는 것이다.[43] 그녀의 관점에서 볼 때 남성들은 전형적으로 정의 · 권리 정향(justice · rights orientation)을 갖는다. 왜냐하면 그들은 개인주의적 · 개별적 자아개념, 객관주의적 경향, 직업에 기초한 자신들의 정체성, 추상적 · 비편향적인 규칙들과 원리들에 대한 경향성을 지니기 때문이다. 반면에 여성들은 전형적으로 배려 · 감응 정향(care · response orientation)을 갖는다. 여성들은 다른 사람들과 연계된, 그리고 상호 의존적인 것으로서의 자아에 관한 개념, 친밀한 관계에 기초한 정체성, 자아와 타인들의 복지 그리고 배려에 대한 관심, 위험을 가하거나 혹은 해를 주지 않는 것에 대한 민감성, 구체적인 상황에서 조화로운 관계를 위한 관심 등의 경향성을 지니기 때문이다.

이러한 정향들은 길리간에 따르면 어렸을 때 타인들과의 관계에서 겪는 불평등과 애착에 대한 경험으로부터 발생하게 된다. 도덕성의 기원은 어린 시기에 겪는 타인들과의 관계에 있으며, 초기 아동기에 겪는 관계에는 두 가지 영역이 존재한다. 하나는 불평등 · 평등(inequality · quality)의 영역이다. 어린 아동들은 성인들이나 자기들보다 나이가 더 든 아동들에 비해 무력하고 의존적임을 경험한다. 그러나 점차 평등과 독립으로 발달한다. 또 하나는 애착 · 분리(attachment · detachment)의 영역이다. 이는 그들을 돌보는 사람의 애정을 반영한다.

길리간은 이러한 도식에 근거하여 도덕적 정향의 성차를 설명하였다. 이 부분은 프로이드의 관점과 유사하다. 소녀들은 자신들의 어머니에 대해 애착을 갖고 또한 어머니를 동일시한다. 따라서 불평등의 경험을 덜 겪게 된다. 반면, 어머니와의 관계에서 경험한 애착은 그들의 정향에서 중심으로 자리잡게 된다. 그러나 소년들은 그와 정반대이다. 소년들은 그들의 어머니에 대해 애착을 가지지만 아버지를 동일시한다. 따라서 불평등의 경험을 현저하게 갖는다. 이로부터 파생된 독립과 분리에 대한 필요성은 그들의 정향을 구성하는 데 중요한 역할을 한다.

길리간의 두 번째 주장은 인간 발달에 관한 영향력 있는 이론들, 특히 도덕 심리학에서 지배적이었던 콜버그의 이론은 도덕성에 관한 여성들의 '다른 목소리'(different voice)를 놓쳐왔거나 혹은 잘못 이해하였다는 것이다. 그 결과 여성들은 보다 낮은 추론단계에 머문다고 폄하되어왔으며, 또한 도덕적으로 결핍된 존재로서 잘못 인식되어 왔다는 것이다. 길리간은 콜버그의 도덕성 개념이 남성중심적이라고 주장하였다. 왜냐하면 콜버그의 이론은 그녀가 전통적으로 남성적 가치로 보았던 권리, 합리성, 개별성, 추상성, 분리, 비인격성(impersonality), 그리고 정의의 원리와 같은 것들을 강조하고 있기 때문이었다. 반면 길리간은 자신이 전통적으로 여성적 가치로 여겼던 관계의 유지, 배려, 그리고 헌신 등은 콜버그의 이론에서 보다 낮은 도덕성 발달단계들과 관계되는 것으로 취급되고 있다고 믿었다.

### (3) 도덕성 발달단계

길리간은 이에 따라 여성들을 대상으로 도덕성의 발달을 연구하였다. 그녀는 실제로 도덕적 딜레마 상황에 처해 있는 여성들을 대상으로 하였다. 현재 임신한 상태에 있으나 낙태를 해야 할 필요가 있는 29명의 여성들을 대상으로 면접을 실시한 후, 세 개의 도덕성 발달단계와 두 개의 과도기를 확인하였다. 이를 표로 제시해 보면 다음과 같다.[44]

관계 편견(relational bias)이란 개인의 도덕성 문제를 개인 자신의 문제가 아니라 타인과의 관계 내에서의 자신의 문제로 인식하는 경향성이다. 길리간이 제안한 여성의 도덕성 발달과정은 기본적으로 여성의 관계 편견을 반영한다. 그 결과 소녀들은 소년들보다 타인과의 좋은 관계를 지향하는 콜버그의 단계 3에 더 일찍 도달하고 더 오랫동안 그 단계에 머무

**여성의 도덕성 발달단계**

| 단계 | 도덕성 발달 |
|---|---|
| **단계 1:** 개인적 생존 지향<br>(orientation to individual survival)<br>(생존)<br><br>**제1과도기:** 이기주의에서 책임감으로<br>(from selfishness to responsibility) | • 자기 자신을 돌보는 것에 몰두한다. 무엇이 자신을 위해 좋은가를 생각한다.<br>• 자기중심적이고 실용적 관점에서 도덕적 문제를 해결하려고 한다.<br>• '내가 원하니까', '내가 필요로 하니까' 아기를 낳거나 낙태시키겠다고 응답한다.<br>• 다른 사람과의 관계를 인식하고 무엇이 자기 자신뿐만 아니라 다른 사람에 대해서도 책임 있는 선택일까를 생각하기 시작한다. |
| **단계 2:** 자기 희생으로서의 선(善)지향<br>(goodness as self-sacrifice)(미덕)<br><br>**제2과도기:** 착함에서 진실로<br>(from goodness to truth) | • 사회가 관습적으로 기대하는 여성적 미덕에 대해 생각한다. 이같은 관습적인 여성적 미덕은 여성 자신이 원하는 것을 다른 사람이 원하는 바를 위해 희생하게 한다.<br>• 타인에 대한 책임을 인식하고 타인을 돌보고 보호하려고 한다.<br>• 자신을 돌보는 것은 타인에게 해가 될 수 있고 비판의 대상이 되거나 버림받을 가능성이 있다고 생각되기 때문에 위험한 것으로 판단된다.<br>• 다른 사람의 욕구뿐만 아니라 자기 자신의 욕구도 고려한다.<br>• 다른 사람에 대해 책임을 짐으로써 '착하게' 되기를 원하지만, 자기 자신에게 책임을 짐으로써 '정직하게' 되고자 한다. 생존은 다시 주요 관심사가 된다. |
| **단계 3:** 비폭력의 도덕성 지향<br>(morality of nonviolence)(진실) | • 자기 자신과 타인 양자에게 최선이 될 수 있는 방법을 모색한다.<br>• 타인은 물론 자신에 대한 책임의 중요성을 인식하고 자신과 타인 모두에게 상처를 주지 않는 방안을 무색한다. |

르는 경향이 있다. 일반적으로 소녀들은 사회적 관계나 행위의 사회석 결과에 더 많은 관심을 가지고 감정이입 능력과 동정심을 갖는 반면, 소년들은 도덕성의 개인적 차원보다는 법과 질서 유지에 더 많은 관심을 갖는다. 길리간에 따르면, 남성과 여성은 그들의 성 역할 정체감에 따라 도덕적 문제에 접근하는 차이를 나타낸다. 여성의 관계 편견은 발달적 결함이 아니라 남성과 상이한 사회적·도덕적 이해를 반영한 결과이다. 길리간은 남성적 정향과 여성적 정향이 통합될 수 있을 때 진정한 인간의 도덕성을 발휘할 수 있다고 보았다.

## ✻ 주 ✻

1) R. M. Thomas, *Moral Development Theories－Secular and Religious : A Comparative Study*, Greenwood Press, 1997, p. 51 참고.

2) 유기체론 모델의 기원은 홀(G. S. Hall)과 볼드윈(J. M. Baldwin)의 연구이다. 이후 야넷(P. Janet)를 거쳐 피아제(J. Piaget)와 워너(H. Werner)에 이르면서 차츰 발달하였다. 유기체론 모델은 19세기에 팽배하였던 생물학적 성장의 관점을 모방한 것으로 유기체, 생명체를 그 중심으로 한다. 이 모델에서 전체(the whole)는 그 본성상 기계론적이라기보다는 유기체적이다. 전체는 본성상 그의 부분들의 집합이라기보다는 부분들에 의해서 전제되어진다. 전체는 전체를 구성하는 부분들의 측면에서 설명되어질 수 없는, 오히려 부분들이 그들(부분들)이 구현되어진 전체로부터 그들(부분)의 의미, 그들의 기능을 얻는 특성을 지니고 있다. 그런 점에서 유기체론 모델은 비환원적(non－reductive)이다. 전체와 부분들은 다른 해석의 개념들을 낳는다. W. M. Kurtines and J. L. Gewirtz, *Moral Development : An Introduction*, Allyn and Bacon, 1995, pp. 9－10 참고.

3) 위의 책, p. 10.

4) 위의 책, p. 10.

5) D. E. Papalia 외, 박성연 역, 『인간발달 I』, 교육과학사, 1993, pp. 52－53 참고.

6) N. J. Salkind, 정옥분 역, 『인간발달의 이론』, 교육과학사, 1995, pp. 280－283 참고.

7) L. Kohlberg, Stage and Sequence : The cognitive－developmental approach to socialization, D. A. Goslin (Ed.), *Handbook of socialization theory and research*, 1969, p. 374.

8) 위의 논문, p. 392.

9) G. L. Sapp (Ed.), *Handbook of Moral Development : Models, Processes, Techniques, and Research*, Religious Education Press, 1986, p. 18.

10) J. Piaget, *The Moral Judgment of the Child*, Free Press Paperbacks, 1997, p. 395.

11) L. Kohlberg, 김민남 역, 『도덕발달의 심리학』, 교육과학사, 1984, p. 242.

12) C. Gilligan, In a different voice : Women's conceptions of self and morality, *Harvard Educational Review, 47(4)*, 1977, pp. 481－517.

13) G. L. Sapp (Ed.), 앞의 책, p. 17.

14) N. Lyons, Seeing and Resolving Moral Conflict : Students' Approaches to Learn-

ing and Making Choices, L. P. Nucci (Ed.), *Moral Development and Character Education : A Dialogue*, McCutchan Publishing Corporation, 1989, p. 157 참고.

15) M. Downey & A. V. Kelly, *Moral Education; theory and practice*, Harper & Row Ltd, 1978, p. 72 참고.

16) 위의 책, p. 73 참고.

17) J. L. Elias, *Moral Education : Secular and Religious*, Robert E. Krieger Publishing Company, 1989, p. 78.

18) J. Piaget, *The Moral Judgment of the Child*, p. 13.

19) M. Downey & A. V. Kelly, 앞의 책, p. 74.

20) 이야기들은 다음과 같다.

I. A. 존이라는 작은 남자 아이가 자기 방에 있다. 저녁 먹으라는 말을 듣고 존은 식당으로 들어간다. 그런데 그 문 뒤에 의자가 하나 있었고 그 의자 위에 컵이 15개 얹힌 쟁반이 놓여 있었다. 존은 그런 사실을 모른 채 들어가다가 문이 쟁반에 부딪혀서 컵 15개가 모두 와장창 깨진다.

B. 헨리라는 조그만 남자 아이가 있었다. 하루는 어머니가 안 계신 동안 찬장에서 잼을 꺼내려고 하였다. 그는 의자에 올라가서 팔을 뻗었다. 그러나 잼이 너무 높이 있어서 닿지 않았다. 그래도 계속 잼을 꺼내려다가 컵 하나를 쓰러뜨렸다. 컵은 아래로 떨어져서 깨졌다.

II. A. 줄리안이라는 작은 남자 아이가 있었다. 아버지가 외출하신 동안 줄리안은 아버지의 잉크 단지를 가지고 놀면 재미있을 것이라고 생각했다. 먼저 펜을 가지고 놀다가 탁자보에 작은 잉크 얼룩을 만들었다.

B. 아우구스터스라는 작은 남자 아이가 한번은 아버지의 잉크 단지가 빈 것을 알았다. 아버지가 외출하신 어느 날 아우구스터스는 잉크 단지를 채워서 아버지를 돕고, 그래서 아버지가 돌아와서 잉크 단지가 가득 찬 것을 알게 되시도록 하려고 생각했다. 그러나 잉크병을 열다가 탁자보에 커다란 잉크 얼룩을 만들었다.

III. A. 마리라고 하는 작은 여자 아이가 있었다. 어머니를 기쁘게 해드리려고 작은 바느질감을 마름질했다. 그런데 가위질이 서툴러서 자기 옷에 큰 구멍을 뚫고 말았다.

B. 마가렛이라고 하는 작은 여자 아이가 어느 날 어머니가 외출하신 동안 어머니의 가위를 가져왔다. 잠시 가위질을 하고 놀았는데 가위질이 서툴러서 자기 옷에 작은 구멍을 뚫고 말았다.

IV. A. 알프레드는 아주 가난한 한 친구를 만난다. 그 친구는 자기 집에 먹을 것이 없어서 그날 저녁을 굶었다고 말한다. 그러자 알프레드는 빵집에 들어갔는데 돈이 없기 때문에 빵집 주인이 등을 돌리기를 기다렸다가 빵을 훔쳐 달려나

와서 친구에게 준다.

B. 헨리에트가 가게에 들어간다. 탁자 위에 있는 예쁜 리본 조각을 보고 자기 옷에 잘 어울릴 것 같다고 생각한다. 그래서 헨리에트는 가게 아주머니가 등을 돌렸을 때 그 리본을 훔쳐서 즉시 도망친다.

V. A. 알버틴에게는 새장에 새를 가두어 둔 친구가 있었다. 알버틴은 그 새가 아주 불행할 것이라고 생각했고 그래서 언제나 친구에게 새를 놓아주라고 요청했다. 그러나 친구는 새를 놓아주려고 하지 않았다. 그래서 어느 날 친구가 없을 때 알버틴은 새를 놓아주고 그 새가 다시는 새장에 갇히지 않도록 그 새장을 다락방에 감추었다.

B. 줄리엣은 어느 날 엄마가 안 계실 때 엄마의 사탕과자를 훔쳐서 숨겼다가 모두 먹어 버렸다. J. Piaget, 위의 책, pp. 122–123.

21) J. Piaget, *The Moral Judgment of Child*, p. 111.

22) M. Downey & A. V. Kelly, 앞의 책, p. 75.

23) J. Piaget, *The Moral Judgment of Child*, p. 315 참고.

24) 위의 책, p. 320.

25) 조희숙 외, 『아동발달 심리』, 학지사, 1994, p. 293 참고.

26) L. Kohlberg, 김봉소 · 김민남 역, 『도덕발달의 철학』, 교육과학사, 1985, p. 57.

27) L. Kohlberg, 김민남 역, 앞의 책, p. 649.

28) W. M. Kurtines and J. L. Gewirtz, *Moral Development : An Introduction*, Allyn and Bacon, 1995, p. 31 참고.

29) M. Downey & A. V. Kelly, 앞의 책, p. 77.

30) R. Kegan, *The evolving self : Problem and process in human development*, Cambridge, MA : Harvard University Press, 1982, p. 86 참고.

31) M. Downey & A. V. Kelly, 앞의 책, p. 82.

32) 위의 책, p. 84.

33) L. Kohlberg, Educating for a Just Society : An Updated and Revised Version, B. Munsey (Ed.), *Moral Development, Moral Education, and Kohlberg*, Birmingham, Ala. : Religious Education Press, 1980.

34) F. C. Power, A. Higgins, and L. Kohlberg, *Lawrence Kohlberg's Approach to Moral Education*, New York : Columbia University Press, 1989, pp. 53–54 참고.

35) W. M. Kurtines and J. L. Gewirtz, 위의 책, pp. 63–64 참고.

36) 위의 책, p. 66.

37) H. Hartshorne & M. A. May, *Studies in the Nature of Character : Studies in Deceit, vol. 1; Studies in Service and Self–control, vol. 2 ; Studies in the Organization of Character*, New York : Macmillan, 1928–30.

38) W. M. Kurtines and J. L. Gewirtz, 위의 책, p. 43.

39) W. Damon, *The social world of the child*, San Francisco : Jossey－Bass, 1977, p. 75.

40) C. Gilligan, *In a different voice : Psychological theory and women's development*, Cambridge, Massachusetts : Harvard University Press, 1982, p. 3.

41) 길리간은 실생활(real－life) 딜레마, 하인즈(Heinz) 딜레마, 캐시(Kathy) 딜레마, 그리고 사라(Sara) 딜레마를 구성하여 임산부들을 대상으로 인터뷰를 실시하였다. 그녀가 사용한 딜레마들은 다음과 같다.

(1) 참여자가 만들어낸 실생활 딜레마

실생활 딜레마는 참여자가 자신이 경험한 도덕적 갈등에 관한 일반적 물음에 반응함으로써 만들어졌다. 물음은 몇 가지 방식에서 제시되었다 : (즉) 당신은 당신이 무엇이 해야 할 옳은 일인지 확신하지 못하였던 상황 속에 있었던 경험이 있는가? 당신은 도덕적 갈등을 겪었는가? 당신은 도덕적 갈등을 기술할 수 있는가? 딜레마를 이끌어내는 이들 질문들은 그때 보다 일관된 일련의 질문들에 의해 동반되어졌다 : 당신은 그 상황을 기술할 수 있는가? 무엇이 그 상황에서의 당신에 대해 갈등들이었는가? 당신은 무엇을 하였는가? 당신은 그것이 해야 할 옳은 일이었다고 생각하는가? 당신은 그것이 해야 할 옳은 일이었다고 어떻게 아는가?

(2) 연구자가 만들어낸 딜레마들

연구자에 의해 만들어진 딜레마들로 사용된 일반적 절차는 우선 참여자가 딜레마를 읽는다. 그리고 나서 참여자는 그 딜레마에 관한 특수한 질문들에 대해 반응한다. 다른 연구자가 만들어낸 딜레마, 그리고 이 글에서 분석된 자료를 생성하는 특수한 질문들은 아래에 제시되어 있다. 이 글을 위한 자료를 제공하였던 '권리들'과 '책임들'에서 사용된 이들 딜레마를 위한 인터뷰 형태는 부가적인 질문들을 포함하였다. 이들 질문들은 아래 예시 문들에 포함되어 있지 않다.

A. 하인즈 딜레마(The Heinz Dilemma)

유럽에서, 암의 일종으로 죽어가는 아내. 그는 약값으로 $200, 약사는 그의 10배인 $2,000을 요구. 그가 주위로부터 모을 수 있는 돈은 총합 $1,000. 하인즈는 약을 훔쳐야만 하는가? 왜 그래야만, 혹은 왜 그래서는 안 되는가?

B. 캐시 딜레마(The Kathy Dilemma)

자신의 일에 적극적으로 참여하는 여성인 30세의 캐시는 5년 위의 자신의 남편인 톰과 오래된 안락한 집을 사기로 결정한다. 이 새로운 모험과 함께, 캐시는 그 집을 아동들로 꽉 채울 환상을 가졌다. 그녀의 남편은 진정으로 아동들을 원하지 않았다. 그러나 그는 "그녀를 위해 그것을 할" 것이라고 말했다. 캐시는 그때 다른 남자 빌과 사랑에 빠졌다. 그리고 그녀의 남편을 떠난다. 그녀는 아동들을 위해 중요한 그러나 논쟁적인 개혁들을 시행하는(제도를 만드는) 지역 학교의 교장이 된다. 동시에 캐시는 피임의 실패로 빌에 의해 임신을 하게 된다. 캐시는 무엇을 어떻게 해야할 지에 관하여 갈등 속에 있다. 그녀는 아이를 갖는 것이 학교에서 자신의 일을 완수하기 위해, 그리고 인간관계에서 너무 이를 것이라고 느끼기 때문에 낙태를 하는 것을 고려한다. 캐시는 낙태를 해야만 하는가? 왜 그래야만, 혹은 왜 그래서는 안 되는가?

C. 사라 딜레마(The Sara Dilemma)

사라는 항상 자신을 지지하여 온 20대 후반의 성공적인 교사이다. 그녀는 자신의 일에 관심을 집중하여 온 독립적인 삶을 영위하여 왔고, 그리고 그녀는 다음 해에 정년이 보장된 지위를 제공받았다. 최근에 그녀는 강렬한 사랑 일에 몰두하여 왔고, 그리고 지금 그녀가 임신하였다는 것을 알게 되었다. 처음에는 임신에 관하여 기뻐하였지만 그녀는 지금 그것을 보다 현실적으로 고려하기 시작한다. 그녀는 아기를 갖는 것을 좋아하는 반면에, 많은 지원—재정적으로 그리고 감정적으로 모두—이 필요할 것이라고 느낀다. 다른 여성과 결혼을 한 그녀의 애인은 이 아이를 돌볼 수 없다. 사라는 아이를 원하고 또한 아이를 가져야만 한다고 느낀다. 그러나 또한 그녀는 자신의 문제를 해결하기 위해서는 낙태를 해야만 한다고 생각한다. 당신은 사라가 어떻게 해야만 한다고 생각하는가? 왜?

42) 콜버그와 길리간의 두 도덕 심리학 이론에서의 성 편견의 원천들은 다음과 같이 네 가지 측면에서 지적되고 있다. 첫 번째는 이론가의 성이 편견의 잠재적 원천을 나타낸다는 것이다. 만약 도덕적 정향들에서 널리 퍼진, 그리고 근본적인 성 차이와 관련한 길리간의 주장이 타당하다면 한 이론가가 다른 성의 사람들의 도덕적 사고를 충분하게, 그리고 적절하게 기술할 수 없을 것이라는 것이 가능하다. 물론, 이러한 제안은 심리학과 과학철학 모두에 심오한 함축들을 지닌다. 두 번째는 도덕이론에 대한 이데올로기적 편견이다. 예컨대, 콜버그 이론의 지적인 뿌리는 서구의 도덕철학과 자유주의 사회과학의 전통에 있다. 길리간의 이론의 이데올로기적 뿌리는 현대 페미니즘에 있다. 세 번째는 그 접근법에 의해 옹호된 도덕적 기능(moral functioning)의 측정에서 발견되어질 수 있었다. 예컨대, 콜버그는 익숙하지 않은 이슈들에 초점을 맞추는, 그리고 감정적 개입을 최소화하는 가설적 딜레마들에 의존함으로써 혹평을 받아왔다. MJI는 또한 딜레마에서의 남성 경향성의 지배로 비판을 받아왔다. 이와 비슷하게 길리간은 참여자들의 개인적 경험으로부터 실제적 딜레마에 관한 참여자들의 회상(recall)과 토론에 의존함으로써 비판을 받아왔다. 그러한 실제 생활 딜레마는 색다른 것이며, 따라서 개인들의 추론에 관한 해석이 혼돈으로 가득 차 있다. 끝으로, 최종적인 편견의 가능한 원천은 이론들의 구성이 도출되어진, 그리고 타당화된 원래의 표본이다(비록 이론들이 연구자료에 배타적으로 기초되어지는 것이 아니라는 것이 인정되어진다 하더라도). 콜버그의 도덕 단계 모델과 점수화 체계는 대

부분 배타적으로 남성 표본에 의해 제공된 종단적인 자료로부터 구성되어졌다. 비슷하게 길리간의 도덕적 정향에 관한 원래의 연구를 위한 자료는 배타적으로 낙태를 고려하고 있는 여성 표본들로부터 획득되어졌다. 이러한 대표성의 결핍은 도덕성 발달의 두 이론들의 일반화 가능성에 대한 잠재적 위협이다. W. M. Kurtines and J. L. Gewirtz, 앞의 책, p. 93.

43) C. Gilligan, New maps of development : New visions of maturity, *American Journal of Orthopsychiatry*, *52*, 1982, pp. 199–212 참고.

44) C. Gilligan, 허란주 역, 『다른 목소리로』, 동녘, 1997, pp. 151–153 참고.

# ✲ 참고문헌 ✲


조희숙 외, 『아동발달 심리』, 학지사, 1994.

Damon, W., *The social world of the child*, San Francisco : Jossey–Bass, 1977.

Downey, M. & Kelly, A. V., *Moral Education; theory and practice*, Harper & Row Ltd, 1978.

Elias, J. L., *Moral Education : Secular and Religious*, Robert E. Krieger Publishing Company, 1989.

Gilligan, C., *In a different voice : Psychological theory and women's development*, Cambridge, Massachusetts : Harvard University Press, 1982.

Gilligan, C., In a different voice : Women's conceptions of self and morality, *Harvard Educational Review, 47*(4), 1977.

Gilligan, C., New maps of development : New visions of maturity, *American Journal of Orthopsychiatry, 52*, 1982.

Gilligan, C., 허란주 역, 『다른 목소리로』, 동녘, 1997.

Hartshorne, H. & May, M. A., *Studies in the Nature of Character : Studies in Deceit, vol. 1; Studies in Service and Self–control, vol. 2; Studies in the Organization of Character*, New York : Macmillan, 1928–30.

Kegan, R., *The evolving self : Problem and process in human development*, Cambridge, MA : Harvard University Press, 1982.

Kohlberg, L., Stage and Sequence : The cognitive–developmental approach to socialization, D. A. Goslin (Ed.), *Handbook of socialization theory and research*, 1969.

Kohlberg, L., 김민남 역, 『도덕발달의 심리학』, 교육과학사, 1984.

Kohlberg, L., 김봉소 · 김민남 역, 『도덕발달의 철학』, 교육과학사, 1985.

Kohlberg, L., Educating for a Just Society : An Updated and Revised Version, B. Munsey (Ed.), *Moral Development, Moral Education, and Kohlberg*, Birmingham, Ala. : Religious Education Press, 1980.

Kurtines, W. M. and Gewirtz, J. L., *Moral Development : An Introduction*, Allyn and Bacon, 1995.

Lyons, N., Seeing and Resolving Moral Conflict : Students' Approaches to Learning and Making Choices, L. P. Nucci (Ed.), *Moral Development and Character Educa-*

*tion : A Dialogue*, McCutchan Publishing Corporation, 1989.

Papalia, D. E. 외, 박성연 역, 『인간발달 I』, 교육과학사, 1993.

Piaget, J., *The Moral Judgment of the Child*, Free Press Paperbacks, 1997.

Power, F. C., Higgins, A. and Kohlberg, L., *Lawrence Kohlberg's Approach to Moral Education*, New York : Columbia University Press, 1989.

Salkind, N. J., 정옥분 역, 『인간발달의 이론』, 교육과학사, 1995.

Sapp, G. L. (Ed.), *Handbook of Moral Development : Models, Processes, Techniques, and Research*, Religious Education Press, 1986.

Thomas, R. M., *Moral Development Theories−Secular and Religious : A Comparative Study*, Greenwood Press, 1997.

James R. Rest(1941~1999.7.22)

Darcia Narvaez

Elliot Turiel

William Damon

Nancy Eisenberg

Larry Nucci

# 제8장 신인지발달 이론

## Ⅰ. 신콜버그파(Neo-Kohlbergian)의 등장배경

콜버그는 피아제의 이론과 연구결과를 도덕적 영역으로 확대시킴으로써 학교 도덕교육에 지대한 영향을 끼쳤다. 그는 도덕판단에 포함되어 있는 기본 개념들과 추론을 이해하고, 그것들이 개인 내부에 있어서 시간의 경과에 따라 어떻게 변화되는가를 알아내는 데 일차적인 목적이 있었다. 그는 도덕적 딜레마를 포함하고 있는 가설적 이야기들을 중심으로 대상자들과의 면담을 통해 얻은 자료를 근거로 도덕성의 발달이란 도덕적 옳음과 그름에 대해 각기 상이하게 이해하는 단계들을 통과해 나아가는 것이라고 주장하였다. 이를 근거로 적어도 최근 20여 년 동안 학교 도덕교육의 방향과 전략은 기본적으로 학생들의 도덕적 추론단계를 상승시키고자 하는 맥락에서 수립되고 전개되어 왔다.

그러나 1980년대 이후 콜버그는 많은 사람들로부터 비판을 받기 시작하였다. 그는 비판자들의 입장을 수용하여 수차례에 걸쳐 기꺼이 자신의 이론을 수정하였다. 그는 자신의 접근법에 대한 몇 가지 한계들을 인정하였다. 도덕 심리학에는 다른 과정들(processes)과 구성들(constructs)이 존재한다는 점을 분명히 하였다. 그는 "도덕적 영역은 매우 넓고 다양하여 어떤 하나의 접근법으로 그것을 개념화하고 또한 평가한다는 것은 그러한 다양성을 철저히 논하거나 혹은 설명하지 못할 것이라는 점을 솔직히 인정"[1]하였다.

콜버그는 구체적으로 자신의 단계에 대한 정의(定義)와 면담자료를 점수화하는 방법에 있어서의 문제점을 인정하였고, 딜레마 토론을 통한 개인의 인지적 성장에 초점을 두었던 도덕교육 접근법을 '정의공동체'의 건설로 전환시켰다. 그는 또한 자신의 3수준 6단계 이론을 "모든 도덕적 영역을 포괄하는 추론이라는 관점으로부터 정의(正義)와 관련한 사고"[2]로 축소시켰다. 길리간(C. Gilligan)을 비롯한 비판가들의 지적을 수용한 것이다.

그럼에도 불구하고 콜버그의 이론은 인지발달 이론의 측면에서 도덕성 발달을 설명하고자 하는 사람들에게 여전히 주요 핵심적인 개념들을 제공하고 있다. 콜버그의 주요 이론적 관점을 유지하면서 인간의 도덕성 발달을 설명하고자 하는 일군의 학자들을 신콜버그파라 부른다. 여기에 속하는 대표적인 학자들로는 레스트(J. Rest), 나베츠(D. Narvaez), 투리엘(E. Turiel) 등이 있다.

그들은 다음과 같은 네 가지 측면에서 분명히 콜버그 이론의 기본 골격을 유지하고 있다.[3] 첫째, 여전히 인지(cognition)를 강조한다. "인지구조는 정보를 처리하기 위한, 또는 경험한 사상을 관련지우기 위한 법칙을 가리킨다."[4] 이러한 과정이 개체발생론적(個體發生論的)으로 어떻게 변화해 가고 있는지를 규명하는 것이 인지발달 이론의 주요 과업이었다. 둘째, 아동은 도덕에 관한 인식을 스스로 구성해 나가는 존재로 이해한다. 콜버그는 인지란 사물을 결합시키는 것, 또는 사상(事象)을 관련짓는 것을 말한다고 하면서, 이러한 관련지움은 "외적인 연상이나 반복을 통해 사상을 수동적으로 관련짓는 것이 아니라 능동적으로 관련짓는다"[5]고 하였다. 셋째, 발달(development)의 개념을 유지하고 있다. 콜버그는 특히 도덕적 추론의 발달과 관련하여 옳고 그름에 대해 판단하는 방식을 기준으로 도덕발달을 개념화하였다. 도덕판단의 발달과정을 보다 단순한 개념들로부터 보다 복잡한 개념들로 진화하는 것으로 이해하였던 것이다. 끝으로, 인습 이후 사고에 여전히 초점을 둔다. 콜버그의 이론은 특수한, 일상적인 사람들 사이의 개인적인, 서로 잘 아는 사람들간의 관계보다는 형식적인 사회구조들(법, 역할, 제도, 일반적 관행들)에 주로 초점을 맞추었다. 소위 '거시 도덕성'(macro-morality)에 관심이 있었다.

그러나 신콜버그파는 콜버그에 대한 여러 심리학자들과 철학자들의 비판과 아울러 1970년대부터 시작한 400여 회의 DIT(Defining Issues Test) 검사를 통해 콜버그의 이론에 내재한 문제점들을 발견하고 이를 재검토하여 수정하기에 이르렀다. 비록 학교 도덕교육 현장에서는 콜버그의 접근법이 이미 인격교육 접근법에 의해 중심부에서 밀려났지만, 아직도 여전히 학교 도덕교육에서 콜버그 접근법은 영향력을 발휘하고 있는 것이 현실이다. 학교 교육이 아동들의 인지능력을 계발시키는 과업에서 완전히 탈피하지 않는 한, 도덕적 추론능력의 계발에 교육적 목적을 두고 있는 콜버그 접근법은 그 효율성이 유지될 것으로 사료된다.

## Ⅱ. 콜버그 접근법의 문제점

### 1. 도덕적 추론양식

콜버그의 도덕적 추론양식에 대한 비판은 철학적 측면에서 제기되었다. 그 동안 도덕 이론들은 '기본 원리주의'(foundational principlism) 방식을 고수하여 왔다. 다시 말하면, 줄곧 어떠한 기본적인 원리를 중심으로 도덕 이론들을 형성하여 온 것이다. 도덕 이론들이 기본 원리를 중심에 끌어들인 까닭은 사람들이 구체적인 도덕적 문제사태에 봉착했을 때, 그러한 원리를 근거로 연역적인 도덕적 판단을 하기를 기대하였기 때문이다. '연역적 도덕 추론양식'의 도덕성은 원리주의에 근거하고 있다. 콜버그 역시 자신의 도덕발달 이론의 철학적 배경으로 이러한 접근법을 채택하였다. 그에게 있어서 정의는 곧 기본 원리에 해당되었다.

도덕철학자들은 1960년대 이래 이러한 소위 말하는 원리주의 혹은 연역적 추론양식의 접근방식에 대해 비판을 가하기 시작하였다. 대표적인 사람들 중의 한 사람이 바로 툴민(S. E. Toulmin)이다. 툴민은 합리적 윤리학이 어떻게 가능한가를 보여주려고 노력하였다. 그는 기존의 방법론들은 거짓 가정을 하고 있다고 비판하였다. "객관적 접근법의 옹호자는 마치 견문이 넓은 사람들은 가치에 관하여 일치하지 않을 수 없는 것처럼 말하고, 주관적 접근법의 옹호자들은 마치 사람들은 저마다 가치의 표준을 다르게 갖지 않을 수 없는 것처럼 말한다"[6]는 것이다. 이러한 툴민의 지적은 사람들이 정의의 원리에 입각하여 도덕적 문제에 대한 합의에 이를 것이라는 가정을 하고 있는 콜버그의 관점에 대한 비판으로 연결된다. 도덕적 문제에서 귀납적 추론양식의 타당성을 제시한 것이다.

콜버그의 원리주의에 대한 또 다른 비판은 그의 이론에 두 가지 상호 모순적인 주제가 존재한다는 지적을 통해서도 제기되고 있다. 콜버그의 이론에는 격리된 개체로서의 인간과 집단 연대의식을 가정한 인간이 상호 모순적으로 설정되어 있다는 것이다. 전자의 인간관은 콜버그의 전기 이론에서 주로 나타나는 것으로, 인간을 격리된 개인적인 의사결정자로서 상정한 것이다. 인간은 자기 자신의 직관적 상상으로부터 자신의 도덕적 관점을 구성하는 존재로 인식된다. 이러한 인간관에 따르면, 인간은 자신이 속한 특수한 공동체 관계나 역사와 무관하게 보편적 표준에 입각하여 도덕적 판단을 내린다.

또 한편으로 콜버그의 이론에는 집단 연대의식(group solidarity)과 공유된 가치들의 긍정, 그리고 특수한 문화와 인간으로서의 상호적 관심에 많은 비중을 둔 인간관이 존재한다. 이는 콜버그의 후기 이론에서 나타나는 인간관으로 뒤르껭(E. Durkheim)의 관점을 일부 수용한 결과이다. 이러한 그의 인간관은 '정의공동체 접근'(just community approach)에 잘 나타나 있다. 콜버그 자신도 후기에 이르러 정의공동체 접근에 차츰 많은 비중을 둠으로써 귀납적 접근법에 다가서려 하였지만, 여전히 그의 이론의 핵심적 개념은 기본 원리주의를 벗어나지 않았다는 지적이다.

## 2. 발달단계 개념

콜버그는 발달의 모델로서 계단에 비유되는 피아제식의 경성 단계(hard stages)[7] 개념을 채택하였다. 이 개념에서 보면 발달이란 한순간에 한 계단을 올라가는 것으로 해석된다. 단계와 단계 사이에 비록 중첩을 인정한다 하지만 질적으로 차이가 난다는 점에서 매우 경직된 단계 개념이다. 콜버그는 자신의 이러한 단계에 대한 개념을 보다 확고히 하는 네 가지 구조주의적 가정들(structuralist assumptions)을 제시하였다. 첫째, 각 단계는 독특한, 혹은 질적으로 다른 사고양식 혹은 방식을 나타낸다. 둘째, 단계들은 변화하지 않는 일정한 계열을 이룬다. 셋째, 각 단계 혹은 사고방식은 그 자체로 '하나의 완성된 구조'(structured whole)를 형성한다. 끝으로, 단계들은 점증하는 복잡성과 조직화의 위계에서 서로 잘 어울린다. 즉, 계층적 통합(hierarchical integration)을 이룬다.

콜버그는 피아제가 진보된 사고와 그렇지 못한 사고를 대조시켰던 방식을 수용하였다. 이에 따르면 보다 높은 수준의 사고는 보다 낮은 수준이 하지 못하는 인지적 조작이 가능하다. 피아제는 사고의 발달을 추상적 · 형식적 조작들을 획득하는 차원에서 설명하려 하였다. 이에 따라 보다 높은 단계들은 낮은 단계들이 하지 못하는 인지적 조작을 수행할 수 있다고 생각한 것이다. 콜버그가 '정의 조작'(justice operation)의 측면에서 도덕적 단계들의 발달을 설명하고자 하였던 것은 바로 이러한 피아제의 설명방식에 입각한 것이었다. 그의 도덕적 추론 발달에 해당되는 3수준 6단계의 마지막 단계인 6단계는 바로 정의 조작의 정점에 해당된다.

콜버그는 행위자의 도덕판단에 초점을 둠으로써 개인적 상대성과 문화적 상대성의 문제로부터 벗어날 수 있다고 주장하였다. 왜냐하면 불변적 단계 계열을 통해 발달하고 있는 문화적으로 보편적인 도덕적 가치가 존재하고 있기 때문이다. 따라서 콜버그에 있어서 보다 높은 판단의 단계란 양심이나 내면화라는 모호한 개념들보다는 한결 간결하게 단계를 도덕적인 것으로 만들어 주는 형식적 특성을 지닌다고 보았다. "개인의 행위가 그의 판단에 대응하는 한, 그리고 그 판단이 높은 단계에 속하기에 그만큼 더 선명하게 도덕적인 것으로 보는 한, 우리는 그 행위를 문화적 변수와 별개의 또는 상황적 편의의 요인과 무관한 상태에서 '도덕적' 이라고 정의할 수 있다"[8]는 것이다.

그러나 오늘날 피아제 이론을 옹호하는 사람들조차 콜버그의 위와 같은 경성 단계 개념을 주장하지 않는다.[9] 인지발달의 단계들은 사회문화적으로 보편적일 필요가 없다는 것이다. 예컨대, 시글러(R. S. Sieglar)는 콜버그의 경성 단계 모델에 관한 잘못을 두 가지 측면에서 지적하고 있다.[10] 우선, 아동들은 인지발달의 모든 영역들에서 대부분의 현상에 관하여 전형적으로 다중적인 사고방식을 갖는다는 것이다. 또한 인지발달 변화는 아동들이 새로운 사고방식의 소개뿐만 아니라, 이들 방식에 의존하여 사고하는 경우가 자주 일어나는 변화를 포함하며, 그러한 변화는 일종의 계단식의 진보라기보다는 일련의 중첩하는 파동들로 보는 것이 더 적절하다는 것이다.

또한 아이젠버그는 콜버그의 잘못이 추상적 정의(正義)를 지나치게 강조한 데 있는 것이 아니라, 지나치게 엄격하고 절대적인 단계를 가정한 데 있다고 지적하였다. 그녀에 따르면, 개인의 도덕적 판단은 문화적 특성이나 순간적 상황에 의해 영향받기 때문에 단계적으로 발달하는 것도 아니고, 또한 예측 가능한 것도 아니라는 것이다. 오늘 높은 수준의 도덕적 판단을 할 수 있는 사람도 내일은 더 낮은 수준의 도덕적 판단을 할 수 있다는 것이다. 또한 어떤 문제에 대해서는 더 높은 수준의 판단을 하는가 하면, 다른 문제에 대해서는 더 낮은 수준의 판단을 하는 과제 특징적인 경향을 보이므로 도덕적 사고의 단계를 엄격하게 계단식으로 가정하는 데에는 문제가 있다는 것이다.[11]

## 3. 연구방법론

심리학자들은 콜버그가 도덕적 판단을 평가하기 위해 사용하였던 연구방법론을 심각하게 비판하였다. 그의 연구방법론은 순수하게 언어적인 방법에 지나치게 의존하고 있다는 지적이다. 콜버그는 인터뷰를 통해 피험자들의 도덕판단에 대한 정당화 자료를 수집하였다. 피험자들이 인터뷰 과정에서 제공하는 언어에 오로지 의존하여 평가를 하였다. 이에 대해 쉬웨더(R. A. Shweder)[12]는 콜버그가 복잡한 개념들을 언어적으로 표현하는, 그리고 도덕철학자처럼 말하는 능력에 높은 프리미엄이 붙어 있는 언어적 산물만을 오로지 평가의 자료로 삼았다고 비판하였다. 쉬웨더는 사람은 자신이 말할 수 있는 것보다 더 많이 알 수 있다고 하였다. 즉, 비록 개념에 관한 암묵적인, 혹은 직관적인 지식을 알고 있음에도 불구하고 언어적 능력이 부족하여 이를 명시적으로 진술할 수 없을 수도 있다는 것이다. 따라서 그러한 능력을 구분할 필요가 있다는 점을 지적하였다.

또한 많은 심리학자들은 자기 자신의 인지적 과정을 자기 스스로 보고하는 방식이 지닌 심각한 한계들을 지적하였다. 심리학자들은 암묵적 과정들과 무언의 지식이 인간의 의사결정에 대해 갖는 영향에 관심을 기울여야 한다고 주장하고 있다. "피험자들로 하여금 자신들의 도덕적 판단들을 정당화하도록 요구하는 표준 규격화된 인터뷰 자료(production interview data)는 도덕적 마음을 확인할 수 있는 확실한 길"[13]이 아니라는 것이다. 인지구조에 관한 평가가 '도구에 제한되어 버린다'는 의미이다. 따라서 그들은 '도구로부터 자유로운' 평가가 요구된다고 주장한다. 이러한 비판은 인터뷰 자료가 전혀 가치가 없다는 의미가 아니다. 다만, 언어적 자료 산출물들은 마음의 복잡한 작용들을 자칫 잘못 나타내거나 혹은 지나치게 단순화시켜 버린다는 것이다. 따라서 표준 규격화된 자료의 타당성을 액면 그대로 받아들이기에는 불충분하다는 주장이다.

## 4. 초기 발달단계

많은 학자들은 콜버그가 주장하였던 도덕적 판단 발달의 초기 단계들을 다시 검토해야 한다고 말하고 있다. 콜버그는 "아동기(5~8세)에 주로 나타나는 1단계와 학동기(9~11세)에 주로 많이 나타나는 2단계"[14]는 인습 이전 수준으로, 1단계의 타율적 도덕성과 2단계의 개인주의, 도구적 목적, 교환의 단계가 이에 해당된다. 1단계의 타율적 도덕성은 처벌을 받기에 규칙을 어기지 않으며, 복종을 위한 복종을 하고, 또한 사람과 재산에 대한 물리적 손상을 피하는 것이 옳은 것으로 여긴다. 2단계의 도구적 목적의 도덕성은 누군가에게 직접적으로 이익이 될 때만 규칙을 따르며, 자신의 이익과 필요에 부합되도록 행동하고 타인에게도 그렇게 하도록 한다. 옳은 일이란 공정한 것, 요컨대 균등한 교환, 거래, 협약이다.

그러나 데이먼(W. Damon), 아이젠버그(N. Eisenberg), 호프만(M. L. Hoffman) 등은 어린 아동들이 콜버그가 생각하였던 것보다 훨씬 폭넓은 능력을 지니고 있다고 확신하고 있다. 그들에 따르면, 어린 아동들은 타인들의 신체적 · 심리적 상태들을 해석하는 인지적 능력, 다른 사람들의 상태를 정서적으로 경험하는 감정적 능력, 그리고 다른 사람들의 불만을 경감시키려고 노력하는 행동 목록을 가지고 있다. 어린 아동들은 피아제나 콜버그의 이론에서처럼 자기중심적 반응 혹은 보다 강한 힘에 대한 복종으로 그렇게 제한되어 있지 않다는 것이다.

호프만의 연구에 따르면, 아동은 아주 어린 시기에서부터 이타적 행동을 나타내기 시작한다. 피아제가 말하는 감각 운동기에 해당하는 2세 전후의 아동들은 다른 사람이 고통이나 어려움에 있다는 것을 인식할 수 있다. "3~7세가 되면 다른 사람이 고통 속에 있다는 것도 알고 그가 누구인지도 안다. 비록 그 사람이 자신과 다른 감정이 있고 지금 무엇인가를 필요로 하고 있다는 것을 모르기 때문에 다른 사람에게 부적절하게 반응하기도 하지만, 타인의 감정을 느낄 수 있다."[15] 기본적으로 이러한 공감능력이 아주 어린 아기에게서도 발달되고 있다는 점이 콜버그의 초기 발달단계의 내용에 대한 비판을 불러일으키는 하나의 단서를 제공하고 있다.

## Ⅲ. 신콜버그파의 이론적 관점

### 1. 귀납적 추론양식

콜버그는 귀납적 도덕성을 반대하였다. 그는 관습법(common law)이 각기 다른 공동체에서 발생하는 것과 같이 공동체들은 서로 다른 역사와 더불어 각기 다른 도덕적 이해를 지니고 있을 것으로 생각하였기 때문에 그런 입장을 견지하였는지도 모른다. 콜버그는 관습적 도덕성(common morality)에 기초된 도덕적 체계는 보편적이지 않고 상대적인 것으로 보았다. 따라서 그에 대한 대안으로 콜버그는 연역적 추론양식에 근거한 발달적 진보를 제시하였다. 공동체의 실제적 경험과 확립된 합의에 앞서는 보편적인 것으로서의 6단계 판단은 모든 사람들로 하여금 궁극적으로 도덕적 합의에 이르도록 한다는 것이다.

그러나 툴민을 비롯한 현대 도덕철학자들은 선험적인 도덕적 원리에 기초한 합의란 존재하기 어렵다고 말한다. 이들은 하나의 특별한 공동체의 도덕적 체계는 다른 공동체의 도덕적 체계와 다를 수 있음을 인정한다. 그러므로 이들은 보편적인 도덕적 체계에 대한 요구를 포기한다. 이들은 특정 공동체에서 몇 가지 범례적인 경우들에 대해 실제적인 합의에 이르는 것은 선험적인 추상적인 원리들을 근거로 합의점을 찾으려는 소득 없는 노력보다 오히려 낫다고 주장한다.

많은 현대 도덕철학자들은 도덕성을 특수한 시간에 있는 특수한 공동체에 대해 상대적인 것으로 받아들인다. 그러나 도덕적 회의주의, 곧 모든 도덕적 담론은 단순히 개인적 선호의 승인이라는 신념을 수용하는 것은 아니다. 또한 "확립된 집단 관습과 전통에 대한 마음 없는, 혹은 전혀 의심 없는 순응도 아니며, 그리고 도덕적 이상(moral ideal)을 폐기하는 것도 아니다."[16] 앞에서 언급한 바와 같이 툴민과 같은 철학자들은 도덕적 사고가 반드시 원리의 측면에서 가장 믿을 만하게 작동한다는 생각에 도전하였다. "사람들이 원리에 합의하지 못해도 구체적인 도덕적 문제들에 대해 서로 정당한 이유에 입각하여 합의할 수 있는 경우들이 많다"[17]는 것이다.

이들은 도덕적 사고의 가장 진보된 형식이 도덕적 결정과 관련된 다른 사람들과는 무관한 개인의 사고작용(cognition)이라는 관점을 거부한다. 그들은 생명 지원 체계의 제거에 대한 의학적인 윤리적 지침들의 발달을 예로 들고 있다. 교통사고를 당한 사람이 수년 동안 뇌사상태에 빠져 생명유지 장치에 의해 삶을 인공적으로 유지하고 있는 경우, 상황적 특수성과 사회적 특수성이 의학적 '윤리'를 결정하게 된다. 의학적 · 철학적 · 법학적 · 정치적 권위자들에 의해 합의가 형성되고, 그것이 생의학 윤리의 지침으로 작용하게 된다는 것이다. 따라서 이러한 입장의 철학자들은 도덕을 하나의 본래적으로 타고난 사회적 현상, 곧 한 공동체의 특별한 경험들과 심사숙고 속에 체현된 사회적 현상으로 보는 것이다. 결국 도덕성이란 사회적 조직, 그리고 집단 합의와 분리된 별개의 성질의 문제가 아니라는 입장에 있다.

그러나 관습적 도덕성의 상대주의가 무비판적 혹은 지각 없는 것이라는 것을 의미하는 것은 아니다. 왜냐하면 그것은 그 공동체의 특수한 역사와 맥락에 있는 도덕적 이상에 의해서 나타난 것이기 때문이다. "이러한 관점은 콜버그의 구조/내용 구분에 대한, 인습 이후에 관한, 범문화적 보편성의 주장에 관한, 그리고 도덕적 사회에서의 논쟁과 심사숙고가 차지하는 위상에 대한 함축들을 지니고 있다."[18]

더 나아가 신콜버그파는 도덕 심리학에는 콜버그식의 연역적 도덕 추론보다 훨씬 더 많은 요소들이 존재한다는 점을 인정한다. 이들은 도덕적 민감성, 판단, 동기, 인격 등의 요소들이 도덕적 행동을 산출하는 데 작용하는 네 가지 구성요소라 말한다. 각기 다른 구성요소들은 도덕성 발달에 대한 각기 다른 접근법들의 출발점이 되고 있다. 콜버그도 후기에 이르러 도덕적 판단과 발달의 6단계 모델에 입각한 연역적 도덕추론 중심의 도덕교육 접근법에서 차츰 벗어나 도덕성의 사회적 구성에 초점을 둔 정의공동체 접근법에 애착을 보였었다. 물론 그렇다 하여 콜버그가 추론능력의 계발 중심의 접근을 접은 것은 아니었다. 단지 사회적 맥락의 중요성을 인정하는 차원에서 도덕적 추론능력을 생각하였던 것이다. 그런 점에서 보면 콜버그 자신이 도덕적 추론방식에 관한 입장 변화의 단초를 제공하였다고 해도 틀린 말은 아니다.

## 2. 도식(schema) 이론

신콜버그파는 DIT를 통한 그 동안의 오랜 경험적 자료를 토대로 '단계' 라는 용어보다는 '도식'[19]이라는 용어를 사용하기 시작하였다. 도식이란 말은 요소들 간의 관계를 포함한 몇몇 자극현상의 정신적 표상으로 이루어지는 인지적 구조로서 피아제가 생물학적인 지식에서 빌려온 개념이다. 도식이란 한 마디로 아동 자신의 경험적 활동에 의해 조직화한 행동양식이라고 말할 수 있을 것이다. 유기체가 가지고 있는 '이해의 틀'을 도식 또는 구조라고 말한다. 신콜버그파가 피아제가 사용하였던 도식이란 용어를 다시 사용하는 까닭은 인지구조의 유형이 몇 가지 중요한 방식에서 콜버그의 단계들과 다르다는 점을 상징적으로 나타내기 위한 것이다.

신콜버그파는 다음과 같은 이유를 들어 자신들이 사용하고 있는 도식이란 말이 기존의 콜버그의 단계 개념과 차이가 있음을 설명하고 있다.[20] 첫째, 인지구조들을 '조작', 곧 콜버그의 '정의 조작'(justice operation)과 같은, 의 측면에서 정의(定義)하지 않는다. 둘째, 콜버그의 계단식 발달의 경성 단계 개념을 인정하지 않는다. 또한 사람들은 어느 한때에 어느 특정 단계에 속한다는 콜버그의 가정도 인정하지 않는다. 셋째, 도덕적 도식의 보편성에 대한 선험적 주장(apriori claim)을 하지 않는다. 즉, 신콜버그파는 도식에서의 범문화적 일치에 대해 경험적 의문을 품고 있다. 끝으로, 내용을 근본적으로 무시하고 구조만을 대상으로 하는 콜버그의 점수화 체계를 받아들이지 않는다. 이와 같은 차별적 의미에서 신콜버그파는 단계라는 용어 대신에 도식이란 말을 사용하고 있다.

신콜버그파는 '조작' 대신에 '내용'의 측면에서 도식의 개념을 정립하고 있다. '조작'이란 심리학적으로 내면화된 정신적 행위를 의미하며, 조작들은 서로 분리되어 존재하지 않고 구조화된 전체의 형태로 서로 연결되어 있다. 콜버그의 이론에서는 발달이 정신적 조작의 측면에서 설명된다. 즉, 보다 나중의 단계들은 이른 단계들보다 더 복잡한 정신적 조작들을 사용한다는 의미에서 발달을 설명한다. 그러므로 콜버그에 따르면, 사람들은 자신들의 마음 속에 있는 보다 많은 것들을 보다 복잡한 방식에서 처리하게 되면서 발달한다.

그러나 신콜버그파는 이와 다른 입장을 견지하고 있다. 도식들은 세계에 관한 일반적 '내용' 표상들이다. 이들의 도식개념에 따르면 결과물(products) 혹은 내용의 측면에서 인지구조의 발달을 정의한다. 즉, 이들의 도식개념에 따른 발달은 인지구조를 결과물 혹은 내용의 견지에서 설명하는 것이다. 그리하여 "어떤 사람의 개념이 보다 복잡해지고 또한 규범적으로 더 적절하다면 그 사람의 인지구조는 발달한 것"[21]으로 여겨진다.

신콜버그파가 조작 대신에 내용의 측면에서 도식의 개념을 정립한 데에는 사회인지 연구자들의 연구결과로부터 많은 영향을 받은 것으로 보여진다. 사회인지 연구자들은 사회적 세계가 표상되어지는 방식에 관하여 말하고자 한다. 그래서 흔히 사회인지 연구자들은 인간 도식(person schema), 사건 도식(event schema), 그리고 역할 도식(role schema)과 같은 내용 표상들(content representations)을 많이 연구한다. 사회인지의 대상으로 다루는 주제들은 자기 인식, 자기 지각, 인과귀인, 역할 수행, 감정 이입, 도덕성 추론, 조망 수용, 사회적 관계에 대한 이해, 사회적 지식 및 추론, 자신에 대한 사고, 타인에 대한 사고, 사회적 관계에 대한 사고 등이 있다. 이러한 주제들은 크게 자기에 대한 이해, 타인에 대한 이해, 그리고 사회적 관계에 대한 이해로 나뉘어진다.

그러나 사회인지 연구자들이 사용하는 도식과 신콜버그파 학자들이 사용하는 그것은 두 가지 차원에서 차이가 있다.[22] 하나는 용어의 개념적 수준에서의 차이이다. 사회인지에서 가장 자주 연구된 현상들인 인간, 역할, 혹은 사건 도식들은 사회의 도덕적 기반의 개념들에 비해 훨씬 더 구체적인 수준의 개념이다. 반면에 도덕적 도식은 도식의 도식이다. 또 하나는 사회인지 연구는 기억(memory)을 강조하는 반면에 신콜버그파는 발달(development)을 강조한다. 즉, 신콜버그파는 시간의 흐름에 따른 변화를 강조한다. 단순으로부터 복잡으로의 논리적 계열을 묘사하기 위해 인습 이전, 인습, 그리고 인습 이후의 요소들을 정의하는 것이다.

신콜버그파는 발달 도식(development schema)으로 '개인적 이익' 도식, '규범들의 유지' 도식, 그리고 '인습 이후' 도식 등 세 가지를 제시하였다. 그들이 단지 세 가지 도식만을 제시한 까닭은 DIT[23]로부터의 경험적 연구결과들이 단지 세 가지만을 지지하기 때문이다. 물론 세 가지 도식들이 도덕 판단의 완전한 의사결정 모델을 나타내는 것으로 제안되지는 않는다. 이러한 도식들은 콜버그의 단계들과는 다르지만 아직 콜버그의 주요 개념들의 핵심들은 유지하고 있다. 다만 콜버그의 단계개념의 핵심과 구분하기 위해 신콜버그파는 다른 용어들을 사용한 것이다. 예컨대, 콜버그가 사용하였던 '법과 질서'라는 용어 대신 '규범들의 유지' 도식이란 말을 쓴 것이다. 신콜버그파가 말하는 발달의 도식은 콜버그가 정의 조작의 측면에서 단계들을 기술하였던 것보다는 사회도덕적 관점의 측면에서 발달을 설명하였던 방식과 유사하다.

규범 유지 도식(maintaining norms schema)은 콜버그의 4단계로부터 유래된 것이다. 이 도식에 있어서 도덕성은 확립된 사회질서를 유지하는 것이다. 또한 법은 도덕적 의미에서 질서와 연관되어진다. 도식은 법이 없다면 질서가 존재하지 못할 것이라는 기대로 이끈다. 이 도식은 행위란 법에 의해 규정되어진다는 단순한 주장만으로 더 이상의 도덕성을 규정하는 정당화가 필요 없게 된다. 따라서 이 도식은 '존재'(is)(실제상의 규범들)로부터 '당위'(ought)(윤리적으로 요구되어진다)를 추론하는 데 있어서 도덕철학자들이 소위 말하는 '자연주의적 오류'(naturalistic fallacy)를 범하고 있다. 규범 유지 도식은 법 그 자체를 넘어서는 도덕적 기준에 호소하지 않는다는 의미에서 법실증주의(legal positivism)와 일치한다. 이 도식을 습득한다는 것은 인습적 사고자들에게 사회질서의 유지를 위한 도덕적 필요의 의미를 제공한다는 것을 뜻한다. 달리 말하면 "도식이 '나는 우리의 전체 사회를 위해 옳다는 것을 안다'라는 도덕적 확신감을 제공하며, 그럼으로써 인습적 사고자들의 특수한 열정과 광폭한 행동에 연료를 공급해 준다."[24)]

한편, 신콜버그파는 인습 이후 도식(postconventional schema)을 칸트(I. Kant)류나 혹은 롤즈(J. Rawls)류의 도덕철학자들과는 다른 방식에서 규정한다. 신콜버그파는 인습 이후의 도덕성에 대한 정의를 어느 하나의 도덕철학의 측면에서 규정하려 들지 않는다. 롤즈의 철학과 더불어 대부분의 현대 도덕철학들 또한 인습 이후의 특성을 지니고 있기 때문이다. 신콜버그파는 발달의 최고 높은 수준을 어떤 새로운 도덕철학 이론으로 제안하지 않는다. 따라서 신콜버그파의 도식개념의 정의(定義)는 콜버그의 단계개념 정의보다 훨씬 더 광범위하다.

인습 이후의 사고에서는 권리와 의무가 사회에서의 협력을 조직하기 위한 공유 가능한 이상(ideal)에 기초된다. 또한 권리와 의무가 논리적 일관성에 관한 논쟁과 검증, 공동체의 경험, 그리고 받아들여진 인습과의 일치성에 개방되어 있다. 즉, 이상을 향해 끊임없이 변화의 과정을 거친다. 이런 맥락에서 보면 신콜버그파가 제안하는 인습 이후 도식의 준거에 적절하지 않는 도덕 이론들과 사상가로는 정의주의(emotivism), 니체(Nietzsche), 그리고 근본주의 종교적 관점에 기초한 윤리적 접근법들이 있다. 정의주의는 도덕성이란 단순히 개인적인 승인이나 불승인의 표현에 지나지 않는다고 주장한다는 점에서, 그리고 니체는 협력을 약자들이 강자를 누르기 위한 나쁜 이상이자 계획으로 간주하였다는 점에서 신콜버그파의 관점에서 벗어나 있다. 근본주의 철학적 사유 방식의 부적절성에 대해선 앞에서 언급한 바가 있다.

### 3. 영역 접근(domain approach)

신콜버그파는 발달의 모델에 대한 관점의 변화를 보여주고 있다. 콜버그의 경직된 계단 모델에서 파동 모델에로의 전환을 의미한다. 새로운 발달의 모델은 보다 발달된 사고를 점차적으로 사용하고 선호하는 빈도수가 증가하는 측면에서 상승 운동(upward movement)으로 표현한다. 신콜버그파에 있어서 발달이란 한꺼번에 한 계단이 변화하는 전환이 아니라, "보다 낮은 사고의 형식들(forms)에 대한 보다 높은 사고의 형식들의 점진적 증가"[25]를 의미한다. 이는 신콜버그파가 기존의 콜버그의 경성 영역 접근법에서 연성 영역 접근법으로 선회하고 있음을 반증한 것이다. 여기에서 영역이란 개념(ideas)이나 도식들의 연합된 그물망을 의미한다. 콜버그가 말한 '구조'(strucutre)에 해당한다. 신콜버그파가 이와 관련한 콜버그의 이론을 수정하게 된 데에는 다음과 같은 몇 가지 이유들이 있다.[26]

첫째, 다양한 연령과 문화의 사람들은 공감에 근거한 자연적 의무들과 사회마다 다를 수 있는 사회적 조정(social arrangement)을 구분한다는 점이다. 전자는 자신이 타인들에 대해 하는 행동이 가져올 결과들에 관한 직관과 관련된다. 반면에 후자는 변경 가능하고 조화에 의존하는, 그리고 보편적이지 않는 특성과 관련된다.

둘째, 어린 아동들은 영역 연구에서 피아제나 콜버그가 제시하였던 것보다 더욱 복잡한 존재라는 점이다. 신콜버그파는 아동들이 '권위에의 복종'이란 규칙을 단순하게 따르지만은 않는다고 본다. 매우 어린 나이의 아동들도 어떤 특수한 경우에선 일반 규칙들이 무시될 수 있다는 것을 이해할 수 있다. 즉, 어린 아동들도 도덕의 복잡성을 이해할 수 있다는 것이다. 이러한 특징은 도덕적 추론에 있어서 6단계 혹은 세 가지 도식들 그 이상이 존재한다는 관점을 뒷받침해 주는 증거가 된다.

셋째, 부모들은 자녀들에게서 활성화되어질 것 같은 영역들을 기대하면서 언어적 훈계를 한다는 점이다. 사회인지 연구자들이 구체적으로 초점을 모으는 주제들은 이를 잘 반영해 준다. 사회인지의 대상으로 다루는 주제들은 앞에서도 언급한 바와 같이 자기 인식, 자기 지각, 인과귀인, 역할 수행, 감정 이입, 도덕성 추론, 조망 수용, 사회적 관계에 대한 이해, 사회적 지식 및 추론, 자신에 대한 사고, 타인에 대한 사고, 사회적 관계에 대한 사고 등이 있다.

넷째, 의사결정은 영역들 내에서 구체화되어진다는 점이다. 즉, 의사결정을 내리는 것과 행위에 대한 이유는 사고의 영역(domain of thinking) 내에서의 사고의 노선들(lines)과 연관된다는 것이다. 도식들은 행위에 대한 규정을 제시하고 또한 의사결정을 안내한다. 따라서 어떤 영역의 도식이 활성화되어지느냐에 따라 의사결정이 달라질 수 있다. 만약 다른 영역의 도식이 활성화되었다면 다른 의사결정이 내려질 수 있다.

다섯째, 어떤 영역을 발달시키기 위해 설계한 교육적 방법은 그와 관련된 영역의 성장을 자극할 수는 있지만 반드시 모든 다른 영역의 성장까지 자극시키는 것은 아니라는 점이다. 어떤 영역을 자극시키기 위해서, 곧 어떤 특정 영역을 발달시키기 위해서는 그 영역을 자극시켜 주어야만 한다. 다른 영역들은 그와 함께 반드시 발달하는 것은 아니다. 이는 콜버그 이론과의 중대한 차이를 노정시키고 있다. 콜버그는 하나의 구조로 그 사람의 모든 도덕성을 구획짓기 때문이다.

끝으로, 도덕적 판단들은 매우 맥락화되어진다는 점이다. 개인들의 도덕적 판단은 문화 내에서, 그리고 다른 상황들 속에서 다양하다는 것이다. 신콜버그파가 뒤르껭(E. Durkheim)이나 맥킨타이어(A. MacIntyre)의 관점에 귀를 기울이는 것도 이와 연결되고 있다. 또한 콜버그가 후기에 이르러 내용을 무시한 채 구조만을 강조한 접근방식을 탈피한 것은 도덕판단이 사회적 맥락과 불가피한 관련성을 지니고 있음을 인정한 것이다.

신콜버그파는 콜버그의 도덕성 발달단계가 지니고 있는 포괄성과 경직성에 대한 대안의 출발점으로 투리엘(E. Turiel)의 영역접근법(domain approach)을 들고 있다. 투리엘은 콜버그의 이론이 너무 거대하다고 보았다. 발달의 다른 요소들이 함께 혼합되어 있다는 것이다. 그는 콜버그의 거대한 도덕단계별 구조를 반대하면서 보편적인 단계별 구조 대신 도덕과 인습을 사회인지 안에서 개개의 영역으로 구분하였다. 다시 말하면, 투리엘은 콜버그의 단계별 구조 개념 대신에 영역접근법을 제안하였다.

투리엘이 제안한 개인적 영역(personal domain), 인습적 영역(conventional domain), 그리고 도덕적 영역(moral domain) 등 세 가지 영역은 도덕성 발달의 초기 단계에서부터 각기 상이한 경로를 따라 발달하며, 성장한 이후에도 각기 독립된 영역으로 계속 공존한다고 가정된다.[27] 도덕적 영역은 모든 문화권에 보편적인 도덕적 원리에 대한 개념을 포함하고 있어 맥락 독립적인 반면, 사회인습적 영역의 판단은 보다 맥락 의존적이어서 각 문화권이 지니는 특유의 가변적이고 임의적인 가치와 규범의 영향을 받는다.

그러나 신콜버그파는 이러한 투리엘의 주장을 전적으로 수용하지는 않는다. 투리엘의 주장이 충분한 근거를 확보하고 있지 못하다는 이유에서이다. 그럼에도 불구하고 신콜버그파는 투리엘이 제시한 수평적 차원에서의 영역접근법에 대해서는 기본적으로 동의하고 있다. "그들은 비록 투리엘의 경성 영역들(hard domains)의 존재에 대한 주장에 대해서는 동의하지 않지만, 연성 영역들(soft domains)의 존재에 대한 좋은 증거가 된다고 생각한다."[28]

이러한 투리엘의 접근법은 최근에 도덕교육에 영향을 주고 있다. 예컨대, 누치(L. P. Nucci)의 도덕교육에서의 영역 접근은 아동의 사회적 개념이 단일한 개념적 체계를 형성하는 것이 아니라 질적으로 다른 아동의 사회적 상호작용의 측면을 설명하는 사회적 지식의 구별되는 영역 내에 구조화되는 것에 착안하고 있다. 도덕개념과 인습개념에 관한 발달의 차이를 인정하고 이에 따라 교육적 적용을 다르게 하는 것은 전체적이고 단일한 도덕교육의 접근이 갖는 것보다 도덕적·사회적 발달을 증진시키는 데 더 효과적일 수 있다는 것이다.[29]

## 4. 도덕성 개념의 확장

콜버그는 롤즈(J. Rawls)의 정의론을 토대로 자신의 이론적 뼈대를 완성하였다. 그가 관심을 가졌던 정의의 주제는 사회의 기본적인 구조, 혹은 보다 정확하게는 주요한 사회적 제도들이 인간의 근본적인 권리와 의무들을 배분하는, 그리고 사회적 협동으로부터의 이득의 분할을 결정하는 방식과 관련된다. 콜버그의 '정의'는 '선'(good)의 개념보다는 '옳음'(right)의 개념 위에 주로 기초되어 있으며, 개인적 완성 혹은 덕에 관한 개인적 표준들에는 별로 의존하지 않는다. 콜버그는 처음에 모든 종류의 도덕적 문제들에 자신의 6단계를 적용 가능하다고 주장하였다.

그러나 길리간(C. Gilligan)과의 논쟁을 통하여 콜버그는 자신의 입장을 수정하였다. 그는 자신의 단계들이 '정의'의 범위(scope)에 제한되어 있다는 것을 인정하였다. 자신의 도덕적 딜레마와 점수화 체계는 가족이나 친구에 대한, 그리고 자기가 한 구성원인 집단에 대한 특수한 관계와 의무들을 다루지 않는다는 의미에서 제한되어 있다고 인정하였다. 따라서 약 반세기에 걸친 인지발달 이론의 역사에서 도덕적 사고에서의 정의 정향과 배려 정향이 이론적 차원에서 공히 확신을 갖게 된 것은 근래에 이르러서였다.

기존의 이론에서 설명되지 않았던 도덕성의 개념에 관한 길리간의 배려 정향에 관한 경험적 연구[30]는 인지발달 이론을 수정하는 첫 걸음이 되었다. "최근에 이르러 인지발달 이론은 길리간의 경험적 연구결과를 받아들여 기존의 정의 정향과 함께 배려 정향을 구조화된 전체(추론의 양식)들로서 정의하는 인식론적 가정을 받아들이는 경향을 보이고 있다."[31] 배려 정향은 콜버그의 이론체계에서 '정의구조들'(justice－structures)이 갖고 있는 한계에 대한 대안이다. '정의'는 이제 더 이상 도덕철학의 유일한 개념이 아니다. 콜버그는 이후에 6단계 원리를 '인간 존중'(respect for persons)으로 다시 정의(定義)하였다.[32] 그는 여기에서 정의의 원리와 함께 자비의 원리(the principle of benevolence)를 포함시키고자 시도하였다. 이런 움직임은 자신의 6단계에 의해 포괄되었던 도덕성의 범위를 확장시키려는 의도가 있었던 것이다.

그러나 신콜버그파는 '배려'와 '정의'가 서로 다른 최종 지점을 가진 서로 다른 길을 따라 발달하는, 그리고 사람들이 한 길을, 혹은 다른 한 길을 더 좋아하는 대안적인 계열들이란 것을 제시하지는 않는다. 비록 정의 이슈들이 도덕적 문제들에 관한 어떠한 모든 전체적으로 포괄적인 세트의 커다란 부분이지만, 그리고 도덕성의 어떠한 모든 포괄적 이론의 부분임에 틀림없지만, 그것이 도덕적 이슈의 전체를 포괄하지는 못한다는 점에 대해서는 인정하는 바이다.

신콜버그파는 정의 이슈 이외에 도덕적 사고에는 더 많은 것들이 존재한다는 것을 인정한다. 가령, 선한 삶이란 무엇인가, 사람은 어떻게 의미 있는 관계를 깊게 개발할 수 있는가, 인간의 탁월함이란 무엇인가, 그리고 덕이란 어떻게 개발되어지는가 등 여러 측면들이 존재한다. 예컨대 브럼(L. Blum)은 콜버그의 도덕성 개념과 다른 견해를 제시하고 있다.[33] 그는 불편부당, 즉 공평 혹은 공명정대로서의 도덕성과 우정의 도덕성을 구분하였다. 그리하여 우정의 도덕성을 설명하는 데 관심을 기울였다. 그는 우정의 도덕성은 공평의 칸트(I. Kant) 도덕성에 포함되지 않는다고 주장하였다. 우정의 도덕성은 공평, 그리고 형식적인 사회적 구조의 도덕성과는 다르다는 것이다.

## Ⅳ. 도덕교육 전략

다음에서 다루는 도덕성 발달을 위한 교육적 전략은 전체적인 인지발달 이론의 측면에서 접근한 것이다. 특히 신인지발달 이론가들은 구체적으로 학교 도덕교육에 대한 전략을 제시하지 않았기 때문에 여기에서는 주로 콜버그를 중심으로 한 인지발달 이론에 입각한 교육적 전략을 소개한다.

## 1. 도덕교육 전략의 동향

피아제는 도덕교육에 관하여 구체적인 교육적 접근방법을 제시하지는 않았다. 그렇지만 그는 인지발달의 일반적인 측면에서 교육적 접근을 위한 기본적인 방향을 제시해 주었다. 그의 지적 발달에 관한 견해는 교육목표를 선정할 때 인지발달 접근방법의 기초가 되고 있다. 그의 이론에 입각하여 볼 때, 학교 교육의 중심적인 과제는 특정한 사실이나 개념 혹은 개인적 · 사회적 적응문제의 해결방안을 교수하는 것이 아니라, 각 발달단계에 따른 사고기능을 촉진시키는 것이 된다. 물론 아동들이 청년기에 도달할 때까지는 현실을 이해하고 또한 직면하는 과제를 해결하기 위해 사실이나 개념을 학습하지만, 그들이 학습하는 사실이나 개념은 어떠한 특정한 가치를 추구하고 선택하는 것이 아니라 어떤 특정의 인지 수준의 발달을 촉진하기 위한 것이다.

교육과정의 계열과 관련하여 피아제의 이론은 교육목표를 선정하는 기준을 제공할 뿐만 아니라 그 목표와 연관된 학습 과제들을 교육과정상에 제시할 계열을 시사하고 있다. 도덕성 발달과 관련하여 교육과정의 계열을 제시해 보면 다음과 같다. "자기중심적 단계에서의 논리는 감정이나 사회적 상호작용이 자기라고 하는 단일 차원을 둘러싸고 이루어진다. 다음으로, 구체적 조작기와 일치하는 사회중심적 단계에 진입하여 또 하나의 차원으로서 우인(友人)집단의 규범과 상호작용을 수반하는 관계의 단계가 나타난다. 타자중심적 단계에서는 형식적 조작과 같은 다차원의 단계에로 발전하고, 다른 여러 가지 차원으로서 추상적인 법칙이나 사회규범을 생각하며, 자기를 그들 여러 차원의 규범 속의 한 차원으로서 해석하게 되는 것이다."[34)]

과제의 순서와 관련하여 피아제는 일반적인 인지발달 단계의 개요를 제시한 한편 수 개념, 인과관계, 물리적 특성의 보존, 도덕성 발달 등 여러 발달단계를 일반 구조의 형태로 다루었다. 각 단계의 순서상의 패턴은 유사하지만 각 계열에 있어서 단계 이행의 시기는 반드시 일치하지는 않는다. 즉 이들의 인식이 똑같이 발달해 가는 것은 아니라는 것이다. 이러한 인식발달의 불일치를 도덕성 발달과 관련하여 적용하여 보면 도덕적 판단능력의 수준은 물리현상을 설명하는 논리의 수준보다 2~3년 늦게 발달한다. 따라서 학교 도덕교육에서 과제를 제시할 때 일반적인 인지발달 단계만을 지침으로 이용하는 것은 불충분하다. 오히려 여러 종류의 인식발달에 따라 활동을 결정하는 것이 중요하다. 피아제의 이론에 따른다면, 어떤 수준의 도덕성 발달을 촉진하는 교육 활동은 같은 수준의 수학이나 과학의 지식을 획득하는 활동으로부터 한 학년 혹은 두 학년 후의 학년에 배치하는 것이 바람직하다.

피아제 이론에 근거하여 조직된 교육과정에 따라 교수법을 생각할 경우, 교사는 다음 두 가지 점에 대한 기본적 사항을 명확히 하는 것이 일반적 방법이다. 첫째, 교육과정이 여러 가지 발달을 촉진하도록 하기 위해서 아동의 현재의 발달단계를 진단한다. 둘째, 아동이 인지발달에 있어 고차의 발달단계에로 도전할 수 있는 학습활동을 부여한다. 따라서 교사의 역할은 학생의 마음을 만족시키는 것을 기대한 지식의 원천으로서가 아니고, 또한 교실에 교재와 교구를 전시하고 아동들이 그것들을 탐색하고 있는 동안에 지켜만 보고 있는 방관자와 같은 것도 아니다. 교사는 "아동들의 사고유형에 따라 적극적으로 지도할 것과 아동들로 하여금 스스로 탐색해 볼 수 있는 기회를 제공할 것 등 두 가지 균형을 취하면서 가장 좋은 방법을 구안하여 수행할 것"[35)]이 기대된다.

인지발달 이론의 도덕교육 전략은 또한 콜버그에 의해 많은 영향을 받았다. 도덕교육에 대한 콜버그의 적극적인 관심은 1968년 시카고에서 시작되었다. 이는 그의 대학원 학생들 중의 한 사람이었던 브라트(M. Blatt)가 도덕발달에 관한 자신의 연구에서 사용하였던 표준적인 가설적 도덕 딜레마에 대한 집단토론을 통해 학생들이 자신들의 단계보다 높은 단계에서 추론하는 것을 '학습'할 수 있음을 경험적으로 입증하면서부터였다. 그 이전까지 콜버그는 발달이 수년간에 걸쳐 천천히 발생하고, 또한 아동과 사회적 환경, 부모와 동료들 사이의 자연적인 상호작용으로부터 발생한다고 생각하였다. 그는 발달이 개입을 통해 자극되어질 수 있다고 믿지는 않았던 것이다.

이 이후 콜버그는 교육철학에 관한 자신의 입장을 기술하기 시작하였다. 그가 자주 인용하였던 "교육의 목적으로서의 발달"[36]은 도덕적 추론과 그의 발달단계에 관한 심리학적 사실과 교육의 목적과의 연결에 관한 자신의 입장을 나타낸 것이다. 콜버그의 교육철학은 세 가지로 압축된다. 첫째는 아동의 발달이 교육의 목적이며 또한 목적이 되어야만 한다는 것이다. 둘째는 아동들은 타고난 철학자들이며, 그들은 선악시비에 관한 근본적인 철학적 문제들을 일으키는 딜레마들을 자주 접해야 한다는 것이다. 끝으로, 그러한 딜레마들에 관한 토론은 아동들의 도덕적 추론의 발달을 증진시킨다는 것이다.

콜버그는 이러한 교육철학의 입장에서 그 당시까지 일반적으로 사용되고 있던 도덕교육의 두 가지 방법에 대해 이의를 제기하였다. 그것은 아동이 어떤 규칙들을 위반하면 교사가 일방적으로 그 잘못에 대해 비판을 하는 교화적 방법과 또한 도덕적인 사람이 갖추고 있어야 할 것과 관련한 여러 가지 가치들을 상투적으로 가르치려고 하던 노력이다. 콜버그는 이러한 방식들에 대한 대안으로 아동들이 스스로 자신의 도덕적 행동을 통제할 수 있도록 그들의 도덕적 판단 능력을 발달시키는 방법을 추천하였다. 그는 도덕적 판단이 도덕적 행동에 선행하며 또한 그의 원천임을 믿고 있었다. 또한 콜버그는 기본적으로 도덕교육의 목표가 어떤 특정 사회에 지배적인, 또는 적어도 공통적인 특별한 가치들을 가르치는 것이 아니라, 모든 문화에서 타당성을 지닌다고 생각되는 여섯 단계를 통해 아동의 도덕적 판단능력의 성장을 촉진하는 데 있다고 인식하였던 것이다.

콜버그는 학교 도덕교육의 적절하고 유일한 역할이란 학생들의 도덕적 추론과 판단의 발달을 돕는 일이라고 결론지었다. 그의 결론은 다음과 같은 두 가지 주장들에 기초하고 있다. 우선, 도덕판단은 도덕적 감정과 도덕적 행동을 결정하는 데 있어서 하나의 가장 중요한 영향력 있는 요소이다. 판단과 행동 사이의 일관성은 사람들의 도덕적 추론의 단계와 함께 증가한다. 다시 말하면, 최고 높은 6단계에 이른 사람들은 도덕적 판단과 행동에 일치를 보인다. 또 하나는 학교 도덕교육의 방향과 관련된 것으로, 학교는 아동들이 도덕적 이슈에 관하여 무엇을 믿는가보다는 어떻게 추론하는가 하는 추론방식에 관심을 집중함으로써 한편으로는 인격 훈련(training)으로부터의 교화를 피하고, 또 다른 한편으로는 가치 명료화 접근의 불완전을 피할 수 있다.

도덕교육의 기본적인 방법은 도덕적 문제에 관하여 집단으로 토론하는 것이다. 인지적 평형화에 관한 일반 이론의 측면에서 보면, 아동들은 도덕적 이슈를 토론하는 과정에서 자기 자신의 판단단계보다 한 단계 위의 관점에 있는 이유들을 접할 필요가 있다. 그래야만 인지적 비평형을 경험하게 되고, 또한 그럼으로써 인지구조의 재조직화를 위한 자극을 받아 단계 상승을 꾀할 수 있게 되기 때문이다. 그러므로 교사들은 아동들이 적절한 인지적 자극을 받도록 해주어야 한다. 도덕적 문제들에 관한 토론은 특정한 시간을 설정함이 없이 어떤 도덕적 문제의 사안이 발생할 때마다 곧바로 시행하거나 혹은 교육과정상의 특정 교과목들의 시간을 이용하여 하는 방법 등이 있다.

콜버그는 후기에 이르러 도덕교육에 대한 자신의 입장을 수정하였다. 이러한 입장의 수정은 뒤르껭의 관점을 상당히 수용하는 결과를 반영한 것이다. 명시적 교육과정에서의 도덕적 토론과 함께 콜버그는 일반적인 학교 환경의 도덕적 특징의 중대성을 강조하였다. 그는 "정의에 관한 교실 토론을 실생활에로 확장하기 위해 학교는 정의의 이슈들을 다루어야만 한다. 그때 정의교육은 학교를 보다 정의롭게 만드는 것, 그리고 학교를 보다 정의롭게 만드는 일에서 학생들로 하여금 적극적인 활동을 하도록 격려하는 것을 필요로 한다"[37] 고 말하였다.

콜버그는 이러한 철학 위에서 소위 말하는 '정의공동체 학교'를 설립하고 자신의 교육철학을 실천에 옮겼다. 정의공동체 학교 프로그램은 세 가지 기본적인 목적을 갖는다. 첫째는, 도덕적 토론에의 참여를 통해 학생들의 도덕적 추론을 고양시키는 것이다. 둘째는, 민주적 규칙제정과 집단연대 혹은 공동체의 건설을 통해 규범과 가치에 관한 도덕적 문화를 창조하는 것이다. 끝으로, 교사들뿐만 아니라 학생들이 자신들의 도덕적 직관과 결정에 입각하여 행동할 수 있는 맥락을 제공하는 것이다.

## 2. 도덕교육의 목표

인지발달 접근법은 전통이나 도덕규칙에 대한 단순한 순응으로서의 도덕성을 거부한다. 도덕규칙에의 단순한 복종은 다른 사람들에게 합법적인 고통을 가할 수 있고, 기존의 도덕규칙들이 형성되었던 사회적 조건들이 과학적 지식과 기술의 진보로 인하여 커다란 변화를 겪게 됨으로써 그것들이 더 이상 적절치 않은 경우가 있을 수 있으며, 또한 다양한 사회적 동인들의 상충되는 규칙들이 갈등을 일으키게 될 때 독립적인 추론 능력이 부족한 개인들에게 그것은 오히려 외상적 경험(traumatic experience)이 될 수 있기 때문이다.[38] 그러므로 도덕교육은 구체적인 도덕규칙들이나 행동을 전수하는 측면에서보다는 오히려 사고의 어떤 특징적인 형태들이나 구조들을 발달시키는 측면에서 이해되어져야 한다고 본다.

따라서 인지주의적 접근의 입장은 도덕교육을 도덕적 사회화나 도덕적 훈련과 엄격히 구별하고 있다. 도덕적 사회화는 개인이 사회에 순응하는 데 요구되어지는 기능, 신념, 태도 등을 제공하며, 신념과 행위는 전통, 권위, 혹은 다수에 의해 승인되어질 때 기대되어진다고 본다. "도덕적 훈련은 개인들로 하여금 무비판적으로 그 공동체의 도덕성을 되풀이하여 습득할 수 있도록 하는 과정을 의미한다."[39] 반면에 도덕교육은 무엇이 옳고 그른지, 무엇이 타인에게 해(害)가 되는지 등에 관해 심사숙고하여 이해하고, 실천적 추론에 참여하여 도덕적으로 요구되어지는 바를 판단하며, 이에 따라 행위하고자 하는 자발성을 키워주는 일련의 과정, 곧 "'도덕적 탁월성'을 조장하는 과정"[40]으로 이해한다.

도덕교육에 대한 이러한 입장은 다음과 같은 일련의 기본적인 가정에 기초하고 있다. (1) 도덕발달의 단계는 자아와 사회의 개념상의 인지구조적 변형을 대표한다. (2) 이들 단계들은 사회적 상황에서 타인의 역할을 채택하는 연속적 양식을 표상하고, 그래서 (3) 발달의 사회환경적 결정 요인들은 역할 채택의 기회들이다. 보다 일반적으로 말하면, 인지발달론자들은 자신의 지각된 환경을 구조화하는 능동적 아동을 가정하고, 도덕단계와 그의 발달은 아동의 구조화 경향과 환경의 구조적 특질의 상호작용을 표상하며, 단계와 발달은 상호작용에서 연속적 평형의 형식들을 인도한다고 가정한다. "평형은 정의의 한 단계로서 상정되고 정의의 단계상의 변화는 비평형에 의해 일어나며, 아동과 환경 간의 어떤 최적의 조화의 수준 혹은 간극의 수준은 변화를 위해 필수적이다."[41] 이러한 가정은 결국 "도덕발달은 인지적 핵(core)을 갖는다는 것과 도덕성은(자아와 환경 간의) 상호작용적 기원을 갖는다"[42]는 것으로 집약 될 수 있다.

인지적 접근의 도덕교육은 위와 같은 기본 가정에 기초하여 다음과 같은 세 가지 차원의 목표를 설정하고 있다.[43]

첫째는 도덕 추론의 '단계'를 상승시키는 것이다. 진보된 추론의 성취는 도덕교육을 통하여 달성하고자 하는 모든 것들의 전제조건이다. 이에 비추어 볼 때 "인지적 접근에서의 단계개념은 도덕적 원리의 각기 다른 발달적 기능들로서"[44] 사고능력의 계열적 발달에 따른 질적 변화를 의미하는바, 도덕교육의 일차적 목표는 개인의 인지발달 단계를 상승 이동시키는 것이다.

둘째는 새롭게 획득한 보다 진보된 추론 능력을 일반화하는 데 있다. 만약 도덕교육이 보다 높은 단계구조의 단순한 습득에 머물고 만다면 그것은 실제 사회와는 동떨어진 사색의 세계 또는 비실용적인 고답적 훈련(高踏的 訓練)에 지나지 않는다. 여기서 말하는 일반화란 두 가지 의미를 내포하고 있다. 우선 학생들은 새로운 추론을 여러 가지 다양한 도덕적 딜레마에 적용하는 것을 배워야만 하고, 또한 실세계에서 발생하는 딜레마를 확인할 수 있어야 하며, 그리고 나서 이러한 상황을 평가함에 있어 새로이 획득된 추론을 적용할 수 있어야만 한다.

셋째는 학생들이 일상생활에서 보다 발달된 추론을 실천할 수 있도록 하는 것이다. 실천은 학생들이 그들 스스로 내릴 수 있는 가장 진보된 도덕판단과 일치하여 행동함을 의미한다. 이는 학생들이 반드시 도덕적 인격자가 되어야만 한다는 것은 아니다. 다만 그들이 다른 사람들이 갖고 있는 인간으로서의 권리를 존중하여 행위해야 한다고 말할 뿐이다.

첫 번째와 두 번째 목표는 우리가 도덕적으로 행위하기 위해서 요구되는 필요조건이다. 왜냐하면, 만약 우리가 무엇이 도덕적인지 알지 못한다면, 그리고 혹은 이러한 추론을 실세계 상황을 평가하는 데에 적용할 수 없다면 행위의 올바른 과정을 일관되게 선택할 수 없기 때문이다. 그러나 우리는 어떤 사람의 추론단계를 안다고 해서 그 사람의 특정 행위를 예언할 수는 없다. 다만 우리는 그 사람이 내리는 어떤 결정에 대한 그 저변에 깔려 있는 이유의 본질을 예언할 수는 있다. 비록 그들의 행위 선택이 다르다 하더라도 그들의 선택은 자신들의 도덕 추론의 성숙 정도와 일치한다. 따라서 성숙한 도덕 추론은 도덕적으로 성숙한 행위에 필요하지만(필요조건), 그렇다고 충분하지(충분조건)는 않다. 인습 수준과 인습 이전 수준에서는 동일한 단계에서 상이한 행동방안을 제시할 수 있기 때문이다. 그러나 인습 이후 수준에서는 하나의 갈등문제에 동일한 단계의 상반된 응답을 구성하기 어렵다. 따라서 이 수준에서는 추론과 행동이 일치되게 된다.

## 3. 도덕교육 방법의 원리[45)]

도덕교육의 목표를 성취하기 위한 인지발달 접근법의 방법론적 원리는 다음의 네 가지로 집약할 수 있다. 제1원리는 가설적 딜레마[46)]를 통해 실제세계와의 관련을 증진시키는 것이다. 학생들의 도덕판단 수준은 학교 안팎에서의 일상적인 경험을 통하여 자연적으로 발달되어진다. 그러나 "나이가 들어감에 따라 나타나는 이러한 자연적 발달은 보다 조직적이고 체계적이며 의도적인 학교 도덕교육에 비해 충분한 잠재력의 성취에 덜 효과적임이 여러 경우에서 실험적으로 입증되고 있다."[47] 그러므로 도덕교육은 학생들에게 가설적 상황 속에서 도덕적 갈등을 경험할 수 있는 기회를 제공함으로써 실제세계의 경험에 대한 중요한 조정자로서의 역할을 하여 그들의 도덕판단 수준을 향상시키도록 구안되어야 한다. 다시 말하면, 도덕교육은 가설적 딜레마를 통하여 도덕 추론 잠재력의 계발에 대한 촉매로서 공헌하는 경험을 제공할 수 있다. 이것은 궁극적으로 학생들의 도덕판단 수준을 향상시키게 된다.

제2원리는 인지적 불균형을 조장하는 것이다. 도덕 이론의 맥락에서 볼 때 "인지적 갈등은 도덕 추론의 발달에 필수적 조건"[48]으로 받아들여지고 있다. 여기서 말하는 인지적 갈등은 감정적 혼란이나 격정, 혹은 불안이나 비탄과는 다르다. 오히려 당황이나 호기심의 상태, 곧 흥미 있는 이야기나 수수께끼를 들었을 때 나타나는 것과 흡사한 지적 상태를 의미한다. 이러한 불균형의 경험은 보다 폭넓은 지식을 획득하고자 하는 호기심과 동기를 일구어낸다. "학교 환경이 이러한 인지갈등을 창출하기 위해 각기 다른 수준의 학생들을 상호 노출시킬 때 그들의 도덕발달은 자극된다."[49]

이에 관한 여러 연구결과들은 "자신의 단계보다 한 단계 높은 단계에 노출될 때 인지적 · 도덕적 갈등이 일어나며 단계 성숙의 자극이 주어짐을 보여주고 있다."[50] 브라트(M. Blatt)는 각기 다른 단계에 있는 아동들이 토론하는 도덕적 토론의 인지적 자극이 아동들로 하여금 다음 단계에로 움직이도록 한다는 것을 발견하였다. 그는 12~14세 아동들을 대상으로 한 실험연구에서 12주 동안의 도덕적 딜레마 토론을 종료할 즈음에 아동들의 1/3이 자신들의 추론에서 한 단계 위로 상승하였다는 것을 밝혀내었다.

그러나 논리적 단계와 도덕적 단계 간에는 높은, 혹은 완전한 경험적 상관을 의미하지는 않는다. 비록 도덕단계가 논리적 단계의 단순한 적용은 아닐지라도 논리적 단계는 도덕단계에 '선결'되어야만 한다. 왜냐하면 논리적 단계가 더 일반적이기 때문이다. 다시 말해서 누구든지 어떤 주어진 논리적 단계에 있을 수 있고, 이 논리적 단계와 병행하는 도덕단계에 있지 못할 수도 있지만 그 역은 가능하지 않다.

제3원리는 학생들의 사고(思考)를 자극하는 것이다. 교사의 역할은 학생들이 스스로 보다 높은 도덕단계의 자기 발견을 자극할 경험을 설계하는 것이다. 학교 교육은 일반적으로 교사가 부족한 지식을 소유하고 있는 학생들에게 필요한 정보를 직접적으로 제공하는 일련의 과정으로 인식되어 왔다. 그러나 인지적 접근의 측면에서 볼 때 이러한 인식은 바람직하지 않다. 도덕교육에서 교사는 그러한 직접적 교수방식을 탈피해야 한다. 그러면서도 교사는 또한 모든 가치는 상대적이라는 관념을 심어주지 않도록 유의해야 한다.

교사의 임무는 학생들에게 보다 상위 단계에서의 추론방식을 직접적으로 전수하는 것이 아니다. 그것은 학생들 스스로 발견해야만 하는 성질의 것이다. 따라서 교사의 역할은 학생들을 보다 높은 도덕단계의 발견으로 인도할 경험을 설계하여 제공하는 것이다. 도덕교육에서의 바람직한 전략은 교사가 학생들에게 적절한 발문[51]을 하고, 적절한 경험을 제공함으로써 그들의 도덕적 추론능력을 향상시킬 수 있도록 자극하는 것이다. 여기서 말하는 적절한 경험이란 다름 아닌 도덕적 문제와 갈등에 직면하여 사고해 보는 기회를 의미한다.

교사의 역할과 관련하여 콜버그는 두 가지 생각을 갖는다. 만약 가치들이 공적으로 가르쳐져야 한다면 교사들은 어떤 도덕적 입장이나 혹은 가치에 대한 주장자가 될 필요가 있다는 것이다. 그러나 만약 교사들이 그러한 주장자가 되려면 권위의 남용과 교화적인 교수의 접근을 피하기 위해 그들의 권한은 참여 민주주의의 맥락에서 시행되어질 필요가 있다는 것이다. 역사적으로, 콜버그는 도덕교육이 교화적이어서는 안 되며, 교사들의 일방통행식 권위는 제한되어져야 한다고 생각하였다.

콜버그가 교사들도 자신들의 도덕적 입장이나 혹은 가치를 주장할 수 있다는 것을 인정한 것은 커다란 입장 변화이다. 적어도 1980년 이 전까지 콜버그는 도덕교육에서 교사들이 자신의 견해나 가치를 주장해서는 안 된다는 입장을 견지하고 있었다. 교화의 가능성 때문이었다. 그러나 "콜버그는 1980년에 과정촉진자(processfacilitator)로서의 교사 모델과 반대되는 주장자로서의 자신의 교사관을 강력하게 피력하였다."[52] 그것은 뒤르껭의 관점에 근거를 둔 것이다.

콜버그는 "교사의 주장이 교화가 되지 않기 위해서는 충분히 근거가 있어야 한다"[53]는 입장을 표명하였다. 콜버그는 철학적으로 볼 때 주장은 참여적 민주주의 안에서는 교화가 아니라고 말하였다. 오히려 참여적 민주주의 맥락은 그 내용뿐만 아니라 그 수단과 의도에서 충분히 근거 있는 주장을 고무한다는 것이다. 이런 맥락에서 콜버그는 교사들이 자기 자신들뿐만 아니라 공동체의 정신, 전통, 그리고 미래를 나타나기 위해서 자신들의 입장을 말해야만 한다고 생각하였다. 이에 따르면, 교사들은 어떤 규칙을 제정할 것을 주장할 수 있고, 혹은 학교에 중요한 집단적인 규범을 개발할 것을 주장할 수 있으며, 그리고 그 규범을 공동체의 정신 혹은 집단 연대와 연결시키려는 시도를 할 수 있다.

콜버그는 교사의 이러한 입장을 이스라엘의 집단 공동체인 키부츠(Kibbutz)의 집단 지도자에 비유하였다. 그는 여러 사람이 함께 어떠한 도덕적 결정들을 내리고 그에 따라 하는 행동들은 그 집단에 소속한 개인들의 도덕적 성장에 엄청난 영향을 미치게 된다는 것을 이해하고 있었다. 집단의 분위기는 개인들의 도덕적 성장에 필요한 하나의 강력한 충동이다. 교사들은 공동체의 전구성원들이 그러한 믿음을 갖도록 하는 것이 필요하다. 또한 공동체의 도덕적 규범들을 제정하는 목적은 교사들의 개인적 권위에 의존하는 교화로부터의 탈피를 도와준다. 개인적 권위에 입각한 주장은 철학적으로도 반대할 만하다. 왜냐하면 그것은 이성에 호소하지 않을 뿐더러 민주적 토론과 결정의 수단을 사용하지 않기 때문이다.

제4원리는 교수–학습의 과정을 민주적으로 운영하는 것이다. "교사가 학급경영을 통하여 창조하는 학급 분위기는 학생들이 결국 채택할 가치를 결정하는 데 결정적인 영향을 끼친다."[54] 가치의 추구를 조장하는 분위기를 조성하는 데 있어서 교사는 학생들이 제시하는 아이디어에 대해 개방적인 태도와 그들이 자유롭게 표현할 수 있는 분위기를 제공할 필요가 있다. 그러한 분위기를 형성하는 데 있어서 가장 중요한 요소들 중의 하나는 '신뢰'(trust)이다. 신뢰관계는 학생들간에도 필요하고, 교사와 학생들 사이에도 필요하다. 신뢰관계는 학생들의 반응을 수용하고, 기꺼이 함께 위험을 무릅쓰고자 하며, 그리고 사고와 감정을 공유하는 데 있어서 개방적일 때 확립될 수 있다.

학생 개개인의 권리는 교수-학습과정 내내 보호되어져야 한다. 이것은 교사나 학급 동료들로부터 공포나 비난 없이 어떠한 가치체계나 신념을 표방하거나 채택할 권리를 포함한다. 이에 덧붙여 학생들은 도덕적 문제나 갈등상황에 대한 토론활동에의 참여에 결코 강요당하거나 압력을 받아서도 안 된다. 학생 개개인은 어떤 이유에서라도 선택에 참여하지 않는다는 사실로 인해 교사로부터 벌이나 위협을 받아서는 안 된다. 교사는 학생들이 어떠한 신념체계를 받아들이거나 거부할 권리를 가지고 있음을 인정하고 이를 존중할 책임이 있다.

이와 관련하여 교사는 인지적 접근의 잠재적 남용 가능성을 항상 염두에 두어야 한다. 비록 "보다 높은 추론단계가 더 좋은 단계임을 인정한다 하더라도 교사는 어떤 방식을 통해서라도 보다 높은 단계에 속한 학생들을 보다 좋은 학생, 혹은 보다 가치 있는 학생으로 단정해서는 안 된다."[55] 모든 개인들은 자신들의 신념이나 특성과 관계없이 평등한 인간으로서 인식되어져야 한다. 도덕단계에 따라 학생들을 자리매김하는 것은 옳지 않다. 그것은 그들이 추론능력의 발전 가능성을 갖고 있음에도 불구하고 항상 현재 상태로 존재한다는 것을 은연중 함축함으로써 그 학생을 평가절하하기 쉽게 된다. 또한 인간은 도덕적 추론기능 이외의 많은 요소들로 이루어져 있다. 추론능력에서의 차이는 단순히 특정 능력에서의 차이일 뿐이다. 추론능력에서의 차이가 곧 그 사람의 인격에서의 차이를 의미하는 것은 아님을 유념해야 한다.

## V. 이론에 대한 비평

### 1. 피아제 이론의 공과(功過)

피아제는 현대 심리학에서 가장 뛰어난 인물들 중의 한 사람이다. 그의 공헌을 요약해 보면 다음과 같다.

첫째, 개척자적인 연구를 진행하였다. 비록 도덕판단의 발달에 대한 연구가 전혀 없었던 것은 아니나 연구의 새 시대가 피아제에 의해 시작되었다. 그가 자신의 연구로부터 도출하였던 도전적인 결론들, 예컨대 도덕성 발달의 두 단계들과 성인 규제와 동료 협동의 역할 등은 이 분야에서의 연구를 위한 기본 구조를 제공하였다.

둘째, 도덕성의 두 유형을 제시하였다. 피아제는 상식적 경험을 통해 도덕성의 두 유형, 곧 타율적 도덕성과 자율적 도덕성이 존재한다는 사실을 과학적 방식으로 조명하였다. 피아제는 타율성을 성숙한 도덕성의 선행자로서 간주하는 반면, 성숙한 도덕성의 특징들로 자율성, 합리성, 성숙성 그리고 인류 평등주의를 강조하였으며, 그들이 아동의 도덕적 판단에서 어떻게 발달하고 또한 기능하는지를 보여주고자 시도하였다.

셋째, 피아제는 인간 발달의 과정과 조건 속에 도덕성 발달을 근거지우는 데 성공하였던 몇 안 되는 경험적 연구자들 중의 한 사람이다. 피아제의 이론에서는 어떤 것도 이미 만들어져 있지 않다. 모든 것이 발달한다. 이와 관련하여 우리는 그의 이론에서 네 가지 현저한 특징들에 주목할 필요가 있다.

하나는 도덕성과 성장의 관계이다. 도덕성은 아동이 성장하면서 발달한다. 절대적인, 권위에 기초한 도덕성은 어린 아동이 성장하면서 유연한, 주관적인 도덕성으로 변화한다. 따라서 성장은 아동의 도덕적 사고에서 보다 성숙한 태도를 가져온다. 두 번째는 도덕성과 지적 발달과의 관계이다. 피아제는 자기중심적 사고는 도덕적 실재론에 공헌하고, 구체적인 조작적 사고는 협동과 성숙의 도덕성을 조장하며, 그리고 형식적인 조작적 사고는 개인으로 하여금 인류 평등주의적 도덕성, 즉 진정한 이타적 도덕성을 준비시킨다는 것을 보여주었다. 따라서 피아제는 일반적인 지적 발달에 견고하게 기초를 둔 도덕성 발달 이론을 제공한 것이다. 세 번째는 도덕성과 사회적 관계이다. 도덕성 발달은 사회적 관계를 요구한다. 규제적인, 그리고 일방적인 존중에 기초된 아동–성인관계가 타율적 도덕성을 조장하는 반면, 협동과 상호 존중에 기초된 동료 집단관계는 자율적 도덕성을 조장한다. 따라서 개인이 노출되는 사회적 관계의 본질은 인간의 도덕적 사고를 조형하는 데 있어서 커다란 역할을 한다. 즉, 사회적 관계는 도덕성과 도덕성 발달에서 핵심적인 부분이다. 그리고 마지막 네 번째는 도덕성과 사회적 평형이다. 피아제의 이론체계에서 모든 다른 발달과정들처럼 도덕성 발달은 또한 평형의 과정(process of equilibration)이다. 즉, 아동은 자신의 사회적 환경을 적극적으로 극복하려고 시도하며, 그리고 자신의 사회적 상호작용에서 평형의 상태를 가져온다. 결과적으로 도덕적 규범들, 특히 모든 다른 규범들에 기본적인 정의(正義)규범은 사회적 상호작용의 평형을 관리하는 기능을 발휘한다.

그러나 피아제의 이론은 다음과 같은 결점들을 지니고 있다는 비판을 받는다.

첫째, 그의 연구방법론이다. 피아제는 『아동 도덕 판단』(*The Moral Judgment of Child*)에서 자신의 연구 표본, 절차 등에 관한 적절한 정보를 거의 제시하지 않았다. 그의 연구방법론은 과학적 엄격성이 적용되는 한 결점으로 지적을 받는다.

둘째, 지성주의(intellectualism)이다. 비록 지적 발달에 기초된 도덕성 발달 이론을 개발한 것은 피아제의 업적이지만 그의 이론은 일면적 지성주의를 드러낸다. 그는 지적 발달을 도덕성 발달의 토대에 위치시켰다. 그리고 그는 그 둘을 똑같은 원인적 요소들에 기인하는 엄격하게 평행하는 발달영역들로 만들었다. 그러한 엄격한 지적-도덕적 평행론은 도덕성을 지나치게 지성주의로 이끈다는 비판의 여지를 안게 되었다.

셋째, 감정적 요소들을 무시하였다. 도덕성 발달에 관한 피아제 이론에 관하여 제기되는 가장 큰 비판 가운데 하나는 그 이론이 감정적·동기적 요소들을 무시하였다는 것이다. 아동의 도덕성 발달은 그의 감정적 발달에 의해 많은 영향을 받는다. 지적 요소들 이외의 몇몇 요소들이 아동으로 하여금 주어진 상황에서 특정한 판단을 내리도록 자극할 수 있다. 감정적 요소들에 관한 적절한 강조는 도덕성에 관한 피아제의 인지 이론을 더욱 생기 있고 호소력 있게 만들 것이다.

넷째, 매개변수들을 무시하였다. 피아제는 동기적 · 감정적 요소들을 고려하지 않았을 뿐만 아니라, 그는 또한 사회적 계층, 성차 등등과 같은 다른 매개변수들의 역할에 보다 충분한 주의를 기울이지 않았다. 비록 피아제는 엄격한 연령-단계 상관성을 주장하지 않았지만, 그는 똑같은 연령의 아동들이 똑같은 문제에 대해 왜 서로 다른 두 가지 반응들, 즉 하나는 자율성의 반응을 보이는 반면 다른 하나는 타율성의 반응을 보이는 것을 나타내는지, 혹은 왜 9세의 아동이 타율적 반응을 보이는데 6세의 아동은 자율적인 반응을 나타내는지 등의 문제에 관심을 갖지 않았다. 이러한 사실들과 그 원인에 대해 관심을 기울이지 않은 것은 피아제로 하여금 도덕성 발달에서 개인적 차이들을 무시하도록 하는 원인이 되었다.

## 2. 콜버그 이론의 공과(功過)

콜버그 이론이 도덕성 발달에 공헌한 점들을 세 가지로 요약하여 제시하면 다음과 같다.

첫째, 기본적인 도덕적 개념들에 관한 연구이다. 콜버그의 연구는 엄격한 발달적 변화를 겪는, 그리고 도덕적 사고에 기본적인 도덕적 개념들을 이해하는 데 많은 공헌을 하였다. 그는 도덕적 사고에 관한 여러 가지 기본적 측면들을 제안하였다. 이것은 사실 모든 사회에서 도덕성 발달의 연구와 이해를 위한 기본적이고 또한 일반적인 배경을 제공하였다. 콜버그가 아동의 도덕적 가치들과 동기들의 발달에 특별한 주의를 기울였다는 점에 주목해야 한다. 그는 이들 두 가지 기본적인 도덕성의 측면들이 어떻게 6단계들을 통해 발달하는지, 그리고 어떻게 그들이 주어진 도덕적 상황에 관한 아동들의 평가에 영향을 미치는지를 지적하였다. 도덕적 가치들의 발달을 연구함으로써 콜버그는 다른 사람들이 흔히 무시하였던 과제에 집중하였던 것이다.

둘째, 폭넓게 기초된 이론이다. 넓은 연령범위와 각기 다른 문화적 · 사회적 배경을 지닌 피험자들을 연구함으로써 도덕적 성장이 긴 과정이라는 것, 그리고 성숙한 도덕성의 성취는 지적 발달 및 사회적 경험과 관련된 그에 상응하는 성숙을 요구한다는 것을 보여주었다. 비록 도덕성 발달이 모든 문화에서 계열을 보여주지만 추론과 경험들이 이러한 성장을 자극하는 데 필요하다는 것을 보여주었다. 그런고로 도덕성 발달을 위해서는 교육과 경험이 중요하다는 점을 부각시켜 주었다. 또한 발달을 기본적으로 밑에 깔려 있는 구조의 변화로 인식함으로써 콜버그는 다른 이론들보다 도덕성 발달의 문제에 보다 깊게 들어가게 되었다. 따라서 콜버그에 따르면, 도덕성 발달은 일차적으로 사회–도덕적 세계와의 상호작용의 결과로서 사회–도덕적 개념들과 태도들의 적극적 · 내적 변형의 과정으로 이해된다.

셋째, 도덕성의 인지적 측면을 정립한 이론이다. 비록 콜버그의 연구가 일차적으로 도덕성의 인지적 측면들에 관련되지만 그는 자신의 이론을 또한 도덕성의 다른 영역들, 곧 행동적 · 감정적 영역으로 확장하였다. 그에 따르면 도덕적 행동과 감정의 발달은 도덕적 사고와 판단의 발달과 평행적이다. 즉 밑에 깔려 있는 구조에 기초한다. 이것은 도덕성의 발달이 일차적으로 도덕적 판단의 발달의 측면에서 이해되어질 수 있다는 것과 같은 의미이다.

한편 콜버그의 이론은 다음과 같은 결점을 지니고 있다는 비판을 받는다.

첫째, 너무 지나치게 정의의 덕에 초점을 맞춘 나머지 다른 중요한 도덕적 덕들을 무시하였다.[56] 공감이나 동정, 다른 사람에 대한 배려, 용기, 자율 등의 가치도 그 가능성이 있음에도 불구하고 콜버그는 정의의 원리를 도덕적 사고의 최고 수준의 유일한 점유물로서 주장하였다.

콜버그는 도덕성 발달에 관한 연구들을 주로 정의 딜레마에 의존하여 수행하였다. 딜레마들은 표준 사건들로부터 도출된 9개의 일련의 도덕적 일화들이다. 처음 8개는 반응자가 완성하기를 기대하는 미결(未決) 일화들인 반면, 마지막 9번째는 반응자가 평가해야만 하는 완성된 일화를 담고 있다. 연구자들은 정의 추론을 이끌어낼 수 있도록 질문들을 구성하였으며, 그리고 연구 대상자들의 반응에서 오로지 정의 정향을 정의하는 준거들에 적합한 진술들만을 점수화하였다. 따라서 콜버그에 대한 비판자들의 견해에 따르면, "기존의 인지발달 이론에서 다른 정향의 경험적 증거들은 이론적으로 그리고 방법론적으로 무시되었으며, 그리고 사람들이 도덕에 관하여 어떻게 생각하는가에 관해 연구된 유일한 차이들은 단지 그들이 정의에 관하여 어떻게 생각하는가에서의 차이였다"[57]는 것이다.

둘째, 도덕적 행동의 동기에서 인지의 역할만을 지나치게 강조하였다. 인지발달 이론은 도덕적 동기에서 인지의 역할을 옹호함으로써 도덕성 발달 분야에 중요한 공헌을 한 것이 사실이다. 그러나 도덕적 행동에 관한 포괄적인 이해는 도덕적 동기의 인지적 원천뿐만 아니라 정의적 원천에 관한 고려를 요구한다. 인지발달 이론에 대한 비판가들은 정의뿐만 아니라 감정이입(empathy) 또한 도덕적 행동의 동기로 공헌한다고 주장한다. 달리 말하면, 부정의(不正義)와 같은 사회적 상황에 관한 의미의 '구성'은 인지적 측면(불균형의 시정)에서뿐만 아니라 또한 정의적 측면(희생자의 고통에 대한 감정이입적인 고통)에서 도덕적 동기를 산출한다는 것이다. 만약 인지가 인지발달 이론가들에게 있어서 도덕적 행위의 일차적 동기라면, 정의(情意)는 호프만(M. L. Hoffman)과 같은 도덕적 사회화 이론가들에 있어서 일차적 동기이다.

프랑케나(W. K. Frankena)[58]는 정의는 정의로운 결정이 엄청난 고통을 가져올 곳에서, 마치 자선의 행위가 도덕적 불평등을 초래할 곳에서 정의에 의해 길들여져야만 하는 것과 같이 자선(beneficence)에 의해 유순해져야만 한다고 제안하였다. 프랑케나는 정의와 자선이 규범 윤리학에서 똑같이 기본적인, 그리고 상호 환원되어질 수 없는 원리들이라고 결론지었다. 이와 비슷하게 커티니스와 게위츠(W. M. Kurtines & J. L. Gewirtz)는 정의와 감정 이입을 똑같이 일차적이고 또한 상호 환원되어질 수 없는 도덕적 동기의 원천들이라고 주장한다.[59] 비록 인지가 부정의(不正義)를 수정하기 위한 동기에서 중요한 역할을 하지만, 부정의로 고통 받는 희생자에 대한 감정 이입은 희생자를 위한 도덕적 행동의 강도와 지속성에서 중요한 역할을 한다.

셋째, 도덕성에 관한 정의는 미국의 자유주의적 문화에 대해 편중되어 있다. 그의 이론이 문화적 편견을 보이기 때문에 그의 도덕성 발달단계는 모든 문화권에서 보편적인 현상이 아니라는 지적을 받는다. 예컨대, 개인보다는 공동체를 중시하는 동양의 유교 문화권에 속한 사람들은 그의 단계에서 낮게 나타나는 경향이 있다는 것이다. 또한 저개발국가, 특히 민주주의를 채택하지 아니하는 사회에서는 높은 단계에 도달하는 사람이 거의 없다.

넷째, 연구 방법론은 6단계에 대한 증거뿐만 아니라 타당성과 신뢰성을 충분히 확보하지 못하였다.[60] 그리하여 콜버그의 제자인 레스트(J. Rest)는 콜버그 이론에 대한 비판의 대부분이 검사 실시와 채점방법의 객관성 부족에서 기인된다고 생각하고 도덕성 발달 수준을 측정하기 위한 표준화 검사(Defining Issues Test : DIT)를 개발하였다. 그러나 현재 DIT에 대한 타당성이나 신뢰성은 아직 검증 중인 관계로 뭐라 단정적으로 평가할 수는 없는 형편이다.

다섯째, 정의(affect), 성격, 습관, 그리고 결과들의 기대 등을 희생시키며 이성의 역할을 지나치게 과장하고 있다.[61] 피터스(R. S. Peters)는 아동들이 원리화된 도덕성을 이해할 수 없기 때문에 그들은 좋은 습관, 특히 자제력과 도덕적 용기의 덕들을 배워야 한다는 것을 제시하였다. 또한 케이(W. Kay)는 "도덕적 판단들은 객관적인 논리적 고려의 차원을 넘어서며, 그리고 불가피하게 인간 감정들을 내포하게 된다"[62]는 점을 지적하였다.

여섯째, 이는 위의 다섯 번째 비판과 관련이 깊은 것으로, 인지발달 이론은 지행 불일치 현상을 설명하지 못한다. 이러한 비판은 특히 사회학습 이론가들로부터 심각하게 도전을 받고 있는 형편이다. 현실적으로 도덕적 판단과 행동이 반드시 일치하는 것은 아니다. 아무리 높은 수준의 도덕적 판단을 하더라도 도덕적으로 옳지 못한 행동을 하면 의미가 없다. 인간의 행동은 타인의 존재나 행동의 결과와 같은 상황적 요인들의 영향을 받기 때문에 광범위한 장면에서 일관성 있는 행동을 할 것으로 기대하기 어렵다. 실제로 확고한 도덕적 원칙을 지니고 있는 사람도 상황에 따라 도덕적 원칙에 어긋나는 행동을 하는 경우가 있다. 또한 많은 비행 청소년들은 자신의 행동이 나쁘다는 것을 알면서도 동년배의 압력이나 집단 분위기에 휩싸여 비행을 저지른다. 따라서 사회학습 이론가들은 도덕적 행동은 개인의 특성이나 인지발달 단계의 영향을 받는 것이 아니라, 개인이 처해 있는 상황과 그 상황에 대한 해석의 영향을 받는다고 주장한다.

일곱째, 가족간 상호작용의 역할을 중시여기지 않았다. 콜버그의 이론에 따르면, 가정이나 동료집단과 같은 사회적 환경은 일반적인 역할 채택 기회들의 제공원(提供源)들로서 도덕성 발달에 기여한다. 그러나 그것들 중의 어느 것도 결정적으로 필요한 것은 아니다. 그는 따뜻한 가정이 아동들의 도덕성 발달을 특별하게 조장하지는 않는다고 주장하였다. 그러나 다른 연구자들은 가족간의 따뜻함, 애정어린 양육, 그리고 상호작용은 도덕성 발달에 본질적이라는 점을 보여주고 있으며, 오히려 그런 것들이 결핍될 경우 아동들의 도덕성 발달은 심각하게 지체시키거나 혹은 왜곡될 수 있다는 점을 지적하였다.

여덟째, 단계들의 엄격한 계열성이다. 콜버그에 따르면, 도덕적 단계들의 발달은 엄격하게 계열적이다. 그것은 발달이 상향적인 계열에서 일어나며, 단계들을 뛰어넘을 수 없다는 것을 의미한다. 그러나 그의 연구는 단계들의 절대적인 계열성이 존재한다는 것 혹은 단계들을 전혀 뛰어넘을 수 없다는 것을 결정적으로 입증하지 못하였다. 단계들을 절대적으로 뛰어넘을 수 없다는 그의 주장은 경험적으로 입증된 사실이라기보다는 오히려 하나의 논리적 가정으로 보인다.

아홉째, 남성 편견의 이론이다.[63] 사실 피아제와 콜버그는 남성들을 대상으로 한 표본을 근거로 이론을 확립하였다. 특히 콜버그는 권리와 정의를 강조하는 남성 위주의 방식에서 단계들을 정의하고, 또한 그럼으로써 배려, 책임, 그리고 사랑의 윤리를 극소화시켰다는 비판을 많이 받는다. 이러한 비판적 입장을 견지하는 대표적인 사람으로는 길리간을 들 수 있다. 콜버그의 점수체계에서는 배려의 특성이 나타난 도덕적 추론에 대해 정의에 입각한 도덕적 추론보다 낮은 점수를 주기 때문에 여성이 남성보다 낮은 도덕성 단계에 있는 것으로 나타난다는 것이다.

그러나 여성의 도덕성 발달에 관한 길리간의 연구도 비판을 받지 않는 것은 아니다. 그녀는 여성이 도덕적 추론에서 '다른 목소리'를 사용한다는 자신의 가설을 검증하는 다양한 연구를 수행하지 않았다. 그녀는 사례연구에만 의존하였고, 콜버그처럼 종단연구를 수행하지 않음으로써 여성의 도덕적 추론 발달수준을 나타내는 시기나 연령규준을 확인하지 못했다. 또한 그녀는 피아제나 콜버그가 남성들만을 연구의 표본으로 사용한 것을 비판하면서도 자기 자신 또한 여성들만을 연구의 표본으로 삼아 똑같은 비판을 받게 된 것이다.

끝으로, 도덕교육과 관련하여 콜버그는 다음과 같은 점들에서 비판을 받고 있다. 콜버그의 이론구조는 도덕교육을 위한 포괄적인 청사진으로서 만족스럽지 못하다는 것이다. 그의 도덕교육 접근의 약점들은 대부분 도덕성과 그 발달의 본질에 관한 이론의 저변으로부터 파생된다. 결국 콜버그의 이론은 교육자들로 하여금 도덕교육의 전체적인 기획을 훨씬 협소하게 인식하도록 만든다. 그의 이론구조는 도덕교육을 오로지 도덕적 추론에 제한하고 있을 뿐만 아니라 딜레마에 관한 추론, 그리고 정의의 이슈들에 관한 추론으로 제한시키고 있다.

비록 이성과 추론은 의심의 여지없이 학교 도덕교육에서 중요한 위치를 차지하지만, 이 외에도 학교가 공헌할 수 있는 불가분리의 다른 측면들이 존재하는 것도 사실이다. 그것들은 공감적 상상(sympathetic imagination)의 발달, 도덕적 문제들에 대한 자신의 추론하는 능력과 지식을 조심스럽게 적용하기 위해 필요한 동기와 태도의 획득, 그리고 자신의 결정을 행동으로 수행하기 위한 '실천적인' 능력들과 성향들의 학습, 특히 자신의 결정과 반대적인 성향에 직면하여서 실천하는 능력 등이다.

콜버그의 도덕교육 접근에 대한 또 다른 비판은 대다수의 사람들이 3단계 혹은 4단계를 넘지 않는다는 그 자신의 주장으로부터 기인한다. 우리는 교사들의 도덕적 판단 단계가 다른 성인들과 비교하여 일반적으로 크게 다르지 않다고 가정할 수 있다. 만약 그런 가정에 따른다면, 우리는 학교가 어떻게 원리화된 도덕성을 효과적으로 조장할 수 있는가를 생각하지 않을 수 없다. "그의 이론상의 논리에 따른다면 일종의 플라톤적인 구조에로 나아가게 된다."[64] 다시 말하면, 뛰어난 철학자들만이 학교 도덕교육을 담당할 수 있다.

비록 피아제와 콜버그 이론에 관한 이러한 비판들이 모두 그 나름의 타당성을 지니고 있지만 그것들이 도덕발달 단계 이론에 대한, 혹은 도덕교육을 위한 그러한 이론의 가치에 결정적인 조종을 울리는 것은 아니다. 타율성으로부터 자율성으로의 일반적인 움직임이 존재한다는 기본적인 통찰은 도덕교육을 위한 가치 있는 원리이다. 비록 인지발달 이론에서 도덕적 추론의 중요성이 다소 과장되었다 하더라도 우리는 그 중심성을 부정할 수는 없다. 비록 정의가 유일한 덕은 아닐지라도 그것은 공공생활과 도덕성에서 확실히 가장 중요한 덕임에 틀림없다.

종교교육자들은 인지발달 이론에서 많은 가치를 발견하였다. 교육적 기획은 강한 합리적 구성요소를 갖는다. 비록 이성이 도덕발달에서 유일한 요소가 아니라 하더라도 도덕교육에 대한 중심적인 것으로서 이성에 대한 호소는 분명 바른 길이다. 이성에 대한 참여에의 실패는 교육을 조종이나 교화적으로 만들 위험이 있다. “콜버그 역시 종교적 전통에서 중요한 가치들을 확인하고 있다. 자유, 책임, 권리, 관계, 법, 그리고 평등 등의 가치들이 그것이다.”[65]

## ✻ 주 ✻

1) L. Kohlberg, A current statement on some theoretical issues, S. Modgil & C. Modgil (Eds.), *Lawrence Kohlberg : Consensus and controversy*, Falmer, 1986, pp. 499–500.

2) L. Kohlberg, *Essays on moral development : The psychology of moral development vol. 2*, Harper & Row, 1984, p. 217.

3) J. Rest, D. Narvaez, M. J. Bebeau, S. J. Thoma, *Postconventional Moral Thinking : A Neo–Kohlbergian Approach*, Lawrence Erlbaum Associates, Inc., Publishers, 1999, pp. 1–2 참고.

4) L. Kohlberg, 김민남 역, 『도덕발달의 심리학』, 교육과학사, 1988, p. 32.

5) 위의 책, p. 32.

6) S. E. Toulmin, *Knowing and Acting; An Invitation to Philosophy*, Macmillian Publishing Co. Inc., 1976, p. 85.

7) '경성 단계' (hard stage) 모델은 콜버그가 말한 것이며, 이는 레스트(J. Rest)에 의해 '절대적 단계' (simple stage) 모델로, 그리고 시글러(R. S. Siegler)에 의해 '계단' (staircase) 모델로 불려지게 되었다. J. Rest, D. Narvaez, M. J. Bebeau, S. J. Thoma, 앞의 책, p. 19.

8) L. Kohlberg, 김민남 역, 앞의 책, p. 27.

9) O. Lourenco, & A. Machado, In defence of Piaget's theory : A reply to 10 common criticisms, *Psychological Review, 103(1)*, 1996, pp. 143–164 참고.

10) R. S. Sieglar, Concepts and methods for studying cognitive change, E. Amsel & K. A. Renninger (Eds.), *Change and development : Issues of theory, method, and application*, Lawrence Erlbaum Associates, 1997, p. 95 참고.

11) N. Eisenberg, The development of prosocial values, N. Eisenberg, J. Reykowski, & E. Staub (Eds.), *Social and moral values : Individual and social perspectives*, Erlbaum, 1989; 장휘숙, 『인간발달』, 박영사, 2000, p. 272 참고.

12) R. A. Shweder, M. Mahapatra, & J. G. Miller, Culture and moral development, J. Kagan & S. Lamb (Eds.), *The emergence of morality in young children*, University of Chicago Press, 1987, p. 16.

13) 위의 책, p. 22.

14) J. B. Arbuthnot & D. Faust, *Teaching Moral Reasoning : Theory and Practice*, Harper & Row, Publishers, 1981, p. 87, p. 114.

15) M. L. Hoffman, Empathy, Its Limitations, and Its Role in a Comprehensive Moral Theory, W. M. Kurtines & J. L. Gewirtz, Morality, *Moral Behavior, and Moral Development*, John Wiley & Sons, 1984, pp. 285–286.

16) J. Rest, D. Narvaez, M. J. Bebeau, S. J. Thoma, 앞의 책, p. 27.

17) S. E. Toulmin, The Tyranny of Principles, N. E. Bowie, *Making Ethical Decisions*, McGrawHill, Inc., 1985.

18) J. Rest, D. Narvaez, M. J. Bebeau, S. J. Thoma, 앞의 책, p. 4.

19) 신콜버그파는 테일러(S. E. Taylor)와 크로커(J. Crocker)의 도식개념을 이용하고 있다. Taylor, S. E., & Crocker, J., Schematic bases of social information processing, E. T. Higgins, C. P. Herman, & M. P. Zanna (Eds.), *Social Cognition : The Ontario Symposium, Vol. 1*, 1981, pp. 89–134 참고.

20) J. Rest, D. Narvaez, M. J. Bebeau, S. J. Thoma, 앞의 책, p. 136 참고.

21) 위의 책, p. 137.

22) 위의 책, p. 138 참고.

23) DIT와 MJT와의 차이에 대해서는 김항인, "도덕판단력 측정에 관한 고찰 : DIT와 MJT를 중심으로", 한국도덕윤리과교육학회, 『도덕윤리과교육』, 제12호, 2000, pp. 227–242 참고.

24) J. Rest, D. Narvaez, M. J. Bebeau, S. J. Thoma, 앞의 책, p. 38.

25) 위의 책, p. 4.

26) 위의 책, pp. 159–161 참고.

27) J. G. Smetana, Toddler's social interactions in the context of moral and conventional transgressions in the home, *Developmental Psychology, 25*, 1989, pp. 499–508 참고.

28) J. Rest, D. Narvaez, M. J. Bebeau, S. J. Thoma, 앞의 책, p. 155.

29) 이인제, "영역이론과 아동의 인격형성", 한국도덕윤리과교육학회, 『도덕윤리과교육』, 제10호, 1996, p. 203 참고.

30) C. Gilligan, In a different voice : Women's conceptions of self and morality, *Harvard Educational Review, 47(4)*, 1977, pp. 481–517 참고.

31) G. L. Sapp (Ed.), *Handbook of Moral Development: Models, Processes, Techniques, and Research*, Religious Education Press, 1986, p. 17.

32) L. Kohlberg, D. R. Boyd, & C. Levine, The return of stage 6 : Its principle and moral points of view, T. Wren (Ed.), *The moral domain : Essays in the ongoing discussion between philosophy and the social science*, Cambridge, MIT Press, 1990.

33) J. Rest, D. Narvaez, M. J. Bebeau, S. J. Thoma, 앞의 책, p. 14 참고.

34) J. B. Biggs, Schooling and Moral Development, V. P. Varma and P. Williams (Eds.), *Piaget, Psychology, and Education*, Itasca, Ill. : F. E. Peacock, 1976, p. 157.

35) R. M. Thomas, 백운학 역, 『아동발달의 諸理論』, 교육과학사, 1987, p. 355.

36) L. Kohlberg, and R. Mayer, Development as the aim of education, *Harvard Educational Review, 42*, 1972, pp. 449－496 참고.

37) B. S. Crittenden, *Bearings in Moral Education : A Critical Review of Recent Work*, Australian Council For Educational Research, 1978, p. 43.

38) J. B. Arbuthnot, D. Faust, *Teaching Moral Reasoning : Theory and Practice*, Harper and Row, Publishers, N.Y., 1981, p. 9, pp. 11－12 참고.

39) D. B. Cochrane, C. M. Hamm, A. C. Kazepides, *The Domain of Moral Education*, Paulist Press, N.Y., 1979, p. 74.

40) B. I. Chazan, J. F. Soltis, *Moral Education*, University of Toronto Press, 1971, p. 95.

41) L. Kohlberg, 김봉소 · 김민남 역, 앞의 책, p. 184.

42) C. M. Beck, B. S. Crittenden, E. V. Sullivan, *Moral Education : Interdisciplinary Approaches*, University of Toronto, 1971, p. 44.

43) J. B. Arbuthnot, D. Faust, 앞의 책, pp. 187－188 참고.

44) 金敏男, 『道德發達理論』, 教育科學社, 1992, p. 31.

45) 도덕교육의 방법적 원리를 구체적으로 적용하는 세부적인 방안에 관해서는 김태훈, "인지주의적 도덕교육 접근법의 적용방안에 관한 논의", 한국초등도덕교육학회 편, 『초등도덕교육』, 창간호, 1996, pp. 111－140 참고.

46) 좋은 도덕적 딜레마는 다음과 같은 다섯 가지의 일반적 특징을 지닌다. 첫째, 현대 사회에서의 실제 생활 장면들로부터 도출된 것이다. 둘째, 중심인물 혹은 주요 인물집단을 포함하면서 가능한 한 단순해야만 한다. 셋째, 결말이 열려있어야 한다. 단 하나의, 명백한, 혹은 문화적으로 승인된 옳은 대답이 존재해서는 안된다. 넷째, 도덕적 함축을 지니고 있는 둘 혹은 그 이상의 이슈들을 내포하고 있어야 한다. 다섯째, 행위의 선택을 제공하고 또한 "중심인물이 무엇을 해야만 하는가?"라는 의문을 내놓아야만 한다. B. K. Beyer, Conducting Moral Discussions in the Classroom, *Social Education Vol 40, No. 4*, April 1976, pp. 194－202 참고.

47) E. Perez－delgado, J. C. Oliver, The Influence of Age and Formal Education on Moral Reasoning in a Sample from Spain, *Journal of Moral Education, Vol. 24, No. 1*, 1995, p. 71.

48) M. W. Berkowitz, The Role of Discussion in Moral Education, M.W. Berkowitz, F. Oser, *Moral Education : Theory and Application, Lawrence Erlbaum Associates*, Inc., 1985, p. 198.

49) M .Blatt, L. Kohlberg, The Effect of Classroom Discussion upon Children's Level of Moral Judgement, *Journal of Moral Education, Vol. 4, No. 2*, 1975, p. 129.

50) L. Kohlberg, 김봉소 · 김민남 역, 앞의 책, p. 65, C. M. Beck, B. S. Crittenden, E. V. Sullivan, 앞의 책, p. 83.

51) 다음은 교사가 사용할 수 있는 질문 전략들이다. 1. 질문들을 정련하기 : 다섯 가지 형태의 질문이 있다. ① 명료화 탐사 ; 학생들에게 자신들이 사용하는 용어를 설명하도록 한다, ② 이슈를 상세화하는 탐사 ; 학생들에게 토론하고 있는 문제와 관련된 하나의 도덕적 이슈를 설명하도록 한다, ③ 이슈간 탐색 ; 학생들로 하여금 두 가지 도덕적 이슈들간의 갈등을 해결해보도록 도전시킨다, ④ 역할전환 탐사 ; 학생들로 하여금 자신들이 가정하였던 것과 다른 역할을 취해보도록 한다, ⑤ 보편적 결과 탐사 ; 학생들에게 자신들의 추론을 모든 경우들에 적용해 보도록 요구한다. 2. 인접한 단계 논증들을 강조하기 : 학생들의 추론단계보다 한 단계 높은 추론에 노출될 수 있도록 한다. 3. 명료화하기 및 요약하기 : 학생들이 말하고 있는 바를 다양한 관점에서 명료화하고 요약한다. 4. 역할채택 질문들과 전략 : 학생들로 하여금 자기중심적인 관점에서 다른 사람들의 사고, 감정, 그리고 권리를 고려하는 관점으로 발달할 수 있는 질문을 한다. 그리고 이러한 목적을 위해 역할놀이, 논쟁하기, 학생이 설계한 연극, 짧은 이야기들 등 다양한 방법들이 활용될 수 있다. J. L. Elias, *Moral Education : Secular and Religious*, Robert E. Krieger Publishing Company, 1989, p. 167 참고.

52) R. Mosher, *Moral Education : A First Generation of Research and Development*, New York : Praeger, 1980, p. 42.

53) L. Kohlberg, A just community approach to moral education in theory and practice, M. Berkowitz and F. Ozer (Eds.), *Moral Education : Theory and Practice*, Hillsdale, New Jersey : Lawrence Erlbaum, 1985, p. 35.

54) M. Silver, *Values Education*, National Education Association of United States, 1976, pp. 25–26.

55) 宋大永, "Kohlberg的 價値教育論의 問題點에 關한 論議", 『韓國放送通信大學 論文集』, 第2輯, 1984, 5, pp. 495–496.

56) R. S. Peters. 남궁달화 역, 『도덕발달과 도덕교육』, 문음사, 1993, pp. 223–243 참고.

57) G. L. Sapp (Ed.), 앞의 책, p. 19.

58) W. K. Frankena, *Ethics (2nd ed.)*, Englewood Cliffs, 1973.

59) J. C. Gibbs, Toward an integration of Kohlberg's and Hoffman's theories of morality, W. M. Kurtines & J. L. Gewirtz (Eds.), *Handbook of moral behavior and development(vol. 1)*, Hillsdale, NJ : Lawrence Erlbaum Associates, 1991.

60) W. Kurtines, and E. Grief, The Moral Development of Moral Thought : Review and Evaluation of Kohlberg's Approach. *Psychological Bulletin*, *81*, 1974, pp. 453–470 ; J. Giggs, Kohlberg's Stages of Moral Development : A Constructive Criticism. *Havard Educational Review*, 44, 1977, pp. 43–61 참고.

61) J. Aronfreed, Some Problems for a Theory of the Acquisition of Conscience. C. Beck et al., (Eds.), *Moral Education : Interdisciplinary Approaches*, New York : Paulist, 1971.

62) W. Kay, *Moral Development*, George Allen & Unwin Ltd., London, 1968, p. 144.

63) C. Gilligan, *In a different voice : Psychological theory and women's development*, Cambridge, Massachusetts : Harvard University Press, 1982.

64) B. S. Crittenden, *Bearings in Moral Education : A Critical Review of Recent Work*, Australian Council For Educational Research, 1978, p. 45.

65) J. L. Elias, *Moral Education : Secular and Religious*, Robert E. Krieger Publishing Company, 1989, p. 86.

# ✲ 참고문헌 ✲


金敏男,『道德發達理論』, 教育科學社, 1992.

김태훈, "도덕교육을 위한 도덕판단의 정당화에 관한 연구", 서울대학교 박사학위 청구논문, 1993.

김태훈, "인지주의적 도덕교육 접근법의 적용방안에 관한 논의", 한국초등도덕교육학회 편,『초등도덕교육』, 창간호, 1996.

김항인, "도덕판단력 측정에 관한 고찰 : DIT와 MJT를 중심으로", 한국도덕윤리과교육학회,『도덕윤리과교육』, 제12호, 2000.

宋大永, "Kohlberg的 價値教育論의 問題點에 關한 論議",『韓國放送通信大學 論文集』, 第2輯, 1984.

이인제, "영역이론과 아동의 인격형성", 한국도덕윤리과교육학회,『도덕윤리과교육』, 제10호, 1996.

장휘숙,『인간발달』, 박영사, 2000.

Arbuthnot, J. B., Faust, D., *Teaching Moral Reasoning : Theory and Practice*, Harper and Row, Publishers, N.Y., 1981.

Aronfreed, J., Some Problems for a Theory of the Acquisition of Conscience, C. Beck etal. (Eds.), *Moral Education : Interdisciplinary Approaches*, New York : Paulist, 1971.

Beck, C. M., Crittenden, B. S., Sullivan, E. V., *Moral Education : Interdisciplinary Approaches*, University of Toronto, 1971.

Berkowitz, M. W., The Role of Discussion in Moral Education, M. W. Berkowitz, F. Oser, *Moral Education : Theory and Application*, Lawrence Erlbaum Associates, Inc., 1985.

Beyer, B. K., Conducting Moral Discussions in the Classroom, *Social Education Vol 40, No. 4*, April 1976.

Biggs, J. B., Schooling and Moral Development, V. P. Varma and P. Williams (Eds.), *Piaget, Psychology, and Education*, Itasca, Ill. : F. E. Peacock, 1976.

Blase, A., How should psychologists define morality?, T. Wren (Ed.), *The moral domain : Essays in the ongoing discussion between philosophy and the social science*, Cambridge, MIT Press, 1990.

Blatt, M., Kohlberg, L., The Effect of Classroom Discussion upon Children's Level of Moral Judgement, *Journal of Moral Education, Vol. 4, No. 2*, 1975.

Chazan, B. I., Soltis, J. F., *Moral Education*, University of Toronto Press, 1971.

Cochrane, D. B., Hamm, C. M., Kazepides, A. C., *The Domain of Moral Education*, Paulist Press, N.Y., 1979.

Crittenden, B. S., *Bearings in Moral Education : A Critical Review of Recent Work*, Australian Council For Educational Research, 1978.

Downey, M., & Kelly, A. V., *Moral Education; theory and practice*, Harper & Row Ltd., 1978.

Eisenberg, N., The development of prosocial values, N. Eisenberg, J. Reykowski, & E. Staub (Eds.), *Social and moral values : Individual and social perspectives*, Erlbaum, 1989.

Elias, J. L., *Moral Education : Secular and Religious*, Robert E. Krieger Publishing Company, 1989.

Frankena, W. K., *Ethics (2nd ed.)*, Englewood Cliffs, 1973.

Gibbs, J. C., Toward an integration of Kohlberg's and Hoffman's theories of morality, W. M. Kurtines & J. L. Gewirtz (Eds.), *Handbook of moral behavior and development (vol. 1)*, Hillsdale, NJ : Lawrence Erlbaum Associates, 1991.

Giggs, J., *Kohlberg's Stages of Moral Development : A Constructive Criticism*, Havard Educational Review, 1977.

Gilligan, C., *In a different voice : Psychological theory and women's development*, Cambridge, Massachusetts : Harvard University Press, 1982.

Gilligan, C., In a different voice : Women's conceptions of self and morality, *Harvard Educational Review, 47(4)*, 1977.

Hoffman, L. M., The contribution of empathy to justice and moral judgment, N. Eisenberg & J. Strayer, *Empathy and its development*, Cambridge University Press, 1987.

Hoffman, M. L., Empathy, Social Cognition, and Moral Education, A. Garrod, *Approaches to Moral Development*, Columbia University Teachers College Press, 1993.

Hoffman, M. L., Empathy : its limitation and its role in a comprehensive moral theory W. M,. Kurtines & J. L. Gewirtz (Eds.), *Morality, moral behavior and moral development*, Plenum, 1984.

Kay, W., *Moral Development*, George Allen & Unwin Ltd., London, 1968.

Kegan, R., *The evolving self : Problem and process in human development*, Cambridge, MA : Harvard University Press, 1982.

Kohlberg, L. and Mayer, R., Development as the aim of education, *Harvard Educational Review, 42*, 1972.

Kohlberg, L., A just community approach to moral education in theory and practice, M. Berkowitz and F. Ozer (Eds.), *Moral Education : Theory and Practice*, Hillsdale, New Jersey : Lawrence Erlbaum, 1985.

Kohlberg, L., Boyd, D. R., & Levine, C., The return of stage 6 : Its principle and moral points of view, T. Wren (Ed.), *The moral domain : Essays in the ongoing discussion between philosophy and the social science*, Cambridge, MIT Press, 1990.

Kohlberg, L., *Essays on moral development : The psychology of moral development, vol. 2*, Harper & Row, 1984.

Kohlberg, L., A current statement on some theoretical issues, S. Modgil & C. Modgil (Eds.), *Lawrence Kohlberg : Consensus and controversy*, Falmer, 1986.

Kohlberg, L., 김민남 역, 『도덕발달의 심리학』, 교육과학사, 1988.

Kohlberg, L., 김봉소 · 김민남 역, 『도덕발달의 철학』, 교육과학사, 1985.

Krevans, J., Gibbs, J.C., Parents' Use of Inductive Discipline : Relations to Children's Empathy and Prosocial Behavior, *Child Development, 67*, 1996.

Kurtines, W. and Grief, E., The Moral Development of Moral Thought : Review and Evaluation of Kohlberg's Approach, *Psychological Bulletin*, 1974.

Lourenco, O., & Machado, A., In defence of Piaget's theory : A reply to 10 common criticisms, *Psychological Review, 103(1)*, 1996.

Mosher, R., *Moral Education : A First Generation of Research and Development*, New York : Praeger, 1980.

Nucci, L., & Weber, E. K., The Domain Approach to Values Education : From Theory to Practice, W. M. Kurtines & J. L. Gewirtz (Eds.), *Handbook of moral behavior and development, Vol. 3*, Lawrence Erlbaum Associates, Inc., 1991.

Perez－delgado, E., Oliver, J. C., The Influence of Age and Formal Education on Moral Reasoning in a Sample from Spain, *Journal of Moral Education, Vol. 24, No. 1*, 1995.

Peters. R. S., 남궁달화 역, 『도덕발달과 도덕교육』, 문음사, 1993.

Prichard, M. S., *On becoming responsible*, University of Kansas Press, 1991.

Rest, J., Narvaez, D., Bebeau, M. J., Thoma, S. J., *Postconventional Moral Thinking : A Neo－Kohlbergian Approach*, Lawrence Erlbaum Associates, Inc., Publishers, 1999.

Sapp, G. L. (Ed.), *Handbook of Moral Development : Models, Processes, Techniques, and Research*, Religious Education Press, 1986.

Selman, R. L., The Relation of Role－Taking to the Development of Moral Judgement in Children, *Child Development, 42*, 1971.

Shweder, R. A., Mahapatra, M., & Miller, J. G., Culture and moral development, J. Kagan & S. Lamb (Eds.), *The emergence of morality in young children*, University of Chicago Press, 1987.

Silver, M., *Values Education*, National Education Association of United States, 1976.

Smetana, J. G., Toddler's social interactions in the context of moral and conventional transgressions in the home, *Developmental Psychology, 25*, 1989.

Taylor, S. E., & Crocker, J., Schematic bases of social information processing, E. T. Higgins, C. P. Herman, & M. P. Zanna (Eds.), *Social Cognition : The Ontario Symposium, Vol. 1*, 1981.

Thomas, R. M., 백운학 역, 『아동발달의 諸理論』, 교육과학사, 1987.

Toulmin, S. E., *Knowing and Acting; An Invitation to Philosophy*, Macmillian Publishing Co. Inc., 1976.

Toulmin, S. E., The Tyranny of Principles, N. E. Bowie, *Making Ethical Decisions*, McGrawHill, Inc., 1985.

Turiel, E., & Smetana, J. G., Social Knowledge and Action : The Coordination of Domains, W. Kurtines & J. L. Gewirth, *Morality, moral behavior, and moral development*, A Wiley–Interscience Publication, 1984.

Turiel, E., *The development of social knowledge : Morality and convention*, Cambridge University Press, 1983.

Jean Piaget(1896.8.9~1980.9.16)

Ernst von Glasersfeld(1917~현재)

# 제9장 개인적 구성주의 이론

## I. 기본 가정

발달 심리학은 도덕교육에서 학교 급별과 학년에 따른 구체적인 교육목표 및 내용 등을 설정하는 데 중요한 기여를 한다. 따라서 발달 심리학의 동향은 도덕교육의 제반 측면에 많은 영향을 미치게 마련이다. 지금까지 우리나라 도덕 교과교육학의 바탕을 이루는 이론은 진자의 추처럼 발달론과 사회화론을 주기적으로 번갈아 오가고 있다. 오늘날에는 사회화론을 바탕으로 하는 인격교육 이론이 중심부에 자리하고 있다. 과거의 이론적 동향에 근거하여 추론해 보면 머지 않아 도덕 교과교육학의 이론은 발달론을 중심으로 하는 새로운 이론이 등장할 개연성이 크다.

구성주의는 미래의 도덕 교과교육학 이론의 대안으로 등장할 잠재력을 지니고 있다. 물론, 구성주의는 오늘날 새롭게 등장한 것은 아니다. 이미 오래 전에 등장하였으나 도덕 교과교육학 이론으로 자리잡기 전에 인지발달 이론의 강력한 영향으로 그 빛을 보지 못했다고 해야 할 것이다. 그러나 과거에 콜버그(L. Kohlberg)를 축으로 했던 인지발달 이론은 많은 사람들에 의해 비판적으로 수정되고 있으며, 그 방향은 기본적으로 피아제의 이론으로 수렴되고 있다. 구성주의 이론이 현대 인격교육의 이론적 기반에 대한 현실적 대안으로 등장할 개연성이 큰 것도 이러한 맥락에서 이해할 수 있다.

구성주의라는 용어는 피아제에 의해 발달 심리학에서 사용되기 시작하였다. 그는 사람들이 학습을 어떻게 하는가에 관한 자신의 이론을 기술하기 위해 이 용어를 사용하였다. 이는 학습이 일어날 때 인간의 사고에서 발생하는 변화의 과정 혹은 지식의 구성을 언급하는 것이다. 따라서 구성주의는 지식이 어떻게 생성되고 존재하느냐의 문제, 다시 말해서 앎의 학문인 인식론에 이르게 된다.

구성주의는 일반적으로 지식이란 개인에 의해 능동적으로 구성되는 것이지 외부 환경으로부터 수동적으로 받아들여지는 것은 아니라는 관점에서 개인 내의 인지적 과정을 중시 여기는 개인적 구성주의와 인간이 경험하는 실재의 세계가 존재하지만 사회적 공동체 내에서 그 타당성이 결정된다고 보는 사회적 구성주의로 구분된다. 피아제의 연구는 주로 개인 내의 인지적 과정에 초점을 맞추었기 때문에 인지적 구성주의(cognitive constructivism) 또는 개인적 구성주의라 불리며, 비고츠키(L. S. Vygotsky)의 이론은 사회환경과의 교류에 초점을 맞추어 지식발달을 연구했기 때문에 사회적 발달 이론 또는 사회적 구성주의(social constructivism)라 불린다.

개인적 구성주의는 다시 일상적 구성주의와 급진적 구성주의로 구분된다. 피아제의 "지식은 개인에 의해 능동적으로 구성된다"는 주장은 일찍이 여러 철학자들이 제기한 것들과 비교할 때 새로운 것이 없다는 점에서 피아제의 이론을 개인적 구성주의라는 말과 함께 일상적 구성주의(trivial constructivism)라고 부른다. 이에 반해 급진적 구성주의는 일상적 구성주의의 원리인 '지식의 능동적 구성'을 기본으로 인식에 대해 개개인이 자신의 경험을 바탕으로 끊임없이 재구성해 나가는 하나의 '역동적 적응과정'으로 본다는 점에서 차이가 있다. 급진적 구성주의자들은 지식이란 지속적으로 개개인에 의해 재구성되므로 실체(essential reality)와 정확하게 일치할 필요가 없다고 주장한다. 실체 그 자체를 부인하지는 않지만, 지식은 각자의 구성적 활동의 결과란 점에서 어떤 한 문제에 대해서도 사람에 따라 각기 다른 결과를 도출할 수 있다고 본다.

여기에서는 개인적 구성주의를 다루고자 한다. 특별히 일상적 구성주의와 급진적 구성주의를 구분하지는 않고 피아제의 인식론을 중심으로 접근하고자 한다. 사실 피아제가 발달 심리학에 미친 영향은 "너무 기념비적인 것이어서 품어 안을 수가 없으며, 동시에 너무 편재해 있어서 찾아내기가 어렵다."[1] 피아제를 중심으로 하는 개인적 구성주의 이론은 기본적으로 다음과 같은 가정 위에 기초하고 있다.

1. 유기체는 감정적 · 인지적 · 신체적 발달이 분리되어질 수 없는 하나의 전체 체계(whole system)이다.
2. 인간은 신체적 · 생물학적 의미에서 뿐만 아니라 인지적 의미에서 발달하는 유기체이다.
3. 인간의 발달은 유기체와 환경과의 상호작용을 통해 이루어진다.
4. 개인이 자극으로부터 어떤 영향을 받기 전까지 그 자극은 그 개인에게 있어서 아무런 의미가 없다.
5. 인간은 항상 상황에 의미를 부여하는 자기 나름의 내적 지식구조들을 지니고 있다.
6. 지식은 직접적인 생물학적 발육 혹은 외부 환경으로부터 직접적으로 제공되는 학습에 의해서라기보다는 물리적 및 사회적 환경과의 상호작용, 혹은 대화를 통한 내부의 심리적 중심(internal psychological core)으로부터 진보한다.
7. 아동은 개인적인 경험에 대한 '읽기'(reading)의 토대 위에서 점진적으로 지식을 재조직하는 한 사람의 철학자이다. 곧, 인간은 능동적으로 지식을 탐구하고 구성하는 인식 주체자(knower)이다.
8. 인간의 지식은 경험의 읽기와 결국은 이러한 읽기에서 직면하게 되는 부적절함과 모순들을 해결해 나가는 변증법적 과정의 산물이다.

## Ⅱ. 인간관

구성주의 이론은 20세기 이래로 지배적인 하나의 발달 심리학 이론으로 위세를 떨쳐왔던 행동주의 이론에 대한 대안적인 성격이 강하다. 조작적 조건화, 반응적 조건화, 그리고 모델링(modeling)과 같은 행동주의의 다양한 형식들은 모두 인간을 환경에서 제시된 다양한 자극에 대한 단순한 반응자라는 시각을 공유하고 있다. 보통 'S－R' 단위로 제시되는 이 모델에서 인간은 자극에 대한 반응으로서 행동을 하는 하나의 수동적인 반응자에 불과하다. 인간은 스스로 어떻게도 할 수 없는 무력자로 여겨진다. 반면에, 구성주의에 따르면 인간은 자극에 맹목적으로 반응하는 존재가 아니다. 자극과 반응 사이에는 하나의 정신(mind)이 존재한다. 인간은 통찰, 추론, 그리고 결정을 내리는 능력을 가진 인식하는, 사고하는 존재이며, 이해, 사고, 창조 등의 정신작용을 기본으로 하는 유기체이다.

자극과 반응 사이에 일어나는 합리적 · 논리적 · 인지적 과정들을 설명할 어떤 무엇인가가 더 필요하다는 인식은 인지 심리학을 탄생시켰으며, 그것은 나중에 구성주의의 이론적 기반을 제공하였다. 피아제는 스스로를 발생적 인식론자(genetic epistemologist)로 규정한다. 사실 그는 '아동은 어떠한 존재인가?' 라는 문제보다는 '인간의 지식은 어떻게 발달하는가?' 라는 문제에 관심을 더 집중하였다. 보다 구체적으로 말한다면, 그는 "시간이 지남에 따라 인식하는 자기와 인식시키는 실재(reality) 간의 관계는 어떻게 변화해 가는 것일까"[2]라는 사실에 연구의 초점을 두었다. 따라서 개인적 구성주의 이론이 상정하고 있는 인간관에 관한 검토는 자연스럽게 그의 발생적 인식론을 중심으로 하게 된다.

피아제는 인간 발달에 관한 새로운 모델을 제시하였다. 그는 인간을 외부 환경에 종속하는 것으로 비유하는 행동주의와 달리 유기체와 환경 자극의 상호작용을 강조하였다. 이 모델에 따르면, 자극은 개인이 어떤 영향을 받기 전까지는 아무런 의미가 없다. 경험론의 대표적 모델인 행동주의는 자극이 유기체에 결정적으로 영향을 미치는 것으로 인식함으로써 'S(stimulus) → O(organism)' 형 모델을 제시하였다. 그러나 피아제의 구성주의는 'O ↔ S' 형 모델을 제시하였다. 이는 유기체를 먼저 놓고 자극을 그 유기체 내의 능동적인 과정에 의존적으로 만든다.

피아제는 유전과 환경의 관계를 상호작용주의에서 해석하였다. 그는 유전과 환경의 어느 한쪽만을 중시하지 않는다. 각각을 보상관계에 있는 별개의 부분으로 파악한 것이다. 유전요인은 신생아가 외계의 문제에 적응하기 위한 최초의 도구가 될 뿐만 아니라, 성장 · 발달의 각 시점에서 어떠한 새로운 발달 가능성을 수행하는 것인가 하는 예정표를 확립하는 요인이 되고 있다. 피아제는 인간이 성장하면서 특정한 도식이나 지적 조작을 창출해내기 위해서는 그 시기에 요구되는 적절한 성숙이 이루어져야 함을 강조하고 있다. 또한 환경요인은 아동에게 직접적인 신체적 경험과 넓은 의미의 교육이라는 사회적 전달을 제공함으로써 발달을 도모하게 된다.

구성주의 이론은 이러한 바탕에서 아동을 한 사람의 철학자, 과학자, 혹은 시인으로서 강조한다. 아동을 '탐구하는 인식아'(the knower)로서 인정하는 것이다. 구성주의는 행동주의와 달리 인간의 사고, 이해, 그리고 행동에 대한 자기 통제를 강조한다. 이 관점에 따르면, 인간이란 어느 누군가의 지식을 단순히 재생산하는 존재라기보다는 그들 자신이 지식의 구성자라는 관점을 취한다. 인간을 'S(stimulus)−MIND−R(response)' 체계의 모델로 설명하는 것이다.

인간을 탐구하는 인식아(認識我)로서 이해하는 구성주의 인간관은 피아제의 인식론에서 보다 분명히 드러난다. 피아제에 따르면 인간은 본능적으로 혼돈(disorder)을 싫어한다. 그런 점에서 우리 인간이 이해 혹은 의미를 창출해내는 것은 인간이 되어 가는 과정에서 일어나는 불가피한 결과라 할 수 있으며, 그러한 작업은 생존본능에 의해 충동되어진다. 인간은 끊임없이 환경을 감시하고 조정한다. 그런 가운데 우리 인간은 새롭게 발생한 일들을 기존에 간직하고 있던 질서에 부합되도록 조직하거나 혹은 기존의 존재하고 있던 의미들을 재질서화함으로써 새로운 의미를 창출해낸다. 그리하여 환경으로부터 발생하는 혼돈을 사라지게 한다. "우리가 어떤 일들을 이해한다는 것은 우리 자신이 간직하고 있던 기존 개념들의 조직과 관련시킨다는 것을 뜻한다."[3)]

우리가 간직하고 있는 기존의 개념조직들은 구성주의에서 내적 지식구조들(internal knowledge structures)이라 불려진다. 이 구조들은 우리의 지각, 이해, 그리고 행위를 안내하는 역할을 한다. 다시 말해 우리가 지각하고 이해하며 행위하는 것은 우리 자신이 이미 간직하고 있는 내적 지식구조들에 의해 가능한 것이다. 이 구조들은 의미들이 상호 연결된 그물망(network)으로 이루어져 있다. 그 그물망은 한번 형성되면 변하지 않는 것이 아니라 끊임없이 개조되어진다. 이 구조들은 우리의 인식을 형성하지만 또한 그 인식은 환류되어 지식구조들에 영향을 미친다. 이 구조들이 인식을 안내한다는 관점은 사람마다 항상 상황에 의미를 부여하는 자기 나름의 지식구조들을 지니고 있다는 신념을 받아들이는 것이다.

결국 개인적 구성주의 이론의 인간관은 '합리적 인간관'이라 할 수 있다. 이는 위에서 언급한 내적 지식구조들의 끊임없는 재구성에서 나타날 뿐만 아니라, 그러한 구조들의 구성능력에서 분명히 나타난다. 구성주의 이론에 따르면 우리 인간의 지식구조들은 출생시 혹은 출생 후 얼마 안 되어 어느 정도 형성되어 일상의 삶에 이용된다. 구성주의는 행동주의처럼 인간이 백지상태로 태어난다는 관점을 수용하지 않는다. 인간은 적어도 환경과의 상호작용을 통해서 자신의 내적 구조들을 창출해 나갈 수 있는 '능력'을 지니고 태어난다는 입장이다. 그러한 능력들은 성장과정에서 예정된 시기에 따라 발달해 나간다. 인간은 합리적 존재로서의 가능태를 지니고 태어난다.

## Ⅲ. 이론의 주요 관점들

### 1. 피아제의 인지 심리학의 기본 개념들

개인적 구성주의는 피아제의 인지 심리학을 바탕으로 하고 있다. 따라서 그의 이론을 검토해 보는 것은 개인적 구성주의를 올바로 파악하는 지름길이 될 수 있다. 피아제는 초기에는 전체적인 단계들과 논리의 유형에 관심을 기울였으나 후기에 이르면서 새로운 구성들이 발생하게 되는 과정의 연구에 몰두하였다. 비록 피아제는 발생적 인식론의 메커니즘으로서 평형(equilibration)을 일찍이 제안하였으나 이에 대한 집중적인 관심은 그의 인생의 마지막 15년 동안에 이루어졌다. 개인적 구성주의는 피아제의 후기 이론을 중심으로 발전된 것이다. 그의 인지 심리학에서 구성주의의 토대를 제공하는 기본적인 개념들을 정리해 본다.

#### (1) 생물학적 평형(biological equilibration)

평형의 메커니즘에 관한 이해는 피아제의 초기 연구에 해당하는 「다슬기에 관한 생물학적 연구」가 매우 중요한 단서를 제공한다. 피아제는 다슬기의 적응 변이성(variability)에 관하여 관심을 집중하였다. 그는 조건이 다른 세 곳의 서식지, 곧 잔잔하고 조용한 물(서식지 A), 물결이 완만하게 소용돌이치는 물(서식지 B), 그리고 강한 바람으로 심하게 물결이 소용돌이치는 물(서식지 C)에서 다슬기들의 변이성을 연구하였다. 잔잔한 물에서 사는 다슬기들의 모양은 길고 가늘어지는 반면, 소용돌이치는 두 곳의 물에서 자란 다슬기들은 공 모양과 곡선이 진 동일한 모양을 보였다. 피아제는 공 모양이 다슬기들의 활동 때문이라고 믿었다.

피아제는 서식지 B에서 자란 공 모양의 다슬기들이 같은 모양의 새끼들을 낳으나 그들이 서식지 A의 수족관으로 옮겨지면 가늘고 긴 모양으로 변한다는 사실에 주목하였다. 이것은 구조에서의 변화란 단지 생물 개체의 하나의 외면적 형질변화(phenotypic change)일 뿐이며, 영원한 유전적 변화(genetic change)는 아니라는 것을 보여준다. 여기에서 말하는 외면적 형질이란 유전자형과 환경조건과의 상호작용에 의해 생기는 생물체의 외관을 말한다. 대조적으로, 서식지 C의 다슬기들은 비록 서식지 B에서 자란 다슬기들과 모양이 정확하게 닮아 보이지만, 16년 동안 서식지 A의 수족관에 있어도 변화를 보이지 않았을 뿐만 아니라 그들의 새끼들 역시 공 모양을 유지하고 있었다. 달리 말하면, 서식지 C에 있는 다슬기들은 다른 유전자형(genotype)을 지니고 있는 것이다.

피아제는 이를 근거로 라마르크(J. Lamarck)와 다윈(C. Darwin)의 중간적인 입장을 제안하였다. 라마르크는 진화란 환경의 압력에 대한 유기체의 적응 혹은 조정의 결과라고 주장하였다. 즉, 좋은 환경에 살아남기 위해 구조적(structural) 및 유전적(genetic) 변화를 하면서 자연에 적응한다는 것이다. 반면에, 다윈은 진화란 유기체에 의해 산출된 우발적인 돌연변이 때문이며, 어떠한 돌연변이라 하더라도 환경에 보다 적합하다는 주장을 하였다. 그러나 피아제는 라마르크의 이론은 너무 기계적인 반면 다윈의 이론은 너무 목적 없는 것이라고 비판하였다. 그는 이들의 중간적 입장에서 활동이 새로운 구조들의 진화를 촉진시킨다는 관점을 취하였다. 새로운 활동의 발달은 게놈(genome ; 유전적 구조)의 조절체계에서 불균형이 야기되기 때문이라는 것이다. 이러한 불균형은 새로운 게놈을 산출할 일련의 가능성 혹은 돌연변이의 원인이 된다. 결국 환경에 대한 새로운 적응은 '구성' 되어진다고 보았던 것이다.

### (2) 인지적 평형(cognitive equilibration)

피아제는 초기의 생물학 분야에 대한 관심 이후에 줄곧 인지구조들의 발생을 연구하는 데 나머지 일생을 바쳤다. 그는 인간이란 본질적으로 신체적 · 생물학적 의미에서 뿐만 아니라 인지적 의미에서 발달하는 유기체로 인식하였다. 그는 유기체를 감정적 · 인지적 · 신체적 발달이 분리되어질 수 없는 하나의 전체 체계(whole system)로서 관조하였기 때문에 인지에서의 변화를 증진시키는 메커니즘이 진화에서의 평형화와 똑같은 것이라는 것을 제안하였고, 또한 많은 연구를 통해 이를 입증하여 왔다.

평형이란 두 본질적인 극단의 활동들을 조정하는 역동적 과정으로서 동화와 조절로 설명된다. 동화란 자기 자신의 논리적 구조들 혹은 이해를 가지고 새로운 경험들을 조직하는 것이다. 이것은 하나의 전체 체계로서의 유기체가 자신의 자율성을 유지하기 위하여 세계를 자기 스스로 구성하여 보고자 하는 경향성이다. 유기체는 새로운 상황들에서 자신의 기능을 보존하기 위해 이전의 활동들을 재구성하고자 시도한다.

그러나 새로운 경험들은 때때로 기존의 이해에 대한 모순들을 들춰내고, 그리하여 기존의 이해를 불충분하게 만든다. 그럼으로써 기존에 구성된 구조를 혼란하게 만들고 또한 비평형을 초래하여 그것을 조절하도록 하게 한다. 즉, 환경의 영향 혹은 압력으로 조절의 과정을 거치게 되는 것이다. 여기에서 조절이란 우리 자신의 자아를 변화하게 하는, 그리고 우리들이 그것과 관련하여 인지적 평형상태에서 기능하도록 하기 위해 대상을 해석하는 데 공헌하는 반성적이며 통합적인 활동으로 이루어진다.

평형화에는 세 가지 모델이 있다.[4] 첫째는 활동 도식들(schemes)의 동화와 이들의 대상들에의 조절 사이에 나타나는 평형화이다. 예를 들면, 갓난 아이가 장난감을 잡고 입으로 빨기 위해서는 이를 응시하고, 손으로 잡고, 그리고 입으로 빠는 활동을 통합적으로 배우는 것이다. 둘째는 인식 주체자가 두 가지 논리적 개념들 사이에 모순을 발견하고 이의 상호작용으로부터 나타나는 평형화이다. 예를 들면, 성냥개비 10개를 산 모양으로 연결한 것과 성냥개비 7개를 수평으로 연결한 것을 비교할 때, 시각적으로는 수평으로 연결한 것이 더 길어 보인다. 따라서 아동은 후자가 더 길다고 말할 수 있다. 그러나 아동은 또한 산 모양의 것은 수평의 것보다 성냥개비가 더 많으므로 더 길다고 말할지도 모른다. 이 아동은 시각적 단서에 기초한 길이의 개념과 양에 기초한 수 개념 사이의 모순을 발견하고 비평형을 경험하게 된다. 이는 길이의 보존에 관한 구성으로 해결된다. 셋째는 전체 지식구조(the whole－knowledge structure)의 분화(differentiation)와 통합(integration)으로, 사고의 두 체계들을 전체에로 통일하는 관계로부터 나타나는 평형화이다. 예를 들면, 기차 위에서 움직이고 있는 사람과 기차를 따라서 움직이고 있는 사람과 같은 두 사고체계의 경우, 환치(換置)의 이해를 구성하기 위해서는 그 체계들의 각각을 통일된 체계 속으로 통합해야만 한다.[5]

이러한 평형화는 정적 과정(靜的 過程)이 아닌 하나의 역동적 과정이다. 평형화는 동화의 연쇄과정이 아니다. 만약 동화의 연쇄과정만 존재한다면 새로운 지식의 창출은 불가능한 일이다. 평형화는 진보적인 균형, 적응, 그리고 조직으로서 성장과 변화의 역동적인 '댄스'를 의미한다. 인지적 평형은 변형 없이 자신들을 보존하는, 혹은 환치의 경우에서처럼 전체적인 보정(補整) 없이 단순히 비평형을 완화하는 기계적 평형과는 아주 다르다. 그것은 심지어 열역학적 평형과도 다르다. 그것은 구조들이 파괴된 이후의 휴지(休止)상태이다. 인지적 평형은 그러한 정지된, 그러나 역동적인 상태에 보다 가깝다.

### (3) 모순(contradiction)

유기체는 평형의 상태에서 어떤 새로운 경험을 맞이할 때 활동이나 아이디어에서 모순에 직면할 수 있다. 그러한 모순의 연속 및 이에 대한 '재균형'(再均衡)은 빛과 같은 물리적 세계의 역사에서도 쉽게 찾아볼 수 있다. 빛이 선의 형식으로 존재한다는 개념은 바늘구멍으로부터의 그림자와 이미지에 관한 설명을 가능하게 만들었다. 그러나 그것은 굴절을 설명할 수 있는 메커니즘을 제공하지 못했다. 우리가 빛을 작고 둥근 물질적인 조각들로 생각하면 굴절을 설명할 수 있다. 이러한 과정들이 빛의 성질에 관한 모순의 연속을 나타낸 것이다.

모순은 인지적 불균형을 초래하고, 이는 조절을 위한 내적인 동기로 작용하게 된다. 피아제는 사람들이 불균형을 다루는 세 가지 유형을 제시하였다.[6] 첫째는 모순을 무시하고 자신들이 지니고 있는 최초의 도식 혹은 아이디어를 그대로 보존한다. 둘째는 모순되는 두 이론을 동시에 지니면서 특수한 경우들에 대해 각각의 이론을 적용함으로써 모순을 해결한다. 끝으로, 이전의 모순을 설명하고 해결하는 하나의 새로운 보다 포괄적인 개념을 구성함으로써 해결한다.

### (4) 가능성(possibilities), 대응(correspondences), 그리고 변형(transformations)

우리는 다음과 같은 의문을 가질 수 있다. 만약 평형의 상태에서 직면한 모순들이 너무 어려워 조정하기 어렵다면, 그리고 모든 유기체들이 자신들을 보존하고자 하는 경향성을 지니고 있다면 어떻게, 그리고 왜 평형이 일어나는가? 게놈이 소용돌이에 휩싸일 때 새로운 가능성을 낳는 것과 같이 인지적 구조들은 비평형에 처할 때 새로운 가능성을 낳는다. 놀라운 결과에 관하여 새로운 방식으로 설명할 수 있는 가능성들이 등장한다.

인간은 스스로 조직화하는 경향성을 지니고 있다. 그러므로 이러한 가능성들을 탐구한다. 그리고 그에 대응하는 패턴들을 구성한다. 이들 대응하는 패턴들에 관한 뒤이은 반성적 숙고는 결국 구조적 변화를 초래한다. 조절이 일어나는 것이다. 조절은 애초의 인지적 구조를 변형시키고, 또한 왜 그러한 패턴이 일어나는가를 설명해 준다. 따라서 조절은 특수한 경험을 넘어서 일반화를 가능하게 만들어 준다. 이러한 과정을 소위 "반성적 추상"(reflective abstraction)[7]이라 부른다.

### (5) 구조들(structures)

구조란 일종의 인지적 정신체계(cognitive mental systems)이다. 이 구조는 전체성(wholeness), 변형(transformation), 그리고 자동 조절(self-regulation)이라는 세 가지 특성을 지닌다. 전체성이란 체계가 그의 부분들의 합계보다 사실상 더 클지도 모를 하나의 전체라는 사실과 관련된다. 부분들은 상호 관련되어 작용하고, 서로 분리가 불가능하며, 따라서 그들 자체로 의미를 지니고 있지 않다. 그들의 의미는 단지 전체의 측면에서 도출되며, 그리고 서로에 대한 관계 속에서 나타나게 된다. 변형은 부분들의 변화하는 본질 속에 내포된 과정을 일컫는다. 구조들은 그 자체의 요소뿐만 아니라 하나의 전체로서의 체계에 적용하는 나름대로의 변형법칙을 지니고 있다. 각 구조는 또한 자동 조절의 특성을 지닌다. 즉, "구조들은 본래적으로 자기 유지(self-maintenance), 조직(organization), 그리고 폐쇄(closure)를 추구한다."[8)]

구조의 개념이 지니고 있는 이러한 특성들을 가족을 예로 들어 설명해 보자. 아들이나 딸은 가족이란 전체의 체계 내에 존재한다. 가족 구성원들은 상호 간의 관계 이외에 더 이상의 특별한 의미를 갖지 않는다. 아들은 부모와의 관계나 딸과의 관계에서 의미가 나타난다. 또한 가족관계를 탐구하는 아동은 가족이란 체계 내에서 부분들의 변형을 기술하는 규칙들을 구성할 수 있다. 예를 들면, 부자지간과 모녀지간은 부모와 자식 간의 관계에 속하는 것으로 부녀지간과 모자지간 역시 동일한 관계에 속한다는 등가성, 아버지와 아들 간의 관계는 아들과 아버지 간의 관계와 다름 아니라는 가역성 등의 변형법칙을 구성하게 된다. 또한 가족이란 전체로서의 체계는 나름의 조직을 지니고 그 범위를 일정한 한계 내로 폐쇄시킨다.

## 2. 개인적 구성주의의 인식론

### (1) 생득관념론(nativism)과 경험론(empiricism)

지식이 어떻게 발달하는가에 관한 인식론적 논쟁은 생득관념론과 경험론으로 구분된다. 전자는 인간의 본질이 이성에 있으며, 인간의 이성은 또한 신의 이성의 일부라고 주장하였던 합리론과 관련된다. 이는 플라톤으로부터 전통이 이어져 오는 것으로, 이해의 궁극적인 원천은 경험이 아니라 이성이며, 학습자로 하여금 경험의 세계를 보다 효과적으로 파악하도록 하려면 그 자신의 사고를 반성 · 이해한 것을 재조직하도록 도와주어야 한다는 입장이다. 합리론은 인식주체를 강조하며 경험에 앞서는 논리적 원칙의 필요성을 인정한다. 경험 이전의 마음에는 사실상 아무 것도 없다. 그러나 마음은 경험을 의미 있게 조직해 준다. 그것은 분명히 마음이 구조화되어 있기 때문에 가능한 일이라고 본다.

생득관념론은 우리들이 태어나면서부터 관념을 가지고 있으며, 자연의 법칙들은 선험적인 추론에 의해 발견되어질 수 있고, 또한 지식은 선험적인 명제들로부터 출발해서 연역적인 추론에 의해 발견되어질 수 있다고 보았다. 따라서 후천적 감각경험으로 말미암은 지식은 모두 혼란하고 불확실하다고 본다. 이와 같은 합리론 사상은 인간의 마음은 태어날 때는 백지와 같은 상태이다가 마치 백지에 글이 씌어지듯이 후천적인 경험에 의해서 인식이 성립된다고 보는 경험론과 대립된다.

경험론은 아리스토텔레스로부터 전통이 이어져 오는 것으로, 아동은 소위 백지(tabula rasa)로 탄생하며, 인간의 지적 발달을 경험이 누적된 결과로 설명한다. 학습된 것은 경험을 백지에 새기는 각인기능에 의한 것이며, 학습은 가법적이다. 즉, 이전에 학습된 것에 새로운 내용이 부가되어 가는 과정의 연속이다. 지식이란 환경으로부터의 정보를 수동적으로 기록한 결과이다. 대응설 혹은 모사설(模寫說)[9]은 지식의 발달에 관한 경험론의 대표적인 설명이다. 대응설이란 지식이 객관적인 실재(objective reality)와 상응하는 정신적 표상들(mental representations)로 이루어진다는 것이다. 즉, 우리는 외적인 세계를 오관으로 지각함으로써, 그리고 이 외부 세계와 상응하는 정신적인 표상들을 창조함으로써 실재를 알게 된다는 것이다.

이와 같은 관점은 판단과 실재와의 일치라고 하는 진리의 고전적 정의에 꼭 부합될 뿐만 아니라 우리의 상식적 견해와도 합치하는 것이기 때문에 많은 사람들의 지지를 받아 왔다. 그런데 이러한 관점에서 본다면 진리의 기준은 어디까지나 객관적 실재, 즉 외계의 사실에 있다고 할 수밖에 없으므로 그것은 반드시 실재론(實在論)을 전제로 하는 진리관이라고 할 수 있다. 대응설은 예컨대 "여기에 연필이 있다", "이 꽃은 붉다"와 같은 감각적 판단의 지식은 실제로 여기에 연필이 있어 눈에 보이거나 혹은 꽃이 붉게 보인다고 하는 감각적 경험에 의해 그 진위가 판별될 수밖에 없다는 점에서 경험론과 관련된다.

### (2) 피아제의 발생적 인식론

피아제의 발생적 인식론은 생득관념론과 경험론에 대한 대안으로 제시되었다. 피아제는 모든 지식이 생득적 요소들에 의해 설명되어질 수 있다는 관점을 거부하였다. 왜냐하면 많은 새로운 지식들은 개인의 생물학적 조직(make-up)에 이미 프로그램화된 것이라고 가정하기 어려운 특수한 상황들과 관련하기 때문이다. 또한 그는 경험론은 아동들이 이미 사용이 가능한 지식을 어떻게 획득할 수 있는가만을 오로지 설명해 줄 수 있을 뿐, 경험하지 않은 새로운 지식이 어떻게 발달하는가를 설명할 수 없다는 점에서 불완전하다고 비판하였다. 피아제는 물론 이러한 요소들이 중요하고 또한 필수적이라는 점을 인정하지만 그것들은 발달을 완전하게 설명해 주지 못한다는 점에서 충분하지 않다고 믿었다.

피아제는 생물학으로부터 적응의 개념을 도입하여 자신의 발생적 인식론의 초석으로 삼았다. 적응의 개념은 생물학에서 비롯된 것으로, 살아 있는 유기체 혹은 종과 그들의 환경과의 특수한 관계를 나타낸다. 유기체가 적응한다는 것은 살아가야 하는 세계의 주어진 조건들과 제한들에서 살아남는다는 것을 의미한다. 달리 말하면, 유기체가 환경 속에서 생존하기 위해 신체적 특징들과 행동방식들을 적절하게 진화하여 왔다는 것이다. 그는 어떠한 지식이라도 그것은 실재(reality)의 모사가 아니라는 점을 주장하였다. 피아제는 유기체가 환경에 적응하여 가는 과정을 인지적 주체자의 개념적 구조들과 그 주체자의 경험적 세계 사이의 관계를 재구성하는 것으로 발전시킨 것이다. 그때 지식이란 외적 사물들이나 상황들, 그리고 사건들의 가감 없는 정확한 모사(模寫)로서가 아니라 오히려 주체자의 활동들과 개념적 작동들의 사상(寫像; mapping)으로서 간주되어진다.

발생적 인식론의 본질적 특징은 지식이 환경과의 상호작용을 통해 구성되어진다는 가정에 있다. 이 관점에서 보면 우리가 보고, 듣고, 그리고 느끼는, 즉 감각세계는 우리 자신의 인식활동들의 결과이다. 따라서 우리가 인식하고 이해하는 방식에 따라 특수하게 나타난다. 지식이란 활동과 그에 관한 행위자의 반성적 숙고로부터 발생한다. 활동들은 환경 속에서 일어나고, 또한 환경 속에 근거지어지며, 그리고 유기체의 경험적 세계를 구성하는 대상들을 향한다. 피아제가 말하는 상호작용은 있는 그대로의 대상들과 상호작용하는 유기체를 의미하는 것이 아니라, 오히려 이미 전에 구성된 인식적 · 개념적 구조들을 다루고 있는 인지적 주체자를 의미한다.

피아제는 지식이란 하나의 사고과정(process), 하나의 사고방식(way)이라는 것을 이론화하였다. 피아제는 지식은 그때 그 기원에 있어서 대상들(objects)로부터, 혹은 주체자(the subject)로부터 나오는 것이 아니라 주체자와 그러한 대상들 사이—처음에는 서로 뒤엉킨—의 상호작용들로부터 나온다고 보았다. 우리는 이를 어떤 사람이나 대상에 대해서 갖는 '인상' 에 비유해 볼 수 있다. 그 대상이나 인물이 사라진 이후 우리의 정신 속에는 그 사람(실재)에 대한 인상(표상)만이 남게 된다. 그때 그 인상이란 것은 그 사람의 실재가 그대로 모사된 것이 아니라 사실은 주체에 의해 '해석된' 표상이다. 해석이 된 상태로 정신 속에 어떠한 상징의 형식으로 존재하는 것이다. 그렇기 때문에 똑같은 인물이나 대상에 대해서 그 인상의 내용이 각기 다를 수 있게 된다.

실재란 활동(action)을 통해 알려진다. 세계에 대한 우리의 활동의 결과로서 우리는 자신의 경험을 설명하는 세계의 모델들을 구성한다. 우리는 실재에 작용하고 또한 실재가 반작용할 때 실재와 접촉하고 있으며, 우리는 세계에 관한 보다 적절한 모델들 혹은 지식의 형식들을 점진적으로 발달시킨다. 우리의 지식은 실재를 변형시키는 상호작용들을 통하여 구성되어지며, 우리는 간극들을 채우고 또한 내적인 모순들을 극복함으로써 세계에 관한 보다 완전하고 또한 일관된 지식을 점차적으로 발달시킨다.

이러한 지식의 발달은 지식에서의 평형의 일시적인 상태에 대한 교란을 보정(補整)하기 위해 서로 함께 작용하고 있는 동화와 조절의 두 가지 상호 보충적인 과정들로 설명된다. 교란은 지식에서의 모순 혹은 간극의 형태에서 있을 수 있으며, 또한 비평형을 낳을 수 있다. 비평형이란 발달에서 중요한 요소이다. 왜냐하면 이것은 보다 나은, 보다 완전한 지식의 형식들을 낳는 '재평형'(re-equilibrium)으로 인도할 수 있기 때문이다. 이러한 보다 성숙한 지식의 형식들은 그 이전의 것들보다 더 낫다. 왜냐하면 그것들은 비평형으로 이끌었던 모순 혹은 간극들을 해결하는 방식을 제공하기 때문이다. 사실 피아제의 이론에 대한 기본적인 의문들 중의 하나는 지식의 각기 다른 형식들을 어떻게 평가할 것인가 하는 것이었다. 그는 보다 더 적절한 지식의 형식들이란 보다 더 평형적, 즉 보다 더 많은 관점들을 조정할 수 있다는 것을 발달 준거로 제시하였다.

### (3) 개인적 구성주의 인식론

개인적 구성주의의 인식론은 기본적으로 피아제의 발생적 인식론을 토대로 정립되었다. 개인적 구성주의(특히 급진적 구성주의) 인식론과 전통적인 인식론의 근본적인 차이는 '대응시키다'(match)와 '적절히 들어맞다'(fit)라는 말의 대조를 통하여 잘 설명된다. 전통적인 인식론에 따르면 우리의 지식은 경험자와는 독립적인 실재와 '대응'하는 것으로 생각되었다. 반면에, 구성주의 관점에서 보면 지식은 마치 열쇠가 자물쇠에

'적절히 들어맞는' 것과 같은 방식이다. 만약 열쇠가 자물쇠를 열리게 하면 그때 그 열쇠는 자물쇠에 맞는 것이다. 그러나 '맞다'는 자물쇠의 능력이 아닌 열쇠의 능력을 말하는 것이다. 하나의 자물쇠에 맞는 열쇠는 여러 개가 가능하다. 여기에서 열쇠는 세계에 관한 우리의 지식이며, 자물쇠는 실세계(real world) 혹은 실재이다.[10)]

지식에 관한 대응설과 구성주의는 모두 실제적인 외부 세계를 가정하고 있다는 점에서 공통적이다. 그러나 구성주의 인식론에 따르면, 세계는 인식 주체자(the knowing subject)의 활동과 독립적으로는 알려질 수 없는 하나의 실재이다. 달리 말하면, 우리 자신의 경험 밖에 존재하는 실재에 관한 '신(神)의 눈 관점'은 가능하지 않다. 구성주의에 따르면, 우리는 우리 자신의 경험에서의 규칙성들로부터 인지구조들을 발달시키고, 또한 이들 구조들이 우리의 경험에 질서를 부여한다.

개인적 구성주의 인식론은 우리로 하여금 회의론으로 나아가는 것을 방지해 준다. 그런 점에서 구성주의는 경험론의 대응설을 대체하는 유력한 대안이 된다. 구성주의에서는 지식이란 실재가 그것을 드러냄으로써(presenting)가 아니라 그것에 작용함으로써(acting upon) 나타난다고 본다. 이러한 관점에서 보면 실재에 관한 우리의 지식은 실재와의 상호작용에 의해 실재를 변형시키는 우리의 능력으로부터 구성되어진다.

개인적 구성주의 관점은 모든 해석들이 똑같이 타당하다는 정신(mind)과 세계(world) 사이의 관계에 관한 상대주의적인 관점과는 다르다. 구성주의는 실재에 관한 우리의 지식이 보다 많은 관점들을 소성하는 과정을 통해 점차적으로 적절하게 된다는 의미에서 진보의 개념을 내포하고 있다. 이러한 진보는 "세계와 완전하게 '대응하는' 지식으로 이루어져 있는 최종 지점을 향하는 발달이 아니라, 지식의 상대적 결핍의 최초의 지점으로부터 멀어져 가는 진보의 형식이다."[11)]

개인적 구성주의자들이 인식하고 있는 지식의 개념을 정리해 보면 다음과 같다.

첫째, 지식은 인간에 의해 구성되어진다. 지식은 발견되어지기를 기다리고 있는 일련의 사실, 개념, 혹은 법칙들이 아니다. 그것은 인식아(knower)와 독립적으로 존재하는 어떤 것이 아니다. 인간은 자신의 경험에 대해 의미를 가져오려고 시도함에 따라 지식을 창조하거나 혹은 구성한다. 우리가 아는 모든 것은 우리가 만들었다. "우리의 구성들이 나타내는 실재가 존재하는지는 분명하지 않으며, 그 일치 혹은 대응 또한 알 수가 없다."[12] 인간이 알 수 있는 모든 것은 자신의 구성들이 자신이 만들었던, 혹은 아는 다른 구성들과 양립 가능하다는 것이다.

둘째, 지식은 추측이며, 그럼으로써 또한 오류가 가능하다. 지식이란 인간의 구성이다. 인간은 끊임없이 새로운 경험을 하기 때문에 지식이란 결코 안정적일 수가 없다. 우리가 만들어내는 이해는 항상 임시적이며 또한 불완전하다. 우리가 구성하는 이해는 아직까지 추측이고, 또한 오류 가능성이 있다.

끝으로, 지식은 새로운 경험에의 노출을 통해서 발달한다. 만약 우리가 이전에 갖고 있는 이해를 새로운 경험들을 통해 검증한다면 그것은 보다 깊어지고 또한 강해지게 된다. 각 개인은 지식을 공유할 수 있고 또한 타인들로부터 피드백을 받을 수 있다. 지식은 이러한 공유된, 그리고 비판된 이해를 통해서 발달한다. "지식은 서로 간의 합의적인 공유를 통해 의미의 배제, 변경, 그리고 강화의 과정을 거쳤고 또한 끊임없이 거친다. 지식은 개인적 자산이자 또한 공동체 자산이기도 하다."[13]

## Ⅳ. 도덕교육 전략

### 1. 아동관

개인적 구성주의는 기존의 학습과 교수에 관한 사고방식들을 혁명적으로 변화시켰다. 그 밑바탕에는 구성주의의 아동관이 자리하고 있다. 개인적 구성주의의 아동관을 세 가지로 집약하여 소개하면 다음과 같다.

첫째, 아동을 조작적 사고자로 인식한다. 조작적 사고의 개념은 우리가 아동들이 어떻게 추론하는가를 파악하는 데 중요한 단서를 제공해 준다. 조작이란 논리적 추론의 근본적인 구성요소로서 한 사람의 마음 속에 존재하는 논리적 · 가역적 관계이다. "조작은 활동들과 실질적인 대상들 및 사람들과의 상호작용들을 통하여 형성되어진다."[14] 아동들은 보다 복잡한 사고자가 됨에 따라 이러한 활동들을 정신적으로 수행하기 시작한다.

조작적 사고는 논리적 추론을 가능하게 해준다. 아동들은 처음에 관찰 가능한, 그리고 구체적인 경험들로부터 시작하여 시간이 지남에 따라 차츰 조작의 논리를 구성해 나간다. 아동들은 보통 초등학교 후반에 복잡한 조작적 사고자가 되며, 그럼으로써 그들은 비로소 보다 형식적이고 추상적인 수준에서 정신적 조작들을 수행할 수 있게 된다. 아동의 조작적 사고를 부모와 자식간의 관계를 예로 들어 설명해 보자. 아버지와 자식관계는 아버지의 관점 혹은 자식의 관점으로부터 인식되어질 수 있다. 예컨대, "나의 아버지의 자식은 나다", "아버지는 할아버지의 자식이며, 할아버지는 아버지의 아버지다"를 인식할 수 있다. 이러한 다차원적인 역할들과 관계들은 아동이 구성하고 또한 전환하는 데 어느 정도의 시간을 요한다. 그들은 자신과 부모와의 관계에 관한 논리적 · 가역적 조작들을 내면화하는 것이다. 그들은 나중에는 이러한 조작들을 다른 가족들이나 혹은 보다 복잡한 관계들에 적용할 것이다.[15]

조작적 사고자로서의 아동에 있어서 또 하나의 중요한 개념은 탈중심화이다. 자기중심주의(egocentrism)란 단지 자기 자신의 관점 혹은 인식에만 초점을 맞추는 성향이다. 자기 중심성에 갇혀 있던 아동들은 자신의 추론과 사고기능을 발달시킴에 따라 점차 자기 중심으로부터 탈피할 수 있거나 혹은 다른 사람들의 관점을 취할 수 있게 된다. 그들은 이제 타인들의 관점을 이해하는 혹은 똑같은 주제에 관한 다양한 관점들을 고려하는 능력을 지니게 된다. "탈중심화는 인간의 사회적 관계, 문제해결 능력, 그리고 논리적 사고가 보다 복잡하게 되는 것을 허용한다. 왜냐하면 탈중심화할 수 있는 아동들은 다양한 관점들로부터 상황을 볼 수 있기 때문이다."[16]

둘째, 아동을 지식의 구성자로 인식한다. 사회적-인습적 지식은 아동들이 성장하는 문화로부터 발생한다. 이 지식은 문화의 전통, 언어, 그리고 행위의 규칙들과 같은 것들을 포함한다. 우리나라에서 통용되는 한글이나 전통 예의라는 것 등은 우리 나라라는 특정한 문화로부터 발생하는 사회적-인습적 지식에 해당한다. 아동들은 이미 그 인습을 알고 있는 타인들로부터 그러한 지식을 배워야만 한다. 아동들은 또한 습관이 들기 전까지는 사회적 인습들을 기억하고 실천해야 한다. "사회적-인습적 지식은 물리적 지식과 같이 물리적 대상들과의 상호작용을 통하여 밝혀질 수 없다. 또한 그것은 논리적-수학적 지식과 같이 논리를 통하여 구성되어질 수도 없다. 사회적-인습적 지식은 일반적으로 반복, 회상, 그리고 모방을 통하여 학습된다."[17]

그러나 도덕적 지식은 단순히 반복이나 모방을 통하여 습득되는 것이 아니라, 그 밑에 깔려 있는 논리적 관계를 이해할 수 있어야 한다. 아동들은 자기중심주의로부터 상호 존중을 바탕으로 하는 사회적 맥락을 넓혀가는 과정을 거치면서 점차 도덕적 지식을 구성해 나간다. 여기에는 평형화의 개념이 내재되어 있다.

피아제는 모든 유기체들이 균형을 유지하고자 노력하는 평형화의 개념을 빌려 학습을 촉진하는 힘을 설명하였다. 만약 새로운 정보나 경험들, 혹은 아이디어들이 어떤 사람이 지니고 있던 기존의 사고에 꼭 들어맞으면 동화의 과정을 거치지만 그렇지 않다면 인지적 불균형 혹은 비평형의 상태가 발생한다. 이러한 비평형에 의해 창조된 불안함은 학습자로 하여금 새로운 지식과 구지식 사이에 균형을 확립하기 위해 이전의 사고방식들을 변화시키도록 자극한다. 따라서 조절의 과정이 인지적 비평형에 의해 점화되어진다. 이런 과정을 통하여 아동들은 도덕적 지식을 구성해 나간다.

셋째, 아동을 능동적 학습자(active learners)로 인식한다. 아동들은 지식을 능동적으로 구성한다. 그들은 놀이를 통하여 사회적 관계를 형성하면서, 그리고 자신들의 사고를 발달시키면서 능동적으로 지식을 구성해 나간다.

우선, 아동들은 놀이를 통해 지식을 구성해 나간다. 초기 아동기에서는 놀이가 지식을 구성하는 주요 원천이다. 놀이는 아동들의 자발적인 의사에 의해 시작되고 중지된다. 놀이의 모든 결정이 구성원들의 자발적인 의사에 따른다. 놀이에는 개개인이 무시할 수 없는 고유의 규칙이 있기 때문에 자기에게 불리하거나 힘들다고 놀이를 그만두지는 못한다. 그 규칙들은 놀이하는 상황에서 절대적인 구속력을 가지고 있다. 아동들은 놀이를 진행하는 과정에서 새로운 규칙을 만들 필요성에 직면하기도 한다. 그러면 서로 협상과 타협을 거쳐 서로가 동의할 수 있는 새로운 규칙을 만들어낸다. 그런 과정을 거치면서 아동들은 규칙들이 존재해야만 하는 이유를 이해하게 되고, 그의 필요성에 대하여 반성적으로 사고하게 된다. 그럼으로써 기존에 가지고 있었던 규칙에 대한 지식구조들이 점차 변화하게 된다. 아동들은 새로운 지식을 창조해 나가는 것이다.

또한 아동들은 사회적 상호작용을 통해 지식을 구성해 나간다. 구성주의에 따르면 사회적 상호작용은 학습에 있어서 본질적인 요소이다. 아동들은 다른 사람들과의 관점들의 비교와 열린 대화를 통하여 자신의 관점과 다른 관점들이 존재한다는 것을 이해하고, 자신의 것이 아닌 다른 사람들의 관점들을 고려하기 시작한다. 아동들이 객관적으로, 그리고 자율적으로 사고하기 시작하는 것은 이러한 사회적 상호작용을 통해서이다. "아동들은 사회적 상호작용의 과정에서 자신이 이미 알고 있거나 혹은 생각하는 바와 타인들의 그것들 사이에 비평형을 경험할 때 새로운 지식을 구성해 나간다."[18] 동료들 간의 사회적 상호작용 과정에서 등장하는 문제들은 아동들의 논리적 추론이 발달할 수 있는 자연적인 원천이 된다. 동료들과 다툼이 일어날 수도 있으며, 그런 가운데 아동들은 비평형을 경험하게 되며, 그럼으로써 또한 그들은 새로운 지식을 구성하게 된다.

그리고 아동들은 지적 자율성을 통해 지식을 구성해 나간다. 지적 자율성은 스스로 생각하는 능력이다. 반면에, 지적 타율성은 다른 사람들이 자기 자신의 사고에 대한 지배력 혹은 통제력을 가지고 있다는 것을 의미한다. 타율적인 사고를 하는 아동들은 다른 사람들이 자기 자신에게 말하는 바를 의심 없이 믿는다. 도덕적 측면에서 보면 이러한 사람들은 다른 사람들로부터 받을 보상이나 벌 때문에 어떤 결정을 내린다. 그러나 자율적인 사고를 하는 자들은 자기 자신의 확신들과 신념들을 바탕으로 어떤 결정을 내린다. 아동들은 자율적인 추론에 도달하기 이전에 일련의 덜 복잡한 사고방식들을 통하여 나아가야만 한다. 그들은 물리적 · 사회적 세계와의 끊임없는 경험을 가져야 할 필요가 있고, 또한 자율적 · 추상적 사고자가 되기 이전에 발달론적 측면에서 성숙에 도달해야 할 필요가 있다. 자율적 사고에 대한 뿌리는 초기 아동기 동안의 구체적 · 일차적 경험들을 통하여 형성되어진다.

## 2. 도덕교육 목표

개인적 구성주의 교육의 장기적 목표는 아동들이 옳고 그름에 관하여 깊게 간직하고 있는 확신들을 바탕으로 책임 있는 결정들을 내리는 자기 규제적인 성인들이 되도록 하는 데 있다. 구성주의 관점을 지닌 교사들은 비록 아동들이 자기 규제와 자율적 사고를 아동기 기간 동안 완전하게 성취할 수 없다는 것을 잘 알고 있지만 이러한 목표에 준하여 일상적인 결정들을 내리고 또한 아동들을 그러한 방향으로 안내한다. 아동들이 궁극적으로 도덕적 자율성을 확립하기 위해서는 도덕적 추론의 발달이 절대적으로 요청된다. 따라서 도덕성 발달을 위한 구성주의 교육은 아동들의 도덕적 추론의 발달에 일차적인 관심을 기울인다.

아동들이 자율적으로 도덕적 추론을 하기 위해서는 최소한 다음과 같은 몇 가지 기본적인 요소들을 발달시켜야만 한다. 구성주의 접근의 구체적인 교수목표는 이러한 기본적 요소들의 발달을 추구하는 데 있다. 이러한 요소들의 발달은 역으로 도덕성의 발달을 튼튼하게 뒷받침해 줄 것이기 때문이다. 우리는 개인적 구성주의 관점에서 보았을 때 도덕성 발달을 위한 교육목표를 다음과 같이 요약할 수 있을 것이다.

첫째, 상호 이해(reciprocal understanding)의 증진이다. 상호성을 근간으로 하는 도덕성, 즉 상호 존중과 이해에 바탕을 둔 옳고 그른 행동 사이의 구분은 도덕적 추론의 주축을 이룬다. 가령, 어떤 아동이 자신의 행동이나 말이 다른 사람에게 고통을 가져다 줄 수 있다는 것을 잘 알기 때문에 다른 사람에게 행동이나 말을 함부로 하지 않는다면 그는 상호 이해의 의식에 바탕을 두고 있는 것이다. 이러한 유형의 의사결정은 벌에 대한 공포 때문에 어떤 결정을 하는 것보다 도덕적으로 더 우위에 있다. 벌에 대한 두려움으로 어떤 의사결정을 하는 것은 전형적인 타율적 도덕 추론의 예라 할 수 있다.

아동들은 상호 이해를 스스로 쉽사리 발달시키지는 못한다. 아동들은 다른 영역들에서의 지적 발달과 평행하는 점진적 진보를 통해 옳고 그름에 관한 이해를 발달시킨다. 아주 어린 나이에서 약 7세 정도까지 지속하는 전 조작기 기간 동안 아동들은 '도덕적 실재론'(moral realism)을 구사한다. 아동들은 선과 악에 관한 판단의 대부분을 관찰 가능한, 그리고 실제적인 것에 기초한다. 예컨대, 어떤 아동이 넘어져 다리를 다쳤다면 지난날 남의 물건을 훔친 죄를 받은 것이라 생각한다. 이 단계에 있는 아동들은 타인들이 그들의 행위에 대한 각기 다른 동기를 가지고 있다는 것을 깨닫지 못한다. 만약 어느 누군가가 의도적으로든 아니든 간에 우유한 컵을 쏟으면 그 사람의 행동은 도덕적 실재론자의 눈으로 볼 때 나쁘다. 우유를 많이 쏟으면 쏟을수록 그 행동은 더욱 나쁘다.

의도적인 비행(非行)은 우연적인 비행과 똑같이 취급된다. 왜냐하면 도덕적 실재론자는 그 사람의 동기를 '읽을 수' 없기 때문이다. 아동들은 공격자의 보이지 않는 동기가 아닌 관찰 가능한 피해의 심각성을 기준으로 행동의 옳고 그름을 판단한다. 또한 그들은 규칙을 권위 인물들에 의해 부과된 주어진 진리로서 인식한다. 그들은 법의 정신이 아닌 규칙의 자구(字句)에 복종하며, 그 규칙 밑에 깔려 있는 '이유'를 이해하지 못한다. 따라서 그들은 규칙을 문자 그대로 적용한다.

이러한 도덕적 실재론의 사고구조를 가진 아동들은 타인들과의 상호작용에서 자기중심적인 유형을 나타내 보인다. 그들의 규칙에 관한 해석과 규칙에 대한 이유는 자기 자신의 지각과 욕구에 집중한다. 가령 다른 아동들과 놀이를 할 때, 그들은 다른 사람의 권리가 자기 자신의 욕망보다 더 우월하다는 이해를 발달시키지 못하고 있다. 이들은 아직 상호성 혹은 타인들의 관점들에 관한 상호 이해가 충분히 발달되지 못한 상태이다.

아동들은 형식적 조작 사고가 가능한 시기에 이르렀을 때 상호 이해가 비로소 가능하다. 셀만(R. L. Selman)에 따르면, 아동들은 8~10세에 이르러야 '자기반성적 역할채택'이 가능하고, 10~12세에 이르러 쌍방적 사고자(reciprocal thinkers)로서 비로소 '상호적 역할채택'의 기능을 수행할 수 있다.[19] 이들은 자기와 다른 사람들의 감정 혹은 생각을 고려하기 시작함에 따라 상호성 혹은 상호 존중의 의식에서 조작하기 시작한다. 형식적 사고가 가능한 아동들은 발달된 인지적 기능들로 인하여 행동하기 전에 사고를 하게 된다. 아동들은 이제 타인들을 사고에서 고려하기 시작하는 것이다. 다시 말하면, 이들은 자신들의 관점을 타인들의 그것들과 조정하기 시작한다.

둘째, 관점 채택(perspective taking) 능력의 발달이다. 자율적인 도덕적 추론에 필수적인 것은 타인들의 관점을 채택하는 능력이다. 타인들의 관점을 이해하는 능력은 오랜 기간을 거치면서 발달한다. 이러한 능력은 원기둥을 서로 다른 각도에서 보면 그 모양이 달리 보이는 것과 같은 보다 구체적이고 직접적인 경험들과 함께 발달하기 시작한다. 이는 또한 똑같은 대상에 대해서도 사람들마다 각기 다른 감정과 사고를 가질 수 있다는 것을 이해하는 것처럼 보다 추상적이며 덜 시각적인 형태로 발달해 간다.

셀만은 아동들의 자기중심적이고 충동적인 행동을 미발달된 관점 채택 능력의 탓으로 돌린다. 일반적으로 6세 이하의 아동들은 다른 사람들이 자기 자신의 것과 다른 내적인 관점들을 가지고 있다는 것을 깨닫지 못한다.[20] 따라서 그들은 자기 자신의 주관적인 관점에 집중하기 마련이다. 아동들은 다른 사람들이 그 나름의 관점들을 가지고 있다는 것을 알 만큼 충분히 탈중심적이 되기 시작하면서 비로소 자신들의 욕구를 다른 사람들과 조정하기 시작한다.

관점 채택은 여러 가지 능력을 포함한다. 어떤 행동들은 우연적으로, 혹은 아무 의도 없이도 발생한다. 선반 위의 물건을 꺼내려다 실수로 옆의 다른 물건을 떨어뜨릴 수도 있는 것이다. 관점 채택은 이러한 것을 이해할 수 있는 능력도 포함하고 있다. 물론 관점 채택의 주된 능력은 사람들마다 각자 나름의 어떤 행위를 위한 주관적인 혹은 내적인 동기를 가지고 있다는 것을 이해하는 것이다. 이러한 관점 채택의 능력을 가질 때 아동들은 어떤 행위의 옳고 그름을 판단하고자 하는 경우에 의도를 고려해야 한다는 점을 깨닫게 되는 것이다.

셋째, 협상 및 타협기능의 발달이다. 관점 채택에 따른 당연한 결과는 몇 가지 관점들을 동시에 조정하는 능력이다. 협상과 타협은 자기 자신과 다른 사람들의 관점들을 조정하는 능력을 반영하는 두 가지 사회적 기능들이다. 아동들은 어려서 놀이를 통해 규칙들을 협상하고 타협하는 기능을 발달시킬 수 있다. 놀이는 아동들의 자발적인 의사에 의해 시작되고 중지된다. 놀이의 모든 결정이 구성원들의 자발적인 의사에 따른다. 놀이에는 개개인이 무시할 수 없는 고유의 규칙이 있기 때문에 놀이가 진행되고 있는데 자기에게 불리하거나 힘들다고 놀이를 그만두지는 못한다. 도덕적 실재론의 시기에 있는 어린 아동들은 놀이의 규칙이 절대적인 존재로 인식한다.

넷째, 규칙들의 존재 이유에 대한 이해의 증진이다. 아동들은 규칙들이 존재해야 하는 이유를 이해할 필요가 있다. 규칙들이 존재하는 이유를 안다는 것은 사회의 법과 도덕이 어떻게 기능하는가를 이해하는 데 중요한 역할을 한다. 그럼으로써 아동들은 점차 사회의 법과 도덕 밑에 깔려 있는 논리를 이해하기 시작한다. 구성주의 이론에 따르면, 아동들은 놀이나 게임을 통해 규칙에 대한 이해를 발달시켜 나간다. "아동들은 자신들이 설정하였던 놀이나 게임 규칙들을 발달시키고 또한 준수함에 따라 사회의 규칙들이 갖는 기능과 이유에 대해 보다 깊은 이해를 발달시킨다."[21)]

규칙은 인습으로부터 비롯된 것과 도덕으로부터 비롯된 것으로 구분된다. 아동들은 옳고 그름의 규칙들에 관한 이해를 구성함에 따라 점차적으로 다른 유형의 규칙들이 존재한다는 것을 이해하기 시작한다. 인습은 사회적-관습적 지식으로부터 나오는 것으로, 문화적으로 혹은 상황적으로 결정되어진 규칙들이다. 그것은 사회 체계 내에서 개인들의 상호작용을 조정하는 행동 통일의 기능을 수행한다. 고속도로나 국도의 제한속도, 학교 교문 앞에서의 국기에 대한 경례, 아동들이 수업 중 지켜야 할 사항 등은 인습으로부터 비롯된 규칙들에 해당된다. 대부분의 인습은 한 사회의 커다란 문화에 의해 결정되어진다.

또한 아동들은 도덕으로부터 비롯된 규칙들을 이해하기 시작한다. 아동들은 다른 사람들도 그들 자신의 권리를 가지고 있다는 것을 이해함에 따라 그들의 권리를 존중하는 차원에서 다른 사람들을 대우하게 된다. 다른 사람들에 대한 이러한 상호 존중과 관련된 규칙들을 '도덕적 규칙'이라 부른다. 아동들이 도덕적 규칙을 올바로 이해하기 위해서는 논리적-수학적 사고를 할 수 있어야 한다. 따라서 아동들의 도덕적 규칙에 대한 이해는 다른 논리적 추론기능의 발달과 병행하여 나아간다.

구성주의에 따르면, 동료들과의 사회적 관계는 아동들의 논리적 추론을 발달시켜 주는 추진력을 제공한다. 동료들과의 관계는 논리적 사고의 능력을 발달시키는 데 있어서 핵심이라 할 수 있는 비평형을 유도하는 좋은 원천이다. 피아제의 말을 빌리면, "아동들은 그의 동료들과의 협력 없이는 아무 것도 창조하지 못한다."[22)] 달리 말하면, 아동들은 동료들과의 사회적 관계를 통해 도덕적 규칙들의 논리적 결과들을 보다 잘 이해할 수 있다.

다섯째, 자신의 행위결과에 대한 예측능력의 발달이다. 인간은 사회적 동물이다. 인간은 서로 어울려 집단이나 사회를 구성하여 삶을 영위해 나간다. 구성원들은 사회적 그물망을 형성하고 살아간다. 따라서 한 사람의 행위는 다른 많은 사람들에게 영향을 미치게 된다. 아동들이 이러한 현상을 이해한다는 것은 도덕적인 측면에서 매우 중요한 의미를 갖는다. 자신의 행동이 다른 사람들의 권리를 침해하지는 않나 하고 생각하는 것은 자율적인 도덕인이 반드시 갖추고 있어야 할 요소이다.

아동들이 어떤 행동을 하기 전에 생각하는, 그리고 그 행동이 다른 사람들에게 어떻게 영향을 미칠 것인가를 예측하는 능력은 조작적 사고와 함께 발달한다. 왜냐하면 그것은 논리적 사고를 포함하기 때문이다. 아동은 '만약/그렇다면' 관계를 고려할 수 있어야만 한다. 형식적 사고 단계에서는 모든 조작들이 논리적 사고 내에서 일어난다. 이 단계의 정신적 조작들을 수행할 수 있는 아동들은 '만약/그렇다면' 상황을 통하여 사고할 수 있다. 가령, 만약 내가 선생님에게 어제 버스에서 어느 할머니에게 자리를 양보해 드렸다고 말씀드린다면 선생님은 나를 칭찬해 주실 것이다라는 사고가 가능하다. 아동들은 또한 그들의 사회적 환경에 있는 특수한 사람들의 반응을 예측할 수 있게 된다. 가령, 아동들은 내가 학교에 지각하면 선생님은 이러저러한 반응을 보일 것이다라는 예측을 할 수 있게 된다. 따라서 어떤 아동이 처음으로 속이거나 혹은 거짓말을 시도한다면 그 아동은 이전에 비해 보다 복잡한 사고가 가능해졌음을 의미한다. 그런 아동들은 실제적으로 '만약/그렇다면' 상황 조작들을 자신들의 추론에서 사용하고 있는 것이다.

아동들이 자신의 행위가 다른 사람들에게 어떤 영향을 미치는가를 이해하는 능력은 동료들과의 관계 속에서 직접적인 경험을 통해 발달시켜 나갈 수 있다. 아동들은 또한 그러한 경험과 함께 자신들의 행위가 타인들에게 어떻게 영향을 미칠 것인가를 예측할 수 있는 능력을 키워나가게 된다.

끝으로, 사회적 문제 해결력의 신장이다. 구성주의 교육의 목표는 아동들로 하여금 자율적인 도덕적 사고자, 문제 해결자가 되도록 하는 데에 있다. 아동들은 여러 가지 다양한 사회적 문제들에 직면한다. 그러한 사회적 문제들은 아동들에게 자율적인 추론기능들을 실천하고 또한 발달시킬 수 있는 좋은 기회를 제공해 준다. 아동들이 동료들과 상호작용할 수 있는 기회를 갖게 된다면 그들은 그 과정 속에서 사회적 불일치를 경험할 수 있을 것이다. 그러한 불일치들은 아동들이 자기 자신이나 다른 사람, 혹은 사회의 인습이나 도덕에 관하여 학습하는 좋은 기회이다. 아동들은 사회적 문제에 봉착하여 자기 자신의 의견을 내고, 다른 사람들의 의견을 듣고, 타협하고, 그리고 해결책을 강구하는 것을 학습함에 따라 그들은 보다 큰 사회에서 다른 사람들과 함께 지내는 인간의 삶의 본질을 이해하게 된다.[23]

## 3. 도덕성 발달을 위한 교육적 접근

개인적 구성주의에서 도덕성 발달을 위한 교육적 접근방법으로 제시되고 있는 것으로 다음의 네 가지를 들 수 있다.

첫째, 형성적 환경(formative milieu)의 조성이다. 피아제는 비록 교육자는 아니었지만 사회의 의무는 가르치는 것뿐만 아니라 개인의 잠재력이 계발되어지고, 파괴되어지거나 혹은 묻혀지지 않는 형성적 환경을 제공하는 것이라는 입장을 취하였다. 그는 행동의 정서적 · 사회적 · 인지적 측면들은 실제적으로 분리될 수 없는 것이라 하면서 정서가 행동패턴의 활력을 구성하고 행동패턴의 구조는 인지적 기능들과 일치한다고 하였다.[24] 이를 달리 말하면, "아동들의 정서적 · 사회적 · 도덕적 발달은 인지를 통합하는 맥락에서 고려되어야만 한다"[25]는 것을 함축하고 있다.

전통적인 교육이론은 항상 아동을 하나의 작은 성인으로 다루어 왔다. 단순히 성인이 지니고 있는 지식과 경험이 부족한 반면에, 성인이 하는 것과 꼭 같이 추론하고 느끼는 존재로서 인식하여 온 것이다. 이러한 방식에서 보면 아동은 무지한 성인과 다를 바 없다. 따라서 교육자의 과업은 그의 정신을 형성하는 것이라기보다는 단순하게 그것을 공급하는 것이었다. 이러한 교육의 방향에 대해 피아제는 근본적으로 다른 생각을 갖고 있었다. 아동의 사고는 우리 성인의 사고와 질적으로 다르다고 보았다. 그리하여 교육의 중심적인 목적은 아동의 지적 및 도덕적 추론능력을 발달시키는 데 있다고 생각하였다. 그리고 그 능력은 외부로부터 형성되어질 수 없기 때문에 아동이 그것을 스스로 구성하도록, 달리 말하면 "지적 영역에서 일관성과 객관성을, 그리고 도덕적 영역에서 상호성을 성취하는 데 도움을 주는 가장 적절한 방법과 환경을 발견하는 것이 중요하다"[26]고 하였다.

따라서 구성주의 관점에서 아동들의 도덕성 발달에 관심을 기울이는 교사는 어떤 도덕적 지식을 어떻게 얼마나 제공하느냐의 문제에 매달리기보다는 '나는 아동들로 하여금 어떻게 능동적인 학습자가 되도록 허용하는, 그리고 그들로 하여금 적절하게 행동하도록 격려하는 학습환경을 확립할 것인가?' 라는 물음을 스스로 제기하고 이에 답하려 노력할 것이다. 형성적 환경의 조성이 아동들의 도덕성 발달에 있어서 가장 기본적인 바탕이기 때문이다.

구성주의 교사들은 훈육(discipline)이란 말을 사용하는 대신에 안내(guidance)라는 말을 즐겨 사용한다. 훈육이란 말은 아동에 '대해'(to) 행해진 무엇인가를 함축한다. 그러나 구성주의에서 사용하는 안내라는 말은 교사들이 아동들과 '함께'(with) 그들을 도덕적 이해, 곧 인간이 각자 서로를 대우해야만 하는 방식에 관한 이해로 길라잡이하기 위해 노력한다는 것을 함축하고 있다.

도덕은 일반적으로 다른 사람들에 대한 존중으로부터 나오는 행동들을 관리하는 규칙들로 유지된다. 더 나아가 도덕은 정의(正義)에 함축되어 있는 개념들에 의해 구조화된다. 논리적으로 볼 때 아동들의 도덕성은 다른 아동들과 그들이 존중하는 성인들과의 상호 관계들로부터 발달한다. 교사들은 명시적 교육과정을 통해서 아동들의 도덕성 발달에 영향을 미치며, 동시에 잠재적 교육과정을 통해서도 똑같이 아동들을 도덕의 이해로 안내한다.

구성주의 관점에서 아동들의 도덕성 발달에 관심을 기울이는 교사들은 교육환경을 조성하는 전략에 있어서 도덕공동체의 조성에 우선성을 부여한다. 형성적 교실환경은 도덕공동체로 대변될 수 있다. 교실은 아동들과 교사들이 민주적인 공동체를 창조하기 위해 함께 노력하는 작은 사회로서 인식된다. 더 넓게 보면 학교는 여러 학급들로 구성된 하나의 도덕공동체가 된다. 교사들은 아동들이 초기 아동기를 거치는 동안 접하는 일상적인 경험들로부터 그들의 도덕성을 구성하기 시작한다는 것을 인정한다.

교사들은 또한 도덕적 지식의 구성이 아동들 내부로부터 일어난다고 본다. 즉, 옳고 그름에 관한 이해가 아동 내에서 발달한다는 것이다. "도덕적 지식은 타인들에 의해 전달되고 아동에 의해 내면화되는 것으로 인식하지 않는다."[27] 피아제는 아동들이 물리적 세계에 관한 지식을 구성하는 것과 같이 사회적 및 도덕적 세계에 관한 지식을 구성한다고 주장한다. 아동들은 다른 사람들과의 직접적인 경험들을 통하여 많은 인지적 과정들, 곧 논리적 추론, 탈중심화, 문제 해결 등을 발달시킨다. 따라서 도덕성 발달에 관한 구성주의의 교육적 전략은 외부에서 교사에 의해 지식을 제공하는 방식에서 탈피하여 아동들이 스스로 도덕적 이해를 구성할 수 있는 형성적인 환경을 조성하는 것으로부터 시작한다.

둘째, 규칙위반 행위에 대한 내적 통제이다. 교실에서 어떤 아동의 부적절한 행동은 다른 모든 아동들을 위한 학습환경을 위협할 수 있다. 그러면 이를 목격한 교사는 학습환경의 질서를 유지하기 위해 엄격하게 통제하는 방법들을 사용하고 싶은 욕구에 사로잡힐 수 있다. 그 아동에게 부적절한 행동에 대한 책임을 묻고 징계를 가하고자 한다. 그러나 구성주의에 바탕을 둔 교실의 전략은 이와 다르다. 구성주의 학습환경의 독특한 특징들 중의 하나는 아동들과 교사가 사회적 질서에 대해 함께 책임을 공유하는 것이다. 교사와 아동이 '함께' 그 책임을 공유한다. 왜냐하면 사회적 질서란 어느 일방에 의해 건설되어지는 것이 아니기 때문이다.

교사들은 보통 좋은 행동에는 보상을 하는 반면 부적절한 행동에 대해서는 벌을 제공한다. 그러나 벌과 같은 통제방법을 지나치게 사용하는 것은 바람직하지 않다. 벌은 세 가지 역효과를 발휘할 수 있다. 마음 없는 순응, 반항, 그리고 아동들에 의한 위험의 계산이 그것이다. 마음 없는 순응은 아동이 더 이상 스스로 결정을 내리지 않을 때 나타난다. 대신에 아동은 규칙에 순응하면 벌을 피할 수 있는 안전을 제공받기 때문에 규칙을 따른다. 통제하는 권위 인물들에 대한 반항적인 행동은 아동이 스스로 행동하기로 한 결정이 성인 기대에 일치하기를 거부할 때 나타난다. 그때 아동은 붙잡힐 위험을 계산하며 또한 그에 따라 기능한다. 아동들은 적발되지 않고 금지된 행위를 하는 것으로부터 만족을 얻는다. 그것은 더 나아가 비행을 장려하기도 한다.

벌이나 보상과 같은 외적 통제전략들에 지나치게 의존하는 전략들은 아동들로 하여금 자율적으로 생각하도록 하는 대신에 타율적으로 생각하도록 이끈다. 타율적 사고를 하는 자들은 자기 자신들에 관한 결정을 내리는 데 있어서 타인들에 의존한다. 반면, 자율적인 사고를 하는 자들은 옳고 그름에 관하여 자기 스스로 추론하여 결정하고, 또한 그에 따라 행동한다. 이러한 추론은 늘 같은 방식으로 나타나는 고정불변의 것이 아니다. 아동들의 추론은 이 전에 가지고 있던 신념들에 도전하는 직접적인 경험을 통해서나 혹은 다른 사람들과의 사회적 만남을 통해 다른 추론 및 논리적 기능들과 같은 방식에서 발달한다. 다시 말해, 추론은 새로운 경험과 만남 속에서 직면하는 모순들을 조절의 과정을 거치면서 발달해 나아간다.

마리언(M. Marion)은 교사들이 벌이나 보상과 같은 외적 통제전략들을 사용하였을 경우에 나타날 수 있는 부정적인 부산물에 대한 통찰을 제시해 주었다. 그에 따르면, 성인들이 아동들에 대해 사용하는 통제전략은 보통 두 가지 범주로 나누어진다. 강압 행사(power assertion)와 유도 추론(inductive reasoning)이 그것이다. 비록 마리언은 이 범주들을 구성주의 이론과 관련시키지는 않았지만 그 범주들은 피아제의 타율적 · 자율적 추론의 개념들과 비슷하다. 마리언은 "강압 행사란 성인들이 아동들의 행동의 변화를 이끌어내기 위하여 신체적 혹은 심리적 힘 혹은 위협에 의존하여 사용하는 통제 시도"라 정의하였다.[28] 그러한 통제 시도들은 좋은 행동에 대해 보상을 주고 또한 나쁜 행동에 대해서는 위협이나 벌을 주는 것을 포함한다. 그 전략들은 기본적으로 언어를 사용하거나 혹은 물리적인 수단을 사용할 수 있다. 피아제 이론의 측면에서 보면 강압 행사는 아동들로 하여금 타율적 사고로 이끈다.

마리언에 따르면, 유도 추론은 "성인들이 아동들로 하여금 주어진 행동이 그들 자신이나 혹은 다른 사람들을 위한 결과들을 낳는다는 것을 이해하도록 도와주기 위해 사용하는 통제 시도"[29]이다. 유도 추론은 성인들이 아동들로 하여금 행동과 결과 사이의 인과 관계를 생각해 보도록 돕는다. 성인들은 당연히 아동들의 논리적 추론기능들에 호소하여 시도한다. 피아제는 자율적으로 사고하는 자들은 보상과 벌의 체계에 관계없이 그들 자신의 추론에 기초하여 옳고 그름에 관한 결정을 내리고 행동한다고 주장하였다.

규칙위반 행위에 대한 내적 통제를 발달시킬 수 있는 구체적인 교실전략을 소개하면 다음과 같다.[30]

① 교실에서의 활동을 관할하는 규칙들과 결과들을 설명할 때 논리적 추론을 사용하도록 한다. 구성주의 교사는 아동들의 행동을 교정할 때, 왜 그 행동이 부적절한지의 이유를 분명하게 진술한다. 그는 이러한 행위를 아동의 존엄성을 손상하지 않도록 배려하면서 한다. "내가 너에게 …을 하지 말라고 몇 차례나 말했니?" 하고 말하는 대신에 구성주의 교사는 "만약 네가 송곳을 계속 가져온다면 너는 실수로 누군가를 찌를 수 있다. 너는 그러한 사고로부터 이를 방지하기 위해 무엇을 할 수 있는가?"라고 묻는다. 아동에게 반성적 사고를 할 수 있는 기회를 제공하는 것이다.

② 규칙들을 최소한으로 유지하도록 한다. 최소의 규칙들 가운데에서도 사회적 인습보다는 도덕적 규칙들을 강조한다. 교실에서 적

용되고 있는 대부분의 규칙들은 교실공동체의 원활한 작동을 위해 필요한 사회적 인습들이나 절차들이다. 물론 사회적 인습들도 교실에서 필요하다. 가령 의자에 앉는 요령, 사물함을 이용하는 방법, 쉬는 시간의 행동요령, 교사의 신호에 반응하는 방법, 교실 물품을 선반 위에 정리하는 방법 등은 안전하고 질서 있는 학급을 위해 반드시 필요한 규칙들이다. 교사는 이러한 사회적 인습과 관련된 규칙들을 일방적으로 제정하여 아동들로 하여금 지킬 것을 강요하기보다는 아동들과 함께 그것들을 개발함으로써 아동들이 사회적 인습의 필요성과 역할을 이해할 수 있도록 하는 것이 바람직하다.

그러나 도덕적 규칙들을 배제한 채 사회적 인습들을 지나치게 강조하면 아동들은 자신들이 적절하게 행동하는지 어떤지를 스스로 판단하기보다는 교사에게 의존하게 된다. 그렇게 되면 자연스럽게 권위주의적인 분위기가 형성된다. 반면에, 도덕적 규칙들은 논리적 추론을 가능하게 해준다. 아동들은 점차 발달하고 있는 논리적 추론기능들을 사용하여 이를 추론해 볼 수 있게 된다. 정의를 강조하는, 그리고 다른 사람들에 대한 배려를 강조하는 교실규칙들은 보편적이다. 아동들은 동료들과 혹은 성인들과의 사회적 관계의 경험을 통하여 보편적인 도덕규칙들을 논리적으로 구성할 수 있다. 가령, "친구를 성의껏 대하라" 혹은 "친구의 물건을 가져오기 전에 정중히 부탁하라"와 같은 규칙들은 아동들이 보다 복잡한 도덕적 추론을 발달시키는 데 필요한 규칙들의 유형들이다.

③ 아동들에게 규칙을 준수하고자 하는 동기요소로서 보상과 벌을 사용하는 것을 가급적 피한다. 비록 아동들과 함께 학습할 때 보상과 벌을 결코 사용하지 않는다는 것은 불가능하지만, 이러한 통제전략들에 지나치게 의존하지 않도록 한다. 외적 통제전략들은 아동들을 타율적인 추론으로 이끌기 쉽기 때문이다. 만약 보

상과 벌을 사용할 때도 그것은 반드시 행동의 논리적 결과여야만 한다. 음식이나 일용품을 보상이나 벌로 사용하는 것은 결코 바람직하지 않음에 유의해야 한다.

④ 아동들과 함께 규칙들을 제정함으로써 그들로 하여금 왜 규칙이 중요한지를 이해하도록 한다. 구성주의에 따르면, 사회의 규칙들을 이해하는 데 있어서 중요한 것은 그 규칙들의 기원과 이유를 아는 것이다. 아동들이 어떠한 문제를 해결하는 방식에서 규칙들을 만들어 보는 것은 매우 중요한 의미를 갖는다. 그들은 규칙들이 존재하는 이유를 반성적으로 숙고할 수 있는 기회를 갖게 된다. 이러한 기능들은 또한 규칙위반에 따른 결과를 결정하는 것에도 적용된다. 교사는 교실공동체에서 일어나는 실제상황들을 중심으로 정당하고 논리적인 결정을 내리는 과정으로 아동들을 안내할 수 있다.

⑤ 어린 아동들은 자기중심적인 방식에서 규칙들을 적용할 것이라는 점을 수용한다. 예컨대, 그들은 게임을 할 때 자기 자신에게 유리하도록 규칙을 변화시킬 것이다. 아동들은 보다 복잡한 추론 기능들을 발달시키기 전에 일련의 덜 발달된 추론 과정들을 경험해야만 한다. 그러한 경험이 많을수록 아동들은 이후에 등장하는 기능들을 보다 확실하게 발달시킬 수 있다. 가령, 아동들 몇 명이 모여 야구를 할 때 자기만 투수를 하려고 고집한다. 다른 친구들이 이에 항의하며 반발한다. 그러면 공정성에 대한 협상 및 타협이 시작되고, 서로 동의한 규칙에 따라 게임에 임한다. 아동들은 이러한 일련의 과정을 경험함으로써 상호 이해와 존중을 바탕으로 한 인간관계를 구성할 수 있게 된다.

⑥ 아동들이 스스로 규칙을 세우고 또한 유지할 수 있는 경험들을 계획하도록 한다. 아동들은 놀이를 통해 수시로 작은 공동체를 구성하고 또한 해체한다. 그들은 놀이의 규칙을 창조한다. 이러한 경험들은 아동들이 '우리는 왜 규칙이 필요하고 또한 그것들이

어디로부터 나오는가'에 관한 구성을 하는 데 있어서 중요하다. 따라서 아동들은 교사의 간섭 없이 놀이를 할 기회들이 필요하다. 교실공동체를 경영하는 구성주의 교사는 이러한 필요성을 인식하여 아동들에게 놀이를 할 수 있는 다양한 활동계획을 마련한다.

⑦ 아동들이 사회적 갈등의 문제를 해결하는 과정에서 막다른 지점이나 혹은 감정적 수준에 도달하지 않도록 유의한다. 사회적 갈등은 아동의 놀이에서 불가피하다. 구성주의 교사는 아동들로 하여금 논리적 추론기능들을 발달하도록 돕는 데 있어서 사회적 갈등의 가치를 인정한다. 아동들이 갈등의 막다른 지점에 도달하여 더 이상 협상과 타협이 진전되지 않을 때 교사의 도움이 필요할 수 있다. 이 경우 교사는 아동들이 사용하기를 바라는 적절한 전략들을 보여줌으로써 사회적 갈등 해결에 관한 모델을 자연스럽게 제시할 수 있다. 가령, 물리적 힘을 사용하지 않고 자신의 의견을 제시하는 것, 다른 사람의 말을 경청하는 것, 다른 사람의 관점을 잘 이해하는 것, 그리고 다른 사람들의 동의를 이끌어낼 수 있는 다양한 해결방법들을 제시하는 것 등이다. 피아제가 지적한 바와 같이 사회적 갈등은 협상과 타협의 기능을 학습하기 위한 좋은 기회인 것이다.

⑧ 아동들이 각자 교실에서 중요한 책임을 맡을 수 있도록 배려한다. 도덕적인 교실공동체는 상호 간에 존중하는 마음이 있을 뿐만 아니라, 각자 자신에게 부여된 중요한 임무를 책임을 갖고 실천한다. 아동들 각자 자신이 교실에서 어떤 중요한 역할을 한다는 믿음을 갖는다면 그들은 교실공동체에서 자기 존중감(sense of self-worth)을 느끼게 된다. 가령, 교실에 있는 식물에 물주기, 교실에 있는 동물 기르기, 간식 후 정리하기 등은 아동들이 교실공동체를 돕기 위해 할 수 있는 간단한 과업들이다. 처음에는 쉽게 실천할 수 있는 작은 과업들로부터 시작한다. 작은 과업들은

아동들이 실수를 저지를 때조차도 안전하고 또한 위협적이지 않는 방식에서 책임 있는 행동을 실천할 기회를 제공하기 때문이다.

⑨ 어린 아동들의 부적절한 행동에 도전한다. 구성주의 이론의 핵심은 비평형의 조성과 평형화로의 회복에 있다. 아동들이 부적절한 행동을 하였다면 교사는 그 아동들이 사고에서 비평형을 경험할 수 있도록 도와주는 것이 바람직하다. 그러한 경험은 그 아동들로 하여금 보다 복잡한 행동과 사고에로 나아가도록 동기를 제공해 줄 것이다. 가령, 어떤 아동이 물을 먼저 마시기 위해 다른 아동을 음수대에서 밀친다면 교사는 그 아동으로 하여금 왜 그 행동이 부적절한지에 관하여 몇 가지 수단들을 통하여 생각하도록 도전할 수 있다. 질문하기, 모든 사람들이 음수대에 접근하기 위해 밀치는 장면을 역할 놀이하기, 그 행동의 결과들을 지적하기 등의 수단을 이용할 수 있을 것이다.

⑩ 아동들이 자신들의 잘못에 대해 배상할 수 있는 기회를 만들어 준다. 만약 아동들의 부적절한 행동이 사회적 · 인지적 기능들이 발달되지 못한 데에 그 원인이 있는 것으로 판단된다면 교사는 오히려 그 행동들을 이들 기능들을 발달시킬 수 있는 뜀틀로서 활용할 수 있어야 한다. 여기에서 중요한 것은 아동들이 '자신들의 잘못을 바르게 하는' 기회를 갖는 것이다. 만약 어떤 아동이 충동적으로, 혹은 자기중심적으로 행동한다면 교사는 그 아동에게 부적절한 행동을 수정할 기회를 제공할 필요가 있다. 가령, 어떤 아동이 다른 아동을 때린다면 교사는 그 아이에게 상대를 달랠 수 있는 기회를 주는 것이다. 이러한 배상을 위한 기회가 결코 부적절한 행동을 정당화시키지는 못한다. 그러나 아동에게 잘못한 행위에 대해 배상하는 기회를 허용하는 것은 역으로 그 아동이 배상 의식과 정의감을 발달시키도록 돕는다.

셋째, 협동적 관계의 유지이다. 피아제는 아동들 상호 간의, 그리고 교사와 아동 간의 사회적 맥락인 협동적 관계를 매우 중요시 여겼다. 여기에서 말하는 '협동'이란 복종적인 동의 혹은 표면적인 존중을 의미하지 않는다. 협동은 사회적 관계를 유지하는 하나의 방법이며, 여기에는 상호 존중과 더불어 갈등이 포함된다. 인간관계에는 늘 상호 존중만이 존재하는 것은 아니다. 때로는 갈등이 발생되기도 한다. 아동들이 사회적 갈등을 통하여 다른 관점들을 경험함에 따라 그들은 개인적 관점을 타인들의 그것과 비교하게 된다. 아동들은 타인들이 그들 자신의 관점과 다른 관점을 가질 수 있다는 것을 이러한 사회적 갈등들을 통해서 깨닫게 된다.

도덕성의 발달과 관련하여 협동적 관계가 미치는 영향은 지대하다. 협동적 관계는 아동들의 추론을 발달시키고, 도덕적 · 사회적 판단을 발달시키며, 그리고 정서(affect)와 퍼스낼리티를 발달시키는 데 중요한 기여를 한다. 이러한 측면에서의 발달은 궁극적으로 아동들이 자율적인 도덕인으로 성장하는 데 있어서 요구되는 전제요건들을 충족시켜 준다는 점에서 의의가 크다. 협동적 관계가 기여하는 세 가지 측면을 차례로 검토해 보자.

우선, 협동적 관계는 아동들의 추론을 발달시켜 준다. 피아제에 따르면, 어린 아동들은 자기중심적 사고에 갇혀 있어 협동을 하기가 어렵다. 이것은 아동들이 이기적이라는, 그리고 다른 사람들의 욕망을 고려하고자 '소망' 하지 않는다는 것을 의미하는 것이 아니라 그들은 '그렇게 할 능력이 없다' 는 것이다. 그들이 지니고 있는 추론의 구조가 다른 관점들의 조정을 방해하기 때문에 불가피한 일이다.

학교의 교육적 과제는 아동들로 하여금 자기 자신에의 집중을 배제할 수 있도록 하는 것이다. 그럼으로써 주관성으로부터 객관성으로 움직일 수 있게 하는 것이다. 이러한 탈중심화는 다른 사람들이 지니고 있는 마음의 욕망이나 이상들과의 접촉을 통해 결정적으로 자극을 받는다. 다른 사람들과의 협동적 관계가 탈중심화를 자극하는 핵심적인 요소인 것이다. 그래서 피아제는 "사회적 삶은 논리의 발달에 필수적인 조건"[31]이라고 하였다. 사회적 맥락은 아동들이 관점들에서의 차이를 알게 되는 가능성들을 제공하며, 또한 이러한 차이들을 조정하는 동기를 제공한다. 그러므로 피아제는 협동을 아동으로 하여금 사고에서의 자기중심주의 혹은 주관성으로부터 벗어나 상호성과 객관성으로 나아가게 하는 한 방법으로서 추천하였다.[32)]

협동적 관계가 아동들의 도덕성 발달에 미치는 두 번째 영향은 그들의 도덕적 및 사회적 판단의 발달을 가져온다는 것이다. 어린 아동들은 대상들에 대한 추론에서 자기중심성을 벗어나지 못하듯이 사회적 관점들의 다양성 또한 고려하지 못한다. 피아제는 일방적 존중으로부터 협동을 통한 상호 존중으로의 변천의 측면에서 자기중심주의의 쇠퇴를 설명하였다. 일방적 존중은 아동들과 성인들의 관계에서 나타나며, 대부분 주로 타율적인 특성을 지닌다. 이런 관계는 아동들이 지니고 있는 자기중심적 경향들을 고치기보다는 오히려 공고히 해주는 경향이 있다. 아동들은 성인들의 가치, 신념, 그리고 이상에 의해 끊임없이 통제를 받게 되면 도덕적 및 지적 영역에서 전혀 자기 자신의 마음에도 없는 복종을 하게 될 수 있다. 규칙을 따르는 이유도 모른 채 마냥 복종만 하게 된다. 자기중심주의는 성인들이 아동들에 대한 구속의 압력을 감소시키는, 그리고 협동을 실천하는 정도에 따라 점차 극복된다. "도덕적 판단은 자율적인 반성을 통해 이루어진다. 외적인 통제에 의해서보다는 내적인 통제에 의해서 실행되는 지적 과정이다. 복종의 도덕성은 아동들을 이러한 과정으로 이끌지 못한다."[33)] 아동들의 자율적인 도덕적 판단은 상호 존중의 관계를 통해서 발달하기 쉽다. 상호 존중의 근원은 자발적인 상호 애정과 존경에 있다.

협동적 관계가 아동들의 도덕성 발달에 미치는 마지막 영향은 그들의 정서와 성격을 발달시켜 준다는 것이다. 이는 궁극적으로 건전한 도덕성 발달의 토대가 된다. 피아제는 정서를 넓은 의미에서 지능이 기능을 발휘하는 데 의존하는 활기 넘치는 원천으로 보았다. 정서는 지성의 자동차로 하여금 움직이게 하는 연료에 해당한다. 그러나 정서의 연료는 자동차(지성)의 구조를 변경하지는 못한다. 피아제는 "정서가 지적인 조작들을 강하게 하거나 혹은 감퇴시킴으로써 자극시키거나 교란시킬 수는 있지만 지적 발달을 일어나게 할 수는 없다"고 하였으며, "감정이 이해의 원인이 되기보다는 이해가 감정의 원인이 된다"[34]고 하였다.

피아제는 모든 도식들은 인지적 요소와 감정적 요소 두 가지를 갖는다는 것, 그리고 이것들은 분리가 불가능하다는 입장을 취하였다. 그는 감정이 지식의 구조화에 따라서 구조화되어진다고 주장하였다. 피아제에 있어서 대상들은 동시에 인지적이자 정의적이다. 자막 뒤로 사라지는 한 대상은 지식의 대상이면서 동시에 흥미, 놀람, 만족, 실망의 원천이다. 정서는 출생시부터 지각적 활동들과 연결된 감정들 속에 제시되어진다.

아동들의 도덕성 발달은 타인들과의 상호작용으로부터 결과하는 지적 자기중심주의의 쇠퇴와 병행하여 나아간다. "퍼스낼리티는 타인들과의 끊임없는 상호작용—비교, 반대, 그리고 상호적 조정—의 결과이다."[35] 추론과 도덕판단의 발달에서처럼 정서의 발달에 있어서 타율적인 관계는 오히려 역효과를 발휘한다. 협동적 관계는 단순히 그것이 문화적으로 유용한 가치이기 때문이 아니라, 그의 심리역동적인 발달론적 중요성 때문에 구성주의 교육의 본질적인 전략 중의 하나가 되는 것이다.

도덕성 발달을 위한 구성주의의 교육적 접근으로 마지막 네 번째는 교사의 안내자로서의 역할이다. 교사는 권위의 행사를 가능한 한 최소화하도록 한다. 교사는 아동들의 동료로서 행동하고 놀이, 추론, 그리고 사회적 협동을 자극하고 안내하는 조언자로서의 역할에 충실하도록 한다.

구성주의 이론이 아동의 '구성'(construction)을 상소하는 반큼 교사의 '교수'(instruction)를 강조하지 않는다는 점과 관련하여 몇 가지 오해가 있을 수 있다. 가령 구성주의에 입각한 교육은 교사가 어떤 역할을 갖지 않는다는 것, 아동들은 자신들이 하고자 하는 대로 활동하거나 혹은 제한되지 않은 자유를 누린다는 것 등이다. 이것은 분명히 오해다. 교사들이 아동들의 발달을 촉진해 주는 재료와 상황, 그리고 경우들을 제시하는 것은 중요하다. 그것은 아동들을 아무 것이나 하도록 허용하는 문제가 아니다. 그것은 아동들에게 새로운 문제들을 제공하는 상황들을 제시하는 문제이다. 교사들은 감독과 자유의 혼합이 필요하다.

교사는 평가자, 조직자, 자극자, 그리고 협력자라는 사중(四重) 역할이 필요하다. 평가자로서의 교사는 아동들의 발달과정을 이해하고 또한 사정(査定)하기 위해 아동에 관한 폭넓은 심리학적 · 정신적 발달에 관한 지식을 가지고 있어야 한다. 교사는 이러한 심리학적 지식과 일치하는 프로그램을 실행할 수 있는 활동들을 선택하고 또한 조직할 수 있는 기능들을 갖추어야 한다. 그리고 아동들의 추론을 자극하기 위해 개입하는 데 요구되는 기능들(skills)을 갖추고 있어야 한다. 뿐만 아니라 교사는 또한 아동들과 평등한 관계를 확립하는 능력과 그들을 안내하는 조언자로서, 그리고 그들의 한 동료가 될 것이 요청된다. 그는 연장자로서 협력자가 되어야 한다. 이러한 입장은 교사를 아동들에게 정보와 가치를 전달하는 자로 보는 문화적 전달 관점과 대조적이다. 또한 아동들의 성장을 수동적으로 관찰하는 낭만주의적인 교사의 이미지와도 대조적이다.[36]

구성주의 관점에서 아동들의 도덕성 발달을 꾀하고자 하는 교사들은 아동들과의 관계에서 발생하는 심리적 역동성에 관심을 가져야 한다. 교사가 아동들의 벗이자 협력자가 되어야 한다는 것은 교사와 아동들 간의 사회적 맥락을 강조한 것이다. 협동과 구속 혹은 자율성과 타율성은 성인과 아동들 간의 관계를 나타내는 두 가지 유형이다. 구성주의에 따르면, 협동과 자율성 관계는 아동들의 지식이나 도덕성의 구성을 증진시키는 경향이 있는 반면, 구속과 타율성 관계는 그것을 방해하는 경향이 있다. 이 두 유형 사이의 차이는 본질적으로 강압(power)을 얼마나 행사하느냐에 달려 있다. 이러한 사회감정적 역동성(socioemotional dynamic)은 사회적 · 도덕적 발달뿐만 아니라 인지발달에 있어서도 매우 중요하다. 교사와 아동들 간의 관계의 심리적 역동성에서 상호 존중은 가장 핵심적인 요소이다. 상호 존중은 아동들이 자율성을 행사하고 또한 발달시킬 수 있게 해준다.

## 4. 구성주의 교수의 기본 과정

첫 번째 단계는 사전 지식(prior knowledge)을 활성화하는 것이다. 학습되어지는 것은 항상 자신이 이미 아는 것, 자신의 이미 존재하고 있는 지식구조와의 관계에서 학습되어지기 때문에 이러한 사전 지식을 확인하는 것은 중요하다. 학생들이 자신의 이전 지식을 알 때 그들은 자신의 유리한 지점을 식별할 수 있고, 또한 새로운 내용이 기존의 구조와 잘 어울리는지, 혹은 새로운 구조가 요구되는지를 보다 쉽게 결정할 수 있다. 교사들이 학생들의 사전 지식에 익숙할 때, 그들은 앞으로의 학습경험들을 보다 잘 계획하고 제공할 수 있다. 또한 만약 기존의 지식들에 결점이 있을 때, 만약 학생들이 오해를 하고 있다면 교사들은 학생들로 하여금 새로운 내용으로 나아가게 하기 전에 이들 오해들을 변경하는 활동을 제공할 수 있다.

사전 지식은 많은 방법들을 통하여 활성화될 수 있다. 학생들이 학습할 주제에 관하여 아는 바가 무엇인지 단순히 질문하는 것으로부터 어떤 현상의 요소들, 혹은 어떤 사건의 원인들을 브레인스토밍하기, 학습의 주제에로 이끄는 사건들의 시간표 만들기, 그리고 증명의 결과들 예측하기 등이 있다. 또한 만약 학생들이 획득해야 할 지식이 절차적 지식이라면 교사는 학생들로 하여금 교수 이전에 실제적인 기능(skill), 절차(procedural), 과정(process)을 수행해 보도록 할 수 있다.

두 번째 단계는 지식을 획득하는 것이다(acquiring knowledge). 교사는 '전체'(wholes)에 초점을 맞춤으로써 학생들이 지식을 획득하는 데 도움이 되게 할 필요가 있다. 만약 학생들이 이해를 발달시켜야만 한다면 그들은 '큰 그림'과 함께 그의 관련된 부분들을 볼 필요가 있다. 내용이 격리된 부분들로서 경험되어지면 이해는 발달되기 어렵다. 전체에 관해 초점을 둔다는 것은 몇 가지 주요한 개념들을 확인하고 그것들을 교수의 중심으로 삼는 것을 의미한다.

교사는 학생들로 하여금 전체를 획득하도록, 그리고 그것을 그들의 기존의 존재하고 있는 구조들에 적합하도록, 혹은 구조들을 변경하는 혹은 새로운 구조들을 창조하는 하나의 뼈틀로서 다음과 같은 두 가지 방식들에서 사용하도록 도울 수 있다. 교사들은 경험들과 환경들을 조정함으로써 학생들이 전체와 그들의 부분들을 볼 수 있게 하고, 관계와 연결들을 볼 수 있게 할 수 있다. 혹은 교사들은 직접적으로 전체와 부분을 강의, 증명(논증), 대화를 통해 제시할 수 있다.

구성주의 교사들이 제공하는 지원의 유형은 '비계 설정'(scaffolding)이라 명명되어져 왔다.[37] 비계 설정이라는 은유는 한 건물이 몇 가지의 형식(forms)에서 세워져 있지, 그것이 오로지 어느 하나의 형식에 서 있을 수 없다는 생각을 지적하는 것이다. 그것은 벽돌, 모르타르, 그리고 강철의 첨가에 의해 강화되어질 때까지 지지를 필요로 한다. 학생들에게 비계를 세우는 것은 많은 형식들을 취할 수 있다. 그러나 그것은 항상 학생들의 사전 지식 위에 세워진다. 선언적 · 절차적 지식을 학습할 때 그것은 설명, 예시, 유추, 조작하기, 모델, 질문에 대답하기 등으로 이루어질 수 있다. 학생들이 지식을 획득하기 시작하면서 비계는 건축물이 그 자체로 서있기 전까지 점차적으로 철수되어진다. 즉, 학생들이 인지적 평형의 상태에 도달한 이후에는 교사의 도움이 더 이상 필요하지 않게 된다.

세 번째 단계는 지식을 이해하는 것이다(understanding knowledge). 일단 학생들이 새로운 내용 혹은 기능들에 노출되어지면 이해의 과정은 시작된다. 학생들은 그것이 자신의 구조에 적합하고 또한 그것을 강화하는지 어떤지, 혹은 그것이 자신의 구조와 충돌하고 또한 그 구조는 변경되어질 필요가 있는지 어떤지를 결정하기 위해 새로운 정보를 자신의 이미 존재하고 있는 구조와 비교한다. 교사들은 학생들이 새로운 내용을 철저하게 탐구하도록, 그리고 새로운 내용에 관한 해석들을 공유할 수 있는 경험들을 제공함으로써 이해의 발달을 도울 수 있다.

내용을 철저하게 탐구한다는 것은 그것의 내부와 외부를 주의 깊게 검토한다는 것을 의미한다. 내적 탐구는 내용 요약하기, 그의 주요 개념들 바꿔서 설명하기, 그의 부분들(parts) 재순서화하기, 그의 의미 설명하기, 그리고 그의 용어들 정의하기 등을 포함한다. 외적 탐구는 그것을 다른 내용과 비교하고 대조하기, 그의 예들 연구하기, 그와 유사한 것 창조하기, 그것을 새로운 영역에 확장하기, 그것을 확립된 표준들과 관련하여 평가하기, 그리고 그것을 존재하고 있는 범주들로 분류하기 등을 포함한다.

지식구조들이 교실에서 공유되어지고 또한 비판되어질 수 있는 많은 방식들이 존재한다. 교사와 학생 사이 혹은 소집단에서의 학생들 간의 대화를 통해 그들의 해석, 설명, 해결책, 인식(지각), 그리고 아이디어들을 말하는 것은 지식구조들을 발달시키는 데 효과적이다. 교실에서 추론이 공적으로 이루어지는 다른 방법들로는 구두 레포트(oral reports), 논쟁, 역할 놀이, 논증, 시뮬레이션, 그리고 연극 등이 있다.[38] 그러나 이들 모든 활동들은 비평이 수반되어져야만 한다. 학생들로 하여금 그들 자신의 입장을 다시 생각해 보게 하고, 또한 그 입장들을 변경하거나 아니면 확고히 하게 하는, 그럼으로써 그들을 강화시켜 주는 것은 비평이다. 비판적 피드백은 이해를 위한 교수에서 가장 중요한 측면이다.

네 번째 단계는 지식을 이용하는 것이다(using knowledge). 교사들이 학생들로 하여금 자신들이 소유하고 있는 지식이나 혹은 이해를 발달시키기 시작하고 있는 지식을 사용할 수 있도록 활동을 제공하는 것은 그들의 이해를 확장시키고 또한 정교화시키는 데 큰 도움이 된다. 지식 사용을 위한 가장 효과적인 활동들은 '진솔한, 흥미 있는, 전체적인, 장기적인, 그리고 사회적인' 문제해결 활동들이다. 학생들은 문제를 해결하려고 시도하면서 자신들의 지식을 종합하고 또한 작동시켜야만 한다. 이러한 과정은 그들로 하여금 자신들의 지식구조를 계속적으로 검토하고 또한 확립하게 하는 원인이 된다.[39]

'진솔한' 문제들은 실제세계에서 일어날 가능성이 있는 것들이다. 물론 그것들은 학문적일 수도 있고 혹은 실천적일 수도 있다. 그것들은 대체적으로 일상생활에서 일어나는 유형일 수 있다. '흥미'는 만약 학생들이 자신들의 이해를 활동을 통해 확장해야 한다면 매우 중요하다. 왜냐하면 만약 그들이 활동에 흥미를 느끼지 못한다면 그들은 깊이 있게 참여하지 않을 것이기 때문이다. 학생들에게 흥미 있는 활동들은 대조적이거나 혹은 감정적 강도를 포함하는 것들이다. 대조를 제공하는 활동은 놀라운, 기대하지 못한, 혹은 일치하지 않는 요소들을 포함하는 것이다. 반면 감정적으로 강렬한 활동은 보통 사랑, 폭력, 돈, 그리고 죽음과 같은 삶 주제들을 다루는 것들이다.

'전체적'(holistic) 활동은 넓은, 그리고 다차원적인 것이다. 교육적 목적을 위해 부적절하게 단순화시킨 혹은 형성되어진 것이 아닌 것이다. 학생들은 자신들의 이해를 검증하고 강화하기 위해서는 자신들의 지식구조에 도전하는 경험들을 필요로 한다. '장기적'이 의미하는 바는 그 활동이 학생들로 하여금 며칠 동안 개입하도록 할 것을 의미한다. 짧은 활동은 학생들로 하여금 자신들의 지식구조들을 다시 생각할 기회를 제공하기 어렵다. 마지막으로, 모든 다른 일들이 평등하다면 '사회적' 활동이 혼자 하는 활동보다 더 유용하다. 학생들이 문제를 해결하기 위해 집단에서 작업할 때, 그들은 끊임없이 아이디어들을 말하고 또한 그들의 적절성에 관한 피드백을 받을 기회를 갖는다.

많은 활동들이 학생들로 하여금 지식을 사용하게 할 수 있다. 예컨대 구성 프로젝트, 연구 보고서, 행동을 위한 제안들, 자료수집 조사연구, 의사결정 과제, 정책개발 등등. 그 형식이 무엇이든 활동은 수렴적 활동(convergent activity) 혹은 발산적 활동(divergent activity)으로 생각되어지고, 조직되어지고, 그리고 경험되어질 수 있다. 수렴적 활동은 하나 혹은 그 이상의 알려진 결과들을 갖는 활동이다. 교사는 활동을 배열하고 또한 영향을 줄 수 있으며, 그럼으로써 학생들은 미리 결정되어진 대답 혹은 결과에 도달하게 된다. 구성주의는 학생들이 이들 결과들에 도달하도록 그들의 지식구조들을 사용하고 또한 등장하는 집합적 구성들을 조절하도록 그들의 지식구조를 변경하게 하는 것으로서 역할을 한다. 발산적 활동은 대조적으로 실질적인 결과들이 알려지지 않은 것이다. 교사는 기원적인, 창조적인 결과들을 격려한다. 학생들은 그들 자신의 독특한 결론들을 산출할 수 있다.

다섯 번째 단계는 지식에 관한 반성적 숙고를 하는 것이다. 학생들은 지식을 획득하고, 그것에 관한 이해를 깊게 하며, 그리고 그것을 문제해결 상황에서 사용한다. 그러나 학생들이 지식을 충분하게 이해하고 또한 학교의 안팎에서 광범위하게 적용할 수 있으려면 지식을 탈맥락화할 필요가 있다. 이것은 반성적 숙고를 요구한다.

학생들로 하여금 반성적으로 숙고하게 하는 활동들은 그들로 하여금 그들 자신으로부터 한 발짝 물러나서 그들이 행한 바를 되돌아 보도록 하는 것을 요구하는 활동들이다. 그러한 감독과 평가는 많은 방식들에서 일어날 수 있다. '잡지 쓰기' 는 특히 좋은 방안이다. 자신이 아는 바를 다른 사람들에게 가르치는 것은 또한 반성적 숙고를 일으키는 효과적인 수단들이다. 또 다른 유용한 활동은 시뮬레이션 혹은 역할놀이이다. 이들 활동은 학생들로 하여금 그들의 실제적인 행동을 그들이 가설적인, 유사한 상황들에 개입할 때 검토하도록 요구한다. 어떤 계획 세우기 혹은 학교 점심과 관련한 정책 제안하기 등의 제안적인 작문활동은 반성적 숙고를 돕는 좋은 방법들이다. 자신의 이해를 다른 사람들의 그것과 비교하는 것 또한 반성을 자극하는 좋은 방법이다.[40]

## V. 이론에 대한 비평

개인적 구성주의 이론은 다음과 같은 비판을 받고 있다.

첫째, 사회적 요소들(social factors)의 역할에 지나치게 무관심하였다. 비판가들은 피아제가 "유아의 실재는 본질적으로 주로 사회적이라는 사실을 무시하였다"[41]고 주장한다. 이들은 사회적 관계 혹은 사회적 맥락(social context)이 인지발달의 과정에서 근본적으로 중요하다는 입장이다.[42] 이러한 비판은 특히 사회문화적 접근법(socio – cultural approach)의 관점으로부터 제기되었다.

사실, 피아제는 도덕적 판단에 관한 오랜 연구를 하는 과정에서 주로 사고의 발달에서의 주체－객체 상호작용에 관심을 집중하였다. 물론 피아제는 아동들의 도덕성이 처음 시작부터 사회적 관계 속에서 구현되된다는 것에 충분히 동의하였다. 그러나 "피아제는 아동들이 다른 관점들을 기대할 수 있게 되고 또한 의사소통을 타인들의 필요에 적응시킬 수 있게 되기 시작한다는 의미에서 점차적으로 사회화된다고 주장하였다."[43] 즉, 피아제의 구성주의는 사고의 '사회화' 에 관심을 두었지만 '사회적 요소들의 역할' 에는 소홀하였다.

둘째, '냉정한 인지' (cold cognition)의 발달을 연구하는 것에만 오로지 관심이 있었다. 비판가들은 아동들의 도덕성 발달에서 애착과 같은 정서적 요소가 매우 중요하다는 점을 강조하고 있다. 이들은 도덕성의 기능에 '차가운' 인지 그 이상의 것이 존재한다는 것이다. 도덕성은 정의(情意)의 씨줄과 인지(認知)의 날줄로 이루어진다고 주장한다. 최근에 여러 학자들이 사람들 사이의 정서적 유대, 이해, 그리고 배려하는 행동의 발달과 유지에 관심을 갖고 '공감' 이나 '동정' 을 연구하는 것도 이러한 경향과 맥을 같이한다. 이들은 '정렬적 인지' (hot cognition)의 중요성을 부각시키면서 "그러한 이해를 통해 우리는 인간 상호관계의 질을 고양시킬 수 있다"[44]고 믿는다.

또한 많은 도덕교육 이론가들은 도덕적 감정이 도덕적으로 반응하려고 할 때 중요한 역할을 담당한다고 주장한다. 표면적 행동과 내면적 이상들이 다양하지만, 그 밑바탕에는 시공간을 초월하는 보편적 도덕영역들의 기초가 되는 정서적 상태들이 존재한다고 본다. "아동들의 도덕적 자각은 사건들에 대한 자연적인 정서적 반응에 의해 형성되고 지지받는다"[45]는 것이다. 물론, 피아제 역시 정서를 중요한 요소로 간주하였다. 그러나 "정서에 관한 과학적 연구가 어려워서"[46] 그렇다 하더라도 피아제가 인지구조의 발달에 치중한 것은 분명한 사실이다.

셋째, 앎과 행동 사이의 간극을 소홀히 취급하였다. 개인적 구성주의 이론은 기본적으로 소크라테스적 격언인 '선을 아는 것은 선을 행하는 것이다' 라는 것을 채택하고 있다. 다시 말하면, "도덕적 행위는 단순한 '의견' (opinion)과 대조적으로 보다 깊은, 그리고 보다 통찰력 있는 의미를 가진 '지식' (knowledge)으로부터 필연적으로 수반되는 것으로 가정된다."[47] 그러나 최근에 여러 학자들은 도덕적 판단과 행위 사이의 관계를 밝히려는 시도를 하고 있다.[48] 이들 연구자들은 도덕적 판단의 기초 위에서 행위의 예측 가능성은 대체적으로 실망스럽다는 결론을 제시하고 있다. 지식과 행위 사이의 간극이 존재한다는 것이다. 불행하게도 개인적 구성주의는 이러한 문제에 대해 어떤 뚜렷한 대답을 제공해 주지 못한다.

끝으로, 교육의 방향성이 불분명하다. 일반적으로 교수설계는 객관주의 전통(the objectivist tradition)으로부터 등장하였다. 객관주의는 '세계란 실체들(entities), 특성들(properties), 그리고 관계들(relations)의 측면에서 완전하게, 그리고 정확하게 구조화되어 있다' 라는 것을 함축한다. 경험은 세계의 구축에서 별 중요한 역할을 하지 않는다. 의미란 경험과 아주 다른 세계 속에 존재하는 어떤 것이다. 그런고로 이해의 목표는 존재하는 실체들, 속성들, 그리고 관계들을 알고자 하는 것이다. 객관적 관점은 사람들이 다른 경험들에 기초하고 있는 다른 이해들을 가지고 있다는 것을 인정한다. 따라서 객관주의 전통의 교육 패러다임은 교수(teaching)이다. 교수는 완전하고 또한 정확한 이해를 위해 설계된다. 교수의 목표는 학습자들로 하여금 실체들과 관계들, 그리고 각각의 속성들을 획득하도록 돕는 것이다. 지식이란 교수와 독립적으로 존재하는 것으로 믿어진다. 그러나 객관주의에 기초한 교육은 통합된 내용보다는 부분적인 내용에 치중하고 학습의 과정을 탈맥락화시킨다는 문제점을 지니고 있다.

구성주의는 위와 같은 객관주의 전통에 대한 대안으로 자리잡았다. "구성주의는 객관주의와 마찬가지로 우리가 경험하는 실제세계가 존재한다는 것을 주장한다. 그러나 의미란 우리와 독립적인 세계 속에 존재한다기보다는 우리에 의해서 세계에 부과되어진다는 입장이다."[49] 세계를 구성하는 많은 방식들이 존재한다. 그리고 어떠한 모든 사건 혹은 개념에 관해 많은 의미들 혹은 관점들이 존재한다. 하나의 정확한 의미만이 존재하는 것이 아니다. 따라서 구성주의의 교육 패러다임은 학습(learning)이다.

그러나 개인적 구성주의 인식론에 입각한 교육은 의미의 불확실성만이 존재하는 상황으로 인하여 교육의 방향감을 상실할 위험이 있다. 적어도 내용에 있어서는 상대주의를 탈피하기 어렵다. 인간의 사고는 사적이지만 사적으로 구성하는 지식의 개념은 공적이어야 한다. 왜냐하면 만약 공적인 준거가 없다면 지식이라는 말은 신념이라는 말로 환원되어야 할 것이기 때문이다. 이의 연장선상에서 볼 때, 주관적 경험에 근거하여 개인적으로 의미를 창출한다는 관점에서는 전통적인 교수설계가 어렵다. 교수자가 학습자에게 중재할 어떤 준거가 없기 때문이다. 이와 함께 이러한 교육적 접근방식은 형식을 강조한 인지발달 이론과 마찬가지로 문화적 전통을 전달하는 교육의 실제적 측면을 등한시한다는 비판을 면하기 어렵다.

✻ 주 ✻

1) H. Beilin, Piaget's enduring contributions to developmental psychology, *Developmental Psychology 28*, 1992, p. 191.

2) R. M. Thomas, 백운학 역, 『아동발달의 제이론』, 교육과학사, 1987, p. 320.

3) J. A. Zahorik, *Constructivist Teaching*, the Phi Delta Kappa Educational Foundation; Bloomington, Indiana, 1995, p. 12.

4) J. Piaget, *The Development of Thought*, The Viking Press, 1975, pp. 8-9 참고.

5) C. T. Fosnot (Ed.), *Constructivism : Theory, Perspectives, and Practice*, Teachers College, Columbia University, 1996, p. 14 참고.

6) 위의 책, p. 16 참고.

7) 위의 책, p. 16.

8) 위의 책, p. 17.

9) 대응설(correspondence theory) 혹은 모사설(copy theory)은 다음과 같은 두 가지 비판을 받는다. 우선, 진리의 기준인 객관적 실재를 확인할 길이 없다는 것이다. 판단의 참의 기준이 판단과 실재와의 대응 내지 일치 여부에 있다면 이러한 대응이나 일치 여부는 판단과 실재를 비교함으로써만 가능하다. 여기에는 우리가 실재에 관한 지식을 가지고 있다는 것이 전제되어 있다. 만약 우리가 실재를 알지 못한다면 판단을 실재와 비교할 수 없을 것이기 때문이다. 그러나 실질적으로 실재에 관한 우리의 지식이란 실재에 관한 우리 자신의 판단과 다름 아니다. 따라서 우리가 판단과 실재와의 대응 여부를 확인하기 위하여 양자를 비교한다는 것은 결국 판단을 실재에 관한 판단과 비교할 수밖에 없게 된다. 결국 판단과 판단을 비교하는 데 지나지 않는다. 대조할 방법이 없는 것이다. 또 다른 비판은 판단이 감각에 의존한다는 것이다. 이에 따르면, 감각기관에 이상이 있는 사람은 판단이 불가능하다. 정상적인 사람도 환각이나 착각이 일어날 수 있다. 또한 사람이 자극을 감각으로 받아들일 때 동일한 자극이라 하더라도 그것을 받아들이는 위치나 시간, 그 밖의 조건에 따라 달라질 수 있다.

10) E. von Glasersfeld, An introduction to radical constructivism, P. Watzlawick (Ed.), *The invented reality*, 1984, p. 21 참고.

11) J. Carpendale, An explication of Piaget's constructivism : implications for social cognitive development, S. Hala(Ed.), *The Development of Social Cognition*,

Psychology Press Ltd, 1997, p. 41.
12) J. A. Zahorik, 앞의 책, p. 11.
13) 위의 책, p. 12.
14) Sandra Waite-Stupiansky, *Building Understanding Together : A Constructivist Approach to Early Childhood Education*, Delmar Publishers, 1997, p. 2.
15) 위의 책, p. 4 참고.
16) 위의 책, p. 6.
17) 위의 책, p. 13.
18) 위의 책, p. 21.
19) R. L. Selman, A Developmental Approach to Interpersonal and Moral Awareness in Young Children : Some Educational Implications of Levels of Social Perspective-Taking, T. C. Hennessy, S. J., (Eds.), *Values and Moral Development*, Paulist Press, 1976, pp. 146-147 ; 김태훈, 『덕교육론』, 양서원, 1999, pp. 95-196 참고.
20) 위의 논문, pp. 146-147 참고.
21) Sandra Waite-Stupiansky, 위의 책, p. 58.
22) 박덕규 편저, 『피아제의 발생학적 인식론과 구조론』, 민성사, 1992, p. 353.
23) Sandra Waite-Stupiansky, 위의 책, p. 60 참고.
24) J. Piaget, B. lnhelder, *The Psychology of the Child, Basic Books*, Inc., 1969, p. 114 참고.
25) R. DeVries and L. Kohlberg, *Constructivist Early Education : Overview and Comparison With Other Programs*, Longman Inc., 1987, p. 19.
26) J. Youniss, W. Damon, Social Construction In Piaget's Theory, H. Beilin, P. Pufall, *Piaget's Theory*, Lawrance Erlbaum Associates, Publishers, 1992, p. 271.
27) J. Carpendale, 앞의 논문, p. 50.
28) M. Marion, *Guidance of young childre*n, 1999, p. 34.
29) 위의 책, p. 34.
30) 위의 책, p. 61 참고.
31) J. Piaget, *The Moral Judgment of the Child*, Free Press Paperbacks, 1997, p. 97 참고.
32) 위의 책, pp. 70-71 참고.
33) R. DeVries and L. Kohlberg, 앞의 책, p. 31.
34) J. Piaget, *Intelligence and affectivity : Their relation during child development*. Palo Alto, Calif. : Annual Reviews, 1954/1981, p. 23.
35) J. Piaget, *The Moral Judgment of the Child*, p. 96.
36) R. DeVries and L. Kohlberg, 앞의 책, p. 35 참고.
37) B. Rosenshine and C. Meister, The Use of Scaffolds for Teaching Higher Level

Cognitive Strategies. *Educational Leadership 49, no. 7*, 1992, pp. 26−33 참고.

38) J. A. Zahorik, 앞의 책, p. 18 참고.

39) 위의 책, p. 19 참고.

40) 위의 책, p. 22 참고.

41) G. Labouvie−Vief, A neo−Piagetial perspective on adult cognitive development, R. J. Sternberg & C. A. Berg (Eds), *Intellectual development*, New York : Cambridge University Press, 1992, pp. 197−228, p. 203

42) C. Fernyhough, Vygotsky's Sociocultural Approach : theoretical issues and implications for current research, S. Hala (Ed.), *The Development of Social Cognition*, Psychology Press Ltd, 1997, pp. 65−92 참고.

43) J. Carpendale, An explication of Piaget's constructivism : implications for social cognitive development, S. Hala (Ed.), *The Development of Social Cognition*, Psychology Press Ltd, 1997, p. 47.

44) N. Eisenberg & J. Strayer, *Empathy and its development*, Cambridge : Cambridge University Press, 1987, p. ix.

45) W. Damon, *The Moral Child −Nurturing Children's Natural Moral Growth*, New York : The Free Press, 1988, p. 117.

46) B. J. Wadsworth, *Piaget's Theory of Cognitive and Affective Development*, New York : Longman, 1989, p. 150.

47) L. J. Walker & K. H. Hennig, Moral Development in the Broader Context of Personality, S. Hala (Ed.), *The Development of Social Cognition*, Psychology Press Ltd, 1997, p. 306.

48) A. Blasi, Bridging moral cognition and moral action : a critical review of the literature, *Psychological Bulletin 88*, 1980, pp. 1−45 참고.

49) T. M. Duffy & D. H. Jonassen, Constructivism : New Implications for Instructional Technology, T. M. Duffy & D. H. Jonassen (Eds.), *Constructivism and the Technology of Instruction : A Conversation*, Lawrence Erlbaum Association, Inc., 1992, p. 3.

# ✻ 참고문헌 ✻


김태훈, 『덕교육론』, 양서원, 1999.

박덕규 편저, 『피아제의 발생학적 인식론과 구조론』, 민성사, 1992.

Beilin, H., Piaget's enduring contributions to developmental psychology, *Developmental Psychology 28*, 1992.

Blasi, A., Bridging moral cognition and moral action : a critical review of the literature, *Psychological Bulletin 88*, 1980.

Carpendale, J., An explication of Piaget's constructivism : implications for social cognitive development, S. Hala (Ed.), *The Development of Social Cognition*, Psychology Press Ltd, 1997.

Damon, W., *The Moral Child－Nurturing Children's Natural Moral Growth*, New York : The Free Press, 1988.

DeVries, R. and Kohlberg, L., *Constructivist Early Education : Overview and Comparison With Other Programs*, Longman Inc., 1987.

Duffy, T. M. & Jonassen, D. H., Constructivism : New Implications for Instructional Technology, T. M. Duffy & D. H. Jonassen(Eds.), *Constructivism and the Technology of Instruction : A Conversation*, Lawrence Erlbaum Association, Inc., 1992.

Eisenberg, N. & Strayer, J., *Empathy and its development*, Cambridge : Cambridge University Press, 1987.

Fernyhough, C., Vygotsky's Sociocultural Approach : theoretical issues and implications for current research, S. Hala (Ed.), *The Development of Social Cognition*, Psychology Press Ltd, 1997.

Fosnot, C. T. (Ed.), *Constructivism : Theory, Perspectives, and Practice*, Teachers College, Columbia University, 1996.

Labouvie－Vief, G., A neo－Piagetial perspective on adult cognitive development, R. J. Sternberg & C. A. Berg (Eds.), *Intellectual development*, New York : Cambridge University Press, 1992.

Marion, M., *Guidance of young children*, 1999.

Piaget, J., *Intelligence and affectivity : Their relation during child development*, Palo Alto, Calif. : Annual Reviews, 1954 / 1981.

Piaget, J., Inhelder, B., *The Psychology of the Child*, Basic Books, Inc., 1969.

Piaget, J., *The Development of Thought*, The Viking Press, 1975.

Piaget, J., *The Moral Judgment of the Child*, Free Press Paperbacks, 1997.

Rosenshine, B. and Meister, C., The Use of Scaffolds for Teaching Higher Level Cognitive Strategies. *Educational Leadership 49, no. 7*, 1992.

Sandra Waite－Stupiansky, *Building Understanding Together : A Constructivist Approach to Early Childhood Education*, Delmar Publishers, 1997.

Selman, R. L., A Developmental Approach to Interpersonal and Moral Awareness in Young Children : Some Educational Implications of Levels of Social Perspective－Taking, T. C. Hennessy, S. J. (Eds.), *Values and Moral Development*, Paulist Press, 1976.

Thomas, R. M., 백운학 역, 『아동발달의 제이론』, 교육과학사, 1987.

von Glasersfeld, E., An introduction to radical constructivism, P. Watzlawick (Ed.), *The invented reality*, 1984.

Wadsworth, B. J., *Piaget's Theory of Cognitive and Affective Development*, New York : Longman, 1989.

Walker, L. J. & Hennig, H. K., Moral Development in the Broader Context of Personality, S. Hala (Ed.), *The Development of Social Cognition*, Psychology Press Ltd, 1997.

Youniss, J., Damon, W., Social Construction In Piaget's Theory, H. Beilin, P. Pufall, *Piaget's Theory*, Lawrance Erlbaum Associates, Publishers, 1992.

Zahorik, J. A., *Constructivist Teaching*, the Phi Delta Kappa Educational Foundation ; Bloomington, Indiana, 1995.

Lev Semenovich Vygotsky(1986.11.17~1934.6.11)

# 제10장 사회적 구성주의 이론

## I. 기본 가정

1980년대에 이르러 구성주의는 기존의 객관주의에 대한 하나의 대안적 패러다임으로 자리잡게 되었다. 그러나 구성주의는 그 자체 내부에 하나의 중요한 논쟁점을 지니고 있었다. 그것은 지식의 구성에 있어서 개인의 인식과 사회적 요소들의 역할에 관한 것이다. 개인적 구성주의가 개인의 능동적인 인지의 재조직 과정을 중시하는 반면에, 사회적 구성주의는 사회적 입장에서 인지의 맥락을 강조한다. 사회적 구성주의는 지식의 구성에 있어 개인보다 사회의 작용에 더 큰 관심을 가졌다.

구성주의는 기본적으로 지식은 발견된다기보다는 전체적인 구조의 맥락 속에서 구성된다는 관점이다. 여기에서 중요한 것은 '맥락' 의 개념이다. 개인적 구성주의는 개인이 지니고 있는 사고구조의 측면에서 맥락을 이해하는 반면, 사회적 구성주의는 사회문화의 측면에서 이를 이해한다. 즉, 개인적 구성주의는 개인이 지식이나 가치를 기존에 발달시킨 자신의 인지구조를 근간으로 구성해 나간다는 입장이나 사회적 구성주의는 개인이 사회문화적 맥락 속에서 지식이나 가치를 구성해 나간다는 입장이다. 따라서 사회적 구성주의는 개인이 지식을 구성해 나간다는 측면과 이것이 사회문화적 관계망 속에서 이루어진다는 맥락적 측면을 동시에 강조한 것이다.

개인적 구성주의가 강조하는 전체적인 사고 혹은 인지구조는 곧 그 개인의 '삶'이 응축되어 있는 것으로, 넓게 보면 그것 자체도 사회적 요소들의 작용으로 형성되고 발달된다고 볼 수 있다. 누구든 삶의 과정 속에서 자신의 전체로서의 인지구조를 형성해 나갈 것이기 때문이다. 최근에 개인적 구성주의자들이 "피아제가 사회적 요소들을 상대적으로 강조하지 않은 것은 단지 그의 개인적인 우선성들의 반영이지, 이론 그 자체의 결핍은 아니다"[1)]라고 강조하고 있는 것도 이런 차원에서 이해될 수 있을 것이다.

구(舊)소비에트 심리학자인 비고츠키(Lev Semenovich Vygotsky ; 1896~1934)는 사회적 구성주의를 대표하는 사람이다. 그는 동시대의 피아제와 버금가는 평을 받아왔다. 그는 마르크스주의 철학적 원리에 기초한 심리학을 창조하고자 하였으며, 개인과 사회 사이의 변증법, 학습에 관한 사회적 상호작용, 언어와 문화의 영향 등에 연구의 초점을 두었다. "피아제와 마찬가지로 비고츠키 또한 '학습은 발달론적'이라고 믿었다."[2)] 비고츠키는 헤겔의 인간관, 마르크스와 엥겔스의 노동관, 그리고 형식주의자들의 기호의 본질에 관한 논쟁으로부터 사상적 영향을 받았다.

비고츠키의 사회적 구성주의의 이론적 관점은 도덕교육에서 매우 유용하게 활용될 수 있다. 오늘날 도덕교육의 이론적 동향은 개인의 도덕적 자율성을 강조하였던 자유주의적 경향에서 사회적 맥락을 중요시하는 공동체주의적 경향으로 급속히 이동하고 있다. 그러나 최근의 공동체주의적 도덕교육의 접근은 과거의 탈개인적 · 전통적인 방식에서 탈피하여 개인의 도덕적 사고 또한 중시 여기는 특징을 보이고 있다. 도덕적 지식의 사회적 맥락을 강조하는 비고츠키는 궁극적으로 지식의 구성은 개인의 적극적인 참여로 이루어진다는 점을 내세움으로써 최근의 도덕교육 경향과 많은 부분을 공유하고 있다. 우리는 비고츠키의 사회적 구성주의를 검토함으로써 도덕교육에 대한 폭넓은 이론적 토대를 확보할 수 있을 것이다.

사회적 구성주의는 다음과 같은 기본적 가정들을 토대로 정립되었다.

1. 인간의 발달은 생물학적 요소와 문화적 요소들 간의 상호작용 속에서 이루어지나 점차적으로 생물학적 요소보다는 사회적·문화적 요소들에 의해 결정된다.
2. 인간의 정신기능은 원시적인 형식으로부터 발생적 차원에서 발달한다. 즉 인간의 정신기능은 자연적·진화론적 산물인 기초 정신기능들(lower or elementary mental functions)로부터 다른 사람들과의 사회적 활동을 통해 역사적·문화적 산물인 고등 정신기능들(higher mental functions)로 발달한다.
3. 인지 발달 도구(tools)의 형태와 특질은 발달의 양식과 속도를 결정한다. 도구는 개인에게 중요한 사람들, 문화, 언어 등을 포함한다. 특히 언어는 사회적 경험이 정신적으로 표현되는 주요 수단으로서 공헌하는 중요한 역할을 수행한다.
4. 인간은 지식을 사회적 맥락에서 구성한다. 사회적 경험은 세계를 바라보고 이해하는 방식을 형성한다.
5. 변증법적 변화(dialectic change)는 진보를 낳는다. 보다 높은 정신활동의 형식들은 다른 사람들과의 대화를 통해 구성되고 또한 변형된다.
6. 학습과 발달은 어느 누구에게도 가르쳐질 수 없는 사회적 및 협동적 활동이다.

## Ⅱ. 인간관

기본적으로 비고츠키를 중심으로 하는 사회적 구성주의의 인간관은 '변증법적 모델'(dialectic model)[3]을 바탕으로 하고 있다. 변증법적 모델은 '모순'(contradiction) 혹은 '갈등'(conflict)을 그 핵심으로 한다. 개인의 행위는 환경과의 역동적인 상호작용 속에서 설명된다. 그러나 이 모델에서는 갈등 혹은 모순이 개인적 · 역사적 변화의 힘으로 작용한다. 개인은 사회와 마찬가지로 정(thesis), 반(antithesis), 합(synthesis)의 끊임없는 과정을 통하여 발달한다. "변증법적 모델은 인간의 발달적 변화를 목적론적－역사적(teleological－historical), 사회적－문화적(social－cultural), 그리고 적극적－유기체적(active－organismic)인 것으로서 강조한다."[4] 우리는 이런 관점에서 비고츠키의 사회적 구성주의의 인간관을 살펴볼 수 있다.

비고츠키의 인간관은 피아제를 중심으로 하는 개인적 구성주의 이론의 인간관과 기본적인 맥락에서 궤를 같이하나 강조하는 점에 있어서 차이가 있다. 여기에는 헤겔의 영향이 크게 작용하였다. 비고츠키는 헤겔의 인간관을 수용하였다. 헤겔은 인간을 하나의 역사적 현상으로서 인식하였다. 비고츠키가 정신에 주목하면서 그것이 종(種)과 한 개인의 역사 속에서 어떻게 발달하는가에 관심을 기울인 것도 이런 연유에서였다. 이것은 또한 피아제와 다른 관점을 표명하게 만든 요인이 되었다.

인간의 타고난 능력과 환경과의 상호작용을 통한 자기구성적 존재를 강조하는 피아제와 달리, 비고츠키는 사회적 환경을 강조하였다. 피아제는 아동을 그 자신의 세계에 관하여 배우는 독자적인 탐구자(independent discover)로서 인식하였다. 그러나 비고츠키는 피아제가 강조하였던 내적 인지발달의 중요성을 인정하였을 뿐만 아니라 사회역사적 맥락 내에서의 발달을 고려하였다. 그는 인간사회에서 성장하는 아동들에게 완전하게 독립적인 발견과 같은 그러한 일이 존재하지 않는다고 주장하였다. 문화적 지식의 전유(專有)가 아동들의 인지발달에서 핵심적인 역할을 한다고 믿었다. 우리가 비고츠키의 인간관을 순수한 사회문화 결정론적인 입장으로 단정하기는 어렵겠지만 그에 상당히 근접한 거리의 위치에 놓을 수 있는 것은 그런 이유에서이다.

도덕성의 기원에 관한 입장도 위와 비슷하다. 그는 절대적인, 그리고 초경험적인 도덕성의 근원을 부인하고 있다. 인간의 도덕적 행동은 다른 모든 행동과 마찬가지로 천부적이고 본능적인 반응들의 기초 위에서 발생하며, 또한 환경의 영향 아래에서 발달한다. 따라서 도덕적 행동도 다른 모든 것들과 마찬가지로 사회적 환경을 통해서 교육에 의해 수정이 가능한 하나의 행동형식일 뿐이다. 다시 말하면, 인간의 도덕성은 선천적으로 부여된 것이 아니라 사회적 환경에 의해서 점차 결정되어 가는 성질의 것이다.[5)]

비고츠키는 인간 마음의 독특한 특징들을 강조하면서도 인간과 동물이 어떠한 공통 행동들을 보인다고 생각하였다. 비고츠키는 왓슨과 같은 행동주의자들처럼 "동물과 인간은 똑같은 진화적 연속체의 부분"[6)]이라고 믿었다. 그래서 그는 인간 종(種)이 그의 영장류 조상들로부터 어떻게 등장하였는가를 생각하는 진화론적 혹은 계통학적 영역(phylogenetic domain), 원시 조상들로부터 문명화된 인간의 등장과 관련한 사회문화적 역사의 영역, 그리고 개인의 발달과 주로 관련된 개체 발생학적 영역(ontogenetic domain)에 흥미를 가졌던 것이다.

그러나 비고츠키는 동물과 인간에게서 어떠한 행동을 유발시키는 '자극'의 본질에 관해 행동주의자들과는 엄격히 구분되는 인간관을 발달시켰다. 행동주의자들은 발달을 환경에 대한 개인의 수동적 반응으로서 바라보았다. 또한 행동주의자들은 자극과 행동 사이의 관계는 모든 유기체에 똑같다고 주장한다. 그러나 비고츠키에 있어서 인지발달은 환경 내에서 개인의 사회적 상호작용으로부터 비롯된다. 그는 사회적으로 의미 있는 활동에서 의식에 관한 설명을 제시하였다. 즉, "우리는 다른 사람들과의 상호작용 때문에 우리 자신을 알게 된다"[7)]는 것이다. 또한 그에 따르면, 인간과 동물 사이의 근본적인 차이는 인간은 자기 스스로 낳은 자극에 대해 반응할 수 있다는 사실에 있다. 특수하게 창조된 자극 혹은 '도구들'(tools)에 대해 반응함으로써 인간은 실제적으로 자기 자신의 행동에 대한 통제력을 획득한다는 것이다.

한편, 우리는 사회문화적 결정론의 측면에서 인간의 발달을 설명하고 있는 비고츠키의 인간관을 그의 이론에 깔고 있는 기본적인 가정을 살펴봄으로써 보다 확실히 알 수 있다. 그의 이론은 기본적으로 인간의 정신적 발달에 초점을 두고 있다. 그는 인간의 정신이 기초적 기능들로부터 고차원적인 기능들로 발달한다고 가정하였다. 그는 기초 정신기능들은 주로 생물학적으로 결정되어지나 고등 정신기능들은 주로 상호 간의 상호작용으로부터 도출되어지고, 또한 문화적으로 생성된 기호체계에 의해 중개되어진다고 생각하였다.

비고츠키는 이러한 정신적 기능들의 변이를 정신발달의 차원에서 해석하였다. 그는 우리가 발달의 전체 과정을 설명할 수 있는 것과 관련하여 단 하나의 요소가 존재할 수 있거나 혹은 단 하나의 특징이 존재할 수 있는 것이 아니라, 오히려 항상 생물학적 요소와 문화적 요소들의 상호작용 속에서 고려되어져야만 한다고 주장하였다. 그는 정신적 발달에 있어서 생물학적 설명의 한계를 인정하는 대신에 사회적 · 문화적 요소들이 주요 결정요인들이 된다고 보았다.

우리는 또한 고등 정신기능들의 사회적 기원을 주장하는 그의 생각에서 인간관의 단서를 추정해 볼 수 있다. 그는 고등 정신기능들의 기원을 상호 간의 활동(interpersonal activity)에 두고 있다. 사회문화적 접근의 중심 생각은 '사고'(思考)란 한 개인보다는 그 이상의 여러 개인들 사이에 공유되어질 수 있는 활동이라는 것이다. 정신기능이 '공유'되어질 수 있다는 사실은 사회문화적 환경의 중요성을 인정하게 만든다. 따라서 비고츠키는 개인의 지적 발달이 사회문화적 영향을 크게 받는다고 생각하였다. 모든 지식은 한 공동체로서의 사회집단의 긴 역사를 통해 누적된 문화적 형태로 존재하고 있으며, 아동은 성인의 도움을 받아 문화적 산물로서의 지식을 내면화함으로써 개인적인 인지발달이 가능하게 된다고 믿었다. 그는 아동의 지적 발달은 내면화를 가능하게 하는 성인과의 상호참여활동을 통해 촉진될 수 있다고 주장하였다.

사회역사적 환경이 인간의 발달에 결정적인 영향을 미친다는 비고츠키의 관점은 그의 언어발달에 관한 입장에서도 잘 나타난다. 그는 사고(thought)와 언어(language)의 관계에 대해 연구를 많이 하였다. 그에 따르면, 인간의 사고와 언어는 처음에는 서로 아무런 관계가 없이 독립해서 기능을 시작한다. 그 둘은 흡사 접합점이 없는 두 개의 원과 같은 것이다. 두 개의 원은 아동이 성장함에 따라서 점차 서로 접합하게 된다. 물론 완전한 하나의 원으로 서로 접합할 수는 없지만 성장함에 따라서 서로 접합되는 정도가 급증해 간다. 그런데 이 과정에서 비고츠키는 사회역사적 환경이 매우 중요한 역할을 한다고 주장하였다. 언어문화의 정도가 발달된 곳에서는 그 접합의 정도가 매우 빠르게 진행된다는 것이다. 다시 말하면, 아동은 주어진 문화적 환경의 차이에 따라 사고와 언어의 발달에 중요한 영향을 받게 된다.

비고츠키는 아동이 내적 성숙의 결과 완전히 자기 힘으로 스스로 고차원적인 개념적 사고의 기능을 획득할 수 있다고 보지 않는다. 그는 발달에 있어서 내적 성숙의 필요성을 인정한다. 또한 언어를 매개체로 한 형식적 내지 비형식적 교육이 아동의 개념적 사고의 형성에 강한 영향을 미친다고 주장하고 있다. "아동이 성장한 언어환경이 열악하면 아동은 단순하고 소박한 사고밖에 하지 못한다. 반면에, 언어환경이 다양하고 복잡한 개념을 포함하고 있다면 아동은 여러 복잡한 사고방법을 학습할 수 있다."[8] 비고츠키는 언어적 환경을 포함한 사회역사적 환경의 중요성을 피아제에 비해 훨씬 부각시키고 있는 것이다.

## Ⅲ. 이론의 주요 관점

비고츠키는 다음과 같은 세 가지 사고로부터 자신의 사상을 형성하는 데 도움을 받았다.[9] 첫째는 헤겔의 인간관이다. 헤겔은 하나의 역사적 현상으로서 인간을 보았다. 이러한 헤겔의 인간관은 비고츠키가 정신(mind)이 종(種)과 한 개인의 역사 속에서 어떻게 발달하는가에 관한 생각을 하는 데 영향을 미쳤다. 둘째는 마르크스와 엥겔스의 노동관이다. 마르크스와 엥겔스는 인간 노동(human labour)을 변형시키는 데 있어서 도구(tools)의 중요성을 강조하였다. 이러한 노동관은 비고츠키로 하여금 정신적 삶에서의 중개의 역할에 관한 비슷한 주장들을 하게 하였다. 마르크스의 역사적 유물론은 비고츠키의 사고에 밑거름으로 작용하였다. 마르크스에 의하면, 사회의 역사적 변화와 물질적인 삶은 인간성(의식과 행동)에서의 변화를 낳는다. "비고츠키는 이 제안을 구체적인 심리학적 질문에 관련시키려고 시도하면서 인간 자신을 변화시키는 수단으로서의 인간 노동과 도구 사용에 관한 엥겔스의 개념을 창의적으로 정교화시켰다."[10] 끝으로, 형식주의자들의 기호 고안(semiotic device)의 본질에 관한 논쟁[11]이다. 이들의 논쟁은 비고츠키로 하여금 언어를 심리적 도구의 일차적 후보로 삼게 하였고, 사고와 언어 사이의 관계에 대한 탐구의 바탕을 제공하였다.

## 1. 사고와 언어의 발달

### (1) 정신적 도구(psychological tools)와 기호(signs)의 중개

비고츠키의 이론을 이해하는 데 있어서 도구의 개념은 매우 중요하다. 도구란 우리가 문제를 해결하는 것을 돕는, 어떤 행위를 형성하는 것을 촉진하는 하나의 수단이다. 우리 인간은 신체적 능력을 증진시키기 위하여 망치나 지레와 같은 물리적 도구들을 창안하여 왔듯이 정신적 능력을 확장시키기 위해 정신적 혹은 마음의 도구를 창안하여 왔다. 우리가 일상의 삶에서 주의를 기울이거나 기억을 하는 것은 이러한 정신적 도구들을 통해서 가능하다.

비고츠키의 정신적 도구와 기호 중개의 개념은 아동의 도덕성 발달을 이해하는 데도 매우 중요하다. 우리는 정신적 도구들의 중개를 통하여 우리 자신과 다른 사람들을 알게 된다. 물리적 도구들처럼 정신적 도구들은 우리들에게 본성에 대한 통제력을 제공해 준다. 다시 말해, "정신적 도구들은 우리들에게 정신적 행동에 대한 통제력을 마련해 준다."[12] 따라서 정신적 도구를 잘 마련한 사람들일수록 자신의 행동에 대한 통제력을 그만큼 잘 발휘할 수 있다.

아동들의 도덕성 또한 정신적 도구들이 부족하면 발달하기 어렵다. 아동들은 도덕적 문제를 해결하는 방법을 알지 못하게 된다. 그들은 마음을 의도적으로 집중시킬 수도 없다. 아동들은 연령에 따라 각기 다른 정신적 도구들을 사용하는 능력을 발달시킨다. 그들의 '도구상자'는 한꺼번에 꽉 채워지는 것이 아니라 점차적으로 채워진다. 따라서 연령에 따라 갖추어야 할 정신적 도구들을 충분히 발달시켜 주지 못하면 도덕성의 지체현상이 나타나게 된다. 우리가 아동들의 도덕성 발달과 관련하여 비고츠키의 이론에 관심을 기울이는 것도 이러한 정신적 도구들을 적절히 발달시킬 수 있는 방안을 강구하고자 하는 것이다.

비고츠키는 인간의 정신이 기초적 기능들로부터 고차원적인 기능들로 발달한다고 가정하였다. 그는 '보다 낮은, 자연적인 정신적 행동'과 '보다 높은, 문화적인 정신적 행동'을 구분하였다. 전자는 기초 정신기능들(functions)을 의미한다. 인간은 선천적으로 이를 지니고 태어난다. 이들 정신적 기능들은 비의도적 · 무의식적이며, 환경으로부터의 자극에 의해 전체적으로, 그리고 직접적으로 결정된다. 그러한 기능들은 발달의 자연적 혹은 진화론적 선상의 산물이다. 인간은 점차적으로 보다 진보된 정신적 기능들을 갖추게 됨으로써 신화된 인간의 모습을 이루어 간다.

비고츠키는 고등 정신기능들이 특수한 방식에서 발달한다고 믿었다.[13] 그는 고등 정신기능들은 하등 정신기능들에 의존하고 문화적 맥락에 의해서 결정된다고 생각하였다. 그리고 고등 정신기능들은 또한 공유로부터 개인적 기능으로 발달하며 정신적 도구의 내면화를 포함한다고 보았다. 고등 정신기능들은 자발적인 통제 하에 있으며, 또한 의식에로 접근이 가능하다. 그리고 그러한 기능들은 발달의 역사적 · 문화적 선상의 산물을 나타낸다. 즉, 기초 정신기능들은 주로 생물학적으로 결정되어

지나 고등 정신기능들은 주로 상호 간의 상호작용으로부터 도출되고, 또한 문화적으로 생성된 기호체계에 의해 중개된다. 인간의 이러한 보다 높은 정신적 기능의 형식은 논리적 기억, 선택적 주의, 의사결정 등과 같은 것으로서, 이는 중개된 활동들의 산물이다. 중개자들은 정신적 도구들 혹은 기호들이다.

사회적 상호작용들이 전형적으로 언어, 몸짓, 그리고 다른 기호들에 의해 중개되기 때문에 그러한 상호작용들의 내적인 재구성을 통하여 발달하는 정신적 과정들 또한 비슷하게 중개된다. 고등 정신기능들의 핵심적인 특징은 스스로 산출해내는 자극이다. 기호는 행동을 규제하는 데 사용될 수 있다는 점에서 '심리적 도구' 혹은 '도구와 같은 것'이다. 다른 사람의 행동을 규제하기 위해 본래 외향적인 정향이었던 기호들은 차츰 자기의 행동을 규제하기 위해 내적으로 방향이 수정된다. 심리적 도구가 자기 자신에 영향을 주는 주요 수단이 되는 것이다.

인간의 정신발달은 정신적 도구에 의존한다. 비고츠키가 정신적 도구에 관심을 기울인 까닭도 이와 무관하지 않다. 그런 점에서 그는 아동들이 정신적 도구들을 획득하는 방식을 탐구하여 온 것이다. 그의 이론에 입각해 보면 교사들의 주요 역할은 이들 도구들로 '아동들을 무장시키는 것'이다. 정신적 도구들로 아동들을 무장시키는 과정은 단순히 직접적으로 가르치는 것 그 이상을 포함한다. 아동들은 그러한 도구들을 독립적으로, 그리고 창조적으로 사용할 수 있어야 한다. 아동들은 점차 능동적인 도구 사용자 및 제작자가 되어야 하며, 더 나아가 전문가가 되어야 한다. "교사들의 역할은 아동들로 하여금 그러한 독립으로의 통로를 제공하는 것이다."[14]

인간의 역사는 도구의 역사이기도 하다. 인류문화의 전역사는 점차적으로 복잡한 정신적 도구들의 발달과정으로 관조될 수도 있는 것이다. 우리 인간은 정신적 도구들을 다음과 같은 네 가지 목적에서 그 동안 끊임없이 창조하여 왔다.

첫째, 정신능력의 확장이다. 비고츠키의 정신적 도구에 관한 개념은 정신발달을 보는 매우 독특한 방식이다. 그는 기계적 도구들과 신체와의 관계처럼 정신적 도구들을 정신과 관련시켜 제안하였다. 정신적 도구들은 인간으로 하여금 자신들의 환경을 채택하도록 허용하는 정신의 능력을 확장시킨다. 그럼으로써 기계적 도구들과 비슷한 기능을 발휘한다. 우리는 기계적 도구들과 마찬가지로 정신적 도구들을 사용하고, 창안하고, 또한 다른 사람들에게 가르칠 수 있다. 그러나 정신적 도구들은 기계적 도구들과 다른 점이 있다. 기계적 도구들은 한 가지 형식만을 지니지만 정신적 도구들은 두 가지 형식을 가진다. 정신적 도구들은 초기 발달단계에서는 외적인, 구체적인, 물리적인 형식을 취한다. 그러다 보다 진보된 단계에 이르면 정신적 도구들은 내면화되기 시작하거나 혹은 외적인 지원 없이 마음 속에 존재하게 된다. 그러면서 그 사람의 행동을 통제하게 된다.

둘째, 행동의 숙달이다. 정신적 도구와 기계적 도구는 그 목적에 있어서 또 다른 차이가 있다. 기계적 도구들은 환경을 다루는 데 도움을 주지만, 정신적 도구들은 우리 인간으로 하여금 환경이 아닌 우리 자신의 행동을 숙달하는 데 도움을 준다. 만약 정신적 도구들이 존재하지 않는다면 우리 인간은 동물들처럼 환경에 대해 단순하게 반응하는 것으로 그치고 말 것이다. 우리는 정신적 도구들을 갖추고 있기 때문에 어떤 일에 대해 미리 계획을 세울 수 있고, 복잡한 문제들에 대한 해결책을 강구할 수 있으며, 어떤 공통 목적을 갖고 다른 사람들과 함께 작업할 수 있는 것이다. 정신적 도구들이 인간을 비로소 인간답게 만들어 준다.

아동들은 정신적 도구들을 획득함으로써 자신들의 신체적 · 인지적 · 감정적 행동들을 숙달하게 된다. 달리 말하면, 정신적 도구들이 아동들로 하여금 특수한 패턴에서 반응하도록 만든다. 계획을 세우거나 문제를 해결하려면, 그리고 어떤 것을 기억하려면 정신적 도구가 필요하다. 정신적 도구들은 또한 아동들로 하여금 감정을 다루도록 돕기도 한다. 가령, 화가 났을 때 감정에 이끌려 다른 사람을 때리는 것이 아니라 자신의 감정을 통제하는 사고방법이나 전략을 학습할 수 있다. 화가 치밀었을 때

'열까지 수를 센다'거나 혹은 '다른 일을 생각한다' 등의 방식은 분노를 가라앉히는 정신적 도구에 해당한다.

가장 대표적인 정신적 도구는 언어라 할 수 있다. 그래서 비고츠키는 인간의 사고발달과 관련하여 언어에 관심을 기울였다. 언어의 정신적 도구는 아동들로 하여금 그들 자신의 행동을 통제하도록 돕는다. 비고츠키에 따르면, 자기 통제가 부족한 아동들은 아직 자기 자신의 행동을 숙달하지 못한 것이다. 아동들이 자기 자신의 행동을 다스릴 수 있게 되었다는 것은 어떤 행동을 하는 것을 멈추게 하는 명령을 사용한다는 것을 의미한다. 어린 아동이 자꾸 물건을 만지려 할 때, 우리는 "만져서는 안 된다"라는 말을 반복적으로 제시하게 된다. 어린 아동이 그 말을 내면화함으로써 그 말만으로 자신의 행동을 멈출 수 있을 때, 그는 비로소 자기 자신의 행동을 다스리는 자가 된 것이다.

셋째, 독자성의 확보이다. 비고츠키의 이론에서 '공유된', '분배된', 혹은 '상호작용적'이란 말은 매우 중요한 의미를 지니고 있다. 이 말들은 모두 정신적 과정들이 둘 혹은 그 이상의 사람들 사이에 존재한다는 개념을 나타낸다. 비고츠키에 따르면, 아동들은 정신적 도구들을 획득하면 이를 독자적인 방식에서 사용하게 된다. 그러나 처음부터 아동들이 정신적 도구들을 독자적인 방식에서 사용하는 것은 아니다. 아동들은 처음에는 다른 사람들과 도구를 사용하는 과정을 공유한다. 즉, 상호작용적인 과정을 거치게 된다.

아동들은 점차적으로 정신적 도구들을 그들 자신의 사고과정 속에 통합시킴으로써 변환을 일으킨다. 그리하여 정신적 도구들은 '개인 내적'(intrapersonal) 혹은 '개별적'(individual)이 되어간다. 이제 아동들은 더 이상 정신적 도구들을 공유할 필요가 없게 된다. 왜냐하면 그들은 그 도구들을 독립적으로 사용할 수 있기 때문이다. 따라서 "독자성을 확보한다는 것은 정신적 도구들을 공통적으로 소유하는 단계로부터 개인적 소유에로 변환시킨다는 것을 의미한다."[15)]

끝으로, 최고 발달수준에의 도달이다. 가장 높은 수준에 도달한 아동들은 복잡한 인지적 조작들을 수행하고 또한 자기 규제를 할 수 있는 능력을 소유한다. 아동들은 자연적인 성숙이나 혹은 대상들과의 경험을 축적하는 것만으로는 이 수준에 도달하기 어렵다. "높은 수준의 인지발달의 등장은 형식적 교수와 비형식적 교수 등을 통해 정신적 도구들을 전유(專有)할 때 가능하다."[16] 따라서 도덕적 자율성이란 바로 한 인간이 도덕적 삶을 영위해 나가는 데 필요한 도덕적 측면과 관련한 정신적 도구들을 갖추었다는 의미로 해석이 가능하다. 이런 점에서 보면 도덕교육은 아동들로 하여금 정신적 도구를 갖추어 나아가게 하는 것, '정신적 도구들로 무장시키는 것' 이라 할 수 있다.

### (2) 내면화 (internalization)

비고츠키는 우리 인간의 정신적 행동을 보다 낮은, 자연적인 정신적 행동과 보다 높은, 문화적인 정신적 행동으로 구분하였다. 정신적 행동이 자연적 형식들로부터 보다 높은 문화적 형식들로 전환한다는 것은 외적 형식들로부터 내적 형식들로의 전환을 의미한다. 즉, 행동이 개인의 내부로부터 나타나기 위해서는 반드시 사회적인 맥락 속에 존재해야만 한다. 비고츠키에 따르면, 의식(consciousness)이란 공적(公的) 지식(co-knowledge)과 다름 아니다. 개인의 의식은 사회적 의식과 언어의 존재 속에서만 가능할 뿐이다.

내면화란 기호들에 의해 중개된 외적인 사회적 행위로부터 내적인 통제에로의 진보적인 전환을 의미한다. 그는 이러한 내면화의 개념을 문화적 발달에 관한 자신의 일반 법칙 속에서 진술하였다. 그에 따르면, 아동의 문화적 발달에 있어서 모든 기능(function)은 이중적 혹은 두 가지 국면을 통해 등장한다. 우선적으로 그것은 사회적 국면으로 나타나며, 그리고 나서 심리적 국면으로 나타난다. 다시 말하면, 그것은 상호 간의 심리적 범주로서 두 사람 사이에 나타나고, 그리고 나서 내적인 심리적 범주로서 아동의 내면에 나타난다.

내면화는 세 단계를 거쳐 발달한다. 첫째는 대상규제적(object regulated) 단계이다. 대상에 의해 통제되는 단계이다. 다음은 타인규제적(other regulated) 단계이다. 이 단계에서는 다른 사람들에 의해 자신의 행동이 통제된다. 마지막으로 자기규제적(self regulated) 단계이다. 내면화의 발달과정을 하나의 예를 들어 설명해 본다. 어떤 아동이 잘 모르는 말을 묻고자 손을 들었다. 이는 대상규제적 단계에 해당한다. 아동의 행위는 그가 묻고 있는 잘 모르는 말이란 대상에 의해 통제를 받는다. 질문을 받은 교사는 아동이 손을 드는 행위를 보고 정보를 요구하는 제스처로서 해석한다. 아동의 행위는 이제 다른 사람, 곧 교사의 통제 하에 들어가게 된다. 그것은 타인규제적이다. 교사는 여러 가지 수단을 통하여 그 말에 관한 정보를 제공해 준다. 아동은 이를 통해 다양한 정보를 얻는다. 이러한 경험의 결과 아동은 이제 뭔가 잘 모르는 것이 있으면 이를 무시해 버리지 않고 질문을 하게 된다. 손을 드는 행위는 그 아동의 정신적 레퍼토리의 일부가 되며, 언제나 사용할 수 있는 하나의 기호가 된다. 그것은 그 아동의 통제 하에 있는 심리적 도구가 되어버린 것이다. 그것은 이제 자기규제적이 된다. 문화에 의해서 부분적으로 제한된, 그리고 아동에 의해서 내면화된 외형적 행동들은 이제 그 아동에게 있어서 정신적 도구들로서 기능을 발휘한다.

### (3) 내언어(inner speech)

비고츠키는 보다 낮은 정신적 행동들은 사회적 상호작용을 통해 보다 높은 정신적 행동들로 전환된다고 믿었다. 그는 특히 언어가 사회적 기원으로부터 자기중심적 언어, 그리고 나중에는 내언어 혹은 내적 발화로 전환되어 가는 과정에 관심을 기울였다. 그에 따르면 언어와 사고는 각기 다른 통로를 통해 발달한다.

언어는 4단계를 통해서 발달한다. 제1단계는 원시적 단계(primitive stage) 혹은 자연적 단계(natural stage)이다. 이 시기는 출생으로부터 2세까지 지속된다. 이 단계는 3개의 비지적 언어기능에 의해 특징지어진다. 처음에는 정서적인 해방을 표현하는 음이다. 생후 2개월 정도부터 이들 정서적인 음은 사람의 소리나 모습의 사회적인 반응으로서 해석되는 음성을 추가하게 된다. 웃는 소리 등이 여기에 속한다. 세 번째의 비사고적 언어는 초어(初語)이다. 그것은 사물과 욕구의 대용으로서 기능을 한다. 사물과 말이 연결되어 학습된 조건반사에 의한 언어이다.

제2단계는 천진난만한 심리(naive psychology)의 단계이다. 아동들은 언어가 상징기능을 지닌다는 사실을 발견하게 된다. 따라서 사물에 어떠한 이름이 붙여져 있는가를 계속 질문하게 된다. 아동들은 이 단계에서 도구를 이용하게 되며, 실용적인 지성을 나타내게 된다. 이 시기의 아동의 언어는 천진난만한 것이다. 문법구조의 기능을 인식하지 못한다.

제3단계는 자기중심적 언어(egocentric speech) 혹은 발화의 단계이다. 취학 전 유치원 아동들의 언어에 자주 나타나게 된다. 자기중심적 언어는 아동이 혼자서 나타내는 독백어의 형태를 취한다. 그것은 다른 사람에게 향하는 것이 아니라 자기 자신에게 향하는 언어이다. 그러므로 누군가로부터 반응을 기대하지도 않는다. 피아제는 어린 아동들의 언어란 본질적으로 어떠한 사회적 의사소통 목적보다는 자기중심적이라고 결론을 내렸다. 단지 자기 자신에게 큰 소리로 말하는 것에 불과하다는 것이다. 그러나 비고츠키는 언어 혹은 발화(speech)란 출발부터 사회적 권리라고 결론을 내렸다.

비고츠키는 자기중심적 언어란 실제적으로 내언어가 형성되기 시작한 것이며, 이것은 나중에 사고에서 하나의 도구로 사용된다고 하였다. 따라서 비고츠키는 자기중심적 언어를 사고의 새로운 중요한 도구라고 생각하였다. 즉, 아동은 이야기하는 것을 생각할 뿐만 아니라 자기 자신에게 이야기하는 것이 생각하는 데에 영향을 미치게 되며, 이야기하는 것과 생각하는 것과의 상호작용 가운데서 개념적 또는 언어적 사고가 형성되어 간다는 것이다. 비고츠키에 있어서 자기중심적 언어란 "긴장으로부터 해방하는 것이고, 활동의 부속물일 뿐만 아니라 문제에 대한 해결책을 탐색 · 고찰하는 가운데 이루어지는 올바른 의미에서의 사고에 대한 중요한 도구"[17)]이다.

제4단계는 내언어(inner speech)의 단계이다. 자기중심적 언어는 7세 정도에서 소멸하는 것이 아니라 감소할 뿐이며, 이 내언어의 단계에로 향하는 준비단계인 셈이다. 아동은 머리 속에서 무성 언어로서 언어를 조작하는 것을 학습한다. 이 단계에 들어서면 아동은 문제 해결을 위해 내적 기호를 사용한, 논리적 기억이라는 수단을 사용하여 사고를 하게 된다. 이 단계 이후에는 사람들은 개념적 사고 또는 언어적 사고의 도구로서 내언어와 외언어(outer speech)의 양편을 사용하게 된다.

아동의 지적 발달에 있어서 언어의 역할에 관한 비고츠키의 관점은 피아제와 다르다. 피아제에 있어서 내언어는 아동의 자아중심적 사고의 하나의 징후로서 미리 앞서 존재한다. 사회적 언어는 그 아동이 자기중심적 관점에서 차츰 벗어나고 자기중심적 언어가 사라진 이후에 등장한다. 피아제의 입장은 지적 발달이 학습에 대한 전제조건이 되는 성숙주의에 초점을 맞추고 있다. 이와 대조적으로 비고츠키는 발달과정이 사회적으로부터 내적으로 움직인다고 주장하였다. 그에 따르면, 학습은 사회적 상호작용을 통해 활성화된 지적 과정들의 점진적인 내면화와 함께 발달을 이끈다.

### (4) 개념적 사고의 발달

비고츠키는 아동들의 개념 형성에 관한 연구를 통해 중개를 하는 기호들이 개인의 사고를 숙달하고 또한 방향지우는 데 사용된다는 자신의 생각을 확장하였다. 개념 형성에 있어서 기호는 단어(word)이다. 그것은 처음에는 개념을 형성하는 데 있어서 수단의 역할을 발휘하지만 나중에는 그의 상징(symbol)이 된다. 그는 개념적 사고발달의 네 단계를 제시하였다.[18)]

**제 I 단계 : 조직화되고 있지 않는 군집단계 가운데서의 사고**

이 시기의 아동은 우연적인 지각상의 연계에 따라 사물을 집단에 소속시킨다.

① I－A : 시행착오(trial and error)에 의한 집단분류

집단은 무작위로 제멋대로 형성된다.

② I－B : 시각 장(場)의 조직화(visual－field organization)

시간적 · 공간적으로 우연히 동시에 일어난 사물을 집단으로 분류하고, 그 집단에 라벨을 붙이도록 한다.

③ I－C : 군집의 수정(reformed heaps)

처음에는 제멋대로 시각 장의 조직화에 따른 집단분류를 한다. 그후 그 집단 분리방식에 불만을 갖고 집단 내의 요소를 여러 가지로 이행시켜 집단분류의 수정을 행한다. 그러나 본질적인 변화는 전혀 없다.

**제 II 단계 : 복합적인 사고단계**(thinking in complex)

아동의 마음 속에서 개개의 사물은 주관적인 인상에 의해서만이 아니고 사물 간에 실제로 존재하는 연계에 따라 연결지어지고 있다. 이는 자기중심적 사고에서 이탈하여 객관적 사고로 향하는 것이다. 사고가 어느 정도 구체적으로 사실에 적합한 것이지만 아직 추상적 · 논리적인 사고는 이루어지지 않는다.

① II－A : 연합적 복합성(associative complex)

사물의 색깔, 형, 근접성 등과 같은 아동의 관심을 가진 요소의 결합에 근거한다.

② II－B : 집합적 복합성(collective complex)

전체를 형성하는 상호 보충적인 사물을 포함한다. 사물은 유사성보다는 대비로서 분류된다. 가령, 식사 테이블에서는 칼, 포크, 수저, 쟁반, 컵, 접시 등이 하나의 집합체를 형성한다.

③ II－C : 연쇄적 복합성(chain complex)

이웃한 것만으로서의 의미 있는 어떤 연계를 가지고 점차적으로 연합적으로 사물을 선택한다. 가령, 굵고 푸른 블

록이 굵고 붉은 블록과 연합한다.

④ Ⅱ – D : 확산적 복합성(diffuse complex)

집단을 나눌 때 개개의 요소를 결합하는 속성에 유동성이 있다. 가령, 삼각형을 모은 후 사다리꼴도 같이 함께 섞는다. 그것은 사다리꼴의 각은 아동에게 삼각형의 각과 같이 받아들여지기 때문이다.

⑤ Ⅱ – E : 의사(擬似)개념적 복합성(pseudoconcept complex)

복합적 사고로부터 참다운 개념적 사고에로의 이행기를 나타낸다.

개념적 사고에 따른 집단분리라고 생각되지만, 아동에게 집단에 붙인 이름을 설명하도록 요구하면 집단분리의 조건을 합리적으로 설명하지 못한다.

**제 Ⅲ 단계 : 개념적 사고단계**(thinking in concepts)

개념적 사고를 도출하는 두 가지 방식 ; 통합과 분석

통합 ; 일련의 복합체를 통과하는 것이다. 그러한 복합사고 가운데 포함되는 주된 기능은 공통의 측면을 지닌 현상을 통합하여 기술하거나 또는 종합하는 것이다.

분석 ; 현상으로부터 요소를 꺼내고, 또한 추상화하는 것에 의하여 현상을 분리하거나 또는 분석하는 과정을 밟는 것

---

아동은 환경에서 대상들에 명칭을 붙이기 시작할 때 그것들을 임의적인 범주 혹은 군집으로 구분한다. 차츰 경험이 증가하면서 아동은 복합적인 사고로 나아간다. 이 단계 동안 대상들의 특징들은 분석되고, 구체적인 사실적 유대 혹은 다양한 대상들 간의 관계가 직접적인 경험을 통하여 확립된다. 이들 두 초기 개념 단계에서 확립된 관계는 고정적이지 않으며, 환경 속에서 발생하는 여러 가지 대상들과 사건들에 대한 아동의 주목에 따라 움직인다. 초기 학동기에서 아동들은 제3발달 단계인 잠재적 개념으로 진입한다. 이 단계는 청소년기까지 지속된다. 성숙된 참 개념 단계에서 추상적인, 그리고 논리적인 유대와 관계가 등장하며 잠재적 개념 단계를 거치는 동안 형성된다. 이를 요약하면 다음과 같다.

| | |
|---|---|
| **군집**(heaps) | 자의(임의)적 범주들 |
| **복합성**(complexes) | 다양한 대상들 가운데의 구체적인 사실적 관계들 |
| **잠재적 개념** (potential concepts) | 구체적인, 임의적인 개념으로부터 추상적인, 과학적 개념으로의 전환 |
| **참 개념** (genuine concepts) | 어떤 문화에 공통적인 추상적, 체계화된 지식 |

잠재적 개념은 아동들이 어떻게 자의적 개념(spontaneous concept)에서의 구체적인 사고로부터 과학적 개념에서의 추상적 사고로 나아가는가에 관한 설명을 제공해 준다. 자의적 개념 혹은 군집과 복합성은 구체적인, 직접적인, 그리고 일상 경험들을 통하여 '하의상달식'(bottom up manner)에서 획득된 지식들이다. 과학적 개념들은 어떤 특수한 문화에 공통적인, 그리고 보통 공식적인 학교교육을 통하여 학습된 추상적이고 체계화된 지식이다. 과학적 개념들은 '상의하달식'(top down manner)에서 학습된다. 왜냐하면 그런 개념들은 직접적으로 볼 수 있거나 혹은 경험할 수 있는 것이라기보다는 단어들에 의해 중개되기 때문이다. 자의적 개념의 사고로부터 과학적 개념의 사고로의 전환과정에서 아동들의 관심과 기억은 자발적이자 논리적이며, 그리고 의미(단어)에 의해 안내되어진다.

비고츠키는 과학적 개념들은 성인에 의해 곧장 전달되어지지 않으며, 또한 아동에 의해 기성 맞춤형으로 흡수되지 않는다는 점을 강조하였다. 과학적 개념들은 아동들이 잠재적 개념의 단계를 통과하는 동안 계속 사용함으로써 성인들과의 언어적인 상호작용을 통하여 발달된다. 아동들은 언어를 통한 상호작용에 개입함으로써 인식, 추상, 그리고 통제와 같은 보다 고차원적인 사고능력을 발달시킨다. 언어는 이제 사고의 '도구'로 기능을 발휘한다.

## 2. 발달과 교육의 관계

### (1) 지식의 구성

비고츠키는 아동들이 지식의 습득에서 능동적이라는 신념을 갖고 있었다. 이러한 신념은 그의 이론적 관점을 피아제의 개인적 구성주의와 같은 대열에 위치시키는 것과 동시에 학습이 외적인 혹은 환경적 변수들에 의해 주로 결정되는 것으로 보는 행동주의 주창자들과는 구분시켜 준다. 그는 "아동을 하나의 수동적인 참여자, 즉 지식으로 가득 채워지기를 기다리고 있는 하나의 용기로 보는 대신에 아동들이 학습하기 위해 취하는 능동적인 지적인 노력들을 강조하였다."[19] 비고츠키의 지식에 관한 입장은 피아제와 행동주의자들의 그것과 비교할 때 보다 분명하게 드러난다.

우선, 비고츠키의 이론은 피아제와 마찬가지로 인간의 사고과정의 발달에 관한 통찰로 점철되어 있다. 그 두 사람 모두 아동의 발달이란 단순하게 기능과 아이디어의 레퍼토리를 확장하는 것으로 여길 수 없는 일련의 질적인 변화라는 관점에 있어서 서로 일치한다. 또한 피아제를 중심으로 하는 개인적 구성주의와 마찬가지로 비고츠키의 사회적 구성주의 또한 마음 속에서의 지식의 구성에 관하여 관심을 기울인다. 개인적 구성주의나 사회적 구성주의는 모두 '어린 아동들의 사고는 성인들의 사고와 다르며, 아동들이 소유한 지식은 성인들이 가지고 있는 지식을 단지 불완전하게 모사(模寫)한 것'이 '아니다'라고 믿는다. 비고츠키나 피아제는 아동들이 그들 자신의 이해를 구성한다는 것, 그리고 차츰 나이가 들어가고 경험을 쌓음에 따라 그러한 이해들이 재구성되어진다는 입장에 있어서 일치한다.

그러나 피아제가 변화를 특정한 단계로 설명하는 반면, 비고츠키는 기간들을 명료하게 제안하지 않았다. 그는 오히려 한 단계로부터 다른 단계로의 전이 기간들에서 일어나는 아동들의 마음의 재구조화에 관심을 더 기울였다. 그는 각 단계의 특징들에 대해 피아제처럼 특별히 강조하지도 않았다. 또한 비고츠키와 피아제는 지식의 구성에 관한 입장에서 차이를 드러낸다. "피아제의 경우 인지적 구성은 주로 물리적 대상들과의 상호작용에서 일어난다."[20] 예를 들면, 환경을 조성하거나 혹은 인지적 부조화를 창조하는 데 있어서 사람들은 간접적인 역할을 한다. 반면, 비고츠키의 경우 인지적 구성은 항상 '사회적으로 중개' 된다. 즉, 그것은 "현재와 과거의 사회적 상호작용들에 의해 영향을 받는다."[21] 교사가 학생에게 무엇인가를 지적한다면, 그러한 지적은 그 학생이 지식을 '구성하는' 바에 영향을 미친다. 가령, 어떤 교사가 학생에게 벽돌은 독특한 크기를 갖고 있다고 지적한다면, 그 학생은 교사가 벽돌의 색깔을 지적한 학생과는 다른 개념을 구성할 것이다. 교사의 아이디어는 아동이 학습하는 내용(what)과 방법(how)을 중개하거나 혹은 영향을 미친다.

지식의 구성에 있어서 비고츠키는 물리적 조작(physical manipulation)과 사회적 상호작용(social interaction)이 모두 필요하다고 생각하였다. 학생들은 '크다, 작다' 의 개념을 획득하고 그것을 자신들의 인지적 레퍼토리 속에 통합시키기 전에 벽돌을 만져보고, 물리적으로 비교해 보고, 그리고 배열하고 또 재배열해 보아야 한다. 학생들은 조작과 손으로 하는 경험이 없다면 자신들의 이해를 구성하기 어려울 것이다. 만약 학생들이 오로지 교사가 제공하는 아이디어만을 갖는다면, 그 교사가 존재하지 않을 경우에 학생들은 그 개념을 다른 재료들에 적용할 수 없거나 혹은 그것을 사용할 수 없을 것이다. 그러나 학생들은 사회적 상호작용을 통하여 어떤 특징이 가장 중요하며 주목해야 할 바가 무엇인지를 학습하게 된다. 교사들은 학생들과 공유된 활동을 통해 그들의 학습에 직접적인 영향을 미친다.

비고츠키의 지식의 구성에 관한 관점은 행동주의자들의 견해와는 확연히 다르다. 행동주의자들은 아동을 비교적 수동적인 존재, 곧 강화를 통해 강해진 연상들(associations)의 산물인 지식을 지닌 존재로 이해한다.

행동주의자들에 따르면, 환경은 아동의 사고와 행위를 관리한다. 그러나 비고츠키는 아동들이 지식을 구성하며, 또한 지식을 획득하는 데 있어서 능동적이라고 주장한다. 아동들은 이러한 정신적 구조와 이해에 기초하여 행동한다. 비고츠키에 따르면, 아동들은 지식과 도구들을 획득함으로써 그들 자신의 사고와 행위를 통제하는 수단을 얻게 된다.

### (2) 근접발달 지대(the zone of proximal development)

비고츠키는 아동들의 개인적인 문제해결(individual problem solving)을 고찰하는 시험이나 혹은 그런 일에 관심을 갖는 학교교육에 대해 부정적인 입장이다. 그는 "아동들이 성인과 협력하여 개념 형성에서 진보를 얼마나 나타내 보이는가에 관심을 갖는 것이 훨씬 더 생명력 있는 방식"[22] 이라고 주장하였다. 그가 근접발달 지대란 개념을 창출해낸 것도 이런 이유에서이다.

지대란 말은 발달을 척도상의 한 지점으로서가 아니라 행동들의 하나의 연속체 혹은 성숙의 정도로서 인식하기 때문에 선택된 용어이다. 비고츠키는 지대를 '근접한, 가장 가까운 지역' 으로 기술하였다. 이는 지대가 '가까운' 미래에 발달할 행동들에 의해 제한되어진다는 것을 의미한다. '근접한'(가장 가까운)이란 말은 결국 언젠가는 등장할 모든 가능한 행동들을 언급하는 것이 아니라, 어떠한 주어진 시간에서 등장할 수 있는 가장 가까운 것들을 의미한다.

행동의 발달은 ZPD의 경계를 형성하는 두 가지 수준에서 일어난다. 낮은 수준은 아동이 알고 있고 또한 혼자 할 수 있는 '독자적 수행 수준'(independent performance)이다. 더 높은 수준은 아동이 다른 사람의 도움을 받아 도달할 수 있는 최대로서 '보조적 수행 수준'(assisted performance)이라 불린다. 최대한으로 보조를 받은 수행과 독자적 수행 사이는 부분적으로 도움을 받은 수행들이 정도에 따라 다양하게 존재한다.

ZPD에 나타난 기능들과 행동들은 역동적이며 또한 끊임없이 변화한다. 가령, 어떤 아동이 오늘 어느 정도의 도움을 받아 수행하였을 경우, 그 아동은 내일에는 자기 혼자서 독자적으로 수행하게 될 수도 있다. 비록 오늘 최대의 지원과 도움을 요구하는 것이라 하더라도 그것은 내일 최소 도움으로도 아동이 수행할 수 있는 어떤 것이 될 수도 있다. 따라서 "보조적 수행 수준은 아동들이 발달함에 따라 변화하게 된다."[23]

ZPD는 다음과 같은 네 가지 측면에서 의의를 지닌다.

첫째, ZPD를 활용해 아동의 발달을 연구할 수 있다. 비고츠키의 이론은 이 순간에 보이는 바의 '현재의 아동' 보다는 앞으로 존재할 '미래의 아동' 혹은 '존재할 아동' 에 초점이 있다. 따라서 우리는 비고츠키의 패러다임에서 ZPD의 보다 높은 수준, 다시 말해 아동들이 앞으로 존재할 바에 관심을 기울일 필요가 있다. 사실 우리가 아동들에게서 어떤 개념이나 기능이 자연적으로 등장할 때까지 기다린다면 우리는 오늘의 아동들이지 결코 미래의 아동들을 연구하는 것이 아니다. 우리가 연구해야 할 필요가 있는 것은 현재 상태와 미래 사이에 일어나는 과정이다.

비고츠키 접근법이 보여준 혁신들 중의 하나는 이중 자극(double stimulation) 혹은 미세발생학적 방법(microgenetic method)이다.[24] 연구자는 새로운 개념들 혹은 기능들이 등장할 것을 상정하여 아동들을 연구한다. 연구자는 아동들이 무엇을 배우는가가 아니라 아동들이 어떻게 학습하는가를 밝히기 위해 힌트, 단서, 그리고 다른 도움을 설계한다. 아동들은 새로운 학습과제를 부여받는다. 그리고 연구자는 아동들이 맥락의 어떤 요소들(힌트, 자극, 재료, 단서, 그리고 상호작용)을 사용하는가를 파악한다. 따라서 연구자는 ZPD의 보다 높은 수준에서 도움을 제공하고 또한 ZPD 내에서 아동의 진보를 관리한다.

둘째, 교수–학습에 대한 중요한 함축을 지니고 있다.[25] 우선, ZPD는 과제를 수행하고 있는 아동을 돕는 방법을 내포하고 있다. ZPD 개념은 전문가와 초보자 사이의 상호작용보다 훨씬 더 광범위하다. 사회적으로 공유된 모든 활동들로 확장된다. 비고츠키는 아동들이 평등한 관계로서의 동료들과의 상호작용, 상상적인 파트너들과의 상호작용, 혹은 다른 발달수준들을 가진 아동들과의 상호작용 등 모든 유형의 사회적 상호작용을 통하여 ZPD의 보다 높은 수준에서 수행을 시작할 수 있다고 믿었다.

ZPD는 아동들의 능력을 평가하는 방법을 함축하고 있다. ZPD의 개념은 현재 아동들이 알고 있는 바와 그리고 앞으로 할 수 있는 바에 관한 평가를 직접적으로 내포하고 있다. 단지 아동들이 독자적으로 할 수 있는 것만을 평가하는 것이 아니라, 그들이 도움을 받아 할 수 있는 다른 수준들을 포함한다. 교사들은 아동들에게 무슨 힌트가 가장 유용한가 뿐만 아니라 아동들이 자신들의 도움을 어떻게 사용하는가에도 주목해야만 한다. 흔히 역동적 평가(dynamic assessment)라고 불리는 이러한 테크닉은 신뢰할 만한 교실평가를 증진시키고 또한 커다란 잠재력을 확장시킨다. 만약 우리가 평가에서 ZPD를 사용한다면 우리는 아동들의 능력을 보다 정확하게 평가할 수 있을 것이다.

ZPD는 무엇이 발달론적으로 적절한가를 결정하는 방법을 함축하고 있다. ZPD의 개념은 아동들이 도움을 받아 학습할 수 있는 것들을 포함할 뿐만 아니라 발달론적으로 적절한 것이 무엇인가에 관한 것으로까지 확장된다. 비고츠키는 가장 효과적인 교수란 아동들의 ZPD의 보다 높은 수준에 목표를 두는 것이라고 주장하였다. 교사들은 아동들이 그 자신의 힘으로 할 수 있는 바를 바로 넘어서는, 그러나 그 아동이 도움을 받아 할 수 있는 바의 내에 있는 활동들을 제공해야만 한다. 따라서 교수–학습 대화는 어떠한 주어진 시간에 있는 아동의 수준을 바로 앞서서 나아가야 한다.

셋째, ZPD를 가르치는 데 사용할 수 있다. 곧, 비계를 설치하는 것이다. 우드(D. Wood) 등은 교사들이 초보자인 학생들로 하여금 보다 높은 수준에서 과제를 수행할 수 있도록 하기 위해 ZPD 내에 비계를 설치할 것을 제안하였다.[26] 물론, 비계 설치로 과제 그 자체가 변화하는 것은 아니다. 그러나 학습자들은 비계의 도움으로 과제를 더욱 쉽게 접할 수 있다. 교사들은 점차적으로 도움의 수준을 감소시키면서 학습자들로 하여금 과제의 수행에 대한 책임을 더욱 많이 갖도록 한다. 우드 등은 교사들이 비계를 제공할 시기는 매우 다양하다고 하였다. 어떤 때는 잊혀져 버린 측면에 직접적인 주의를 기울일 것이며, 또 어떤 때는 실제적으로 어떤 것을 하는 정확한 방식에 대한 모델을 보여줄 수도 있을 것이다. 그러나 비계 설치가 효과적이 되기 위해서는 교사들이 아동들의 관심을 주의 깊게 살펴야 한다.

도덕교육에서 그 동안 많은 비판을 받아왔던 '뻔한 것을 가르친다'는 목소리들은 바로 ZPD에 미치지 못한, 이미 아동들이 알고 있는 지식을 가르치고 있다는 의미로 해석될 수 있다. 사실 이것은 엄밀한 의미에서 '가르친다'(teaching)라고 할 수 없다. 그것은 교육이라기보다는 훈련이라고 하는 것이 옳다. 이미 알고 있는 것을 단순히 반복한다는 것은 훈련(training)에 속한다. 이것은 가정의 일상생활 또한 학교의 일상생활에서 '덕'을 함양시키는 데 필요하다고 할 수 있다. 그러나 교실수업에서 도덕적 지식을 대상으로 가르칠 때는 분명히 훈련의 성격을 벗어나야 할 것이다. 그것은 ZPD에 속하는 것을 가르쳐야 한다는 의미일 것이다. 우리는 도덕교육의 교육내용을 선정하고 조직할 때 ZPD 개념을 활용하는 지혜를 발휘할 필요가 있다.[27]

끝으로, ZPD는 구성 지대(construction zone)이다. "교사들은 미리 과제의 목표를 잘 안다. 또한 교사들은 아동들의 최종 수행이 어떠할 것이라는 생각도 갖고 있다. 그러나 아동들은 자신들의 최종적 수행이 어떠할 것이라는 것에 대한 생각이 부족하다. 또한 목표에 관한 충분한 이해도 갖고 있지 못하다. 그러므로 아동들은 교사들이 원하는 바가 무엇인기를 스스로 생각하고 그에 대한 이미지를 나름대로 구성한다. 반면에 교사들은 아동들이 이해하는 바에 관한 이미지를 구성한다."[28]

### (3) 사회적 맥락(social context)의 역할

피아제에 따르면, 아동들의 지적 발달은 그의 사회적 맥락과 독립적으로 하나의 보편적인 본질을 갖는다. 따라서 모든 아동들은 14세 정도에 형식적 조작단계에 이른다. 피아제는 후기에 이르러 발달에서 한 세대로부터 다음 세대로 문화의 축적된 지혜를 전수하는 사회적 전달(social transmission)의 역할을 인정하였다. 그러나 피아제는 사회적 전달이 주로 지식의 내용에 영향을 미친다고 믿었다. 또한 아동들의 사고발달과 관련하여 피아제는 물리적 대상들과의 역할을 강조하였다. 피아제의 이론에서 사람들은 이차적인 중요성을 지닌다. 반면에 대상들과 그리고 아동들의 대상들과의 활동이 일차적 중요성을 지닌다. 동료들이 인지적 부조화를 창출해낼지 모르나 그들은 학습과정의 핵심부분이 아니다.

반면에, 비고츠키는 사회적 맥락을 강조하였다. 사회적 맥락은 전체적인 사회적 환경, 즉 문화에 의해서 직접적으로든 혹은 간접적으로든 영향을 받아오고 있는 그 사람의 환경 속에 있는 모든 것을 의미한다. "사회적 맥락은 아동 개인이 즉석에서 상호작용하고 있는 즉흥적 상호작용 수준, 가정과 학교처럼 아동에게 영향을 미치는 사회적 구조들을 포함하는 구조적 수준, 그리고 언어나 수 체계와 같은 일반적인 문화적·사회적 수준에서 고려되어야 한다."[29] 이러한 사회적 맥락들은 각각의 수준에서 모두 우리 인간이 사고하는 방식에 영향을 미친다. 비고츠키에 따르면, 사회적 맥락은 아동들에게 등장하는 인지적 과정들의 내용뿐만 아니라 바로 그 유형(type)을 결정한다. 사회적 맥락은 우리가 생각하는 방법(how)과 우리가 생각하는 내용(what)에 심대한 영향력을 미친다. 사회적 맥락이 형식적 추론을 광범위하게 채택하지 않는 문화권 내에서 생활하는 아동들은 형식적 조작의 발달이 매우 느리게 나타나게 된다.

사회적 맥락이 지식의 내용과 형식 및 정신적 과정들에 어떻게 영향을 미치는가에 관한 비고츠키의 관점을 검토해 보자. 우리는 이를 통해 비고츠키를 중심으로 하는 사회적 구성주의가 피아제를 중심으로 하는 개인적 구성주의와 어떤 점에서 차이를 나타내는가를 또 다른 시각에서 이해할 수 있을 것이다.

우선, 사회적 맥락이 지식의 내용(content)과 과정(processes)에 어떻게 영향을 미치는가를 살펴보자. 사회적 맥락은 하나의 역사적 개념이다.

비고츠키에 따르면, 인간의 마음은 인간 역사 혹은 계통발생론(phylogeny), 그리고 한 사람의 개인적 역사 혹은 개체발생학(ontology, ontogeny) 그 두 가지 모두의 종합적 산물이다. 따라서 오늘날의 인간 마음은 인간 종(種)의 역사와 함께 진화하여 왔다. 또한 각 개인의 마음은 독특한 개인적 경험들의 한 산물이기도 하다.

많은 이론가들은 문화적으로 생성된 지식을 획득함으로써 발달이 이루어진다고 보았다. 비고츠키는 이 개념을 확장하여 정신적 과정들의 본질이라 할 수 있는 지식의 내용과 형식(form)을 이에 포함시켰다. 가령, 원시적인 문화권에 살고 있는 아동들은 문명의 수준이 높은 도시에서 살고 있는 아동들과 비교해 볼 때 여러 가지 유형의 동식물을 더 많이 알 뿐만 아니라, 이들 동식물들을 기억하기 위해 사용하는 전략들 또한 다를 것이다. 또한 학교에서 교사로부터 동식물들을 분류하는 과학적 범주들을 학습한 아동들은 그렇지 않은 아동들과 다른 방식에서 동식물을 분류할 것이다. "아동들은 창안이 아니라 사회적으로 통용되는 것을 '복사'(copy)하는 데 보다 치중한다."[30)]

문화가 인지에 영향을 미친다는 개념은 아동의 전체적인 사회적 세계가 그가 아는 내용뿐만 아니라 그가 생각하는 방법을 형성한다는 점에서 중요하다. 우리가 사용하는 논리의 종류, 그리고 우리가 문제를 해결하기 위해 사용하는 방법들은 우리의 문화적 경험들에 의해 영향을 받는다. 대부분의 서구 이론가들은 보편적인 혹은 범문화적인 논리적 과정들이 존재한다고 믿는다. 그러나 비고츠키는 이러한 입장을 거부한다. 아동들은 모두 똑같은 사상가와 문제 해결자가 되는 것이 아니라는 것이다. 아동들은 각기 다른 사회적 맥락 내에서 성장하기 때문에 나름의 특별한 사상가와 문제 해결자가 된다.

인간은 도구를 생산하고 또한 협동을 위한 하나의 사회적 체계를 발달시키기 전에는 다른 동물들과 비슷한 방식에서 진화하였다. 인간이 언어를 사용하고 또한 도구들을 발달시키기 시작하면서 발달의 메커니즘이 형성되었다. 한 세대는 문화를 통하여 다음 세대에게 지식과 기능들을 전달한다. 각 세대는 여기에 새로운 것들을 더하고, 따라서 문화의 축적된 경험과 정보는 다음의 후세 세대들에게 전달되어진다. 비고츠키는 아동들이 자신들의 지식과 그리고 이해의 모든 것을 창안하는 것이 아니라, 그들의 문화 속에 축적된 풍부한 지식의 몸체를 횡령한다고 가정하였다. 아동들은 이러한 정보를 획득하고 또한 그것을 사고할 때에 사용한다. 따라서 우리 조상들의 문화적 역사는 바로 우리의 지식에 영향을 미칠 뿐만 아니라 바로 그 사고과정들에도 영향을 미친다.

또한 비고츠키는 한 개인의 마음은 개인적 역사에 의해 형성되어진다고 믿었다. 비록 정신적 과정들에 다른 아동들과의 공통적인 측면들이 존재한다 하더라도 한 아동의 마음은 어떤 특수한 사회적 맥락 내에서 다른 사람들과 상호작용을 한 결과이다. 개체발생학의 측면에서 보면, "아동들이 배우고자 하는 시도들과 함께 부모나 교사, 그리고 동료들을 통해 가르치고자 하는 사회의 시도들은 모두 아동들의 마음이 작용하는 방식에 영향을 미친다."[31)]

지식의 구성과 관련하여 비고츠키는 고등 정신과정들에 대한 공유의 가능성을 제시함으로써 아주 특별한 공헌을 하였다. 그에 의하면, 정신적 과정들은 개인에게 내적으로 존재할 뿐만 아니라 몇몇 사람들 사이의 교환에서 발생할 수 있다. 아동들은 '공유'에 의해서 정신적 과정을 배우거나 혹은 획득하고, 혹은 그것을 다른 사람들과 상호작용할 때에 사용한다. 아동들은 이러한 공유된 경험을 거친 이후에만 비로소 정신적 과정을 내면화할 수 있고, 또한 독립적으로 정신적 과정을 사용할 수 있게 된다.

사회적으로 공유된 인지의 개념은 서구 심리학에서 공통적으로 받아들여지고 있는 인지의 개념과 매우 다르다. 서구의 전통은 인지를 단지 개인적으로 접근이 가능한 일련의 내적인 정신적 과정들로서 인식하여왔다. 공유된 정신적 과정의 개념을 기억의 발달을 예로 들어 설명해 보자. 서구의 전통적인 해석에 따르면, 만약 어떤 아동이 무언가를 기억하고 있다면 그 아동은 일련의 기억전략들을 소유하고 또한 기억 속에 정보를 기호화하여 입력하였기 때문이다. 기억이란 내적인 과정인 것이다. 서구에서는 전통적으로 기억을 단지 하나의 내적인 과정으로 보았다.

그러나 서구의 전통과 달리 비고츠키는 기억이 두 사람 사이에 공유되어질 수 있는 것이라 믿었다. 아동들과 교사는 기억을 공유할 수 있다. 그들의 상호작용은 기억의 정신적 과정을 내포한다. 예를 들어보자. 철수는 어떤 게임의 지시들을 잊어버렸다. 정보는 그 아이의 기억 속 어딘가에 저장되어 있다. 그러나 그는 그것을 스스로 꺼낼 수가 없다. 반면에 교사는 비록 그 게임에 대해 알지 못하지만 정보를 회상할 수 있는 전략들을 안다. 따라서 철수가 게임의 지시들을 회상하려면 교사의 참여가 요구된다. 철수는 지시의 회상을 홀로 해낼 수 없고, 교사 역시 그것을 홀로 할 수 없다. 그들은 사회적 교환, 대화, 혹은 상호작용을 통하여 그 일을 해낼 수 있는 것이다. 기억은 상호 교환 속에 존재하게 된다.

모든 정신적 과정들은 처음에 공유된 공간 속에 존재하게 된다. 그리고 나서 개인적인 국면으로 나아간다. 사회적 맥락은 발달과정과 학습과정의 실제적인 부분이다. 공유된 활동은 아동의 정신적 과정들의 내면화를 촉진시키는 수단이다. 비고츠키는 성숙의 역할을 부정하지는 않았지만 인지발달을 위한 공유된 경험의 중요성을 강조하였다. 사회적 맥락을 통하여 개인은 정신적 발달을 보다 확실히, 그리고 빨리 이루어 나갈 수 있다.

#### (4) 학습(learning)과 발달(development)

학습과 발달의 관계에 관한 비고츠키의 입장은 사회적 구성주의의 성격을 잘 반영해 주고 있다. 학습과 발달은 서로 복잡하게 관련된 두 가지 다른 과정이다. 그래서 이에 관한 다양한 입장이 존재한다. 예컨대, 행동주의자들은 학습과 발달을 똑 같은 것이라고 믿는다. 학습이 이루어지면 곧 발달이 성취되는 것으로 이해하였던 것이다. 그러나 비고츠키는 이와 다른 입장이다. 그는 사고의 발달이 단지 사실이나 기능의 축적에 의해서만 설명되어질 수 없는 질적인 변화가 존재한다고 주장하였다. 그는 아동들의 사고는 점차적으로 보다 구조화되어진다고 믿었다.

비고츠키는 피아제를 비롯한 다른 인지발달 이론가들처럼 특수한 인지적 성취를 위해서는 성숙과 관련된 전제조건들이 존재한다고 믿었지만 성숙이 전적으로 발달을 결정짓는다고는 보지 않았다. 성숙은 아동들이 어떤 것들을 할 수 있는지의 여부에 영향을 미친다. 가령, 아직 언어를 습득하지 못한 아동이 논리적 사고를 학습할 수는 없다. 성숙을 주요 발달과정으로 강조하는 이론가들은 아동들이 새로운 정보를 학습할 수 있기 '이전에' 특정한 발달수준을 성취하고 있어야 한다고 믿는다. 예컨대 피아제는 아동들이 논리적으로 생각할 수 있으려면 그 이전에 구체적 조작의 단계를 성취하고 있어야만 가능하다고 주장하였다. 이 관점에서 보면 사고의 내적인 재조직화는 새로운 것들을 학습하는 능력에 앞서 이루어진다. 따라서 만약 아동들에게 보다 높은 수준의 정보를 제시할 경우, 아동들은 발달수준을 성취하기 전까지 그것을 학습할 수가 없다.

그러나 비고츠키는 발달이 학습에 영향을 미칠 수 있을 뿐만 아니라 학습 또한 발달에 영향을 미칠 수 있다고 주장하였다. 그는 학습과 발달의 관계를 단선적인 차원이 아닌 하나의 복잡한, 비선형적(nonlinear)인 차원에서 이해하고 있다. 그는 피아제와 마찬가지로 아동들이 새로운 정보를 배우는 능력을 제한하는 발달적 전제조건들이 존재한다는 것에 동의한다. 그러나 그는 또한 학습이 발달을 촉진시키고, 심지어는 발달을 야기시키는 원인을 제공한다고 믿었다. 예컨대, 교사는 대상의 분류에 관한 학습을 통하여 아동들에게 범주적 사고의 발달을 야기시킬 수 있다. '나에게만 이익을 주는 행동'과 '여러 사람에게 이익을 주는 행동'의 개념에 관한 학습은 '타인 배려'에 관한 범주적 사고의 발달을 촉진시킬 수 있다.

이러한 '발달 ↔ 학습'의 쌍방적 관계에 관한 인식은 교육에 중요한 시사점을 제공하고 있다. 교사들은 아동들의 발달수준을 고려해야 할 뿐만 아니라, 또한 아동들을 발달로 이끌 수준에서 정보를 제공해야 한다. 만약 우리가 발달과 학습을 '발달 → 학습'의 일방적 관계로 이해한다면, 다시 말해 새로운 학습을 위해서는 특정한 발달수준이 반드시 성취되어야만 한다면, 교수(敎授)란 아동들이 이미 알고 있는 재료를 제시하는 것 그 이상이 아니다. 또한 만약 우리가 아동들의 발달수준을 완전히 무시해 버린다면 교수는 무의미한 활동들의 연속으로 치부될 수 있다. 이 점에서 근접발달 지대는 일종의 '능력'을 의미한다고 볼 수 있다. 어떤 아동이 어떤 주제에 대해 지적 호기심을 느낀다는 것은 주제가 그 아동의 근접발달 지대에 들어와 있다는 것이며, 그러한 호기심이 없이 '뻔한 이야기'라는 것은 이미 알고 있는 기존의 지식이란 의미로 해석할 수 있다.

학습과 발달에 관한 사회적 구성주의 관점의 독특한 특징은 학습을 대화적 성질(dialogical nature)로 파악한다는 점이다. 이 점은 또한 피아제의 개인적 구성주의와의 차별성을 부각시켜 주는 하나의 중요한 요소이기도 하다. 피아제는 학습에서 모순과 평형의 역할을 연구하려고 하였다. 반면에, 비고츠키는 대화를 연구하려고 노력하였다. 그는 개념들의 학습에 관한 내적 언어의 역할에 관심이 있었을 뿐만 아니라 성인과 학습자의 동료의 역할에도 관심을 기울였다. 즉 성인들이나 동료들이 학습자에게 어떤 의미를 이야기하고, 질문하고, 설명하고, 협상할 때의 역할에 관심을 기울였다. 이러한 그의 입장은 '비계 설치'의 개념을 제안하게 만들었다. 늘 얼굴을 맞대고 상호작용을 하는 엄마와 어린 아이와의 관계에서 그들은 비록 언어능력에서 커다란 차이가 남에도 불구하고 서로 의미를 연합하여 구성하게 된다. 엄마와 아기 사이에 형성되는 독특한 언어나 몸짓 등은 그러한 예들이다. 비고츠키의 이러한 인식은 사회적 구성주의 교육의 개념을 형성하는 일차적 요소가 된다.

비고츠키는 아동의 현재 발달을 이해하기 위해서는 아동 행동의 역사를 이해하는 것이 중요하다는 점을 강조하였다. 이것은 일반적인 아동 행동과 발달단계뿐만 아니라 개별적 아동들의 역사와 발달패턴들을 포함한다. 그에 따르면, 학습과 발달은 아동의 삶이 시작하는 바로 그 때부터 상호 관련된다. 따라서 모든 아동의 발달은 개별적이며 또한 매우 복잡하다. 아동의 발달은 그 자신의 생물학적 능력과 환경적 요소에 기초한다.

우리는 모든 아동들을 위해 발달적 변화를 산출하는 정확한 처방(prescriptions)을 만들어낼 수는 없다. 왜냐하면 아동들에게서 개인적인 차이들이 예상되기 때문이다. 우리는 특정한 기능을 아동들에게 가르친 후 모든 아동들이 일률적으로 그 특정한 기능을 발달시킬 것으로 기대해서는 안 된다. 교사가 도덕적 지식을 아동들에게 교수하였다 하더라도 그에 대한 인식은 아동들 각자에 따라 개인차가 날 수 있다. "교사는 끊임없이 각각의 아동들을 위한 학습과 교수를 조절하기 위해 자신의 방법을 조정해 가야만 한다."[32] 아동들에게 미리 결정된 교육과정의 틀만을 엄격하게 적용하는 것은 바람직하지 않다. 그것은 그의 본성상 교실에 있는 모든 아동의 필요를 충족시킬 수 없다. 만약 아동들의 정신적 발달을 계속적으로 이끌고자 한다면 우리는 학급 아동들이 개별적으로 필요로 하는 학습을 제공할 필요가 있다. 모든 교실이 '학습자 중심'이 되어야 한다는 것은 이런 까닭에서 나온 것이다. 그리고 "학습자 중심의 교실에서 아동의 인식은 가장 중요한 요소"[33]가 된다.

## Ⅳ. 비고츠키의 도덕관

비고츠키는 소비에트 사회주의 국가의 심리학자로 그는 사회주의 이념에 입각한 심리학의 지평을 열고자 노력하였던 인물이었다. 그의 도덕관 역시 기본적으로 사회주의자의 시각에서 정립되었다. 그의 도덕관은 사회적 기원론에 입각하고 있으며, 그의 윤리학적 관점은 사회심리학적 측면에서 비롯된다. 그에 의하면, 도덕적 관념은 사회적 환경에 따라 변화한다. 이는 기본적으로 엥겔스(Engels)의 입장을 수용한 것이다. "엥겔스는 선과 악의 기준은 시대적 여건에 따라 항상 가변적이므로 상호 모순적인 때가 많다고 하였다."[34] 어느 시대를 막론하고 통용되는 불변의 도덕이란 있을 수 없다는 관점은 그 당시 소비에트 학자들의 일반적인 견해이기도 하였다.

사회주의의 도덕관은 비고츠키의 사상에 그대로 반영되었다. 그는 '지금 그리고 이곳'에서 나쁘다고 간주되는 것이 다른 곳에서 모든 덕들 가운데 최고의 것으로 간주될 수도 있다고 믿었다. 만약 각기 다른 도덕적 의식의 표명 가운데 어떠한 공통적인 특징이 존재한다면, 이는 단지 모든 인간 사회에 의해 공유된 어떤 공통적인 요소들이 그 사회질서의 한 부분을 이루고 있기 때문이라고 보았다. 따라서 비고츠키의 심리학은 사회심리학적 관점이며, 이에 따라 "윤리학은 각 계층의 이익에서 확립되고 또한 진화된 사회적 행동의 한 형식"[35]으로 여겨졌다.

비고츠키는 당시 사회주의 국가의 사상적 굴대였던 반자본주의 및 반개인주의 사상을 그대로 계승하였다. 그는 "'계급 이상'(class ideals)이 본래부터 모든 교육체계에 내재되어 있다"[36]고 보았다. 그리하여 그는 모든 부르주아 도덕규칙들은 위선과 허위로 가득 차 있다고 굳게 믿었다. 부르주아 도덕은 가르치는 바와 실제가 다르고, 계급 이익의 접점에서 구성되어졌으며, 사후의 신의 왕국을 전도(傳道)하고 현실세계에서 노예의 왕국을 심어주기 때문에 허위라는 것이다. 그러한 형식의 도덕에서는 거짓말과 위선이 근원에 내포되어 있다는 것이다. 자본주의 국가의 학교는 실제세계와 도덕 사이의 이러한 차이를 메우는 데 노력을 기울이는 역할을 하는 기관일 뿐으로 인식하였다.

사회주의자들이 부르짖는 도덕교육의 무용론은 도덕교육 그 자체에 대한 비판이라기보다는 현대 시민계층의 학교에서 일반적으로 시행되고 있는 도덕교육에 대한 비판이다. 여기에는 도덕교육이 노동계층을 자본주의 체제 속으로 복종시키기 위한 독특한 고안품들 중의 하나라는 인식이 깔려 있다. "자본주의 사회에서 행하여지고 있는 학교 교육은 경제적 하부구조에 입각하여 이미 형성된 사회적 관계의 유형들을 지속시키고, 젊은이들을 노동력으로 쉽게 통합시키기 위하여 아주 면밀하게 구조화된 고안품"[37]이라는 것이다. 비고츠키도 이와 궤를 같이하고 있다. 그 역시 "부르주아 도덕의 모든 잔재는 학교에서 깨끗이 청소되어져야 한다"[38]는 입장을 취함으로써 기본적으로 사회주의 도덕관을 분명히 드러내고 있다.

도덕성의 기원과 관련하여 비고츠키는 그의 선천성을 부인하였다. "절대적인, 그리고 초경험적인 도덕성의 근원 혹은 어떠한 천부적인 감정의 도덕성(any innate morality of feelings)의 근원을 부인하였다."[39] 그는 도덕적 행동이 발생하는 근거에 주목하였다. 그에 의하면, 인간의 도덕적 행동은 다른 모든 것과 마찬가지로 천부적이고 본능적인 반응들의 토대 위에서 일어나며, 또한 환경의 질서정연한 결과의 영향 아래에서 발달한다. 도덕적 감정은 다른 사람에 대한 본능적인 동정심, 사회적 본능, 그리고 그 밖의 많은 다른 것들에 그의 기초를 두고 있다. 성장과정에서 모든 상상할 수 있는 사항, 개념, 그리고 현상과 접촉하게 됨에 따라 이러한 본능적이자 천부적인 반응들은 우리가 도덕적 행동이라고 말하는 그러한 "조건적인 행동형식들"[40]로 전환된다. 따라서 비고츠키는 도덕적 행동이 다른 모든 것들과 마찬가지로 사회적 환경을 통하여 교육에 의해 수정이 가능한 하나의 행동형식이라는 결론에 이르렀다.

결론적으로 비고츠키는 자신의 도덕관을 매우 역설적인 방식으로 표명하였다. 사회주의 도덕관을 계승한 그의 관점은 기본적으로 도덕을 가르치는 것이 무의미하다는 생각이었다. 가장 바람직한 도덕교육의 형태는 도덕이 교육의 불가분리적인 부분을 구성함으로써 학생들이 도덕적으로 행동하고 있다는 것에 주목하지 않도록 하는 것이다. 마치 평소에 건강을 의식하지 않은 채 생활하듯이 일상의 교육활동 속에 용해되도록 하는 것이다. "도덕교육은 사회적 환경에 의해 확립되어지고 규제되어질 모든 그러한 일반적 행동 양식들로 완전하게 감지할 수 없을 만큼 용해되어져야 한다"[41]는 것이다. 교사나 학생 모두 도덕에 관한 특별한 교수를 생각하지 않는 것이 바람직하다는 입장이다.

## V. 도덕교육 전략

### 1. 도덕교육의 원리

#### (1) 행위와 연결되는 의식(consciousness)의 단련

앞에서 언급하였듯이 비고츠키는 도덕성의 선천성을 부인하였다. 그는 도덕성도 다른 것과 마찬가지로 본능적인 반응들을 토대로 사회적 환경의 결과에 의해 발생하고 또한 발달한다고 생각하였다. 인간은 기본적인 본능만을 지니고 태어나며, 이를 바탕으로 도덕적 감정이 발달하고, 도덕적 행동으로 반응하게 된다는 것이다. 비고츠키의 이러한 관점은 우리로 하여금 도덕교육에서 의식과 행동 간의 관계에 주목해야 한다는 점을 일깨워 주고 있다. 그는 기본적으로 의식과 도덕적 행동 사이에는 본능이라는 욕구가 개재되어 있다는 생각을 가지고 있었다. 도덕적 행동은 의식과 욕구 충동이라는 본능 간의 관계에서 비롯된다는 시각이다.

비고츠키는 소크라테스를 비롯한 주지주의자(主知主義者)들의 기본적 주장을 나름대로 재해석하고 보충하였다. 주지주의자들은 도덕적 행동을 도덕적 의식과 동일시한다. 예컨대, 소크라테스는 도덕이란 지식이며, 그리고 비도덕이란 무지의 산물이라고 했다. 인간의 행동은 의식에 의해 유발되기 때문에 올바로 인식한 의식은 올바른 행동을 낳을 것이라는 가정이다. 그러나 비고츠키는 이와는 달리 의식과 도덕적 행농 사이에 그 정반대의 관계(reverse relationship)를 가리키는 사실들이 엄연히 존재한다는 점을 지적하였다. 우리는 분명히 어떻게 행동해야 하는가를 '아는 것'과 '정확하게 행동하는 것'은 다르다는 점을 경험적으로 잘 알고 있다는 것이다. 의식에 대한 또 다른 설명이 필요함을 암시한 것이다.

비고츠키는 의식이 도덕적 행동을 낳는 데 있어서 어떤 결정적 역할을 한다는 점을 부인하지는 않는다. 그러나 의식은 도덕적 행동을 담보하는 데 있어서 여러 가지 요소들 가운데 단지 하나라는 것, 그리고 아주 흔히 보다 강력한 본능적인 충동들에 비해 열세의 위치로 몰린다는 점 또한 지적하였다. 그에 따르면, 우리가 의식을 신경체계와 연결된 어떤 것으로서 이해할 때만 우리는 비로소 의식이 도덕적 행동에 미치는 영향을 말할 수 있다. 달리 말하면, 의식을 행동의 조직에 관한 예비적 형식을 내포하고 있는 것으로서 이해할 때만 우리는 적절한 행동을 보장하는 데 있어서 의식의 역할을 설명할 수 있을 뿐이라는 것이다. 의식이 보통 강력한 감정적 충동에 의존하기 때문이다. 결국 의식은 충동을 통제하는 의지력(willpower)과 연결될 때 행동에 대한 결정적인 역할을 하게 된다.

비고츠키의 관점에서 볼 때, 욕망충동과 괴리된 상태의 의식은 의미가 없다. 그런 형식의 의식은 결코 도덕적 행동을 담보할 수 없다. 그러므로 도덕교육은 아동이 모든 자신의 의식적인, 그리고 무의식적인 욕망들에 대한 우세를 획득하는 데 도움을 줄 수 있도록 아동의 의식을 훈련하는 데 초점이 두어져야 한다는 결론에 이르게 된다. 도덕교육은 '의식, 의지, 그리고 행동'의 통일을 지향하는 측면에서 접근할 것을 요구한다.

도덕을 가르치는 것이 무의미하다고 느끼는 이유도 이와 관련이 있다. 그는 도덕적 교훈들이 학생들의 마음 속에서 행동과 아무런 관련이 없는 순수하게 언어적인 반응들의 집합과 같은 것으로만 존재할 것으로 여겼다. 이는 마치 여러 기계장치를 움직이게 하지 않는, 그리하여 쓸모없이 내버려져야만 하는 운명인 자동차와 같다. 따라서 기껏해야 도덕교육은 아동들의 행동과 도덕적 교훈들 사이에 갈등을 야기시킬 뿐이다. 즉, 자기 자신의 욕망을 다루지 못하는 아동은 죄의식으로부터, 두려움으로부터, 그리고 수치심으로부터 고통을 받는다. 도덕교육이 아동들의 도덕적 행동을 유발시키기보다는 오히려 심각한 정신적 및 신경적인 충격을 제공할 뿐이다. 그래서 비고츠키는 도덕교육이 의미가 없고 해로울 뿐이라고 주장하면서, 도덕교육은 사회적 환경에 의해 확립되어지고 규제되어질 모든 그러한 일반적 행동양식들로 완전하게 감지할 수 없을 만큼 분해되어야만 한다고 주장하였던 것이다.

이러한 관점은 교육의 이론적인 측면이나 실제적인 측면에서 매우 커다란 의미를 지니고 있다.[42] 첫째, 그것은 사회적 영역을 교수와 학습에 통합시킴으로써 교육의 지평선을 넓혀준다. 결론적으로 교육은 훨씬 더 복잡한, 인간적인, 그리고 도전적인 것이 되어간다. 교육은 더 이상 단지 개인적 추구로서의 전통적인 인지적 영역에 국한되어 남아 있지 않게 된다. 그것은 보다 큰 사회적 맥락에서 관련된 개인적 성장의 그물이 되어간다. 둘째, 비고츠키의 아이디어는 인지적 발달과 사회적 · 정의적 발달 사이의 관계를 강력하게 연결해 준다. 그러므로 그의 관점은 전체로서의 인간 발달과 성장에 관한 보다 현실적이고 복잡한 그림을 제시해 주게 된다.

이러한 특징들은 비고츠키의 이론을 스키너와 피아제의 이론과 구분시켜 주기도 한다. 비고츠키의 이론은 주로 교육의 외적 결과 혹은 산물인 행동에 초점을 둔 스키너의 이론과 달리 그의 이론은 결과의 이전, 진행 중, 그리고 이후의 전체 과정을 포함한다. 그리고 피아제의 접근이 주로 학습과 성장의 인지적 영역에 초점을 둔 반면, 비고츠키의 접근은 인지 발달뿐만 아니라 사회적 및 정의적 영역을 포함하였다. 그 결과 비고츠키의 이론은 사고와 행위의 집합적 지혜를 모을 수 있게 하였다.

### (2) 적극적 자유에 입각한 행동의 선택

비고츠키는 아동들이 적극적 자유에 입각하여 행동을 선택하도록 해야 한다고 하였다. 도덕적 행동은 행동의 사회적 형식들과 관련된 것으로 어느 누구든 외부의 압력에 의한 어쩔 수 없는 선택은 바람직하지 않다는 것이다. 사실 개인의 자유의사에 따른 행동만이 도덕적 행동의 범주에 속할 수 있다. 비고츠키는 도덕적 행동을 적극적 자유의 측면에서 설명하고 있다. 만약 어떤 사람이 그것이 나쁘다는 이유에서 그로부터 멀리 한다면 그는 노예처럼 행동하고 있다는 입장이다. 그의 관점에서 보면 어떤 것이 보다 더 좋기 때문에 그로부터 달아나는 사람만이 자유롭다. 이것은 우리 인간이 악으로부터가 아니라 선으로부터 항상 나아가야만 한다는 원리를 밝혀주는 것이다.

자유에 관한 여러 주장들은 아마도 '무엇으로부터의 자유'와 '무엇에 대한 자유'로 구별될 수 있다. 이것은 다시 사람들이 무엇으로부터 혹은 무엇에 대해 자유로운가, 아니면 자유롭지 못한가를 묻는 물음으로 대체될 수 있다. 무엇으로부터의 자유는 '소극적 자유'(negative freedom)라고 불린다. 그것은 어떤 행위를 방해하는 강제로부터의 자유이다. 반면, 무엇에 대한 자유는 '적극적 자유'(positive freedom)라고 불린다.[43] 비고츠키는 후자의 측면에서 도덕적 행동을 이해하고, 또한 도덕교육도 그러한 방향에서 접근할 것을 주장한 것이다. 학생들이 가능한 한 선의 관념 아래에서 행동하는 것을 습관화하도록 함으로써 그들이 자유로운 인간이 될 수 있게 하려는 생각이었다.

비고츠키는 도덕교육에 관한 이러한 자신의 생각을 법률적 사고에 비유하여 설명하고 있다. 도덕교육은 분명히 벌이 두렵기 때문에 어떤 행위를 삼가도록 하는 방식과는 달라야 한다. 도덕교육은 아동들에게 명예와 정직을 향한 열정주의를 자극시킴으로써 습관적으로 진실을 말하도록 해야 한다. 그는 아동들에게 거짓말의 사악함을 보여줌으로써, 그리고 그에 따른 법률적 제재를 응시하도록 함으로써 거짓말을 삼가도록 하는 방식을 비판하였다. 달리 말하면, 도덕성을 '영혼의 내부 경찰관'(internal policeman)으로 변화시키지 말라는 것이다. 비고츠키는 공포로부터 어떤 것을 피하는 것은 아직 그 사람이 훌륭한 행위를 수행하고 있다는 것을 의미하지 않는다고 보았다. "어떤 일에 대해 자유스럽지 못한 태도 혹은 모든 두려움과 의존은 이미 도덕적 민감성의 부재를 입증하는 것"[44]이라 하였다.

반면에, 여러 심리학 이론들은 대체적으로 도덕적 행동을 소극적 자유의 측면에서 설명하는 경향이 있었다. 프로이드(S. Freud)의 정신분석학 이론이나 왓슨(J. B. Watson) 등의 행동주의 이론은 도덕성을 죄의식과 같은 감정과 동일시하였다. 죄책감으로부터 오는 괴로움을 회피하기 위해 도덕적 행동을 한다는 입장이었다. 이러한 관점은 종교적인, 특히 기독교적 도덕과 공통점이 많다. 그러나 거짓말이 사악하기 때문에 진실을 말하거나 끊임없는 질투로 인해 어떤 행동을 하는 사람, 위협이나 협박 때문에 도덕적 행동을 하는 사람은 진실과 관용에 관한 사랑으로 적극적으로 행동을 하는 사람과는 분명히 차이가 있다.

비고츠키는 소극적 자유에 입각한 형식의 도덕교육은 아동들의 마음 속에 오히려 비도덕적 행동을 하고자 하는 충동이나 의향을 불러일으킨다는 점에서 비판하였다. 그의 이런 입장은 텔레비전에서 폭력적인 장면을 많이 시청한 아동이 폭력적 충동을 더 많이 경험하고, 범죄자를 추적하는 방송 프로그램을 본 사람들이 모방범죄를 일으킬 위험이 높다는 견해와 같은 것이다. 비행(非行)에 관한 기술(記述)은 아동의 마음 속에 이미지의 연속을 창조함으로써 이러한 행위들을 수행하고자 하는 충동과 의향을 창조한다는 것이다. 우리가 학생들에게 해서는 안 되는 바를 주의시키는 것은 동시에 우리가 그들의 주목을 그런 행동들에 모으고 있다는 것이며, 그럼으로써 그들로 하여금 그 행동들을 실행하도록 격려하고 있다는 것이다. 어른들이 하지 말라는 것은 반드시 해보고 싶은 충동을 느낀다는 아동들의 반응을 회상해 보면 쉽게 이해가 가는 말이다. 금지된 과일이 가장 달콤하다는 것을 일깨워 준다.

소극적 자유에 입각한 도덕교육은 특히 아동기에 있어서 더욱 위험하다. 비고츠키는 도덕교육과 관련하여 이러한 소신을 강하게 갖고 있었던 것으로 보인다. 심리학적 측면에서 볼 때 그러한 형식의 도덕교육은 오히려 역효과를 발휘할 수 있다는 것이다. 우리가 선한 행위에 관한 지식을 갖고 있다고 하여 그것이 곧 선한 행동을 담보하기는 어렵지만, 나쁜 행위에 관한 지식은 우리들로 하여금 그러한 행동을 장려하는 데 공헌할 수 있다는 것이다. 쏜다이크(E. L. Thorndike)는 아동들과 아주 자세하게, 그리고 오랫동안 자살을 실행하는 동기, 방법, 그리고 기회들을 토론하는 것이 매우 위험함을 강조한 바 있다. 비고츠키는 그의 그런 지적이 매우 옳다는 입장이다. 학생들과 자살에 관해 상세하게 논의하는 것은 그들로 하여금 자살을 하고자 하는 충동을 억제시키는 아니라, 오히려 자살하고자 하는 충동을 자극시키고 그것을 행동으로 옮기고자 하는 마음을 갖도록 해주는 좋은 조건과 자료를 제공해 준다는 것이다.

### (3) 내적 규제를 통한 도덕적 행동의 발달

이 원리는 '적극적 자유에 입각한 행동의 선택'의 원리와 깊은 관련을 맺고 있다. 이것은 전통적인 도덕교육의 권위주의적인 체계를 부정한다. 벌과 보상의 체계로 구성되었던 전통적인 교육체계에 대한 비판에서 나온 것이다. 벌을 받을 수 있다는 공포나 두려움으로 인해, 그리고 교사나 부모로부터 보상을 받을 수 있다는 생각에서 도덕적 행동을 한다면 자신의 행위를 자유에 입각하여 선택하지 못하고 있는 것이다. 결국 외적 규제에 의해 도덕적 가치가 존중되는 형식인 셈이다.

비고츠키는 도덕교육이 아동들을 진정으로 재탄생할 수 있도록 도와줄 수 있는 메커니즘을 갖추어야 한다고 주장하였다. 그것은 경찰이 어린 도둑을 잡아 감옥에 집어넣는 메커니즘과는 다르다. 아동은 감옥에 들어가는 것이 두려워 자신의 비행을 삼갈 수 있다. 그러나 그가 공포의 대가로, 굴욕 혹은 수치의 대가로 절제를 수용하는 것은 무익하거나 혹은 심지어는 부정적인 결과를 초래할 수도 있다. 비고츠키는 "아동의 진정한 재탄생의 대가가 아닌 복종의 대가로 학습된 선한 행동은 결코 교육적 이상이 될 수 없다"[45]는 입장을 분명히 하였다.

대신에 그는 새로운 도덕교육의 기반은 자기 자신의 행위와 집단의 행위와의 사회적 통합 속에 존재한다는 입장을 제시하였다. 그곳에서는 복종이 권위가 아닌 철저하게 자유로운 사회적 조정에 의해 대체되어진다. 모든 사람으로부터, 그리고 집단으로부터 기원하는 규칙은 집단을 향해 정향(定向)되어 있다. 그리고 규칙은 자기 스스로 자신을 다스리는 자기 훈육의 실제적인 효과적 메커니즘에 의해 유지된다. 학교에서의 일상적인 생활은 권위주의적인 체계 속에서 교사와 학생 사이에 널리 유행하는 그러한 "교육적 공염불"(pedagogical singsong)[46]을 대체하게 된다. 그것은 어느 누군가에 대한 복종 혹은 어떤 것에 대한 복종이 아니라, 모든 행동의 조화를 허락할 그러한 행동 패턴들에 관한 자유로운 적응이다. 이러한 메커니즘은 아동에게 생소한 것도 아니고, 또한 그를 옭아매는 족쇄도 아니다. 비고츠키에 따르면 오히려 그것은 아동의 바로 그 본성 내에 들어 있다.

사실 도덕교육의 궁극적인 목적 중의 하나는 아동들이 자기 자신의 행동을 스스로 통제할 수 있는 능력을 발달시키도록 함으로써 자율적인 도덕인을 육성하는 것이다. 비고츠키는 행동 통제의 개념을 타인 규제와 자기 규제로 구분하고, 이의 발달을 추적함으로써 자율적인 인간의 성장 과정을 그리고 있다. 또한 비고츠키는 자율적 통제에 해당하는 개념을 자기 규제로 설명하고 있다. 이는 피아제가 아동들의 도덕성이 타율적 통제로부터 자율적 통제로 발달한다고 보는 것과 유사하다.

타인 규제(other-regulation)와 자기 규제는 각기 다른 수준에서 발생한다. 자신이 자기 자신을 규제하는 규제자가 되거나 타인을 규제하는 자가 되는 것을 학습하는 것은 고등 정신기능들의 발달을 위해 중요하다. 비고츠키에 따르면, 타인 규제가 자기 규제를 앞선다. 아동들은 자기 자신을 규제할 수 있기 이전에 다른 사람들의 행동을 규제하는 것을 배운다. 우리는 이러한 예를 유치원에서 자주 목격할 수 있다. 3~4세 아동들은 규칙에 사로잡혀 있다. 그리고 다른 아동들이 그 규칙을 따르지 않을 때, 그들은 곧바로 그 사실을 교사에게 일러바치는 데 많은 시간을 보낸다. 이러한 고자질은 타인들을 규제하고자 하는 욕망의 징후이다. 그런데 고자질을 하는 자들은 보통 그 규칙을 자신에게는 적용하지 않는다. 어린 아동들에게는 규칙과 그것을 강요하는 사람이 똑같은 것으로 인식된다. 그래서 "나는 선생님이 조용히 하라고 하셨기 때문에 조용히 한다"라는 식의 말을 하게 된다.

그러나 아동들은 규칙을 타인들을 규제하기 위해 사용함으로써 규칙이란 추상적이며 또한 그것을 강요하는 사람과 분리되어 존재한다는 개념을 학습하게 된다. 일단 어떤 규칙이 존재하면 그 규칙은 비슷한 다른 상황들에서 적용될 수 있다는 것을 인식하기 시작한다. 그럼으로써 아동은 그 규칙을 내면화하게 된다. 즉 행동을 위한 하나의 표준을 발달시키기 시작한다. 아동은 이제 하나의 규칙을 갖게 된 것이다. "나는 실내에 있을 때 조용하게 말한다"와 같은 규칙 등이 내면화된다. 그럼으로써 자기 규제가 가능해진다.

사회적 상호작용은 규칙에 의거한다. 아동들이 교실에서 하는 행동이나 운동장에서 하는 놀이는 규칙에 기초하고 있다. 아동들은 타인 규제를 먼저 학습하기 때문에 그들은 자기 자신들이 수행하고자 노력할 때보다는 친구와 같은 다른 사람의 잘못을 바라볼 때 흔히 규칙을 보다 쉽게 바라볼 수 있다. 아동들은 흔히 스스로 어떤 일을 하고 있을 때는 그와 관련된 규칙들을 의식하지 못한다. 그렇지만 다른 아동들이 그 규칙을 위반하는 행동을 목격하게 되면 아동들은 금방 그 규칙을 떠올리게 된다. 시야에서 놓쳤던 규칙이 재빨리 나타나는 것이다. 이는 마치 우리가 우리 자신이 쓴 글을 아무리 읽어도 문제점들을 쉽게 발견하지 못하는 것과 비슷하다.

비고츠키는 내적 규제를 통한 도덕적 행동의 발달을 신장시키는 데 있어서 놀이가 가장 적절한 메커니즘이라고 보았다. 아동의 행동이 놀이에서만큼 그렇게 규칙에 의해 규제되는 경우는 드물며, 놀이에서만큼 그렇게 자유로운, 그리고 도덕적으로 도움이 되는 형식을 보증할 것이 없다는 것이다. 실제적으로 우리는 성인들이 규제하였을, 그리고 아동이 단지 행동으로 옮길 그러한 패턴들을 놀이에서만큼 그렇게 발견할 수 있는 곳이 없다. 그런 의미에서 게임은 아동들의 미래의 도덕적 행동을 위한 자연 묘목들이다.

아동들은 벌을 받을 수 있다는 위협을 느끼기 때문에 게임의 규칙에 복종하는 것이 아니다. 그들은 또한 실패를 면하기 위해, 혹은 어떤 것을 잃을까봐 걱정이 되어 게임의 규칙에 복종하는 것이 아니다. 아동들은 단지 그 규칙들을 준수함으로써 게임으로부터 나오는 내적인 만족을 얻기 때문에 규칙에 복종한다. 아동들은 집단으로부터 형성되어진 일반적 기획의 부분으로서 행동하기 때문에 규칙에 복종하는 것이다. 아동들은 규칙을 위반하는 것은 그 순간에 게임의 작동을 멈추게 한다는 사실을 안다. 그리고 그것은 게임에 대한 흥미를 잃게 만든다는 것을 잘 안다. 바로 그 사실이 아동들로 하여금 게임의 규칙을 준수하도록 하는, 즉 행동을 규제하는 강력한 유인책으로 작용한다.

도덕적 행동은 외부적인 금지에 의존해서는 안 된다. 비고츠키는 도덕적 행동은 내적 규제에 의해 유발되어야만 한다고 하였다. 도덕교육은 '인간은 자연적으로 선과 미에로 끌려 들어간다' 는 사실을 기초로 설계되어야만 한다는 것이다. 그에 따르면 도덕적 행동은 개인의 진정한 본성이 되어야만 하며, 그리고 힘들지 않고 자유롭게 또한 자연스럽게 행동화되어야만 한다. 따라서 벌과 보상에 입각한 도덕교육은 그 본질에서 벗어난 것이 된다. 그러한 권위주의적 도덕의 체계는 기껏해야 오로지 하나의 도덕적 규칙, 곧 유쾌하지 않는 바의 회피로서의 복종만을 가르치는 데 공헌할 뿐이라는 것이다.

비고츠키는 벌과 보상에 의한 권위주의 도덕체계는 내적 규제의 성장과 관련하여 적절하지 않다는 점을 거듭 강조한다. 벌은 스스로 도덕적 행동으로 이끌 수 있는 그러한 본질적인 선택의 자유를 제한한다는 점에서 전적으로 도덕적 행위에 관한 교육으로는 적절하지 않다는 것이다. 아동들은 벌로 인해 오히려 자신의 행위를 숨기거나 혹은 거짓으로 꾸며대는 방식을 학습하게 된다. 이 외에도 비고츠키는 모든 형식의 벌이 교사와 학생 모두에게 가장 고통스럽고 어려운 위치로 몰고간다는 점을 들어 비판한다. 사랑도, 존중도, 신뢰도 벌을 주는 교사와 벌을 받는 학생 사이에 유지될 수 없다. 모든 형식의 벌은 항상 학생들을 굴욕적인 위치에 놓으며, 그들의 교사에 대한 사랑과 신뢰를 무너뜨린다는 것이다. 결과적으로 그것은 내적인 규제를 통한 행동을 통제하는 능력의 발달에 전혀 무익하다.

### ⑷ 학교의 자치적 사회환경의 조성을 통한 도덕적 행동의 발달

우리는 도덕적 교훈을 위반한 아동을 비정상적이며 건강하지 못한 사람으로 여기는 경우가 있다. 마치 신체의 손상처럼 우리는 아동의 도덕적 결손(moral deficiency)을 지적한다. 더 나아가 어떤 사람들은 그러한 도덕적 결손을 선천적인 장님 혹은 귀머거리처럼 생물학적 원인이나 유전 혹은 생리학적 원인의 탓으로 돌리기도 한다. 따라서 인간이 태어날 때부터 도덕적인 사람과 비도덕적인 사람이 존재한다는 것이 가정된다.

그러나 비고츠키는 이러한 도덕성의 선천성을 단호히 부정한다. 그러한 관념들은 "터무니없는 생각"[47]이라는 것이다. 그는 도덕적 불완전(moral imperfection)의 개념을 생물학적 개념이 아닌 사회적 개념으로 이해한다. 그것은 타고난 것이 아니라 획득되는 것이며, 그리고 기관의 발달과 그의 행동을 안내하는 생물학적 요소들로부터 발생하는 것이 아니라 아동이 살아가는 특수한 환경 속에 존재하는 조건들 가운데에 이러한 행동을 안내하고 또한 적응하는 사회적 요소들로부터 발생한다는 것이다.

따라서 비고츠키에 따르면, 도덕적 불완전은 타고난 반응과 본능에서의 어떤 결점으로부터 나오는 것이 아니다. 오히려 그것은 항상 경험으로부터 나온다. 다시 말하면, 도덕적 불완전은 기관의 결점이 아니라 교육에서의 결점으로부터 발생한다. 그러므로 우리는 아동의 도덕적 결손을 말할 것이 아니라, 그의 사회적 미발달 혹은 소홀을 말하는 것이 보다 정확한 표현이다. 그런고로 아동들에 대한 도덕교육은 어떤 특수한 교육을 의미하지 않는다. 단지 환경의 방향으로부터 사회적 주목을 배가시키는 것이다. 비고츠키의 도덕교육은 아동과 환경 사이의 갈등을 다루는 차원에서 접근한다. 이런 의미에서 도덕교육의 전체적인 과제는 단지 아동으로 하여금 그의 주변의 조건들에 적응하도록 돕는 것으로 모아진다.

이 원리는 사회주의 도덕교육관을 잘 반영해 주고 있을 뿐만 아니라, 우리가 비고츠키의 이론을 사회적 구성주의의 범주로 분류하게 하는 근거를 제공하기도 한다. 비고츠키의 시각에서 볼 때 도덕적으로 불완전한 행위는 무엇보다 반사회적이며, 그리고 도덕교육은 무엇보다 사회교육(social education)이다.[48] 이런 의미에서 도덕교육은 사회의 법을 파괴한 사람들을 사회로부터 추방하는 그런 방식과는 정반대의 방식을 취해야 한다는 점을 강조하였다. 도덕교육은 사회적 참여나 사회적 접촉을 가장 잘 조장하는 형식이 적절하다. 또한 법을 위반한 범법자를 다루는 곳에서는 그의 인격에 별다른 관심을 기울이지 않는다. 그러나 도덕교육은 아동의 인격을 유지하고 전환시키는 데 관심이 향해져야만 하며, 결과적으로 우리의 목적은 아동에 관한 가장 철저한 재교육이라는 것이다.

이러한 관점에서 보면 우리는 어떤 비행을 저지르는 아동을 그의 품성적 차원이 아닌 그가 받아온, 혹은 받고 있는 교육적 과정의 차원에서 접근할 필요가 있다. 학생에 의해 저질러진 도덕적 비행은 무엇보다 학교에 의해서 저질러진 것이며, 그리고 그러한 비행의 치유는 학교 그 자체의 사회적 조직에 내재해 있는 어떤 결점을 찾아 제거하는 것이 가장 적절한 접근방식이다. 이런 의미에서 "학교에서의 도덕교육을 위한 최선의 도구는 학교에서의 자치, 그리고 학생들 자신들의 자율적 훈육이다."[49]

비고츠키는 이와 관련하여 우리가 유의해야 할 점 두 가지를 지적하였다. "자치의 형식들이 성인들의 행동 패턴을 단순히 복사한 것이어서는 안 된다"[50]는 것이며, 또한 "아동들이 인위적인 형식적 절차들에 대해 관심을 갖는 것은 공동체에 대한 그들의 생기 있는 의식을 결코 감소시키지 않는다"[51]는 것이다. 따라서 학교에서 사회적 환경을 조직하는 것은 단순히 학교 관리(school governance)의 규칙을 제정하는, 아동들을 정기적으로 학교 총회로 소집하는, 그리고 아동들이 성인들로부터 쉽게 배우는 공동체 조직의 모든 형식들을 유지하는 단순히 그런 문제가 아니다. 오히려 그것은 진정한 사회적 관계에 대한 관심을 의미한다. 가장 작은 사회적 집단에서 친숙하고 친밀한 관계로 시작할 때 가장 넓은 동료들의 연합에로 움직일 수 있다는 차원이다. 이러한 맥락에서 학교는 아동들의 도덕적 인격의 발달에 도움을 줄 수 있는 수많은 사회적 관계들로 아동들의 삶에 파고 스며들고 또한 포위해야만 한다. 그럼으로써 학교의 제반 교육적 활동이 도덕교육의 차원에서 삶에 대한 훈육을 전달하는 체제를 갖출 수 있어야 한다.

이러한 관점은 "학교란 집단주의 정신과 사회주의적 인간애를 개발하는 중심체"[52]라고 하는 사회주의 교육관과 일치한다. 사회주의 교육자들은 공립학교를 서로 아무런 관계를 갖지 않는 아동들의 단순한 집합으로 이해하지 않는다. 학교에 대한 그와 같은 인식은 전형적인 자본주의 사회의 교육자들이 갖는 것으로 치부된다. 그럼으로써 자본주의 사회의 학교에 다니는 아동들은 어떠한 공통 관심을 공유하지 않은 집단으로 고독과 외로움을 훨씬 더 예리하게 느낀다는 것이다. 비고츠키 역시 자본주의 도시에서는 어느 누구도 다른 사람에 관한 어떠한 느낌이나 혹은 이해를 갖지 않는다고 생각한 것이다.

따라서 비고츠키가 아동들 사이에 생명력 있는 상호작용을 제공하는 학교의 사회적 환경을 조성할 것을 강조한 것은 매우 자연스런 현상이다. 그는 아동들이 자신이 소속한 학교나 학급의 친구들이 경험하는 기쁨 혹은 불만에 높은 가치를 부여할 그러한 공교육 체계에 관심을 기울였다. 그러한 사회적 구조들을 지닌 학교 환경은 "아동들에게 그들 자신의 행동에 관한 숙고된 인상을 영원히 전달하는 강력한 메커니즘"[53]이 된다. 비고츠키는 적절하게 질서가 잡힌 학교의 사회적 환경 속에서 아동들은 항상 자기 자신을 충분하게 투명한 존재로서 생각할 것으로 믿었다. 마치 거대한 공명기(共鳴器)에 의해 자기 자신의 행동이 반성되어 드러남으로써 자연스럽게 도덕적 행동을 습관화할 것으로 기대하였던 것이다.

### (5) 공유활동(shared activities)을 통한 도덕적 지식의 전유

비고츠키는 파블로프(I. Pavlov), 스키너(B. F. Skinner), 피아제(J. Piaget), 그리고 다른 심리학 이론가들에 의해 방치되어 왔던 한 가지 측면을 부각시켰다. 그것은 심리적 개념의 사회적 기원이다. 그는 인간의 발달을 관계적 차원에서 이해하였다. 그것은 외적 행동들뿐만 아니라 내적 의식으로, 사회적 과정들뿐만 아니라 인지적 과정들로 이루어진다. “사회적 맥락 및 타인들은 개인의 인지적 성장에서 중요한 역할을 수행한다.”[54]

인간의 발달을 관계 차원에서 이해하는 데 있어서 반드시 요구되는 것은 공유된 활동의 개념이다. 비고츠키에 의하면 정신적 기능들은 공유될 수 있다. 다시 말해, 정신적 기능들은 공유된 활동 속에 존재한다. 정신적 기능들은 전유(專有)되어지고 또한 내면화되어지기 이전에 두 사람 사이에 존재하거나 혹은 분배된다. 어떤 활동이 두 사람에 의해서 공유될 수 있는 방식에는 여러 가지가 있다. 가령, 다른 사람의 도움으로 전략 혹은 개념을 사용하거나 두 사람이 함께 하나의 문제를 풀기 위해 서로 작업한다. 한 아동은 질문을 하고 다른 아동은 대답을 할 수도 있다. 이런 활동들은 모두 공유된 활동에 포함된다.[55]

도움이란 말은 근접발달 지대에 관한 정의에서 매우 중요한 부분을 차지한다. 공유된 활동은 아동들이 ZPD의 보다 높은 수준에서 필요로 하는 도움을 제공하는 하나의 수단을 의미한다. 교사는 아동들의 학습을 증진시키기 위해서 여러 유형의 도움을 창조해야만 한다. 곧 여러 유형의 공유된 활동들을 창조해야만 한다.

우리는 공유활동에 관하여 오해를 하기가 쉽다. 우선, 우리는 공유된 활동들은 성인과 아동 사이의 상호작용에 국한된다는 생각을 갖기 쉽다. 그러나 비고츠키가 생각하는 공유된 활동과 발달에서의 그의 역할에 관한 개념은 그보다 훨씬 광범위하다. 사회적 맥락은 여러 유형을 포함한다. 성인과 아동 간의 관계뿐만 아니라 동등한 지식을 지닌 동료들 간의 상호작용, 그리고 상상적 참여자들 간의 상호작용 등 여러 종류를 포함한다. 또한 우리는 성인이 아동을 일방적으로 지시하며, 아동은 단지 상대적으로 수동적인 존재에 불과하다는 생각을 갖기 쉽다. 그러나 비고츠키에 의하면, 만약 학습자가 능동적이지 않으면 학습은 결코 발생하지 않는다. 지식에 있어서 평등하든 혹은 그렇지 않든 간에 모든 참여자들이 정신적으로 개입되어져야만 한다. 그렇지 않다면 활동은 공유되지 않는다. 끝으로, 우리는 공유된 활동이란 다른 사람들과 단지 서로 시간을 보내는 것이란 생각을 갖기 쉽다. 공유에는 매개체가 존재해야만 한다. 옆에 있는 사람과 서로 노는 것만으로는 충분하지 않다. 참여자들은 말로, 그림으로, 작문으로, 혹은 몇몇 다른 방식으로 서로 의사소통을 해야만 한다. 풍부한 언어적 혹은 다른 종류의 교환이 없다면 공유는 최적의 상태에서 이루어지기 어렵다. 즉 가능한 도움의 가장 높은 수준을 산출하지 못할 것이다. "언어와 상호작용은 공유된 경험을 창조한다."[56]

공유된 활동은 도덕교육에서 매우 유익한 교육적 전략이 될 수 있다. 교사는 도덕교육 시간에 아동들과 공유된 활동을 전개할 필요가 있다. 달리 말하면, 도덕교육 시간은 교사와 아동 간의 공유된 시간의 연속, 흐름이어야 한다. 물론 그 공유된 활동은 ZPD 내에서 이루어져야 할 것이다. 여기에는 교사의 그 수업시간에 하고자 하는 목표가 분명하게 정리되어 있어야 할 것임을 함축하고 있다. 그래야 아동과 공유될 내용(대상)이 결정되고, 비계를 설치하고, 실제 활동을 공유하게 된다. 그렇지 않은 경우에 수업은 지나치게 어려워 아동들이 이해하지 못하거나 혹은 이미 이해하고 있는 바를 단순히 반복하는 경우가 발생할 수 있게 된다. 그렇게 되면 교사나 학생 모두가 의미 없는 시간을 보내게 된다. 또한 아동들 간에 이루어지는 공유된 활동을 교사가 적절히 창조하여 제공하는 것도 바람직한 전략이다. 협동학습은 이의 좋은 예이다. 집단탐구 수업모형 등을 활용함으로써 아동들 상호 간에 활동을 공유할 수 있는 기회를 제공할 필요가 있다. 아동들 각자가 적극적으로 참여하지 않는 한 지식의 구성은 이루어지지 않기 때문이다.

교사는 두 가지 방식으로 공유된 활동에 참여할 수 있다. 직접적 참여자로서, 그리고 공유된 활동의 설계자로서 참여할 수 있다. 어떤 방식으로 공유된 활동에 참여할 것인가는 아동들의 숫자나 연령 등 여러 가지 요소들에 따라 달라진다.

우선, 직접적 참여자로서의 교사의 역할을 검토해 보자. 교사들이 공유된 활동에 참여하는 하나의 방식은 '교육적 대화'(educational dialogue)라 불린다. 대화는 비고츠키의 이론에서 상당히 중요한 위치를 차지한다. 여기에서 대화란 아동들과 교사 간에 이루어지는 모든 활동을 포함한다. 아동들은 교사가 말하는 것에 대해서나 또는 교사가 제시하는 개념에 대해 자기 자신의 이해를 표현한다. 이러한 교육적 대화에는 언어(말)뿐만 아니라 글이나 그림으로 된 표상들이 포함될 수 있다.

비고츠키가 강조하는 교육적 대화는 '소크라테스식 대화'(Socratic dialogue)와 유사하다. 교사는 마음 속에 이미 목표를 가지고 있다. 교사는 학생들을 그 목표로 안내하기 위해 질문을 한다. 비고츠키식 대화는 자유롭게 유동하는 토론과는 거리가 있다. 그것은 교사가 안내하는 발견의 여행인 것이다. 물론 의미를 발견해야만 하는 자는 아동들이다. 그러나 교사는 그들이 갖고 있는 오개념(misconceptions)을 고쳐주고 또한 사고의 막다른 선을 피하도록 도움으로써 그들을 이끈다.

교사는 교육적 대화에 개입하기 전에 우선 마음 속에 개념 혹은 목표를 가지고 있어야만 한다. 그리고 등장할 가능한 오해들을 예측할 수 있어야만 한다. 그래야 교사는 목표를 향해 아동들을 올바르게 안내할 수 있게 된다. 그러나 아동들은 자기 자신의 이해를 작동시키고 또한 구성해야만 한다. 자동차 운전을 예로 들어보자. 우리는 얼마의 속도로 또한 어느 방향을 향해 나아갈 것인지를 우리 스스로 결정해야만 한다. 그러나 길가의 도로 표지판들은 우리에게 유용한 정보를 제공해 준다. 도로 사정에 따른 최고 제한 속도와 전방의 방향전환을 알려준다. 교사들이 하는 일이란 바로 도로 표지판을 세우는 작업이다. "교사는 가장 유용한, 그리고 중요한 지점들에 표지판을 세우는 사람이며, 또한 우리로 하여금 중요한 전환점을 놓치지 않도록 확인시켜 주는 사람이다."[57]

교육적 대화는 중요한 목적을 갖고 있다. 그것은 교사로 하여금 아동들이 무엇을 이해하고 또한 어떤 도움이 가장 잘 작용할 것인가를 발견하도록 하는 것이다. 학습자들은 기능이나 개념을 완전히 숙달하기 이전에는 그의 진정한 최종 목표를 이해하지 못한다. 따라서 아동들은 최종 목표를 명확히 하기 어렵다. 교사만이 최종 목표를 알고 있기 때문에 이에 대해 아동들에게 말해줄 수 있다. 그러나 교사가 마음 속에 목표를 가지고 있다 하더라도 교육적 대화에서 사용할 실제적인 질문들은 각각의 아동에 따라 선택해야만 한다. 각각의 아동은 독특한 배경과 이해를 가지고 대화에 참여하므로 어떤 아동을 이해로 이끄는 질문들이 다른 아동에게는 전혀 유용하지 않을 수 있다. 교사는 아동들 스스로 자기 자신의 의미를 구성해 간다는 점에 유의하여 아동들이 대화 속에 진지하게 참여하도록 해야만 한다.

교사는 아동들의 사고과정에 관하여 다음의 두 가지 질문에 대답해야만 한다. "첫째, 아동들은 이 대답에 어떻게 도달했는가? 둘째, 아동들의 대답이 궁극적으로 이 영역에 관한 개념체계에 딱 들어맞는가?"[58] 교사는 학습의 전체 체계를 마음 속에 유지해야만 한다. 교사는 각각의 새로운 개념이 전체 체계의 이해에 적절한가, 그리고 어떤 문제를 만들지 않는가를 확실히 해야 한다. 교사는 학생들이 나중에 문제를 생기게 할 오개념을 가지고 있으면 이를 고쳐주어야 한다.

교사가 공유된 활동에 참여하는 두 번째 방식은 설계자로서의 교사의 역할이다. "교사는 학습환경을 변경하고 계획함으로써 간접적으로 공유된 활동에 개입한다."[59] 대상, 책, 비디오, 컴퓨터 프로그램, 오디오 테이프 등을 선택함으로써 교사는 아동들의 독자적 수행을 지원하기 위한 도움을 제공한다. 교사는 아동들이 기능을 완수하게 되면 이들 지원을 철수시킨다.

공유된 활동을 통한 도덕적 지식의 전유에서 교사의 역할 못지 않게 동료들의 역할 또한 매우 중요하다. 아동들은 다른 아동들과의 상호작용 그 자체만으로 발달을 충분하게 이루지 못한다. 물론 때때로 우연적인 상호작용이 아동들의 학습을 돕지만 이러한 학습은 오개념을 가져올 수 있다는 점에서 위험하다. 아동들은 각자의 오해에 의해 잘못 인도될 수 있다. 또한 중요한 특성들이나 혹은 개념들이 동료와의 상호작용에서 등장하지 않을 수도 있다.

그러나 교사는 상황을 구성함으로써 동료 상호작용을 보다 유용하게 촉진할 수 있다. 학습의 초기 단계에서 아동들에게 있어서 교사와의 상호작용은 동료들과의 공유활동보다 보다 더 이득일 수 있다. 이것은 특히 아동이 기능이나 전략을 정확하게 사용하지 못할 때, 혹은 개념이 아직 매우 희미할 때 그렇다. 만약 다른 아동들이 갖고 있는 잘못된 이해들이 아동을 혼돈시킨다면 동료 상호작용은 나중으로 미뤄져야 한다. 아직 동료 상호작용을 위한 시기가 아니라는 말이다.

교수와 학습에서 동료와의 상호작용 혹은 협동은 아동들의 인지적 발달과 아울러 정서적 발달을 가져오는 장점이 있다. 인지적 측면에서 무엇을 믿고 혹은 생각해야만 하는가에 초점을 두는 반성적 사고로서의 비판적 사고, 창조적 사고 등이 발달된다. 또한 아동들이 협동하여 작업함으로써 그들은 사회적 기능들, 다른 사람들의 말에 귀 기울이기, 입장 바꿔보기, 아이디어 제시하여 공헌하기, 자기 자신을 분명하게 설명하기, 다른 사람에게 용기 북돋워 주기, 그리고 다른 사람이 아닌 그의 아이디어를 비판하기 등을 획득할 수 있게 된다.[60]

비고츠키는 아동들의 발달을 촉진하는 동료 상호작용을 다음과 같이 구성할 것을 제안하였다.[61]

첫째, 과제를 성공적으로 완수할 수 있도록 협동을 조장한다. 어떤 과제를 해결하기 위해 요구되는 공유된 활동들은 아동들을 발달에로 이끄는 데 유용하다. 아동들은 과제 해결에 필요한 정보의 단편들을 갖고 있다. 그러므로 문제를 해결하기 위해, 혹은 전체를 창조하기 위해서는 이들 정보를 공유하고 또한 통합시켜야 한다. 아동 각자는 정보의 한 본질적 부분을 갖는다. 아동들 각자가 지니고 있는 정보의 단편들은 마치 퍼즐의 한 조각처럼 귀중한 것이 될 수 있다.

둘째, 할당된 역할들을 가정한다. 공유된 활동을 조직하는 또 다른 방식은 서로 중복되지 않는 역할들을 할당하는 것이다. 가령, 노인문제를 연구하는 경우, 한 사람은 양로원을 방문하여 양로원의 운영실태 조사, 한 사람은 동사무소를 방문하여 자기 고장의 노인들의 숫자 조사, 한 사람은 공원에서 시간을 보내고 있는 노인들을 방문하여 노인들의 고민들을 조사하는 등 각자 역할을 분담한다.

셋째, 한 동료에 대한 상대자(sounding board)로서 활동한다. 아동들은 서로 각자 문제를 생각하고 이야기하는 동안 사고를 증진시키도록 서로를 한 쌍으로 짝지을 수 있다. 말하면서 사고하는 것은 아동들로 하여금 자신의 내부에 접혀 있는 사고를 외부로 드러내어 펼치도록 하는 데 도움을 준다. 또한 어떤 사건을 전후로 설명함으로써 아동들은 자기 자신의 사고를 명료화시킬 수 있다.

넷째, 어떤 상상적인 사람을 위해 행동한다. 상상적인 인물을 위해 어떤 것을 준비 혹은 행동하는 것도 공유된 활동을 구성하는 하나의 방식이다. 가령, 실제적으로 존재하지 않는 병을 앓는 친구나 혹은 멀리 있는 할머니를 상상하여 어떤 것을 준비해 보도록 함으로써 공유된 학습상황을 창조할 수 있다. 처음 학교를 방문하는 이를 위해 학교 지도를 그려보게 하는 것은 이러한 활동의 한 예라 할 수 있다.

다섯째, 전문가 혹은 초보자로서 행동한다. 동료 전문가가 초보자를 돕는 것이나 혹은 동료가 공부를 가르치는 것은 학습에 두 가지 장점을 지니고 있다. 동료지도(peer tutoring)는 이해의 보다 낮은 수준에 있는 초보자에게 개별적 지원을 제공함으로써 돕는다. 또한 그것은 아동에게 보다 명료하고 일관적이 되도록 요구함으로써 전문가를 돕는다. 그것은 내용의 보다 깊은 이해뿐만 아니라 전문가를 위한 메타인지 기능들의 학습을 지원한다. 그러나 어떤 아동이 결코 전문가가 될 기회를 갖지 못한다면 이런 종류의 짝짓기는 매우 좋지 않다. 오히려 그 아동에게 열등의식만 조장할 수 있다.

여섯째, 놀이를 한다. 교사가 동료들간의 공유활동을 계획할 수 있는 또 다른 방식은 게임을 시작하게 하는 것 혹은 연극을 하게 하는 것이다. 비고츠키는 아동발달에서 놀이가 매우 중요함을 지적하였다. "아동은 놀이에서 어떤 상상적인 상황을 창조한다."[62] 그리고 "상상적 상황 속에서의 행위는 사물에 대한 즉각적인 지각이나 아동에게 즉각적으로 영향을 주는 상황에 의해서 뿐만 아니라, 이 상황이 주는 의미에 의해서도 아동이 행동을 어떻게 하여야 할지 가르치게 된다."[63] 또한 아동들은 놀이를 통해서 즉각적인 충동에 대항하여 행동하는 것을 배운다. "아동에게 있어 최대의 자아 조절은 놀이 중에 일어난다."[64]

끝으로, 인지적 갈등을 창조한다. 때때로 한 집단의 아동들은 각기 다른 의견 혹은 관점을 지니고 있을 수 있다. 이러한 의견상의 불일치는 아동들의 성장에 도움이 되는 인지적 갈등이다. 피아제주의자들과 비고츠키주의자들은 공통적으로 아동들이 똑같은 상황에 대해 각기 다른 관점에 직면하는 경우 인지적 능력이 증진될 것으로 믿었다.

## 2. ZPD를 활용한 도덕교육

타판(M. B. Tappan)은 최근의 도덕교육 접근법인 인지발달 접근법과 인격교육 접근법의 문제점을 지적하고 비고츠키의 사회문화 접근법(socio-cultural approach)을 이의 대안으로 제시하였다.[65] 인격교육 주창자들은 이야기, 신화, 시, 그리고 여러 설화적인 재료들이 청소년들의 도덕성 형성에 강력한 모델이 된다는 전통적 관점을 채택하고 있다. 그러나 타판에 따르면 이들은 자신들이 옹호하는 프로그램이 왜 다른 접근법들보다 도덕적 증진을 창출해내는지를 보여주지 못하고 있다. 타판은 그 원인을 인격교육자들이 그들의 교육적 노력을 알려주는 발달론적 가정(developmental assumption)을 정교화시키는 데 실패했기 때문이라고 하였다. 또한 인지발달 접근은 발달론적 가정은 매우 정교하게 제시하였으나 교육적 접근방안에 대해서는 상대적으로 소홀했다는 것이다. 그래서 인지발달 접근의 발달적 초점과 인격교육 접근의 교육적 초점의 종합이 필요하다는 것이다.

그리하여 타판은 도덕교육에 대한 제3의 입장을 제시하였다. 타판은 새로운 도덕교육의 접근법은 발달적 가정과 교육적 가정이 일관되고 상호 병행적이어야 한다고 하였다. 현존 접근법들에는 대체적으로 맥락

(context)과 문화(culture)에 대한 민감성, 그리고 도덕발달에서의 사회적 상호작용의 중심성에 관한 이해 등 두 가지 특질이 부족하다는 것이다. 이러한 문제점들을 극복할 수 있는 방안으로 비고츠키의 이론을 적용하고자 하였던 것이다. 여기에서의 핵심은 내러티브(narrative)와 스토리 텔링(story telling)이 아동들의 도덕성 발달을 어떻게 촉진시키는가를 ZPD를 통해 설명하는 것이다.

이와 관련한 비고츠키의 관점을 간략히 고찰해 본다. 비고츠키는 도덕성을 기본적으로 인간 상호작용을 촉진시키는 하나의 '실행' 혹은 '활동'의 형식으로 이해하였다. 따라서 도덕성은 필연적으로 특수한 사회-문화적 맥락과 연결된다. 도덕적 기능작용(moral functioning)은 '사회-문화적 활동'으로서 이해된다. 기본적으로 사람들이 생각하고, 느끼고, 행동하는 방식을 형성하게 하는 것은 자신이 소속한 사회의 도덕적 언어이며, 도덕성은 이에 의해 중개된다. 이러한 자기 지역의 도덕적 언어는 비슷한 사회적/도덕적 관습에 개입되는 똑같은 활동을 하는 사람들에 의해 공유된다. 만약 그들이 공통적인 도덕적 언어를 공유하지 못한다면 그들은 활동을 공유하기 어렵다.

사회-문화적 활동으로서의 이러한 도덕적 기능작용의 개념은 우리가 도덕교육과 도덕발달 과정의 연결을 어떻게 이해할 것인가에 대한 암시를 제공해 준다. 비고츠키의 관점에 따르면 도덕교육은 아동들이 부모, 교사, 그리고 보다 유능한 동료들에 의해 새로운, 그리고 보다 높은 수준의 도덕적 기능을 발달시킬 수 있도록 '교사의 안내에 의한 아동참여의 과정'을 내포하고 있다. 새로운 도덕적 사고, 감정, 그리고 행동의 형식들이 아동들에게 소개될 때 고등 도덕적 기능은 ZPD 내에서 처음으로 이루어지게 된다. 아동들은 이러한 새로운 방식에서 생각하고, 느끼고, 행동하고자 노력하는 과정에서 동료나 교사를 통해 안내되고 도움을 받는다. 이것이 비고츠키 관점에서 본 도덕교육의 본질이다.

또한 아동들은 이러한 새로운 실천적 활동의 형식들을 내면화하기 시작할 때, 곧 지적 상호작용 과정(intermental processes ; ZPD 내에서 사람들 사이에 일어난 안내된 참여의 경험들)이 내적 정신과정(intramental processes ; 아동의 도덕적 이해, 도덕적 민감성 그리고 도덕적 행동의 측면들)으로 변형됨에 따라 도덕성 발달이 일어난다. 이 과정에서 내면화되는 것은 '행동'이 아니라 오히려 의미적으로, 그리고 언어적으로 중개된 '사회적 관계들'이다. 그러므로 공공적인, 외적인 도덕적 대화가 암묵적인, 내적인 도덕적 대화가 되기 시작한다. 비고츠키는 이를 '문화발달에 관한 일반 발생법칙'(general genetic law of cultural development)이라 일컬었다.

타판은 위와 같은 비고츠키의 관점을 근거로 내러티브와 도덕성 발달 간의 관계를 설명한다. 내러티브는 사람들의 생생한 도덕적 경험의 중요한 영역들을 표현할 뿐만 아니라, 그 경험을 비판적 방식에서 조정하고 발전시킨다. 내러티브는 사회에 의해 제공된 '문화적 도구상자', 곧 기호, 말, 언어, 담론의 중심 구성요소로서 우리의 행동과 상호작용을 가능하게 해주고, 또한 발달과정을 촉진시켜 주는 기능을 발휘한다. 사람들은 내러티브를 통해 문화의 구성원으로서 유용하도록 경험 그 자체를 조정한다. 그리고 이런 과정 속에서 내러티브는 도덕성 발달을 자극한다. 그러나 타판은 아동들을 단순히 이야기에 노출시킴으로써 이런 자극이 발생한다고 보지는 않는다. 부모, 교사, 성인, 혹은 보다 유능한 동료들이 아동들을 ZPD를 통하여 움직이도록 도와줌으로써 현재 진행형의 사회적 상호작용의 맥락에서만 발생한다는 것이다.

끝으로, 타판은 ZPD 안에서 도덕교육과 도덕발달이 발생하는 방식에 관한 비고츠키의 개념과 인지발달 패러다임의 주창자들이 도덕교육에서 토론과 대화의 역할을 이해하는 방식을 비교함으로써 새로운 접근방식을 정당화하고 있다.

인지발달 관점에서 볼 때, 도덕성의 발달은 어떤 사람이 자신의 도덕 판단의 실제적 수준보다 1/2 혹은 1단계(콜버그의 6단계를 사용하여 측정된 단계) 높은 사람과의 사이에 도덕적 추론의 형식들이 노출될 때 촉진된다. 이러한 노출은 교사에 의해 동료 상호작용과 인지적 갈등을 극대화하도록 계획적으로 조직된 교실의 도덕적 토론의 맥락에서 가장 흔하게 발생하는 것으로 가정된다. 최선의 단계 혼합이 교실 내의 학생들 사이에 제시될 때, 학생들이 도덕적 토론, 대화 그리고 불일치의 과정에 적극적으로 개입될 때, 그리고 동료 간의 토론이 주로 교류적일 때 도덕발달은 가장 발생하기 쉽다. 표면적으로 도덕교육에 관한 이러한 관점, 곧 '보다 낮은 단계'에 있는 사람의 도덕발달은 도덕 판단의 '보다 높은 단계'의 형식들에 노출됨으로써 촉진된다는 입장은 비고츠키적 해석과 아주 유사한 것으로 보여질 수도 있다.

그러나 타판은 이 두 접근법이 결코 쉽게 통합될 수 없는 근본적으로 다른 초점을 가지고 있다고 하였다. 인지발달 관점의 초점은 도덕적 추론의 구조에서의 변화—특히 정의와 공정의 이슈에 관한—이다. 대조적으로 비고츠키 관점의 초점은 도덕적 영역을 가진 문화적 관습/실천적 활동의 새롭고 그리고 역동적인 형식들—안내된 참여의 경험들이 새로운 사고, 느낌 그리고 행동의 방식들의 내면화로 이끌면서 점차 발달하는 실행/활동의 형식들—의 발달이다. 달리 말하면, 단계변화에만 오로지 관심이 있다면 우리는 ZPD 안에서의 사회적 상호작용으로부터 등장하는 도덕적 사고, 느낌, 그리고 행동에서의 변화를 놓치게 된다는 것이다. 따라서 도덕교육에 관한 비고츠키의 접근방식은 20여 년 이상 동안 이 분야의 중심이 되어오고 있는 이슈에 관하여 생각할 새로운 방식을 제공해 준다. 이는 도덕교육에서 대화와 토론의 역할을 재검토하도록 해주고 있다.

## VI. 이론에 대한 비평

비고츠키는 하나의 일관적인, 잘 조직된 이론을 완성하지 못한 채 너무 일찍 사망하였다. 그리하여 그의 발달의 영역들에 관한 몇몇 아이디어들, 예컨대 감정과 학습 사이의 관계와 같은 아이디어는 충분하게 설명되거나 혹은 입증되지 못하였다. 그럼에도 불구하고 비고츠키에 대한 몇 가지의 비판은 상당한 설득력을 지니고 있다.

비고츠키가 인지발달에서 언어의 역할을 너무 지나치게 강조하였다는 점과 다른 상징적 표상들의 유형들이 고등 정신기능들에 어떻게 공헌하는지를 적절하게 탐구하지 않았다는 점은 여러 사람들로부터 받는 비판이다. 또한 아동들의 능동적인 지식의 구성과 관련하여서도 비판을 받고 있다. 비고츠키는 지식의 구성에 있어서 다른 사람들이 공유된 활동에서 하는 역할을 강조하면서도 능동적인 참여자로서의 아동들 자신의 역할에 관해서는 충분한 강조하지 않았다는 것이다.[66]

## ✲ 주 ✲

1) M. Chapman, *Constructive evolution : origins and development of Piaget's thought*, New York : Cambridge University Press, 1988 ; H. Beilin & P. B. Pufall (Eds.), *Piaget's theory : prospects and possibilities*, Hillsdale, New Jersey : Erlbaum, 1992, pp. 39–59 ; J. Carpendale, An explication of Piaget's constructivism : implications for social cognitive development, S. Hala (Ed.), *The Development of Social Cognition*, Psychology Press Ltd, 1997, p. 48.

2) C. T. Fosnot (Ed.), *Constructivism : Theory, Perspectives, and Practice*, Teachers College, Columbia University, 1996, p. 18.

3) 변증법적 모델(dialectic model)의 기원은 헤겔(G. W. F. Hegel)과 마르크스(K. Marx)의 철학, 그리고 다윈(C. Darwin)의 생물학으로 거슬러 올라간다. 비록 헤겔이나 마르크스가 개인적 발달에 관한 어떠한 특수한 프로그램을 제안하지는 않았지만, 심리학에서 그들의 관념 및 사회변화에 관한 관점들을 채택하였다. 이후 변증법적 모델은 비고츠키(L. S. Vygotsky)에 의해서, 그리고 보다 최근에는 리겔(K. F. Riegel) : The dialectics of human development, *American Psychologist*, 1976, pp. 689–700 ; *Foundations of dialectical psychology*, New York : Academic Press, 1979에 의해 그 전통이 이어져 오고 있다. 발달 심리학은 변화하는 세계 속에 있는 변화하고 있는 개인에 관한 연구로 인식된다. W. M. Kurtines and J. L. Gewirtz, *Moral Development : An Introduction*, Allyn and Bacon, 1995, p. 12.

4) 위의 책, p. 12 참고.

5) 반면에 개인(급진)적 구성주의자들은 근본적으로 도덕성은 개인의 결정이라고 본다. 즉, 도덕성은 궁극적으로 개인에게 달려 있다는 입장이다. 이러한 관점에 대해 사회적 구성주의자들은 "이런 전통에서는 사람들이 자신을 행동의 중심이요, 선의 중재자로 보게끔 된다"고 비판한다. L. P. Steffe & J. Gale, *Constructivism in Education*, 조연주 · 조미헌 · 권형규 공역, 『구성주의와 교육』, 학지사, 1997, p. 68 참고.

6) E. Bodrova and D. J. Leong, *Tools of the Mind : The Vygotskian Approach to Early Childhood Education*, Prentice–Hall, Inc., 1996, p. 29.

7) L. Dixon–Krauss, *Vygotsky in the Classroom : Mediated Literacy Instruction and Assessment*, Longman Publishers USA, 1966, p. 9.

8) R. M. Thomas, 백운학 역, 『아동발달의 제이론』, 교육과학사, 1987, p. 366.

9) C. Fernyhough, Vygotsky's Sociocultural Approach : theoretical issues and implications for current research, S. Hala (Ed.), *The Development of Social Cognition*, Psychology Press Ltd, 1997, p. 66 참고.

10) L. S. Vygotsky, M. Cole 외 엮음, 조희숙 · 황해익 · 허정선 · 김선옥 역, 『비고츠키의 사회 속의 정신』, 양서원, 2000, p. 24.

11) 형식주의 비평가들은 작품 및 문학 일반을 시스템으로 보았으며, 시스템의 역사 자체도 하나의 시스템으로 간주하였다. 이것은 구조 언어학의 모태가 되었고, 이후 구조주의라는 하나의 사조를 형성하게 되었다. 구조 언어학자들은 언어에는 결코 불변할 수 없는 구조가 있다고 주장하였다. 이들은 또한 개인이 수행하는 언어체계는 사회가 공유하는 언어체계를 결코 넘어설 수 없으며, 개인의 언어세계는 그에게 주어진 사회의 언어세계 내부의 놀이에 불과하다고 주장한다. 또한 전통적인 언어기호에 대한 이해는 '한 사물과 한 명칭을 결합시키는 것' 이다. 즉, 뜰에 핀 장미와 '장미' 라는 명칭의 결합이 언어기호라는 것이다. 언어기호를 통하여 대상으로서의 장미와 우리가 생각하는 개념으로서의 '장미' 가 결합된다는 것이다. 그러나 구조 언어학자들은 언어기호가 결합시키는 것은 한 사물과 한 명칭이 아니라 하나의 개념과 하나의 청각영상이라는 것이다. 우리는 장미가 사라지더라도 그 개념을 떠올릴 수 있다. 그리고 우리는 '장미' 라는 청각적인 자극을 통하여 구체적인 장미와 같은 영상을 발생시킨다. 이것이 청각영상이다. 이들은 장미라는 '개념' 과 장미라는 '청각영상' 의 결합을 가능케 하는 것이 바로 언어라고 한다. 개념은 기의이고, 청각영상은 기표이다. 기표는 기의의 표현이고, 기의는 기표의 실체이다. 기의를 드러낼 수 있는 매개가 없다면 인간의 사고는 모호한 세계에만 방치되어버릴 수 있다. 그렇기 때문에 인간은 끊임없이 언어기호를 통하여 자신의 기의와 임의의 기표를 관계시킨다. 또한 구조 언어학자들은 언어의 통시적 구조와 언어의 공시적 구조를 강조하였다. 언어의 통시적 구조는 시간의 흐름을 통하여 변화하며 형성되는 구조로서, 문법과 언어양식의 역사적 변천과정의 구조이다. 언어의 공시적 구조는 한 시간에서 다른 시간으로 이행하는 과정을 배제한 언어의 정태적 구조로서, 일정한 시간에 공존하는 언어체계의 구조이다. 기존의 언어학은 철저히 통시적인 구조에 관심을 기울여왔다는 것이다. 그러나 언어 구조학자들은 언어의 통시적 구조보다는 언어의 공시적 구조가 더 본질적이라고 이해한다. Ferdinand de Saussure, 최승언 역, 『일반 언어학 강의』, 민음사, 1997.

12) L. Dixon－Krauss, 앞의 책, p. 9.

13) E. Bodrova and D. J. Leong, 앞의 책, p. 21.

14) 위의 책, p. 3.

15) 위의 책, p. 18.
16) 위의 책, p. 19.
17) R. M. Thomas, 백운학 역, 앞의 책, p. 369.
18) 위의 책, pp. 371–374 참고.
19) E. Bodrova and D. J. Leong, 앞의 책, p. 27.
20) H. P. Ginsberg & S. Opper, *Piaget's theory of intellectual development (3rd ed.)*, Englewood Cliffs, NJ : Prentice Hall, 1988.
21) E. Bodrova and D. J. Leong, 앞의 책, p. 8.
22) C. T. Fosnot (Ed.), 앞의 책, p. 18.
23) E. Bodrova and D. J. Leong, 앞의 책, p. 35.
24) 위의 책, p. 38 참고.
25) 위의 책, pp. 40–41 참고.
26) D. Wood, J. C. Bruner & G. Ross, The role of tutoring in problem solving, *Journal of Child Psychology and Psychiatry*, 17, 1976, pp. 89–100 참고.
27) D. Newman, O. Griffin & M. Cole, *The construction–zone : Working for cognitive change in school*, Cambridge : Cambridge University Press, 1989.
28) E. Bodrova and D. J. Leong, 앞의 책, p. 43.
29) 위의 책, p. 9.
30) 정창우, "피아제와 비고츠키 이론의 도덕교육적 함의에 관한 연구", 한국도덕윤리과교육학회, 『도덕윤리과교육』, 제13호, 2001, 7, p. 216.
31) 위의 책, p. 10.
32) 위의 책, p. 13.
33) C. M. Jennings and Xu Di, Collaborative Learning and Thinking : The Vygotskian Approach, L. Dixon–Krauss, *Vygotsky in the Classroom*, Longman Publishers, 1996, p. 97.
34) 김동규, 『사회주의 교육학』, 도서출판 주류, 1988, p. 99.
35) L. S. Vygotsky, *Educational Psychology*, St. Lucie Press, 1977, p. 219
36) 위의 책, p. 220.
37) B. Chazan, 이구재 · 강민석 공역, 『현대도덕교육방법론』, 법문사, 1990, p. 188.
38) L. S. Vygotsky, 앞의 책, p. 222.
39) 위의 책, p. 221.
40) 위의 책, p. 221.
41) 위의 책, p. 226.
42) C. M. Jennings and Xu Di, Collaborative Learning and Thinking : The Vygotskianotskian n Approach, L. Dixon–Krauss, *Vygotsky in the Classroom*, Longman Pub-

lishers, 1991, p. 79.

43) J. Hospers, 최용철 역, 『도덕 행위론』, 지성의 샘, 1994, pp. 583-584 참고.

44) L. S. Vygotsky, *Educational Psychology*, p. 227.

45) 위의 책, p. 233.

46) 위의 책, p. 233.

47) 위의 책, p. 229.

48) 위의 책, p. 231.

49) 위의 책, p. 235.

50) 위의 책, p. 236.

51) 위의 책, p. 236.

52) 김동규, 앞의 책, p. 99.

53) L. S. Vygotsky, 앞의 책, p. 237.

54) C. M. Jennings and Xu Di, Collaborative Learning and Thinking : The Vygotskian Approach, in L. Dixon－Krauss, *Vygotsky in the Classroom*, Longman Publishers, 1996, p. 78.

55) E. Bodrova and D. J. Leong, *Tools of the Mind : The Vygotskian Approach Early Childhood Education*, Prentice－Hall, Inc., 1996, p. 109 참고.

56) 위의 책, p. 110.

57) 위의 책, p. 114.

58) 위의 책, p. 115.

59) 위의 책, p. 117.

60) C. M. Jennings and Xu Di, 앞의 논문, p. 83 참고.

61) E. Bodrova and D. J. Leong, 앞의 책, pp. 119－120 참고.

62) L. S. Vygotsky, 조희숙 · 황해익 · 허정선 · 김선옥 역, 『비고츠키의 사회 속의 성신』, 양서원, 2000, p. 149.

63) 위의 책, p. 154.

64) 위의 책, p. 158.

65) M. B. Tappan, *Journal of Moral Education*, *Vol. 27*, *No.* 2, 1998, pp. 143－152 참고.

66) E. Bodrova and D. J. Leong, 앞의 책, p. 32 참고.

# ✲ 참고문헌 ✲


김동규, 『사회주의 교육학』, 도서출판 주류, 1988.

정창우, "피아제와 비고츠키 이론의 도덕교육적 함의에 관한 연구", 한국도덕윤리과교육학회, 『도덕윤리과교육』 제 13호, 2001, 7.

Beilin, H. & Pufall, P. B. (Eds.), *Piaget's theory : Prospects and possibilities*, Hillsdale, NJ : Erlbaum, 1992.

Bodrova, E. and Leong, D. J., *Tools of the Mind : The Vygotskian Approach to Early Childhood Education*, Prentice－Hall, Inc., 1996.

Carpendale, J., An explication of Piaget's constructivism : implications for social cognitive development, S. Hala (Ed.), *The Development of Social Cognition*, Psychology Press Ltd., 1997.

Chazan, B., 이구재 · 강민석 공역, 『현대도덕교육방법론』, 법문사, 1990.

Dixon－Krauss, L., *Vygotsky in the Classroom : Mediated Literacy Instruction and Assessment*, Longman Publishers USA, 1966.

Ferdinand de Saussure, 최승언 역, 『일반 언어학 강의』, 민음사, 1997.

Fosnot, C. T. (Ed.), *Constructivism : Theory, Perspectives, and Practice*, Teachers College, Columbia University, 1996.

Ginsberg, H. P. & Opper, S., *Piaget's theory of intellectual development (3rd ed.)*, Englewood Cliffs, NJ : Prentice Hall, 1988.

Hospers, H., 최용철 역, 『도덕 행위론』, 지성의 샘, 1994.

Jennings, C. M. and Di, Xu., Collaborative Learning and Thinking : The Vygotskian Approach, L. Dixon－Krauss, *Vygotsky in the Classroom*, Longman Publishers, 1991.

Kurtines, W. M. & Gewirtz, J. L., *Moral Development : An Introduction*, Allyn and Bacon, 1995.

Newman, D., Griffin, O. & Cole, M., *The construction－zone : Working for cognitive change in school*, Cambridge : Cambridge University Press, 1989.

Steffe, L. P. & Gale, J., Constructivism in Education, 조연주 · 조미헌 · 권형규 공역, 『구성주의와 교육』, 학지사, 1997.

Tappan, M. B., *Journal of Moral Education, Vol. 27, No. 2*, 1998.

Thomas, R. M., 백운학 역, 『아동발달의 제이론』, 교육과학사, 1987.

Vitz, P. C., The Use of Stories in Moral Development : New Psychological Reasons for an Old Education Method, *American Psychologist, vol. 45, No. 6*, June 1990.

Vygotsky, L. S., Cole, M. 외 엮음, 조희숙 · 황해익 · 허정선 · 김선옥 역, 『비고츠키의 사회 속의 정신』, 양서원, 2000.

Vygotsky, L. S., *Educational Psychology*, St. Lucie Press, 1977.

Wertsch, J. V., *Vygotsky and the social formation of mind*, Cambridge, Mass. : Harvard University Press, 1985.

Wood, D., Bruner, J. C. & Ross, G., The role of tutoring in problem solving, *Journal of Child Psychology and Psychiatry, 17*, 1976.

Kurt Lewin(1890.9.9~1947.2.12)

Fritz Heider(1896.2.18~1988.1.2)

Bernard Weiner

# 제 11 장 귀인(歸因) 이론

## Ⅰ. 기본 가정

귀인 이론(Attribution Theory)은 하이더(F. Heider)에 의해서 최초로 하나의 이론으로 발전되었다. 그는 모든 사람들이 자신의 행동을 설명할 때 각자 그 나름의 설명방식을 지니고 있다는 것을 확신하고, 그 밑에 깔려 있는 인간 심리의 기층구조(underlying structure)를 발견하고자 하였다. 그는 대부분의 사람들이 일상의 삶에서 일어나는 사건의 원인에 관하여 나름의 통일적인 논리의 그물망으로 연결된 신념들을 지니고 있다는 명제를 확신하고 있었다. 그는 그러한 신념들이 나름의 체계를 갖추고 있으며, 일상의 대화 속에 무의식적으로 드러난다고 보았다. 따라서 하이더는 담론 속에 반영되어 있는 심층 사고체계를 파악하고자 하였다.

하이더는 지극히 상식적인 수준에서 심층 사고체계에 접근하고자 하였다. 실제적으로 사람들이 일상의 삶에서 발생한 사건을 해석하는 일은 복잡한 이론적 체계에서 이루어지는 것이 아니라 상식적인 수준에서 이루어지고 있다는 점에 근거하고 있다. 오늘날 이 이론이 '상식 이론', '순수 심리학'(naive psychology), '상식 심리학'(commonsense psychology)이라 불리는 까닭도 여기에 있다. 하이더 이후 많은 이론가들이 점차적으로 그의 이론적인 구조를 중심으로 몇 가지 점들을 보완하였고, 그럼으로써 몇 가지 관련된 변수들을 포함하는 하나의 패러다임으로 확장되었다. 존스와 데이비스(E. E. Jones and K. E. Davis), 켈리(H. H. Kelley), 그리고 와이너(B. Weiner) 등이 그 대표자들이다.

귀인 이론가들은 여러 형태의 귀인 이론을 발달시켜 왔다. 그럼에도 불구하고 이 영역에서의 모든 연구자들의 사고를 안내하는 중심적인 문제가 존재한다. 귀인 이론가들은 인과성에 대한 지각, 혹은 특정한 사건의 발생에 대한 지각된 이유들에 관심을 갖는다. 그리하여 귀인 이론가들은 "이 사건의 지각된 원인은 무엇인가, 어떤 정보가 이러한 인과적 추론에 영향을 미쳤는가, 그리고 원인 귀속의 결과는 무엇인가?"[1]라는 세 가지 질문에 주목한다.

인간의 도덕성에 관한 설명도 위의 질문의 범주에서 벗어나지 않는다. 물론 귀인 이론은 기본적으로 인간의 도덕성 발달 그 자체에 초점을 두고 있는 것은 아니다. 그러나 하이더와 그 이후의 여러 귀인 이론가들의 생각은 인간의 도덕성 발달을 설명할 수 있는 지극히 평범하면서도 특수한 아이디어를 제공해 주고 있다. 이에 따르면, 사람들은 잠재의식적인 이론적 구조 위에서 도덕적 사고와 행위에 관한 자신들의 상식을 형성한다. 우리는 사람들이 도덕적 사건을 포함하여 어떠한 사건이나 일의 원인을 어디로 돌리고 있는가를 그들의 대화를 통해서 분석할 수 있다. 대화 속에는 도덕적 추론과 행위에 관한 상식적인 설명을 뒷받침하는 요소들이 들어 있기 때문이다.

귀인 이론은 다음과 같은 기본 가정들을 바탕으로 하고 있다.[2]

1. 사람들은 의식적이며 합리적인 결정을 내리는 신(神)과 같은 존엄한 존재이다.
2. 사람들은 자신의 복잡한 생활환경을 질서정연하게 파악하고자 하는 속성을 가지고 있다.
3. 사람들은 환경의 인과적 구조에 관하여 인지적으로 달관(master)하

고 싶은 목적으로 자기 자신들과 자기 주변의 세계를 이해하려고 노력한다. 특히 그 결과가 중요하거나 혹은 예상되지 못할 때 더욱 그러하다.

4. 사람들은 어떤 현상을 표면적으로 나타난 그대로 받아들이는 대신에 그 표면적 현상 뒤에 깔려 있는 의도, 의미, 그 현상이 일어나게 된 전후의 행위나 상황 등을 고려해서 종합적으로 파악하려고 한다.
5. 사람들은 행동의 원인에 관한 결정요소들을 추론하기 위한 자료로서 다양한 정보 원천들을 사용한다. 사람들은 주로 개인적 요소들과 환경적 요소들로 구성된 정보를 활용한다.
6. 사람들은 도덕적 · 비도덕적 행동의 원인을 소재(locus), 안정성(stability), 그리고 통제 가능성(controllability) 등 세 가지 영역들의 조합으로 설명한다. 실제적으로는 수많은 행동의 원인들이 존재한다 하더라도 이들 세 가지 영역에 따라 범주화될 수 있다.
7. 귀인의 세 가지 영역은 개인의 도덕적 혹은 비도덕적 행동에 대한 기대신념 및 감정과 관련한 중요한 결과를 수반한다.
8. 도덕적 정서는 기본적으로 귀인시키는 인지적 과정의 결과에 따른 산물이다. 우리가 어떻게 '생각하는가'는 우리가 어떻게 '느끼는가'에 영향을 미친다.

## Ⅱ. 인간관

귀인 이론의 인간관은 구성주의나 인지주의의 인간관과 흡사하다. 반면에 행동주의나 정신분석이론의 그것과는 아주 대조적이다. 귀인 이론가들은 기본적으로 인간을 의식적이며 합리적인 결정을 내리는 자들이란 인식에 있어서는 공통적이다. 이들은 인간을 의식적 주체자로서 인식한다. 이것은 이들이 인간을 신과 같은 존엄한 자들로 이해하고 있다는 의미이다. 이러한 인간관은 인간을 의식이 없는 로봇과 같은 자동장치와 동일하게 보는 '기계 은유'(machine metaphor)와는 대조적이다. 또한 이러한 은유는 인간 행동을 환경의 자극에 대한 반응으로 이해하거나 어떤 내적 충동의 결과로 인식하는 방식과도 근본적으로 차이가 있다.

귀인 이론가들은 사람들이 환경과 자기 자신을 이해하고 또한 지배하고자 하는 목표에 의해 동기화된다고 믿는다. 사람들은 미래의 사건을 예견하고 통제하기 위해 자연세계를 이해하고자 한다. 이것은 자기 자신의 세계를 보다 예견 가능하고 통제 가능하게 만들기 위한 것이다. 이 목표는 행동의 주요 선동자 역할을 한다. "이 이론은 더 이상의 다른 목표, 욕구, 동기, 혹은 충동을 제안하지 않는다."[3] 예를 들면 성공을 위한 동기, 실패의 두려움, 가입 욕구, 권력 욕구, 내적 동기 등을 언급하지 않는다.

귀인 이론가들은 인간을 인지적 달관(mastery)을 추구하는 존재로 규정한다. 즉, 인간이란 자신의 환경을 이해하고자 노력하고 있는, 특히 다른 사람들의 행동뿐만 아니라 자기 자신의 행동의 인과적 결정요소들(causal determinants)을 이해하고자 노력하는 마치 '순진한 과학자'와 같은 존재라는 것이다. 그래서 어떤 사람들은 귀인 이론의 인간관을 '과학자 상(像)'에 비유하기도 한다. 여기에서 말하는 인지적 달관이란 자신의 주변 환경에서 일어나고 있는 사건의 인과관계를 인지적으로 충분하게 설명할 수 있다는 것을 의미한다. 사람들은 누구나 이러한 상태를 추구한다는 것이다.

이러한 인지적 달관의 추구는 동기에 관한 프로이드의, 그리고 충동 이론 모델의 초석인 일반적인 쾌락–고통 원리를 보완한다. 귀인 이론가들은 사람들이 쾌락을 증진시키고 고통을 회피하고자 노력한다는 경험적으로 입증된 사실을 부인하지 않는다. 그러면서 또한 귀인 이론가들은 사람들이 이러한 일반 원리에 일치하여 행동하지 않을 경우들이 존재한다고 하였다. 예를 들면, 보상이 항상 특정한 활동을 담보하지는 않는다는 것이다. 우리는 일상생활에서 비도덕적 행동이 쾌락을 증진시키는데 도움이 된다고 하여 항상 그에 따라 행동하지는 않는다는 점을 경험적으로 알고 있다. 결국 이들의 주장은 사람들이 항상 쾌락–고통 원리 하에서 작동하지는 않는다는 점을 부각시키고자 한 것이다.

사람들이 인지적 달관을 추구한다는 것은 이 이론이 인간을 결코 수동적인 반응자로서 인식하지 않는다는 것을 반증한다. 이것은 이 이론이 인간을 보다 적극적이고 적응적인 학습자로서 인식하고 있음을 의미한다.[4] 사람들은 행동의 원인에 관한 결정요소들을 추론하기 위해 다양한 정보 원천들을 판단자료로 사용한다. 사람들은 대체적으로 두 가지 일반적 원천들로부터 정보를 입수한다. 하나는 개인적 요소들이요, 또 하나는 환경적 요소들이다.[5] 이러한 정보들을 근간으로 인간은 자신의 행동의 원인을 특정한 요인에 귀속시킨다. 자신의 행동의 원인을 스스로 귀인시키고, 분석 · 평가한다. 인간은 이러한 평가를 바탕으로 새로운 행동을 적극적으로 추구해 나간다.

우리는 인지와 동기와의 관계에 대한 귀인 이론가들의 입장을 검토해 봄으로써 이 이론의 인간관을 또 다른 각도에서 검토해 볼 수 있다. 귀인 이론은 동기에 관한 인지 이론으로서 평가받고 있다. 귀인 이론가들은 기본적으로 감정 혹은 정서를 귀인을 시키는 인지적 과정의 결과로 해석한다. 즉, 우리가 어떻게 생각하는가는 우리가 어떻게 느끼는가에 영향을 미친다는 것이다. 귀인 이론가들은 감정이 인지에 영향을 미칠 수 있다는 점을 인정한다. 예를 들면, 사람들은 기분이 우울할 때 직면하는 사건들을 부정적인 측면에서 인식하기 쉽다는 점에 동의한다. 그러나 귀인 이론가들은 일반적으로 감정은 인지의 산물이라고 인식한다. 이러한 입장은 이 이론이 인간을 합리적 존재로 인식하고 있다는 것을 다른 관점에서 강력히 나타내 주고 있다.

## Ⅲ. 이론의 주요 개념과 발달과정

### 1. 귀인 이론의 개념

우리는 인간의 도덕성이 어떻게 발달하는가에 대해 많은 사람들이 품고 있는 일군의 생각을 보통 '상식' 이라고 부른다. 하이더(F. Heider)와 같은 심리학자에 의하면, "이 일군의 생각은 단지 무질서한 의견의 집합이 아니고, 인식 가능한 패턴이 숨겨져 있기 때문에 아동발달의 이론이라고 부를 수 있다."[6] 많은 사람들에게 있어서 상식이란 자명하다고 하는 이유에서 믿는 확신을 의미한다. 상식 이론은 이러한 범주에서 출발한다. 따라서 상식 이론이 다루고자 하는 개념은 보통의 지능을 지니고 있는 사람이라면 누구라도 똑같은 결론에 도달할 수 있는 것을 중심으로 한다. 아동의 도덕성 발달에 관한 상식적 관점은 사회의 대다수 사람들이 공통으로 믿고 있는 생각을 지칭한다.

상식 심리학은 두 가지 측면에 주목한다. 하나는 많은 사람들이 갖는 생각의 일치도이다. 현대 사회는 다원주의를 기초로 한다. 사람들의 의견은 천차만별일 수 있다. 그러나 순수 심리학은 개개인의 생각을 구체적으로 분석해 가면 인간의 도덕성 발달에 대해서 사람들이 갖는 생각에 공통분모가 분명히 있다고 믿는다. 상식 이론은 어떤 생각에 관한 사람들의 의견의 일치도에 의존한다. 그러므로 이 이론은 적어도 고립되어 있고 응집성이 높은 사회에서 설득력을 더 얻을 수 있다.

순수 심리학이 주목하는 또 하나의 측면은 대부분의 사람들이 갖고 있는 상식적인 생각을 어떻게 계통지우고 분석할 것인가이다. 상식 심리학은 사람들이 제 나름의 사고방식을 갖고 있다고 가정한다. 그런데 사람들의 사고방식은 어떤 체계를 갖추고 있다고 믿었다. 다시 말하면, 상식이 존재한다는 것은 여러 사람들의 심리 속에 공통적인 기층구조가 존재한다는 것을 간접적으로 나타낸다. 상식 심리학은 사람들의 그러한 기층

심리구조에 주목한다. 순수 심리학은 우리의 일상생활을 지탱하고 있는 사고의 구조에 관심을 갖는다. 사람들의 심리에 내재해 있는 '구조'를 찾고자 한다.

도덕성 발달에 관한 상식 이론을 정립하는 방법은 일반 사람들에게 아동들에 관한 내용의 설문지를 제시할 수도 있다. 또한 전래되어 오는 민담이나 속담, 그리고 아동들의 도덕성과 관련된 교훈을 수집하여 그 배후에 있는 개념의 패턴을 발견할 수 있다. 어른들이 아동들을 접할 때나 서로 이야기를 주고받을 때 나타나는 생각의 구조를 상상할 수도 있다. 또한 아동들과 관계가 있는 법률을 분석하고 그 사회의 상식적인 생각이 어떻게 법률에 반영되고 있는가를 조사할 수도 있다. 혹은 이러한 방법 모두를 병용할 수도 있다.

귀인 이론은 인간이 자신의 행동의 원인을 어디에 귀속시키는가를 상식 심리학 혹은 순수 심리학의 기본적 틀을 중심으로 체계화시킨 것이다. 좀 더 구체적으로 말하면, 귀인 이론은 하이더의 '균형 이론'(balance theory)과 '귀인과정'(attribution processes)에 관한 설명을 모태로 "로터(J. Rotter)의 통제의 소재의 개념을 세련화시키고 정교화시킨 것"[7]이다. 이 이론은 인간의 행동의 원인을 어디에 귀속시키느냐에 관한 인지적 설명을 제공하고자 한다. 달리 말하면, 귀인 이론은 동기에 대한 인지적 설명인 셈이다. 귀인 이론은 "개인의 설명, 정당화와 변명이 어떻게 그들의 동기와 행동에 영향을 미치는지를 설명한다."[8]

귀인 이론가들은 인간이란 일차적으로 그 자신과 그 주변의 세계를 이해하고자, 곧 환경의 인과적 구조에 관한 인지적 달관을 얻고자 하는 동기를 지니고 있다는 것을 가정한다. 인간은 자연적으로 왜 사건들이 일어나는지에 관한 이해를 추구한다. 특히 결과가 주요하거나 혹은 예상되지 못할 때 그러한 동기는 더욱 커진다. 그래서 우리는 귀인 이론을 "동기에 관한 인지 이론"[9]이라 부르기도 한다.

우리는 또한 귀인 이론을 인식론의 범주 속에서 규정할 수 있다. 이 이론은 사람들이 어떻게 아는가와 관련된다. 사람들은 자신의 성공이나 실패의 원인을 다양한 요인들에 귀속시킬 수 있다. 그 요인들로는 능력, 노력, 기분, 지식, 운, 도움, 흥미, 지시의 명료성, 타인의 개입, 불공평한 정책 등을 들 수 있다. 그런데 개인이 취한 귀인은 실재(reality)에 관한 개인적 구성이다. 귀인 이론가들은 실재 그 자체에 초점을 두지 않는다. 개인이 구성하는 바에 관심을 둘 뿐이다. 그 관심은 실재와 같을 수도 있고 혹은 다를 수도 있다. 귀인 이론가들은 진리 그 자체에 구속되지 않는다. 다시 말하면, 귀인 이론가들은 개인들이 어떤 행동의 원인을 여러 가지 요인들에 어떻게 귀속시키는지, 그리고 여러 사람들의 귀속에 어떤 패턴이 있는지에 관심이 있다. 그 귀속이 옳으냐 혹은 그르냐와 같은 진위 여부에는 주된 관심을 두지 않는다. 귀인 이론은 브루너(J. S. Bruner), 피아제(J. Piaget), 비고츠키(L. S. Vygotsky)와 같은 사람들이 제시하는 다른 구성적 설명들과 맥이 상통한다. 그런 점에서 귀인 이론은 현상학적 동기 이론(phenomenological theory of motivation)이라 할 수 있다.

## 2. 이론의 발달과정

오늘날 우리가 귀인 이론이라 부르는 것은 레빈(K. Lewin)의 장(場) 이론으로 기원이 거슬러 올라간다. 레빈은 귀인 이론의 정립에 매우 큰 영향을 미쳤는데, 그의 아이디어는 두 범주로 분류된다. 하나는 기대－가치 이론(expectancy－value)이다. 그의 연구는 로터(J. Rotter)와 앳킨슨(J. Atkinson)에게 강력한 영향을 미쳤다. 두 사람 모두 주요 연구 패러다임들 중의 하나로 기대－가치 이론을 수용하였고, 열망의 수준(곤란도에서 차이가 있는 과업들 가운데 선택하는 것)을 사용하였다. 또 하나는 부분－전체 관계, 그리고 힘 장(force fields)의 역동성이다. 다른 장(場) 이론가들(Gestaltists)처럼 레빈은 “우리들의 직접적인 경험이란 것은 조직되는 것이며, 우리들이 경험하는 것은 아무리 국부적인 것이라도 그것이 속해 있는 조직된 전체의 작용으로 결정되는 것”[10]이라는 점을 강조하였다.

레빈의 이론은 로터의 사회학습 이론에 영향을 미쳤다. 로터는 귀인에 대한 퍼스낼리티 접근을 발전시켰다. 그는 사회적 장면에서의 인간의 행동을 예측하고 이해하는 데 도움이 되는 이론을 세우고자 하였다. 그는 '참된' 현실이란 없으며, 다만 현실의 개인적 '해석'만이 존재한다고 보았다. 따라서 그의 이론은 "인간의 행동을 결정하는 주요 변인들을 기술하고자 하는 시도"[11]이다. 그는 인간의 행동이 그에 뒤따르는 보상에 의하여만 결정되는 것이 아니라는 가정을 굳게 믿었다. 그는 인간도 동물들처럼 욕구에 의해 동기화된다는 것을 알았지만 인간의 본질적 특질은 사고하고 예상하려는 보편적 경향이라고 믿었다. 인간은 강화에 맹목적으로 반응하는 기계적 존재가 아님을 강조한 것이다. 행동은 선택된 그 행동이 실제로 강화를 가져올 것이라는 우리의 기대에 의하여도 결정된다고 보았다.

레빈의 이론은 또한 하이더의 균형상태와 귀인에 관한 설명에 영향을 미쳤다. 인지 부조화 이론(dissonance theory)은 1960년대 사회 심리학의 지배적인 연구 패러다임 중의 하나였다. 그것은 인지적 균형 형성에 초점이 있었다. 그러나 1960년대 말에 이르러 부조화 이론은 막을 내렸다. 하이더에 의해 최초로 제안되고 켈리(Kelley) 등에 의해 정교화된 귀인 이론이 이를 대체하였다. 그리하여 귀인 이론은 1970년대 사회 심리학의 지배적인 패러다임으로 등장하게 되었다. 또한 하이더 이전까지 사회 심리학은 거의 배타적으로 집단들에 내포된 문제들을 다루어 왔다. 그러나 상식 심리학은 "주로 대인간 문제에 관심을 가지며 집단에 대해서는 거의 관심을 기울이지 않는다. 대인관계에 관한 연구는 우리로 하여금 개인 지각과 귀인의 문제들을 고려하도록 만든다."[12] 그리하여 상식 심리학은 하이더 이후에 사회 심리학의 또 다른 부분으로 인정받게 되었다.

하이더는 어린 시절에 겪었던 개인적 경험들을 바탕으로 상식 심리학을 발전시켰다. 그는 어려서 그림 그리는 것을 좋아하였다. 스케치 활동의 경험이 지각에 내포된 과정들에 관심을 갖게 된 계기가 되었다. 또한 그는 대인관계에 관심을 가지고 있었다. 1차 세계대전 이후 오스트리아는 난방, 음식, 전기 등이 엄청나게 부족하였다. 이러한 상황은 사람들로 하여금 다툼을 잦게 만드는 분위기를 만들었다. "이러한 어린 시절의 두 가지 관심들, 즉 그림으로부터 등장한 지각에 대한 관심과 스트레스가 많은 사회적 분위기에 의해 자극을 받은 인간관계에 대한 관심은 곧 한데 어우러졌고, 오늘날 '개인 지각'(person perception)이라 불리는 사고로 나아가게 되었다."[13]

균형과 귀인은 모두 다 부분적으로 전체의 형성으로부터 일어나는 인지적 역동성에 관심을 갖는다. 예컨대, 균형 이론의 예견은 만약 어떤 좋은 행동이 나쁜 사람에 의해 수행된다면 그때 불균형의 상태가 존재한다는 것이다. 이것은 인지적 변화 혹은 균형의 상태를 지향하게 되며, 그럼으로써 그 행동은 덜 긍정적인 것으로 지각되거나 혹은 그 사람이 보다 긍정적인 존재로 지각된다. 그런고로 "균형과 귀인은 부분적으로 인지적 역동성과 관련된 동일한 게슈탈트 원리들(Gestalt principles)로부터 도출된다."[14]

와이너(B. Weiner)는 로터와 하이더의 이론을 부분적으로 통합하여 "귀인 이론을 학교 학습에 연관시킨 주요한 교육심리학자 중의 한 사람"[15]이다. 와이너는 로터가 애초에 제시하였던 내적/외적 영역에 통제와 안정성 영역을 첨가하였다. 이로써 귀인 이론은 소재(locus), 안정성(stability), 그리고 통제(control)영역으로 구조화되었고, 결과적으로는 보다 많은 특수한 행동들을 설명할 수 있게 되었다. 그리고 오늘날에 이르러 귀인 이론은 학습의 동기 이론으로 강력한 영향력을 지속적으로 발휘하고 있다.

귀인 이론이 발전되어 온 과정을 인물 중심으로 제시하면 다음과 같다.[16]

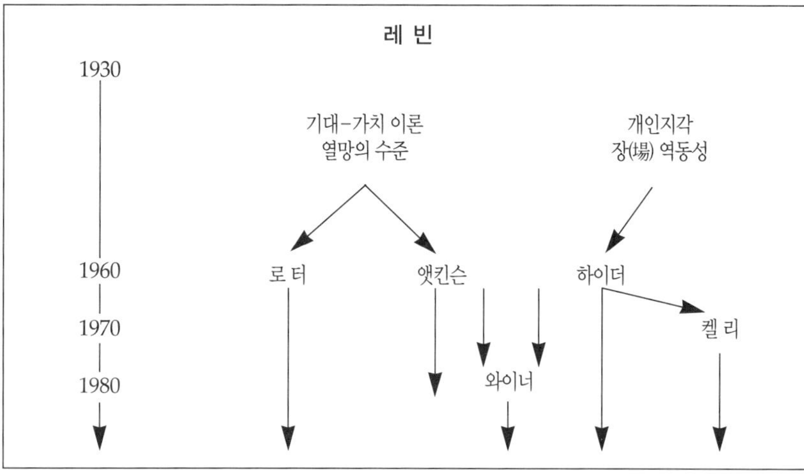


## Ⅳ. 도덕성 발달과 귀인

### 1. 도덕성의 개념과 도덕적 영역

일반적으로 귀인 이론가들은 도덕성을 양심과 같은 것으로 이해하였다. 그들은 양심을 인간관계에서 마땅히 해야만 하는, 그리고 마땅히 해서는 안 되는 도덕적 가치들의 저장소로 인식한다. 또한 많은 사람들에게 있어 도덕적 가치는 개인과 하나 혹은 그 이상의 초자연적 존재—예컨대 기독교인과 유대교인에게는 신이며 유교인들에게는 조상들의 영혼에 해당하는—와의 관계와 관련된다. 양심은 일련의 내면화된 사회적 규칙 혹은 표준들이다. 사람들은 자신들이 생각하기에 마땅히 해야만 한다고 생각하는 바의 표준을 위반할 때 "기분이 나쁘다", "죄의식을 느낀다", "부끄러움을 느낀다"고 말한다. 반면, 표준을 준수할 때 그들은 "기분이 좋다", "자긍심을 느낀다"고 말한다. 양심이란 도덕적 원리들과 그에 부수적으로 수반되는 감정들 그 두 가지로 구성된다.

귀인 이론가들은 모든 사람이 양심을 갖는다고 주장한다. 그러나 이들은 양심의 내면에 들어 있는 특별한 내용, 곧 도덕적 원리 혹은 규칙들은 사람마다 모두 똑같다는 것을 가정하지는 않는다. 어떤 사람이 해야만 할 바, 그리고 해서는 안 될 바가 다른 사람의 그것들과 똑같을 필요는 없다고 본다. 사회와 문화 혹은 종교에 따라 그 내용은 달라질 수 있다. 그러나 획득된 양심은 개인에게 행위의 자극자와 금지자라는 두 가지 기능을 발휘하게 된다는 점에서는 일치한다. 그리하여 법의 명령, 종교적 교의, 그리고 관습과 일치하는 행동은 도덕적인 것으로 여겨지고 법, 교의, 관습을 위반하는 행동은 비도덕적인 것으로 간주되어 비난을 받는다. 따라서 귀인 이론가들은 도덕성을 종교와 같은 권위에 대한 혹은 사회적 합의에 복종하고자 하는 성향으로 파악한다. 그들은 그러한 성향을 결국 양심으로 이해한 것이고, 양심을 곧 도덕성과 같은 개념으로 인식한 것이다.

귀인 이론가들은 도덕적 영역의 원천을 크게 세 가지로 집약하고 있다. 그 사회의 법(특히 형법과 민법), 사람들이 믿고 있는 종교적 교의, 그리고 전통적인 윤리적 관습이 그것이다. 따라서 이 이론은 법, 종교적 교의, 그리고 관습을 도덕적 영역의 대상으로 포함시킨다. 그 사회에서 규정한 법을 어기거나 준수하는 행위, 종교적 교의에서 규정한 죄와 덕의 목록을 위반하거나 실행하는 행위, 그리고 주어진 문화 속에서 공통적으로 존중받도록 교육을 받아왔던 일련의 관습에서 일탈하거나 일치하는 행위들은 모두 도덕적 영역의 범주 속에 속하게 된다.

도덕적 영역의 범주는 도덕성의 개념을 확고히 하는 데 커다란 영향을 미친다. 도덕적 영역의 범위는 사회에 따라 다를 수 있다. 민족적인 동질성이 강한 사회일수록 법이나 종교, 그리고 관습에 있어서 유사성이 크며, 그만큼 도덕적 영역의 범주를 구성하는 데 있어서 갈등이 줄어든다. 반면에 인구의 유동성이 크거나 많은 인종들로 구성된 사회 혹은 다양한 종교들이 혼재하는 사회일수록 도덕적 영역을 구성하는 데 있어서 갈등의 요소가 많을 수 있다. 따라서 일관된 전통적인 사회에서 성장하는 아동들은 경쟁하는 신념들이 다투는 환경 속에서 성장하는 아동들에 비해 상식 가치를 학습하는 데, 그리고 도덕적 결론에 도달하는 데 훨씬 용이하다.

도덕적 영역의 범주에 속하는 내용들은 주로 권위에의 복종과 사회적 합의로부터 비롯된다. 그러므로 인간이 초월적 존재에 의해 제기된 종교적 교훈들이나 사회적 집단이 선하거나 혹은 옳다고 규정한 행동들을 준수하는 일이 도덕적 영역의 범주에 속하게 된다. 이런 점에서 보면 귀인 이론은 도덕성과 관련하여 개인의 이성에 바탕을 둔 자율적 판단을 강조한 인지발달 이론이나 구성주의와는 다른 시각을 보이고 있다.

우리는 대체적으로 "도덕은 개인이 정상적인 성인이 되었을 경우 비록 다른 사람의 조언을 받을지라도 자신의 의사 결정을 스스로 하게 함으로써, 더 나아가 자신의 의사결정에 있어서 근거가 되는 원칙이나 목적까지도 스스로 생각해 보게 함으로써 개인의 편에서 이성의 사용과 더불어 일종의 자율성을 조장하고 심지어 그것을 요구하기까지 한다. 삶의 사회적 제도로서일지라도 도덕의 목적은 사회성원에게 이성적인 자기 규율이나 자기 결정을 하게 하는 데 있다"[17]는 점에 동의한다. 따라서 도덕적 행동은 적어도 행위자의 이성에 입각한 자발적 의지가 개입되어 있어야 한다. 더 나아가 도덕적 행동은 자신이 속한 사회의 법, 제도, 관습 등에 비도덕적 측면이 있을 때 이의 개선을 적극적으로 추구해 나가는 노력을 포함한다. 그러므로 귀인 이론가들이 규정한 도덕성의 개념은 인지주의 등과 비교해 볼 때 매우 제한적이라 할 수 있다.

## 2. 도덕성의 기원과 발달

인간의 타고난 도덕적 본성에 관한 문제는 귀인 이론에서도 하나의 논쟁적인 이슈가 되고 있다. 어떤 귀인 이론가들은 인간의 타고난 도덕적 본성이 천부적으로 선하다는 것을 확신하는 반면, 어떤 사람들은 인간이 사악한 경향으로 태어났다고 믿고, 또한 어떤 사람들은 인간이 그러한 도덕적 경향들의 어느 것도 천부적으로 갖고 태어나지 않는다고 생각한다. 따라서 귀인 이론에는 도덕성의 기원에 관한 일관된 입장이 정립되어 있지 않다. 그렇지만 대부분의 귀인 이론가들은 양심에 깃들어 있는 가치들이란 타고난 것이 아니라, 점차적으로 아동기와 청소년기를 거치면서 환경으로부터 획득된 것이라고 믿는다.

그러나 귀인 이론가들은 이론의 모델을 구성하고 있는 구성요소들에 대해서는 대체적으로 합의를 하고 있다. 귀인 이론은 도덕적 문제와 관련하여 개인의 퍼스낼리티 구조와 도덕적 환경, 그리고 초자연적인 힘을 도덕적인 사건들에 대한 원인을 제안하는 구성요소로 여기고 있다. 인간의 도덕성은 이러한 세 가지 측면들이 상호작용하여 나타나게 되는 것으로 본다.

개인의 퍼스낼리티 구조에는 개인적 능력, 지능, 양심, 의도/동기, 감정이입 능력 등이 포함되고, 환경적인 요소에는 기회와 제한(사회적 지위), 행동의 모델들, 보상과 벌, 그리고 과업 곤란 등이 포함된다. 그리고 확인되지 않은 초자연적인 힘에는 운이나 운명, 신, 영혼 등이 포함된다. 귀인 이론가들은 앞의 두 요소들에 대해서는 이견이 없으나 소위 말하는 초자연적 힘에 대해서는 일부만이 받아들이고 있다. 귀인 이론가들은 구성요소의 존재에 관해서는 전체적으로 동의하고 있지만, 그 구성요소들이 도덕적 문제에서 어떻게 상호 기능하는지에 관하여서는 일치하지 않는다.

귀인 이론가들은 도덕성의 발달에 대해 상식적인 설명을 하고자 한다. 도덕성 발달의 과정은 인간이 출생한 후 도덕성이 어떠한 과정을 통하여 형성 내지는 발달하는가를 말하는 것으로, 이는 도덕성의 변화를 초래하는 다양한 원천들 간의 상호작용의 유형을 나타내는 것이다. 예컨대, 어떤 이론은 인간의 도덕적 행동이 과거의 도덕적 상황들에서 그 사람의 행동에 뒤따라 왔던 결과들의 영향에 의해 변경된다고 본다. 행동의 결과에 따른 보상이 도덕성 변화의 주요 동인으로 간주되는 것이다.

그러나 귀인 이론가들은 도덕성의 발달을 삶의 규칙들에 관한 무지로부터 복잡하고 실제적인 도덕적 규칙에 관한 지식의 습득을 향하는 진보로서 간주한다. 이와 관련하여 귀인 이론가들은 도덕성 발달에 관한 다양한, 그리고 광범위하게 수용된 신념들을 받아들이고 있다. 즉, 유아기로부터 성인기에 이르면서 성숙하는 지적 발달이 도덕적 사건에 관한 이해에 어떻게 영향을 미치고 또한 도덕적으로 수용 가능한 행동방식에 어떻게 영향을 미치는가에 관한 신념을 수용하고 있다.

귀인 이론가들은 이러한 신념들을 6가지 원리로 정리한다.[18] 다음의 6가지 원리들은 아동들의 도덕성이 지적으로 성숙한 성인들과 비교하여 어떻게 발달하는지에 관한 방향을 담고 있다. 아동들은 (1) 도덕적 가치들의 본질과 사회적 의의(意義)를 이해하는 데 있어서, 그리고 각기 다른 가치들이 일상적인 인간관계에서 상호작용하는 방식들을 확인하는 데 있어서 보다 어려움을 겪는다. (2) 우연에 의해 발생된 해(害)와 도덕적 가치들의 의도적 파괴로부터 야기되는 해 사이를 구분하는 데 덜 숙달되어 있다. (3) 도덕적 상황에서 다른 사람의 동기를 평가하는 데 미숙하다. (4) 욕망과 필요를 만족시키기 위한 도덕적으로 수용 가능한 테크닉들 중에서 훨씬 적은 수의 테크닉을 구사할 수 있다. (5) 도덕적 규칙이나 관습을 파괴할 때 책망을 덜 받아야 하는 것이 마땅하다. 왜냐하면 그들은 원리 (1)부터 (4)에 해당하는 것들에 대하여 성인들에 비해 이해가 부족하기 때문이다. (6) 도덕적 확신을 안내하려는 노력들에 의해 더욱 쉽게 영향을 받는다. 왜냐하면 그들은 자신들의 방식을 아직 확고하게 굳히고 있지 못하기 때문이다.

아동들의 도덕성은 성인들에 비해 위와 같은 6가지 원리의 측면에서 결핍되어 있다. 그렇다면 사람들은 어떤 과정을 거쳐 보다 성숙한 상태의 도덕성으로 진입하는가? 귀인 이론가들은 인간의 도덕성이 최소한 다음과 같은 네 단계에 따라 발달한다고 본다.[19]

첫 번째 단계는 초기 유아기이다. 이 단계는 아동이 걸을 수 있고, 많은 말을 이해할 수 있으며, 혹은 이야기할 수 있기 이전의 1년 혹은 2년 동안의 시기에 해당한다. 이 단계에 속한 유아들은 도덕적인 문제에 대한 옳고 그름을 이해하기 어렵다. 따라서 우리는 이 단계에 속한 유아들에게 도덕적 문제에 대해 판단할 수 있는 나름의 기층적 심리구조를 기대할 수 없다. 이들은 아직 무도덕(amoral)의 상태에 있다.

두 번째 단계는 아동기이다. 이 단계는 약 2세부터 10세 혹은 12세까지에 해당한다. 아동들은 점차적으로 사회적 행동의 규칙들을 학습할 수 있다. 그러나 그들은 아직 도덕적 문제들과 관련하여 성숙한 도덕적 판단을 내리기 어렵다. 일반적으로 형법은 이러한 측면을 반영하여 이 단계에 속한 아동들의 일탈 행동들에 대해 성인들과 같은 도덕적 책임을 묻지 않는다. 그래서 우리나라의 형법에서도 이들의 범법행위에 대해서는 직접적으로 형사상의 책임을 묻지 않는다.

세 번째 단계는 사춘기의 도래와 함께 청소년들이 '이성(理性)의 나이'로 들어서는 시기이다. 이 단계의 청소년들은 교회나 특정 기관에서 형식적 멤버의식으로서의 통과의례를 거치고, 또한 복잡하고 추상적인 학교 교과 교육과정에 입문한다. 그러나 대체적으로 18세 이하의 10대들은 아직 미성년자(minors)로서 인정된다. 따라서 그들의 법 위반은 성인들을 대상으로 하는 형사법원에서보다는 소년법원에서 다루어진다. 위법자의 이름은 공적인 인쇄물에서 제외되기 때문에 주변 사람들로부터 나쁜 평판을 받는 해를 당하지 않는다. 그들은 아직 사회로 복귀할 수 있는 도덕적인 잠재 능력자로서 고려되고 있다.

우리나라의 형법에서도 12세 이상 14세 미만의 자들에게는 형사 미성년자로 분류하여 형사상 책임을 묻지 않으며, 개전의 정이 없고 죄질이 극히 불량한 경우 외에는 선도, 보호에 중점을 두어 처벌한다. 그리고 이들 뿐만 아니라 14세 이상 20세 미만의 범죄 소년과 성격 또는 환경에 비추어 장래 형법에 저촉되는 행위를 할 우려가 있는 12세 이상 20세 미만의 우범 소년 등은 소년원에서 교정교육을 받는다. 국가는 이들의 도덕적 잠재능력을 고려하여 수용(收容)경력을 전과(前科)에 남기지 않는다. 또한 국가는 우리나라의 19세 미만의 자들을 '청소년'으로 분류하여 비도덕적 환경으로부터 적극적으로 보호하는 정책을 펴고 있다.

마지막 단계는 18세부터 21세경에 시작한다. 이제 청소년들의 잘못된 방식들은 더 이상 가볍게 다루어지거나 혹은 용서를 받지 못한다. 18세 혹은 21세 이후 그들은 성인으로서 자신들이 즐기는 특권(술을 마시는 것,

선거에서 투표하는 것)과 자신들이 배태하는 책임(전쟁시 군대에 참가할 의무, 형법과 민법 하에서 성인으로서 충분히 법적인 소추를 받는 것) 등 두 가지 차원에서 다루어진다.

## 3. 도덕적 영역의 귀인 모델

귀인 이론은 인간의 도덕성 발달을 한 인간으로서의 개인적 요소들과 환경적 요소들, 그리고 초월적인 존재의 힘의 요소들의 복합적 과정으로 설명하고 있다. 이러한 이론적 구조는 하이더의 모델을 기초로 하였으며, 이후 많은 이론가들이 점차적으로 몇 가지 관련된 변수들을 포함시킴으로써 하나의 패러다임으로 확장 · 발전되기에 이르렀다. 인간의 도덕성이 발달하는 전체적인 과정을 핀트리취(P. R. Pintrich)와 션크(D. H. Schunk)가 제시한 일반적인 귀인 모델[20]을 근간으로 도덕적 영역에 적용하여 제시하면 다음과 같다.

| 선행조건들 → | 지각된 원인들 → | 원인 차원들 → | 심리적 결과들 → | 행동적 결과들 |
|---|---|---|---|---|
| 환경적 요소<br>특수한 정보<br>사회적 규범들<br>상황적 특징들 | 다음과 같은 것에 대한 귀인<br>기회/제한<br>행동의 모델들<br>보상과 벌<br>과업 곤란<br>환경적 강제<br>상황저 압력<br>역할 규정 | 소재<br>안정성<br>통제 | 자기 존중(효능)<br>도덕적 행동에 대한 기대<br>정서 | 선택<br>지속<br>의지의 수준<br>성취 |
| 개인적 요소<br>인과 구조<br>(스키마)<br>귀인적 편견<br>과거 지식<br>개인적 차이 | 자율성 대<br>수치심과 의심 | | | |
| 초자연적 요소<br>확인되지 않은 힘<br>초자연적 힘 | 주도성 대<br>죄책감 | | | |

### (1) 선행 조건들

개인은 행동의 원인에 관한 결정요소들을 추론하기 위한 자료로 다양한 정보 원천들을 사용한다. 개인이 이용하는 정보의 원천은 일반적으로 세 가지로 분류된다. 개인적 요소, 환경적 요소, 그리고 초자연적 요소이다. 이들 각각의 내용을 구체적으로 살펴보면 다음과 같다.

환경적 요소에 속하는 것으로는 (1) 특수한 정보(specific information), (2) 사회적 규범들(social norms), 그리고 (3) 상황적 특징들(situational features)이 있다.

개인이 환경으로부터 얻을 수 있는 특수한 정보는 두 가지 유형으로 설명이 가능하다. 우선, 각 개인은 자신의 행위의 원인에 관한 직접적 지식을 제공하는 특수한 정보를 가질 수 있다. 예컨대, 자기 자신은 그 도덕적 상황에서 자신이 도덕적 행동을 하고자 한 의지가 얼마나 강했는지에 관해 잘 알고 있다. 그러나 교사는 그러한 정보에 접근할 수 없다. 개인의 귀인에 영향을 미칠 수 있는 또 다른 유형의 특수한 정보는 그 과업으로부터, 혹은 다른 사람들로부터 얻는 특수한 피드백을 포함한다. 아동들이 얻는 특수한 정보의 가장 직접적인 유형들 중의 하나는 교사가 제공하는 피드백이다. 교사 피드백은 아동들이 자신들의 능력과 의지에 관한 지각에 큰 영향을 미칠 수 있다. 예컨대, 교사의 격려나 비난의 한 마디는 아동들이 취하는 행동의 중요한 원인이 될 수 있다.

사회적 규범들은 각 개인들의 도덕적 행동에 대한 귀인의 지각에 영향을 미칠 수 있다. 사회가 통합되어 있을수록 그 사회의 규범들은 보다 큰 위력을 발휘할 것이다. 도덕적 영역에서의 '과업 곤란'이나 '역할 규정' 등은 특히 사회적 규범과 연결되는 경우가 많다. 만약 대부분의 사람들이 특정한 도덕적 행동을 하였거나 할 수 없었다면 그 목표 결과는 행동하기 쉬운 혹은 어려운 과업으로 귀인시키기 쉽다. 대조적으로 대부분의 사람들이 특정한 도덕적 행동을 하지 못하였을 때 그 행동을 하였다면 사람에게 귀인시키기 쉽다. 예컨대, 조선시대의 여성의 역할에 관한 사회적 규범들은 여성들로 하여금 자신들의 행동의 원인에 대한 지각에 많은 영향을 미쳤을 것이다.

상황적 특징들이란 그 상황과 관련된 개별적 특징들을 일컫는다. '환경적 강제' 나 '상황적 압력' 등이 대표적인 특징이라 할 수 있다. 어떤 도덕적 사태에서 특정한 행동을 취할 수밖에 없는 환경적 강제가 있을 수 있다. 또한 자신의 의사와 상관없이 특정한 행동을 하지 않을 수 없는 상황적 압력이 존재할 수도 있다. 넓게는 개인이 통제할 수 없는 운도 여기에 포함될 수 있다. 또한 개인의 음주상태는 기본적으로 도덕적 책임에서 벗어날 수 없지만 상황적 특징에 속한다고 볼 수는 있을 것이다.

다음으로는 개인적 요소이다.[21] 귀인과정에 영향을 미치는 개인적 요소로는 (1) 인과 규칙들과 스키마, (2) 귀인적 편견들(어떤 원인적 스키마의 유형), (3) 과거의 지식, 그리고 (4) 개인적 차이 등이 있다.

인과규칙들과 스키마(causal rules and schema)는 각 개인이 자신의 행동의 원인을 귀인시킬 때 갖고 있는 인과관계에 관한 다양한 원리들과 신념들을 의미한다. 이들 규칙들과 스키마들은 개인에 의해서 학습되고, 저장되며, 재생되는 것으로 가정된다. 이것들은 환경에 있는 각기 다른 상황적 단서들에 의해 각기 다르게 활성화되어질 수 있다고 가정된다. 인과관계에 사용되는 몇 가지 기본적 원리들은 약 3세경부터 확립되는 것으로 본다.[22]

귀인적 편견이란 사람들이 행동의 원인을 귀인시킬 때 가끔 정확하지 않은, 혹은 지각자의 측면에서 편견으로 이끄는 것을 의미한다. 귀인 편견으로 이끄는 데 사용되는 스키마 혹은 추론규칙들 중 대표적인 것으로는 근본적 귀인 오류(fundamental attribution error)가 있다. 이는 "결과와 부분적으로 혹은 보다 인과적으로 관련되어 있을지도 모를 상황적 요소들을 무시하고 다른 사람들의 행동을 성향적 혹은 개인적 요소들로 귀인시키는 것"[23]을 말한다.

또한 이전 지식(prior knowledge)과 개인적 차이가 있다. 이전 지식과 개인적 차이는 어느 정도 귀인 이론의 일반적 법칙 혹은 원리에서 벗어나 있다. 귀인 이론에 관심을 갖는 대부분의 사회 심리학자들은 일반 원리들에 초점을 맞추어 왔다. 반면 개인적 차이에는 관심을 기울이지 않았었다. 그러나 최근에 치료 심리학자들이 '학습된 무기력'에 관심을 갖기 시작하면서 개인적 차이에서의 퍼스낼리티는 관심의 대상이 되었다.[24] 퍼스낼리티 심리학자들은 귀인에 관한 최근의 연구를 통해 개인이 귀인과정을 안내하는 데 사용하는 특수한 영역들에 관한 이전 지식을 지니고 있다고 밝히고 있다. 이전 지식은 어떠한 도덕적 사건에 대해 비록 수많은 원인들이 존재할지라도 귀인 탐색을 제한하는 역할을 하게 된다. 이에 덧붙여 개인적 차이는 똑같은 상황을 각기 특별한 방식에서 해석할 수 있게 유도한다.

마지막으로, 초자연적 요소에 속하는 것으로는 확인되지 않은 힘과 초자연적 힘이 있다. 사람들은 일상적인 대화에서 이들 요소를 자주 언급한다. 이것은 사람들의 심리구조에 이러한 요소들이 개입되어 있다는 것을 반증하는 것이다. 따라서 귀인 이론가들은 이것들을 귀인의 한 요소로 간주하고 있다.

### (2) 지각된 원인들

이 모델의 핵심은 '지각된 원인들'과 '원인 영역들'이다. 지각된 원인들은 세 가지 일반적인 선행조건들인 환경적 요소, 개인적 요소, 그리고 초자연적 요소에 의해 영향을 받는다. 귀인의 발생에 관한 이들 세 요소의 영향은 '귀인과정'이라 명명된다. 세 가지 일반적 요소는 개인이 자신의 도덕적 · 비도덕적 행동에 대해 내릴 실제적인 귀인에 영향을 미친다. 그런데 여기에서 우리가 주의를 기울여야 할 것은 이들 귀인들이 개인에 의해 '지각되는' 원인들이라는 것이다. 그것들은 '실제적'(actual) 원인일 수도 있고 그렇지 않을 수도 있다. 귀인 이론은 개인의 '실재'(reality)에 관한 '구성'에 우선권을 부여한다.

사람들은 수많은 결과들에 대해 각기 나름대로 취하는 귀인유형이 있다. 다음의 표는 사람들이 도덕적 상황에서 어떻게 생각하고 행동하는가에 관한 상식 설명에서 중요하게 간주하는 요소들을 요약한 것이다.[25] 물론 이들 리스트가 모든 개인에 의해 제공되는 모든 사건의 가능한 원인들의 모든 것을 나타내는 것은 아니다. 사실, 사건의 결과에 대한 가능한 원인들은 무한히 많을 수 있다.

여기서 지각자(perceiver)란 도덕적 사건들에 대해 원인을 설명할 때 이 이론의 구성요소들을 직관적으로 채택하는 사람이다. 왼쪽의 요소들은 도덕적 사건에 개입되는 각 개인에게 귀속시키는 특징들을 나타낸다. 오른쪽 요소들은 지각자가 도덕적 행동에 영향을 미친다고 믿는 환경의 특징들을 의미한다. 결과적으로 왼쪽은 도덕적 문제와 관련할 때 개인의 퍼스낼리티 구조를 나타내고, 오른쪽은 도덕적 환경들의 중요한 측면들을 나타낸다. 그 밑에 있는 요소들은 사람들이 도덕적 사건들을 퍼스낼리티 특성들의 측면에서 그리고 환경의 측면에서 설명할 수 없을 때 호소하는 확인되지 않은 그리고 초자연적인 힘을 나타낸다.

| **퍼스낼리티 특징들에 관한 지각자의 개념** | **환경적 영향들에 관한 지각자의 생각** |
|---|---|
| 1. 개인적 역량(personal power)<br>1.1 능력(abilities)<br>1.1.1 지능(intelligence)<br>1.1.2 성숙도(maturation rate)<br>1.1.3 경험(experience)<br>1.2 태도(감정적)(attitude)<br>1.3 사회적 지위(social status)<br>1.4 일시적 조건들(temporary conditions)<br>2. 양심(도덕적 가치들)<br>3. 의도/동기/신념(intention/motivation/belief)<br>4. 감정이입 능력(empathic capacity)<br>5. 의지(노력)(will) | 1. 기회와 제한(opportunities and restrictions)<br>2. 행동의 모델(models of behavior)<br>3. 보상과 벌<br>4. 과업 곤란(task difficulty)<br>5. 환경적 강제(environmental coercion)<br>6. 상황적 압력(situational pressures)<br>7. 역할 규정(role prescriptions) |

| **확인되지 않은, 그리고 초자연적 힘** |
|---|
| 1. 운(luck), 기회(chance), 운명(fate), 숙명(destiny)<br>2. 초자연적 힘: 신(神), 사탄, 영혼, 점성학적인 별 배치 |

퍼스낼리티 특징들에 관한 지각자의 개념이란 말은 사람들이 도덕적 상황에서 어떻게 행동하는가를 결정하는 중요한 요소들이라고 믿는 특질들을 언급한 것이다.

개인적 역량이란 변수는 퍼스낼리티의 개인적인 능력의 측면을 말한다. 일상생활에서는 개인적 역량의 요인이 "할 수 있다" 혹은 "할 수 없다"와 같은 말의 사용에 반영되어 나타난다. 개인적 역량에는 몇 개의 특성이 있다. 제일 중요한 특성이 능력(ability)이다. 능력은 신체적 측면과 정신적 측면을 모두 포함한다. 대부분의 사람들은 지능, 성숙도, 그리고 경험 등의 세 가지 요소들이 정신적 능력에 공헌한다고 믿는다.

능력 이외에 보다 약한 방식에서 개인적 역량에 영향을 준다고 믿는 다른 요소들로는 태도, 사회적 지위, 그리고 병, 피로, 혹은 심란함과 같은 일시적 조건들이다. 태도는 감정적으로 사람으로 하여금 특정한 방식에서 행동하도록 하게 함으로써 개인적 역량에 영향을 미친다. 사회적 지위란 개인이 사회에서의 자신의 지위의 결과로서 자신을 그에 일치시키는 존중의 정도를 일컫는다. 사회적 지위는 개인의 사회경제적 수준(부, 라이프 스타일), 교육수준, 권위위계에서의 위치(군대, 정치, 스포츠, 오락, 사업의 세계), 가족 평판, 인종적 기원 등과 관련된다. 피로, 병, 그리고 경쟁하는 관심들에 의해 혼란되는 것과 같은 일시적 상태들은 도덕적 사태에서 그 개인의 행동에 훼방을 놓을 수도 있으나 그 사람에게 귀속된 진정한 능력을 감소시키지는 않는다.

양심이란 귀인 이론에서 인간관계에 관한 마땅히 해야만 하는, 그리고 마땅히 해서는 안 되는 인간의 도덕적 가치의 저장소로 간주된다. 그러나 귀인 이론은 모든 사람이 양심을 갖는다고 주장하는 반면 양심의 특별한 내용, 곧 도덕적 규칙들은 사람마다 모두 똑같다는 것을 가정하지는 않는다. 한 사람의 해야만 할 바, 그리고 해서는 안 될 바는 다른 사람의 그것과 똑같을 필요는 없다는 것이다.

의도는 도덕적 행위에 대한 귀인에서 매우 중요하다. 어느 누군가가 비행에 대해 책망을 마땅히 받아야 하는지 어떤지, 혹은 좋은 행위에 대한 신뢰를 받아야 하는지 어떤지에 관한 판단은 도덕적 상황에 개입한 개인의 명백한 의도에 의해 영향을 강하게 받는다. 고의적으로 비행을 저지르는 사람은 우연적으로 비행을 저지른 사람보다 더 큰 책망을 받는다. 또한 만약 어떤 비행이 자신의 능력의 통제 밖에 있는 동안, 혹은 위협 하에서 수행되었다면 우리는 그 사람에게 도덕적 책임을 묻기 어렵다.[26] 또한 인간이 무엇을 수행하기 위해서는 개인적 능력뿐만 아니라 그것을 '하고 싶다' 고 생각하는 사실도 필요하다. '하고 싶다' 는 요인은 심리학자들이 동기유발(motivation)이라고 부르는 것이다. 이를 신념(belief)이라 보아도 될 것이다. 의도, 동기, 신념은 방향의 측면을 지니고 있다. 방향이란 무엇을 하려고 하는가를 의미한다.

의지 혹은 노력의 요소도 퍼스낼리티 특징의 한 요소이다. 의지는 노력의 요소이다. 이것은 동기, 신념과 밀접하게 연관되는 것으로, 전자가 방향의 측면을 갖는다면 이 요소는 양의 측면을 갖는다. 양은 어느 정도 열심히 노력하는가를 가리키며, 노력의 크기라고도 부른다. 노력 부족으로 실패한 때에는 능력 부족이나 무리한 과제로 인해 실패했을 때보다 무거운 책임을 묻게 된다. 태만 혹은 나태는 아동 자신에게 책임이 있다. 지적 능력이 부족하여 판단을 내리기 힘든 경우나 신체적 장애로 인하여 도덕적 사태에서 바람직한 행동을 하기 어려운 경우에 대해서는 책임을 묻지 않는다.

감정이입 능력이란 어느 누군가의 관점으로부터 사태를 보고 또한 느끼는 인간의 잠재력을 말한다. 감정이입이 어떻게 사람의 도덕적 평가에 영향을 미칠 것인가는 자신을 다른 사람의 삶으로 투사하는, 그리고 상상적으로 그의 경험들을 공유하는 능력에 의존한다.

한편 귀인 이론에서 도덕적 행동에 대한 중요한 영향으로서 제안하고 있는 환경의 특징들로는 (1) 기회들과 제한들, (2) 행위의 모델, (3) 보상과 벌, (4) 과업 난이도, (5) 환경적 강제, (6) 상황적 압력들, 그리고 (7) 역할 규정 등이 있다.

환경은 특별한 형태의 도덕적 행동을 수행할 수 있는 기회들을 제공할 수 있다. 혹은 어떤 환경은 사람이 비행을 저지르거나 혹은 좋은 행위를 할 기회를 제한할 수도 있다. 이 이론의 관점으로부터 볼 때, 부모들이 아동 양육에서 지닐 수 있는 중요한 책임들 중의 하나는 어린 아동이 경험하는 환경을 통제하는 것이다. 부모들은 아동들이 보는 텔레비전 프로그램을 모니터하는 데, 그들이 읽는 책을 조사하는 데, 그들의 파티와 야영에 보호자로서 동반하는 데, 그리고 그들이 어디에 가는지, 그리고 그들이 자유시간에 무엇을 하는지에 관심을 가져야 한다.

귀인 이론은 아동들이 가끔 동료나 어른들이 나타내 보이는 가치들을 모방하거나 흉내를 내는 과정을 통해 도덕적 가치를 획득한다고 제안한다. 따라서 부모나 교사들은 아동들의 도덕성의 발달을 그들이 볼 모델의 종류를 통제하려고 노력함으로써, 그리고 그들이 직면하는 잠재적 모델들의 건설적인 특질들을 칭찬하고 파괴적인 특질들을 비난함으로써 조장할 수 있다.

도덕성 발달에서 중요하게 간주되는 환경적 특징 중의 또 다른 요인은 환경에 속해 있는 동인들이 아동들의 좋은 행동과 나쁜 행동에 대해 부과하는 보상과 벌이다. 위반자가 고통을 받는 벌의 정도는 보통 위반자의 비행에 의해 행해진 해의 정도에 따라 가해진다. 벌은 그 이상의 비행을 막는 것, 비행의 희생자에게 보상하는 것, 그리고 잘못(비행)을 복수하는 것 등의 목적을 갖고 있다.

과업의 곤란은 특정한 도덕적 행동의 유발이나 제한에 영향을 미치는 주요 환경적 변수이다. "과업의 곤란도는 같은 연령수준의 아동들 가운데 과연 몇 명이나 수행할 수 있을 것이며, 또한 그 과업의 수행을 위해 소비된 노력의 양에 따라서 판단된다."[27] 어떤 개인이 직면하는 특정한 과업은 다른 사람들보다 성취하기에 더욱 어려울 수 있다. 그러므로 만약 어떤 사람이 자신의 개인적인 능력으로 특정한 과업을 완수할 수 없다거나 엄청난 노력을 기울여야만 성취할 수 있다면 그 과업은 그 사람에게 지나치게 어려운 일로 평가받게 되며, 그럼으로써 그 개인은 자신의 능력으로 충분히 과업을 완수할 수 있음에도 불구하고 완수하지 않는 사람에 비해 비난을 덜 받거나 혹은 전혀 비난받지 않을 수 있다. 예컨대, 우리는 수영을 전혀 할 줄 모르는 사람에게 물에 빠진 사람을 구하기 위해 물에 뛰어들지 않았다고 비난하기는 어렵다.

환경의 강제(강압)는 과업 곤란과 관련된 개념이다. 즉 개인으로 하여금 어떠한 승인된 방식에 따라 행동하도록 강압을 발휘하는 그 사람의 사회적 주변의 압력을 의미하는 것이다. 그러한 강압을 발휘하는 사람은 법률을 준수하는 행동을 장려하는 사람이거나 혹은 불법적인 행동을 강요하는 사람일 수 있다.

상황적 압력 또한 지각된 원인으로 작용한다. 귀인 이론가들은 상황들이 어떤 개인의 도덕적 행동에 영향을 미치는 방식에 관하여 나름의 신념을 지니고 있다. 이것은 만약 어떤 사람이 특별한 환경적인 상황에 처해지지 않았더라면, 혹은 특수한 환경적인 상황에 놓여지게 되었더라면 그 개인의 행동이 아주 달라질 수 있었을 것이라는 생각이다.

끝으로, 귀인 이론가들은 도덕성 발달에서 개인의 사회적 역할 규정들이 어떤 특정한 도덕적 상황에서 자신이 어떻게 행동해야만 하는가를 판단하는 요소로 작용한다고 본다. 어떤 도덕적 상황에 직면할 경우 어떤 집단의 지도자로서, 교사는 교사로서, 성직자는 성직자로서 자신의 행동을 판단하기 쉽다.

한편 귀인 이론은 확인되지 않은, 그리고 초자연적인 힘을 원인 귀속의 한 요소로 포함시키고 있다. 하나는 확인되지 않은 힘이다. 이것은 운이나 운명 혹은 숙명으로서 도덕적 사건의 책임을 귀속시킬 만한 특징한 대상을 발견하지 못할 경우 이러한 확인되지 않은 힘에 원인을 귀속시킨다. 예컨대, 어떤 도덕적 사건에 대해 그 원인을 "그 일은 그렇게 되도록 되어 있다"라든가 혹은 "완전히 미스터리다"와 같은 어구를 사용함으로써 설명할 수 없다는 것을 나타낸다.

또 다른 하나는 초자연적인 힘이다. 명백한 퍼스낼리티 혹은 환경적 요소들이 드러내지 않을 경우 특정한 도덕적 사건의 원인을 신, 영혼, 자연, 우주형태(점성술) 등 초자연적 힘에 귀속시킨다. 어떤 사람들은 이미

지나버린 도덕적 사건의 원인을 확인되지 않은 무형적인 힘에 귀속시킬 뿐만 아니라, 또한 미래의 도덕적 사건의 결과를 초자연적 힘이 어떻게 작동하는가에 대한 신념의 기초 위에서 평가하기도 한다.

요약하면, 귀인 이론은 도덕적 사건들에 대한 원인의 주요 원천으로서 퍼스낼리티 특징들, 사회적 · 환경적 변수들, 그리고 미확인된/초자연적 힘 등 세 가지를 들고 있다. 이 이론의 지지자들은 이들 구성요소들의 어느 것도 홀로 작용하지 않는다고 믿는다. 대신에 이들 구성요소들은 복잡한 방식에서 상호작용에 의해 각각의 영향력을 행사한다고 본다. 예를 들면, 환경적 요소인 보상과 벌을 퍼스낼리티 요소의 의도와 연결시켜 설명한다. 어떤 사람이 도덕적으로 바람직하지 못한 목적을 완수하고자 한다면 그 목적을 성취하는 데 방해가 되는 벌을 계획함으로써, 도덕성의 발달을 조장하거나 혹은 보상을 제공함으로써 도덕적으로 바람직하거나 옳은 행위자의 목적을 확대시킬 수 있다.

### (3) 원인 차원들

와이너(B. Weiner)의 모델에 따르면, 귀인들은 원인의 소재(locus of control), 안정성(stability), 통제 가능성(control–ability)이라는 세 가지 차원으로 분류할 수 있으며, 이 세 차원은 모두가 동기에 중요한 시사점을 준다.

원인의 소재는 어떤 일의 성공이나 실패에 대한 책임을 내적인 요인에 두어야 하는지 외적인 요인에 두어야 하는지에 대한 것이다. 어떤 결과에 대한 책임을 자기 자신의 노력이나 능력으로 돌리면 이는 내적 요인으로 볼 수 있다. 반면에, 어떠한 결과에 대한 책임을 과업의 난이도 혹은 운으로 돌린다면 이는 외적 요인으로 볼 수 있다. 이 경우에는 성공하면 외부의 힘에 감사하고 실패할 경우에는 분노를 일으킨다.

안정성은 어떠한 일의 원인이 시간의 경과나 특정한 과제에 따라 변화하는가의 여부에 따라 안정과 불안정으로 분류된다. 일시적 노력으로 귀인하는 경우 자신의 의지에 따라 노력을 기울일 수 있기 때문에 불안정적이다. 행운이나 분위기로 귀인하는 경우도 마찬가지이다. 반면에, 능력이나 과업 난이도 등은 비교적 시간이 지나도 고정적이라고 생각되는 안정적 요인이다. 안정성의 차원은 미래에 대한 기대와 관련되어 있다. 자신의 성공 또는 실패를 자신의 능력이나 과업의 난이도와 같은 안정적 요인에 귀인하면 미래에 비슷한 과제에서도 같은 결과를 기대할 것이다. 그러나 불안정적 요인에 귀인하면 그 결과는 예측할 수 없다.

통제 가능성은 그 원인이 본인의 의지에 의해 통제될 수 있느냐의 여부에 따라 통제 가능과 통제 불가능으로 분류된다. 따라서 이 차원은 책임감과 연결된다. 통제 가능성 차원은 자신감과 미래에 대한 기대와 관련이 있다. 본인이 그 원인을 통제할 수 있는가와 관련되기 때문이다. 어떤 행동의 긍정적 결과를 통제 가능한 요인으로 귀인하면 자부심을 느끼면서 다음에도 비슷한 결과를 기대할 수 있다. 반면에, 통제 불가능한 요인으로 귀인하면 앞으로도 그런 행운이 계속되기만 바랄 수밖에 없다.

와이너의 모델[28]을 원용하여 도덕적 혹은 비도덕적 행동의 인과관계 차원들을 제시하면 다음과 같다. 일반적으로 내재적 요인들은 퍼스낼리티의 특징들과 관련되고, 외재적 요인들은 환경적 영향들과 확인되지 않은, 그리고 초자연적인 힘과 관련된다.

소재

| 안정성 | 내재적 | | 외재적 | |
|---|---|---|---|---|
| | 통제 가능한 | 통제 불가능한 | 통제 가능한 | 통제 불가능한 |
| 안정적 | 성실한 노력(습관)<br>사회적 지위<br>양심 | 개인적 능력<br><br>감정이입 능력 | 행위의 모델<br>역할 규정들 | 환경적 강제 :<br>사회구조, 여론,<br>법<br>과업 난이도 |
| 불안정적 | 의도/동기/신념<br>일시적 노력<br>욕망<br>태도 | 분위기<br>일시적 충동<br>일시적 상태 | 친구/동료집단<br>으로부터의 도움<br><br>보상과 벌 | 기회와 제한<br>상황적 압력 :<br>분위기<br>운, 기회, 운명<br>초자연적 힘 |

다음의 표는 아동들이 비도덕적 행동의 원인을 설명하기 위해 사용할 수 있는 세 가지 영역의 여덟 가지 가능한 조합의 귀인을 와이너의 귀인 이론[29]에 비추어 제시한 것이다.

| 차원분류 | 비도덕적 행동에 대한 이유 |
|---|---|
| 내적 – 안정적 – 통제 불가능 | 심리적 질환(도벽성 등) |
| 내적 – 안정적 – 통제 가능 | 하고 싶을 때는 언제든 일탈 |
| 내적 – 불안정 – 통제 불가능 | 갑자기 충동적으로 일탈 |
| 내적 – 불안정 – 통제 가능 | 특정한 상황에서 일탈 |
| 외적 – 안정적 – 통제 불가능 | 자신의 의지와 상관없이 압력에 의해 일탈 |
| 외적 – 안정적 – 통제 가능 | 주어진 역할로 인해 어쩔 수 없이 일탈 |
| 외적 – 불안정 – 통제 불가능 | 일탈할 운명 |
| 외적 – 불안정 – 통제 가능 | 친구들이 도와주지 못함 |

### (4) 심리적 결과들

귀인에 따른 후속 결과는 기대, 학습된 무기력, 그리고 감정의 측면에서 검토될 수 있다.

첫째, 기대(expectations)와 관련한 측면이다. 귀인의 세 가지 차원은 개인의 도덕적 삶에 대한 기대신념과 관련한 중요한 결과를 가져온다. 와이너(B. Weiner)는 이와 관련하여 세 가지 기대원리(expectancy principle)를 제안하였다. 이를 도덕적 영역에 적용시켜 보면 우선, 만약 도덕적 혹은 비도덕적 행동의 원인이 안정적인 요소로 귀속된다면 우리는 미래에 보다 확실하게, 혹은 보다 높은 기대감으로 결과를 예상할 수 있다. 만약 도덕적 행동에 대한 귀인이 내재적이라면, 그 개인은 미래에 바람직한 도덕적 삶을 기대할 것이라는 것은 분명하다. 예컨대, "나는 도덕적 삶에 대한 확실한 신념을 가지고 있기 때문에 도덕적 행동을 한 것이다"라고 생각하는 사람은 분명히 미래의 삶에 대해 밝은 기대 신념을 지니게 된다. 또한 만약 도덕적·비도덕적 행동의 원인이 불안정적 요소로 귀속된다면 그 결과의 확실성이나 기대는 변화되지 않을 것이며, 미래는 과거와 다르게 예상된다. 끝으로, 우리는 안정적인 원인들로 여겨진 결과들은 불안정적인 원인들로 여겨진 결과들보다 미래에 보다 확실하게 반복된다고 예상할 수 있다.[30] 만약 도덕적 삶에 대한 귀인이 불안정적이라면 개인은 미래에 또한 도덕적 행동을 할 것이라고 기대하지 않을 것이다. 예컨대, "선생님이 보고 계셨기 때문에 어쩔 수 없이 그런 행동을 하였다"라고 생각하는 아동은 미래에 비슷한 상황에 직면했을 때 결코 도덕적 행동을 기대하기 어렵다.

과거 수행에 대한 인과적 귀속은 목표 기대에 관한 중요한 결정요소가 된다. 즉, 어떤 행동에 대한 기대는 보통 성공에 뒤따라 일어나고 실패 이후에는 떨어진다. 동기 이론가들은 이러한 기대 변화를 '전형적인 움직임'(typical shifts)[31]으로 표현한다. 이러한 기대는 보통 안정적 요인으로의 귀인이 취해질 때 발생한다. 확고한 의지를 갖고 있는 사람은 이전의 행동과 같은 행동이 기대된다. 의지는 운과 달리 개인의 통제 하에 있다. 과거의 비도덕적 행동의 원인을 허약한 의지로 귀인시키는 아동은 미래에 도덕적 행동을 할 수 있다는 희망을 가질 수 있다. 그러나 비도덕적 행동의 원인을 개인적 역량으로 귀인시키는 아동은 앞으로 도덕적 행동에 대한 노력을 기울이지 않을 것이다.

둘째, 학습된 무기력과 관련한 측면이다. 사람들은 자신들의 삶에서 마주치는 사건이나 결과가 대부분 통제 가능하지 않다고 믿게 될 때 '학습된 무기력'(learned helpless)을 발전시키게 된다. 여기에서 말하는 학습된 무기력이란 "통제가 어려웠던 이전의 경험을 기반으로 한 어떤 노력도 실패로 이끌어질 것이라는 기대"[32]를 일컫는다. "실패를 개인이 통제하지 못하는 원인으로 귀인시키는 것은 '학습된 무기력'으로 언급되는 부적응적 행동으로 이끌 수 있다."[33]

학습된 무기력은 동기적 · 인지적 · 정서적 등 세 가지 유형의 결손을 나타낸다. 만약 어떤 아동이 학습된 무기력을 지니고 있다면 그 아동은 도덕적 행동에 대해 비관적이기 때문에 도덕적 사태에서 아예 도덕적 판단을 포기해 버린다. 그로 인해서 그 아동은 인지적 결손을 더욱 발전시키게 된다. 그리고 그는 우울감, 불안, 무기력감과 같은 정서적 문제를 종종 겪게 된다. 학습된 무기력에 익숙해지면 아동들은 도덕적 상황에서 자신들이 비도덕적 행동을 회피하기 위해 할 수 있는 것이 아무 것도 없다고 믿는다. 도덕적 상황에서 무기력한 아동들은 자신들의 비도덕적 행동을 전형적으로 자신들의 천성, 성향으로 귀인시키거나 혹은 과업곤란(사회문화, 집단현상 등)으로 귀인시킨다.

우리 사회는 청소년들에게 이러한 학습된 무기력을 자주 제공해 주고 있다. 불법이나 편법이 아무런 제재 없이 사회에 만연할수록 이런 현상은 더욱 힘을 발휘하게 된다. 그리하여 "사회가 그렇게 만든다", "법을 지키면 오히려 손해 본다", "정직하게 행동하면 늘 피해만 본다"라는 의식을 갖게 된다. 그럼으로써 청소년들은 서서히 도덕적 패배의식에 젖어들게 되고 도덕적 무기력감에 휩싸이게 된다. 특히 그 원인이 안정되고 변화할 것 같지 않으며 그들의 통제권을 벗어난 것이라고 믿는다면 도덕적 행위에 대한 냉담과 무관심이 지배하게 된다. 그들은 도덕적 자포자기에 이를 수도 있다.

끝으로, 감정(emotions)과 관련한 측면이다. 귀인 이론에서 가치는 귀인과정에 의해서 창출되어지는 프라이드, 수치심, 죄의식, 연민과 같은 감정에 의해 규정된다. 이러한 감정은 어떤 행동을 선택하거나 유지하는데 매우 중요한 역할을 한다. 대부분의 사회인지 모델처럼 인지(이 경우에는 귀인)는 정의(情意)의 가장 중요한 결정요소들 중의 하나이다. 정서는 기본적으로 귀인을 시키는 인지적 과정의 결과들이다. 다시 말하면, 우리가 어떻게 '생각하는가'는 우리가 어떻게 '느끼는가'에 영향을 미친다. "인간의 어떤 감정들은 행동의 결과에 따라 발생한다."[34]

사람들이 어떤 과업을 성공적으로 완수하면 행복감을 느끼고 실패하면 낭패감을 느낀다. 따라서 아동들 역시 자신들의 도덕적 혹은 비도덕적 행동의 원인에 대한 귀인과 관계없이 특정한 감정들이 행동의 결과에 수반되어 나타난다. 예를 들면, 어떤 아동이 누군가의 도움을 받아 어떤 도덕적 행동을 했을 때 그는 그 사람에게 고마움을 느낄 것이다. 만약 자신이 행한 비도덕적 행동이 자신의 의지가 부족한 탓으로 돌린다면 그 아동은 죄의식을 느낄 것이다. 반면에 자신의 확고한 의지에 따라 어떤 도덕적 행동을 하였다면 그 아동은 스스로 뿌듯한 자긍심을 느낄 것이다. "프라이드와 수치심은 결과가 어떤 내적인 원인에 귀인될 때만 일어난다."[35)]

그러나 이것은 감정이 무의식적 과정들로부터 발생하는 심리역동적 모델(psychodynamic model)과는 아주 다르다. 또한 감정이 충동 혹은 강화의 결과로서 제시되는 행동주의 모델과도 아주 다르다. 물론, 귀인 이론가들은 인지적 평가 없이도 감정이 존재할 수 있다는 것을 부정하지 않는다. 고전적으로 조건화된 감정의 경우처럼 감정이 인지적 평가 없이 존재할 수 있다. 예컨대, 과거에 개에게 물렸던 경험이 있는 아동은 개에 대해 두려워한다. 또한 감정이 인지에 영향을 미칠 수 있다는 것도 인정한다. 그러나 귀인 이론가들은 감정에 대한 주요 영향들 중의 하나는 우리가 어떻게 지각하고 생각하느냐에 있다고 본다.

### (5) 행동적 결과들

기대신념과 정서는 실제적인 행동적 결과들과 연결된다. 자신의 도덕적 삶에 대한 높은 기대와 가치를 지닌 학생들은 도덕적 과업을 보다 성실히, 그리고 보다 지속적으로 추구할 뿐만 아니라 그러한 과업을 추구하고자 선택하는 경향을 보일 것이다. 또한 실제적으로 도덕적 행동의 성취를 낳을 것이다. 같은 방식에서 긍정적인 감정들은 선택, 노력, 그리고 지속성과 같은 보다 동기화된 행동을 낳을 것이다. 반면에, 부정적인 감정들은 개인으로 하여금 미래에 도덕적 과업을 회피하도록 이끌 것이다.

소재 차원은 일반적으로 프라이드와 자긍심 혹은 자기 가치의 감정과 관련된다. 만약 개인들이 도덕적 사태에서 바람직한 행동을 경험하면, 그리고 그것을 내적 원인에 귀인시키면 그들은 그러한 행동에서 어떤 프라이드를 갖기 쉬우며, 또한 자기 자신을 존중하는 자기 가치의 증가를 경험한다. 그 역의 경우는 보통 자긍심의 하강을 초래한다.

안정성 차원은 미래에 대한 기대와 밀접히 연결되어 있다. 곧, 안정성 차원은 희망 혹은 절망의 감정과 연계된다. 예를 들어, 만약 어떤 학생이 자신의 도덕적 행동 혹은 비도덕적 행동을 과업의 곤란과 같은 안정된 요인들에 귀인시킨다면 이후에도 비슷한 상황에서 그러한 행동을 기대할 것이다. 그러나 만약 그 학생이 도덕적 혹은 비도덕적 행동의 결과를 기분이나 운과 같은 불안정한 요인들에 귀인시킨다면, 유사한 상황에 직면했을 때 다른 행동을 기대할 수 있을 것이다. 비도덕적 행동의 원인을 안정적 요인들로 귀속시키면, 보통 사람들은 절망의 감정을 경험하기 쉽다. 예컨대, 만약 어떤 학생이 도덕적 일탈 행동을 하였고 그것을 개인적 능력이나 감정적 이입과 같은 특질에 귀인시킨다면, 그는 미래에 보다 나은 수행을 할 수 있는 것에 관하여 회의 혹은 절망의 감정을 경험할 것이다.

통제 가능성 차원과 감정은 개인들에 의해 경험된 개인적 반응들과 그들이 한 개인을 평가하거나 혹은 반응하면서 타인들에 의해 경험된 정서로 구분된다. 개인들 자신의 행동에 대한 개인적 반응의 경우, 개인적 통제 가능성은 수치심과 관련한 감정 및 죄의식과 연관된다. 통제 가능성은 개인적 책임(personal responsibility)과 관련된다. 만약 어떤 행동의 원인이 통제 가능한 것으로 여겨진다면 개인은 책임을 생각한다. 책임감 차원은 분노, 동정, 감사, 수치심과 같은 정서와 관계된다. 개인적 역량에 어떤 행동의 원인이 귀속될 때, 그것은 보통 통제 불가능한 것으로서 분류된다. 개인들은 수치심, 당혹감, 혹은 모멸감을 느낄 것이다. 더 나아가 이들 부정적인, 수치심과 관련된 감정들은 아마도 도덕적 행동의 빈도를 낮게 하기 쉽다. 대조적으로, 만약 어떤 사람이 도덕적 일탈을 경험하고 그

**인과적 차원, 감정, 그리고 행동 사이의 관계**[36]

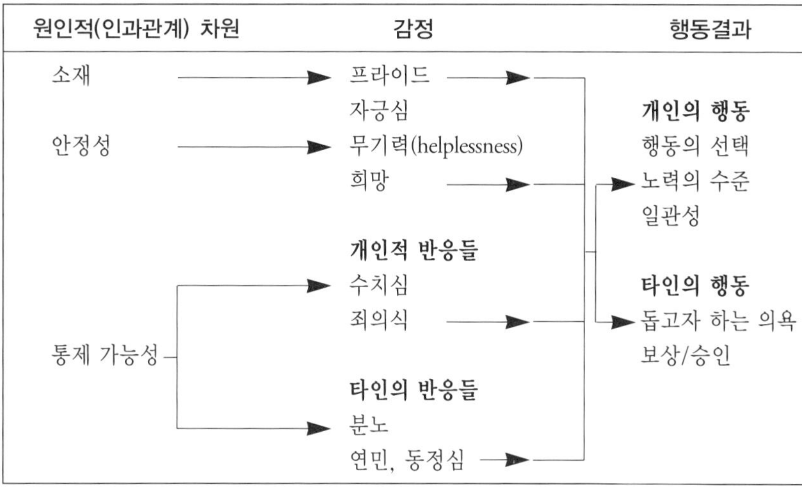


원인을 통제 가능한, 그리고 자신의 개인적 책임하에 있다고 생각한다면 그 사람은 자신의 노력의 결핍에 관하여 죄의식을 느낄 것이다.

위의 그림은 원인적(인과적) 차원, 감정(affects), 그리고 행동결과 사이의 연계에 관한 기본적인 귀인 모델을 보여준다.

## Ⅴ. 도덕교육 전략

귀인 이론은 교사들에게 학생들의 도덕적 행동이나 일탈의 이유들에 대한 학생들의 지각이 어떻게 그들의 자기 효능, 그들의 도덕적 삶에 대한 기대, 그리고 그들의 실제적인 도덕적 행동에 영향을 미칠 수 있는가에 관한 특수한 이론적 모델을 제공한다. 우리는 행동의 원인을 설명하는 귀인 이론의 세 가지 요인설로부터 아동들에 대한 도덕교육 접근방식을 도출할 수 있다. 예를 들면, 교사가 계속적으로 비도덕적 행동을 하는 어떤 아동에게 도움을 주려고 한다면 교사는 우선적으로 그 아동의 비도덕적 행동이 퍼스낼리티 특징 요소, 환경적 요소, 초자연적 요소 중의 어느 요인 때문에 발생하고 있는가를 판단할 필요가 있다. 교사는 이를 통해 그 행동의 원인이 되고 있는 요인의 조건을 개선시킬 수 있다.

다음의 제안들은 교사가 귀인 이론을 바탕으로 아동들의 도덕성 발달을 위해 교실에서 실천할 수 있는 접근들이다.[37]

### (1) 학생 행동에 관한 '과학자'(scientist)가 되라

귀인 이론은 각 개인이 사건의 원인을 결정하고자 노력하는 과학자라는 것을 기본 가정으로 삼고 있다. 교사는 다양한 정보의 수집과 사용을 포함하는 과학적 방식에서 학생들의 행동에 대한 이유에 접근하고자 노력해야만 하며, 학생들의 행동에 귀인시킬 때 여러 가지 단서들을 이용해야만 한다. 또한 학생의 일탈행동이 개인이 지니고 있는 퍼스낼리티 특징으로부터 비롯된 것인지, 외부의 환경적 요소로 인해 발생한 것인지, 초자연적 힘에 의해서 비롯된 것인지, 아니면 이들 요소들이 상호 복합적으로 작용한 결과인지를 꼼꼼히 따져보아야 한다. 따라서 교사는 학생들에 관한 다양한 정보를 수시로 찾고 정리해둘 필요가 있다.

### (2) 귀인 편견을 피하라

모든 개인들은 편견에 사로잡혀 귀인을 하는 경향성을 갖는다. 교사 또한 정확하지 않을 수 있다는 다양한 귀인들을 할 수 있다. 무엇보다 교사가 피해야 할 편협된 귀인은 학생들의 역량(capacity)에 관하여 부정적인 신념을 갖는 것이다. 교사는 모든 학생들이 도덕적 행동을 학습할 수 있다는 신념을 갖는 것이 중요하다. 적어도 교사는 그러한 신념을 유지하도록 노력해야만 한다. 이것은 기본적으로 학생들의 도덕적 삶이 변화가 가능하다는 신념이다.

교사와 학생의 관점에서 비롯될 수 있는 상식적 귀인 편견들[38]을 도덕적 영역에 적용하면 다음과 같다.

| 귀 인 | 학생 관점 | 교사 관점 |
|---|---|---|
| **근본적 귀인 오류**<br>다른 사람들의 행동을 성향 혹은 특질로 귀인시킨다. | 학생은 모든 교사 행동을 성향의 기능으로서 지각한다.<br>"김 선생님은 항상 비열하다." | 교사는 모든 학생 행동을 성향의 기능으로서 지각한다.<br>"영호는 기질이 나쁘다." |
| **행위자-관찰자 관점**<br>타인들의 행동은 성향에 귀인시키면서 자신의 행동은 상황에 귀인시킨다. | 학생은 자신의 행동을 상황의 기능으로서 지각하지만, 교사의 행동은 성향으로 귀인시킨다.<br>"나는 그가 나를 괴롭혔기 때문에 때렸다. 그러나 지금 나는 나를 벌주고 있다. 왜냐하면 너는 나를 좋아하지 않고, 그리고 항상 나에게 싸움을 걸기 때문이다." | 교사는 자신의 행동을 교실상황의 기능으로서 지각하지만, 학생들의 행동은 성향에 귀인시킨다. |
| **자화자찬 편견**<br>성공에 대해 개인적 책임을 수용한다. 그러나 실패에 대해 책임을 부정한다. | 학생은 자신의 성공이 자신의 행동때문이라고 지각한다. 그러나 실패는 다른 요인들에 귀인시킨다. | 교사는 자신의 성공을 자신의 행동 때문이라고 지각한다.<br>실패는 다른 요인들에 귀인시킨다. |
| **자기중심적 편견**<br>성공 혹은 실패와 상관없이, 연계적으로 결정된 결과에 대해 보다 개인적 책임을  수용한다. | 학생은 자신이 어떤 결과에 보다 책임이 더 있다고, 그것이 심지어는 자신과 다른 사람들의 행동 때문일 때조차도 지각할 것이다. | 교사는 그것이 자신과 타인들의 행동 때문일 때조차도 결과에 대해 보다 더 책임이 있다고 지각할 것이다.<br>"우리 학급의 봉사활동은 정말 훌륭했어. 나는 정말 봉사활동의 훌륭한 리더야." |
| **거짓 일치 효과**<br>자신의 신념과 행동은 대부분의 사람들의 전형이라고 가정한다. | 학생은 자신의 신념 혹은 행동이 대부분의 다른 학생들의 그것을 대표한다고 지각한다.<br>"나는 영호를 싫어해. 대부분의 친구들도 나처럼 그를 싫어해." | 교사는 자신의 신념과 행동이 대부분의 다른 교사들의 그것을 대표한다고 가정한다. |

첫째, 근본적 귀인 오류(fundamental attribution error)이다. 특히 교사는 근본적인 귀인 오류를 피해야 한다. 여기에서 말하는 근본적 귀인 오류란 학생들의 행동 혹은 수행을 성향이나 특질로 귀인시키는 것을 의미한다. 만약 교사가 특정한 학생의 행동의 원인이 그가 지니고 있는 특질의 기능이라고 믿는다면 교사는 교육을 통해 그 학생의 특정 행동을 변화시킬 수 있다는 확신을 갖게 되기 어렵다. 따라서 교사는 학생에 대한

교육적 접근을 회피하게 된다. 근본적 귀인 오류는 학생들의 행동에서 변화로 이끌 수 있는 새로운 혹은 다른 교수전략들을 교사들로 하여금 노력하게 하는 것을 방해할 수 있다.

사실 사람들이 근본적인 귀인 오류를 회피하기는 어렵다. 그러나 교사가 마음 속에 간직하고 있어야 할 가장 기본적인 전략들 중의 하나는 가능한 한 그 학생에 관한 많은 자료를 수집하는 것이다. 학생과 단 몇 차례 면담하였다고 하여 그 학생과 관련한 모든 정보를 다 알 수는 없다. 따라서 교사는 인간적인 신뢰를 바탕으로 학생들과의 상호작용을 넓혀가는 것이 바람직하다. 근본적인 귀인 오류는 정보의 결핍상태에서 학생에 관한 지각을 결정할 때 발생하기 쉽다.

둘째, 행위자－관찰자 관점(actor－observer perspective)이다. 이 편견은 개인들이 상황에서 행위자로서 혹은 관찰자로서의 그들의 관점에 의존하는 각기 다른 귀인을 시키는 경향을 말한다. 행위자는 자신의 행동을 상황적 요소에 귀인시키는 반면에, 관찰자는 행위자의 행동을 그 행위자의 어떤 개인적 · 성향적 특징에 귀인시키는 경향이 있다.

셋째, 이기적 혹은 쾌락적 편견(self－serving or hedonic bias)이다. 이 추론 오류는 자아 혹은 자기 고양(self－enhancment) 편견, 자아 방어 혹은 자기 보호 편견이라 부르기도 한다. 이는 사람들이 성공결과에 대해서는 개인적 책임을 취하는(자기 고양 편견) 반면에, 실패결과에 대해서는 책임을 부정하는(자기 보호 편견) 경향을 말한다.[39] 예컨대, 도덕적 상황에서 바람직한 행동을 했다면, 그 원인은 자신의 확고한 도덕적 삶에 대한 의지로부터 비롯되었다고 생각하는 반면, 비도덕적 행동을 했다면 주변 상황이나 시대상황의 탓으로 돌리는 것을 말한다.

넷째, 자기중심적 편견(self－centered bias)이다. 대부분의 경우 어떠한 행동은 개인과 환경, 혹은 다른 사람과 상호 연관되어 결정된다. 자기중심적 편견은 개인이 어떤 결과에 대해 보다 많은 책임을 취할 때 발생한다. 여기에서 어떤 결과는 실제적인 성공이나 혹은 실패와는 관계가 없다.

끝으로, 거짓 일치 효과(false consensus effect)이다. 개인이 귀인을 시키는 데 사용하는 정보의 원천들 중의 하나는 다른 사람들의 행동과 관련한 일치이다. 거짓 일치 효과는 개인이 자신의 행동이나 태도를 전형적인 것으로서, 대부분의 다른 사람들이 똑같은 상황에서 반응할 것을 대표하는 것으로서 간주하게 될 때 발생한다.[40)]

### (3) 학생들에게 솔직한 피드백(feedback)을 제공하라

학생들의 귀인에 영향을 줄 수 있는 많은 요소들이 존재하지만 교사 피드백은 매우 중요하다. 도덕적 행동과 비도덕적 행동 조건들에 대한 함축들은 학생들이 객관적인 사건을 같은 방식에서 해석하지 않을 수 있는 가능성이 있기 때문에 매우 복잡하다. 특정한 도덕적 문제 사태에서 많은 학생들이 특정한 도덕적 행동을 한 것은 당연한 일인 경우에도 어떤 학생에게는 무척 힘든 일일 수 있다. 예를 들면, 부모에게 학대를 받아온 학생이 부모를 위하여 자신의 용돈을 절약하여 선물을 사드리는 일이 쉽지 않다. 왜냐하면 이 학생의 가슴에는 부모에 대한 원망이 자리잡고 있을 것이기 때문이다.

귀인 이론은 사건에 관한 학생들의 지각이 매우 중요하다고 강조한다. 이를 고려한다면 교사는 학생들에 대해 솔직한 피드백을 제공하려고 노력해야만 한다. 학생들의 자긍심을 유지하고 그들을 격려하기 위해 설계된 거짓 피드백보다는 솔직한 피드백이 더 효과적이다. “학교 교실에서 교사에 의해 제공된 정보는 귀인 정보의 중요한 원천일 수 있다.”[41)] 교사는 이러한 정보를 조용히 전달할 수 있다. 예컨대, 교사가 학생에게 “너는 이번 일에 성실히 임하지 않았다”, 혹은 “너는 친구들과의 관계가 원만하지 못하다”라고 말하는 것이 이런 경우에 속한다. 교사는 때로는 귀인 정보를 간접적으로 학생이 알지 못하게 전달할 수도 있다. 이러한 방식으로 정보를 전달하는 경우는 특히 교사가 도덕적 일탈을 저지른 학생의 자긍심을 보호하고자 할 때 나타난다. 비도덕적 행동을 한 상황에서 교사는 그 학생이 그런 행동을 한 이유들에 관하여 학생에게 솔직한 피드백을 제공하는 것이 바람직하다.

교사가 정보를 제공할 때 유의해야 하는 경우가 세 가지 있다.[42] 교사의 교육적 처방이 오히려 의도하지 않았던 부정적 효과를 발휘하는 경우가 있을 수 있기 때문이다. 우선, 학생이 비도덕적 행동을 했을 때 교사가 연민, 동정, 화 혹은 체념 등을 전달할 경우이다. 학생이 비도덕적 행동을 한 이후에 교사로부터 듣는 체념은 엄청난 역효과를 발휘할 수 있다. 교사가 정보를 제공할 때 유의해야 할 또 다른 경우는 어떤 학생이 도덕적 행동을 하였을 때 칭찬을 하는 경우이다. 이때 교사의 진실성이 결여된 겉치레의 칭찬은 금물이다. 그리고 마지막으로 교사가 유의해야 할 경우는 교사가 학생에게 어떤 도움을 제공할 때이다. 만약 그 학생이 원하지도 않았는데 교사가 지나치게 개입하여 어떤 도움을 제공하는 것은 오히려 역효과를 발휘할 수 있다. 이러한 세 가지 범주의 교사 행동은 겉으로 보기에는 매우 긍정적으로 보이지만 오히려 학생들로 하여금 자존심을 상하게 할 수 있는 경우들이다. 오히려 교사가 의도하지 않았던 역효과를 발휘할 수 있다는 점에서 주목할 만하다.

위의 세 가지 경우 중에서 첫 번째 경우를 좀 더 구체적으로 검토해 본다. 귀인 이론은 우리의 사고가 우리의 감정을 결정한다고 본다. 동정은 다른 사람의 도덕적 일탈이 성향이나 기질과 같은 통제 불가능한 원인에 의해 야기된 것으로 지각될 때 나타난다. 반면에, 화는 다른 사람의 도덕적 일탈이 성실성의 결여와 같은 통제 가능한 요소들에 귀인될 때 발생한다. 교사가 도덕적 일탈을 저지른 학생에게 동정 혹은 화로 반응했다고 가정해 보자. 다음 그림에 나타난 계열에 따라 학생은 우선 먼저 도덕적 일탈에 대한 교사의 귀인을, 그리고는 자신의 자기 귀인을 추론하기 위해 이러한 정서적 표명을 사용한다. 달리 말하면, 도덕적 일탈을 한 학생은 교사의 정서적 표명에 기초하여 자신의 행위의 원인에 관하여 정보를 얻을 수 있다.

다음 그림은 '간접적 인과 단서로서 기능하는 교사 행동을 나타내는 귀인과정'[43]을 도덕적 영역에 적용한 것이다.

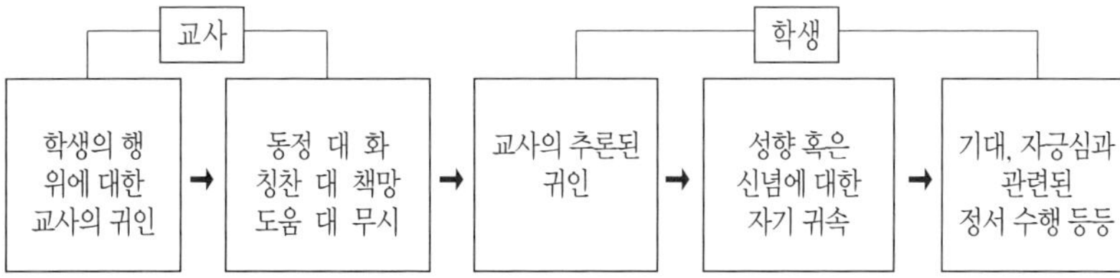


동정(pity)과 화(anger), 칭찬(praise)과 책망(blame), 그리고 도움(help)과 무시(neglect)는 자기 지각을 안내하는 단서로서의 기능을 발휘한다.[44] 우리는 이러한 기능을 한 실험연구를 통해서 알아볼 수 있다.[45] 실험자는 6학년 학생들이 퍼즐 풀기 과업에서 실패하도록 유도하였다. 이후 실험자는 학생들을 세 집단으로 구분하여 각각 동정, 화, 그리고 아무런 정서적 반응을 보이지 않았다. 그리고 나서 학생들은 실패에 대한 자신들의 인과적 귀인을 보고하고 다음 퍼즐에서의 성공에 대한 기대를 보고하도록 하였다. 이 실험결과 동정을 받은 학생들은 자신들의 퍼즐 실패를 낮은 능력에 귀인시키는 경향이 강하였고, 화를 받은 학생들은 노력의 부족을 원인으로 보고하는 경향이 강했다. 어떤 아동이 도덕적 일탈행위를 한 후에 교사로부터 체념의 말을 들었다면 그 아동은 미래에 비도덕적 행동을 할 가능성이 높다. 반면에 교사가 화를 냈다면 그 아동은 교사의 기대에 부응하기 위해 도덕적 행동을 하고자 노력할 가능성이 높다.

교사들은 학생들의 자존심을 보호해 주고자 하는 의도에서 비판을 생략하는 경우가 많다. 그러나 교사가 책망을 하지 않을 경우 의도하지 않은 메시지가 전달될 수 있다는 것을 명심해야 한다. 귀인 단서로서 실패에 뒤따르는 교사 책망을 연구한 보고가 있다. 교사로부터 책망 혹은 비판을 받은 학생들은 비난을 받지 않은 학생들에 비해 오히려 교사가 자신들을 믿고 있다는 지각을 하는 경향이 있음을 알려주고 있다. 달리 말하면, 교사가 비도덕적 행동을 한 학생에게 책망을 하지 않는 것은 학생이 자신에 대해 교사가 체념을 한 것으로 지각하는 기능을 발휘한다.[46]

### (4) 학생들의 귀인 패턴을 재훈련시켜라

교사는 형식적으로 개입하여 학생들의 순응적이지 못한 귀인 패턴을 변화시킬 필요가 있다. 학생들은 여러 가지 다른 상황들에 포괄적으로 사용하는 안정적인 귀인 패턴들 혹은 스키마를 갖고 있다. 예컨대, 어떤 학생이 자신의 빈번한 비도덕적 행동의 원인을 주변 환경이나 가정환경, 혹은 친구의 탓으로 돌리는 귀인 패턴을 갖고 있다면 교사는 '성실한 노력을 하면 사람이 달라질 수 있다'는 신념을 갖도록 함으로써 그 아동의 귀인 패턴을 변화시킬 수 있다. 물론 교사들이 많은 학생들을 대상으로 개인적인 귀인 재훈련에 개입하는 것은 어려운 일일 것이다. 그러나 교사가 몇몇 학생들을 대상으로 귀인 재훈련에 개입하는 것은 매우 유용하다.

도덕적 행동과 비도덕적 행동에 관한 모든 지각된 원인들 중에서 성향과 신념은 어쩌면 가장 지배적인 것인지도 모른다. 우리가 도덕적 행동을 했을 때 우리는 우리의 지각된 성향이 무엇인가, 그리고 우리는 얼마나 투철한 신념을 가졌는가에 높은 중요성을 부여하는 경향이 있다. 도덕적 일탈의 만성적 원인으로서, 욕망에 예속되는 성향으로의 자기 귀속(self-ascription)은 미래의 도덕적 행동에 대한 자신의 기대를 보다 낮추는 경향이 있다. 그러한 성향은 통제 불가능한 것으로서 지각되기 때문에 그것은 또한 비도덕적 행동의 반복을 변경할 수 없다는 생각으로 이끈다. 반면에, 신념의 부족으로 도덕적 일탈 행위의 원인을 귀속시키는 것은 보다 가능성이 열려 있다. 왜냐하면 신념은 변화 가능하고 또한 자신의 자발적 통제하에 있는 것으로서 지각되기 때문이다. 교사는 특히 근본적 귀인 오류에 익숙한 학생들의 귀인 패턴을 재훈련시킴으로써 그들로 하여금 미래에 대한 긍정적인 사고를 할 수 있도록 적극 노력해야 할 것이다.

## Ⅵ. 이론에 대한 비평

귀인 이론은 다음과 같은 측면에서 긍정적 · 부정적 평가를 받고 있다.[47)]

첫째, 이해 가능성의 측면에서 모호성을 지니고 있다. 귀인 이론가들은 사람들이 일상생활에서 마음의 저변에 나름대로의 어떤 구조를 지니고 있다고 생각한다. 그러나 사람들이 일상생활에서 자신들의 도덕적 사고와 행위를 설명할 때, 그것이 어떠한 형식적 패턴 속에서 의도적으로 조직되기 어렵다. 그러므로 사람들은 자신들의 마음에서 종합되어질 관계들의 구조를 거의 확인하기 어려울 것이다. 물론, 사람들은 도덕적 문제들에 관하여 나름대로 직관적인 방식에서 자신들의 의미를 이해하고 제시한다고 인정한다 하더라도 그것이 어떠한 구조에서 비롯된 것인가에 대해서는 매우 모호하다는 것이다.

둘째, 귀인 이론은 미래를 예측하는 것보다는 과거 사건들을 설명하는 데 유용할 뿐이라는 것이다. 이러한 비판은 이 이론이 형식적 이론으로서 한계를 지니고 있다는 점으로부터 비롯된다. 직관적 설명으로는 매우 적합하지만 어떠한 구조적 틀을 확인하기 어렵다는 점에서 미래에 대한 예측력을 낮게 만든다. 특히 사람들의 도덕적 행동을 예측하는 데 있어서 개인의 퍼스낼리티 특징들과 환경적 요소들에 많이 의존하며, 그런 요소들로 설명하기 어려운 점들은 초자연적 힘으로 돌려버림으로써 미래의 행동에 대한 예측을 어렵게 만든다는 비판을 받는다.

셋째, 인간의 자유의지에 대한 신념이다. 귀인 이론은 사람들이 자유 의지를 갖는다는 것을 가정한다. 자유의지는 보통 결정론(determinism)과 관련되어 논의된다. 후자의 경우는 일어나는 모든 것이 절대적으로 선행조건들에 의해 예정되어져 있기 때문에 어떤 사건은 다른 방식에서 일어날 수 없었다는 신념을 나타낸다. 반면에, 자유의지를 주장하는 경우는 인간에게 일어나는 사건들은 부분적으로 선택을 하는 각 개인의 자유에 의해 영향을 받는다는 신념을 나타낸다. 귀인 이론이 비록 아동들의 도덕성 발달과 관련한 안내에서 상당한 공헌을 할 수 있다는 장점도 있지만, 자유의지를 주장한다는 점에서 아동들의 도덕성 발달을 정확하게 안내하는 데 한계를 지니고 있다는 비판을 받는다.

넷째, 이론의 입증 가능성과 관련한 것이다. 귀인 이론은 어떤 부분들은 입증이 가능하거나 혹은 오류를 증명할 수 있지만 어떤 부분들은 그렇지 못하다는 비판을 받는다. 예컨대 모델, 행동의 결과, 그리고 감정이입 능력의 발달에 관한 영향은 검증이 가능한 것으로 인정된다. 그러나 자유의지의 작동과 다른 감정들의 효과는 평가하기에 어렵다는 지적을 받아오고 있다.

다섯째, 생산성(fertility)의 측면이다. 귀인 이론은 적어도 이와 관련해서는 긍정적인 평가를 받는다. 왜냐하면 상식 신념들은 실제적으로 모든 과학적 이론들의 자극제가 되어왔기 때문이다. 도덕 이론가들이 새로운 대안들을 추구하게 되는 것은 도덕성 발달에 관한 상식적 해석들에 불만을 가진 때부터이다. 따라서 도덕성 발달 이론에서의 혁신의 씨앗은 전통적 신념들에 의해 제공된 부적절한 대답들로부터 나왔다. 도덕성 발달에 관한 새로운 이론들은 도덕성 발달에 관한 대중의 순진한 생각들을 수정하고, 확장하고, 혹은 보다 정확히 제시하고자 의도된 것이다. 이런 점에서 보면 귀인 이론은 도덕성 발달 이론의 발달에 커다란 공헌을 한 셈이다.

끝으로, 이론의 지속 가능성(durability)과 관련한 것이다. 많은 이론가들은 이와 관련하여 긍정적인 평가를 내린다. 귀인 이론은 수세기 동안을 거치면서 형성되어 온 사람들의 소박한 상식에 기초하였다는 점에서, 그리고 각 문화권에서 그들의 신념체계들을 지배해 오고 있는 것들에 토대를 두었다는 점에서 설득력을 꾸준히 지닐 수 있다. 상식 확신들은 한 세대로부터 다음 세대로 계속되기 쉽다. 도덕성 발달과 관련한 수많은 이론들이 시대의 변천과 함께 운명을 같이하는 경향이 있으나 귀인 이론은 이런 점에서 매우 큰 장점을 지니고 있다.

✻ 주 ✻

1) B. Weiner, *Human Motivation*, Holt, Rinehart and Winston, 1980, p. 280.
2) P. R. Pintrich, D. H. Schunk, *Motivation in Education : Theory, research, and applications (2nd ed.)*, New Jersey : Upper Saddle River, 2002, p. 95 참고.
3) 위의 책, pp. 93–94.
4) 위의 책, p. 94.
5) 위의 책, p. 97 참고.
6) R. M. Thomas, *Comparing Theories of Child Development*, 白雲鶴 역, 『兒童發達의 諸理論』, 교육과학사, 1987, p. 118.
7) D. J. Stipek, *Motivation to Learn : From Theory to Practice*, Allyn and Bacon, 1993, p. 126.
8) 김아영 외, 『교육 심리학』, 학문사, 1997, p. 387.
9) P. R. Pintrich, D. H. Schunk, 앞의 책, p. 94.
10) 전병재, 『사회심리학 – 관점과 이론 – 』, 경문사, 1985, p. 125.
11) E. J. Phares, *Introduction to Personality*, 홍숙기 역, 『성격 심리학』, 박영사, 1995, p. 338.
12) F. Heider, On Balance and Attribution, D. Gorlitz (Ed.), *Perspectives on Attribution Research and Theory*, Ballinger Publishing Company, 1980, p. 11.
13) 위의 논문, p. 10.
14) B. Weiner, Searching for the Roots of Applied Attribution Theory, S. Graham, V. S. Folkes, *Attribution Theory : Applications to Achievement, Mental Health, and Interpersonal Conflict*, New Jersey : Lawrence Erlbaum Associates, Inc., 1990, p. 2.
15) A. E. Woolfolk, *Educational Psychology*, 김아영 외 공역, 『교육심리학』, 학문사, 1997, p. 387.
16) B. Weiner, 위의 논문, p. 3.
17) W. K. Frankena, 황경식 역, 『윤리학』, 종로서적, 1991, p. 14.
18) R. M. Thomas, *Moral Development Theories – Secular and Religious : A Comparative Study*, Greenwood Press, 1997, p. 43 참고.
19) 위의 책, p. 45 참고.
20) P. R. Pintrich, D. H. Schunk, 앞의 책, p. 96.

21) 위의 책, p. 100 참고.

22) 개인들이 인과관계를 판단하는 데 사용하기 위해 학습한 6가지 일반 원리들은 다음과 같다. 첫째, 원인은 결과에 반드시 선행한다. 둘째, 표적 사건(target event)과 시간적으로 연속되는 사건은 원인요인들로 여겨지기 쉽다. 예컨대, 만약 찬호가 일탈행동을 하기 직전에 자신의 여자 친구와 싸웠다면 그는 일탈행동의 원인을 이러한 감정적 사건으로 귀인시키기 쉽다. 셋째, 공간적으로 연속적인 사건은 인과관계에 보다 쉽게 연결된다. 만약 주변 사람들이 학교의 울타리를 넘고 있다면, 찬호는 울타리를 넘는 자신의 행동의 원인을 그것에 귀인시키기 쉽다. 넷째, 지각적으로 현저한 자극은 시각적 배경에 있는 자극보다 원인으로 더 보여지기 쉽다. 일탈행동을 하기 전날 밤 여자 친구와의 다툼과 같은 현저한 사건은 거의 날마다 듣는 어머니의 잔소리와 같은 평범한 사건보다 더 원인적으로 보여지기 쉽다. 다섯째, 원인은 결과를 닮는다. 사람들은 '커다란' 결과를 '커다란' 원인과 그리고 '작은' 결과를 '작은' 원인에 귀인시키는 경향이 있다. 여섯째, 대표적인 원인은 결과에 귀인된다. 사람들은 흔히 현재의 결과와 비슷한 결과들을 낳은 공통된 원인이 있으면, 이 원인을 현재 사건의 결정요인이라고 추론한다. 위의 책, p. 100 참고.

23) 위의 책, p. 102 참고.

24) 위의 책, p. 107.

25) R. M. Thomas, 앞의 책, p. 35 참고.

26) 어떤 조건의 행위가 면책될 수 있는가? 보다 엄밀히 말해, 어떤 조건의 어떤 행위에 대해 사람들은 면책될 수 있는가? 다양한 견해가 있으나 무지, 과실, 의도하지 않은 행동들, 무의식의 상태, 정신 이상, 강제 등은 도덕적 면책에 속한다. 여기에서 강제는 외면의 강제와 내면의 강제로 구분된다. "강제 하에 이루어진 행위들은 의도적 행위들이긴 하지만 다른 행위자들의 억압에 의해 이루어진 행위들이다. 다른 사람에 의해 강제가 이루어지는 경우 행위자는 자신의 의지에 반하여 어떤 행위를 한다. 강제는 종류와 정도에 있어서 다양하다. 고문은 어떤 사람이 다른 사람을 강제하는 가장 극단적인 수단이다. 협박은 고문보다는 덜 심하지만 강제의 일종이라고 할 수 있다. 영향력과 압력도 강제의 일종이다." "전통적 의미의 강제 개념은 타인에 의해서 어떤 행위를 하게 되는 것을 함축한다. 그러나 오늘날의 강제개념은 그 자신에 의해 강제되는 것도 포함한다. 사람은 자기 자신의 억제할 수 없는 정념의 노예가 될 수도 있다." J. Hospers, *Human Conduct : problems of ethics*, 최용철 역, 『도덕 행위론』, 지성의 샘, 1994, pp. 523–561 참고.

27) R. M. Thomas, *Comparing Theories of Child Development*, 白雲鶴 역, 앞의 책, p. 130.

28) D. J. Stipek, 앞의 책, p. 128.

29) B. Weiner, *Human motivation : Metaphors, theories and research*, Newbury Park, CA : Sage Publications, Inc., 1992, p. 253 참고.

30) P. R. Pintrich, D. H. Schunk, 앞의 책, p. 119 참고.

31) B. Weiner, *Human Motivation*, Holt, Rinehart and Winston, 1980, p. 351.

32) 김아영 외, 앞의 책, p. 389.

33) D. J. Stipek, 앞의 책, p. 133.

34) 위의 책, p. 136.

35) 위의 책, p. 136.

36) H. F. O' Neil, Jr., M. Drillings, *Motivation : Theory and Research*, New Jersey : Lawrence Erlbaum Associates, Publishers, 1994, p. 46.

37) 위의 책, 134−138 참고.

38) 위의 책, p. 103.

39) 위의 책, p. 104.

40) 위의 책, p. 105.

41) S. Graham, Communicating Low Ability in the Classroom : Bad Things Good Teachers Sometimes Do, S. Graham, V. S. Folkes, *Attribution Theory : Applications to Achievement, Mental Health, and Interpersonal Conflict*, New Jersey : Lawrence Erlbaum Associates, Inc., 1990, p. 18.

42) 위의 논문, p. 18 참고.

43) 위의 논문, p. 20.

44) H. F. O'Neil, Jr., M. Drillings, *Motivation : Theory and Research*, New Jersey : Lawrence Erlbaum Associates, Publishers, 1994, 이에 관한 자세한 논의는 pp. 34−38 참고.

45) S. Graham, Communicating sympathy and anger to black and white students : The cognitive(attributional) antecedents of affective cues, *Journal of Personality and Social Psychology, 47*, pp. 40−54 ; 위의 논문, p. 22 참고.

46) 위의 논문, p. 24.

47) R. M. Thomas, 앞의 책, pp. 48−49 참고.

# ✻ 참고문헌 ✻


전병재, 『사회심리학 – 관점과 이론 –』, 경문사, 1985.

Frankena, W. K., 황경식 역, 『윤리학』, 종로서적, 1991.

Graham, S., Communicating sympathy and anger to black and white students : The cognitive(attributional) antecedents of affective cues, *Journal of Personality and Social Psychology, 47*, 1984.

Graham, S., Communicating Low Ability in the Classroom : Bad Things Good Teachers Sometimes Do, S. Graham, V. S. Folkes, *Attribution Theory : Applications to Achievement, Mental Health, and Interpersonal Conflict*, New Jersey : Lawrence Erlbaum Associates, Inc., 1990.

Heider, F., On Balance and Attribution, D. Gorlitz (Ed.), *Perspectives on Attribution Research and Theory*, Ballinger Publishing Company, 1980.

Hospers, J., Human Conduct : problems of ethics, 최용철 역, 『도덕 행위론』, 지성의 샘, 1994.

O'Neil, Jr., H. F., Drillings, M., *Motivation : Theory and Research*, New Jersey : Lawrence Erlbaum Associates, Publishers, 1994.

Phares, E. J., *Introduction to Personality*, 홍숙기 역, 『성격 심리학』, 박영사, 1995.

Pintrich, P. R. Schunk, D. H., *Motivation in Education : Theory, research, and applications ( 2nd ed.)*, New Jersey : Upper Saddle River, 2002.

Stipek, D. J., *Motivation to Learn : From Theory to Practice*, Allyn and Bacon, 1993.

Thomas, R. M., *Moral Development Theories – Secular and Religious : A Comparative Study*, Greenwood Press, 1997.

Thomas, R. M., *Comparing Theories of Child Development*, 白雲鶴 역, 『兒童發達의 諸理論』, 교육과학사, 1987.

Weiner, B., *Human Motivation*, Holt, Rinehart and Winston, 1980.

Weiner, B., *Human motivation : Metaphors, theories and research*, Newbury Park, CA : Sage Publications, Inc., 1992.

Weiner, B., Searching for the Roots of Applied Attribution Theory, S. Graham, V. S. Folkes, *Attribution Theory : Applications to Achievement, Mental Health, and Interpersonal Conflict*, New Jersey : Lawrence Erlbaum Associates, Inc., 1990.

Woolfolk, A. E., *Educational Psychology*, 김아영 외 공역, 『교육심리학』, 학문사, 1997.

Alasdair Chalmers MacIntyre(1929.1.12~현재)

Nel Noddings(1929~현재)

Kevin Ryan

Thomas Lickona

# 제12장 인격교육 이론

## I. 기본 가정

인격교육은 기본적으로 아리스토텔레스의 덕교육 사상을 근간으로 발달하였다. 따라서 현대의 인격교육은 감정과 신체적 욕망과 같은 인간 본성의 생물학적 특징들로부터 시작하며, 교육자의 임무란 학생들이 그러한 것들을 바람직한 방향에서 형성할 수 있도록 돕는 것으로 이해한다. 인지발달 이론에 입각한 합리주의적 도덕교육이 개인에게 초점을 맞추고 개인이 도덕적으로 해야만 하는 바에 주목한 반면, 인격교육은 그 출발점을 정치공동체의 유리적 삶에 두고 있다.

그리하여 인격교육은 '행위' 보다는 '행위자' 를 문제 삼는다. 도덕의 정당성을 규칙이나 원리에 따른 행위에서보다는 자신의 행복에 관한 보다 전체적인 모습과 관련시켜 이해한다. 도덕성의 인지 · 정의 · 행동적 요소에 대해 통합적 접근을 취한다. 또한 인격교육은 개인을 넘어서서 공동체와의 조화를 모색한다. 개인의 권리주장 의식보다는 공동체에 대한 책임과 의무 의식을 더 고려한다. 또한 인격교육은 과거의 도덕교육이나 가치교육에 비해 훨씬 더 지역 사회 및 학부모의 참여를 요구하고 있다. 특히 부모들로 하여금 가정에서 도덕적 권위자가 되어 자녀들의 인격을 기르는 데 동참해 줄 것을 호소한다.

인격교육은 1993년부터 미국을 중심으로 학교에 폭발적으로 스며들었다. 거기에는 다음과 같은 네 가지 이유들이 있었다.[1] 첫째, 도덕성의 쇠락은 청소년의 폭력수준, 10대 임신, 약물 남용, 낮은 학업 성취도 등의 측면에서 통렬한 충격을 주고 있다는 인식이 광범위하게 확산되었다. 둘째, 이러한 상황은 TV, 음악, 영화, 그리고 동료 압력 등이 청소년들에게 부정적인 태도와 가치를 갖게 하였으며, 그리고 오랫동안 가정이나 학교, 공동체가 그들에게 긍정적 가치들을 가르치려는 노력을 하지 않았다는 데 기인한다는 이해가 점증하였다. 셋째, 학교는 훌륭한 인격에 핵심적인 윤리적 가치와 덕목들을 가르칠 수 있고 또한 가르쳐야만 한다는 인식이 널리 퍼졌다. 끝으로, 인격교육을 실시해 왔던 학교들은 학생들의 부도덕한 행위를 감소시키고, 보다 긍정적인 학습공동체를 창조하며, 그리고 학업 성취도를 높이는 데 있어서 매우 긍정적인 효과를 보였다는 것이다.

미국을 중심으로 한 인격교육 운동은 우리나라의 도덕과 교육과정에도 직접적인 영향을 미쳤다. 우리나라의 도덕과 교육은 제4차 교육과정 이후 줄곧 인지발달 이론을 모태로 삼아왔다. 그러나 제7차 교육과정기에 이르러 도덕과 교육은 인격교육 이론을 굴대로 삼게 되었다. 그럼으로써 도덕과 교육의 목표도 도덕적 사고력이나 판단력을 기르고자 하였던 방향에서 유덕한 인격을 기르는 것으로 전환하게 되었다.

현대 인격교육은 다음의 기본 가정들 위에 기초하고 있다.[2]

1. 인격은 품성으로서의 여러 가지 덕들로 구성된다.
2. 도덕적 품성은 인지적 · 정의적 · 행동적 요소가 통합되어 있다. 곧, 유덕한 인간은 선을 알고 열망하며 행동하는 사람이다.
3. 훌륭한 인격은 자동적으로 형성되어지지 않는다. 그것은 교육과 모범, 그리고 실천의 지속적인 과정을 통하여 장기간에 걸쳐 발달되어진다. 특히 도덕적 덕은 어려서부터 습관화를 통해 형성된다.
4. 개인의 인격을 구성하는 덕들의 내용은 사회의 역사적 전통에 따라

다를 수 있다.

5. 민주사회에서 모든 시민은 절대적인 권리를 가질 뿐만 아니라 개인으로서, 그리고 한 시민으로서 책임 또한 갖는다.
6. 아동에게서 훌륭한 인격을 발달시키는 것은 일차적으로 가정의 책임이다. 그러나 공동체, 학교, 종교기관, 그리고 청소년 단체 등도 책임을 공유한다.
7. 예의가 있고 남을 배려하는 분위기의 학교공동체는 학생들에게 있어서 좋은 인격을 발달시키는 데 매우 중요하다. 그리고 공부를 열심히 하는 분위기 또한 인격형성에 중요하다.
8. 인격교육은
   - 학교를 더욱 예의 바르고 배려하는 공동체로 만드는 데 도움을 주고,
   - 폭력, 임신, 약물 남용, 그리고 교사, 부모, 동료에 대한 무례와 같은 부적절한 학생들의 행동을 감소시키며,
   - 학업의 성과를 증진시키고,
   - 학생들로 하여금 책임 있는 시민과 생산적인 사회 구성원들이 되도록 준비시켜 준다.

## Ⅱ. 인간관

인격교육 이론은 인본주의, 인지발달 이론, 행동주의 이론, 사회학습 이론 등 다양한 심리학 이론과 학습이론이 한데 어우러진 교육 이론이다. 그럼에도 불구하고 인격교육의 굴대를 형성하는 중심적인 이론을 굳이 든다면 행동주의 및 사회학습 이론을 들 수 있다. 달리 말하면, 인격교육 이론은 행동주의 및 사회학습 이론을 중심으로 인지발달 이론과 인본주의 이론 등이 가미된 종합적인 교육 이론이라 정의할 수 있다. 따라서 인격교육을 주창하는 사람들도 어떤 심리학 이론이나 학습이론에 보다

많은 무게를 두고 있느냐에 따라 접근방식이나 주장의 내용에서 약간씩 차이가 난다.

현대 인격교육 이론가들은 아리스토텔레스의 기본적인 관점을 수용하여 인격이란 습관화의 과정을 통하여 형성된 여러 가지 덕들로 구성된다는 점을 강조하였다. 그래서 그들은 인격을 흔히 성실, 정직, 용기, 진실 등과 같은 덕을 지칭하는 용어들을 사용하여 정의 내린다. 그들은 "이러한 특성들이 끊임없이 실천되어질 때 비로소 덕이라 언급"[3]한다. 그들은 인격이란 획득되어지는 것이라고 주장한다. 그래서 가정, 학교, 그리고 공동체에서 교육을 통해 인격을 조장해야만 한다는 입장이다. 환원하면, 현대 인격교육 이론가들은 인격을 구성하는 덕들은 일차적으로는 습관을 통해서, 그리고 나중에는 교육을 통해서 형성되어질 수 있다는 관점을 유지하고 있다.

'습관화', '본보기', '환경', '규율', '교사의 가치 전달' 등에 대한 강조는 행동주의와 사회학습 이론의 기본 관점을 이어받고 있다. 그러나 인격교육 이론은 행동주의의 기계론적 모형에 입각한 인간관을 정립하고 있는 것은 아니다. "행동주의는 인간을 관찰 가능한 단순한 행동체제로밖에 취급하지 않아 가치관, 감정, 장래의 희망, 행동의 선택, 창조성 따위의 인간적 측면을 간과해 버렸다는 비판을 받는다."[4] 그러나 인격교육은 사고, 감정, 그리고 행동을 모두 강조한다. 따라서 행동주의의 인간 모형으로는 결코 인격교육 이론을 충분히 설명할 수는 없다.

인격교육 이론가 중의 한 사람인 리코나(T. Lickona)는 앞에서 언급한 사항들에 대한 강조와 더불어 '도덕적 추론'을 인격교육의 핵심에 위치시키고 있다. 그는 콜버그(L. Kohlberg)의 도덕성 발달단계와 유사한 도덕적 추론 발달단계를 제시하고, 각 단계에 적절한 접근법과 각 단계에서 발달시키기 쉬운 덕들을 언급하였다.[5] 이런 관점에서 본다면 우리는 인격교육 이론이 인지발달 이론의 유기체적 인간관을 함축하고 있는 것으로 예단하기 쉽다.

그러나 인격교육 이론은 분명히 인지발달 이론과는 다른 인간관을 바탕에 깔고 있다. 유기체적 인간관을 바탕으로 하는 인지발달 이론은 심리적 구조의 존재와 함께 이같이 중요한 구조에서 일어나는 변화들이 행동의 외현적 변화에 반영된다는 입장을 갖는다. 또한 인지발달 관점은 발달을 유기체와 환경의 상호작용으로 간주하지만 환경보다는 생물학적 요인을 훨씬 더 중요하게 여긴다. 생물학적 요인이 성장과 발달의 추진력이라고 보기 때문이다. 인격교육은 이와는 달리 환경의 중요성을 크게 강조한다. 또한 어떤 인지적 구조를 상정하지도 않는다. 그런 점에서 인격교육은 유기체적 모형으로는 설명될 수 없는 부분들을 지니고 있다.

우리는 인격교육 이론이 그 중심에 덕 이론을 두고 있다는 점과 행동주의 및 사회학습 이론을 그의 주된 심리학적 배경으로 삼고 있다는 점을 근거로, 이에 가장 근접한 철학적 기반으로 아리스토텔레스의 도덕적 인간관을 꼽을 수 있을 것이다. 아리스토텔레스의 도덕적 인간관을 중심으로 인격교육 이론이 상정하고 있는 인간상을 간접적으로 살펴본다.

아리스토텔레스에 따르면, 인간의 삶의 궁극적 목적은 행복에 있다. 모든 인간의 행위는 어떤 목적을 염두에 둔다. 인간을 비롯한 모든 피조물의 목적은 자신의 특별한 본성을 실현하는 것이다. 그러한 본성의 실현이 궁극적 원리 혹은 최고선이다. 이 본성이 각 피조물들을 서로 다르게 만든다. 즉, 인간을 인간으로 그리고 책상을 책상으로 만드는 것은 이러한 본성의 차이에서 비롯된다. 인간에게 있어서 이 본성은 신체적 현존이나 감각적 느낌, 식물적 기능과 동물적 기능의 발휘가 아니라 이성에 입각한 생활이다. 인간다운 인간이 되려면 우리는 인간 본연의 능력을 사용해야 한다. 인간만이 이성을 소유하고 있다. 그러므로 인간의 기능은 이성을 따르거나 이성을 함축하는 영혼의 활동에 있다. 그런 의미에서 인간의 최고선은 인간을 인간적 존재로 만드는 기능들의 완벽하고 습관적인 발휘이다. 이와 관련하여 아리스토텔레스는 "어떤 것에든지 그것에 고유한 것이 본래적으로 그것에 가장 좋고 즐거운 것이다. 그러므로 사람에게 있어서는 이성을 따른 생활이 가장 좋고 즐거운 것이다. 이성은 다른 무엇보다도 인간을 인간 되게 하기 때문이다. 그러므로 이러한 생활이 또한 가장 행복한 생활이다"[6]고 하였다. 이런 삶이 그가 말하는 행복이다.

인간의 영혼은 이성적 부분과 비이성적 부분으로 구성되어 있다. 비이성적 부분에는 감정, 욕망, 욕구 등이 있다. 이성능력은 지성적 기능일 뿐만 아니라 도덕적 기능으로서 인간을 다른 피조물들과 구별해 주는 특성이다. 덕스러운 영혼은 질서정연한 영혼이다. 이 영혼에서는 이성과 감정과 욕망 사이에 올바른 관계가 존재한다. 이성의 완전한 행위는 지혜의 덕을 형성한다. 영혼의 감정적 · 충동적 기능의 완전한 행위는 도덕적 덕을 형성한다. 도덕적 덕은 모든 행동영역에 대하여 존재한다. 도덕적 덕은 신체적 욕구를 향하여, 두려움과 위험과 분노와 경제적 재화에 대한 욕망과 명예 등을 향하여 이성적 태도를 취하는 데 있다.

그러나 아리스토텔레스는 소크라테스나 플라톤적인, 그리고 인지발달 이론적인 합리적 인간관과는 다른 입장이다. 그는 덕의 본질에 대한 지식이 덕스러운 행동을 보장하는 데 충분하다는 의미에서 지식이 덕이라는 소크라테스의 주장을 거부하였다. 그는 도덕적 덕들은 본성적으로 우리 속에 생기는 것도 아니요, 본성에 반하여 우리 속에 생기는 것도 아니라고 하면서 오히려 "우리가 본성적으로 그것들을 받아들이도록 되어 있으며, 또 습관에 의하여 완전하게 되는 것"[7]이라 하였다. 인간은 도덕적 덕을 지닐 수 있는 '능력'을 얻고 태어날 뿐이다. 그는 "도덕적 덕은 그 어느 것이나 본성적으로 우리에게 생기는 것이 아님이 분명하다"[8]고 단정짓는다. 습관화는 인생의 초기에 영혼을 준비하기 위해 필요하며, 또한 그럼으로써 이후의 교육이 효과적일 수 있다는 것이다.

또한 아리스토텔레스는 인간이란 성장과정에서 외부적인 규율이 필요함을 주장하였다. 올바른 법률 밑에서 양육받지 않는다면 어릴 때부터 덕 있는 사람이 되도록 올바른 훈련을 받는다는 것은 어려운 일이라는 것이다. 절제 있게 산다는 것이 즐거운 일이 아니기 때문이다. 사람은 외적 규율에 따른 생활이 습관화 되어야만 비로소 그런 생활이 고통스럽지 않다. 아리스토텔레스는 이에 대해 "대부분의 사람은 언설보다도 부득이한 일을 따르고, 또 고귀하고 아름다운 것보다는 처벌을 따르기 때문"[9]이라고 하였다.

그러나 아리스토텔레스의 이러한 입장이 인간의 이성을 가볍게 여긴 것은 결코 아니다. 아리스토텔레스는 영혼의 비합리적 부분들(욕망과 기개)은 합리적 부분과 달리 출생시부터 아동들에게서 작동한다고 주장하였다. 합리적 부분은 나중에 발달한다고 하였다. 그는 그렇기 때문에 비합리적 부분에 대한 훈련이 순서상 합리적 부분에 대한 교육보다 먼저 와야만 한다고 하였던 것이다. 그러나 그것은 어디까지나 인간의 발달단계에 있어서의 선후관계일 뿐이다. 아리스토텔레스는 "자기의 이성을 따라 활동하고 그 이성을 가꾸고 자라게 하는 사람은 최선의 정신상태에 있으며, 또한 신에게 가장 사랑받는 사람"[10]이라고 하였다.

우리는 아리스토텔레스가 암시하고 있는 인간의 윤리적 발달과정을 통해 그의 인간관을 보다 분명하게 인식할 수 있다. 그는 인간이 윤리적으로 발달하는 과정을 세 수준으로 구분하였다.[11] 각각의 수준은 독특한 인지적 및 동기적 특징들을 지니고 있다.

첫째 수준은 두려움의 윤리(Ethics of Fear)가 지배한다. 이 수준에서는 정욕이 지배하고, 벌에 대한 두려움이 규제한다. 인간은 구체적인 쾌락에 의해, 그리고 벌에 대한 공포에 의해 행동을 하고자 하는 동기를 얻는다. 그러한 동기는 수치심이나 혹은 자기 자신을 위해 덕스러운 사람이 되고자 하는 욕망과는 거리가 멀다. "그들은 정욕을 따라 사는 까닭에 자기 자신의 쾌락과 그 쾌락의 수단을 추구하며, 이에 대립하는 고통을 회피하며, 또 고귀하고 참으로 즐거운 것이 어떤 것인지에 대한 상념조차 가지고 있지 않다. 그들은 이런 것을 한 번도 맛보지 못했기 때문이다."[12] 이 수준에 있는 인간은 자기 자신의 열정에 굴복하고 또한 명예감이 결핍되어 있다는 점에서 아리스토텔레스는 그를 '노예'(slavish)라 부른다.

둘째 수준은 수치심의 윤리(Ethics of Shame)가 지배한다. 이 수준에서는 명예에 대한 욕망이 선한 행동으로 이끈다. 그러나 감정은 아직 완전한 합리적 통제 아래에 있지 않다. 보통 아동기와 청소년기에 해당한다. 이들은 덕을 실천하고 악을 회피하고자 하는 본능적인 욕망에서 행동한다. 그러한 욕망은 그들을 수치심으로 이끈다. 그들은 덕이 요구하는 바가 무엇인가에 관한 이해를 발달시킨다. 그러나 그들은 아직 덕들 간의 관계와 정당화를 제공하는 그 밑에 깔려 있는 원리들을 이해하지는 못한다. 그래서 그들은 좋은 습관을 들여야만 하는 것이다. 그러나 이 수준에 있는 아동들은 상벌(賞罰)에 단순히 의존하지 않는다. 왜냐하면 그들은 이제 덕 그 자체의 '맛'을 보았거나 혹은 덕에 대한 애정을 발달시켰기 때문이다.

이 수준에 도달되었는가의 지표는 흔히 수치심(shame)으로 번역되는 aidos의 감정이다. 아리스토텔레스는 벌에 대한 공포보다는 aidos에 복종하는 사람들을 칭찬한다. 이는 "학습자의 절반의 덕" 혹은 "반덕"(半德)[13]이라 불려지기도 한다. 그러나 아리스토텔레스 자신은 이를 덕이라 칭하지는 않았다. 그것은 변화하는 과정 속에 있는 과도기적 발달수준에 속하는 하나의 '느낌'(feeling)으로 보았다. 그래서 아리스토텔레스는 "이 정념이 모든 연령층의 사람에게 어울리는 것이 못되고, 다만 젊은이들에게 어울리는 것"[14]이라 하였다.

가장 높은 수준인 셋째 수준은 실천적 지혜의 윤리(Ethics of Practical Wisdom)가 지배한다. 이 수준에서는 이성과 욕망이 조화를 이룬다. 사람들은 이제 더 이상 수치심의 감정에 얽매이지 않는다. 그들은 더 이상 자신들의 감정에 의해 삶을 영위하지 않는다. 그들은 이성에 의해서 삶을 산다. 이것은 그들이 자신들의 감정을 근절시켜 버렸다는 것을 의미하는 것이 아니라, 그들의 정욕이 이성에 종속되었다는 것을 의미한다.

이 수준은 두 가지 측면에서 이전의 수준과 차이가 있다. 하나는, 이 수준에 있는 사람들은 부절제(不節制) 혹은 akrasia와 투쟁한다. 그들은 감정이 이성과 갈등하게 되는, 혹은 그 상황이 요구하는 것이 무엇인가에 관한 평가 없이 좋은 것을 하고자 하는 욕망으로부터 충동적으로 행동하고 싶은 유혹을 경험한다. 또 다른 하나는, 행동을 하는 동기의 원천이다. 첫째 수준에서 행동의 동기는 벌이고, 둘째 수준에서의 그것은 악평(惡評)이다. 그것은 공포의 일종이라 할 수 있다. 아리스토텔레스에 따르면, 불명예(disgrace)의 공포로부터 행동하는 것은 벌의 위협에 강요되어 행동하는 것보다는 더 낫다. 그러나 그것은 그 자체를 위해 좋거나 옳은 바에 대한 관심에서 행동하는 것보다는 낫지 않다. 최고 수준의 동기는 실천적 지혜(practical wisdom) 혹은 phronesis의 발달로부터 나온다. 실천적 지혜는 선한 삶과 그러한 삶을 증진시키는 것에 관한 적절한 심사숙고를 포함한다.[15] 실천적 지혜의 수준에서는 감정은 지성에 의해서 지배되며, 그리고 초기 수준에서 경험하였던 이성과 욕망 사이의 긴장은 더 이상 나타나지 않는다. 아리스토텔레스에게 이성과 욕망 사이의 갈등은 그렇게 커다란 문제로 부각되지 않는다. 왜냐하면 습관화 과정이 인간의 좋은 삶에 관한 합리적 개념과 일치하여 욕망을 조화시키기 때문이다.

인격교육 이론에서 상정하는 인간관은 지금까지 살펴본 아리스토텔레스의 덕론에 간접적으로 나타나 있다고 볼 수 있다. 인격교육을 통하여 발달시키고자 하는 인간은 바로 아리스토텔레스가 인식하고 있는 최종적인 수준에 도달한 사람이다. 그 사람은 성장과정에서 습관화를 통하여 도덕적 덕들을 계발시킨 자이며, 모든 문제에 있어서 이성적 원리에 따라 행동하는 자이다. 결론적으로, 인격교육 이론은 인간이 본능적 충동의 소유자임을 인정하면서도 이의 이성적 지배를 지향하는 전체론적 인간관을 바탕으로 하고 있다.

## Ⅲ. 덕의 개념

여타 도덕 심리학 이론에서 핵심개념으로 다루어지는 '도덕성'이 인격교육 이론에서는 습관화를 통하여 형성되는 '덕'(virtues)에 의하여 대치된다. 인격교육을 주창하는 자들은 '도덕성'이란 말을 잘 사용하지 않는다. 대신에 그들은 도덕 심리학 분야에서 줄곧 사용되어 왔던 도덕성을 포괄하는 개념으로 '덕'이란 말을 즐겨 사용한다. 여기에는 현대 인격교육 이론이 기존의 인지발달 이론을 중심으로 한 전통적인 관점들과는 다르다는 차별성이 내포되어 있기도 하다. 따라서 우리가 현대 인격교육

이론에서 의미하는 덕의 개념을 파악하는 것은 기존의 도덕 심리학 이론들에서 추구하던 도덕성의 개념을 파악하는 작업과 같은 맥락에서 해석할 수 있다.

현대 인격교육은 인지발달 이론에 대한 비판에서 등장하였다. 흥미로운 사실은 인지발달 이론 또한 과거 1920~1930년대의 인격교육 운동에 대한 비판으로부터 발달했다는 것이다. 정 · 반 · 합적 발달양태를 보인 것이다. 예를 들면, 콜버그(L. Kohlberg)는 아리스토텔레스의 인격교육 모델을 '덕목수합 접근법'이라 하여 다음과 같이 비판하였다.[16] 첫째, 덕과 악덕은 인격의 특질이 아니라 사람들이 다른 사람들을 칭찬하거나 책망할 때 부여하는 특정 용어들(labels)이다. 둘째, 덕들은 서로간에 갈등에 놓일 수 있다. 따라서 갈등하는 덕들의 위계순서를 결정하기 위해서, 그리고 구체적인 상황들에 적용하기 위해서는 정의(正義)와 같은 원리에 의존하지 않을 수 없다. 셋째, 덕들을 어떤 한 사회에서 바람직한 것으로 여겨지는 가치들의 측면에서 정의함으로써 도덕적 추론의 비판적 영역을 제거해 버렸다. 끝으로, 모든 어떠한 특별한 구조에 덕들을 포함시키는 것은 자의적이고 상대적인 것으로 보인다.

우리는 현대 인격교육론자들이 위와 같은 콜버그의 비판에 대해 가하는 역공을 통해서 덕의 개념을 추론해 볼 수 있다. 구체적으로 말한다면, 우리는 현대 인격교육론자들이 아리스토텔레스의 관점을 어떻게 해석하는가를 검토해 봄으로써 덕의 개념을 이해할 수 있다. 여기에서는 덕의 개념을 다음과 같이 정리하고자 한다.

첫째, 덕은 인지적 · 정의적 · 행동적 요소가 통합되어 습관화된 성품이다. 아리스토텔레스는 사물의 본성(nature)이 그것의 목적이라고 보았다. 그는 유기체의 의도나 기능 혹은 본능을 그 유기체의 목적과 결부시켰다. 자연은 유기체를 그러한 방식으로 만들었으며, 그러한 유기체의 적합한 것이 무엇인가를 발견할 수 있는 것은 이성이라 하였다. 이성을 소유하는 존재는 오로지 인간뿐이다. 따라서 인간의 기능은 이성을 따르거나 이성을 내포하는 영혼의 활동에 있다. 특히 인간의 선은 덕과 일치하는 영혼의 활동이다.[17] 이것이 아리스토텔레스가 말하는 행복(eudaimonia, eudemonia)이다.

행복의 초석인 도덕적 행위는 안정된 성품이나 의지의 성향이 겉으로 표출된 것이다. 덕은 습관화되었을 때 안정된 성품으로 자리잡게 되고, 또한 우리는 그때 비로소 그것을 덕이라 부른다. 도덕적 덕이 하나의 안정된 성품으로 자리잡도록 하기 위해서는 규범이나 관습, 그리고 법률이 필요하다. 아리스토텔레스에 따르면, 규범이나 관습은 인간의 본성에 위배되기보다는 인간의 본성을 완성시켜 주는 존재들이다. 인간의 본성이 그것들을 필요로 한다는 것이다. 개인은 덕망스런 생활에 길들여질 수 있도록 습관을 통하여 적절한 성품을 길러야 하며, 국가는 합리적 근거로부터 도출되어 힘과 구속력을 갖는 정당한 법률을 확보함으로써 일관되게 도덕적 행동을 보이도록 도울 수 있다. 그런 까닭에 '에티케'(ethical; 도덕적 · 윤리적)란 말은 '에토스'(ethos; 습관)란 말을 조금만 고쳐서 만든 것이다.[18] 이 말은 도덕적 덕들은 이성과 반대되는 것으로서의 습관을 통하여 획득되어질 수 있다는 것을 의미한다.

우리는 덕이 인지적 · 정의적 · 행동적 요소가 통합되어 습관화된 성품의 개념을 내포하고 있다는 것을 현대 인격교육론자들이 콜버그를 중심으로 한 인지발달 이론가들에게가 하는 비판을 통해서도 알 수 있다. 현대 인격교육론자들은 콜버그의 비판이 아리스토텔레스에 관한 이해와 또한 인격교육의 과정을 지나치게 단순화시켰다고 비판한다. 덕에 관한 올바른 인식은 아리스토텔레스의 입장에 대한 보다 균형적인 이해를 통해서 가능하다는 것이다. 즉, 콜버그와 같은 지나친 단순화를 벗어나 습관화에 내포된 의미를 확장하는 것이다. 여기서 말하는 균형적인 이해란 습관화와 지적 발달을 통합하는 차원에서 덕의 개념을 발견하는 것이다. 피터스(R. S. Peters)가 인용한 스피노자의 말처럼 아동들은 습관과 전통의 뜰을 통해 이성의 궁전에 들어갈 수 있고 또한 가야만 한다는 입장이다.

현대 인격교육론자들은 비판가들이 습관화를 모방, 반복, 그리고 강화를 통해 획득된 고정적인 행동으로서만 국한시켜 규정해 버리는 우를 범한다고 보았으며, 또한 습관화에는 인지적 · 정의적 · 행동적 영역이 통합되어 작용하고 있다고 주장한다. 습관화에 대한 비판가들의 전형적인 인식은 크게 다음과 같은 두 가지 문제를 안고 있다고 주장한다.

하나는 습관화가 지적 발달과 관련이 없다는 것이다. 그러나 반드시 그렇지만은 않다고 보았다. 어떤 습관의 형태들은 심사숙고와 융통성 혹은 적응성이 요구된다. 예를 들면, 어떤 유명한 축구 선수가 있을 때 그는 패스, 슛, 헤딩 등 고도로 세련된 기능들을 단순히 반복하여 익힌 결과로 그런 칭송을 받지 않는다. 오랜 동안의 연습 혹은 습관화는 그의 경기를 고정된 유형으로 단순화시키는 것이 아니라, 오히려 유연성과 융통성을 갖고 경기할 수 있는 능력을 증가시켜 준다. 습관화에는 이처럼 확장된 의미가 내재되어 있다는 것이다.

또 하나는 습관화가 감정(feeling)과 무관하다는 것이다. 전형적인 습관화의 개념은 감정의 역할을 철저히 무시하였다고 본다. 그리하여 습관은 전형적으로 감정 없이 수행되는 기계적인 반응으로 인식된다. 그러나 아리스토텔레스는 습관화를 좋고 또한 고상한 것에 대한 애정, 그리고 천하고 비열한 것에 대한 증오를 계발시키는 수단으로서 보았다. 아리스토텔레스는 이에 대해 "우리가 나쁜 일을 하는 것은 쾌락 때문이요, 우리가 고귀한 일을 멀리함은 고통 때문이다. 그러므로 플라톤이 말하고 있는 바와 같이 우리는 마땅히 기쁨을 느껴야 할 일에 기쁨을 느끼고 마땅히 괴로워해야 할 일에 괴로워할 줄 알도록 아주 어렸을 적부터 어떤 방법으로 교육을 받아야만 한다. 이것이야말로 참으로 올바른 교육"[19]이라고 하였다. 그가 실천을 통해 감정을 계발하려 했던 생각은 오늘날 아동들에게 훌륭한 문학이나 음악을 소개하려고 노력하는 부모들의 생각과 비슷하다는 것이다. 현대 인격교육론자들은 아동들이 감정을 세련화함으로써 선하고 정의로운 것에 대해 애착을 갖게 되는 것은 중요하며, 이는 궁극적으로 실천을 통해서 가능하다고 생각하였다.

둘째, 덕은 공동체적 삶의 태도이다. 현대 인격교육론자들은 많은 사람들이 습관화를 철저히 개인적 행동에 국한시켜 버린다고 비판한다.

많은 사람들은 습관화란 마치 좁고 똑바른 길 위를 걷는 것과 같은 것으로 인식한다는 것이다. 그러나 아리스토텔레스는 도덕교육을 시민교육과 동일하게 보았다. 공동선을 증진한다는 측면에서 이해했던 것이다. 자기 자신의 개선뿐만 아니라 타인들에 대한 관심에도 열중하는 것이다. 아리스토텔레스는 본질적으로 인간을 사회적 · 정치적으로 이해한다. 따라서 여러 가지 덕들은 그 자체로서 뿐만 아니라 전체로서의 소망스러운 삶의 발달을 위한 조건이라고 지적하였다.

끝으로, 덕은 중용이다. 도덕적 행위는 자발적 행위이고, 의식적으로 목적적인 행위이며, 자유롭게 선택한 행위이다. 그래서 이성과 도덕적 선은 불가분의 관계를 지닌다. 도덕적 행위는 마음이 올곧은 사람에 의하여 결정된다. 그에게는 모든 경우에 진리가 명백하게 나타난다. 이성이 언제나 욕망이나 정욕을 지배한다. 도덕적 덕은 영혼의 감정적 · 충동적 기능이 제대로 그 기능을 발휘할 때 나타난다. 즉 도덕적 덕은 신체적 욕구를 향하여, 두려움과 위험과 분노와 경제적 재화에 대한 욕망과 명예 등을 향하여 이성적 태도를 취하는 데 있다. 도덕적 덕은 단순히 모방, 반복, 강화에 의해 형성되고 오로지 기계적인 행동으로 나타나는 것이 아니다. 비록 습관에 의해 안정된 성향으로 자리를 잡고 있으나, 이성에 의해 그 기능을 발휘하는 것이다. 아리스토텔레스는 이 모든 개념을 다음과 같은 정의(定義)에 포괄한다. "덕이란 중용에서 성립하는 행위 선택의 성품이다. 이때의 중용은 우리와의 관계에 있어서의 중용이요, 이 중용은 이성적 원리에 의하여, 그리고 또 실제적인 지혜를 가지고 있는 사람이 그것을 결정할 때에 기준으로 삼을 원리에 의하여 결정되지 않으면 안 되는 것이다."[20] 즉, "덕은 중용이요 또 성품이며, 덕은 그 본성상 그것을 낳는 행위를 하게 하는 동향을 가지고 있으며, 덕은 우리의 힘의 범위 안에 있고, 유의적이며, 또 올바른 이치가 명하는 것을 따른다."[21]

# Ⅳ. 인격교육의 발달과정

## 1. 인격교육의 역사적 변천

최근에 미국을 중심으로 새로운 도덕교육의 움직임이 확산되고 있다. 쿤(T. S. Kuhn)의 표현을 빌리면, 도덕교육은 새로운 패러다임으로 전환되고 있다. 이러한 일련의 흐름에는 도덕철학의 새로운 동향, 즉 덕 윤리학의 부활이 중요한 동기가 되었다.[22] 도덕교육의 흐름을 주도하고 있는 미국의 경우를 중심으로 살펴본다.

미국에서는 적어도 19세기 말엽까지는 아주 세속적인 형태의 도덕교육이 시행되고 있었다. 이 시기의 도덕교육은 일종의 덕 교육이었다. 이의 대표적인 접근법으로는 덕목수합접근법(bag of virtues approach)과 권위존경접근법(respect for authority approach)을 들 수 있다. "덕목수합접근법은 1920년대에 인기가 높았던 것으로, 그것은 누구나 동의하리라고 생각되는 덕목들의 리스트를 만든 후 그에 따라 개인적 특성과 성품교육을 시키려는 것이었다. 또한 권위존경접근법은 기존의 권위, 규칙, 지역사회의 가치에 의한 도덕교육의 추진을 주장한 것이었다. 즉, 교육은 한 사회의 합법적 대표인 교육위원회에서 정해놓은 교육모형에 따라 교육을 추진하면 된다고 생각한 것이다."[23]

그런데 하트숀과 메이(H. Hartshorne & M. A. May)의 연구결과가 공표되면서 도덕교육에 있어서의 계몽주의적인 접근의 효율성에 대한 심각한 의문이 제기되었다. 즉, 이들은 사람에게 있어 정직 혹은 부정직하게 행동하도록 하는 것은 그 사람의 일반적 특성 혹은 인간됨이라기보다는 상황적 조건이라고 하였다. 그리하여 덕 중심의 도덕교육은 한동안 수면 하에 가라앉게 되었다. 그런 이후 1960년대 말에 이르러 콜버그(L. Kohlberg)를 중심으로 하는 인지발달 이론과 라스(L. E. Raths), 하민(M. Harmin), 그리고 사이몬(S. B. Simon)을 필두로 하는 가치명료화 이론이 등장하면서 도덕교육에 대한 새로운 관심이 고조되었다.

인지발달 이론은 도덕교육이 단순히 도덕적 가치를 주입시키고 모범사례를 보여주는 전통적인 형태에서 탈피하여 학생들로 하여금 보다 높은 수준의 도덕적 추론기능을 발달시키도록 하는 데에 그 주안점을 두어야 한다는 것이며, 가치명료화 이론은 일곱 단계의 가치화 과정[24]을 통해 학생들 스스로 그 자신의 가치를 명료화시키는 경험을 갖게 하는 데 초점을 두어야 한다는 데에 핵심이 있었다.

이러한 도덕교육의 입장은 기본적으로 아동들의 신체가 성장 혹은 발달하는 것과 같이 그들의 도덕적 성향 혹은 판단 또한 발달한다는 입장에서 출발한다. 루소(Rousseau)의 『에밀』(*Emile*)은 현대 도덕발달론자들의 교과서가 되는 셈이다. 이후 피아제(J. Piaget)가 아동들의 도덕판단에 관한 발달을 심리학적으로 연구하면서 그 이론적 기반을 다지게 되었다. 도덕 발달론은 이를 토대로 발전한 것이다.

도덕발달론자들은 기존의 전통적인 도덕교육을 "기계론적 모형"(mechanistic model)[25]이라고 비판하면서 아동 중심의 교육을 주장하였다. 곧 기존의 전통적인 도덕교육 접근법이었던 덕목 중심 교육을 일련의 정보(덕, 규범)를 학생들에게 일방적으로 전수하는 것으로 봄으로써 학생들을 기계적 정보 저장소로 취급한다는 것이다. 반면 도덕발달론자들은 급변하는 현대 사회와 예측하기 어려운 미래 사회의 특성은 그러한 정보들의 타당성에 의문을 제기하게 만들므로 도덕교육은 합리적인 가치판단을 내릴 수 있는 능력을 발달시켜야 한다고 주장하였다.[26]

이들에 따르면, 도덕교육의 유일한 목적은 학생들로 하여금 추상적인, 원리화된 도덕 추론의 수용 가능한 형식적 준거(formal criterion)를 획득하도록 하는 데 있다. 추론과 합리적 과정은 도덕교육의 증표가 되었다.[27] 따라서 이들은 교사가 아동들에게 사회적으로 승인된 도덕률이나 태도를 주입시키려는 시도에 대해 경계의 시선을 게을리 하지 않았으며, 가능한 한 아동들 자신의 자원(resources)에 기꺼이 맡겨야 한다고 주장하였다. 이들은 도덕교육이란 단순한 규칙준수 이상으로 나아가야 한다고 믿었다. 이들에게 도덕적 자율성은 중심적인 덕목이라 할 수 있다. 이와 같은 발달론자들의 주장은 학교에서 특정한 덕목이나 가치를 가르치려는 도덕교육은 교화라는 차원에서 잘못이라는 비판을 제기하는 결정적 계기가 되었다.

특히 인지발달론자들의 도덕교육론은 새로운 도덕교육의 패턴을 제시하게 되었다. 이들은 도덕교육의 구체적인 목적이 도덕적 추론의 '단계'를 상승시키는 것, 새롭게 획득한 보다 진보된 추론능력을 일반화시키는 것, 아동들이 일상생활에서 보다 발달된 추론을 실천할 수 있도록 하는 것 등에 있다고 보았다.[28] 이를 위한 최적의 교육방법은 가설적 딜레마를 중심으로 하는 토론이라고 하였다. 이러한 경향은 우리나라의 도덕과에도 영향을 주었다. 그 결과 우리나라의 도덕과는 제4차 교육과정 때부터 그 이론적 기저에 인지 발달론을 수용하게 된 것이다.

그러나 1980년대에 들어와 도덕교육의 지배적 패러다임이었던 도덕발달론, 즉 인지발달 이론과 가치명료화 이론은 서서히 변칙현상에 직면하기 시작하였다. 그 중에 중요한 것으로는 다음과 같은 두 가지를 들 수 있다. 하나는 도덕에 대한 회의주의로 빠지게 할 위험이 있다는 비판이었다. 이것은 개인의 도덕적 신념이 보다 높은 원리에 기초되어져야 한다는 요구가 매우 허약함을 지적한 것이다. 보다 높은 도덕적 원리라는 것이 무엇인가? 교육철학자들마다 각기 다른 입장을 나타내 보인다. 예컨대 콜버그는 정의(justice)를, 피터스(R. S. Peters)는 평등, 이익의 고려, 자유, 인간존중 등을 들고 있다.[29] 만약 학생들이 자신의 도덕적 신념에 대한 합리적 토대를 발견하는 데 실패한다면 어떻게 될 것인가? 즉, 그들이 도덕적이어야 하는 데 있어서 정당한 이유를 발견하지 못한다면 무슨 일이 일어나겠는가라는 것이 비판의 요지이다. 그리하여 도덕적 자율론자들을 비판하는 자들은 자율론자들의 입장이 "도덕적 회의론으로부터 불과 머리카락 굵기 정도의 거리만큼 떨어져 있을 뿐"[30]이라고 통박한다.

인지발달론자들에 대한 또 다른 비판은 이들이 도덕성의 개념을 지나치게 협소하게 규정하고 있다는 것이다. 비판자들의 관점에 따른다면,

도덕적 자율론자들이 지나치게 규칙이나 원리에 집착한 나머지 윤리적 삶의 다른 특징들, 특히 덕을 소홀히 하는 우를 범하였다는 것이다. 인지발달 이론에 입각한 도덕교육은 아동들에게 용기, 친절, 자기 통제, 신체적 욕망으로부터의 절제, 관대, 협동 등에 관해 아무 것도 말해주지 않는다는 것이다. 도덕교육은 갈등하는 주장, 권리, 그리고 이익들에 관한 딜레마를 해결하는 특정한 사고과정의 발달에 집중되었다. 그러한 도덕교육은 "도덕적 인간, 혹은 그들의 내적인 도덕적 존재의 조건, 그들이 언젠가는 소중히 할 도덕적 이상 등과는 관련이 없었다."[31]

이에 대해 길리간(C. Gilligan)은 콜버그의 이론을 자신의 권리를 주장하는 권리의 윤리(Ethics of right)라고 규정하면서 그것은 종국적으로 투쟁과 폭력을 동반하지 않을 수 없다고 경고하고 있다. 그녀가 자신의 권리를 주장하기에 앞서 자신의 책임을 먼저 고려하고 타인의 입장을 배려하는 비폭력의 윤리로서 '배려의 윤리'(Ethics of care)를 주장하고 나선 것도 도덕에 대한 인지발달론자들의 경직된 해석을 비판한 결과이다.[32]

인지발달론적 도덕교육을 비판하는 자들은 도덕적 생활이란 단순히 폭넓은 생각, 그리고 대안적인 도덕적 판단과 그들의 결과에 대한 검토를 요구하는 일련의 도덕적 딜레마들로 점철되는 것은 아니라고 본다. 오히려 도덕성이란 일상적 관계, 친구들 사이의 친밀한 관계, 지인(知人)들과의 우연적 만남, 낯선 자들과의 예상치 못한 상면, 일상적인 사무처리, 그리고 동료들과의 작업과 같은 특질에 의해 판단되어야 한다고 주장한다. 단순해 보이는 수많은 행위들이 도덕적 중요성을 갖고 있다고 믿는다. 공교롭게도 이러한 비판들은 덕 윤리학이 도덕철학의 영역에서 하나의 대안적 윤리론으로 자리잡기 시작한 시점과 맞물린다. 덕 윤리학은 앤스콤(G. E. M. Anscombe)이 1950년대 말에 제기한 현대 윤리학에 대한 비판을 기점으로 점화된 이후 1981년 맥킨타이어(A. MacIntyre)의 『덕 이후』(*After Virtue*)라는 저서가 발간되면서 일대 전환점을 맞게 된다. 그는 그 책에서 당시 유행하던 도덕철학들은 그 이론적 장치들을 변경해야만 한다고 제안하였을 뿐만 아니라, 덕 윤리학을 아리스토텔레스의 전통에 입각하여 하나의 독자적인 도덕 이론의 수준으로 끌어올렸다. 도덕교육은 이와 같은 윤리학에서의 이론적 흐름에 편승하게 된 셈이다.

그리하여 1990년대에 들어와 이러한 변칙현상들은 급기야 위기로 발전하면서 새로운 패러다임의 등장을 허용하고 말았다. 도덕교육의 새로운 패러다임은 '인격교육' 혹은 '덕교육'이라는 이름으로 그 모습을 드러내게 되었다. 이러한 현상이 일어나게 된 원인은 가정역할의 상대적 축소, 청소년들의 비도덕적 행동 증가, 전통적 가치의 붕괴에 따른 윤리적 가치들의 회복 필요성 등 도덕철학에서의 덕 윤리학의 등장배경과 맥을 같이 하고 있다. 즉 "어떻게 살아야 할 것인가?"라는 그리스 철학 이래의 화두(話頭)에 '덕'으로써 접근하려 하였던 것이다. 이러한 형태의 덕 윤리학이 새로운 도덕교육 패러다임의 이론적 기반을 제공한 것이다.

덕교육은 기본적으로 아리스토텔레스로부터 영향을 받았다. 그리하여 현대의 덕교육은 감정과 신체적 욕망과 같은 인간 본성의 생물학적 특징들로부터 시작하며, 그리고 교육자의 임무란 학생들이 그러한 것들을 바람직한 방향에서 형성할 수 있도록 돕는 것으로 이해한다. 예를 들면, 자제(self-control)의 덕을 배운다는 것은 언제 분노를 느껴야 하는지, 혹은 언제 그것을 적절한 행위로 표현해야 할 것인지, 어떤 경우에 어느 정도로, 그리고 어떤 사람에게 그래야 할 것인지와 같은 것을 학습하는 문제이다. 덕교육론자들은 이러한 덕은 각각의 경우들에 따라 융통성을 보이며 또한 지적인 조정을 필요로 하기 때문에 특정한 규칙에 얽매여서는 안 된다고 주장한다.

또한 현대의 덕교육은 도덕의 정당성을 규칙이나 원리에 따른 행위에서보다는 자신의 행복에 관한 보다 전체적인 모습과 관련시켜 이해한다. 인지발달 이론에 입각한 합리주의적 도덕교육이 개인에게 초점을 맞추고 개인이 도덕적으로 해야만 하는 바에 주목한 반면, 현대의 덕교육은 그 출발점을 정치 공동체의 윤리적 삶에 두고 있다. 그리하여 덕 교육론자들은 "학생들이 자신들의 가정과 아울러 보다 넓은 공동체에 침전되어 있는 전통 내에서 무엇을 해야 하고 느껴야 할 것인가의 민감성(subtleties)을 배워야 한다"[33]고 강조한다.

그러면 새로운 도덕교육 패러다임으로서의 '덕교육'이란 구체적으로 어떤 특징을 갖고 있는가? 이를 네 가지로 집약하여 제시해 본다. 첫째, 덕교육은 '행위'보다는 '행위자'를 문제 삼는다. 계몽주의의 전통을 이어받은 기존의 도덕교육 패러다임은 행위 중심이었다. 즉, 도덕적 원리에 입각한 행위에 관심을 갖는다. 반면, 아리스토텔레스의 전통을 계승한 덕 윤리학에 바탕을 둔 새로운 도덕교육은 우리가 어떤 종류의 인간이 되어야 하며 또한 어떤 종류의 삶을 살아야 하는가에 관심을 갖는다. 그것은 적어도 일차적으로는 우리가 어떤 행위를 해야 하는가를 묻지 않는다. 대신에 성품으로서의 덕을 의미하는 덕의 목록을 제시한다. 이 경우 덕의 내용은 그 사회 구성원들이 공유하는 그러한 가치들로 구성된다.

둘째, 덕교육은 도덕성의 요소인 인지적 · 정의적 · 행동적 요소들에 대해 통합적 접근을 취한다. 콜버그(L. Kohlberg)의 인지발달 이론과 라스(L. E. Raths) 등의 가치명료화 이론을 중심으로 하는 기존의 도덕교육은 도덕성의 인지적 측면을 강조하였다. 즉 기존의 패러다임은 삶의 과정에서의 '당위'의 결정은 원초적 본능이나 강화 등으로 형성된 연합의 단순한 산물이 아니라 규칙, 법, 원리들에 관한 이해를 통한 추론의 산물임을 강조함으로써 인지적 측면의 역할을 문제 삼는다.

그러나 새로운 패러다임으로서의 덕교육은 그러한 인지적 측면뿐만 아니라 정의적 · 행동적 측면을 모두 포괄하는 통합적 접근을 문제 삼는다. 왜냐하면 "도덕교육은 단순히 좋은 행동에 관한 이론만을 가르치는 것이 아니라 좋은 행동의 실천을 가르쳐야만 하기 때문"[34]이다. 유덕한 인간은 선을 알고 열망하며 행동하는 사람을 의미한다. 새로운 도덕교육은 유덕한 인간의 이러한 세 가지 조건을 통합적으로 계발하려는 접근이다.

셋째, 덕교육은 발달론과 사회화론의 절충적 입장을 견지한다. 인지발달론자들은 도덕규칙에 대한 맹목적인 순응으로부터 나오는 행위는 도덕적 행위라 볼 수 없다고 주장한다. 그들은 학생들에게 보다 높은 도덕적 원리에 입각하여 자율적이고 합리적인 판단을 내리는 능력을 발달시켜 주는 것을 주된 목표로 한다. 그러나 사회화론은 학생들로 하여금 자신이 속한 공동체의 규범을 익혀나가도록 함으로써 사회적 자아를 완성하게 하는 데 목표가 있다. 현대 덕교육은 이와 같은 두 입장을 절충하는 차원에서 접근한다. 덕교육은 관련된 지식과 이해의 습득을 포함하여 성향의 형성에도 관심을 갖는다. 이의 접근은 학교 전통의 역할, 모범에 의한 학습, 전교육과정의 공헌 등이 제시되고 있다.

넷째, 덕교육은 개인주의를 넘어서서 공동체주의와의 조화를 모색한다. 새로운 도덕교육의 패러다임은 자신의 권리와 타인들의 권리에 대한 인식과 함께 개인적 책임감을 획득하고 자신을 통제하는 습관뿐만 아니라, 자기 자신만이 아닌 타인들에게 봉사하는 것을 배우는 제도의 적극적 유지에 관심을 갖는다.[35] 그리하여 새로운 도덕교육의 패러다임은 자기중심주의에서 탈피하여 협동과 상호 존중을 지향하게 하고 공평함, 배려, 정당한 권위와 민주적 가치에 대한 존중에 근거를 둔 하나의 도덕적 공동체를 만들어 가려고 한다.

## 2. 현대 인격교육의 학문적 배경

현대에 이르러 도덕철학은 중요한 변화를 경험하였다. 덕 윤리학(virtue ethics)이라고 하는 것이 현대 윤리적 사조의 한 흐름으로 등장한 것이다. 그런데 사실 엄밀히 말한다면, 우리는 덕 윤리학이란 것을 새로이 등장하여 발달된 대안적 윤리론이라기보다는 오히려 도덕철학에서 오랫동안 소홀히 다루어져 오다 부활된 것으로 이해하는 것이 옳다.[36] 고대 그리스 철학에서는 덕(arete)이란 하나의 탁월성(excellence)이었으며, 그리고 윤리학은 성품(character)의 탁월성과 관련되었으므로 모든 윤리학은 곧 덕 윤리학이었다. 플라톤과 아리스토텔레스의 중심 논제가 덕의 문제였음은 주지의 사실이다.

오랫동안 수면 하에 침잠해 있던 덕 윤리학이 현대 도덕철학에서 부각되게 된 직접적인 계기는 앤스콤(G. E. M. Anscombe)이 「현대 도덕철하학」(Modern Moral Philosophy)이라는 논문을 통해 현대 윤리학을 비판하면서 비롯되었다. 그녀는 현대 윤리학이 인간의 윤리적 문제를 해결하는 데 한계에 이르렀다고 하면서 그 대안으로 덕 윤리학을 제시하였다. 앤스콤은 도덕의 기초를 '책무'(obligation) 혹은 '의무'(duty)와 같은 법칙주의적인 관념에서 확립하려 시도하는 것은 잘못이라고 믿었다. 거기에는 신성한 법 제공자의 존재에 대한 일반적 불신이 깔려 있었다.[37] 그 대안으로 "덕으로 회귀하자"는 명제를 제시하였던 것이다.

오늘날 덕 윤리학의 주된 관심사는 어떤 삶이 좋은(good) 삶인가, 덕은 좋은 삶에서 어떤 역할을 하는가, 도덕적 이유는 행위자들의 특수한 관심과는 별개의 것인가, 도덕적 합리성이란 보편적인가, 도덕은 일군의 규칙들을 벗어날 수 없는가, 유덕한 사람의 민감성은 윤리학에서 어떤 위치를 차지하는가 등이다. 이러한 문제들은 고대 그리스 윤리학의 핵심 과제였던 "우리는 어떻게 살아야 할 것인가?"(How should one live?)라는 물음으로 귀결될 수 있다. 이 물음에 대해 소크라테스, 플라톤, 아리스토텔레스 등 세 사람 모두 "덕스럽게"(virtuously)라는 대답을 믿었다. 그것이 고대나 현대의 덕 윤리학의 토대를 이루고 있다.

따라서 우리가 앤스콤 이후의 현대 덕 윤리학을 이해하기 위해서는 우선 그의 모태가 되고 있는 고대의 덕 윤리학을 검토해 볼 필요가 있다. 여기에서는 고대 덕 윤리학의 정설이라 할 수 있는 아리스토텔레스의 덕에 관한 입장을 간략히 정리해 본다.[38] 우리는 그의 덕론을 다음과 같은 네 가지 특징들로 집약해 볼 수 있을 것이다. 첫째, 덕은 옳은 이유의 명령과 일치하여 행위할 뿐만 아니라 판단하고 느끼는 성향이다. 그리고 덕의 실천은 '행복'(eudaimonia)한 삶을 위해 요구되며, 그것의 성취는 곧 인간의 '목적'(telos)이다. 둘째, 덕은 두 부류로 구분된다. 단지 교육을 통해 획득되어지는 것으로 철학적 지혜나 이해력, 실제적 지혜와 같은 지적인 덕이다. 그리고 영혼의 합리적인 것과 무관한 부분의 탁월성으로서 이성에 복종적이며 단지 습관과 훈련을 통해 획득되는 도덕적 덕이다. 도덕적 덕으로부터 일어나는 옳은 행위는 지적 판단의 덕을 필요로 하며, 그리고 지적 판단은 거꾸로 도덕적 덕을 요구한다. 셋째, 실천적 지성(practical intelligence, phronesis)은 지적인 덕과 도덕적인 덕을 통합하는 핵심적 덕이다. 즉, 대표 덕(master arete)이다. 실천적 지혜는 모든 종류의 올바른 행위를 낳으므로 그것을 소유하기 위해서는 우리는 모든 도덕적 덕을 소유해야만 한다. 도덕적 덕들은 우리들을 올바른 목적으로 이끌고, 반면에 실천적 이성은 우리들로 하여금 올바른 중용을 선택할 수 있도록 한다. 넷째, '행복'의 삶이 영위되어질 수 있는 것은 오로지 '폴리스' 내에서이며, 따라서 덕들이 실천되어지는 것은 폴리스의 삶의 '내'에서, 그리고 폴리스의 삶을 '통해서'이다. 더 나아가 폴리스에 의해 제공된 교육 외에는 인간 존재는 덕에게 요구된 합리성을 발휘할 수 없다. 따라서 그러한 교육을 받지 못한 인간들은 본성적으로 덕을 발휘할 수 없다.

현대 덕 윤리학은 위에서 검토해 본 아리스토텔레스의 덕론을 근간으로 한다. 그리하여 인간에게 요구된 '행동'이 무엇인가의 측면보다는 어떤 방식이든 실제적으로 요구된 행위에 대해 제시된 '이유'의 측면에서 윤리이론을 전개하고자 한다. 우리가 어떤 행동을 해야 하는가보다는 왜 우리가 그 행위를 해야 하는가의 측면에서 접근하고자 한다. 이를 좀 더 구체적으로 살펴본다.

현대 윤리학은 우리로 하여금 특정한 행위를 하게 하는 이유는 친절이나 용기와 같은 특성들로부터 비롯된다고 본다. 현대 덕 윤리학의 이러한 입장은 의무론(deontology) 혹은 칸트주의(Kantianism)와 결과론(consequentialism) 혹은 공리주의(utilitarianism)와의 차별성을 부각시켜 놓는다. 예컨대, 칸트주의자들은 "내가 진실을 말하고 있는 이유는 그렇게 하는 것이 정언명법(categorical imperative)과 일치하기 때문이다"라고 주장한다. 또한 공리주의자들은 "내가 진실을 말해야 하는 이유는 안녕이나 유용성 때문이다"라고 주장한다. 이러한 주장들은 둘 다 모두 '정직'하다는 것과는 아주 다른 행위의 특성들이다. 반면에 덕 윤리학은 의무론이나 공리주의에서 벗어나 덕이라는 관점에서 접근한다. 어떤 사람들은 그런 점에서 덕 윤리학을 현대의 제3의 윤리 이론이라고 말한다.

현대 덕 윤리학은 기본적으로 도덕에 관한 문제를 권리의 문제라기보다는 선과 관련된 문제로 인식하며, 또한 그럼으로써 원리(principles)나 규칙(rules)보다는 도덕적 덕에 비중을 두고 있다. 도덕적 덕은 윤리적 원리에 우선하는 것으로서 단순히 행위를 위한 도구적 관점으로서가 아니라 선한 삶을 구성하는 근본적 가치로서 간주된다. 더 나아가 윤리적 평가에서 한 행위자의 도덕적 질은 행위자의 행동 그 자체에 우선하여 주목을 받는다.[39]

여기에는 규칙중심적 혹은 의무중심적 윤리론이 바람직한 공동체의 선결조건이라 할 수 있는 구성원들 간의 도덕적 유대와 가치관의 통일을 저해한 나머지 공동체를 파편처럼 조각내 버렸다는 인식이 크게 작용하였다. 달리 말한다면, "공리주의와 칸트주의는 그들이 내세우는 원리나 규칙의 비인격성(impersonality)과 불편부당성(impartiality)을 통해 도덕적 행위자들의 본래의 모습(integrity)을 파괴한다"[40]는 것이다. 유용성의 원리나 칸트식의 정언명령에 따른다면, 도덕적 이유들은 보편적인 것으로서 행위자들의 욕망과는 독립적이다. 예를 들어, 우리가 병원에 입원해 있는 한 친구를 방문했다고 가정해 보자. 우리가 병문안을 간 이유에 대해 칸트식의 해석은 '도덕법칙이 나로 하여금 가게 하였다'는 것이며, 공리주의적 해석은 '그것이 보다 많은 유용성을 가져다 준다는 규칙에 맞기 때문이다'라는 것이다. 자기가 특히 좋아하는 친구에 대한 우정이나 친절과 같은 특성들은 전혀 주목을 받지 못한다. 도덕적 행위에 대한 이유의 정당성이 지극히 비인격적이다.

우리는 이에 대한 현대 덕 윤리학적 관점의 비판을 맥킨타이어(A. MacIntyre)의 입장을 통해 살펴볼 수 있다.[41] 그는 규칙 중심 혹은 의무 중심의 윤리학이 도덕의 발원을 인간의 다양한 삶을 하나의 보편적 진리로 환원하고자 하는 객관주의에서 찾으려 한다고 비판한다. 그리하여 그는 그러한 윤리학이 우리가 구체적 삶을 영위하는 지금과 이곳, 즉 시간과 공간을 초월한 인간 본성을 전제하고, 이 전제로부터 보편적 행위규범을 이끌어 내려는 잘못을 저지르고 있다고 보았다. 그러면서 그는 도덕의 정당성을 전통에 근거지운다. 그는 역사적으로 형성된 공동체적 삶으로부터, 즉 맥락적으로 도덕을 이끌어내고자 하였다. 오늘날 우리 인간이 도덕의 위기에 봉착한 까닭은 비인격적 · 불편부당(不偏不黨)적 원리의 절대화에 기인한다고 본다. 도덕의 위기는 덕의 회복을 통해서 가능하다고 보았다. 도덕이 비인격적 원리에 기반을 두고 있다면, 덕은 구체적 · 역사적 삶에 침전된 인격적 규범을 토대로 한다. 도덕이 모든 사람에게 보편적인 특성을 정당화의 근거로 내세운다면, 덕은 '지금 그리고 여기에' 에 살고 있는 사람들에게서 그 정당성을 찾는다.

현대 덕 윤리학은 역사적으로 결정된 사회적 공동체 속에서 실제적인 형태를 항상 취하고 있는 도덕의 제도(institution)를 강조한다. 맥킨타이어를 비롯한 현대 덕 이론가들은 인간 삶의 현상들 중에서 도덕적 가치의 다원성에 주목하였으며, 그러한 가치의 실제적 의미를 역사적으로 결정된 공동체의 삶의 한 부분(그 공동체의 사고방식 및 사회적으로 결정된 관습)으로서 이해하고자 하였다. 그러므로 우리가 도덕을 이해하려면 그 공동체의 전통적 배경과 각기 서로 다른 개별적 인간의 삶의 배경 등 넓은 구조의 배경을 고려하여야 한다. 만약 우리가 윤리적 문제들을 어떤 하나의 원리 혹은 가치에 입각하여 해석하려 한다면 도덕의 진정한 본질을 이해하지 못하게 된다는 것이다. 그리하여 현대의 덕 윤리학은 도덕적 인간의 개념을 공동체 속에 포함된 개별적 인간에 관한 이야기의 형태 속에서 이해하려 한다. 그 이야기는 그 사람의 통일성과 연속성의 두 측면을 제공한다. 그것은 한 사람의 과거 · 현재 · 미래를 서로 연관시킨다. 그 결과 도덕적 인간에 관한 개념은 인간 삶의 모든 측면을 포괄하는 것으로 확장된다.[42] 결국 인간은 사회적으로 공유된 관습과 신념체계에 의해 이해되어지고 구조화되어진 전체적인 삶의 이야기로 이해된다.

그러나 현대의 덕 윤리학은 극복해야 할 과제를 안고 있는 것도 사실이다. 그것은 상대주의(relativism)이다. 현대 덕 윤리학은 윤리적 가치의 다원성이 존재한다는 관점을 표방한다. 하나의 상위적인 도덕적 가치의 범주로 수렴되어질 수 없는 선의 다원성이 존재한다는 것이다. 각각의 선은 그 나름대로 가치로우며, 그리고 다른 선으로 대치 불가능할 뿐만 아니라 어떠한 선의 박탈 혹은 상실은 또 다른 선에 의해 보상되어질 수 없다는 입장이다. 이에 대해 어떤 이론가는 "현대 도덕철학에 덕 윤리학이 제3의 윤리론으로 등장한 이래 지역 · 특별 대 보편, 일반 대 특수, 추상 대 구체, 개별 대 공동, 명료 대 불명료, 변화 대 전통, 공평 대 편당(偏黨)의 문제들이 부각되었다"[43]고 지적하였다. 현대 덕 윤리학은 이러한 상대주의의 문제에 대해 보다 설득력 있는 담론을 제시함으로써 이를 극복해야 할 것이다.

# V. 도덕교육 전략

## 1. 현대 인격교육의 의미

오늘날의 학생들은 미래의 지도자들이자 또한 시민들이다. 만약 학교가 학생들로 하여금 높은 인격을 지니도록 교육한다면 우리나라는 결국 높은 인격의 국가가 될 것이다. 또한 "학교 인격교육의 많은 이익들 중의 하나는 학업성취가 훌륭한 행동과 더불어 나타난다는 것이다."[44] 그런 점에서 학교 인격교육은 현대에 와서 많은 관심을 받는다. 우리가 현대 인격교육의 개념을 이해하기 위해서는 그와 관련된 용어들의 의미를 검토해 보고 또한 학교 교육의 역사적 흐름을 살펴보아야 할 필요성이 있다. 그럼으로써 우리는 인격교육이란 용어가 지니고 있는 본래의 의미와 함께 시대적 흐름을 거치면서 내포하게 된 사회적 성격을 함께 읽어낼 수 있다.

윤리(ethics), 도덕(moral), 가치(values), 그리고 인격(character)이란 용어는 비록 약간씩 서로 다른 의미를 함축하고 있으나 공통적인 전통으로부터 나온 것이다. "윤리는 옳고 그름에 관한 탐구와 그에 대한 교수에 대해 언급한다. 도덕은 개인적인 행동에 대해 언급하고, 또한 가치가 내포된 이슈들 중에서 의무와 책임에 주로 관심을 갖는다. 가치는 개인들이 지니고 있는 일반적인 이상(理想)으로서 행위의 선택을 결정하게 해준다. 인격은 한 사람의 윤리적 결정과 관련된 행위들에 영향을 주는 신념과 가치들의 조직화된 체계(organized set)이다."[45]

이러한 정의들은 인격교육의 다양한 접근법들 속에 반영되어 있다. 윤리교육은 학생들로 하여금 윤리적 결정과 관련되어 있는 갈등들을 해결하는 데 도움을 제공하는 것과 관련된다. 가치교육은 인간 행위를 안내해 주는 근본 원리들 혹은 이상들의 확인을 강조한다. 도덕교육은 옳은 것(무엇이 옳은가)에 관한 판단의 발달과 관계되고, 또한 옳게 행동하는 것(실천)에 깊은 관심을 기울인다. 인격교육은 개인적 성숙에 공헌하는 그러한 문화적 전통들을 전수하는 것과 관련된다.

그러나 이 용어들은 시대에 따라 그 쓰임의 빈도나 강도에서 많은 차이를 보이고 있다. 그러한 차이는 새로운 교육운동으로서 자리매김하고자 이전 시대에 사용되고 있던 용어와의 차별성을 의식한 면과 더불어, 교육활동의 본질에서 앞에서 언급한 미세하지만 중요한 차이들이 존재하기 때문으로 이해된다. 따라서 현대 인격교육의 의미도 교육활동의 본질적 측면과 역사적 과정에서 불가피하게 함축하게 된 성격을 함께 고려하여 검토해 보아야 한다.

오늘날 학교에서 시행되고 있는 인격교육의 개념은 1920년대와 1930년대 무렵 미국 사회의 도덕적 피폐에 자극을 받고 시행되었던 교육에 근원을 두는 것으로, 따라서 그 개념에 있어서는 당시의 인격교육과 매우 흡사하다.[46] 그러나 당시의 인격교육은 하트숀(H. Hartshorne)과 메이(M. A. May)의 연구(1927~1930)에 의해 공립학교에서 급속도로 사라지게 되었다. 그들의 연구에 따르면, 학교의 교육적 노력에도 불구하고 가치들은 실제 생활장면에서 개인들의 행동 선택을 예견하지 못한다. 달리 말하면, 개인들의 실제적인 행동은 그들이 가치에 관하여 어떻게 교육을 받았던 그와 무관하게 상황적으로 남아 있다는 것이다. 가령 정직에 관하여 교육을 받았다 하더라도 어떤 상황에 따라 부정직한 행동을 할 수 있는 여지는 여전히 남아 있다는 것이다. 따라서 가치에 관한 교육의 실효성에 강한 의문이 들게 되었고, 이는 학교 인격교육의 무용론으로 치닫게 되었던 것이다.

현대의 인격교육 이론과 1920년대의 그것이 갖는 유사점은 문학이나 역사에서 훌륭한 모델을 발견하고, 정직한 사람, 정의로운 사람 등등이 무엇을 의미하는지에 관한 이야기들을 학생들에게 강조하는 것이다. 그러나 두 인격교육간의 가장 중요한 질적 차이는 오늘날의 프로그램들이 잠재적 교육과정의 역할과 학교 분위기의 중요성에 관하여 더욱 강조하고 있다는 점이다. 이에 관하여 레밍(J. S. Leming)은 "1920년대와 1930년대의 접근법들은 교사중심적이었고 설교적이었다. 이러한 초기 접근법들은 아동들이 무엇을 배우고 어떻게 그것을 학습하는가에 관한 간접적 영향에 많은 관심을 기울이지 않았다"[47]고 지적하면서, 하트숀과 메이의 연구로부터 나온 하나의 핵심적인 충고는 인격을 가르치는 간접적인 방법들이 설교적인, 직접적인 방법들보다 더욱 유용하다는 점을 제시해 준 것이라고 하였다.

1960년대와 1970년대에 교육자들은 '도덕교육'과 '가치'의 습득에 관하여 관심을 가졌다. 그런데 오늘날의 인격교육 주창자들은 이전의 교육활동과의 차별성을 부각시키기 위하여 과거 1960·1970년대에 사용되었던 용어와 다른 용어를 심사숙고하여 선택하였다. 현대 인격교육 주창자들은 학생들에게 도덕적 추론을 발달시키거나 혹은 가치를 명료화하는 교육적 접근을 잘못된 것으로 인식하는바, 그러한 접근들과 자신들의 활동을 구분하고자 하였던 것이다. 그 결과 그들은 자신들의 열망을 전달하는 의미적 수단으로서 '인격교육'(character education)이란 용어를 사용하게 되었다.

현대 인격교육 주창자들은 '가치'라는 용어의 사용을 회피하면서 '덕'(virtues), '삶의 기능'(life skills), '시민으로서 갖추어야 할 기능'(citizenship skills) 등의 발달을 강조한다. 그들이 가치라는 말을 잘 사용하지 않는 까닭은 만약 이 용어가 사용되면 학교나 교육구(敎育區 ; district), 그리고 지역공동체에서 정치적 분란이 일어날 가능성이 있기 때문이다. 그들은 학교에서 가치를 논의하게 되면 누구의 가치를 가르쳐야만 하는가의 문제가 등장하게 되고, 또한 반갑지 않은 공적 반론이 제기되거나 혹은 진행중인 프로그램이 조기에 막을 내려야만 할 가능성이 있다는 것을 지난 1920년대 이후 1960 · 1970년대에 이미 경험하였던 것이다.

그러면 오늘날 형태에서 인격교육이란 과연 무엇을 의미하는가? 이상하게도 어떠한 표준적인 정의가 없다. 인격교육을 정의하는 사람 수만큼 그 개념도 각양각색이다. 어떤 이들은 시민성(citizenship)에 초점을 둘 것을 주장하거나 혹은 보다 넓게 학교에서 일어나는 모든 것들에 초점을 두어야 한다고 주장하기도 한다. 또 어떤 이들은 주로 학교 분위기와 환경에 초점을 맞추거나 혹은 학생들을 인격특성의 목록에 입각하여 교육시키는 데 중점을 둔다. 록우드(A. T. Lockwood)는 이처럼 다양한 인격교육자들의 입장들을 종합하여 잠정적으로 그 개념을 "인격교육이란 그 행동을 직접적으로 나타내 보일 것으로 믿어지는 비(非)상대적인 가치들을 분명하게 가르침으로써 학생들의 행동을 직접적 · 체계적으로 형성시키기 위해 다른 공동체와의 협력 속에서 학교가 주도가 되어 작성한 계획된 프로그램"[48]이라고 정의하였다.[49]

인격교육자들은 비록 많은 측면들에 관하여 논쟁을 벌이고 있지만 적어도 다음과 같은 두 가지 기본적인 목적과 신념에 관해서는 의견의 일치를 보고 있다. 하나는 학생들에게 도덕적 덕을 가르치면 그들은 도덕적 행동을 할 것이라는 점이요, 또 다른 하나는 결코 윤리적 상대주의를 받아들일 수 없다는 점이다. 이를 차례로 검토해 보자.

인격은 흔히 성실, 정직, 용기, 진실 등과 같은 용어들로 정의된다. 만약 이들 특성들이 일상의 삶에서 끊임없이 실천되어진다면 우리는 그것들을 덕이라 부른다. 인격이란 이들 덕들로 구성된다고 본다. 라이언(K. Ryan)은 인격교육이 특정한 일군의 옳은 신념들을 획득하는 것이 아니라 다름 아닌 덕을 계발시키는 것에 관심이 있어야만 한다고 주장하였다. 달리 말하면, "인격교육은 무엇이 옳고 그른가에 관한 것보다는 넓은 의미로서의 덕의 형성에 관심을 갖는다"[50]는 것이다.

인격교육론자들은 덕이 가정, 학교, 그리고 공동체에서 교육을 통해 조장되어질 수 있다는 입장을 기본적으로 견지하고 있다. 학생들로 하여금 문제에 직면하고, 해결책을 제안하고, 그런 이후 건설적인 행위를 취하도록 돕는 데 공헌하는 그러한 조건들을 제공하는 것이 교육자들의 책임이라고 본다. 학교 교육만으로는 학생들의 바람직한 인격을 형성시키는 것이 어렵다고 인정한다. 그리하여 인격교육 동반자로서 부모와 지역공동체의 적극적 참여를 호소한다.

현대 인격교육 이론의 핵심은 가치와 행동 사이의 연계에 있다. 그러나 이 연계가 경험적으로 입증될 수 있는지의 여부는 논쟁적이다. 분명히 가치와 행동 사이의 관계를 검토하였던 고전적인 경험 연구는 그 상관관계를 발견하는 데 실패하였다(Hartshorne & May ; 1927~1930). 그럼에도 불구하고 인격교육 옹호자들은 흔히 폭력, 테러, 약물 남용 등 현대 사회의 도덕적 난잡 상황을 지적함으로써 인격교육의 정당성을 주장한다. 그들은 이러한 상황을 교정하고 학생들을 도덕적으로 성장하도록 하기 위해서는 무언가가 행해져야만 한다고 주장한다. 그들은 그 무엇이란 "공립학교에서 부모들과 공동체가 함께 참여하여 학생들에게 심사숙고한, 그리고 권위적인 방식에서 가치들을 주입(inculcation)하는 것이라고 믿고 있다."[51]

그들은 좋은 가치와 친사회적 행위 사이의 상관관계를 확고하게 믿는다. 다시 말하면 학생들에게 좋은 가치들을 가르치면 그들은 친사회적 행동을 한다는 것이다. 따라서 비록 인격교육의 목적에 대해 다양한 입장들이 존재하나, 인격교육자들이 그 목적에 대하여 공유하는 하나의 공통분모는 일상 수준에서는 학생들로 하여금 무례한 행동을 줄이고 예의바른 행동을 하도록 변모시키는 것이며, 보다 큰 규모에서는 학생들로 하여금 다양한 상황에서 친사회적인 그리고 '도덕적인' 행동을 취하도록 그들의 행위를 변모시키려고 노력한다는 것이다. 그럼으로써 궁극적으로는 개인에게 도덕적 덕들을 함양시켜 바른 인격을 갖추도록 돕고, 또한 사회의 비도덕적 현상을 퇴각시켜 건전한 사회를 재건시키고자 하는 것이다.

또한 그들은 윤리적 상대주의에 대해서 부정적인 입장을 견지한다. 그들은 가치 명료화, 콜버그, 도덕적 딜레마 토론 접근법 혹은 도덕적 추론 접근법에 대해 부정적으로 언급한다. 그들은 가치 명료화가 윤리적 상대주의를 유발시켰으며 친사회적 행동이나 '좋은' 행동을 산출하지 못하였다고 비판한다. 또한 도덕적 딜레마 접근법과 콜버그에 대해서도 비슷한 비판을 가한다. 그들은 딜레마란 인공적으로 고안된 것이며 궁극적으로는 무용지물이라고 규정하고, 그런 방식들은 학생들로 하여금 도덕적 선택과 딜레마를 제시한 상황들을 통해 추론하도록 요구하기 때문에 가치 명료화와 같이 윤리적 상대주의를 조장시킨다고 비판한다. 현대 인격교육론자들은 구체적이고 명백한, 그리고 실체적인 일군의 옳고 그른 가치와 행위들이 존재한다는 것을 믿는다. 학교는 그러한 가치와 행위들을 가르쳐야 한다는 것이다.

## 2. 인격교육의 원리

"전통적인 교육의 기본적인 전제는 '모든' 교사가 도덕교사이다. 이러한 전제는 두 가지 방식으로 해석될 수 있다. 모든 교사는 도덕교사 '여야만 한다'(should)는 것과 모든 교사는 의도하든 안 하든 도덕교사 '이다'(is)라는 것이다."[52] 곧, 이것은 '당위'와 '사실'을 함축하고 있다. 이런 맥락에서 현대 인격교육을 주창하는 자들은 오늘날 학교 교육이 학생들의 인격적 성장에 주된 관심을 기울여야만 하는 정당성으로 다음과 같은 세 가지 측면을 제시하고 있다.

첫째, 역사적 정당성이다. 역사적으로 학교는 인격교육을 기본적인 과업 중의 하나로 여겨왔다는 것이다. 여기에는 우리가 바른 마음, 가슴, 그리고 의지를 갖춘 참다운 인간으로서 좋은 인격을 필요로 한다는 점과

학교는 좋은 인격의 밑바탕을 이루는 가치들을 공표하고, 가르치고, 칭송하고, 그리고 강조하는 적절한 기관이라는 인식이 깔려 있다. 즉 인격을 가르치고 배우는 데 있어서 최적의 장소는 학교이며, 역사적으로 학교는 그러한 임무를 꾸준히 수행해 왔다는 점이다.

둘째, 본질적 정당성이다.[53] 가치에 관한 논의는 교육활동의 본질적인 측면에 해당된다는 것이다. 사실, 학교 교육에서 가치가 배제된 활동은 상상하기 힘들다. 학교에서 적용되고 있는 모든 규칙들은 가치를 반영한다. 교사들이 학생들을 다루는 방식 또한 가치를 반영한다. 학생들이 학교 교칙을 준수하거나 문제점에 관하여 토론하는 것 역시 가치를 논하는 것이다. 학교에서 일어나고 있는 학생들과 교사들 간의 상호작용 행위는 거의 예외 없이 가치를 머금고 있다. 가치를 회피한 채 교육을 한다는 것은 불가능한 일이다.

끝으로, 사회적 정당성이다. 인격교육은 도덕적인 사회를 구축하는 데 있어서 가장 기본이 된다는 것이다. 현대 사회는 심각한 도덕적 문제로 고민에 싸여 있다. 오늘날 청소년들이 드러내 보이고 있는 대표적인 도덕적 문제들[54]로는 (1) 폭력의 급증, (2) 부정직의 증가, (3) 부모, 교사, 그리고 다른 합법적인 권위자들에 대한 존중의 약화, (4) 동료들에 대한 잔혹성의 증대, (5) 범죄의 증가, (6) 언어의 저속화, (7) 노동 윤리의 쇠퇴, (8) 자기 중심성의 증가 및 개인적인 그리고 시민으로서의 책임감의 저하, (9) 조숙한 성행위, 약물 남용, 그리고 자살과 같은 자기 파괴적 행위의 증가, (10) 윤리적 문맹의 증가, 즉 황금률과 같은 기본적인 도덕적 지식에 관한 무지, 그리고 별다른 생각 없이 자기 자신이나 타인들에 대해 유해한 행위를 가하는 것 등이다. 인격교육은 이러한 도덕적 문제들을 근원적인 차원에서 치유해 갈 수 있는 토대를 제공해 준다는 점에서 정당성을 확보하고 있다.

그러나 인격교육에는 어떤 정해진 하나의 형식이나 방법이 존재하지 않는다. 인격교육은 덕들을 계발하는 데 주요 목적이 있는데, "덕들은 느낌, 욕망, 감정, 지각, 이성, 판단, 자기 결정, 의지, 행동, 동기와 관련된다는 점에서 복합적이다."[55] 따라서 매우 광범위한 재료, 테크닉, 그리고 전략들을 사용하는 것이 오히려 바람직하다. 그런 맥락에서 인격교육을 계획하고 또한 프로그램과 자료를 평가하는 데 있어 적용되어질 수 있는 여러 가지 원리들이 존재한다.

우리나라의 도덕교육은 미국을 중심으로 한 현대 인격교육과 매우 흡사하다. 이는 현대 인격교육 이론가의 한 사람인 나딩스(N. Noddings)가 "도덕교육이란 도덕적 인간을 양성하는 데 초점을 두는 교육의 형식일 뿐만 아니라 목적, 정책, 그리고 방법에서 도덕적인 교육을 의미한다"[56]고 말한 데서 잘 나타난다. 따라서 인격교육의 원리들은 그대로 우리나라 도덕교육의 접근을 위한 길라잡이로 활용될 수 있을 것이다.

다음의 원리들은 리코나(T. Lickona), 샵스(Eric Schaps), 그리고 레위스(C. Lewis) 등이 제시한 효과적인 인격교육의 원리들과 버렛(K. Burrett)과 러스낵(T. Rusnak)이 제시한 인격교육의 원리들을 종합한 것이다.

① 인격교육은 훌륭한 인격의 기초가 되는 핵심적인 윤리적 가치들을 계발시킨다.[57]
② '인격' 은 사고(thinking), 감정(feeling), 그리고 행동(behavior)을 포함하여 광범위하게 정의되어져야 한다.
③ 효과적인 인격교육은 모든 학교생활의 영역에서 핵심가치들을 계발시키는 의도적인, 행동지향적인, 그리고 포괄적인 접근을 요구한다.
④ 학교는 배려공동체가 되어야 한다.
⑤ 학생들은 인격을 발달시키기 위해 도덕적 행위를 직접 실천할 기회가 필요하다.
⑥ 인격교육은 학생들의 학업성취를 돕는 도전적인 교과 교육과정을 포함한다.
⑦ 인격교육은 학생들의 내적 동기를 발달시키기 위해 노력해야만 한다.

⑧ 인격교육은 앎과 행동 사이를 연계하는 인격의 정의적 영역을 강조한다.

⑨ 학교 교사들은 모두 인격교육에 대한 책임을 공유해야 한다. 그들은 학생들로 하여금 핵심 가치들을 고수하도록 시도하는 학습 및 도덕공동체를 유지해야만 한다.

⑩ 인격교육은 교사들과 학생들 모두로부터 도덕적 솔선을 요구한다.

⑪ 학교는 부모와 공동체 구성원들로 하여금 학생들의 인격형성을 위한 책임 있는 동반자로서 참여하도록 장려해야 한다.[58]

⑫ 인격교육의 평가는 도덕공동체로서의 학교, 인격 교육자로서의 교사들의 기능, 그리고 좋은 인격으로서의 학생들의 성품을 측정해야 한다.

한편, 학교에서 인격교육 프로그램을 구안하고자 할 때 우리는 다음과 같은 다섯 가지 사항들을 프로그램의 준거로 활용할 수 있다.[59]

첫째, 인격은 책임 있는 행동을 통해 발달한다. 만약 좋은 행동이 인격발달에 공헌한다면 교육환경은 인지적 영역뿐만 아니라 행동적 영역을 포함하는 도덕적 · 윤리적 이슈들을 제공해야만 한다. 인격교육 프로그램은 학생들로 하여금 학교와 공동체에서 의미 있는 문제들에 직면하도록 하고, 상상적인 해결책들을 제안하며, 그리고 그러한 해결책들을 실천하는 활동과 행위에 개입할 수 있도록 구성되어야 한다.

둘째, 인격은 상호작용을 통해 발달한다. 학생들은 친구, 교사, 그리고 지역사회 구성원들과 상호작용을 하는 과정을 통해 인격을 점차적으로 발달시킨다. 사회는 개인을 형성시키는 반면, 각 개인은 도덕적 행동을 통해 사회를 형성할 능력을 갖는다. 따라서 인격교육 프로그램은 우리의 사회적 · 문화적 · 생태학적 환경의 도덕적 및 윤리적 영역들과의 상호작용에 초점을 둘 필요가 있다.

셋째, 인격은 전 퍼스낼리티(whole personality)를 통합한다. 인격교육은 학생들로 하여금 강한 도덕적 정체감을 형성시키도록 돕는다. '나는 도덕적인 사람이다' 라는 정체감은 도덕적 실천과 행위의 주요 원천이 된다. 학교의 인격교육 프로그램은 이러한 도덕적 자아를 성장시키기 위한 충분한 활동들과 경험들을 제공할 수 있어야만 한다.

넷째, 좋은 행동에 대한 정적 강화와 좋은 행동을 실천할 경우 이에 대한 보상을 제공할 수 있으면 더욱 효과를 발휘할 수 있다. 인격교육은 좋은 가치와 친사회적 행동의 연계를 기본적으로 가정하고 있다. 학생들이 바람직한 가치를 습득하게 되면 친사회적인 행동을 할 것이란 믿음이 깔려 있는 것이다. 앎과 행동 사이의 괴리를 좁히고, 일관된 실천으로 덕의 상태에 이를 수 있게 하는 효과적인 수단은 적절한 강화와 보상이다. 인격교육 프로그램은 이러한 강화와 보상을 제공할 수 있는 기회를 내포하고 있어야만 한다.

끝으로, 인격은 일관된 행동유형들을 포함한다. 시간의 흐름과 관계없는, 그리고 환경의 변화와 무관한 일관된 행동은 훌륭한 인격의 하나의 지표가 된다. 인격교육 프로그램은 학생들이 일군의 긍정적 가치들을 스스로 실천하고 그리고 일관되게 행동하는 것을 도울 수 있도록 구안되도록 해야 한다.

## Ⅵ. 이론에 대한 비평

현대 인격교육 운동은 무엇보다 학교 교육의 관심을 학생들의 '행동' 에 집중하도록 하는 계기를 제공하였다는 점에서 긍정적인 평가를 받는다. 레밍(J. S. Leming)에 따르면, 질 높은 교육의 요체는 학생들의 행동에 관심을 갖는 것이다. 질 높은 교수는 학생 행동에 의존한다. 이러한 논증의 핵심에는 "학생들이 어떤 방식에서 행동하지 않는 한 학교는 결코 그 기능을 발휘하지 못하고 있다"[60]는 신념이 깃들여 있다. 인격교육 운동은 도덕적 추론의 발달에 초점을 두었던 방식에서 탈피하여 행동변화에 보다 많은 관심을 기울였다. 특히 현대 사회의 도덕적 쇠락 증세와 관련하여 청소년들의 도덕적 행동을 변화시키려는 노력을 기울임으로써 학교 교육의 방향 설정에 많은 공헌을 하였다.

그러나 현대 인격교육 운동은 이에 못지 않게 중요한 결점을 노출시키고 있다. 이는 다음과 같이 네 가지로 요약될 수 있다.

첫째, 경험적 연구를 통한 검증이 부족하다는 점이다. 경험적 연구는 오늘날의 인격교육 운동의 성과를 되돌아볼 수 있는 실증적 자료를 제공할 수 있다. 그것은 또한 현재 존재하고 있는 여러 가지 프로그램들을 세련화시킬 수 있는 기초로서, 혹은 인격교육 그 자체의 목표를 재확인하는 데 공헌할 것이다. 그러나 인격교육 이론가들은 고전적인 연구에 속하는 하트숀과 메이의 연구결과를 반증할 만한 다른 경험적 연구결과를 내놓지 못하고 있다. 즉, '가치와 행동간의 상관관계가 매우 낮다'는 결과를 뒤엎는 경험적 증거를 제시하지 못한 채 그러한 상관관계를 전제하고 정당화한다는 점에서 많은 비판을 받고 있다.

둘째, 인격교육 운동은 이론적 바탕 위에서 발전한 것이 아니라, 정치적 분위기에 편승하여 나타난 교육운동이라는 점이다. 인격교육 운동은 자유주의(liberalism)에 역행하는, 그리고 보수주의(conservatism)에로 향하는 미국의 정치적 움직임과 궤도를 같이 하면서 나아가고 있다는 비판을 받는다. 심지어 레스트(J. Rest)는 인격교육 운동을 극우적인 정치적 흐름과 연결시킨다. 미국의 정치적 흐름이 극우 혹은 보수로 나아감에 따라 '이러이러한 것은 옳고 저러저러한 것은 그르다'는 관점에서 접근하는 인격교육 운동은 더욱 힘을 얻을 것으로 전망하였다. 인격교육 주창자들은 "기본으로 돌아가자"(back to the basic)는 주장을 많이 한다. 즉 그들은 우리가 사회를 회복시키기 위해 해야 할 유일한 일이란 오래 전에 잃었던 그러한 좋은 옛날 가치들로 되돌아가는 것이라고 하였다. 인격교육 운동에 비판적인 시각을 가진 자들은 그 슬로건 속에는 자유주의자들이 미국의 전통적인 가치들을 붕괴시켰다는 비판이 서려 있다고 보았다. 현대 인격교육 운동은 단순히 이러한 정치적 분위기의 전환에 편승하여 나타나고 있는 하나의 조류일 뿐이라 비판을 받고 있다.

셋째, 인격교육의 목적과 의도가 분명하지 못하다는 점이다. 비록 현대 인격교육 이론가들이 그 목적과 의도를 나름대로 제시하고 있으나 너무 다양하게 나타나고 있다는 점에서 하나의 문제로 부각되었다. 사실 인격교육의 목적은 너무 다양하다. 레스트(J. Rest)는 이를 "그것은 뒤범벅이다"라고 간결하게 말하고 있다. 그는 이러한 양상을 조제약에 비유하여 마치 "우리는 어떤 한 가지 조제약에 꼭 맞을 수는 없다. 따라서 모든 약을 요청하라. 그리고 나서 어떤 사람들은 어떤 것을 좋아하고 또 어떤 사람들은 다른 것을 좋아하기 때문에 아무 조제약이나 택하라. 그리고 우리는 어떤 조제약이든 선택하는 데 있어서 자유"[61]라고 외치는 것과 흡사하다는 것이다. 인격교육의 불분명한 목적을 꼬집은 것이다.

이와 관련한 하나의 예는 현대 인격교육 이론가들이 가치 명료화 접근법과 콜버그의 딜레마 토론 접근법을 거부하면서도, 또 한편으로는 딜레마를 인격교육에서 중요한 하나의 활동으로 포함시키고 있는 점을 지적하였다. 현대 인격교육 운동에 충실한 스미스 한센(Phyllis Smith-Hansen) 교사의 다음 말은 이러한 현상을 잘 대변해 주고 있다. 그는 "1970년대에 우리는 가치 명료화로 우리 자신을 고사시켰다. 그것은 우리를 20년 후퇴하게 만들었다. 이 접근법은 부모들에게 '누구의 가치를?' 이란 의문을 낳게 한 충분한 이유를 제공하였다. 그것은 우리가 이제까지 하였던 것 중 최악의 일이었다. 그것은 단지 아동들을 혼란스럽게 만들었을 뿐이다. 콜버그의 딜레마 또한 인공적인 것이었기 때문에 아동들을 혼란스럽게 만들기는 마찬가지였다. 가치 토론을 야기시키기 위해 인공적인 상황을 이용하는 것은 결코 학부모들에게 인기가 없었다. 그것은 윤리가 항상 상황적이라는 의혹만을 창조하였다"[62]고 하였다. 그러나 놀랍게도 많은 현대 인격교육 이론가들은 콜버그의 도덕적 딜레마 토론법을 실제 수업에 활용하고 있다. 스미스 한센 교사 역시 콜버그주의자로서 딜레마 토론을 활용하고 있다고 하였다. 다만 인공적 딜레마가 아닌 실생활 상황을 사용한다는 점에서 다를 뿐이다.

그러나 비판가들은 이것을 인격교육 운동 내의 심각한 모순이라고 주장한다. 실제적으로 딜레마 토론의 형식은 콜버그의 접근법을 따르고 있기 때문이다. 또한 비판가들은 이와 관련하여 인격교육 주창자들에게 언제 아동들에게 무엇이 옳고 그른가를 말해야 하며, 그리고 언제 아동들에게 옳은 바를 분별하도록 요구해야만 하는가의 의문에 대해 답할 것을 요구한다. 다시 말해, 언제 가치를 주입식으로 가르치고 또한 언제 가치를 추론하는 토론식으로 접근할 것인가를 분명히 밝히라는 것이다. 인격교육 주창자들은 이 의문을 제대로 해명하지 못하고 있다. 이는 콜버그를 비판하면서도 그의 발달단계에 준하여 접근하는 인격교육 주창자들의 입장을 우회적으로 꼬집고 있는 것이다.

끝으로, 덕들의 목록과 각기 다른 덕들의 우선성(priorities)을 결정할 준거를 확보하기가 어려울 뿐만 아니라, 덕의 개념에 관한 합의도 어렵다는 점이다.[63] 사실 이 문제는 인격교육에 대한 비판의 핵심적인 사항이라 할 수 있다. 많은 사람들이 정직이나 성실, 절제와 같은 덕들을 학교에서 학생들에게 가르치는 것에 대해 동의할 것으로 보이는 것은 사실이다. 그러나 그 덕들의 의미에 대해서는 불일치를 드러내는 것 또한 엄연한 사실이다. 예를 들면, 절제라는 덕의 개념은 동양 사회와 서양 사회에서 매우 다르게 해석된다. 서양에서 절제란 덕은 주로 흡연과 음주에 대한 욕구의 억제를 의미한다. 또한 어떤 덕들이 학교에서 가르쳐져야 할 것인가의 덕목 선정의 문제와 그에 관련된 덕의 우선성을 결정할 준거를 제시하기 어렵다. 인격교육 주창자들이 제시한 덕목 역시 제각기 다르다. 덕의 개념에 관한 합의도 어려울 뿐만 아니라, 여러 가지 덕들의 우선성을 정하는 것은 더더욱 어려운 문제이다. 이에 대해 현대 인격교육론자들은 명료한 대안을 제시하지 못하고 있다.

## ✻ 주 ✻

1) Character Education Partnership, *Character Education in U. S. Schools : The New Consensus－A Report on Developments During 1993－1995*, CEP, Inc., 1996, p. 1 참고.

2) 위의 책, p. 7.

3) K. Burrett and T. Rusnak, *Integrated Character Education*, Phi Delta Kappa Educational Foundation, 1993, p. 15.

4) R. M. Thomas, 백운학 역, 『아동발달의 제이론』, 교육과학사, 1987, p. 499.

5) T. Lickona, 정세구 역, 『자녀와 학생들을 올바르게 기르기 위한 도덕교육』, 교육과학사, 1994, pp. 61－314 참고.

6) Aristotle, 최명관 역, 『니코마코스 윤리학』, 서광사, 1991, pp. 302－303.

7) 위의 책, p. 61.

8) 위의 책, p. 61.

9) 위의 책, p. 308.

10) 위의 책, p. 306.

11) M. F. Burnyeat, Aristotle on learning to Be Good, A. O. Rorty (Ed.), *Essays on Aristotle*, Berkeley : University of California Press, 1980.

12) Aristotle, 앞의 책, p. 307.

13) M. F. Burnyeat, 앞의 논문, p. 78.

14) Aristotle, 앞의 책, p. 141.

15) 아리스토텔레스는 노예, 여성, 그리고 아동들의 덕을 지배자들의 덕보다 열등한 것으로 특징화하였다. 왜냐하면 단지 지배자들만이 심사숙고할 수 있는 완전한 능력을 지니고 있다고 보았기 때문이다. R. R. Sorabji, Aristotle on the Role of Intellect in Virtue, A. O. Rorty (Ed.), *Essays on Aristotle*, Berkeley : University of California Press, 1980.

16) L. Kohlberg, Education for Justice : A Modern Statement of the Platonic View, T. Sizer (Ed.), *Moral Education : Five Lectures*, Cambridge, Mass. : Harvard University Press, 1970, pp. 95－98.

17) Aristotles, 앞의 책, p. 44.

18) 위의 책, p. 61.

19) 위의 책, p. 65.

20) 위의 책, p. 72.

21) 위의 책, p. 96.

22) 물론 윌슨(J. Wilson) 같은 도덕 철학자는 덕 이론(virtue theory)이 도덕교육에 관한 설명을 발달시키는 만족할 만한 토대를 제공하지 못한다고 생각한다. 그럼에도 불구하고 윌슨은 구조에 있어서 확연히 아리스토텔레스적인 도덕성의 구성요소들에 관해 관심을 기울이고 있다. 정세구 외 역, 『인격교육과 덕교육』, 배영사, 1995, pp. 11－30 참고; B. Tobin, The Virtues in John Wilson's Approach to Moral Education, *The Journal of Moral Education, Vol. 29, No. 3*, September 2000, p. 310 참고.

23) 정세구, "가치관 교육의 이론과 접근방법", 서울특별시교육연구원, 『가치관 교육』, 1989, pp. 105－106.

24) 1. 자유로이 선택한다, 2. 여러 가지 대안들에서 선택한다, 3. 각 대안의 결과를 신중히 고려한 후에 선택한다, 4. 존중하고 소중히 여긴다, 5. 공언한다, 6. 선택에 따라 행동한다, 7. 반복해서 행동한다.

25) J. B. Arbuthnot, D. Faust, *Teaching Moral Reasoning : Theory and Practice*, Harper & Row, 1981, p. 9.

26) 김태훈, "인지주의적 도덕교육 접근법의 적용방안에 관한 논의", 한국초등도덕교육학회, 『초등도덕교육』, 1996, pp. 111－139 참고.

27) B. A. Sichel, Moral *Education : Character, Community, and Ideals*, Temple University Press, 1988, pp. 39－40.

28) J. B. Arbuthnot, D. Faust, 위의 책, pp. 187－188 참고.

29) R. S. Peters, *Ethics & Education*, George Allen & Unwin Ltd., 1969.

30) L. C. Becker & C. B. Becker (Eds.), *Encyclopedia of Ehtics*, Garland Publishing, Inc., 1992, p. 507.

31) B. A. Sichel, 앞의 책, p. 26.

32) C. Gilligan, 허란주 역, 『다른 목소리로』, 농녘, 1997.

33) L. C. Becker & C. B. Becker (Eds.), 앞의 책, p. 508.

34) J. Nuttall, *Moral Questions*, Polity Press, 1993, p. 44.

35) A. Etzioni, *Rights and Common Good*, St. Martin' s Press, 1995, p. 11 참고.

36) G. E. Pence, Recent Work on Virtues, *American Philosophical Quarterly*, 1984, pp. 281－297 참고.

37) E. Craig (Eds.), *Encyclopedia of Philosophy, vol. 9*, 1998, p. 623 참고.

38) L. C. Becker & C. B. Becker (Eds.), 앞의 책, pp. 1276－1278 참고.

39) W. K. Frankena, 황경식 역, 『윤리학』, 종로서적, 1991, pp. 112－115 참고.

40) E. Craig (Eds.), 앞의 책, p. 623.

41) A. MacIntyre, *After Virtues*, University of Nortre Dame Press, 1984, 18장 참고.

42) 이에 대한 헬레마(J. Hallamaa)의 설명은 매우 설득력이 있다. 그는 도덕적 인간의 개념을 사람의 얼굴을 나타내는 라틴어 persona와 핀란드어 kasvot의 의미를 중심으로 공리주의적 개념, 계약론적 개념, 그리고 설화적 개념으로 구분하여 설명하고 있다. 인간의 얼굴을 의미하는 핀란드어인 kasvot는 印歐語(인도 유럽어)의 의미와는 근본적으로 다른 인간모습을 이해하게 해주는 방식을 제공해 준다. kasvot는 자동사 kasvaa('자라다' 라는 의미)로부터 나온 복수명사이다. 여기에는 persona와 달리 가면이 존재하지 않는다. kasvot는 어떠한 것으로부터도 분리되어질 수 없다. 즉 가면 뒤로부터 등장하는 인간이 존재하지 않는다. 따라서 kasvot는 그 자신의 존재 바로 그것을 나타낸다. kasvot는 과정 혹은 이야기를 나타내는 것으로서, 그 사람이 자라온 모습을 총체적으로 언급한다. 사람들은 그들의 삶의 이야기이다. 그런 점에서 kasvot는 인간의 설화적 개념에 관한 생각을 나타내는 데 사용되어진다. J. Hallamaa, *The Prisms of Moral Personhood*, Luther Aggricola Society, Helsinki, 1994, p. 248.

43) E. Craig (Eds.), 위의 책, p. 624.

44) K. Ryan and K. E. Bohlin, *Building Character in Schools*, San Francisco : Jossey－Bass Publishers, 1999, Foreword xi.

45) K. Burrett and T. Rusnak, *Integrated Character Education*, Phi Delta Kappa Educational Foundation, 1993, pp. 14－15.

46) 교육 관련 정기간행물 색인 목록에 나타난 표제어에 의해 판단해 볼 때, 당시의 인격교육은 1930년대 초에 최대 전성기였고, 그후 차츰 쇠퇴하였다. 보다 구체적으로 제시해 보면, 인격교육은 1929~32년 사이에 최대 절정기를 이루다 32년부터 급강하하기 시작하여 41~44년에 이를 때까지 급락을 계속하였다. 50~53년 사기에 잠시 부활하는 것처럼 보이다 56년 이후 교육 정기간행물 색인 목록에서 표제어로서 '인격'이란 말이 완전히 사라졌다. 심리학의 경향도 비슷한 패턴을 보여주었다. 1970년에 이르러 표제어에서 '인격'은 사라졌다. 대신에 도덕적으로 중립적인 구성개념인 '성격'(personality)이 그 자리를 차지하게 되었다. C. Power, A. Higgins, and L. Kohlberg, The Habit of the Common Life : Building Character Through Democratic Community Schools, L. P. Nucci (Ed.), *Moral Development and Character Education : A Dialogue*, McCutchan Publishing Corporation, 1989, p. 127.

47) A. T. Lockwood, *Character Education－Controversy and Consensus*, Corwin Press, Inc., 1997, p. 23.

48) 위의 책, p. 6.

49) 미국 인격교육의 구체적인 현황에 관해서는 김태훈, "미국 인격교육의 허상과 실

상", 한국초등도덕교육학회, 『초등도덕교육』, 제6집, 2000, pp. 187−208 참고.

50) A. T. Lockwood, 앞의 책, p. 18.

51) 위의 책, p. 6.

52) N. Noddings, Character Education and Community, A. Molnar (Ed.), *The Construction of Children's Character*, The University of Chicago Press, 1997, p. 10.

53) H. A. Huffman, *Developing A Character Education Program; One School district's Experience*, Association for Supervision and Curriculum Development, The Character Education Partnership, 1994, p. 7.

54) 위의 책, pp. v−vi.

55) T. H. McLaughlin and J. M. Halstead, Education in character and virtue, J. M. Halstead and T. H. McLaughlin, *Education in Morality*, London : Routledge, 1999, p. 134.

56) N. Noddings, *The Challenge to Care in Schools : An Alternative Approach to Education*, NY : Teachers College, Columbia University, 1992, p. xiii.

57) Character Education Partnership, 앞의 책, pp. 9−10.

58) 예컨대, 리코나(T. Lickona)는 "도덕성은 가정에서 시작한다"는 신념을 갖고 그 어느 때보다 도덕교육은 가정과 학교의 적극적인 협력을 요구한다고 주장하였다. 리코나는 부모들을 위한 도덕교육의 지침으로 "빅 아이디어"(big ideas) 9가지를 제시하였다. ① 도덕성은 존중이다, ② 존중의 도덕성은 천천히, 단계를 따라 발달한다, ③ 상호 존중을 조장하라, ④ 모범을 보여라, ⑤ 이야기를 함으로써 가르쳐라, ⑥ 아동들이 스스로 생각하는 것을 학습하도록 도와라, ⑦ 아동들이 책임을 지도록 도와라, ⑧ 자유와 통제를 균형 있게 하라, ⑨ 아동들을 사랑하라. T. Lickona, Parents as Moral Educators, M. W. Berkowitz and F. Oser, *Moral Education : Theory and Application*, New Jersey : Lawrence Erlbaum Associates, Publishers, 1985, pp. 128−129 참고.

59) K. Burrett and T. Rusnak, 앞의 책, pp. 16−17; A. T. Lockwood, 앞의 책, p. 23 참고.

60) A. T. Lockwood, 앞의 책, p. 26.

61) 위의 책, p. 36.

62) 위의 책, pp. 40−41.

63) J. C. Gibbs, The Cognitive Developmental Perspective, W. M. Kurtines and J. L. Gewirtz, *Moral Development : An Introduction*, Allyn and Bacon, 1995, p. 55.

## 참고문헌

김태훈, "인지주의적 도덕교육 접근법의 적용방안에 관한 논의", 한국초등도덕교육학회, 『초등도덕교육』, 1996.

김태훈, "미국 인격교육의 허상과 실상", 한국초등도덕교육학회, 『초등도덕교육』, 제6집, 2000.

김태훈, 『덕교육론』, 양서원, 2000.

정세구 외 역, 『인격교육과 덕교육』, 배영사, 1995.

정세구, "가치관 교육의 이론과 접근방법", 서울특별시교육연구원, 『가치관 교육』, 1989.

Arbuthnot, J. B., Faust, D., *Teaching Moral Reasoning: Theory and Practice*, Harper & Row, 1981.

Aristotle, 최명관 역, 『니코마코스 윤리학』, 서광사, 1991.

Becker, L. C. & Becker, C. B. (Eds.), *Encyclopedia of Ehtics*, Garland Publishing, Inc., 1992.

Burnyeat, M. F., Aristotle on learning to Be Good, A. O. Rorty (Ed.), *Essays on Aristotle*, Berkeley : University of California Press, 1980.

Burrett, K. and Rusnak, T., *Integrated Character Education*, Phi Delta Kappa Educational Foundation, 1993.

Character Education Partnership, *Character Education in U. S. Schools : The New Consensus – A Report on Developments During 1993~1995*, CEP, Inc., 1996.

Craig, E., *Encyclopedia of Philosophy, vol. 9*, 1998.

Etzioni, A., *Rights and Common Good*, St. Martin's Press, 1995.

Frankena, W. K., 황경식 역, 『윤리학』, 종로서적, 1991.

Gibbs, J. C., The Cognitive Developmental Perspective, W. M. Kurtines and J. L. Gewirtz, *Moral Development : An Introduction*, Allyn and Bacon, 1995.

Gilligan, C., 허란주 역, 『다른 목소리로』, 동녘, 1997.

Hallamaa, J., *The Prisms of Moral Personhood*, Luther Aggricola Society, Helsinki, 1994.

Huffman, H. A., *Developing A Character Education Program; One School district's Experience*, Association for Supervision and Curriculum Development, The Character Education Partnership, 1994.

Kohlberg, L., Education for Justice : A Modern Statement of the Platonic View, T Sizer. (Ed.), *Moral Education : Five Lectures*, Cambridge, Mass. : Harvard University Press, 1970.

Lickona, T., 정세구 역, 『자녀와 학생들을 올바르게 기르기 위한 도덕교육』, 교육과학사, 1994.

Lickona, T., Parents as Moral Educators, M. W. Berkowitz and F. Oser, *Moral Education : Theory and Application*, New Jersey : Lawrence Erlbaum Associates, Publishers, 1985.

Lockwood, A. T., *Character Education－Controversy and Consensus*, Corwin Press, Inc., 1997.

MacIntyre, A., *After Virtues*, University of Nortre Dame Press, 1984.

McLaughlin, T. H. and Halstead, J. M., Education in character and virtue, J. M. Halstead and T. H. McLaughlin, *Education in Morality*, London : Routledge, 1999.

Noddings, N., Character Education and Community, A. Molnar (Ed.), *The Construction of Children's Character*, The University of Chicago Press, 1997.

Noddings, N., *The Challenge to Care in Schools : An Alternative Approach to Education*, NY : Teachers College, Columbia University, 1992.

Nuttall, J., *Moral Questions*, Polity Press, 1993.

Pence, G. E., Recent Work on Virtues, *American Philosophical Quarterly*, 1984.

Peters, R. S., *Ethics & Education*, George Allen & Unwin Ltd., 1969.

Power, C., Higgins, A. and Kohlberg, L., The Habit of the Common Life : Building Character Through Democratic Community Schools, L. P. Nucci (Ed.), *Moral Development and Character Education : A Dialogue*, McCutchan Publishing Corporation, 1989.

Ryan, K. and Bohlin, K. E., *Building Character in Schools*, San Francisco : Jossey－Bass Publishers, 1999.

Sichel, B. A., *Moral Education : Character, Community, and Ideals*, Temple University Press, 1988.

Sorabji, R. R., Aristotle on the Role of Intellect in Virtue, A. O. Rorty (Ed.), *Essays on Aristotle*, Berkeley : University of California Press, 1980.

Thomas, R. M., 백운학 역, 『아동발달의 제이론』, 교육과학사, 1987.

Tobin, B., The Virtues in John Wilson's Approach to Moral Education, The *Journal of Moral Education, Vol. 29, No. 3*, September 2000.

• **김태훈**(hoon@gjue.ac.kr)

약력
서울교육대학 졸업
중앙대학교 문리대 영어영문학과 졸업
서울대학교 대학원 국민윤리교육과 졸업(석사 · 박사)
미국 조지아 대학교 연구교수
중국 북경사범대학 연구교수
현재 공주교육대학교 윤리교육과 교수

저서
『민주시민을 위한 윤리 · 도덕』(공저, 형설출판사, 1992)
『인격교육과 덕교육』(공역, 배영사, 1995)
『세계의 도덕 · 윤리교육』(공저, 교육과학사, 1998)
『도덕 · 윤리 교과교육학 개론』(공저, 교육과학사, 1998)
『덕 교육론』(양서원, 1999)
『윤리학과 덕교육』(공저, 한국정신문화연구원, 2001)
『공동체주의 교육』(공저, 교육과학사, 2002)
『도덕과 교육의 이론』(공저, 인간사랑, 2004)
『도덕과 교육의 실제』(공저, 인간사랑, 2005)
『새로운 시대의 인격교육』(공역, 인간사랑, 2008)
『도덕성 발달 핸드북 Ⅰ, Ⅱ』(역서, 인간사랑, 2010)
『초등교사를 위한 도덕과교육 원론』(공저, 인간사랑, 2013)

**도덕성 발달 이론과 교육**(수정판)

초판1쇄 / 2004년 7월 25일
3쇄 / 2014년 2월 28일

지은이 **김태훈**
펴낸이 **여국동**
펴낸곳 **도서출판 인간사랑**
인 쇄 **백왕인쇄**
제 본 **은정제책사**

출판등록 1983. 1. 26. / 제일 3호

(410- 815) 경기도 고양시 일산동구 백석로 108번길 60-5 2층
TEL (031)901-8144, 907-2003
FAX (031)905-5815
e-mail/igsr@naver.com

정가 28,000원

ISBN 978-89-7418-256-4 93100

※ 잘못된 책은 교환해 드립니다.